河海大学人才研究40年

《河海大学人才研究40年》编纂委员会 编

河海大学出版社
HOHAI UNIVERSITY PRESS

图书在版编目(CIP)数据

河海大学人才研究 40 年 /《河海大学人才研究 40 年》编纂委员会编. －－南京：河海大学出版社，2023.11
 ISBN 978-7-5630-8447-0

Ⅰ．①河… Ⅱ．①河… Ⅲ．①河海大学－人才研究 Ⅳ．①C964.2

中国国家版本馆 CIP 数据核字(2023)第 196920 号

书　　名	河海大学人才研究 40 年 HEHAI DAXUE RENCAI YANJIU 40 NIAN
书　　号	ISBN 978-7-5630-8447-0
责任编辑	张　媛
特约编辑	陈彦清　徐　涵
特约校对	薄小奇　王世文　周子妍　任宇初
装帧设计	杭永红
出版发行	河海大学出版社
地　　址	南京市西康路 1 号(邮编:210098)
电　　话	(025)83737852(总编室)　(025)83722833(营销部) (025)83787763(编辑室)
经　　销	江苏省新华发行集团有限公司
排　　版	南京布克文化发展有限公司
印　　刷	南京新世纪联盟印务有限公司
开　　本	787 毫米×1092 毫米　1/16
印　　张	36
字　　数	845 千字
版　　次	2023 年 11 月第 1 版
印　　次	2023 年 11 月第 1 次印刷
定　　价	218.00 元

《河海大学人才研究40年》编纂委员会

编纂委员会名誉主任

李法顺　王济干

编纂委员会顾问（按姓氏笔画为序）

马成志　王培君　石金楼　成长春　朱从明　任雷鸣　汪　群　张　阳
张　宏　张仰飞　张军仁　张宏如　张宏伟　陈玉明　周海炜　夏兆庸
徐军海　郭万牛　黄海燕　梁　训　蒋来娣　童毛弟

编纂委员会主任委员

赵永乐

编纂委员会副主任委员

魏　萍　郭祥林　黄永春　唐　震　刘宇琳　李　娜

编纂委员会委员（按姓氏笔画为序）

丁　源　邓玉林　仲淑欣　刘　钢　刘宇琳　刘玥玥　李　卉　李　娜
李　峰　张　龙　张长征　张恒杰　陈　龙　陈　超　陈培玲　赵永乐
赵晓阳　贾　琼　高　虹　郭祥林　唐　震　凌　斌　黄永春　曾雪梅
樊传浩　颜玉凡　魏　萍

主编

刘宇琳　李　娜　樊传浩　李　峰

《河海大学人才研究40年》课题组主要成员

刘宇琳　李　娜　樊传浩　李　峰　李　卉　陶　卓　梁美宏　施　亮
蒋　璐　燕士力　尚冰冰　贺雪艳　高　虹

序

《河海大学人才研究40年》出版，赵永乐教授邀请我作序，我欣然接受。我们知道，党和国家高度重视人才工作，这就需要把人才研究放到重要的位置。高校是推动人才理论和实践研究的重要力量，河海大学是其中的杰出代表。河海大学是全国公认的、较早开展人才研究的高校之一，作为一所以理工科为主的大学，能把人才研究作为重点和特色，是难能可贵的，也是相当有战略眼光的。1981年，华东水利学院（河海大学前身）人才学研究会与中国人才研究会同年成立，标志着河海大学人才研究的正式开启。历经起步、初兴、拓展和繁荣四个发展阶段40余年的奋斗，河海大学相继建立和获批了水利部人力资源研究院、中国（南京）人才发展研究中心、中央人才工作协调小组国家人才理论研究基地、江苏省人才发展战略研究院企业人才研究中心等一批重要的人才研究机构，在人才理论研究、人才实践探索和研究人才培养等方面取得了丰硕的成果。

40多年来，河海大学出版和发表了大量人才研究专著和人才研究论文，形成了一大批有分量、有影响的研究成果，多次获得全国性的人才研究奖项，已经成为全国人才研究的一支重要力量。他们始终面向经济建设主战场和国家战略需求，在人才强国战略、人才市场学、人才宏观运行、人才规划技术、人才成长机理等领域取得了丰硕的理论科研成果。1989年完成了首部人才市场学专著《人才，走向市场——人才市场学概论》，填补了国内外人才市场学研究的空白，构成了宏观人才学理论的重要内容；1998年率先提出"人才强省"战略理论，得到江苏省委、省政府的采纳；2010年提出"人才引领发展"命题概念。近年来，河海大学的人才研究团队对人才强国战略、人才高质量发展和教育、科技、人才三位一体发展的内涵、意义和实现途径等进行了系统的研究阐述。

40多年来，河海大学致力于把人才研究理论成果用于实践，推动地方人才工作发展，加强地方人才队伍建设，在地方人才工作中发挥了积极作用。他们认真贯彻落实中央人才工作精神和国家人才发展战略，紧密联系水利行业人才实践、江苏省和长三角人才发展乃至企事业单位用人策略的实际，以问题为导向，在水利类人才培养和发展、区域人才战略、组织人才管理、人才评价与选拔和人才发展咨询与服务等方面取得了一系列有社会和行业影响的实际科研成果。其中包括：1996年提出江苏省跨世纪学术和技术带头人培养规划和组织实施方案，被江苏省委、省政府采纳并实施至今，形成全国最早、力度最强的江苏省"333人才工程"；2013年提出人才发展与改革的"南京现象"；2018年以来连续发布的《中国水利人才发展研究报告》提出了研究水利人才发展的基本框架，提供了水利人才发展理论研究和实践探索的基本阐述；2021年首创、开发、发布了企业人才创新活力指数和盐城市企业人才创新活力50强。

40多年来，河海大学高度重视人才研究的学科建设和人才培养，对我国人才学科的建设和高层次人才研究力量的培养作出了贡献。经过多年的努力和逐步的发展，形成了覆盖本科、硕士、博士、博士后的人才方向完整培养体系，培养了大量新兴研究人才；构建了机构、专业、队伍三位一体的人才研究领域高质量研究体系，形成了稳定的人才研究力量。特别是建立了一支以全国知名人才学专家、"中国人才学研究三十年突出贡献奖"获得者赵永乐教授为带头人，具有一定规模和老中青梯次结构合理的高素质人才研究队伍。这些为河海大学持续推进人才研究领域的高水平科学研究、高影响力社会服务和高质量人才培养奠定了坚实的基础。

《河海大学人才研究40年》一书全面系统地梳理了四十年来河海大学与人才研究有关的组织机构、研究主题及领域、学术活动、代表性科研项目、著作、论文、奖项、代表人物及人才培养等内容。可以说，河海大学在人才研究领域取得众多学术成果和良好社会声誉的同时，也探索出了一条独具河海特色的发展道路。总体来看，河海大学人才研究起步较早且首创性成果较多，在发展主题上紧密结合国家人才发展战略、水利行业发展和地方经济社会发展需求，特别注重与时俱进，在发展路径上坚持理论联系实际、科学研究和人才培养并重，在发展环境上形成了历任校领导持续高度重视甚至亲自参与，全校有关院处、专业师生积极投入的良好生态。河海大学人才研究和发展的40年历史几乎与中国人才学研究的历史同频共振，这段历史的总结不仅对理解我国人才学科和人才研究的发展史大有裨益，也将为河海大学人才研究的未来发展和其他高校发展人才研究事业提供有益的经验借鉴。

人才是国家的战略资源，在中国式现代化、高质量发展中具有战略地位。新发展环境和新发展阶段对人才研究提出了新任务和新要求。希望河海大学认真贯彻落实党的二十大精神，按照中央人才会议的部署要求，抓住新时代人才研究的重点，在加强建设国家战略人才力量，加快建设世界重要人才中心和创新高地，深化人才体制机制改革等方面的研究上下功夫；要发扬人才研究优良传统，进一步发挥学科和人才优势，将人才研究发展为学校的特色、优势和强势领域，保持在全国高校人才研究中的领先地位；要坚持以"四个面向"为引领，围绕新时代人才强国战略实施中的重大理论和实践问题，集中力量开展科研攻关，争取在人才研究领域取得更多有影响力的原创性成果。期待河海大学在多学科和跨学科人才研究队伍建设、高质量人才培养体系建设、高水平资政能力建设等方面取得新突破，成为国内领先、国际知名的人才学研究和教学重镇。

人力资源和社会保障部原副部长
中国人才研究会会长
何宪
2023年3月7日

前言

"钟灵毓秀石头城，人才蒸蔚起。"

这是河海大学校歌的第一句，蓬勃壮阔的"人才"主题跃然而出。作为我国水利事业黄埔军校的河海大学，培养出的水利英才遍布祖国各地水利事业的各种重要岗位。不仅如此，河海大学还是我国著名的人才研究理论重镇。如果以1981年华东水利学院（现河海大学）人才学研究会成立为时间起点，河海大学的人才研究已经迈过了40多个春秋。《河海大学人才研究40年》对40多年来河海大学人才研究的历史进行全面的梳理和总结，回顾河海大学人才研究发展的历程，总结河海大学人才研究的业绩、特色和经验，彰扬河海大学人才学者为我国人才研究理论作出的贡献，为进一步拓展人才学学科发展、提升人才研究水平和人才培养质量提供经验总结和路径参考。

一、背景与意义

早在20世纪70年代末，正值改革开放初期，百废待兴，国家社会发展对人才极度渴求，华东水利学院涌现出一批人才学爱好者，他们潜心于人才学的研究，热心于人才事迹的宣传，专心于人才问题的调研，积极促进人才研究组织的成立。1981年，华东水利学院人才学研究会（后更名为河海大学人才学研究会）正式成立，标志着河海大学人才研究正式起步，至今已经历了40多个春秋，与中国人才研究的历程几乎同步。许多老同志对当时突破思想樊篱，顺应历史发展潮流，积极投身人才培养与研究事业记忆犹新。40多年来，研究人员不断更替，研究队伍不断壮大，研究平台不断升级，积累的成果越来越丰硕，为国家人才发展和人才工作作出了卓越贡献，同时也留下了许多珍贵的记忆。

2021年6月，河海大学中央人才工作协调小组国家人才理论研究基地成员提出建议：以华东水利学院人才学研究会成立40年为契机，对河海大学人才研究40年的历史开展研究。该建议得到人才理论研究基地成员的一致赞成。随后，河海大学图书馆副馆长刘宇琳率先开始了先期的资料收集、整理和小范围的调研访谈工作。先期的研究工作虽然取得不菲的成果，但面临着资料散缺、工作量庞大等问题。2022年5月，刘宇琳在先期调研的基础上向人才理论研究基地正式提出"河海大学人才研究40年"研究方案，并建议编纂出版《河海大学人才研究40年》。同年6月，"河海大学人才研究40年"课题组正式成立，《河海大学人才研究40年》的编纂工作正式启动。因新冠疫情的原因，《河海大学人才研究40年》编纂的时间拖得比较长。到2022年12月上旬，书稿基本完成。2023年春节前夕，人才理论研究基地集中力量，对书稿进行了全面审读、核对和修改。2023年4月，书稿正式提交河海大学出版社。

  编纂《河海大学人才研究40年》一书的动因，一是为了记录40年的发展历程、保存珍贵史料。20世纪80年代参与人才研究的学者大部分年事已高，部分已经陆续离世，必须抢救性地收集整理文献资料，将这些散落在历史长河中的珍珠保存下来，作为河海人才研究的史料和见证。二是为了总结40年来河海人才研究的脉络、特色、经验，为后来者提供学术研究与立德树人的参考和借鉴。习近平总书记指出"历史是最好的教科书"，对于一个学科来说也是这样，了解过去才能正确认识现在，才能科学把握未来。三是发挥育人作用，让一代代河海人才学者、人才学子感受前辈开拓进取的创业精神、孜孜以求的学术追求、严谨求实的研究理念和默默奉献的高尚品格，增强责任感、使命感，继承发扬前辈的优良传统。四是这段历史也是学校学科发展史的一个分支，是校史的重要内容，是学校的宝贵精神财富，回溯其发展源流、整理发展脉络对于进一步明晰学科定位、人才培养理念、学术思想等方面有积极的推动作用。

  编纂《河海大学人才研究40年》具有三个方面的意义。一是理论意义。人才学史也是人才学研究的内容之一。对河海大学40多年来人才学研究进行系统回顾和总结，纵向梳理河海大学人才学研究的发展脉络，在一定程度上可以了解改革开放以来我国人才研究发展的历程。其中的经验、教训可以为后续人才学研究提供借鉴，同时也可为相关专业人才培养提供有关的学科历史和基础教育。二是学术意义。40多年来河海人才学者的学术成就、学术活动在学术规范、学术价值取向等方面为后来者树立了榜样，形成了具有河海特色的人才学研究特质。其中诸如人才市场论、人才规划技术、人才强国战略、"南京现象"、"人才引领发展"命题、宏观人才运行理论、人才创新生态系统、人才创新团队建设等代表性研究成果，集中体现了河海人才学者在人才学研究中善于把握时代背景、注重研究的应用价值等学术特质，对于进一步加强人才学理论研究具有重要的学术意义。三是宣传意义。人才学作为一门社会科学，在以理工科见长的河海大学能有一席之地，而且在全省乃至全国都有一定的影响力，这是一件值得自豪和宣传的事。早期人才学者们严谨的治学态度、勤奋的工作作风、勇担重任的奉献精神是河海宝贵的精神财富，值得挖掘、总结和宣传推广。《河海大学人才研究40年》的完成必将进一步扩大河海大学人才学研究和人才培养的社会影响力，为人才学进一步发展打下良好的基础，同时也吸引更多的研究者和学生加入人才研究的行列，推进河海人才研究走向更辉煌的明天。

二、范畴与边界

  《河海大学人才研究40年》选题范畴与边界的界定主要包括学科、作者和时间三个方面。

  第一方面是学科的界定。《河海大学人才研究40年》，顾名思义要界定的学科就是作为国家标准84072的二级学科人才学,既包括人才学的理论研究,也包括人才开发与发展的应用研究;既包括纯人才方面的研究,也包括人才与有关学科交叉方面的研究。但是,不包括与人才学相近学科的非人才方面的内容,比如人力资源管理、人力资本理论、科技管理、教育学、领导科学、心理学等学科的内容,以及也经常使用人才的概念,实际上指的是学生教学、培养或管理等领域的内容。在实际的资料收集和词条选择过程中,经常会碰到仅看标题难以辨清是否符合要求,这时就要细看里面的具体内容是否是关于人才方面的内容。

第二方面是作者的界定。《河海大学人才研究40年》收录的不管是项目、著作还是论文或奖项,对作者的要求都有三点。首先,要求作者必须与河海大学有关:一是河海大学(包括文天学院)的教职员工(包括退休的);二是河海大学的在读学生,包括河海的本科生、硕士生、博士生或在站的博士后人员;三是河海大学有关组织或机构聘请的兼职研究人员;四是虽然第一作者不是上述三类人员但主要作者中有上述三类人员。作为特例,凡是河海大学出版社出版的人才研究专著,作者不管是否以上四类人员,都可收录。其次,只收录以上四类情况作者的人才研究成果。一个研究学者的研究方向可能不止一个,不管该学者的主要研究方向是否是人才学,只收录他的人才研究成果。譬如赵永乐教授,其实他不仅是我国著名的人才研究学者,也是我国著名的人力资源管理研究学者,但是只收录他的人才研究成果。最后,要求收录作品的教职员工当时必须在校工作(包括退休的)。譬如赵永乐教授,在他调到河海大学之前的作品,如无河海大学因素参与的,不予收录。

第三方面是时间的界定。《河海大学人才研究40年》的起始年代应该是20世纪70年代末,因为那时华东水利学院已经出现了一批人才学爱好者和积极分子。但是由于时光荏苒,事痕不再,只能将起始年代定在华东水利学院人才学研究会成立的1981年。截止日期原本是定在2021年5月河海大学举办"新阶段新格局新治理:人才高质量发展"高峰论坛的时间,后来根据大家的意见改为2022年底。

三、资料与收集

资料收集工作主要通过两条线索开展。一方面通过文献调研查找与河海大学相关的人才研究书籍、论文,再从这些书籍、论文中获取项目、获奖信息。另一方面联系相关学者和团队,请他们提供各自包括论文、著作、项目、奖项在内的成果资料。通过约稿、访谈、调查、文献检索、档案查找等方法,力求通过尽可能多的材料来展现河海人才研究40年的全貌。

资料收集工作的难点体现在两个方面:一是早期的资料难以获取;二是有不少成果是与人力资源管理相交叉的,需要进行区别和取舍。

在人才研究起步阶段,人们还没有形成注重成果发表的观念,正式发表的渠道也较少,再加上相隔时间久远,组织机构、平台几经变迁,人员变动,研究平台没有专职工作人员,没有现成的档案等原因,很多资料未能留存下来,通过正常渠道查找到的早期资料十分有限。在联系早期人才研究老同志的过程中,得知部分已经离世,部分身体状况不佳无法提供资料和线索,这也更增加了工作的难度和紧迫感。这时,赵永乐教授提供的三本"旧书"为解决这一个大问题帮了大忙。一本是由江苏省人才学会编写的、江苏人民出版社出版的《江苏人才研究十年(1980—1990)》,书中对河海大学人才学研究会(原华东水利学院人才学研究会)、河海大学管理系劳动人事管理教研室、河海大学人力资源研究中心及李法顺、冶宇、梁训、马成志等都有专门的介绍。另两本是江苏省人才研究会于1983年1月编纂的《人才研究文集》上、下两册,收录了部分华东水利学院人才研究学者早期的论文。这三本"旧书"展现了河海大学早期的人才研究内容和成果之一角。

后期查找到的公开发表的论文、项目及学位论文数量较多,但有不少是人力资源管理方向的。人力资源管理与人才学是既有区别又有联系的两门不同学科,二者产生的背景、研究对象、研究方法都有不同,但是研究目的相似,研究内容有一定的交叉。在人才学研究繁荣发展的同时,我校人力资源管理专业的人才培养和研究工作也在不断加强,两者并驾齐驱。从学者篇也可以看出,大部分研究人员都同时承担着人力资源管理和人才学两个领域的教学和研究工作。《河海大学人才研究40年》在平台和学者的收录时没有对人力资源管理与人才学进行严格区分,但在成果的收录上,严格剔除人力资源管理方面的内容,只筛选人才研究的内容。

四、框架与结构

《河海大学人才研究40年》由序、前言、主体部分九个篇章及附录、后记五大部分组成。人力资源和社会保障部原副部长、中国人才研究会会长何宪应邀作序。何会长对学校40多年的人才研究和人才培养工作给予充分的肯定和鼓励,提出殷切期望。前言阐述了书稿编撰的背景与意义、范畴与边界、资料与收集、书稿的框架与结构。主体部分共九篇词条,分别为概论、机构篇、活动篇、项目篇、著作篇、论文篇、奖项篇、研究者篇和回忆篇。附录部分共六大项条目,分别为河海大学师生承担的人才研究项目、河海大学师生出版的人才研究著作、河海大学师生发表的人才研究论文、河海大学师生荣获的人才研究奖项、河海大学研究生学位人才研究论文和河海大学人才研究40年大事记。

概论研究了河海大学人才研究的四个发展阶段、学术研究与贡献、队伍建设与人才培养、研究特色,并对未来发展提出了五点建议。

机构篇收录了华东水利学院人才研究会、河海大学人力资源研究中心、河海大学人力资源研究所、河海大学文天人力资源研究院、水利部人力资源研究院、中国(南京)人才发展研究中心、中央人才工作协调小组国家人才理论研究基地、江苏人才发展战略研究院企业人才研究中心八个研究机构和河海大学管理工程系劳动人事管理教研室(国际工商学院人力资源管理系)、河海大学商学院管理学与人力资源系这2个具有传承关系的教学平台。河海大学出版社虽然不直接从事人才研究和教学工作,但出版了大量优秀的人才研究著作,为人才研究成果的出版、发行、宣传作出了重要贡献,故而也收录其中。机构篇按机构成立的时间排序。

活动篇按时间顺序收录了15次在河海大学召开或由河海大学主办、参办的人才研究方面的座谈会、代表大会、学术报告会、理论研讨会、论坛等学术活动。其中大部分是全国性、全省性的学术盛会,有国内顶级人才研究专家参加并作专场报告,这些活动对河海人才研究的推进和宣传具有里程碑式的意义。

项目篇从142个由河海大学人才研究学者承担的项目中精选了62个代表不同时期河海人才研究不同方向的、取得较好社会效益并产生广泛社会影响的人才研究项目,介绍项目的完成人员、成果及社会经济效应,按项目下达时间排序。

著作篇选取了45部或由河海大学出版社出版,或由河海人才研究团队成员编著或参编的有一定影响力的人才学著作,介绍了作者、主要观点和内容及其在学术和社会、经济方面产生的影响、获奖情况等,按出版时间排序。

论文篇则从公开发表的学术论文中精选了128篇代表不同时期、不同人才细分领域的由河海人才学者撰写的代表性人才学论文,介绍了文章的发表情况、作者及其主要学术观点,按发表时间排序。

奖项篇收录了河海大学研究成果获得的30项比较有影响的各类优秀成果奖项,按获奖时间排序。

研究者篇收录了45位不同时期的人才研究者,分别对其学术背景、研究经历、研究领域和成果等进行简介。研究者篇按姓氏笔画排序。

回忆篇收录了22位不同时期的研究者对他们在河海大学从教、求学、从事人才研究的回忆性文章。从他们充满真诚与温情的笔触中,我们看到了师生之间的学术思想传承,看到了同事、同窗之间互相鼓励携手同行,看到了他们在人才研究之路上砥砺成长,看到了他们对学校的深情和对国家、社会的担当。回忆篇按姓氏笔画排序。

附录部分收录课题组收集到的141项人才研究项目、65部人才研究著作、704篇人才研究论文、87项人才研究奖项、266篇研究生学位人才研究论文,并逐年整理出河海大学人才研究40年大事记。研究项目条目只收录负责人、项目名称、项目来源以及下达与完成时间。著作条目只收录著者、书名、出版社与出版时间。论文条目只收录作者、题名、发表的报纸期刊名、发表卷期或时间。奖项条目只收录获奖成果类型、完成人、成果名称及奖项名称。学位论文条目只收录作者、论文题目、作者所读学院、年级、专业及学位和指导老师。

目录

序 ……………………………………………………………………………… /001
前言 …………………………………………………………………………… /001

第1部分　概论

河海大学人才研究40年：四秩耕耘结硕果　勇毅前行谱华章 …………… /003

第2部分　机构篇

1. 华东水利学院人才学研究会 …………………………………………… /023
2. 河海大学管理工程系劳动人事管理教研室（国际工商学院人力资源管理系）…… /024
3. 河海大学出版社 ………………………………………………………… /025
4. 河海大学人力资源研究中心 …………………………………………… /026
5. 河海大学商学院管理学与人力资源系 ………………………………… /027
6. 河海大学人力资源研究所 ……………………………………………… /029
7. 河海大学文天人力资源研究院 ………………………………………… /030
8. 水利部人力资源研究院 ………………………………………………… /031
9. 中国（南京）人才发展研究中心 ………………………………………… /033
10. 河海大学中央人才工作协调小组国家人才理论研究基地 ………… /035
11. 江苏省人才发展战略研究院企业人才研究中心 …………………… /036

第3部分　活动篇

1. 江苏省青年自学座谈会 ………………………………………………… /041
2. 江苏省人才研究会第一次代表大会 …………………………………… /041
3. 人事人才理论学术报告会 ……………………………………………… /042

4. 邓小平人才理论研讨会 /044
5. 首届中国人才学论坛 /045
6. 高层次创新型人才开发学术研讨会暨河海大学文天人力资源研究院成立大会 /046
7. 赵永乐参加人才发展理论创新座谈会 /047
8. 水利部人力资源研究院成立大会 /048
9. 大学生职业发展论坛 /049
10. 中国人才研究会五届三次理事会暨大学生职业发展研讨会 /050
11. 首届镇江人才发展高峰论坛 /052
12. 中国水利学会人力资源和社会保障专业委员会五届二次委员会议 /053
13. 水利部人力资源研究院管委会第三次工作会议 /054
14. "新阶段新格局新治理：人才高质量发展"高峰论坛 /055
15. 第三届水利人才与教育论坛——新阶段水利人才高质量发展 /056

第4部分　项目篇

1. 深化改革形势下，江苏省企业、农业和乡村工业科技队伍发展途径与对策研究 /061
2. 江苏省加快培养跨世纪学术和技术带头人对策研究 /062
3. 江苏省人才资源开发对策研究 /064
4. 全国水利人才与教育培训发展战略规划研究 /066
5. 江苏人才发展战略研究 /068
6. 江苏省科技创新人才队伍建设对策研究 /069
7. 江苏省企业经营者能力现状及提升对策研究 /071
8. 江苏省宣传文化系统人才工作研究 /073
9. 江苏人才强省战略研究 /075
10. 江苏省"333工程"实施评估与"十一五"高层次人才工程规划思路研究 /077
11. 海河水利委员会人才发展战略研究 /078
12. 高等学校教师业绩评估体系研究 /079
13. 浙江省长兴县"十一五"人才发展规划纲要研究 /080
14. 科技人才成长机理与资助机制研究 /081
15. 广东省水库移民管理人才发展战略研究 /082
16. 南京文化人才队伍建设对策研究 /083
17. 基于技术创新的企业科技人才绩效评价体系研究 /084

18. 重庆市高层次人才使用与管理工作机制研究 …………………………………… /085
19. 广西北部湾经济区科技人力资源合作开发与优化配置研究 …………………… /086
20. 我国科技人才创新团队增效机理研究 …………………………………………… /087
21. 江苏信息服务业人才国际化研究 ………………………………………………… /088
22. 江苏在实施"科教与人才强省""创新驱动"战略中注意发挥离退休老专家创新
    创业作用的研究 …………………………………………………………………… /089
23. 沿海地区引资与引智相结合的引智政策研究 …………………………………… /090
24. 江苏高端人才引进与培养机制研究 ……………………………………………… /092
25. 常州市人才资本测算及其对经济增长贡献率研究 ……………………………… /093
26. 水利部直属事业单位分类改革研究 ……………………………………………… /094
27. 博士后制度在高校师资队伍建设中的作用研究 ………………………………… /095
28. 西部少数民族高层次人才培养问题研究 ………………………………………… /096
29. 干部竞争性选拔的制度优化与程序规范研究 …………………………………… /097
30. 南京 321 计划实施情况绩效考评模式调研 ……………………………………… /099
31. 水利行业管理干部领导能力培养及评价机制研究 ……………………………… /101
32. 西部地区人才培养、吸引和使用机制研究 ……………………………………… /103
33. 江苏省双创人才激励政策效度评估机制研究——以"科技企业家"政策为例 … /105
34. 盐城市"十三五"人才发展规划研究 …………………………………………… /105
35. 大数据时代高智价值识别及工作嵌入反哺跟踪模型研究 ……………………… /106
36. 建立与经济社会发展需求相适应的人才需求预测与调整机制 ………………… /107
37. 海外引进人才的科研合作行为及其影响因素研究——以＊＊学者为例 ……… /109
38. 海外引进人才的跨国资本及其本土化问题研究 ………………………………… /110
39. "十三五"省属企业经营管理人才发展规划 …………………………………… /111
40. 创新人才要素配置的市场作用研究 ……………………………………………… /112
41. 供需匹配视角下提升我国新兴产业企业家创业胜任力的政策供给研究 ……… /113
42. 依靠社会组织建立支撑人才创新创业金融服务体系研究 ……………………… /115
43. 依靠社会组织优化江苏新兴产业人才环境的策略研究 ………………………… /116
44. 江苏省装备制造行业人才强企机制研究 ………………………………………… /117
45. 江苏创新创业生态系统的激励机制和政策工具研究 …………………………… /118
46. "一带一路"中的中国国际工程企业人才全球化推进机制研究 ……………… /119
47. 黄河水利科学研究院组织诊断与人才队伍建设规划研究 ……………………… /121
48. 推进江苏更深层次的人才体制机制改革研究 …………………………………… /122

49. 跨文化背景下水利专业技术人才培养研究 /123
50. 南京构建具有全球竞争力的人才制度体系研究 /124
51. 提升江苏制造业人才国际竞争力研究 /126
52. 江苏省青年拔尖人才培养机制研究 /129
53. 我国高校高层次人才流动规律研究 /130
54. 水利改革与发展研究——水利人才创新团队建设和管理研究 /131
55. 科研人员流动与职业成就的关系研究 /132
56. 江苏以产才城一体化建设人才友好环境研究 /132
57. 江苏省民营女企业家生产经营现状与转型发展对策研究 /134
58. 新文科背景下面向"一带一路"的涉外复合型应用技术人才培养模式创新研究 /135
59. 乡村振兴战略背景下江苏返乡创业人才环境优化研究——以徐州为例 /136
60. 盐城企业人才创新活力研究 /137
61. "产-才-城"适配视域下长三角人才一体化发展的协同机制研究 /139
62. 适配南京高质量发展的科技人才全链条引进培育机制及激励政策研究 /140

第5部分 著作篇

1. 用人新论 /145
2. 作家人才学 /145
3. 当代著名科学家科学成就与哲学思想 /146
4. 人才,走向市场——人才市场学概论 /147
5. 科技队伍建设与发展 /149
6. 江苏农民实业家辞典 /150
7. 古今用人要诀 /151
8. 充分发挥现有人才作用的研究 /152
9. 新世纪人才曙光:江苏省加快培养跨世纪学术和技术带头人对策研究 /153
10. 现代人才规划技术 /155
11. 高等工程技术人才的素质与培养 /157
12. 知识经济与创新人才 /158
13. 人才市场新论 /159
14. 新世纪人才实证研究 /161
15. 创新型人才培育概论 /162

16. 青年人才成长的理论与实践——大学生职业规划与创业教育 …… /162
17. 高管团队人口特征对高管离职的影响研究 …… /163
18. 知识型员工的激励机制研究 …… /165
19. 人才资本产权实现的路径模式与制度安排 …… /166
20. 科技人才开发战略及创新绩效研究 …… /167
21. 宏观人才学概论 …… /169
22. 技术创新中的CTO研究 …… /171
23. 自主创新人才评价与提升 …… /172
24. 科技人才创新行为管理与队伍建设 …… /173
25. 求索中国特色人才路 …… /174
26. 城市人才创新创业环境优化的策略 …… /175
27. 聘任制公务员契约治理研究 …… /176
28. 老年科技人才隐性人力资本的转化研究 …… /177
29. 人才学简明教程 …… /178
30. 南京浦口人才管理改革试验区建设研究 …… /180
31. 调研江苏：发挥老年专家创新创业作用研究 …… /181
32. 高校创新人才战略选择 …… /183
33. 调研南京：加快人才优势向发展优势转化 …… /184
34. 镇江"十三五"人才发展研究 …… /186
35. 人才资本与经济协调发展研究——以常州市为例 …… /187
36. 高端人才引进培养机制和管理创新研究——以江苏省为例 …… /188
37. 2018年中国水利人才发展研究报告 …… /189
38. 产业集群与人才集聚相互驱动和耦合发展研究 …… /190
39. 南京构建具有全球竞争力的人才制度体系研究 …… /191
40. 河长制治理理论与实践 …… /193
41. 西南地区基层公共文化人才培养和激励机制研究 …… /194
42. 2019年中国水利人才发展研究报告 …… /195
43. 干部选拔任用的制度优化与程序规范研究 …… /197
44. 我国西部地区人才吸引和使用优化研究 …… /198
45. 国际创新名城人才制度与治理研究——基于南京人才新发展格局的实践探索
   …… /199

第6部分　论文篇

1. 科技队伍的管理 …… /203
2. 教研室的人才系统结构 …… /204
3. 论现代领导科学 …… /205
4. 高层次复合型是跨世纪水利人才的基本特征 …… /206
5. 21世纪人才培养的走向 …… /207
6. 世界贸易大战与人才战略取向 …… /208
7. 论知识经济与智力资源 …… /209
8. 论邓小平选人用人思想的特点 …… /210
9. 国企经营管理人员的激励与约束机制 …… /211
10. 浅析领导者非权力威望 …… /211
11. 人才市场化与政府归位 …… /212
12. 论人才可持续发展能力的建设 …… /213
13. 试论高等学校教师的业绩评估 …… /214
14. 构建高素质创新人才培养体系的思考与实践 …… /215
15. 神经网络模型对城市人才资源总量的预测 …… /216
16. 面向市场"订单式"培养复合型人才 …… /217
17. 关于科学人才观的几点认识 …… /218
18. 人才强国战略实现途径和动力的选择 …… /219
19. 人才资本价值在组织中的实现途径 …… /220
20. 论组织价值与人才资本价值的关系 …… /221
21. 契约理念：高校师资管理的新视野 …… /222
22. 跨国公司在我国的人才战略及我国的对策 …… /222
23. 实现人才价值　大力推进人才市场化进程 …… /223
24. 探析高校教师学历-职称之间的转换规律 …… /225
25. 转型时期国有商业银行的人才开发策略 …… /226
26. 韩国高层次研发人才资源发展对江苏现时期的启示 …… /227
27. 多维度培养大学生科技创新能力 …… /228
28. 人才团队创新价值分析模型 …… /229
29. 探讨高校教师职称晋升的政策与实践 …… /230
30. 跨国公司在华设立研发机构对我国人才的影响效应分析 …… /231
31. 高校教师职务聘任管理中的"蝴蝶效应" …… /232

32. 基于新人才体制框架的中国人才法律体系 /233
33. 树立科学发展观　深化高校职务聘任改革 /233
34. 中国高校教师职称改革模式的抉择 /234
35. 基于因子分析的江苏省人才环境评价研究 /235
36. 知识经济条件下江苏人才资源开发战略探析 /236
37. 我国人才市场体系的法制环境现状分析 /237
38. 我国区域人才发展指数研究 /238
39. 事业单位岗位绩效工资制度改革探析 /239
40. 我国水利人才资源开发与管理SWOT分析 /240
41. 论人才才能三态的关系特征及现实意义 /240
42. 我国人才资本对经济增长的贡献研究 /241
43. 高校人力资本价值模型研究 /242
44. 东部知识产权人才SWOT分析 /243
45. 市级税务系统人才配置建模思路 /244
46. 美国的人才强国之路与中国的人才强国战略 /245
47. 关于科技人才成长与资助关系的思考 /246
48. 人才招聘的关键问题研究 /247
49. 坚持以人为本　探索创新型水利人才培养机制 /248
50. 海归人才在常州市创业的典型案例分析 /249
51. 打造国家级高层次创新人才方阵 /250
52. 科技人才成长与资助的现状调查 /251
53. EAP视阈下知识型员工的职业生涯管理 /252
54. 人才招聘中的品德测评 /253
55. 服务发展的新要求——从人才特区看人才引领发展 /254
56. 中国企业CTO的成长路径 /255
57. 人才发展方式的根本性转变与人才结构的战略性调整 /256
58. 创新人才培养模式之"知行统一"研究 /257
59. 科技人才集聚效应的实证研究——基于江苏的数据 /258
60. 老年科技人员创新创业限制因素的实证研究——以江苏为例 /259
61. 遵循系统培养的人才开发规律 /260
62. 工作价值观异质性作用与高科技创业团队效能内部关系研究——基于社会认同视角 /261

63. 从乔布斯的不同凡"想"到创业领军人才培养的不拘一格 …………………… /262
64. 培养高素质水利人才 服务水利事业跨越式发展 ……………………………… /263
65. 人才裂变与组织内创新创业 …………………………………………………… /264
66. 加快人才优势向经济发展优势转化研究——人才问题的"南京现象"及其破解策略
   …………………………………………………………………………………… /265
67. 基于高等教育大众化的我国农村人力资源迁移策略研究 …………………… /266
68. 绩效管理视角下的公务员职位职责治理框架研究 …………………………… /267
69. 官员董事与上市公司绩效指征实证检验 ……………………………………… /268
70. 大学创新人才战略须借鉴国外成熟经验 ……………………………………… /269
71. 农业现代化视角下的科技人才保障机制探讨——以扬州市为例 …………… /270
72. 坚持和完善以党管人才为核心的基本人才制度 ……………………………… /271
73. 高管薪酬影响因素权重分析 …………………………………………………… /272
74. 高校创新团队信任影响绩效过程模型研究 …………………………………… /273
75. 人才与产业耦合：创新驱动下西部人才培养路径 …………………………… /274
76. 经济学视角下高校创新团队成长机理 ………………………………………… /275
77. 人才管理政府与市场关系研究 ………………………………………………… /276
78. 产业人才工程：实践困惑、理论反思及路径重构——以A省某产业人才工程建设
   为例 ……………………………………………………………………………… /277
79. 中国青年创客创业政策评价与趋势研判 ……………………………………… /278
80. 基于WSBM的创新创业政策效度评估及优化对策——以江苏省"科技企业家培
   育工程"政策为例 ……………………………………………………………… /279
81. 创新驱动发展背景下的政府人才治理：内涵、发展困境及应对策略 ………… /280
82. 全球高端人才流动和集聚的影响因素研究 …………………………………… /281
83. ISM框架下女性创业绩效影响因素分析——一个创业失败的案例研究 …… /282
84. 新兴产业企业家创业胜任力的构成体系研究——基于创业机会理论的探索性分析
   …………………………………………………………………………………… /283
85. 创建世界一流学科 打造行业创新人才培养高地 …………………………… /284
86. 基于学历-职称的人才资本测算研究——以常州市为例 …………………… /285
87. 提升实体经济企业人才竞争力 ………………………………………………… /286
88. 1978—2017年中国科技人才政策变迁研究 ………………………………… /287
89. 海归学者的跨国资本本土化及其效果评价研究 ……………………………… /288
90. 基于框架分析法的高校高层次人才薪酬激励模式创新研究 ………………… /289

91. 从特色到优势：进一步提升我国人才制度体系的全球竞争力 ……………… /290
92. Relationship between Dual Innovation Ability and Scientific Research Performance of High-level Talents in Colleges and Universities ……………… /291
93. "双一流"视角下高校管理人才队伍建设的思考 ……………… /292
94. 高校创新人才培养绩效评价及对策研究 ……………… /292
95. 政策契合、资源整合与创业能力——高层次科技人才案例扎根研究 ……………… /293
96. 南京充分发挥市场在构建全球竞争力人才制度体系中的决定作用 ……………… /294
97. When international mobility meets local connections: Evidence from China
……………… /295
98. 河(湖)长制推进水生态文明建设的战略路径研究 ……………… /296
99. 区域人才集聚与活力激发的路径探析 ……………… /297
100. 创业政策与创业模式匹配对创业绩效影响机制 ……………… /298
101. 研究生应用型人才联合培养的长效机制 ……………… /299
102. 科技人才流动与经济高质量发展互动关系研究——以长江经济带为例 ……… /300
103. 以社会需求为导向，依托优势学科的环境类人才培养创新与实践 ……………… /301
104. 释放高层次人才创新动能　提升创新首位度 ……………… /302
105. 人才争夺战背景下的人才红利研究：理论透视、发展障碍与政策创新 ………… /302
106. 规模扩张还是产品研发？——创业资助对新生企业家创业导向的影响 ……… /303
107. 支持性组织氛围对科技人员主动创新行为影响研究：自我决定感与分配公平的作用 ……………… /304
108. 基于问题与需求的南京市人才制度体系建设方略 ……………… /305
109. 企业人才竞争力的空间分异特征及驱动因素研究——以江苏省工业企业为例
……………… /306
110. 创业期望、风险恐惧与新生企业家的创业行为——基于调节聚焦理论 ……… /307
111. 坚持和完善共建共治共享的人才社会治理制度 ……………… /308
112. 长三角人才集聚的非均衡格局与一体化协同发展机制 ……………… /310
113. 服务环境对新生企业家创业导向的影响 ……………… /311
114. 基层河长胜任力模型构建的实证研究 ……………… /312
115. 基于粮食安全视角的农业水利技术推进与人才培养创新——以河海大学为例
……………… /313
116. "十四五"人才发展的主题、主线、动力与格局 ……………… /314
117. 创新团队共享领导、组织环境与创造力 ……………… /315

118. 创业还是就业？——行为经济学视角下的动态效用最大化分析 ·············· /316
119. 为什么中国缺少学术型企业家？——基于"认知目的"论 ······················ /317
120. 营造良好人才创新生态环境 ··· /318
121. 多元主体协同构建人才全球化循环机制 ·· /320
122. 水利事业单位人才资源价值评估研究 ·· /320
123. 东道国人才生态环境对人才根植意愿的影响——人才成长预期的中介效应
    ·· /321
124. 新时代人才发展的新阶段、新格局和新治理 ·· /322
125. 京津冀、长三角、粤港澳科技人才流动模式研究——基于国家科技奖励获得者
    的实证分析 ·· /324
126. 社会技术系统联合最优视角下国际工程项目拓展与人才配置的互动研究 ········ /325
127. 基于ANP-FCE的水利工程专业技术人才分类评价模型研究 ···························· /326
128. "一带一路"背景下中国国际工程企业如何吸引高质量全球化人才 ················· /327

第7部分　奖项篇

1. 作家人才学 ··· /331
2. 科技队伍建设与发展 ·· /331
3. 江苏省加快培养跨世纪学术和技术带头人对策研究 ·· /331
4. 新世纪人才曙光：江苏省加快培养跨世纪学术和技术带头人对策研究 ·········· /332
5. 人才，走向市场——人才市场学概论 ··· /332
6. 江苏省人才资源开发对策研究 ·· /333
7. 全国水利人才与教育培训发展战略规划研究 ·· /333
8. 关于江苏省科技创新人才队伍建设的对策建议 ·· /334
9. 江苏省企业经营者能力现状及提升对策研究 ·· /335
10. 南京321计划实施情况绩效考评模式调研 ·· /335
11. 科技人才开发战略及创新绩效研究 ··· /336
12. 深化改革：人才优势转化为发展优势的根本动力 ··· /336
13. 江苏省离退休老专家创新创业作用发挥的调查研究 ··· /337
14. 江苏省工业企业人才竞争力系列报告(2016) ·· /338
15. 校友教师在研究合作中的表现如何？ ··· /339
16. 江苏战略性新兴产业人才队伍建设的非均衡、需求预测与应对策略 ············ /340
17. 人才资本驱动常州经济转型发展研究 ··· /341

18. 江苏战略性新兴产业人才需求预测与开发研究 /342
19. 淮委创新团队建设模式探讨 /343
20. 浙江省水利现代化人才需求趋势及队伍建设动态研究 /344
21. 新时期水利高技能人才队伍建设研究——以陕西河务局为例 /345
22. 聘任制公务员契约治理研究 /346
23. 高端人才引进培养机制和管理创新研究——以江苏省为例 /346
24. 南京具有全球竞争力的人才制度体系构建研究 /346
25. 提升江苏制造业人才国际竞争力研究 /347
26. 镇江市创业领军人才引进政策优化研究 /348
27. 新时代水利人才创新团队建设和管理 /349
28. 团队胜任力视角下的防汛防旱抢险专业队伍能力评价体系研究 /350
29. 盐城企业人才创新活力研究 /351
30. 盐城企业人才创新活力研究报告 /352

第8部分　研究者篇

1. 王斌 /355
2. 王慧 /356
3. 王云昌 /357
4. 王全纲 /358
5. 王济干 /359
6. 王培君 /360
7. 邓玉林 /361
8. 石金楼 /362
9. 申林 /363
10. 司江伟 /364
11. 成长春 /365
12. 吕江洪 /367
13. 刘钢 /368
14. 刘忠艳 /369
15. 孙友然 /370
16. 李卉 /371
17. 李峰 /371

18. 李法顺 ………………………………………………………… /372
19. 杨文健 ………………………………………………………… /373
20. 吴方 …………………………………………………………… /374
21. 汪群 …………………………………………………………… /375
22. 沈鸿 …………………………………………………………… /376
23. 张龙 …………………………………………………………… /378
24. 张阳 …………………………………………………………… /379
25. 张长征 ………………………………………………………… /380
26. 张军仁 ………………………………………………………… /381
27. 张宏伟 ………………………………………………………… /381
28. 张宏如 ………………………………………………………… /382
29. 陈双双 ………………………………………………………… /383
30. 治宇 …………………………………………………………… /384
31. 赵永乐 ………………………………………………………… /385
32. 袁兴国 ………………………………………………………… /387
33. 陶卓 …………………………………………………………… /387
34. 徐军海 ………………………………………………………… /388
35. 殷凤春 ………………………………………………………… /390
36. 高虹 …………………………………………………………… /391
37. 郭万牛 ………………………………………………………… /391
38. 郭祥林 ………………………………………………………… /392
39. 唐震 …………………………………………………………… /393
40. 黄永春 ………………………………………………………… /394
41. 崔祥民 ………………………………………………………… /395
42. 梁训 …………………………………………………………… /396
43. 樊传浩 ………………………………………………………… /397
44. 潘运军 ………………………………………………………… /397
45. 魏萍 …………………………………………………………… /398

第9部分 回忆篇

1. 仰高深学 知行致远——我的河海大学人才研究经历 …………… 王全纲/403
2. 忆先师杨文健教授日常二三事 ……………………………………… 仇凤仙/405

3. 登山知天高　临溪知地厚——我与河海大学人才研究的25年 ………… 司江伟/407
4. 高校人才培养的几点思考 …………………………………………………… 成长春/410
5. 在人才研究中成长 …………………………………………………………… 吕江洪/412
6. 忆南京峥嵘岁月　温河海人才情缘 ………………………………………… 刘忠艳/415
7. 致力人才研究　助力人才发展——祝河海大学人才研究40年 ………… 李 卉/417
8. 回忆我职业生涯中的"人才学会"情结 …………………………………… 李法顺/419
9. 我回忆的往事 ………………………………………………………………… 汪 群/421
10. 怀念河海大学的博士学习生涯 …………………………………………… 沈 鸿/422
11. 母校人才研究回忆录 ……………………………………………………… 张书凤/424
12. 关注新兴产业发展，聚焦人才队伍建设 ………………………………… 张长征/426
13. 将真情寓于行——在河海大学从事人才研究的体会 ………………… 张宏如/429
14. 河海大学：我人才研究的启蒙之地和助力之源——祝贺河海大学人才研究
    四十年 …………………………………………………………………… 张新岭/431
15. 生命因此而灿烂——我与河海大学人才研究的16年 ………………… 陈双双/434
16. 我和人才学 ………………………………………………………………… 袁兴国/437
17. 聆听大师之言，理解人才研究之美 ……………………………………… 陶 卓/440
18. 走在人才学求知探索的路上 ……………………………………………… 殷凤春/443
19. 我的河海人才研究、工作与活动 ………………………………………… 黄永春/445
20. 我与人才学的邂逅 ………………………………………………………… 崔祥民/446
21. 难忘闻天馆——河海大学人才研究四十年侧记 ……………………… 潘运军/448
22. 因河海与"人才"结缘 ……………………………………………………… 魏 萍/452

第10部分　附录

附录1　河海大学师生承担的人才研究项目 ………………………………………… /457
附录2　河海大学师生出版的人才研究著作 ………………………………………… /466
附录3　河海大学师生发表的人才研究论文 ………………………………………… /470
附录4　河海大学师生荣获的人才研究奖项 ………………………………………… /505
附录5　河海大学研究生学位人才研究论文 ………………………………………… /511
附录6　河海大学人才研究40年大事记 …………………………………………… /526

后　记 ………………………………………………………………………………… /547

第1部分
概论

河海大学人才研究40年：
四秩耕耘结硕果　勇毅前行谱华章

2022年，我们迎来了华东水利学院办学70周年，也是河海大学建校107年。在百余年的办学历程中，河海从一所专门培养水利人才的学校逐步发展为以水利为特色，理工科为主，多学科协调发展的综合性大学。在这样一个理工科为主的大学中有一门社会科学在全国拥有很高的知名度，研究平台、人才队伍和研究成果均位于高校前列，那就是人才研究。作为在改革开放初期即涉足人才研究和教学的高校，河海大学人才研究和人才培养工作已经走过了40个年头，40年来有一群河海人本着兴学育才的使命，在为党育人为国育才的道路上踔厉奋发、勇毅前行、默默耕耘，硕果累累。

40年来河海大学师生积极参与人才研究，涌现出一批批从事人才研究、实践的青年学者和从业人员。据不完全统计，河海大学师生发表人才研究方面的论文704篇；出版专著65部；完成科研项目(课题)141项，其中国家社会科学基金项目7项，国家自然科学基金项目2项，中央人才工作协调小组委托项目3项，中组部、人社部、文化部等国家部委项目8项；获得各级各类奖项87项，其中全国人事（人才）研究成果一等奖5项、二等奖5项、三等奖1项，中组部重大调研课题一等奖1项、二等奖1项，省科技进步奖二等奖2项，省哲学社会科学优秀成果一等奖1项、三等奖4项、决策咨询奖1项。在人才研究方面形成了河海特色，为我国的人才研究和人才工作发展作出了重要贡献。本篇主要介绍河海大学人才研究的兴起与发展历程、学术研究与贡献、队伍建设与人才培养以及河海人才研究的特色，并对新时代新发展略作展望。

一、兴起与发展历程

河海大学人才学研究40年的历程可以分为四个阶段：第一阶段从1981年到1996年，为起步阶段；第二阶段从1997年到2007年，为初兴阶段；第三阶段从2008年到2015年，为拓展阶段；第四阶段从2016年至今，为繁荣阶段。

1. 起步阶段(1981—1996年)

1978年召开的党的十一届三中全会开启了中国改革开放和现代化建设的新历程，提出了"尊重知识、尊重人才"的重要方针，人才问题引起众多学者的关注。1979年，人才学作为一门学科在我国正式诞生，同年中国人才学研究会筹备组在北京成立。1980年11月底至12月初，全国第一次人才学学术讨论会在合肥召开。1981年12月，中国人才研究会在沈阳宣告成立。

河海人在改革开放的浪潮中紧紧把握时代发展的脉搏，展现出水利人特有的勇气、担当和创新精神。1981年成立的华东水利学院人才学研究会（后随华东水利学院恢复传统校名而更名为河海大学人才学研究会,以下简称研究会)标志着河海大学人才研究正式起步,是全国高校较早成立的人才研究组织之一,也是江苏省人才研究会的发起单位之一,研究会多位骨干成员参与了江苏省人才研究会成立前的筹备工作,并在成立后担任主要职务。作为研究会首任理事长的老组织部部长郭颖是江苏省人才研究会的创始人之一,1981年积极参与筹备江苏省人才研究会,1982年担任经当时的江苏省委科教部批准成立的江苏省人才研究会筹备会副理事长;研究会第二任理事长、时任校党委组织部部长贾启模曾担任江苏省人才研究会首届理事会常务理事;研究会第三任理事长、时任校党委书记的李法顺曾担任江苏省人才研究会(1988年之后为江苏省人才学会)第二届、第三届、第四届、第五届理事会副理事长;研究会秘书长梁训担任江苏省人才研究会首届、第二届、第三届理事会理事;会员马成志担任江苏省人才研究会第三届、第四届常务理事兼副秘书长。

据老书记李法顺回忆,当时许多年轻教师刚刚跨出学校大门,由于没有受过教育教学方面的专门培训,只懂专业,对如何教书育人感到迷茫和困惑,需要补充人才培养方面的知识。正是出于这种朴素的追求,他们从自身工作实际出发,开始探讨研究"教研室人才结构""大学生成才""研究生培养"等方面的主题;部分进入领导岗位的教师,开始关注如何育人、用人,于是将研究主题拓展到"领导科学"。随着社会经济的发展,学者们又把目光投向地方经济建设和社会发展需求,对企业人才、经营管理人才、农村人才开展调查研究,产生了系列成果。部分成员还对用人哲学、领导哲学、传统人才思想等开展研究。

研究会成立后组织了一系列的人才学相关教学活动,积极开展学术活动与对外交流。20世纪80年代,研究会积极参与江苏省人才研究会的筹备工作,江苏青年自学座谈会、江苏省人才研究会第一次代表大会均在华东水利学院召开,其他多次学术研讨活动中也都有河海人的身影。1982年10月华东水利学院举办建院30周年学术报告,人才学和学校传统重点学科一起成为10个专题之一。学者们还在本省一些县市甚至到深圳进行讲学。一些老师还担任了江苏省人才研究会、江苏省人才学会人才学教学委员会、江苏省中青年经济研究会等学术团体的领导职务。与国际劳动组织、人才资源开发网、中国网、美国密歇根大学和夏威夷大学建立了稳定的学术交流关系。

社科系的谭达德、梁刚、潘正初、吴宾、崔永清等老师参加了由江苏省科学技术委员会1987年10月下达的"深化改革形势下,江苏省企业、农业和乡村工业科技队伍发展途径与对策研究"课题调研并提供基础报告。人力资源管理专业的司马雪放等教师还参与了2006年赵永乐主持的江苏省软科学项目"江苏省加快培养跨世纪学术和技术带头人对策研究"调研,参加了《新世纪人才曙光:江苏省加快培养跨世纪学术和技术带头人对策研究》的编写工作。

1990年经水利部批准成立河海大学人力资源研究中心,该中心致力于人力资源管理与开发的教学、人才研究和实践探索工作,逐步发展成河海人才研究的主要平台。1991年1月,江苏省人才学会(系江苏省人才研究会更名)人才学教学委员会在南京成立,挂靠在河海大学管理系。李法顺担任理事长,杨周道担任副理事长,马成志担任秘书长,张阳和王云昌担任副秘书长。

20世纪90年代起,随着计算机技术、心理学等学科的发展,学者们与时俱进,立足学生培养和行业人才问题,完成了"计算机在人力资源开发计划中的应用""管理类大学生能力结构和培养途径的研究""大学生心理咨询评估研究""大学生心理档案库软件""移民社会调适问题研究"等研究课题,同时面向水利行业,参与了水利部关于水利系统富余劳动力的合理安置及对策研究调研、水利行业保险与统筹的政策研究等项目。

学校领导也非常重视对人才培养尤其是水利类人才培养规律和方向的研究探索,严恺院士、姜弘道校长分别在《中国水利》上发表了《大力培养科技人才》《高层次复合型是跨世纪水利人才的基本特征》《21世纪人才培养的走向》《为"水利第一"培育一流英才》等文章,为学校人才培养指明了方向。

改革开放初期,人才研究的大环境还不是非常友好,但是解放思想的社会氛围和开拓进取的时代背景坚定了河海人冒着风险投身人才学调查研究的决心和信心,体现了他们敢为人先和求实奉献的精神。这一阶段河海大学的人才研究主要以人才学研究会为依托,研究主题总体来说比较分散,以应用研究为主,较少涉及人才学基础理论。早期研究人员以兼职为主,主要是出于个人的兴趣爱好或从自身工作出发延伸到人才领域,随着研究平台和教学机构的变革以及部分老同志的退休,研究群体逐步更新换代,后期有了专职的教学和科研人员,但还未形成研究团队。

2. 初兴阶段(1997—2007 年)

1997 年赵永乐教授以人才引进的方式正式加盟河海大学,担任人力资源研究中心主任、学科带头人,为河海大学人才研究注入了强劲动力,开启了河海大学人才研究的新篇章。2003 年 12 月全国人才工作会议召开,党和国家作出了进一步加强人才工作的决定,也为人才研究带来了新的契机,提供了更广阔的舞台。

这一阶段,人力资源研究中心成为学校人才研究的主要平台,中心每年固定开展四期学术研讨活动,分别由赵永乐、王济干、杨文健、马成志四位学者轮流组织,形成了良好的学术研究和交流氛围。以管理学等相关学科的硕、博士点为依托,学校开始招收人才研究方向的硕、博士研究生,开展人才研究专门人才的培养工作。

在赵永乐教授的推动和主持下,学校分别于 1997 年、1998 年和 2004 年主办了人事人才理论学术报告会、邓小平人才理论研讨会和首届中国人才学论坛暨学术研讨会。三次全国范围内人才研究领域的盛会汇聚了相关部门的领导和国内人才研究领域的重要学者,大大开阔了河海师生的眼界,提升了河海大学在人才研究学界的声誉与影响力,对河海的人才研究工作起到了极大的鼓舞和促进作用。

自 2005 年始,人力资源研究中心逐渐形成了以赵永乐、王济干、杨文健、马成志、王培君、魏萍为骨干的较为稳定的人才学和人力资源管理研究团队,每年定期举办 3~4 期学术研讨会。张阳、汪群、周海炜、陈京民、郭祥林、李晖、刘戎等老师在战略管理、人力资源管理、人事管理研究的基础上也开始涉足人才相关研究,并取得不菲的研究成果。

11 年间研究成果大幅增长,据不完全统计,这个阶段共完成科研项目 32 项,包括江苏省重大发展战略研究课题在内的水利部、江苏省、广东省等部、省级政府部门招标或委托项目 19 项,市(县)级政府招标或委托项目 4 项,企业委托项目 9 项。发表期刊、报纸和会议论文 189 篇,出版专著 7 部。获各级各类奖项 19 项,其中全国人事(人才)研究成果一等奖5项、二等奖5项、三等奖1项,江苏省科技二等奖1项,省级哲学社会科学类奖项4项,南京市科技进步二等奖1项,南京市哲学社会科学优秀成果三等奖1项。

研究范围涉及理论人才学、交叉人才学和专门人才学等,服务对象包括各级部门、行业、地区、企业等,研究主题涵盖人才资源开发、人才发展战略、人才资源管理、人才队伍建设规划、人才成长机理等。赵永乐对人才市场的研究进一步深入,在《人才,走向市场——人才市场学概论》一书的基础上进行延伸和创新,出版专著《人才市场新论》;研究重点逐步拓展到人才战略规划方向,出版了《现代人才规划技术》,在国内首次提出现代人才规划技术体系,后作为国家中长期人才发展规划纲要(2010—2020年)编制的参考书使用。

值得关注的是,以本书附录1为统计对象,2001—2005年期间企业委托研究的项目有9项,占第二阶段承担项目的28%。这些项目主要围绕经营管理人才和专业技术人才的培训、选拔、素质评估展开,凸显出进入新世纪,尤其是加入WTO后,面对激烈的市场竞争,企业迫切需要专业团队协助解决人才问题。

由于有学科带头人的引领和学位点的支撑,河海的人才研究得到快速发展,学术活动提档升级;研究领域从以应用研究为主拓展到理论研究与应用研究并重,为地方经济社会发展提供人才政策支撑作出了贡献;初步形成了以赵永乐为核心的多骨干研究团队,研究力量大大增强;研究成果增长显著,河海大学在全国人才研究领域的影响力和声誉迅速提升。

3. 拓展阶段(2008—2015年)

2008年以后,河海大学的人才研究继续保持着昂扬的发展势头,尤其是2010年《国家中长期人才发展规划纲要(2010—2020年)》的印发为人才学研究指明了方向、提出了新要求,学校人才研究平台得到提升,研究主题不断丰富,研究队伍不断壮大,研究团队得到拓展。

首先表现在研究平台的更新迭代和一批省、部级高端平台的建立。2011年10月,王济干教授担任人力资源研究中心主任,赵永乐教授被聘为名誉主任,中心加强与水利部和水利行业在人才、人力资源方面的合作,开启了人才研究的新阶段。同年,水利部在河海大学人力资源研究中心的基础上组建水利部人力资源研究院,紧紧围绕水利人事人才工作需要,广泛开展水利人才规划、管理、成长、评价研究与创新活动,加强国内外水利人才产学研的交流与合作,发展成为水利人才的研究中心、咨询中心和信息中心,为水利大发展提供人才管理和开发的智力支持。2012年3月,南京市委、南京市政府和河海大学共同组建中国(南京)人才发展研究中心,以共建国家级创业创新人才研究平台、区域性人才理论成果交流平台、南京紫金人才特区建设咨询平台,为市委市政府创新人才政策和体制机制、建设国家人才特区提供理论支撑和工作咨询。2014年5月22日,河海大学获得中央人才工作协调小组命名国家"人才理论研究基地"并授牌,是全国13家获得授牌的单位之一。基地的任务是承担国家人才发展战略研究任务,服务宏观决策,服务人才发展,成为人才领域的思想引擎和研究高地。2015年江苏人才发展战略研究院企业人才研究中心成立,挂靠河海大学,王慧敏任主任,刘刚任副主任,先后承担了多项科研项目,撰写了多篇人才工作相关的报告,从政府、企业、人才等多角度评估人才工作并有针对性地给出了导向性的建议,为江苏省人才工作作出了重要贡献。

其次表现在大型全国性会议的举办。2009年10月,高层次创新型人才开发学术研讨会暨河海大学文天人力资源研究院成立大会在河海大学文天学院举行,就高层次创新型人才开发、国家级高层次创新人才方阵打造、创新团队的思考和人才测评在企业管理人员选拔中的应用等主题开展学术报告与交流。2011年12月,全国首届"大学生职业发展论坛"在河海大学举行,探讨大学生职业发展规律,研究如何发挥高等教育人才培养的基础性作用以引导人才结构战略性调整,高等教育专业设置改革与大学生职业发展的关系,企业社会责任与大学生就业如何实现"无缝对接",以及企业人力资本投资对大学生职业发展的影响等热点问题。2013年11月,中国人才研究会第三届理事会暨大学生职业发展研讨会在安徽省马鞍山市隆重举行,河海大学文天人力资源研究院参与了该次会议的会务工作。会议通过了新修订的中国人才研究会分支机构管理办法和增补常务理事、理事候选人名单,并就人才学发展新思路、创新人才培养主题进行了探讨。

这一阶段的研究成果也极为丰富。科研项目层次进一步提升,据不完全统计,承担的科研项目包括国家社会科学基金3项,国家自然科学基金1项,中组部及中央人才工作协调小组办公室委托项目3项,中国人才研究会项目1项,水利部、人社部、国家外国专家局等部门项目8项,江苏省哲学社会科学基金1项,山东省自然科学基金1项。发表论文269篇,出版专著17部。获各级各类奖项18项,其中中组部重大调研课题一等奖2项,江苏省哲学社会科学优秀成果一等奖、三等奖各1项,广东组织部系统重大调研课题一等奖及深圳市委、市政府重大调研课题一等奖各1项。

更为重要的是围绕中央人才工作和水利人才研究两条主线,形成了2支成熟的研究团队。以赵永乐、王培君、魏萍、郭祥林、徐军海等为主的团队依托中央人才工作协调小组国家人才理论研究基地,聚焦国家战略,研究主题主要围绕党管人才、人才强国战略、区域人才规划等;以王济干、蒋来娣、李娜、樊传浩、张龙、邓玉林等为主的团队依靠水利部人力资源研究院,立足水利系统开展了系列研究。此外,还形成了以王慧敏、刘钢等为主的团队和以汪群、李卉等为主的团队。这些稳定的研究团队为学校人才研究进一步繁荣奠定了坚实的基础。

4. 繁荣阶段(2016年至今)

2016年以来,越来越多的年轻学者参与到人才研究领域,河海的人才研究方向进一步拓宽,研究方法不断创新,研究成果也得到更多的认可。校党委书记唐洪武亲自担纲,获得了2018年度南京市哲学社会科学基金春季公开招标的重大项目"南京构建具有全球竞争力的人才制度体系研究"(18CA02)立项。该项目在确立南京构建具有全球竞争力的人才制度体系的指导思想的基础上,明确了人才制度体系建设的三大功能定位、五项遵循原则和五点建设思路、三个具体目标、四项重点任务与四大战略部署,提出了以"一主攻"方向、"三强"对策和"三新"保障为主要框架的对策建议体系。尽管王济干、王培君、魏萍、汪群、徐军海等人才研究骨干已经离开河海大学到其他高校担任领导,但是他们仍然没有离开或完全离开河海大学的人才研究领域,即使离开了也在现岗位上从事新的范畴的人才研究。河海大学人才研究内容从国家级战略研究到地区、行业人才的具体问题,宏观、中观、微观均有涉猎；学科、专业及学位点建设使得人才研究组织保障更为完善，随着黄永春、樊传浩、张长征、李峰等一批青年学者的加入，队伍得到进一步充实；研究视野不再局限于国内、行业内，而是拓展到人才强国战略、"一带一路"倡议、乡村振兴战略、国际竞争背景下，关注人才"走出去"面临的形势和问题；研究焦点紧跟国家发展战略，在诸如聚焦西部大开发、长三角一体化、"十三五"规划、"十四五"规划、制造强国建设等方面开展了大量研究实践。

2021年5月，河海大学举办了"新阶段新格局新治理：人才高质量发展"高峰论坛，与会专家学者围绕建设人才强国目标分别作主旨报告，探讨了人才高质量发展的新挑战、新定义、新规律、新模式、新理念及新发展格局下人才工作的战略任务等基本理论问题，还就新发展格局下人才创新活力激发、人才高质量发展战略、区域地方人才发展体制机制以及人才评价改革等热点进行了交流。2021年9月中央人才工作会议后，河海大学中央人才工作协调小组国家人才理论研究基地随即召开学习中央人才工作会议精神座谈会，深入学习习近平总书记重要讲话精神，推动贯彻党中央关于新时代人才工作的战略部署。2021年10月，学校主办了第三届水利人才与教育论坛，聚焦新阶段水利人才高质量发展，着力探讨新形势下水利行业的人才发展、人才培养和供需问题。

在上一阶段两条主线研究团队的基础上，河海大学人才研究队伍进一步繁荣壮大。除了汪群、徐军海离开河海大学后各自的团队又有进一步的发展外，还形成了以郭祥林、黄永春、樊传浩、张长征、李峰分别为核心的多支充满活力的新的年轻团队。这些团队有分有合，共同发展，有高峰，有高原，形成河海大学人才研究老、中、青结构合理的百花齐放式人才队伍。借助研究生培养，一批硕、博士的加入使得人才研究后劲十足。这支队伍中的中青年学者有从校外引进的优秀人才，更多的是在本校毕业的硕、博士生，他们在导师的带领下进入人才研究领域，有相当一部分成为人才研究的佼佼者，堪称河海人才研究队伍的"青蓝工程"。

科研活动更加有组织、有规划。据不完全统计，2016年以来共完成国家社科基金项目4项，国家自然科学基金1项，中央人才工作协调小组办公室委托项目1项，江苏省社科基金项目1项，教育部、水利部、文化部项目6项，江苏省政府部门招标或委托项目19项。发表期刊、报纸和会议论文240篇，出版专著31部。获各级各类奖项42项。

除了一线研究人员，繁荣发展的背后也凝聚了许多默默无闻的奉献者的心血。曾是人力资源研究中心"四大支柱"之一的马成志，后来调任到其他学院及行政部门担任领导职务，但一直关注着人才研究工作，继续指导了部分人才研究方向的硕士研究生；蒋来娣在任学校组织部部长、人事处处长期间就非常关心、支持学校人才研究相关学科人员引进与培养工作，退居二线乃至退休后相当长的时间内又不辞辛苦，亲自承担了水利部人力资源研究院等重要平台的大量事务性工作。他们对人才研究工作倾注的热情与无私奉献的精神也激励着一批批年轻学者勇于担当、开拓创新，把人才研究继续推向深入。

二、学术研究与贡献

40年来,河海大学的人才研究涉及人才基本原理、人才开发使用、人才战略规划、专门人才研究等,形成了从理论到实践、从培养引进到使用评估、从行业人才到地域人才的较为全面的研究体系,研究成果为政府部门、学界业界、行业企业广泛使用,产生了较好的经济社会效益。

研究主题始终面向社会经济发展需求,不断与时俱进。改革开放初期面对人才紧缺问题主要关注教研室人才结构、大学生成才、研究生培养等问题;随着社会主义市场经济体制的逐步建立和新世纪的到来,研究主题转向复合型人才、跨世纪人才、创新人才、人才流动、人才市场、人力资本等;21世纪以来围绕科教兴国、人才强国、西部大开发、"一带一路"等国家战略和人才竞争,高层次人才、人才体制机制改革、人才引进培养、人才战略、人才规划、人才国际竞争力、创新高地等成为研究热点。

1. 理论研究

对人才基础理论的研究主要集中在两个方向:一是对人才成长机理的研究;二是对人才市场理论的研究。

1994年刘树人发文对大学生成长的内在规律、外在规律进行了探讨;1996年姜弘道发文认为高层次、复合型是跨世纪水利人才的基本特征并提出了高层次复合型人才应有的知识结构和能力结构;梁红静对青年科技人才成长规律、刘晓农对企业科技创新人才内涵及素质特征、鞠平等对构建高素质创新人才培养体系等进行了深入研究。这些研究有力地推动了学校的教育教学理念不断更新、人才培养模式改革不断深化、人才培养质量持续提高。王济干带领团队成员长期持续关注创新团队机理、机制等的研究,2008年主持完成科技部中国科学技术信息研究所课题"科技人才成长机理与资助机制研究";2012年主持完成江苏省社科基金项目"我国科技人才创新团队增效机理研究";围绕该主题发表期刊论文10多篇,指导博、硕士论文14篇,形成了较为系统的研究成果。

早在1984年赵永乐就开始着手人才市场学研究,1987年底完成我国第一部有关人才市场学的专著《人才,走向市场——人才市场学概论》。该书于1989年经河海大学出版社出版,对人才市场进行了较为全面系统的理论研究,填补了国内空白,奠定了我国人才市场发展与人才市场学理论的初步基础,1997年获全国人才学研究成果一等奖、1999年获人事部颁发的全国人事科研成果评审一等奖。1993年至1997年赵永乐参与"八五"国家哲学社会科学规划项目"社会主义市场经济条件下企业家人才市场研究",并完成《乡镇企业家人才市场研究》分报告,于1999年分别获人事部颁发的全国人事科研成果评审二等奖和上海市人民政府颁发的上海市决策咨询研究成果三等奖。2005年《人才市场新论》正式出版,回顾了改革开放20年来中国人才市场的改革实践经验和理论成果,针对理论发展和实践探索过程中存在的问题,站在面向21世纪的新起点上,以更高、更广的视野更加系统、全面构建了人才市场学的学科体系,标志着中国人才市场学的研究达到了一个新的高度。此后,赵永乐、王勇、张书凤、王全纲、崔祥民等对人才资本产权、人才市场市化指数、人才资本内涵、人才资本贡献、人才资本测算及其与经济协调发展、人才流动规律等人才市场相关问题开展了持续、深入的研究。

对人才学基本理论的研究还体现在对中国特色社会主义理论中人才相关论述和对人才学学科的关注上。郑大俊、郭祥林分别探讨了邓小平选人用人思想特点和邓小平人才人事理论及其指导意义;王轶从江泽民的青年人才观入手,研究思政教育的有效性;2008年赵永乐主持完成中共中央组织部下达专题研究项目"党管人才的内涵、方法和实现途径研究";赵永乐、王培君对科学人才观进行了研究阐释;进入新时代,赵永乐尤为关注以循环论方法加快构建人才发展新格局。殷凤春、厉伟、樊传浩等对人才学学科定位进行了研究探讨。

2. 对策研究

河海的人才研究注重面向国家和社会经济发展中的实际问题。从研究的人才现象范围看主要集中在宏观人才学和中观人才学,从研究的人才现象领域看包括领导人才、科技人才、水利人才、教育人才、企业经营人才、宣传文化人才等,从学科交叉角度看又包括人才教育、人才管理、人才经济等。

宏观人才研究是河海人才研究的重要阵地,包括人才强国战略、人才强省战略、区域人才战略规划、人才需求预测和人才资源配置等。1999年赵永乐负责完成江苏省软科学项目"江苏省人才资源开发对策研究",在国内首先提出了"人才强省"战略,被省委省政府采纳,获江苏省哲学社会科学优秀成果决策咨询奖、全国人事科研成果评审二等奖。江苏人才强省战略的实施为2002年中央人才强国战略的提出和深入推进提供了理论与实践的支撑。随后,他又主持了"构筑江苏新世纪人才高地的实现途径""江苏省人才发展战略研究""江苏省区域人才资源发展研究""江苏省人才强省战略实施的SWOT分析研究"等项目和课题,为江苏人才工作走在全国前列提供了有力的理论支撑。

赵永乐还先后主持完成了江苏省淮阴市人才队伍建设规划、浙江省长兴市"十一五"人才规划编制、江苏省通州市(现南通市通州区)人才强市战略、泰州市加快人才发展以及南京市鼓楼区、江宁区"十二五"人才发展规划纲要编制,南京市浦口区和江宁区、镇江市、如东县"十三五"人才发展规划,南京市浦口区"十四五"人才发展规划等地方性人才战略研究;殷凤春主持完成了盐城人才强市战略研究、盐城市"十二五""十三五"人才发展规划研究以及江苏沿海地区引资引智政策相关研究;潘运军完成南京江北新区人才发展状况及对策建议研究。这些研究成果大多转化为政府的人才发展规划政策、文件。2013年赵永乐主持完成"南京人才与经济发展不成正相关关系瓶颈研究",提出了人才问题"南京现象",对全国很多城市都具有启示和借鉴意义。

21世纪以来,我国确立了人才强国战略、西部大开发战略、"一带一路"倡议、长三角一体化发展等区域发展战略,河海大学的人才研究也多有呼应。赵永乐多次撰文对人才强国战略的内涵、意义、实现途径以及美国人才强国之路的启示等进行阐述。他于2014年主持完成"西部地区人才培养、引进和使用机制研究"、2016年完成"具有全球竞争力的人才制度体系研究"。汪群于2018年、2020年先后完成了"'一带一路'中的中国国际工程企业人才全球化推进机制研究""'一带一路'中国国际工程企业海外人才集聚研究""新文科背景下面向'一带一路'的涉外复合型应用技术人才培养模式创新研究"。黄永春于2020年完成"流空间视角下长三角人才一体化发展的江苏定位与对策研究"。为了做好宏观、中观层面的人才测评,赵永乐分别于2014年、2015年主持完成"人才测评技术应用及发展研究""建立与经济社会发展需求相适应的人才需求预测与调整机制"两项课题,使我校在人才需求预测与战略规划方面独树一帜,研究成果受到社会广泛认可。

不同群体的人才也是河海人才研究的重要对象。对经营管理人才的研究延续三十多年,从江苏省企业经营管理队伍到水利经营管理人才、江苏民营女企业家再到我国新兴产业企业家等。20世纪90年代初,赵永乐在进行人才市场研究时即以乡镇企业家为切入点;2003年他完成《江苏省经营者能力现状与提升对策研究》,获人事部颁发的全国人事科研成果评审一等奖;2008年、2010年又先后完成《江苏省企业经营管理人才队伍建设研究》和《江苏省企业经营管理人才队伍建设调查研究》;汪群于2013年完成《水利高级经营管理人才培养模式和方法研究》;2016年赵永乐、吕江洪完成"十三五"省属企业经营管理人才发展规划";刘钢于2019年完成《江苏省民营女企业家生产经营现状与转型发展对策研究》;2020年黄永春完成国家社科基金项目"供需匹配视角下提升我国新兴产业企业家创业胜任力的政策供给研究"。

作为行业特色研究型大学,水利行业人才自然是河海人才研究的重要对象之一。2000年张阳、赵永乐、李晖主持水利部重大科研项目"全国水利系统人才发展战略与教育培训规划研究",成果转化为水利部人才规划;2005年张阳主持"海河水利委员会人才发展战略研究";2011年周海炜、张阳分别主持了"广东省水库移民管理人才发展战略研究"和"海河水利委员会人才发展战略";2013年、2014年、2017年、2018年汪群分别主持完成"水利高级经营管理人才培养模式和方法研究"和"水利行业管理干部领导能力培养及评价机制研究"、"水利专业技术人员继续教育基地建设研究"、"河长制培训体系设计"、"跨文化背景下水利专业技术人才培养研究";2018年、2020年樊传浩分别完成了"黄河水利科学研究院组织诊断与人才队伍建设规划研究""水利改革与发展研究——水利人才创新团队建设和管理研究";水利部人力资源研究院自2018年以来连续发布《中国水利人才发展研究报告》,构建了水利系统人才数据与结构分析、水利人才与其他行业和相关省份对比研究、水利人才政策体系建构与人才政策分析、水利人才理论研究和实践探索、水利人才发展大数据技术运用和可视化服务平台等方面的研究框架,为我国水利人才工作发展和改革提供了依据和参考。

对宣传文化人才、科技人才的研究也较为深入。赵永乐于2002年完成《构筑江苏拔尖文化人才高地的机制与对策研究》,2003年完成《南京市宣传文化系统人才高地建设研究》,2004年完成《江苏省宣传文化系统人才工作研究》,2005年获江苏省人民政府颁发的哲学社会科学优秀成果三等奖,2008年完成《南京文化人才队伍建设对策研究》;王斌于2017年完成《西南地区基层公共文化人才培养和激励机制研究》。赵永乐于2003年完成《江苏省科技创新人才队伍建设研究》,成果转化为江苏省科技厅文件;司江伟于2010年完成《基于技术创新的企业科技人才绩效评价体系研究》;刘钢于2014年完成江苏省软科学重点项目《江苏省双创人才激励政策效度评估机制研究——以"科技企业家"政策为例》。王济干、郭祥林、殷凤春等在高校教师队伍建设与管理方面,郭祥林在江苏信息产业人才国际化、袁兴国在江苏外包产业人才、刘钢在江苏省装备制造行业人才、吕江洪在江苏制造业人才、汪群在涉外复合型应用技术人才培养等方面也取得了一定的研究成果。

3. 应用与实践

研究成果的应用与实践主要体现在人才选拔、竞岗、测评技术,人才培训,绩效评估三个方面。这几个方面以实际应用为主,正式发表的论文和专著较少,与人力资源管理有一定的重合,未能引起足够的重视。

人才选拔、人才竞岗方面,以吴远、赵永乐、王培君、王济干、魏萍、薄赋徭、袁兴国等为代表,内容包括公开选拔领导干部、竞争性上岗、公务员考录、职业经理人职业资格认定等。早在 1999 年赵永乐、李晖就承担了"水利部公开招考处级领导干部考务研究"项目;2001 年赵永乐、沈宗军、刘宇瑛共同出版了《人员招聘面试技术》;2006 年赵永乐总主编"企业人力资源管理丛书",该丛书中包括赵永乐、沈宗军、刘宇瑛、周希舫编著的《招聘与面试》;2007 年出版的由赵永乐总主编的《国家公务员考录应试指导》,包括赵永乐、王培君编著的《申论》,赵永乐、魏萍编著的《面试》,赵永乐、郭祥林、薄赋徭编著的《行政能力测验》;2007 在《中国人才》发表《人才选拔理论与方法》一文;2009 年赵永乐、姜农娟、凌巧编著《人员招聘与甄选》;2014 年研究人员完成江苏省人社厅委托项目《人才测评技术应用及发展研究》。

此外,在 2000—2006 年期间,还承担了深圳汇德源公司、常州通力达公司、南京安易公司、跃进集团、南京普天公司、南京钢铁集团、先声药业公司、南京玻璃纤维规划设计院、南京卷烟厂等十多家企业的员工素质测评、人员招聘、中层干部选拔、内部竞岗、岗位素质模型设计与编制等项目,深受好评。

在人才培训方面,也完成了大量的实践性项目。如 2000 年完成雨润集团新进大学毕业生培训,2002 年完成跃进集团企业中层干部后备库培训,2002—2004 年完成南京人才开发公司咨询项目培训,2003 年完成淮安惠普公司中小企业经营者培训,2004—2005 年完成南京卷烟厂后备干部培训,2005—2008 年完成江苏省三级面试考官培训,2008—2014 年完成江苏省二级面试考官培训,2006—2011 年完成江苏省职业经理人培训与评鉴,2010 年完成马鞍山人才工作者培训等。这些项目的实施不仅使理论研究成果得到了实践的检验,同时在实践中遇到的矛盾与问题也反过来促进了理论研究更加深入、具体,更加与时俱进。

河海大学出版社作为学术成果出版单位,从 20 世纪 80 年代开始就为人才学研究成果的出版和宣传服务,成为人才研究工作中不可或缺的一员。1989 年出版了钱孝华、望山(系赵永乐时用笔名)的《用人新论》,望山的《人才,走向市场——人才市场学概论》、夏老长的《作家人才学》、宋明南等的《当代著名科学家科学成就与哲学思想》。90 年代先后出版了《科技队伍建设与发展》《江苏农民实业家辞典》《领导人才学》《充分发挥现有人才作用的研究》《知识经济与创新人才》《高等工程技术人才的素质与培养》等专著。21 世纪以来陆续出版了《新世纪人才实证研究》《创新型人才培育概论》《老年科技人才隐性人力资本的转化研究》《南京构建具有全球竞争力的人才制度体系研究》《我国西部地区人才吸引和使用优化研究》等近 20 部人才学专著。

三、队伍建设与人才培养

40 年来河海大学的人才研究以研究会、研究中心等平台和教学组织为依托,以学科带头人为核心,形成了具有一定规模、学历年龄结构合理、质量较高的人才研究队伍,研究工作与人才培养工作相互促进,队伍不断更新、发展、壮大。

1. 研究队伍

20 世纪 80 年代人才研究队伍主要是研究会成员。1981 年研究会成立时挂靠在校党委组织部,第一届、第二届理事长分别由当时的校组织部部长郭颖、贾启模担任,第三届理事长由校党委书记、省人才学会副理事长李法顺担任。研究人员有来自教学一线的教师,有学生工作人员,也有组织人事部门、图书馆等单位的职员。他们在各自的领域都有一定工作经验和研究基础,人才研究并非他们必须完成的工作任务,更多是出于责任感、使命感和热爱,尽管研究基础薄弱,但他们的研究具有站位高、视角广、问题准等特点,成为江苏省人才研究的重要力量。如社会科学系党总支书记、省人才研究会理事、主编《领导人才学》一书的梁训;农水系党总支书记、省人才研究会会员治宇;管理工程系副主任、江苏省人才学会教学研究会副理事长杨周道等。特别是治宇同志,多次抱病出席全国和全省人才学术会议,参加《人才研究文集》编审工作,写过十多万字的人才研究心得和论文,他刻苦严谨的治学精神深受大家的好评和敬重。由于年龄、身体、岗位变动等原因,这批人员从事人才研究的时间相对较短。

1990 年学校成立人力资源研究中心,当时拥有专、兼职研究人员 25 名,其中高级职称的研究人员 7 人、中级职称 13 人,他们的研究范围涵盖人力资源和人才学,成为学校人才研究的主要力量。1997 年起赵永乐教授担任中心主任,逐步形成了以赵永乐、王济干、汪群为学科带头人,以商学院、公共管理学院相关专业教师为主体,校内外、专兼职人员互为补充的人才研究队伍。

赵永乐是我国最早从事人才学研究的学者之一、江苏省人才学会的创始人和主要领导者之一,曾担任《人才》《江苏社会科学》《社科信息》杂志的主编,于 1997 年 10 月入职河海大学,在人才学研究和人才培养方面成绩斐然。他在国内首次提出系统的人才市场学理论、人才规划技术理论、人才与经济协调发展理论和宏观人才运行理论,培养出王培君、魏萍、徐军海、王斌、郭祥林、司江伟、殷凤春、王全纲、袁兴国等多位在人才学界有一定影响的中青年学者。荣获"中国人才学研究三十年突出贡献奖"、在中国哲学社会科学最有影响力学者管理学排行榜中位列人才学与劳动科学第 9 名,是河海大学人才研究的引领者和有力推动者。

王济干不仅在科技人才成长机理、创新团队建设和水利人才队伍建设规划等方面学术成果显著,而且培养出多名人才、人力资源研究领域的后备人才。他在担任商学院及学校领导期间,对学校人才研究平台建设、队伍建设和人才培养给予充分的关心和支持,为学校人才研究工作作出了重要贡献。

汪群长期致力于人才战略管理、人力资源管理等的教学、研究和咨询，近年来尤为关注国际化人才理论研究和实践探索，聚焦"一带一路"背景，为走出去企业的全球人力资源的需求、培养等开展理论研究和创新实践，是学校人才研究和人员培养的中坚力量。

郭祥林在高校教师队伍方面，黄永春在长三角人才一体化发展方面，樊传浩在水利人事人才管理方面，殷凤春、司江伟、王斌在创新人才开发与评价和地区人才战略、规划、培养、管理模式等方面也取得了较多研究成果。此外，各院系教师立足本专业或行业人才培养进行研究思考，发表多篇论文。他们是学校人才研究与教学工作的主体力量。

本书第8部分收录的研究者及主持过人才研究项目的人员有40多人，他们是从20世纪80年代至今河海人才研究队伍的主要成员，至今仍然活跃在研究一线的有40人。这支队伍具有很高的学历和职称结构，绝大部分拥有博士学位；其中正高职称（教授、研究员）26人，占65%；副高职称（副教授、副研究员等）13人，占32.5%；讲师只有1人。从年龄结构上看，35岁以下的1人；35~45岁之间13人，占32.5%；46~55岁之间的20人，占50%；55岁以上的6人，约占15%。处于35~45岁创造区和46~55岁成熟区的人员占82.5%，是队伍的主体；处于35岁以下培养、成长区的人员较少；最年长的76岁，最年轻的33岁，年龄结构总体较为合理，但要注意青年人才的培养与储备。从职称系列来看，教师系列（教授、副教授、讲师）31人，占77.5%；其他系列（研究员、副研究员、高级经济师、高级工程师、副编审）9人，占22.5%。人才任职以高校教学、科研、管理人员为主，有37人，占92.5%。

以本书收录的研究项目负责人为考察对象，可以发现，2000年之前，项目负责人较为单一；2000—2010年，承担项目负责人的有10多人；2011—2020年，又有十多人加入项目负责人队伍，且从数量与层次上都有后来居上的势头。这反映出在学科带头人的引领和培育下，越来越多的中青年学者脱颖而出，研究队伍逐步壮大、成果日趋丰硕。

2. 人才培养

早期研究会成立后即组织了人才学相关教学活动：为部分系科、班级开设"人才学"课程，编写了专门教材，组织了大学生成才观的研究讨论等，收到了良好的效果。尤为值得一提的是20世纪80年代初期在国内首次为研究生系统开设"人才学"课程，并专门聘请人才学专家赵永乐进行授课。1986年河海大学劳动人事管理教研室成立后，开展了更为系统的教学和人才培养工作。先后开设出劳动人事管理学、人才学、领导科学、人口学等40多门课程，到1991年底，培养劳动人事管理大专层次人才80多名，硕士研究生2名。学校还充分发挥河海大学在水利行业的优势和作用，在行业内举办人才学相关培训、研讨。1989年秋在河海大学黄山培训中心，河海大学为水利电力部的基层干部举办了一期领导人才学研讨班，受到了广大学员们的好评。劳动人事管理教研室1990年专业更名为人事劳资管理专业，1994年开设人力资源管理本科专业，1995年设立人力资源管理系，人才培养机构不断优化升级，为河海人才研究和队伍建设提供了组织保障。

由于在教育部普通高等学校本科专业目录和《学位授予和人才培养学科目录》中，都没有提及人才学，我校也暂未设置专门的人才学硕、博士点，人才培养的状况可以从开设课程、人才研究相关硕、博士论文和培养出的人才领域学者三个方面考察。

目前针对本科生开设的相关课程包括学科基础课、专业必修课、专业选修课等，如人力资源管理、薪酬管理、招聘与测评、人力资源培训与开发、领导学、绩效管理、劳动经济学、战略人力资源管理、人员素质测评、人口统计学、人力资源测评、组织中的人等。针对研究生开设的课程包括人力资源管理、公共人力资源管理、人口学理论、人类学理论、人口迁移与流动等。

以河海大学学位论文库为数据来源，截至 2022 年 12 月统计出以人才研究为主题的硕、博士论文有 265 篇，其中博士论文 31 篇。主要分布在管理学门类的工商管理、公共管理 2 个一级学科。管理学门类有 195 篇学位论文，占 73.6%。其中工商管理一级学科有 111 篇，占 41.9%；公共管理一级学科有 78 篇，占 29.4%。其他还有少量毕业论文分布在教育学、法学等学科。

研究队伍中现有的 40 位活跃研究者有 35 位曾经在河海大学攻读硕士或博士学位，从一个侧面反映出人才培养的成效。2020 年入选中国哲学社会科学最有影响力学者管理学排行榜人才学与劳动科学领域的学者中，除赵永乐教授外，还有在河海大学取得博士学位的王斌教授和在河海大学取得硕士、博士学位并有在河海大学博士后流动站研究经历的殷凤春教授，师徒 3 人同上榜成为一时佳话。他们中有多位在全国性的人才研究组织任职，如王培君、司江伟任中国人才研究会常务理事，袁兴国任中国人才研究会理事，王培君、司江伟、张宏如任中国人才研究会人才学专业委员会副理事长，申林、张宏如、袁兴国、殷凤春任中国人才研究会人才学专业委员会常务理事，魏萍任中国人力资源开发研究会常务理事，吕江红、陈双双、郭万牛、郭祥林、崔祥民任中国人才研究会人才学专业委员会理事，还有中国领导人才专业委员会理事、中国人才测评专业委员会理事、中国人口学会理事、中国人力资源开发研究会常务理事，理事等，可谓人才济济。

活跃研究者中，有本校学缘的占 87.5%，这一方面凸显了学校人才研究队伍培养的成效以及学科带头人对于人才培养的突出引领作用，另一方面也反映出学缘结构有单一化的倾向，需要注意通过引进有校外乃至国外学术背景的研究人员，优化队伍的学缘结构，提升队伍创新能力。

四、研究特色

河海大学的人才学研究坚持以马克思主义人才论为指导，秉持科学报国、服务人民的初心使命，胸怀国之大者，立足国家、社会变革发展实际，回应时代之问、强国之需、发展之要，具有起步早、行业特色明显、紧密结合社会经济发展、与人才培养相得益彰等特点。

1. 领导高度重视，教师积极参与

学校党委书记曾亲自担任学校人才研究会理事长，并积极推动人才研究工作，从华东水利学院时期的院长严恺院士到姜弘道校长、王乘校长、唐洪武书记、徐辉校长、吴远副校长、鞠平副校长、郑大俊副书记等历任校领导都亲自撰文探讨科技人才、水利人才的特征、成长规律、培养方向等。唐洪武书记还亲自领衔完成了南京市社科基金重大项目《南京构建具有全球竞争力的人才制度体系研究》，充分发挥了引领示范作用。

以本书收录的学术论文为例,作者中校领导有近 20 人次,除上文提到的 40 多位主要人才研究人员外,各学院、部门教职工 300 多人次,其中第一作者 180 人次,几乎覆盖所有学院及大部分职能部门、业务单位。全校师生对人才研究工作的认识一致、研究氛围浓烈,是学校人才研究工作取得较好成效的基础。

2. 起步早、首创多、贡献大

华东水利学院人才学研究会是全国高校较早成立的人才学研究组织之一,也是江苏省人才学研究会的发起单位之一,20 世纪 80 年代初就开展人才研究,此后 40 余年弦歌不辍,在探索中不断前行,在业界影响力不断提升,取得了辉煌的成就。

为研究生开设"人才学"课程属全国首创;我校出版社 1989 年出版的著作《人才,走向市场——人才市场学概论》首创人才市场理论,填补了国内外人才市场学研究的空白,构成宏观人才学理论的重要内容;提出国内首个大型人才计划——江苏省"333 人才培养工程"的规划和实施细则,从 1997 年实施至今,为推动江苏高层次人才队伍建设,提升自主创新能力,促进经济社会的可持续发展发挥了重要作用;1998 年在国内率先提出人才强省战略,被江苏省委、省政府采纳,中央组织部知识分子工作办公室(以下简称"中组部知工办")负责人在鉴定会上说,该战略的提出,对国家正在起草的重要文件有重大参考价值;2010 年在中央组织部和人力资源和社会保障部举行的人才发展理论创新座谈会发言中首次在国内提出"人才引领发展"命题概念,2018 年习近平总书记在中国科学院第十九次院士大会、中国工程院第十四次院士大会上的讲话中强调"牢固确立人才引领发展的战略地位",2021 年他在中央人才工作会议讲话中提出八个坚持,其中第二条就是"坚持人才引领发展的战略地位"。这些"首创"都体现了河海人以天下为己任的精神自觉和敢为人先的鲜明品质。

3. 坚持理论联系实际,与时俱进解决实际问题

改革开放初期面对人才紧缺问题主要关注教研室人才结构、大学生成才、研究生培养等问题;随着社会主义市场经济体制的逐步建立,研究主题转向创新人才、人才流动、人才市场、人才资本等;21 世纪以来围绕人才强国、西部大开发、"一带一路"等国家战略,研究主题转向人才战略、人才规划、人才国际竞争力、创新高地等。

采用文献计量学和知识图谱工具对 700 多篇学术论文的研究主题进行统计分析表明,高频关键词有人才培养、培养模式、高校、创新人才、人才流动、人力资本、人才引进等;聚类主题集中在人才培养及其模式、创新人才培养、人才资源与资本价值、人才流动与人才高地、人才环境与人才评价以及学校人才培养和人才引进管理服务六个大类。在不同时期,研究的主要突发词也在发展变化,带有明显的时代烙印。在前两个阶段,发文量较少,研究主题相对集中,主要关注人才培养的战略走向、方法路线等,突发词相对较少,新兴关注点包括知识分子、人才成长、水利人才、编辑人才、知识经济、江苏省等。第二个阶段我校人才学领域的研究快速发展,发文量呈现快速上升趋势,研究主题开始扩散,在人才培养方面,增加了与时代发展相适应的电子商务人才、信息产业人才、跨国经营人才等不同类型人才培养相关问题的研究;增加了更多细化研究方向,例如西部大开发、素质教育、学术科研等不同场景下的人才环境建设,新世纪的人才观念,人才高地、人才市场、人才资本及价值、人才资源与开发等相关问题,人才评价测评相关问题,有的研究还涉及人才学学科定位与发展、发达国家人才发展战略经验、海归留学人才引进等方面的内容。这一阶段的研究主题突发词达20多个,突变强度TOP10的突发词有人才资本、人才市场、人才开发、人才租赁、人才价值、人才环境、素质、人才测评、创新思路、人才观。第三阶段平均每年发文30篇左右,研究主题更偏重于国内外优秀人才的引进、创新创业人才的培养、新形势下人才发展政策的研究等,有的研究涉及人才绩效评价、人才培养中的校企联合与教学改革以及企业人才、税务人才、农业人才、国防人才等不同行业类型的人才培养队伍建设问题。这个时期研究主题突发词同样有20多个,突变强度TOP10的突发词包括创新驱动、教学改革、人才需求、产学研、人才引进、创新团队、实践、企业家、优势转化、人才引领等。

4. 紧密结合地方社会和经济发展

学校的人才学研究一直与中国式现代化建设同频共振,扎根中国大地,以学校的使命任务与社会变革发展为导向,服务于中国特色社会主义建设事业。尤其是在人才战略规划研究领域,承担省、部级人才战略规划研究15项、市、县(区)人才战略规划研究13项,为推动人才强省、人才强市战略及行业发展中发挥人才引领和支撑作用提供了科学指导。

150多个科研项目的研究主题可以概括为以下五个方面:一是围绕学校的人才培养方向、模式与教师队伍建设的机制等的研究;二是围绕国家战略需求,如人才强国、西部开发、创新高地等的研究;三是围绕不同类型人才,如学术人才、科技人才、经营管理人才、领导人才、文化人才、老年人才等的教育培训、选拔考核、管理服务开展研究;四是围绕水利、交通、文化、企业等行业发展与竞争的人才培育、发展、测评等的研究;五是围绕地域(包括省、市、县、区)人才调研、体制机制、规划与发展的研究。

河海大学的人才研究脚踏实地、求真务实,聚焦国家、地方社会经济和行业发展中的突出问题,注重实地调研,广泛运用系统研究法、调查统计法、案例分析法、比较研究法等研究方法,成果被各级政府部门和行业、企业大量采用,转化为政策产品和行之有效的制度,取得了很好的社会效益和经济效益,赢得了较高声誉。

5. 独具水利行业特色

河海大学是我国水利高等教育的开创者和引领者,服务"治水兴邦"的历史使命也是河海大学人才学研究的必然初心。学校不仅拥有水利部人力资源研究院这样的专门平台,在人才学研究的课题、论文、著作、学术活动和获奖成果中,与水利行业相关的占到很大的比例,为推动水利人才队伍建设发挥了积极作用。

附录1收录的156项科研项目(课题)中,专门研究水利或流域人才问题的有13项,占8.3%,包括水利部重大科研项目、流域管理机构委托项目等,形成了关于水利人才的比较系统的研究体系和成果,有的成果转化为水利部或流域机构的人才规划、政策制度,为推动高质量水利高层次人才培养、建设高水平水利人才创新团队和水利人才培养基地作出了积极贡献。

水利部人力资源研究院连续3年发布《中国水利人才发展研究报告》,搭建出水利行业人才发展研究的基本框架,作出了水利行业人才队伍现状及管理的基本总结,给出了水利人才发展管理体制、政策制度体系的基本评价,提供了水利人才发展理论研究和实践探索的基本阐述。研究院连续两年跟踪、参与的《新时代水利人才发展创新行动方案》研究成果得到水利部的认可和应用,为推动高质量培养水利高层次人才、建设高水平水利人才创新团队和水利人才培养基地作出了积极贡献。

6. 人才研究与人才培养相得益彰

作为立根于高校的研究群体,河海大学的人才研究者本身就担负着人才培养的天然使命。人力资源管理系及管理学等相关学科博士点、硕士点的设立,使得人才学科研与教学相结合,研究平台与教学平台互为补充、相互促进,也成为河海人才学研究的特色之一。

首先,人才培养和师资队伍建设是河海人才学研究的重要内容之一。无论是早期的教研室人才、大学生成才规律研究,世纪之交的跨世纪水利人才特征研究和师资人才研究,还是后来的导师队伍、研究生培养、创新人才培养、高校教师业绩评估研究,以及新时代以来新工科人才、卓越工程师、水利人才核心素养等的研究,都紧紧贴合高等教育人才培养的时代要求,时刻牢记高校教师的使命和担当。

其次,人才研究队伍成员绝大多数是人力资源管理系或其他相关专业的教师,他们以立德树人为根本任务,将科学研究与人才培养结合起来,一方面在人才培养的实践中提升研究能力和水平,另一方面将研究成果应用于人才培养工作。尽管人力资源管理和人才学在学科属性、研究内容和研究方法上存在明显差异,但是他们都以人为研究对象,以开发人的潜能、促进人的全面发展为根本研究目的,研究内容有所交叉。人力资源管理系本科生的培养也为人才相关方向研究生的培养提供了人员储备。

最后,通过管理学等相关学科研究生的培养,造就、吸引了一批青年研究者充实到人才研究队伍中来,有的还青出于蓝而胜于蓝,成为这方面的有一定影响力的专家,使得学校的人才研究队伍生生不息、日益壮大、后继有人。

五、总结与展望

40年的默默耕耘,河海人探索出一条具有河海特色的人才学研究与发展之路。在20世纪80年代初期,顺应改革开放潮流,河海的人才学者几乎与中国人才学研究同步,克服重重困难和阻碍,披荆斩棘、奋勇前行。他们立足中国社会经济发展的现实,以解决实际问题为己任,填补了人才学理论研究的多项空白,为中国人才学的创立添砖加瓦,为人才学学科体系的构建和地方社会经济发展作出了重要贡献。人才研究队伍不断壮大,研究平台数量多、层次高,研究成果不断涌现,成为具有河海特色、享有较高声誉的研究领域。

立足新发展阶段,河海的人才研究在总结过去经验的基础上需要进一步做好顶层设计,聚焦研究方向,加强队伍建设,勇担新使命,展现新作为,作出新贡献。一是围绕四个面向对人才的迫切需求,结合学校优势、特色,加强人才相关方向重大科研项目的组织和主题凝练,集中力量攻坚克难,力争在人才理论和实践研究上有新的重大突破;二是争取设立人才学硕士点、博士点或在相关专业设置人才学研究方向,加强专门人才的专业教育和培养、研究,顺应人才强国战略对人才学科发展的需求,为学校人才研究提供坚强的组织保障;三是注重校外、国外及不同学科背景的人才研究学者的引进和青年后备人才的培养,改善队伍学缘结构,创新研究方法,提升研究能力;四是加强课程建设和教材建设,促进教学与研究互动,推进人才学精品课程建设,提高课程内容的系统性和新颖性,形成与人才研究地位相匹配的人才学课程体系;五是加强对外交流合作,举办人才学国际论坛、会议,扩大学术影响,增强文化自信。

在开启全面建设社会主义现代化国家新征程、向第二个百年奋斗目标进军的过程中,河海的人才学者们必将满怀信心,薪火相传,为新时期构建新发展格局、实现高质量发展所必需的人才队伍支撑工作继续努力前行,谱写河海人才研究事业的新篇章!

参考文献

1. 江苏省人才学会.江苏人才研究十年(1980—1990)[M].南京:江苏人民出版社,1992.
2. 罗洪铁,周琪,王斌.人才学学科30年建设和发展研究[M].北京:中央文献出版社,2009.
3. 赵永乐,沈荣华,桂昭明.宏观人才学概论[M].北京:党建读物出版社,2013.
4. 郑其绪,马抗美,罗洪铁.微观人才学概论[M].北京:党建读物出版社,2013.
5. 叶忠海,钟祖荣,沈国权.新编人才学通论[M].北京:党建读物出版社,2013.
6. 赵永乐.求索中国特色人才路[M].北京:党建读物出版社,2014.
7. 叶忠海.人才学与人才资源开发研究[M].北京:党建读物出版社,2015.
8. 中国人才研究会人才学专业委员会,叶忠海,郑其绪.新编人才学大辞典[M].北京:中央文献出版社,2015.
9. 吴江.人才大国迈向人才强国[M].北京:党建读物出版社,2016.
10. 侯建东.中国人才学史(1979—2015)[M].上海:同济大学出版社,2017.
11. 本书编写组.师恩若水 润泽一生:赵永乐教授河海从教20年师生文集[M].南京:河海大学出版社,2018.

第 2 部分
机构篇

1 华东水利学院人才学研究会

华东水利学院人才学研究会,于1981年成立,挂靠在校党委组织部,组织部原部长郭颖任第一届理事长,组织部前部长贾启模任第二届理事长,河海大学党委书记、省人才学会副理事长李发顺任第三届理事长。梁训担任研究会秘书长。

华东水利学院人才学研究会是江苏省人才研究会的发起单位之一。第一届理事长郭颖曾担任江苏省人才研究会筹备会副理事长;贾启模曾担任江苏省人才研究会常务理事;李法顺曾担任江苏省人才学会多届副会长;夏兆庸曾担任江苏省人才学会副会长;马成志曾担任江苏省人才研究会第三届、第四届常务理事兼副秘书长;梁训、张阳曾担任江苏省人才学会理事。

1991年1月,江苏省人才学会人才学教学委员会在南京成立,挂靠在河海大学管理系。李法顺担任理事长,杨周道担任副理事长,马成志担任秘书长,张阳和王云昌担任副秘书长。

华东水利学院(河海大学)人才学研究会的骨干成员先后主要有:郭颖、李法顺、贾启模、治宇、梁训、徐利生、王其超、季求信、孟庆龙、金少斌、林柏成、王安继、康怀玉、华士林、钱在祥、曹汉章、黄衍利、谢介清、马成志、杨周道、张阳、王云昌、潘正初等。

河海大学人才学研究会成立以后,在学校党委的直接领导下,在江苏省人才学会的指导下,坚持四项基本原则,坚持以马克思列宁主义和毛泽东思想指导理论研究,发扬理论联系实际的学风,开展了调查研究和教学活动,取得了一定的成果。研究会坚持用马克思列宁主义和毛泽东思想指导各项工作活动,以马克思列宁主义和毛泽东思想的基本原理、立场、观点和方法,保证学术研究沿着社会主义方向发展。研究会注意发扬理论联系实际的学风。研究会成立伊始,就组织对校土力学教研室人才结构进行调查研究,论文被省人才研究会推荐参加在南昌召开的全国科技人才学术讨论会,并被编入大会论文集。继而又对大学生成才问题进行了调查研究,还对研究生的培养和思想教育工作进行了调查,研究论文参加了华东高教研讨班论文交流,在《河海大学高教研究》上发表。

1987年,河海大学人才学研究会承担完成了省人才学会下达的"改革形势下江苏省企业科技人才发展途径与对策"的软科学研究,谭达德、梁训、潘正初等老师对苏南、苏北和南京市的企业人才进行了调查研究,写出了三项专题报告。研究会会员积极参加人才学术理论研究,分别对王安石的人才思想、经营管理人才、农村人才开展研究。有的成员研究领导人才,先后在《江海学刊》《人才》等杂志上发表多篇论文,其中《论现代领导科学》一文被江苏省人才杂志评为二等奖;《基层领导核心系统建设》一文曾获得全国基层领导班子建设征文三等奖。一些成员撰写的论文多次入选参加全国性的学术讨论会。

梁训主编了约计25万字的专著《领导人才学》,由河海大学出版社出版。特别是1938年参加革命的老干部治宇,热心于人才学的研究,他不顾"文革"给他造成严重的身心创伤,到全国十几个省市进行大量的人才调研工作。他治学刻苦严谨,撰写了多篇论文,多次参加我省及全国人才学学术讨论会,积累了大量丰富的有价值的材料,正当他着手整理材料、著书立说时,不幸过早地与世长辞了。

研究会组织了一系列的教学活动,在校内为部分系科班级开设了"人才学"课程,编写了教材,组织了大学生成才观的研究讨论,收到了良好的效果。1989年秋,在河海大学黄山培训中心,河海大学为水利电力部举办的基层干部举办了一期领导人才学研讨班,领导人才学的讲座受到了广大学员们的好评。研究会成员还外出进行讲学活动,不仅在本省一些县市进行讲学,还到深圳讲学。

20世纪80年代,河海大学人才学研究会积极参与江苏省人才研究会的筹备工作,为江苏青年自学座谈会、江苏省人才研究会第一次代表大会以及多次学术研讨活动的召开和举行,在会务工作上作出了自己的贡献。

河海大学人才学研究会的部分成员还积极开展"用人哲学""领导哲学"和江苏古代人才分布等课题的研究。

2 河海大学管理工程系劳动人事管理教研室(国际工商学院人力资源管理系)

河海大学1983年成立管理工程系(当时名称为华东水利学院管理工程系),1986年设立劳动人事管理教研室。开设大专层次的劳动人事管理专业(1990年专业更名为人事劳资管理专业),设立人才学课程。1994年新开设人力资源管理本科专业(水利部科教学〔1993〕138号文),人事劳资管理专业停止招生。河海大学是我国最早开设人力资源管理本科专业的高等院校之一。河海大学商学院还在博士和硕士学科点上都设立了人力资源管理方向,博士后流动站也招收人力资源管理方向的博士后人员。

管理工程系劳动人事管理教研室主任为马成志副教授。时有教师15人,其中教授1人、副教授3人、讲师8人、助教3人。到1991年底,培养劳动人事管理大专层次人才80多名,硕士研究生两名,先后开设劳动人事管理学、人才学、社会学、领导科学、劳动经济学、管理心理学、社会管理学、人口学等40多门课程,出版专著10部,编写讲义4本,完成纵横向课题研究8项。教研室绝大多数老师都不同程度地承担了各种社会工作,一些老师还担任了中国价值工程学会、江苏省人才学会、江苏省中青年经济研究会等学术团体的领导。教研室同时还与国际劳动组织、人才资源开发网、中国网、美国密执安大学和夏威夷大学建立了稳定的学术交流关系。劳动人事管理教研室主任马成志副教授曾当选为江苏省人才学会常务理事兼副秘书长。

河海大学1995年在原管理工程系的基础上成立国际工商学院,设立人力资源管理系,人力资源管理专业是河海大学国际工商学院的主打专业。河海大学国际工商学院人力资源管理系主任由国际工商学院时任副院长王云昌副教授兼任。

河海大学2004年将国际工商学院与经济学院合并，成立河海大学商学院。人力资源管理系与企业管理系合并成立管理学与人力资源系，系主任为何似龙副教授。

劳动人事管理教研室（人力资源管理系）的马成志、王云昌、司马雪放、杨文健、李晖、陈京民、刘戎等老师和部分学生多次参加江苏省人才学会的学术活动和江苏省委组织部、省委宣传部下达的有关科研活动。

3 河海大学出版社

河海大学出版社成立于1986年，由河海大学主办、教育部主管，是具有完整纸质图书、电子和网络出版物出版权的大学出版社。建社30多年来，始终坚持正确的政治方向、出版导向和价值取向，充分发挥高校的专业优势和人才优势，秉持为高校教学、科研服务的办社宗旨，坚持"立足本校，面向全国；立足专业，面向大科技"的办社思路，形成了鲜明的河海版图书品牌和特色。

河海大学出版社高度重视主题出版，紧扣时代主题主线，将主题主线与自身专业优势有机衔接，立足水利专业小切口，服务国家及社会大需求，深耕我国水利教育和水利科技及学校相关学科领域，出版了一大批具有较高学术价值的专著。先后有200余种图书获国家、部、省和行业图书奖，并于2021年获中国图书海外馆藏影响力出版100强。

不仅如此，河海大学出版社还以超前的眼光聚焦到人才学这一新兴学科上。1989年1月就出版了由钱孝华、望山（系赵永乐时用笔名）主编的《用人新论》；同年6月，出版了夏老长的《作家人才学》；同年10月，出版了宋明南、梁重言、周浩祥等主编的《当代著名科学家科学成就与哲学思想》；同年12月出版了望山的《人才，走向市场——人才市场学概论》。1990年6月和11月，出版社又分别出版了彭涵明、望山主编的《科技队伍建设与发展》和由江苏省人才学会、中共江苏省委农村工作部、江苏省科学技术协会和江苏省哲学社会科学联合会等单位共同编撰的《江苏农民实业家辞典》。20世纪90年代，出版社先后出版了《领导人才学》《古今用人要诀》《充分发挥现有人才作用的研究》《高等工程技术人才的素质与培养》《知识经济与创新人才》等五部著作。21世纪以来，出版社出版了《河海大学师资队伍建设规划》《新世纪人才实证研究》《创新型人才培育概论》《技术创新中的CTO研究》《基于企业家的战略实施研究》《城市人才创新创业环境优化的策略》《老年科技人才隐性人力资本的转化研究》《人才资本与经济协调发展研究》《2018年中国水利人才发展研究报告》《产业集群与人才集聚相互驱动和耦合发展研究》《高层次人才激励型薪酬模式研究》《团队胜任力视角下的防汛防旱抢险专业队伍能力评价体系研究》《南京构建具有全球竞争力的人才制度体系研究》《河长制治理理论与实践》《2019年中国水利人才发展研究报告》《跨境电商背景下外贸人才素质构建与研究》《我国西部地区人才吸引和使用优化研究》等20余部著作。

据不完全统计，河海大学出版社自成立以来，已经出版了34部人才研究方面的著作，不仅为校内外的人才研究学者提供了理论研究阵地，而且对我国新兴学科人才学的发展和推动人才工作的现代化作出了宝贵的贡献，同时也为河海大学争得了荣誉。

1989年出版的《人才，走向市场——人才市场学概论》，是我国第一部系统研究人才市场的理论专著，建立起比较系统的人才市场学理论体系，填补了当时我国人才学理论研究上的一项空白。该著作于1997年获全国人才学研究成果一等奖，1999年获人事部颁发的全国人事科研成果评审一等奖。

同年出版的《作家人才学》，是我国第一部系统研究作家人才成长规律的学术专著，填补了一项专业人才学的研究空白，奠定了作家人才学的理论基石。该著作于1989年获得江西省抚州地区文艺攻坚优秀成果奖，1992年分别获得江西省第五次社会科学优秀成果三等奖、江西省抚州地区第五次社会科学优秀成果一等奖。

1990年出版的《科技队伍建设与发展》，从我国改革开放和经济社会发展的需要出发，在对大量具体调查统计资料进行分析研究的基础上，对我国科技队伍的建设和发展进行了多方位的探讨，是我国第一部系统研究科技队伍的理论专著。该著作于1991年获江苏省人民政府颁发的江苏省哲学社会科学优秀成果三等奖。

4 河海大学人力资源研究中心

河海大学人力资源研究中心于1990年经水利部批准成立，李开运教授担任首任中心主任。河海大学人力资源研究中心成立之初是水利系统进行人力资源开发、利用、激励和保护研究的专门机构，时有专职兼职研究人员25人，其中高级职称的研究人员7人，初步形成了一支以高中级职称人员为主体的研究力量。

研究中心自成立以来十分重视科研工作，完成了"计算机在人力资源开发计划中的应用""管理类大学生能力结构和培养途径的研究""大学生心理咨询评估研究""大学生心理档案库软件""移民社会调适问题研究"等研究课题，参与了水利部关于水利系统富余劳动力的合理安置及对策研究调研，以及水利系行业保险与统筹的政策研究。

1997年10月，赵永乐教授调入河海大学担任人力资源研究中心主任、学科带头人。河海大学人力资源研究中心整合河海大学商学院、公共管理学院、成人教育学院等学院的相关学科研究力量，形成人才和人力资源理论与应用研究的协同创新体系。拥有专兼职研究人员32人，其中教授10人，博士生导师8人，副教授8人，讲师14人，另有在读博士生和在站博士后研究人员若干，形成了年龄、专业方向、学历结构合理的创新团队。河海大学人力资源研究中心致力于人才和人力资源管理与开发的教学、科研和实践探索工作，已经形成了以理论研究为先导与实践性研究为重要支撑的研究特色，在人才发展、人才体制、人才经济、人才市场、人才规划、人才素质测评与心理咨询、人力资源管理的预测与决策技术、人力资源管理信息系统、企事业人力资源管理技术、企业文化研究、组织设计与变革技术、知识性群体绩效管理、劳动保障等前沿领域都取得系统、丰硕、瞩目的研究成果。参与国家中长期人才发展规划的编制工作,为我国水利系统和江苏省的人才发展和人力资源管理作出了重要贡献。2005年以来,河海大学人力资源研究中心先后承担、主持、参与国家社会科学基金、国家自然科学基金、国家软科学项目21项,省部级科研项目41余项,承担企事业单位咨询项目300余项,出版专著80余部。发表学术论文上千篇,获省部级以上科研成果奖近百项,其中特等奖1项,一等奖8项。

2010年10月,王济干教授担任人力资源研究中心主任,赵永乐教授被聘请为人力资源研究中心名誉主任。河海大学人力资源研究中心在王济干教授的带领下,加强与水利部和水利行业在人才、人力资源方面的合作,开启了人才研究的新篇章。2011年,水利部在河海大学人力资源研究中心的基础上组建水利部人力资源研究院,王济干教授被任命为研究院常务副院长,赵永乐任副院长。2012年,南京市委、市政府和河海大学共同组建中国(南京)人才发展研究中心,王济干教授担任中心主任,赵永乐担任中心常务副主任。2014年4月22日,河海大学被中央人才工作协调小组确定为国家"人才理论研究基地"。

5 河海大学商学院管理学与人力资源系

2004年,河海大学的国际工商学院和经济学院合并成立商学院,管理学与人力资源系是商学院内设的七个系之一,由原国际工商学院的企业管理系和人力资源系合并而成。2020年,商学院管理学与人力资源系与常州校区企业管理学院工商管理系又一次合并成立新的商学院管理学与人力资源系。人力资源管理专业是河海大学商学院管理学与人力资源系的主打专业。管理学与人力资源首任系主任为何似龙副教授,继任系主任分别为周海炜教授、于金教授、厉伟教授,现任系主任为邓玉林教授。

河海大学人力资源管理专业具有悠久的历史,是1994年国内第一批开设的人力资源管理专业。人力资源管理专业紧密依托人才研究和战略管理两大核心团队开展建设,人才研究团队依托河海大学中央人才工作协调小组国家人才理论研究基地(中央人才工作协调小组仅在河海大学、北京大学、清华大学、中国人民大学、武汉工程大学五所高校设立了国家人才理论研究基地)和水利部人力资源研究院建设,战略管理团队依托世界水谷研究院(省部级协同创新平台)和江苏企业国际化发展研究基地建设。河海大学商学院为人力资源管理专业建设提供了强有力的多优势学科支撑,工商管理和管理科学与工程获评B+,技术经济及管理专业为国家重点学科培育点,MBA项目通过AMBA认证,正在进行AASCB以及EQUIS认证,以评促建,专业办学水平持续提升。此外,河海大学商学院还在博士和硕士学科点上都设立了人力资源管理方向,博士后流动站也招收人力资源管理方向的博士后人员。

在人才培养目标上,按照教育部"新文科"建设的总体要求以及"重思政、宽基础、强实践、重创新"的人才培养目标,依托河海大学的行业特色和商学院多学科良好发展的综合优势,人力资源管理专业致力于培养具有国际视野和中国特色、战略思维和创新能力的高级人力资源管理人才。在专业建设特色上,紧密结合国家人才强国战略和水利行业重大人才需求,全面依托学校行业优势资源,形成了鲜明的人才研究特色;实施分类培养,强调产教融合,着力培养"重思政、厚基础、强实践、重创新"的复合型高级人力资源管理人才。在培养模式上,专业构建了"分类培养""纵横并重"的特色人才培养模式。按研究型和应用型分类培养,设置不同选修课程和教学环节;既注重横向扩展学生思维广度,又注重发挥行业特色优势,提升学生纵向思维深度。此外,专业还通过打造产学合作协同平台,深度融合学生培养。组建河海人力资源管理俱乐部(河海人力资源管理专业校友会),与南京 HR 公会等社会组织共同创建打造紫金人力资源管理年会、人力资源管理沙龙、企业走访、HRD 进校园等交流平台,与学生培养工作有机交融,有力提升学生的实践经验和实战能力;与中国人事科学研究院、三峡集团、中国电建等大型企事业单位开展产学合作,邀请业界专家参与年会、担当评委、担任督导,来校作报告,形成稳定的合作模式。近年来,专业还积极参与学院 AASCB 以及 EQUIS 国际认证工作和世界水谷协同创新全球体系建设,以评促建,推动人力资源管理专业办学的国际化进程。

河海大学人力资源管理专业通过内部人才培养和外部人才引进,已经打造出一支结构合理、干劲充沛、潜力厚实的师资队伍。专业拥有专职教师 40 名,其中 98% 具有博士学位,85% 具有海外访学经历。专业师资来源多元,大部分老师曾求学于中国人民大学、南京大学、西安交通大学、美国肯塔基大学、韩国高丽大学等国内外顶尖学府。师资力量雄厚,获得教育部长江学者与创新团队一项;多位老师获得国家视频公开课、全国 MBA 优秀教授和十大杰出教授等奖项。近年来,先后主持国家社会科学基金、教育部人文社会科学基金、"十一五"国家科技支撑计划课题等一二类科学项目 70 余项。撰写论文 300 余篇,发表在《管理世界》《中国工业经济》《中国软科学》《中国管理科学》等国内一流期刊及 An International Review 和 Journal of Business Ethics 等国外 SSCI 期刊上。出版著作 40 余部,如《南京构建具有全球竞争力的人才制度体系研究》《国际创新名城人才制度与治理研究——基于南京人才新发展格局的实践探索》《核心竞争力:知识管理战略与实践》《中国企业高管团队人口特征对高管离职的影响研究》《知识型员工的激励机制研究》《科技人才开发战略与创新绩效》等。

河海大学人力资源管理专业的毕业生在各行各业的人力资源管理相关岗位上获得了广泛的赞誉,"肯吃苦""视野宽""能力强"已经成为标志性的名片;在与同行进行专业建设交流过程中,也受到了广泛认可。学生综合素质显著提升。近三年升学率在 40% 左右,多数学生被保送到中国人民大学、上海财经大学、同济大学等国内一流高校,或被美国西北大学、卡内基梅隆大学等国际知名大学录取。一大批毕业生高端就业,快速成长为宝武、腾讯、中国电建、中交、万科等知名企业的人力资源管理部门负责人。

6 河海大学人力资源研究所

河海大学人力资源研究所的前身是 1990 年经水利部批准成立的河海大学人力资源研究中心。河海大学人力资源研究中心是作为我国水利系统进行人力资源开发、利用、激励和保护研究的专门机构而成立,曾为我国特别是我国水利系统的人才工作和人力资源管理学科建设在理论和实践上作出重大的贡献。河海大学人力资源研究所首任所长为汪群教授,现任所长为樊传浩副教授。

研究所成员一直致力于人力资源管理与开发的教学、研究和实践探索工作,在人才规划、人才素质测评、人力资源管理的预测与决策技术、人力资源管理信息系统、企事业人力资源管理技术、知识性群体的绩效管理、劳动保障等方面都进行了较为系统、深入的研究,并形成了年龄、专业技术、学历结构合理的创新团队。团队成员有理论造诣深厚的教授、博士,有长期从事人力资源管理实践的专家,团队形成了以理论研究为先导、以实践性研究为重要支撑的研究特色。尤其是在事业单位特别是高等学校的人力资源开发与管理方面,建立了系统深入的理论和实践研究,形成了一整套具有特色的高校人力资源开发与管理体系,在新理论的应用等方面,作了有益的尝试。在长期的合作过程中,团队成员相互之间无论是在教学和研究生培养过程中,还是在为政府开展课题攻关、为企业提供咨询服务以及参加地方组织人事工作项目研究过程中,已经形成了相对稳定的研究集体和研究方向,并取得了较好的社会效益,打造了河海品牌。

目前,研究所已经形成了一支拥有 4 名博导、11 名高级职称人员在内的具有自身特色的研究队伍。河海大学人力资源研究所与河海大学有关院、系密切配合,每年能培养出 60 名左右的人力资源管理专业本科生、50 名左右的人力资源管理方向硕士生(含 MBA)和 5~10 名人力资源管理方向的博士生和博士后。

研究所的主要研究方向有:(1) 人才学研究方向,对人才培养、引进和使用进行全方位理论研究,对人才发展战略、规划和人才工作政策进行实践研究;(2) 企业人力资源管理技术研究方向,为我国各类企业的人力资源管理与开发提供成套适用的技术方法;(3) 组织设计与变革技术研究方向,研究组织的发展、结构、绩效以及管理规划等理论和组织变革等技术;(4) 企业文化研究方向,研究企业文化定位,进行企业环境与条件分析,为企业组织进行评估,制定企业规章制度;(5) 素质测评与心理咨询方向,研究各类人员的素质测评理论与方法,为企业和大学生提供测评服务和心理咨询;(6) 创新创业研究方向,研究创新创业的规律和方法,为社会广泛开展的"双创"活动提供理论支撑,为"双创"人员的实践提供技术、方法和指导。(7) 智库与服务方向,建设人才学和人力资源管理智库,为政府、相关管理部门和各类企事业单位提供咨询服务。

7 河海大学文天人力资源研究院

2009年10月17日,河海大学文天人力资源研究院(2018年随着河海大学文天学院转设更名为皖江工学院而更名为皖江工学院人力资源研究院)在安徽省马鞍山市挂牌成立。研究院隶属河海大学文天学院(现皖江工学院)。河海大学文天学院是经教育部批准设立的全日制普通本科独立学院,是教育部直属全国重点高校在安徽省创办的唯一一所独立学院,是秉承河海大学百年办学传统,以工科为主,以水利为特色,工、经、管、艺、农等多学科协调发展的民办应用型高校。成立河海大学文天人力资源研究院,是提高河海大学文天学院人才学和人力资源管理科研水平、整合科研力量的重要举措。研究院的宗旨是力求科研与教学有机结合,产学研结合,提高人力资源管理专业教师科研水平,促进教学质量提升。研究院坚持"多立项目、多出成果、多出人才"的理念,通过科研活动逐步形成科研团队,造就一批高水平的科研成果和学科带头人。

河海大学文天人力资源研究院首任院长由中央人才工作协调小组特聘专家组成员、河海大学原人力资源研究中心主任、河海大学文天学院人力资源管理专业负责人、博士生导师赵永乐教授担任,首批研究人员有吴永强、薄赋徭、陈双双、霍伟、黄翠等。研究院依托河海大学人力资源专业建设,集结了一批活跃在马鞍山乃至全国的产、学、研界高层人士,致力于在人力资源研究领域打造一支专业的有影响力的师资、教学团队。聘请中国人才研究会常务副秘书长聂兴国、武汉工程大学原副校长桂昭明等国内知名专家学者担任兼职研究员。

研究院成立以来,在文天学院领导的关心和指导下,在人力资源管理专业全体教师的支持下,群策群力,开展了系列研究和学术活动,取得了较为丰硕的研究成果。研究院致力于组织、指导研究院研究人员积极申报和参加省部级以上高级别人才研究项目,主要完成了安徽省软科学项目"合芜蚌自主创新综合试验区建设人才支持战略研究"、安徽高校人文社会科学研究重点项目"长三角一体化发展的人才支持战略研究"、安徽省教育厅社科项目"加快提升独立学院学生就业力的对策研究"、马鞍山市委市政府委托项目"创造人才发展新常态——产业转型升级中的马鞍山人才体制机制创新研究"、校内部管理机制项目"河海大学文天学院内部管理制度建设"等,项目的开展对马鞍山市及安徽省的人才工作提供了一定的政策咨询。

研究院积极加强与国内外同类知名研究机构和专家学者建立密切联系,开展广泛学术交流。2009年10月举办高层次创新型人才开发学术研讨会,邀请中央人才工作协调小组特聘专家组成员、武汉工程大学原副校长、博士生导师桂昭明教授,中央人才工作协调小组特聘专家组成员、河海大学文天人力资源研究院院长、博士生导师赵永乐教授,河海大学校长助理、博士生导师王济干教授和马鞍山职业技术学院薄赋徭副教授围绕高层次创新型人才研究作主题报告。2013年11月,中国人才研究会第三届理事会暨大学生职业发展研讨会在马鞍山举行,中国人才研究会会长、原国家人事部纪检组组长、党组成员李有慰,马鞍山市委书记张晓麟出席开幕式并分别致辞。中国人才研究会、中国人事科学研究院、安徽省人社厅、马鞍山市委市政府的领导出席会议。中国人才研究会副会长、水利部人力资源研究院副院长、河海大学文天人力资源研究院院长赵永乐教授出席会议并在会上就"人才强国研究出版工程"首批成果"人才学新三论"之一《宏观人才学概论》的研究和出版作专门介绍。河海大学文天人力资源研究院参与承担了该次会议的会务工作。

  研究院聚力于服务地方政府和企事业单位,为其提供人力资源管理平台建设方面的咨询建议。为更新人才工作理念,加强人才工作交流,总结人才工作经验,探索人才工作规律,提高马鞍山市人才工作队伍素质和水平,受马鞍山市委组织部委托,研究院于2009年12月承办了"马鞍山市人才工作者培训"工作。研究院院长赵永乐教授,中央人才工作协调小组特聘专家组成员、我国人才领域知名专家沈荣华研究员,中央人才工作协调小组特聘专家组成员、武汉工程大学原副校长桂昭明教授和江苏省人大常委会人事代表联络委员会委员、省委组织部人才工作处原处长单作银等,为马鞍山市人才工作领导小组成员单位的负责人和联络员、县区组织人事部门负责人、省部属驻马企事业单位人力资源负责人和联络员等开展系列培训,解读《国家人才中长期发展规划纲要(2009—2020年)》,介绍各地人才发展的成功政策举措、实地学习考察苏州和无锡等先进地区的人才工作经验。研究院多次为安徽属地企业提供管理咨询,为安徽昕源集团开展人力资源管理平台建设咨询和服务、为十七冶集团提供培训和人才输入等服务。

  研究院融教学科研为一体,持续展开人力资源管理相关的科学研究,为人力资源管理专业建设和人才培养作出卓越贡献。皖江工学院人力资源管理专业现有专业教师10余人,在校学生500余人,该专业每年招生人数在200人次左右。研究院为该专业师资的培养作出了较大贡献,持续组织、指导该专业教师申报安徽省教育厅、学院相关课程的教学研究项目,加强与国内外同类知名研究机构和专家学者建立密切联系,开展广泛学术交流,不定期举行学术报告会、学术讲座等活动,增进师资学者和产业界企业家之间的交流。未来,研究院将持续推进科研工作,在人才研究上取得更多高质量成果,同时继续推动人力资源管理专业建设,为安徽省人力资源管理专业人才的培养贡献力量。

8 水利部人力资源研究院

  2011年9月,经中华人民共和国水利部批准,水利部人力资源研究院依托河海大学人力资源研究中心组建成立。水利部人力资源研究院的成立,是全面落实教育部与水利部共建河海大学的又一新举措,旨在依托河海大学有关学科和师资优势,汇聚水利系统相关单位及人员,建设一支专兼结合的研究队伍,为水利人才管理与规划提供理论支撑、政策建议、决策咨询并开展学历教育、业务培训和国内国际合作交流活动,推动水利人事管理队伍建设和能力建设,以适应新的水利改革发展形势,为国家水利事业可持续发展提供人才支撑。

水利部人力资源研究院揭牌仪式于2011年10月29日在河海大学隆重举行。水利部副部长周英、水利部人事司司长刘雅鸣、水利部财务司司长张红兵、南京水利科学研究院院长张建云院士、中国水利水电科学研究院院长匡尚富、水利部人事司副司长侯京民、水利部人才资源开发中心主任陈楚、江苏省水利厅副厅长陶长生、海河水利委员会副主任李福生、淮河水利委员会副主任汪斌、珠江水利委员会副主任崔伟中、松辽水利委员会副主任齐玉亮,河海大学校长王乘、副校长鞠平、党委副书记陈德奎、党委副书记王济干、副校长唐洪武出席水利部人力资源研究院揭牌仪式。

水利部人力资源研究院管委会主任由水利部人事司司长刘雅鸣担任,副主任由水利部财务司司长张红兵、河海大学校长王乘、水利部人事司副司长侯京民、水利部国科司副司长吴宏伟担任,委员由水利部各流域机构、中国水利水电科学研究院、南京水利科学研究院、水利部人才开发中心、江苏省水利厅、河海大学相关负责人担任。

水利部人力资源研究院院长由王乘担任(王乘调离河海大学之后,由新任河海大学校长徐辉担任),常务副院长王济干,副院长孙晶辉、赵永乐、汪群。研究院办公室负责人为蒋来娣,秘书为李娜、樊传浩。

2020年2月,水利部根据人员变动情况,对水利部人力资源研究院管委会及研究院班子成员进行了调整。管委会主任田学斌(水利部副部长),副主任侯京民(水利部人事司副司长)、徐辉(河海大学校长),委员由水利部有关职能部门、各流域机构、中国水利水电科学研究院、南京水利科学研究院、江苏省水利厅、河海大学相关负责人担任。

现任水利部人力资源研究院院长王济干,副院长王新跃、许峰、丁纪闽。研究院秘书为李娜、樊传浩。

根据"为水利大发展提供人力资源管理和开发的智力支持"的定位,水利部人力资源研究院主要从事水利人力资源管理方面的科学研究、人才培养和面向特定需求的咨询(包括政策研究、决策咨询和现实解决方案的提供),待条件成熟,还可以逐步推进水利人力资源信息平台建设、研究成果发布、人力资源管理重大工程的论证等工作。

研究院运用全新的组织管理方式,依托河海大学人力资源管理专业[目前已成为国家重点(培育)学科、江苏省重点学科"技术经济与管理"的重要研究方向],整合学校商学院、公共管理学院、继续教育学院及人事处、科技处等院系和职能部门的人力资源管理研究专家力量,联合水利行业人才专家资源优势,建立了一支致力于人力人才资源管理研究方向的专兼职师资队伍和一批国内外知名专家。

研究院自2011年成立以来,紧密围绕国家水利事业发展需要,结合新阶段水利人才人事工作理念,开展科学研究、人才培养、决策咨询与合作交流,先后承担了"水利部直属事业单位分类改革研究""水利人才创新团队建设与管理研究""水利行业管理干部领导力培养与评价机制研究""中国南水北调集团有限公司薪酬管理研究"等水利部、部直属系统和地方水利系统的重大和重点研究项目,荣获全国水利人事优秀研究成果和全国水利人事工作典型案例等奖项多项。自2018年10月研究院开展研究工作以来,连续3年发布《中国水利人才发展研究报告》,搭建了水利行业人才发展研究的基本框架,作出了水利行业人才队伍现状及管理的基本总结,给出了水利人才发展管理体制、政策制度体系的基本评价,提供了水利人才发展理论研究和实践探索的基本阐述。

2020年9月,水利部网站要闻栏目报道了研究院成立十年来的工作成绩——"为推动水利人才队伍建设发挥了积极作用"。2021年10月,研究院与河海大学共同承办了第三届水利人才与教育论坛——新阶段水利人才高质量发展,分论坛以"水利行业人才发展"、"水利人才培养"和"水利人才培养供需对话"为主题,交流行业人才培养、院校人才培养情况,并组织院校和用人单位代表进行人才培养供需面对面交流,水利部所属相关单位领导与人事部门负责同志,有关院校领导、专家、代表,共200余人参加论坛,产生了较大的社会影响。2021年12月,研究院连续两年跟踪、参与的"新时代水利人才发展创新行动方案"研究得以落地,水利部公布了20名水利领军人才、10名水利青年科技英才、100名水利青年拔尖人才、10个水利人才创新团队、10个水利人才培养基地,为推动高质量培养水利高层次人才、建设高水平水利人才创新团队和水利人才培养基地作出了积极贡献。

展望未来,研究院将继续以研究和发布《中国水利人才发展研究报告》为契机,围绕水利事业发展对人才的需求,系统分析水利人才工作面临的形势任务,持续深化水利人才高质量发展的基础研究,有力支撑水利人才培养、引进、使用的顶层设计,为助力建设一支与经济社会发展相适应、与水利高质量发展相匹配的一流的水利人才队伍做好决策咨询和智库工作。

9 中国(南京)人才发展研究中心

中国(南京)人才发展研究中心是我国著名的人才研究机构,由中共南京市委、南京市人民政府与河海大学共建,2012年3月29日挂牌成立。河海大学党委书记朱拓教授任名誉主任,南京市委常委、组织部部长徐金万和河海大学党委副书记王济干教授任主任,中央人才工作协调小组特聘专家、中国人才研究会副会长、河海大学人力资源研究中心名誉主任赵永乐教授任常务副主任,南京市委组织部副部长、南京市人才办主任刘军和南京市社科联主席、社科院院长叶南客研究员任副主任,南京市社科联副主席、社科院副院长陈如研究员任秘书长,南京市人才办副主任张明娣和河海大学商学院副院长汪群教授任副秘书长。

中心的宗旨是共建国家级创业创新人才研究平台、区域性人才理论成果交流平台、南京紫金人才特区建设咨询平台,为市委市政府创新人才政策和体制机制、建设国家人才特区提供理论支撑和工作咨询。该中心以河海大学人力资源研究中心为依托建立,在南京市和有关部门、有关区开展了多项科研活动。

中国(南京)人才发展研究中心成立的主要目的有三点:一是围绕南京市委聚焦"四个第一"、实施创新驱动战略的总体部署,广泛学习借鉴国内外人才发展先进经验,着力推动南京科技、教育、人才资源禀赋加快向城市竞争力和现实生产力转化。二是着力把握人才全球化动态配置的新规律新特点，加紧建设国家高层次创新创业人才节点城市。三是着力创新人才政策和体制机制、不断优化人才发展环境，推进中国人才与科技创新名城建设。

中国（南京）人才发展研究中心在发挥"人才研究、人才交流与集聚"两大功能基础上，构建"三大平台"。一是国家级创新创业人才研究平台。着眼"人才引领、科技创业"和"制度先试、园区先行"关键举措，开展前瞻性、应用型研究，形成一批实践性强的研究成果，为市委市政府创新人才政策和体制机制、建设国家人才特区提供理论支撑。二是区域性创新创业人才交流平台。针对科技创新创业人才发展规律和最新趋势，通过主题论坛和高端峰会等载体，深入推进城市间成功实践和先进经验的交流学习。组织开展人才交流合作，拓宽人才工作眼界和思路，推动人才工作实践创新。三是国际化创新创业人才集聚平台。坚持立足长三角、面向海内外，创建全国性人才、智力、技术和项目交流合作品牌，打造国际化创新创业人才合作交流网络，加速集聚高层次创新创业人才，推动南京产业转型升级和城市创新发展。

2012年6月，中国（南京）人才发展研究中心承担了南京市委、市政府下达的"南京市突破人才和经济发展不成正相关关系瓶颈研究"重大课题项目。该项目围绕人才和经济发展的相关关系，对南京市人才相关情况进行定量和定性分析，对宁苏锡京沪穗杭七大城市、全国15个副省级城市以及南京市13个区县进行分析比较，先后发放2 000余份问卷，分别对南京市人才发展和人才优势转化瓶颈进行问卷调查，召开一系列座谈会并对9个园区企业进行考察和个案研究，找出南京市阻碍人才优势转化为经济发展优势的关键因素，为南京制定突破发展瓶颈的相关对策提供了现实的参考依据。该项目向南京市委、市政府提交了包括1份总报告、7份分报告和11份专题报告的研究成果，得到了南京市委领导和有关部门的充分肯定。该项目研究成果被收入国家出版基金项目、"十二五"国家重点出版物出版规划项目、人才强国研究出版工程、人才体制机制改革丛书，书名《调研南京：加快人才优势向发展优势转化》，由党建读物出版社于2016年11月出版。

2014年3月，南京市委、市政府向中国（南京）人才发展研究中心下达了"南京321计划实施情况绩效考评模式调研"项目。南京市委组织部（市人才办）、市发改委、市财政局、市科委、市人社局、市金融办、市统计局、市社科院等部门参加联合调研。调研对照市委、市政府有关文件要求，结合南京市人才工作考核机制的优化和完善，通过对321计划实施情况的系统性研究，提出了有针对性的对策建议，为市委、市政府进一步指导和推动人才工作提供依据。调研项目的最终成果包括《南京321计划实施情况及优化对策研究报告》《南京321计划实施绩效考评模式研究报告》《南京321计划实施情况问卷调查分析报告》三项研究报告。该调研项目获得中央组织部2014年度重大调研课题二等奖。

2018年6月，中国（南京）人才发展研究中心获得了2018年度南京市哲学社会科学基金春季公开招标的重大项目"南京构建具有全球竞争力的人才制度体系研究"（项目编号为18CA02）。河海大学党委书记唐洪武教授亲自挂帅，赵永乐、徐军海、黄永春、郭祥林、殷凤春等人才理论研究专家和吕江洪、潘运军、颜玉凡、蒋敏、陈双双等中青年实力学者参与研究,形成了老、中、青紧密结合的研究团队。经过一年的实际调研和理论科研,课题组在确立南京构建具有全球竞争力的人才制度体系的指导思想的基础上,明确了人才制度体系建设的三个方面的功能定位、五项遵循原则和五点建设思路、三条具体目标、四项重点任务与四大战略部署,提出了包括"一主攻"方向、"三强"对策和"三新"保障为主要框架的对策建议体系。课题自2018年6月开展研究,2019年6月结束。最终形成了1份摘要报告、1份总报告、2份要报、4份分报告、9份基础研究和调查研究报告。课题研究成果由河海大学出版社于2019年12月出版。

中国(南京)人才发展研究中心先后承担了中央人才工作协调小组办公室下达的有关年度课题,承担了南京市有关部门、区委托的"十二五""十三五"人才发展规划编制工作或课题,完成了江苏省人社厅、社科联、国资委和镇江、徐州、马鞍山、盐城等市的有关部门、区、县或企业委托的课题。

10 河海大学中央人才工作协调小组国家人才理论研究基地

河海大学于2014年5月22日获得中央人才工作协调小组命名国家"人才理论研究基地"并授牌。当日上午,中央人才工作协调小组办公室在京召开"2014年人才理论研究部署会暨国家'人才理论研究基地'命名授牌仪式"。会上,中央人才工作协调小组办公室副主任、中央组织部人才工作局副局长李志刚宣读了《中央人才工作协调小组关于国家"人才理论研究基地"命名的通知》。河海大学和北京大学、清华大学、中国人民大学、武汉工程大学五所高校被命名为国家"人才理论研究基地"。同时被命名的还有中国人事科学研究院、中国社会科学院、北京市社会科学院、上海社会科学院、中国留学人才发展基金会、中国与全球化智库、中国石油教育与人才研究所、中国兵器工业集团等单位。中央人才工作协调小组办公室主任、中央组织部人才工作局局长孙学玉为13家国家"人才理论研究基地"一一授牌,并向9个基地单位颁发了2014年度人才理论研究课题委托书。孙学玉在会上作了讲话,他殷切希望这次设立的国家"人才理论研究基地"要肩负起人才理论创新的重大责任和使命,做好基地建设的各项工作,集聚、培养一批人才理论创新骨干,多出人才理论创新成果。切实承担起国家人才发展战略研究任务,服务宏观决策、服务人才发展,力争成为人才领域的思想引擎和研究高地。

中央人才工作协调小组特聘专家组成员、河海大学赵永乐教授出席会议,代表河海大学接受国家"人才理论研究基地"牌匾,并接受中央人才工作协调小组办公室向河海大学国家"人才理论研究基地"颁发的2014年度人才理论研究课题委托书。

河海大学被命名为国家"人才理论研究基地"之后连续三年接受中央人才工作协调小组办公室下达的年度人才理论研究课题委托书。2014年,中央人才工作协调小组办公室下达年度人才理论研究课题"西部地区人才培养、引进和使用机制研究";2015年,中央人才工作协调小组办公室下达年度人才理论研究课题"建立与经济社会发展需求相适应的人才需求预测与调整机制";2016年,中央人才工作协调小组办公室下达年度人才理论研究课题"具有全球竞争力的人才制度体系研究"。该三项课题研究皆由赵永乐教授主持,当年结题。

2016年,中央人才工作协调小组办公室又向赵永乐教授下达了"人才管理政府与市场关系研究"任务。赵永乐教授及时完成了《人才管理政府与市场关系研究》的写作任务,发表在《国家行政学院学报》2016年第3期上。

2014年以来,河海大学中央人才工作协调小组人才理论研究基地除完成中央人才工作协调小组办公室下达的人才理论研究课题之外,其成员多次承担国家社科基金项目和教育部、水利部、人社部、科技部等下达的人才研究项目,多次承担江苏社科基金项目、软科学研究计划项目、"333人才工程"项目、"六大人才高峰"项目和社科应用研究重点课题、社科应用研究(人才发展)课题中的人才研究项目,多次接受江苏省委组织部、人社厅、科技厅、社科联、教育厅、国资委等部门委托的人才规划项目和人才研究项目,多次接受南京市、镇江市、常州市、徐州市、盐城市、马鞍山市和南京浦口区、南京江宁区、南京江北新区以及如东县委托的人才规划项目和人才研究项目。多次举办和参加全国性或区域性的人才理论研讨活动,发表论文百余篇,出版多部学术著作,取得丰硕科研成果。

11 江苏省人才发展战略研究院企业人才研究中心

江苏人才发展战略研究院企业人才研究中心成立于2015年5月,挂靠河海大学,王慧敏担任中心主任,刘钢担任中心副主任。企业人才研究中心主任王慧敏系河海大学商学院副院长、教授、博士生导师；中心副主任刘钢系河海大学商学院副教授。企业人才研究中心自成立以来，先后承担了多项科研项目，撰写了多篇人才工作相关的报告，从政府、企业、人才等多角度评估人才工作并有针对性地给出了导向性的建议，为江苏省人才工作作出了重要贡献。

人才是经济社会发展的第一资源。为深入贯彻习近平新时代中国特色社会主义思想和党的十九大精神，落实省委推动高质量发展走在前列部署和市委创新驱动发展"121"战略，《关于建设具有全球影响力创新名城的若干政策措施》（宁委发〔2018〕1号）聚焦创新的市场化、高端化、国际化、融合化、集群化、法治化，坚持战略引领，强化改革动力，着力破解制约创新发展的体制性障碍、结构性矛盾和政策性问题，深化创新名城建设。习近平总书记在视察徐州时指出创新是企业核心竞争力的源泉，人才是创新的核心力量，强调紧扣新时代要求推动改革发展。省委十二届十一次全会提出建设具有国际竞争力的先进制造业基地和具有全球影响力的产业科技创新中心。创新驱动实质上是人才驱动。面向新时代，建设新江苏更需要突出发挥我省科教和人才资源优势。为此，江苏人才发展战略研究院企业人才研究中心在省相关部门的支持下，广泛收集、整理海量可靠的基础数据，连续多年开展《江苏工业企业人才竞争力100强报告》系列报告研究及发布工作。

中心针对人才差异性，构建企业人才强企综合评价指标体系，结合模糊综合评价技术，厘定评价指标权重，在江苏省企业人才遴选机制分析的基础上，系统进行企业人才竞争力评估研究，并发布江苏省企业人才竞争力百强名单。在此基础上，以制度供需理论为依托，并通过典型案例分析，归纳企业人才发展情境，以创新管理机制为目标，构建针对不同人才的管理机制库，通过情境分析包含人才遴选机制、人才凝聚机制、人才发展机制等内容在内的人才强企机制。

江苏工业企业人才竞争力100强报告以江苏省拥有有效发明专利500强、科研投入500强、主营业务收入100强、上市公司等我省工业企业为研究对象，在相关政府部门的数据支持下，开展江苏省装备制造业人才强企评估研究。通过对江苏省装备制造业企业、人才强企能力进行数据挖掘，结合江苏实际发展情况，从产业结构、区域分布、人才聚集、人才投入、人才贡献等方面对江苏省装备制造业企业、人才强企能力百强企业开展人才强企能力分析。构建工业企业人才竞争力评价体系，包括人才规模、人才素质、人才投入、人才平台、人才贡献等5个一级指标13个二级指标48个三级指标，突出了"＊＊计划""R&D人员占比""R&D投入""拥有有效发明专利"等关键指标，充分体现了人才引领企业发展导向。报告基于权威数据和科学方法，给出工业企业人才竞争力100强排名。

第3部分
活动篇

1 江苏省青年自学座谈会

1981年10月,由江苏省人才研究会筹备会发起,江苏省科学技术协会、共青团江苏省委、江苏省总工会和江苏省人才研究会筹备会联合召开的江苏省青年自学座谈会在南京举行。江苏省青年自学座谈会主会场设在华东水利学院(现河海大学),华东水利学院人才学研究会为会议的召开提供了便利和会务保障。

来自江苏全省各个地区、各条战线的145名青年代表集聚一堂,畅谈自学经验,探索自学规律,取长补短,相互促进,进一步明确了方向,更加坚定了自信心。大家认识到自学是成才的重要道路之一。祖国的四化建设需要大量的各方面人才,坚持走自学成才的道路,在新形势下具有特别重要的意义。代表们决心用马列主义毛泽东思想武装自己,努力把自己造就成又红又专、具有真才实学的有用之才,决不辜负党和人民的殷切期望,为四化、为振兴中华贡献出自己全部的光和热。10多名自学青年代表在座谈会上介绍经验,座谈会始终洋溢着积极进取、热情奋斗的气氛。

与会代表经过热烈的讨论,总结出五条自学经验:一是要有坚定明确的政治方向和奋斗目标;二是要有自学成才、为社会主义多作贡献的坚强信心;三是要有克服困难的勇气和坚持自学的毅力;四是要有社会的大力支持;五是组织上要给予合理的安排和因才使用。

江苏省青年自学座谈会闭幕式在江苏省委西康路礼堂举行,中共江苏省委领导同志到会看望了代表并讲话。省委领导在讲话中高度评价了当代江苏青年的自学活动,希望广大青年为振兴中华创大业,刻苦学习,发奋图强,作出重大贡献。

江苏省人大常委会副主任、南京大学名誉校长匡亚明非常重视青年自学活动,专门从外地给大会发来了贺信。江苏省科技干部局、江苏省人事局、江苏省民政厅、江苏省科学技术协会、共青团江苏省委、江苏省总工会和江苏省人才研究会筹备会的负责同志自始至终参加了会议。江苏省青年自学座谈会全体代表向全省1 100万青年发出了《为振兴中华走自学成才之路》的倡议书,号召全省各条战线的青年把自学活动更加广泛、深入、持久地开展起来,用辛勤的劳动去创造无比壮丽的未来。

2 江苏省人才研究会第一次代表大会

1982年元月,经中共江苏省委科教部批准,成立江苏省人才研究会筹备会理事会,理事长彭涵明,副理事长毕萍、郭颖(华东水利学院老组织部部长)、袁相碗、张鸣,秘书长赵永乐。江苏省人才研究会筹备会挂靠在江苏省科技干部局。华东水利学院人才学研究会是江苏省人才研究会的发起单位之一。

经过一年十个月的筹备,江苏省人才研究会第一次代表大会于1983年1月9日至10日在南京华东水利学院(现河海大学)隆重举行,来自全省各地、各高等院校、有关部门和部队系统的78名代表出席了会议。江苏省人才研究会的发起单位华东水利学院人才学研究会参与了代表大会的筹备和会务工作。

江苏省人才研究会筹备会理事长、江苏省科技干部局局长彭涵明在会上代表江苏省人才研究会筹备会作了题为"加强人才研究,大力开发人才资源,为全面开创社会主义现代化建设新局面贡献力量"的筹备工作报告。会议讨论并通过了筹备工作报告,审议并通过了江苏省人才研究会章程,以无记名投票的方式选举产生了江苏省人才研究会首届理事会,通过了关于聘请江苏省委负责同志为名誉理事长,聘请省人大常委会副主任、南京大学名誉校长匡亚明,省人大常委会副主任辛少波,省委组织部副部长季一先为顾问的决议。江苏省人才研究会挂靠在江苏省科技干部局。

彭涵明的筹备工作报告全面回顾了江苏省人才研究会的筹备过程,认为正式成立江苏省人才研究会的条件已经成熟。彭涵明指出,江苏省人才研究会成立之后,应在已经开展的研究工作基础上更快更好地发展和提高,要在五个方面开创人才研究的新局面。第一,要加强马克思主义对人才研究的指导;第二,要加强人才学的学科建设;第三,要注重应用研究,大胆改革,大胆创新,为四化建设服务;第四,大力开展宣传普及工作;第五,大力加强学会组织建设。

江苏省委负责同志在闭幕会上看望了与会代表并讲话。江苏省人大常委会副主任、南京大学名誉校长匡亚明到会讲了话。江苏省委组织部副部长季一先、省委宣传部副部长胡福明以及有关部门的领导出席了闭幕式。

在江苏省人才研究会首届理事会第一次会议上,各位理事一致选举彭涵明为理事长,选举王正、毕萍、张鸣、季允石、胡才基、袁相碗、蒋孟平、楼中南为副理事长,选举王正、王允沭、李向阳、毕萍、何可人、张鸣、季允石、胡才基、赵永乐、贾启模、袁相碗、彭涵明、蒋孟平、楼仲南为常务理事。由首届理事会理事长彭涵名提名,选举赵永乐为秘书长,王允沭、李向阳为副秘书长。河海大学贾启模当选常务理事,梁训当选为理事。

大会收到了中国人才研究会理事长王康同志的贺电,还收到了天津市人才研究会和辽宁省人才研究会发来的贺电。

3 人事人才理论学术报告会

1997年6月17日上午,河海大学科学会堂座无虚席,连会堂两侧的过道上都站满了人。以王通讯为首的国内七名顶级人才研究专家来到河海大学作专场人事人才理论学术报告,专家们给河海大学相关专业的师生带来了一场高水准的理论学术盛宴。

上午9时,在即将以人才引进方式正式加盟河海大学的赵永乐教授的带领下,吴江教授、朱庆芳研究员、彭文晋教授、于文远教授、沈荣华研究员五位专家（王通讯研究员乘坐的航班正在降落中）在满场热烈的掌声中登上主席台就座。在赵永乐教授向全场师生一一介绍各位专家之后，报告会在河海大学国际工商学院党委书记顾宏言的主持下正式开始。

首先作报告的是中国人事科学研究院常务副院长朱庆芳研究员。朱庆芳研究员从学科发展的角度，解读了人事学与政治学、行政学等其他社会科学的区别与联系，就人事学发展自身进行了学理分析，强调人事学具有政治学与社会学的统一、理论性与应用性的统一、综合性与独特性的统一、规范性与变异性的统一四个方面的特点。他同时还对当前我国人事制度改革的基本动向作了系统分析。

广东省科技干部学院院长、广东省人才研究所所长彭文晋教授以全球的视野，从世界人才学的理论研究和人才资源开发的实践动向上对新加坡进行了详细分析，在此基础上对我国人事人才制度改革发展趋势进行了深入探讨，提出人才开发要突出人才的整体开发和人口素质的全面提高，要在国民教育、创新教育、复合型人才培养上加大投入力度。

国家行政学院公共管理教研部主任吴江教授的报告以"青年干部的成长"为题。他运用大量的数据分析，得出改革开放以来我国党政管理干部基本完成了两个批次的轮换调整，从政人员的年轻化取得了明显成效的基本事实判断。青年干部普遍具有思想素质高、群众基础好等优点，但也需要进一步重视理论学习，强化"三观"建设，加强基层锻炼，增加实际工作的能力和经验。要加强组织管理，以更好发挥年轻干部的特点和优势。

上海公共行政与人力资源研究所所长沈荣华研究员的报告以"构筑上海人才资源高地"为题。他首先从历史的角度分析了上海自20世纪30年代到目前的发展历程，得出了上海的三次大发展都与人才资源的大发展密切相关的结论。接着他阐释了上海建设新的人才高地的规模、层次、结构、集散力度和效能五大要素，强调政策投入的重要性。最后，他强调建立一支高素质的职业型企业家队伍对上海发展具有重要意义。

第五位作报告的是辽宁省人才中心主任于文远教授。于文远教授从时下兴起的工作分析技术和人事素质测评技术两个维度谈起，指出工作分析和素质测评不仅是人力资源管理的重要内容，而且对人才选拔具有重要意义。人才选拔不是为了选拔而选拔，是为了满足工作的需要，因此首先必须明确工作需要什么样的人才，这就要作工作分析；其次要选拔适合工作需要的人才，就必须清楚什么样的测评技术能够满足相应素质测评的需要，做到低成本高效能。

就在于文远教授报告结束之时，王通讯研究员在河海大学国际工商学院副院长兼人力资源系主任王云昌的陪同下来到会场。王通讯研究员的到场引起现场长时间的热烈掌声，他坐上主席台顾不上喝一口茶水，就开始了他的精彩的压台报告。

王通讯研究员是我国人才学学科的创始人，也是中国人才研究会的发起人之一，时任中国人才研究会秘书长、中国人事科学研究院副院长兼人事与人才研究所所长，他的报告以"人的潜能开发"为题。王通讯研究员认为，人才的培训是知识更新、技能补偿、思维转化、观念转变、潜能开发逐级提升发展的过程，整个过程包含大学和大学后阶段，是个终生教育的全过程。人的潜能开发，可以通过"正面暗示、超我观想、光明思考、综合情绪、放松入境"五个技巧来实现"超我"境界和潜能开发效果。王通讯研究员针对这五个潜能开发技巧,结合生动丰富的案例,从理论和实践的角度逐一进行详细阐述。他认为,人的潜能开发理论和实践是对传统人才学的深化,有助于丰富人才学的理论研究和实践探索。

会后,王通讯研究员向河海大学国际工商学院赠送了国家人事部人事与人才科学研究所编印的有关人才学研究的系列参阅资料,主题涉及整体性人才开发、人才潜能开发等各个方面,为学院人才学和人力资源学科领域教学和研究工作提供了资料借鉴。

河海大学国际工商学院副院长王云昌精心组织筹备了这场报告会,委托时任江苏省人才学会副会长、《江苏社会科学》杂志原主编赵永乐教授诚邀王通讯、吴江、朱庆芳、于文远、彭文晋和沈荣华六位专家分别从北京、沈阳、上海和广州来南京出席河海大学的学术报告会并作精彩报告。国际工商学院院办的王志峰、人事处的王炎灿和人力资源系的郑峭如、魏其发、李晖、司马雪放等老师参加会议并听取报告。

4 邓小平人才理论研讨会

1998年7月6—10日,中国人才研究会人才学教学研究分会与河海大学国际工商学院在黄山联合举办邓小平人才理论研讨会。这次研讨会以"学习研究邓小平理论"为主题,来自国内河海大学、华东师范大学、南京理工大学、中国石油大学(华东)、山西大学、青岛大学、内蒙古师范大学、盐城工学院等高校的20多名正式代表参加了会议。人才学教学研究会理事长叶忠海教授、人才学教学研究会副理事长金龙教授、人才学教学研究会副秘书长邱永明副教授和江苏省人才学会副会长赵永乐教授等专家出席了会议。河海大学国际工商学院杨文健老师及部分学生出席了会议。

7月6日,参加研讨会的代表在南京西康路河海大学招待所集中报到。当晚,河海大学国际工商学院副院长王云昌副教授等学院领导与兄弟院校代表进行了交流,并设晚宴招待与会代表。7月7日上午,与会代表集中乘车前往研讨会主会场——河海大学黄山培训中心。当天下午,研讨会正式举行。与会代表首先学习了人事部编发的《邓小平人才人事理论学习纲要》,叶忠海教授、赵永乐教授就如何学习领会邓小平人才理论作了主题报告,参会代表们就加强邓小平人才理论的学习研究展开了热烈深入的讨论。

代表们一致认为,邓小平人才理论是邓小平理论的重要组成部分,是新时期人才人事工作的理论依据和生动指南,是一个科学的理论体系;"尊重知识、尊重人才"是我国人才工作的基本方针;造就更多更优秀人才是社会主义制度优越性的表现,造就规模宏大的高素质干部队伍、人才队伍是一项长期战略任务;培养选拔人才是新时期组织路线的一个重要任务,人才队伍建设必须坚持"四化"方针;促进国家经济社会的发展必须培养大批高素质人才,要有一支浩浩荡荡的科学技术大军,要培养按经济规律办事的领导人才,注意培养精神文明建设人才;努力创造优秀人才脱颖而出的环境;勇于改革不合时宜的组织制度、人事制度,把干部人事管理工作推进到一个新的水平;要认真学习邓小平人才人事理论,为建设一支高素质的干部队伍、人才队伍而努力奋斗。

会议期间,与会代表还交流了各地各单位人才学教学和研究的课程、机构等建设的成果和信息,提出了"背靠学校,借点发展,发扬特色,服务社会,扩大影响"的人才学学科发展策略。会议结束之际,参会代表还到皖南事变遗址接受了革命教育。

5 首届中国人才学论坛

首届中国人才学论坛暨学术研讨会是我国人才研究的重要会议。2004年12月10—11日,由中国人才研究会主办、中国人才研究会人才学研究分会和河海大学人力资源研究中心联合承办的首届中国人才学论坛暨学术研讨会在南京河海大学隆重召开。论坛以"新时期新阶段中国人才价值问题"为主题,来自全国17个省市和部队的108名代表参会,300多名研究生、本科生列席旁听。中国人才研究会会长徐颂陶、副会长王通讯、中央组织部人才局三处处长薛波、江苏省人民政府办公厅副秘书长朱步楼、河海大学副校长鞠平等出席了会议。这次会议得到中央组织部人才工作局的重视和关心,并由薛波处长专程到会祝贺。研讨会分人才价值基本理论、各类人才价值、人才价值与薪酬设计三个专题,从经济学、哲学、军事学、管理学、教育学、人才学和历史学等多角度对人才价值进行了研讨。大会收到论文50篇,有20位专家学者在会上发言。会议评选出优秀论文一等奖5篇、二等奖9篇。

中国人才研究会会长、国家博士后管委会主任、人事部原副部长徐颂陶到会致辞并作主题报告,他从人才价值理论是马克思劳动价值理论的重大发展、人才资源在价值创造中的决定性作用和人才资源的积累、开发与转化等六个方面强调了加强人才价值理论研究的重要性。中国人才研究会副会长兼秘书长、中国人事科学院院长王通讯研究员和江苏省人才学会副会长、河海大学人力资源研究中心主任赵永乐教授分别作了《中国现代企业薪酬与人才资本升值》和《组织内的人才市场与人才价值实现机制》的主题报告。

在闭幕式上,中国人才研究会人才学研究分会理事长叶忠海教授对两天的论坛和学术讨论进行了总结。他说这是全国人才学论坛的第一次盛会,开得很成功,参加的人数多、层次高、主题突出、内容丰富、学术性强、水平高、成效显著,希望在人才价值基础理论,新时期人才价值创造、形成、构成、分配的新特点,各层次各类人才价值比较,以及不同类型人才价值特点和薪酬设计等问题上进一步开展专题研究。

首届中国人才学论坛暨学术研讨会通过了《中国人才学发展宣言》。宣言中说,中国人才学正处在前所未有的大好发展时期,中国人才学的大发展无疑将成为历史的必然。同时,我们要清醒地意识到,新时期新阶段中国人才学研究肩负着神圣的历史使命,中国人才学的发展任重道远。我们相信,在党和国家高度重视和大力支持下,在我国人才理论工作者和实际工作者的共同努力下,具有中国特色、中国风格、中国气派的人才学定能在实施人才强国战略的进程中形成和发展;定能走向世界,为充实和丰富世界人才资源的理论宝库贡献我们的力量;定能开创人才研究的新局面,创造人才学理论的新辉煌。

会后,《中国人才》《太原师范学院学报(社会科学版)》《西安政治学院学报》《公共行政与人力资源》等期刊在重要版面或报道首届中国人才学论坛暨学术研讨会的会议信息,或刊载全国首届中国人才学论坛暨学术研讨会综述。

6 高层次创新型人才开发学术研讨会暨河海大学文天人力资源研究院成立大会

2009年10月17日,高层次创新型人才开发学术研讨会暨河海大学文天人力资源研究院成立大会在安徽省马鞍山市举行。成立大会由文天学院院长杨士魁主持,中国人才研究会、安徽省有关部门、马鞍山市有关部门和文天学院的领导以及兄弟院校、企事业单位的专家代表出席了成立大会。文天学院董事长朱洪高宣布河海大学文天人力资源研究院正式成立并致欢迎词。中国人才研究会常务副秘书长聂兴国、安徽省委组织部人才工作处处长刘胜男、马鞍山市人社局局长杨才余、文天人力资源研究院首任院长赵永乐在大会上致辞。中国人事科学研究院院长、中国人才研究会常务副会长吴江研究员,华东师范大学人才资源研究中心名誉主任、中国人才研究会副会长兼人才学专业委员会理事长叶忠海教授,中国人民大学公共管理学院院长、中国人力资源教学与实践研究会理事长董克用教授,盐城师范学院党委书记兼盐城师范学院人力资源研究所所长成长春教授,广东省人才研究所所长、广东省人才研究会秘书长袁兆亿研究员,南京理工大学人力资源研究中心主任孙剑平教授,江苏省高校招生就业指导服务中心主任任雷鸣等专家学者发来贺信,对河海大学文天人力资源研究院的成立表示热烈祝贺,并表达了双方长期合作,共同为我国人力资源和人事人才事业的发展作出更大贡献的意愿。

在成立大会上,河海大学文天学院董事长朱洪高和院长杨士魁分别为聂兴国和桂昭明两位专家颁发了河海大学文天学院兼职教授和河海大学文天人力资源研究院特聘研究员聘书。

河海大学文天人力资源研究院院长赵永乐在讲话中介绍了研究院的筹备情况、性质与主要工作。文天人力资源研究院是一个开放性的研究机构,为适应人力资源管理学科建设和人才研究发展的需要,满足马鞍山乃至安徽经济腾飞对人才的迫切需求和满足广大企事业单位对人力资源管理理论与实践的迫切需求而成立。研究院将坚持"多立项目、多出成果、多出人才"的理念,通过科研活动逐步形成科研团队,造就一批高水平的科研成果和学科带头人。

高层次创新型人才开发学术研讨会分为两个环节,分别由中国人才研究会常务副秘书长聂兴国和河海大学文天学院副院长吴永强主持。中央人才工作协调小组特聘专家组成员、武汉工程大学原副校长、博士生导师桂昭明教授和中央人才工作协调小组特聘专家组成员、河海大学文天人力资源研究院院长、博士生导师赵永乐教授在第一环节作主题报告,河海大学校长助理、博士生导师王济干教授和马鞍山职业技术学院薄赋徭副教授在第二环节作主题报告。四位专家分别就高层次创新型人才开发、国家级高层次创新人才方阵打造、创新团队的思考和人才测评在企业管理人员选拔中的应用等主题所作的学术报告,受到了参会代表和广大师生的高度评价和热烈欢迎。马鞍山市有关部门、企事业单位的负责人也分别在研讨会上发言或交流。参会的企业代表希望今后能多参加这样高水平的学术活动,并希望文天人力资源研究院的专家能多到企业考察和传经送宝。

研讨会闭幕式由河海大学文天学院副院长吴永强主持,河海大学文天人力资源研究院院长赵永乐作会议总结报告。

7 赵永乐参加人才发展理论创新座谈会

2010年10月22—23日,由人力资源和社会保障部主办的中国人才发展论坛在北京举行。10月23日,论坛召开人才发展理论创新座谈会。中央政治局委员、中央书记处书记、中央组织部部长、中央人才工作协调小组组长李源潮出席座谈会,中央委员、中央组织部副部长、人力资源和社会保障部部长、中央人才工作协调小组副组长尹蔚民主持会议。李源潮在座谈会上指出,要认真学习贯彻党的十七届五中全会精神,加强人才理论研究和宣传,丰富和发展中国特色人才理论,进一步解放思想、解放人才、解放科技生产力,为建设人才强国提供思想和理论支撑。

中国人民大学劳动人事学院院长曾湘泉、上海公共行政与人力资源研究所名誉所长沈荣华、河海大学文天人力资源研究院院长赵永乐、中国人事科学研究院院长吴江、中国航天科技集团公司副总经理袁家军和清华大学就业与社会保障研究中心主任杨燕绥六位专家在座谈会上作专题发言。

中央人才工作协调小组特聘专家组成员、中国人才研究会常务理事兼副秘书长、江苏省人才学会副会长、河海大学文天人力资源研究院院长赵永乐教授应邀出席座谈会并作《服务发展的新要求——从人才特区看人才引领发展》的专题发言。赵永乐教授的发言在我国首次提出"人才引领发展"命题概念,并从人才特区的角度指出,"人才引领发展"是"服务发展"[系《国家中长期人才发展规划纲要(2010—2020年)》中24字指导方针的首位方针]的新要求。

赵永乐教授指出,人才特区在人才发展上,要实施特区的特有人才发展战略,培养和造就有特区特色的规模适度、结构优化、布局合理、素质优良的人才队伍,确立特区的人才竞争比较优势。在人才改革上,要勇于率先创新人才体制机制,把深化人才改革作为特区发展的根本动力,为特区的人才发展提供制度保障。在人才开放上,要以开放的视野,积极参与国际人才竞争,瞄准世界的先进水平,构建国际一流的创新创业平台,大力引进能够为我所用的国外高层次创新创业人才。

人才特区的"特"字不仅表现在服务发展上，更为重要的是表现在已经升华了的引领发展上。人才特区的人才引领发展归结起来就是引领贯穿整个特区经济社会发展全过程和各领域的经济发展方式根本性转变。第一，坚持引领经济结构战略性调整。第二，坚持引领科技进步和创新。第三，坚持引领可持续发展。第四，坚持引领和谐社会建设。

8 水利部人力资源研究院成立大会

依托河海大学人力资源研究中心组建的水利部人力资源研究院，于2011年10月29日在河海大学隆重揭牌。水利部人力资源研究院的成立，是全面落实教育部与水利部共建河海大学的又一新举措，旨在依托河海大学学科和师资优势，汇聚水利系统相关单位及人员，建设一支专兼结合的研究队伍，为水利人才管理与规划提供理论支撑、政策建议、决策咨询并开展学历教育、业务培训和国内国际合作交流活动，推动水利人事管理队伍建设和能力建设，以适应新的水利改革发展形势，为国家水利事业可持续发展提供人才支撑。

水利部副部长周英、水利部人事司司长刘雅鸣、水利部财务司司长张红兵、南京水利科学研究院院长张建云院士、中国水利水电科学研究院院长匡尚富、水利部人事司副司长侯京民、水利部人才资源开发中心主任陈楚、江苏省水利厅副厅长陶长生、海河水利委员会副主任李福生、淮河水利委员会副主任汪斌、珠江水利委员会副主任崔伟中、松辽水利委员会副主任齐玉亮，以及河海大学校长王乘、副校长鞠平、党委副书记陈德奎、党委副书记王济干、副校长唐洪武出席揭牌仪式。

周英副部长在揭牌仪式上作重要讲话。她首先向人力资源研究院的成立表示热烈的祝贺，她指出，2011年中央一号文件和中央水利工作会议开启了水利跨越式发展的新征程，也对水利人才工作提出了新的要求。河海大学具有悠久的办学历史和鲜明的水利特色，为水利事业发展作出了突出贡献。水利部一直支持和关心学校的建设和发展，注重发挥河海在培养水利人才和解决水利重大科技问题中的重要作用。此次依托河海的水利学科优势和人力资源优势，成立水利部人力资源研究院，是水利部适应当前形势，加强水利人力资源研究，夯实人事人才工作基础的一项重要举措，也是落实水利部与教育部共建河海大学，推动产学研结合的一项重要行动。

周英副部长对研究院提出了四点希望和要求：第一，加强自身建设。希望河海大学积极支持研究院的建设和发展，希望研究院坚持服务水利、社会效益优先、人才兴院的办学宗旨，努力打造一支高素质的专兼结合的研究队伍，希望研究人员讲究团结，甘于奉献，树立科学严谨的治学风气，将学术领域研究与水利工作实际紧密结合起来，将当前工作需求与长远发展需要结合起来，努力为水利人事人才工作创新发展提供支撑。第二，强化理论支撑。希望研究院准确把握我国水利人才发展工作的脉搏，积极为水利人才开发与管理提供理论支撑、政策建议、决策咨询和技术支持。第三，倾力教育与培训。希望研究院发挥学校人才培养方面的优势，根据水利人事管理队伍建设的需要，为提高水利系统人事人才工作者的素质和管理水平发挥重要作用。第四，加强协作交流。希望水利部人力资源研究院能充分利用与国内外学术组织及水利系统联系紧密的优势，积极开展各种形式的国内外学术交流活动，为推动水利人才资源能力建设作出积极贡献。

河海大学校长、水利部人力资源研究院院长王乘对周英副部长和各位嘉宾的到来表示热烈欢迎和衷心感谢。王乘校长表示，水利部人力资源研究院的成立为学校服务水利提供了一个新的平台，充分体现了水利部对学校发展的一贯支持。研究院的成立将为水利人才队伍建设研究提供一个开放平台，将在水利人才队伍建设中发挥重要作用。学校将充分发挥学科和人才优势，大力推动研究院围绕服务水利，针对水利实践，密切团结和合作，开展卓有成效的工作，督促高质量的成果，为水利人才队伍建设作出我们应有的贡献。

水利部副部长周英和研究院院长、河海大学校长王乘为研究院揭牌。

水利部人事司司长、研究院管委会主任刘雅鸣宣读了水利部关于水利部人力资源研究院的批文。研究院常务副院长、校党委副书记王济干主持揭牌仪式。

水利部人力资源研究院院长王乘，常务副院长王济干，副院长孙晶辉、赵永乐、汪群出席了揭牌仪式。

揭牌仪式后，水利部人力资源研究院召开第一次管委会工作会议，研究院管委会主任、水利部人事司司长刘雅鸣主持会议。会议讨论并原则通过了《水利部人力资源研究院管理暂行办法》。

9 大学生职业发展论坛

2011年12月15—17日，由河海大学和中国人才研究会、水利部人力资源研究院、中国石油大学（华东）、中国政法大学、武汉工程大学、江西理工大学等单位联合举办的首届"大学生职业发展论坛"在河海大学举行。中国人才研究会会长李有慰出席会议并致开幕词，河海大学党委书记朱拓教授和江苏省人力资源和社会保障厅党组成员刘中在开幕式上致辞。来自人力资源和社会保障部、中国人事科学研究院、有关高校、科研机构、组织人事部门、人力资源服务机构和企业的代表与专家学者出席了会议。

该次论坛旨在探讨大学生职业发展规律，研究如何发挥高等教育人才培养的基础性作用，引导人才结构战略性调整；研究高等教育专业设置改革与大学生职业发展的关系；研究企业社会责任与大学生就业如何实现"无缝对接"，以及企业人力资本投资对大学生职业发展的影响等热点问题。

开幕式后，中国人事科学研究院副院长、中国人才研究会秘书长柳学智研究员主持了论坛主题报告会。人力资源和社会保障部就业促进司高校毕业生就业处副调研员王瑢以"高校毕业生就业形势及促进高校毕业生就业的政策措施"为题，介绍当前高校毕业生的就业形势和国家政府出台的相关促进毕业生就业的政策措施,为高校毕业生就业把脉。河海大学党委副书记、水利部人力资源研究院常务副院长王济干教授就"大学生培养与就业指导"进行分析,阐述高校的教育培养模式,以及如何对大学生进行培养及开展就业指导,为大学生的职业发展打基础。中国石油大学(华东)原校党委书记、中国人才研究会副会长郑其绪教授围绕"职业发展与献身精神的契合"从精神层面分析大学生职业发展问题,对献身精神与职业发展的契合力进行有机分析,指引大学生的职业发展。中国人事科学研究院李志更研究员以"大学生村官的职业发展"为题,介绍大学生村官的发展状况以及前景,通过调查分析数据,阐明大学生村官的职业发展。武汉工程大学党委副书记田辉玉教授以"基于 MyCOS 报告的大学生职业发展论析"为题,通过 MyCOS 的分析来论析大学生职业发展。

12月16日下午的论坛议程分为两个阶段,分别由江苏省行政管理科学研究所调研员朱武生和中国人才研究会常务副秘书长韦智敏主持。中国政法大学就业指导中心主任解廷民、江西理工大学校长助理姜在东教授、中共扬州市委组织部常务副部长张长金、江苏教育学院副院长王培君分别在第一阶段作专题报告。河海大学能源与电气学院党委书记魏萍,河海大学商学院邓玉林、河海大学公管院韩增芳、马堃,上海师范大学天华学院王冠群、孙中森,徐州工程学院就业中心主任袁兴国、田硕,淮阴工学院徐珊珊分别在第二阶段作专题发言。

12月17日上午的报告会由河海大学学生处副处长、学生就业指导中心主任黄林楠主持。宿迁市委组织部综合干部处处长杨卫国、南京领航人才开发有限公司副总经理施琦、上海公共行政与人力资源研究所李小平、广东白云学院校长助理王彦斌、浙江财经学院人力资源研究所所长胡孝德、马鞍山职业技术学院薄赋谣分别作报告。

论坛闭幕式由中央人才工作协调小组特聘专家、中国人才研究会副会长、水利部人力资源研究院副院长赵永乐主持,王济干、柳学智和郑其绪分别在闭幕式上作总结和致辞。多名与会代表也发表参会感言,希望论坛能够常态化、制度化,能够更加深化,为国家社会的大学生职业发展建言献计。

10 中国人才研究会五届三次理事会暨大学生职业发展研讨会

2013年11月15日,中国人才研究会第三届理事会暨大学生职业发展研讨会在安徽省马鞍山市隆重举行。会议受到马鞍山市委市政府高度重视。河海大学文天人力资源研究院、马鞍山职业技术学院、马鞍山市人才交流中心和马鞍山市有关部门承担了该次会议的会务工作。

中国人才研究会会长、原人事部纪检组组长、党组成员李有慰,市委书记张晓麟出席会议并分别致辞。中国人才研究会常务副会长、中国人事科学研究院院长吴江研究员主持会议。中国人才研究会秘书长、中国人事研究科学院副院长柳学智研究员代表理事会作2013年工作报告。中国人才研究会副会长李克实、吴德贵、叶忠海、赵永乐、郑其绪、马抗美，安徽省人社厅副厅长刘少华，马鞍山市委常委组织部部长方晓利、市人民政府副市长高晓平等出席会议。

中国人才研究会会长李有慰在致辞中指出，近年来，我国人才研究工作蓬勃发展，硕果累累，表现在人才研究机构建设得到加强，政、学、研、企多方合作共同关心、推进人才研究工作的局面已经形成，许多国家级项目取得突破，涌现出了一批高水平的人才研究工作者等。李有慰强调要做好新形势下的人才研究工作：(1)要深入学习、认真领会习近平总书记关于人才问题的一系列重要讲话精神，将人才研究工作与实现中国梦的历史使命联系起来，进一步拓展、深化人才研究工作，为实现中华民族伟大复兴提供强有力的人才支撑。(2)要继续加强对重大现实问题的研究，进一步优化人才发展环境，激发人才创新活力，形成优秀人才脱颖而出的大好局面。(3)要继续努力完善人才科学体系，加强人才学学科建设，开展交叉学科研究，强化对专门人才的研究。(4)要积极参与"人才强国研究出版工程"，多出研究成果，为我国人才研究工作作出新的更大贡献。

马鞍山市委书记张晓麟在致辞中首先代表市委、市政府对会议的召开表示祝贺，对与会领导和专家学者的到来表示欢迎，并介绍了马鞍山市市情和经济社会发展情况。张晓麟说，未来的竞争，核心是人才的竞争。马鞍山市委、市政府一直以来高度重视人才工作，致力于将马鞍山打造成为吸附人才的洼地。表现在：按照"先造树林再找大树"的思路，花大气力招才引智；搭建投资兴业的舞台，让留马的人才都能有用武之地；放开户籍和公积金政策，取消入学门槛，在全社会营造尊重人才、崇尚人才的良好风气。张晓麟说："这次会议在马鞍山召开，既是对我市人才工作的鼓励，更是对我们工作的有力促进。我们将认真贯彻落实此次会议精神，把我市的人才工作做得更好。真诚希望大家在会议之余，在马鞍山多走一走、看一看，感受一下这座城市。"

安徽省人社厅副厅长刘少华代表安徽省人社厅在会上致辞。他说，近年来，马鞍山市委、市政府大手笔出台了一系列的优惠政策，吸引和聚集了一大批才智之士来马鞍山创新创业。相信乘着这次会议的东风，一定能够提升安徽省人才研究工作的水平，集聚更多高素质人才来安徽、来马鞍山创新创业，为建设美好安徽提供强大的才智支撑。

会议通过了新修订的中国人才研究会分支机构管理办法和增补常务理事、理事候选人名单。吴江常务副会长就"人才强国研究出版工程"工作作了报告。赵永乐、郑其绪、叶忠海在会上分别介绍了"人才强国研究出版工程"的首批成果"人才学新三论"(《宏观人才学概论》《微观人才学概论》《新编人才学通论》)。人才学专业委员会、金融人才专业委员会、汽车人才专业委员会及中国国际人才专业委员会分别作了工作经验交流汇报。

会议期间，中国人才研究会常务副会长、中国人事科学研究院院长吴江研究员应马鞍山市委组织部邀请作《加快形成人才优先发展战略布局》专题讲座。中国人才研究会副会长、华东石油大学校务委员会主任郑其绪教授和中国人才研究会副会长、中国政法大学原副校长马抗美教授接受了记者采访。

会议期间与会代表就人才学发展新思路进行了讨论。在"大学生职业发展研讨会"上围绕创新人才培养主题探讨了大学生职业发展等相关学术问题。与会代表饶有兴趣地参观了河海大学文天学院和马鞍山职业技术学院的大学生创业实践基地。

11 首届镇江人才发展高峰论坛

2016年12月10日下午,首届镇江人才发展高峰论坛在江苏科技大学举行,来自清华大学、南京大学、上海交通大学、华中科技大学、南开大学、南京航空航天大学等六所国内知名高校的专家,与江苏科技大学、河海大学、江苏大学、镇江高等专科学校的师生代表,以及镇江市辖区人才工作者齐聚一堂,围绕"创富镇江与人才发展"这一主题,为进一步推动镇江人才工作建言献策。水利部人力资源研究院常务副院长、中国(南京)人才发展研究中心主任王济干教授出席了本次论坛,并在致辞中代表学校、镇江创新人才发展研究院,对参加论坛的领导、专家和学者等表示热烈欢迎,他介绍了镇江人才工作现状,指出江苏未来五年"聚力创新,聚焦富民"的发展主题,阐述了举办此次人才发展高峰论坛的重要性,努力将镇江创新人才发展研究院打造成服务镇江人才工作、在国内有影响力的智库。

研讨会上,各位专家进行了交流,清华大学经济管理学院陈国权教授从需要什么人才、如何获取人才以及如何用好人才三个方面给出了对镇江人才工作的建议。华中科技大学管理学院副院长龙立荣教授强调,在人才工作上不应求全责备;在吸引人才方面,可以从情怀、简化人情关系、心理需求等方面入手;在人才区域性问题上,可以利用互联网,发挥共享经济的作用。南京航空航天大学经济与管理学院院长周德群教授提出要利用产业互联网培养新型人才,纵向整合上下游企业,横向整合企业的物流、信息流、人才流;在培养人才角度,指出在企业网络化的情况下,将来需要的是复合型人才,高校培养人才需要迎接这样的挑战。南京大学商学院党委书记刘洪教授从工作与非工作关系的角度,提出工作已经是生活的一部分,应从生活角度考虑人才需求,进而考虑政策制定、环境营造,从人才个人需求上升到家庭需求;对于镇江地理位置所形成的人才问题,提出可以利用互联网,采取远程办公等方式,解决人才碎片化的问题,将镇江建成人才集点,以聚集智慧;在人才使用方式的创新上需要政府的积极推动,形成马太效应。上海交通大学安泰经济与管理学院副院长唐宁玉教授从培养与引进、最佳与最适、少数与多数、短期与长期、同质与多元等五个悖论的角度,对人才工作进行了探讨,与参会专家分享了对人才工作的思考。南开大学商学院崔勋教授提出应依据镇江六大战略性新兴产业发展目标分析人才存量、结构,宏观上由政府发挥主导作用,微观上由企业把握人才需求,发挥企业在人才工作中的主体作用,培养学习型人才,引进人才还应注意政策的稳定性。

大家还就企业创新意识对人才发展的影响、高校人才培养与战略性新兴产业发展的对接、人才引进的包容机制、领导力和创新人才引进与使用的关系等问题,进行了探索。

12 中国水利学会人力资源和社会保障专业委员会五届二次委员会议

2017年4月13日,中国水利学会人力资源和社会保障专业委员会五届二次全体委员会议在成都举行。水利部人事司司长侯京民、中国水利教育协会会长彭建明等出席会议并讲话,就新形势下水利人事人才工作保障水利事业发展提出了要求。水利部人力资源研究院徐辉院长和王济干常务副院长出席会议并受邀作主旨发言。

徐辉院长代表水利部人力资源研究院作了《契合五大发展理念,打造现代水利人才培养摇篮》的主旨报告。他从工作回顾、未来发展展望和重点推进工作三个方面进行了阐述。徐辉院长指出:研究院实施管委会领导下的院长负责制,自2011年成立以来依托河海大学人力资源学科优势,在水利人才培养、学术交流、科学研究、决策咨询和国际合作等方面作出了积极贡献。为适应新形势新要求下水利事业发展的需求,水利人才队伍建设应从"协调性""支持性"的工作向"推动性""引领性"的工作转变。研究院将在水利部人事司的指导下,紧紧围绕"四个全面"战略布局和五大发展理念,加强自身建设,强化理论支撑,倾力教育与培训,深化协作交流,发挥好研究中心、咨询中心、信息中心三大功能与智库作用,为水利事业发展提供更加坚强的人才支持和智力支撑。徐辉院长表示,河海大学始终紧密围绕服务水利行业发展需求,顺应传统水利向现代水利转变,探索水利向水拓展,推进河向海延伸,加快国内向国际化迈进。现在,学校以国家实施"双一流"建设战略为契机,集中力量、集中资源,全力打造世界一流水利学科,以支撑现代水利人才培养。他强调,学校的发展离不开行业的支撑,希望水利部、水利部门和水利人能一如既往关心和支持学校各项事业的发展。

王济干常务副院长作了《水利发展与人力资源战略》的研究报告。他从水利发展与人力资源管理、人力资源管理对水利发展的支撑、人力资源管理者素质研究三个方面进行了论述。王济干副院长认为:(1)新时期治水理念转变的同时,水利人力资源管理需要根据水利发展的需要转型升级;(2)人力资源管理需要围绕"人才工作、绩效考核、领导力"三个热点问题,"大数据、人才管理新模式"两个新趋势,以及"人力资源干部的新要求"一个关键点对水利发展进行支撑;(3)水利人力资源管理者需要通过开发"识势"和"预见"的战略思维能力,建构基于"物理—事理—人理"的持续学习方法论,提升综合素质,争取"破壁"。

水利部直属事业单位、各流域机构、地方水利厅、高校和行业企业的代表参加会议。水利部人力资源研究院、河海大学校办、河海大学人事处等负责人参加会议并主持小组讨论。

13　水利部人力资源研究院管委会第三次工作会议

2020年9月23日,水利部人力资源研究院(以下简称"研究院")管委会第三次工作会议在水利部召开。管委会主任、水利部副部长田学斌,管委会副主任、水利部人事司司长侯京民,管委会副主任、河海大学校长徐辉,研究院院长王济干,研究院副院长、水利部人事司副司长王新跃,研究院副院长、河海大学副校长许峰,研究院副院长、水利部人才资源开发中心副主任丁纪闽,水利部财务司二级巡视员郑红星,国科司副司长吴宏伟,长江水利委员会副主任胡甲均,黄河水利委员会副主任苏茂林,淮河水利委员会一级巡视员汪斌,海河水利委员会二级巡视员梁凤刚,珠江水利委员会副主任李春贤,松辽水利委员会副主任赵万智,太湖流域管理局副局长戴甦,水利部人才资源开发中心主任陈楚,中国水利水电科学研究院党委书记曾大林,南京水利科学研究院副院长吴时强,江苏省水利厅二级巡视员黄良勇,长江水利委员会人事局局长贺良铸,黄河水利委员会人事局局长张建中等人出席会议。

田学斌副部长代表水利部党组向管委会成员单位、河海大学和研究院对水利人才工作的支持和贡献表示感谢。他指出,随着治水主要矛盾的转变,水利事业正处于重大转型期,急需一大批能够破解水利难题、推动水利发展的高层次人才,我们要深入贯彻落实习近平新时代中国特色社会主义思想和新时代治水方针,努力建设一支能够站在世界科技前沿、勇于开拓创新的高素质水利人才队伍。他希望研究院围绕水利事业发展对人才的需求,强化能力建设、组织管理和基层保障,为人才工作的创新发展提供理论基础和研究支撑,确保在水利人才工作中发挥更加积极的作用,管委会各成员单位要采取务实有效的举措,推动和支持研究院各项建设工作。

管委会副主任、河海大学校长徐辉教授对长期以来关心和支持研究院事业发展的管委会各单位表示衷心的感谢。他指出,河海大学依托水利行业办学,在学科建设、平台建设、校区建设和国际交流方面取得了可喜的成果,也为研究院创造了良好的发展环境。他指出,研究院在水利人才创新团队、水利基层单位、水利人才发展等专项研究中取得一定的成效。希望研究院在新时代水利行业发展背景下进一步探索人才发展方向,加快管理体制机制创新,努力为水利事业发展贡献更多智慧和力量。

水利部人力资源研究院院长王济干教授作研究院工作报告。他指出,研究院自成立以来,在科学研究、人才培养、决策咨询、合作交流方面取得了丰硕的成果。他表示研究院将更深刻地思考如何为行业培养输送高质量人才的方法和路径,继续为水利人才创新发展谋实招、献良策,为建设高素质专业化水利人才队伍提供有力的智力支持和研究保障。

会议审议通过了研究院工作报告和章程。

水利部人力资源研究院成立于2011年,是依托河海大学学科和师资优势,面向水利人才人事工作建立的非营利性组织。研究院成立以来,在深刻认识水利人才工作面临的新形势和新任务的基础上,发挥智力集成优势和人才集中优势,承担完成了国家社会科学基金、水利部、江苏省等科研课题达 20 多项,企事业单位的咨询项目达 100 多项,为加快培养新时代水利改革发展所需要的高素质专业化人才发挥了重要作用。

河海大学校办、社科处、人事处、商学院有关负责人参加了会议。

14 "新阶段新格局新治理:人才高质量发展"高峰论坛

2021 年 5 月 24 日,"新阶段新格局新治理:人才高质量发展"高峰论坛在河海大学举行。高峰论坛由河海大学主办,河海大学中央人才工作协调小组国家人才理论研究基地、河海大学社会科学研究院、河海大学商学院、河海大学公共管理学院、中国(南京)人才发展研究中心承办。河海大学中央人才工作协调小组国家人才理论研究基地 2021 年年会暨"十四五"人才规划与城市人才发展学术报告会于同日在河海大学举行。

河海大学校长徐辉教授在开幕式上致欢迎词,河海大学党委常委、总会计师张兵教授主持论坛开幕式。江苏省哲学社会科学联合会党组书记、常务副主席张新科在开幕式上致辞,代表江苏省哲学社会科学界对论坛的举办表示热烈祝贺。他指出,哲学社会科学如何紧跟时代步伐、紧贴发展大局,把"全面激发人才创新活力"的制度优势转化为治理效能,是摆在社科工作者面前的重大使命和时代课题。他希望,与会专家主动承担服务社会、咨政建言、理论创新的责任,瞄准推动人才引领高质量发展,聚焦人才发展"增长极"和人才创新"能量核",多发力发声,多提真知灼见,为推动"十四五"时期人才高质量发展献计献策!

水利部人力资源研究院院长、江苏科技大学原党委书记王济干教授主持论坛第一单元。中央人才工作协调小组特聘专家组成员、中国人事科学研究院原院长、中国人才研究会原常务副会长、中国行政体制改革研究会副会长吴江研究员作《人才高质量发展的五个维度》主旨报告,中央组织部人才工作局原巡视员、副局长李志刚作《人才高质量发展:培养、引进、使用》主旨报告,中央人才工作协调小组特聘专家组成员、河海大学中央人才工作协调小组国家人才理论研究基地首席专家赵永乐教授作《人才高质量发展的新理念》主旨报告。

南京林业大学党委副书记、中国人才研究会常务理事王培君教授主持论坛第二单元。浙江省人才发展研究院执行院长、浙江大学社会治理研究院首席专家陈丽君教授作《新发展格局下人才创新活力激发》主题报告,上海社会科学院人力资源研究中心主任、中国人才研究会理事汪怿研究员作《新阶段人才发展新趋势新策略》主题报告,江苏省社科联科研中心主任徐军海研究员作《双循环格局下人才高质量发展的战略转向》主题报告,河海大学资产经营公司党工委书记兼董事长郭祥林研究员作《认知与策略:新发展格局下南京人才双循环制度体系的构建》主题报告。

河海大学社会科学研究院院长、社科处处长潘洪林教授主持论坛第三单元。河海大学人事处副处长、人才工作办公室主任黄永春教授,贵州财经大学贵州人才发展研究所所长王见敏教授,南京理工大学经济管理学院副院长、江苏省科技人才思想库主任周小虎教授,北京市社会科学院研究员、京津冀人才一体化发展战略专家鄢圣文,中国人才杂志记者李向光,盐城师范学院商学院院长殷凤春教授分别作论坛报告。

河海大学中央人才工作协调小组国家人才理论研究基地2021年年会暨"十四五"人才规划与城市人才发展学术报告会由莆田学院管理学院院长助理、福建省人才研究会副秘书长林喜庆教授和河海大学商学院管理学与人力资源系主任厉伟教授主持。福建省人事人才研究所所长郑亨钰、徐州工程学院教授、徐州创新创业教育学院副院长袁兴国,河海大学公共管理学院青年教授、院长助理李峰,江苏科技大学规划处副处长、副教授崔祥民,贵州财经大学贵州人才发展研究所副教授刘忠艳,南通市委组织部人才工作处处长王卫华,河海大学水文水资源学院党委副书记、副教授陈培玲,盐城师范学院人力资源管理系系主任、副教授李秀文,南京毕至企业管理咨询公司执行董事许萍,江苏开放大学人力资源管理专业负责人、副教授陈双双等专家作学术报告。中央人才工作协调小组特聘专家组成员、中国人事科学研究院原院长、中国人才研究会原常务副会长、中国行政体制改革研究会副会长吴江研究员和中央组织部人才工作局原巡视员、副局长李志刚对学术报告作点评。

中央人才工作协调小组特聘专家组成员、河海大学中央人才工作协调小组国家人才理论研究基地首席专家赵永乐主持闭幕式,南京市人力资源和社会保障局局长刘莅在闭幕式上讲话,河海大学社会科学研究院副院长、社科处副处长李娜作论坛总结。

来自北京、上海、浙江、安徽、福建、贵州、江苏7省的代表和25所高校及政府、科研院所和企业的近150名专家、学者和基层人才工作人员参加了此次高峰论坛。

15 第三届水利人才与教育论坛——新阶段水利人才高质量发展

2021年10月22日,第三届水利人才与教育论坛在江苏南京举办。论坛聚焦"新阶段水利人才高质量发展",着力探讨新形势下水利行业的人才发展、人才培养和供需问题。论坛由中国水利教育协会主办,河海大学和水利部人力资源研究院承办,江苏省水利厅和南京水利科学研究院协办。水利部副部长田学斌、江苏省副省长潘贤掌出席论坛开幕式并讲话,河海大学党委书记唐洪武致欢迎辞。开幕式由中国水利教育协会会长黄河主持,水利部人事司侯京民司长作主旨报告,中组部人才局原巡视员、副局长李志刚和河海大学校长徐辉分别作人才培养报告。水利部所属相关单位领导与人事部门负责同志,有关院校领导、专家、代表共300余人参加了论坛。

田学斌副部长在讲话中指出,在刚刚召开的中央人才工作会议上,习近平总书记站在实现民族振兴、赢得国际竞争主动的战略高度,为新时代人才工作擘画蓝图。进入新发展阶段,推进水利高质量发展,关键在人才,各级水利部门、科研院所和水利企事业单位必须肩负起新时代赋予的崇高使命和历史责任,激发各类人才的主动性、积极性、创造性,推动形成识才爱才敬才用才的良好风气,加快汇聚一支规模适度、结构合理、业务精湛、素质优良的创新型水利人才队伍。

潘贤掌副省长在讲话中指出,江苏省委、省政府认真贯彻习近平总书记关于治水的重要论述和对江苏工作的重要讲话指示精神,全面落实党中央、国务院决策部署,在水利部的科学指导下,以政治的眼光、战略的眼光、发展的眼光,在水利人才培养上拿出更加务实的政策举措,以高素质水利人才队伍支撑水利事业高质量发展,为谱写"强富美高"新江苏建设的现代化篇章奠定更加坚实的基础!

河海大学党委书记唐洪武教授在致辞中说,作为中国水利高等教育的开创者,河海大学因水而生、缘水而为、顺水而长,承载着治水兴邦、立德树人的历史使命。进入新时代,河海人坚持站在水利科教发展的前沿阵地,紧密围绕国家战略和行业需求,瞄准世界科技前沿,不断强化办学特色,不断创新人才培养模式,坚持把科教成果书写在江河湖海,成效显现在水利现代化建设中,守护着碧水安澜。

河海大学校长徐辉教授围绕中国水利高等教育的发展历程、新发展阶段的使命任务以及河海大学服务水利人才高质量发展的实践探索三方面作主旨报告。他表示,河海大学作为中国水利高等教育的开创者,始终坚持不忘初心、坚守使命,坚持"四为方针"和"四个面向",站在水利发展、科技进步和人才培养的最前沿,为保障国家水安全、支撑生态文明建设和参与全球水治理作出新的更大贡献。

论坛设有"水利行业人才发展""水利人才培养""水利人才培养供需对话"三个分论坛。围绕水利行业人才发展问题,水利部人才资源开发中心主任王新跃、中国水利水电科学研究院党委书记曾大林、黄河水利委员会副主任苏茂林、水利部人力资源研究院院长王济干、江苏省水利厅副厅长王冬生、南京水利科学研究院副院长吴时强分别作报告。围绕水利人才培养,河海大学副校长董增川、华北水利水电大学校长刘文锴、清华大学土木水利学院水利系主任李丹勋、黄河水利职业技术学院院长胡昊、杨凌职业技术学院校长王周锁分别作报告。水利部水利水电规划设计总院、长江设计院、黄河勘测规划设计有限公司、淮河委员会、广西壮族自治区水利厅、中国电力建设股份有限公司等用人单位与河海大学、中国农业大学、浙江水利水电学院等培养单位进行了水利人才培养供需对话。

第4部分
项目篇

1 深化改革形势下，江苏省企业、农业和乡村工业科技队伍发展途径与对策研究

彭涵明、赵永乐，"深化改革形势下，江苏省企业、农业和乡村工业科技队伍发展途径与对策研究"，课题由江苏省科学技术委员会于1987年10月下达，江苏省人才学会软课题研究室承担，1988年12月结题。课题负责人彭涵明时任江苏省人才学会名誉理事长、原江苏省科学技术干部局局长；赵永乐时任江苏省人才学会副会长、江苏省社科联咨询部负责人、副研究员。课题总报告执笔为望山、李建军，参与课题研究和分报告执笔的有单作银、李明、朱华友等，河海大学的谭达德、梁训、潘正初、吴宾、崔永清等老师参加课题调研并提供基础研究报告。

科研成果包括1份总报告、4份分报告和18份基础报告。总报告和分报告共计9万余字，其中总报告1.6万字，课题总报告题为"改革体制，提高效益，根据经济需求发展科技队伍"，全文除前言外，共计四个部分，一为科技队伍的发展与现实，二为现行人才体制的分析，三为人才机制的目标模式，四为科技队伍发展的近期对策。

该课题组认为，在新的历史时期，江苏经济社会的发展一靠深化改革、扩大开放，二靠科技进步、科学管理。科技进步的基础在于有一支充满活力、结构合理的科技队伍。江苏现有科技队伍，特别是工农业科技队伍，远远不能满足经济发展的需求。要使江苏"科技兴省"和将经济增长建立在主要依靠科技进步的基础上，分析研究生产力的直接要素之一的工农业科技队伍显得尤为必要。整个课题在对江苏科技队伍主要是工农业科技队伍现状进行调查分析的基础上，以增强活力、提高效益为基本思想，根据经济发展需求对人才体制的要求，提出科技队伍发展的途径与对策。

1989年3月，该课题在省科委主持下通过省级鉴定。王康、刘与任、黄宗成、方丽华、硕晶忱、张鸣、夏安邦、邬志刚、袁璋、顾军、李宗金等专家参加了评审。评审结果一致认为：(1) 该课题研究从对现行人才体制的分析出发，引出人才机制发展的目标模式，根据对目标模式的科学推断，得出科技队伍发展的近期对策。研究中大量使用第一手资料，综合运用了社会学、经济学、统计学等多学科的原理和方法，对人才体制作了较全面的探讨，研究方法科学先进，结论正确合理。(2) 把人才使用权和所有权分离的观点，作为建立人才机制发展目标模式的理论依据，具有创新意义。对人才投入和经济产出之间关系的探讨思路和方法，都具有新意，有进一步研究的价值。(3) 课题能围绕当前经济发展中最迫切的问题进行探讨，具有较强的现实意义。宏观上提出科技队伍发展的政策建议，在微观上也提出实现这些政策的操作方法，研究结果可以作为有关部门决策参考的重要依据。该课题总报告的主要研究成果，被收录《江苏科技年鉴(1988年)》。课题总报告和分报告曾分别发表于《人才》杂志1989年第5、6、7、8、9期。

2 江苏省加快培养跨世纪学术和技术带头人对策研究

刘显桃、赵永乐,"江苏省加快培养跨世纪学术和技术带头人对策研究",江苏省1994年科技计划项目,编号为BR94934,江苏省科委下达,江苏省委知识分子工作领导小组办公室承担。1994年7月立项,1995年8月结题,9月通过省级评审。刘显桃、赵永乐担任总课题组负责人。林玉英时任江苏省委组织部副部长、高级工程师;刘显桃时任江苏省委组织部知识分子工作处处长;赵永乐时任江苏省人才研究会副会长、江苏社会科学杂志社副社长、研究员。参加总课题研究的有单作银、赵常林、朱必祥、陈东伟、石金楼、肖曼、司马雪放、戴红云、周姝、赵强、张大鹏等。

党的十四届三中全会提出,"要造就一批进入世界科技前沿的跨世纪的学术和技术带头人"。之后,国务院办公厅转发了国家人事部、科委、教委、财政部《关于培养跨世纪学术和技术带头人的意见》。根据中央、国务院的指示精神,结合江苏省知识分子队伍的现状及经济社会发展的实际需要,江苏省委知识分子工作领导小组于1994年初研究确定,把培养跨世纪学术、技术带头人作为今后一个时期知识分子工作的一项重点任务。省委知工办根据领导小组的要求,召开了省委研究室、宣传部、省人事局、科委、教委等部门分管领导会议,研究了培养跨世纪学术、技术带头人调研工作的具体要求和工作方法,并作具体分工。为了保证课题的顺利进行,省委知工办向有关部门和单位借调了赵永乐等人才研究方面的专家和研究人员,共同组成了总课题组。

课题调研紧紧围绕江苏经济社会发展的实际,认真分析江苏省学术、技术带头人队伍的规模、结构及发展趋势。仅总课题组的调研就涉及全省5市、4县和32家企事业单位,召开了40多个座谈会,参加座谈会的有关部门、单位负责人和各类专家320多人。总课题组对两院院士、国家和省有突出贡献的中青年专家、享受政府特殊津贴人员及优秀青年拔尖人才1 559人进行了问卷调查。同时到国家有关部委和部分省市进行调查研究。经过近一年的工作,在弄清全省学术、技术带头人队伍现状及存在问题的基础上,根据江苏省第九次党代会提出的今后一个时期江苏经济社会发展战略和任务目标,对2000年和2010年两个目标年度跨世纪学术、技术带头人的需求进行了科学预测,提出了加快培养跨世纪学术、技术带头人队伍的战略任务和对策。

总课题在研究过程中把学术技术带头人队伍作为一个系统,既放在整个人才资源的大系统背景中,又放在整个经济社会的更大系统背景之中,不但研究学术、技术带头人主体系统的运行规律,而且还研究整个人才资源大系统和整个经济社会更大系统的运行规律。在对学术、技术带头人队伍进行发展预测和对跨世纪学术、技术带头人提出培养目标和措施时,能够跳出主体系统的构架,融合于大系统的背景之中。

该项目的研究成果包括1份总课题报告、11份基础专题研究报告和8份子课题研究报告。总报告分为三个部分，第一部分为培养跨世纪学术、技术带头人的重大意义，第二部分为学术、技术带头人队伍的现状分析，第三部分为加快培养跨世纪学术、技术带头人队伍的任务与对策。

总报告指出江苏省学术、技术带头人队伍存在的六大问题和存在问题的原因，提出培养跨世纪学术、技术带头人队伍的总体任务、五大目标、四项原则和九条对策措施。

总课题报告在第三条对策中提出，要突出战略重点，实施"333工程"。加快组织实施"333跨世纪学术、技术带头人培养工程"（简称"333工程"）。即到2000年，重点培养出30名能进入世界科技前沿并在国际上具有较高知名度的院士级专家，培养出300名在国内学术、技术界具有重大影响的高级专家，培养出3 000名各学科、各行业成就突出、具有一定威望的学术技术带头人。其中拟培养的30名院士级专家，由省委知识分子工作领导小组直接联系管理，培养工作由有关部门和单位具体组织实施；300名高级专家分别由省人事局、省科委、省教委、省计经委、省委宣传部等综合主管部门牵头联系管理，培养工作由有关部门和单位具体组织实施；3 000名学术、技术带头人的培养工作由各市有关部门及单位具体组织实施。省委知识分子工作领导小组负责"333工程"的组织协调工作。

整个调研工作在江苏省委知识分子工作领导小组的直接领导下完成，省委副书记、省委知识分子工作领导小组组长顾浩和副省长、省委知识分子工作领导小组副组长张怀西多次关心总课题研究的进展，了解课题研究情况。课题研究过程当中得到了中组部有关部门负责同志的指导，得到了省哲学社会科学联合会、省委党校、南京理工大学人文学院、南京大学国际商学院、河海大学国际工商学院、南京师范大学经济法政学院的大力支持。江苏省科委在该课题立项和研究过程中给予了多方面的指导，省财政厅在经费上给予了大力的支持，省教委、省计经委、省人事局、省科干局、省统计局、中科院南京分院、河海大学人事处、南京师范大学人事处、南京大学人事处等部门无偿提供了研究资料，保证课题研究的顺利进行。课题还得到了中国人事科学院人事与人才科学研究所多方面的关心和指导，得到了上海市委组织部、市人事局和北京、山东、辽宁、浙江、广东等省市有关部门的大力支持。

1995年9月，江苏省科委组织国内专家对该项目进行了评审。评审组由江苏省委研究室主任顾介康，中国人事与人才科学研究所副所长、研究员王通讯，中组部干教局副局长姚雪，中组部干教局知工处处长郭瑞廷，广东省科技干部学院副院长、教授彭文晋，上海市公共行政与人力资源研究所常务副所长、研究员沈荣华，华东师范大学教授叶忠海，江苏省政府研究室副主任张锋，江苏省社科院研究员沈立人，东南大学教授夏安邦，南京大学教授赵曙明11名专家组成，顾介康担任组长，王通讯、姚雪担任副组长。来自全国各地的专家们一致认为，总课题报告高屋建瓴，起点高、思路新、气势大，既能总揽全局，又能突出重点。指导思想明确，框架结构合理，基本概念清晰，资料丰富翔实，问题分析透彻，研究结果令人信服，是一份高水平、高质量的研究报告；这项研究成果在国内同类课题研究中处于领先水平，其研究成果不仅对江苏省，而且对全国各地培养跨世纪学术、技术带头人工作都有实际的指导意义。

江苏省委、省政府采纳了该项目总课题研究报告的意见，从1997年开始组织实施

"333跨世纪学术、技术带头人培养工程"。苏办发〔1997〕1号文件《江苏省跨世纪学术和技术带头人培养工作"九五"计划和2010年规划纲要》提出，到2000年，重点培养出30名能进入世界科技前沿并在国际上具有较高知名度的杰出专家（第一层次）；培养出300名国内学术、技术界具有重大影响的高级专家（第二层次）；培养出3 000名省内各学科、各行业成就突出，具有一定声望的学术、技术带头人（第三层次）。一期结束后又实施"333新世纪科学技术带头人培养工程"，之后又实施"333高层次人才培养工程"。到2020年，已开始实施第六期"333高层次人才培养工程"。"333工程"的实施，有力地推动了高层次人才队伍建设，提升了自主创新能力，促进了经济社会的可持续发展。江苏省"333工程"是我国省级实施最早、影响最大的人才工程，至今已经成为江苏省人才工作的品牌工程。

该项目1996年获得江苏省科技进步三等奖（相当于1998年后的二等奖）。

该项目成果于1996年2月由江苏科技出版社出版，著作于1997年获得人事部颁发的全国人事科研成果评审一等奖。

3　江苏省人才资源开发对策研究

赵永乐，"江苏省人才资源开发对策研究"，江苏省知识分子工作领导小组委托重大研究项目，江苏省1998年科技计划项目之一（编号为BR98004）。江苏省知识分子工作领导小组办公室负责管理，河海大学承担。为保证课题研究的顺利进行，加强对研究工作的协调领导，专门成立了课题协调领导小组，江苏省委副书记顾浩担任组长，江苏省人民政府副省长金忠青担任副组长；组织机构总负责由江苏省委组织部副部长蒋定之担任。该课题于1998年9月立项，1999年10月结题。课题主持人赵永乐时任江苏省人才研究会副会长、河海大学人力资源研究中心主任、教授。总课题研究主要成员有单加海、孙淮斌、陈京民、张玉清、李晖、左红、胡建斌、唐宏强、刘宇瑛、沈宗军等。

课题研究成果包括1项总报告、9项专题报告、22项行业部门子课题报告和11项地区子课题报告。总计约65万余字。

该课题研究总报告以"21世纪的江苏：建设人才强省"为标题，明确宣告："千禧之年即将来临，为在全国率先实现现代化，迎接知识经济和加入WTO的挑战，江苏在21世纪的人才战略上只有一个选择，即实现由人才大省向人才强省的跨越，建设人才强省。"在全国率先提出"人才强省"战略，被江苏省委、省政府采纳。中央组织部知识分子工作办公室负责人在鉴定会上评价，该总报告对国家正在起草的重要文件有重大参考价值。

整个研究从社会主义市场经济体制的要求、江苏经济和社会发展以及全省人才资源的实际情况出发，沿着调查研究分析问题——科学预测——确立目标——整体规划的思路，探索21世纪初江苏人才资源开发的政策体系。项目研究在技术上有效地运用了当时在国内人才规划和对策研究中少见的DEST分析法、SWOT分析法、灰色预测理论、战略组合理论和政策系统理论等。课题成果充分体现了针对性强和操作性强的特点,并兼有战略性和江苏特色。

研究成果的创造性主要体现在五个方面。一是确立了建设人才强省的战略总任务和两个时期的阶段目标。二是提出了四个主要认识:两个"第一"的观念;认识"两个根本性转变"的紧迫性,实现人才管理体制和人才资源增长方式的根本性转变;提高对两个"战略性"的认识,即对战略性人才实行战略性管理;强化实现途径的"四化"思路,即人才增长集约化、人才空间国际化、人才体制市场化和人才需求主体化。三是提出了四项发展战略,即江苏在人才发展上应确立与江苏经济和社会四大发展战略相对应的"人才资本提升战略"、"人才国际化战略"、"人才区域协调发展战略"和"超前人才投资战略"。四是提出了有关人才队伍建设、人才市场建设、学术和技术带头人培养、技术创新人才和经营创业人才培养,以及贫困地区人才发展等五项战略重点工程。五是提出了由十项政策组成的人才资源开发政策体系,即"人才投资和资本提升政策""人才资源配置市场化政策""人才资源宏观调控政策""人才收入分配和社会保障政策""企业主体化政策""职称政策""人才倾斜政策""人才集聚政策""适用性人才资源开发政策""人力资源管理者培训政策"。这五个方面的创新不是孤立的,而是一个有机组成的创新体系。

该课题研究的意义体现在四个方面。一是整个课题研究过程即是对人才资源开发意义的认识深化过程,有关观点对人才学的学科建设和人才资源开发理论的发展也作出了相应贡献。二是对江苏省"九五"及"九五"前的人才资源开发进行了全面的认识和总结,找出了存在的主要问题。三是对21世纪初江苏人才资源的发展在预测的基础上进行了全面的规划,提出了总任务、目标、战略和重点工程。四是提出了包括十项政策在内的政策体系。

在研究过程中,有关成果除体现在已出台的《关于加强人才资源开发的若干意见》之中外,还进一步在全省高层次人才队伍建设、农村人才资源开发、江苏省人才资源"十五"发展规划以及在省有关市、县、行业、系统、单位的人才资源开发规划和改革措施中应用和转化。同时也为省委、省政府及有关部门制定江苏省21世纪初经济和社会发展规划提供了有力的参考依据。

该课题指出,人才强省的特征是"五强一高":一是竞争力强——规模适度扩张,素质大幅提高,布局优化合理,投资和效益不断增长,吸引力和竞争力不断加强。二是凝聚力强——建成一系列各具特色和具有很强凝聚力和很强辐射力的人才高地,形成若干高峰。三是适应性强——建成比较完善的适应社会主义市场经济体制的人才管理体制,对江苏的经济和社会发展保持高度的适应性和支撑性,着重营建人才创新的大环境。四是协调性强——形成合理有效的人才布局战略体系和各具特色的人才区域发展模式,区域协调发展。五是国际性强——人才资源系统具有很强的国际性。最后是回报度高——在富民强省中充分体现智力的高投入高回报,保证有贡献的人才得到高水平的收入。

2000年3月,课题通过江苏省科委主持的鉴定。鉴定委员会由中国人事科学研究院副院长、人事部人事与人才科学研究所所长、研究员王通讯担任主任,南京大学国际商学院院长、教授赵曙明担任副主任。鉴定委员会成员有中央组织部干教局副局长姚雪,中央组织部知识分子工作办公室副主任郭瑞廷,华东师范大学人才资源研究中心副主任、教授叶忠海,广东科技干部学院院长、广东人才研究所所长、教授彭文晋,上海公共行政与人力资源研究所所长、研究员沈荣华,江苏省社科规划办公室主任、教授张灏瀚,东南大学教授夏安邦,东南大学经管院副教授时巨涛。

鉴定意见认为,该课题研究报告主题明确,选题和思维具有创新性,站在江苏跨世纪经济社会发展和主动适应知识经济及加入WTO挑战的高度,从江苏人才资源的现实基础、开发人才资源的战略环境和面临的重大问题、实施人才资源开发的目标任务、战略重点以及健全人才资源开发政策体系等五个方面展开论证,具有理论基础扎实、层次结构合理、框架思路清晰、占有资料丰富、对策措施实用等特点。在研究方法上坚持逻辑研究方式与历史研究方式一致,采用了座谈研讨、抽样问卷调查、专家咨询、数理统计、定性定量结合分析、相关性分析、计算机汇总、数学模型预测分析等多种方法。同时,整个课题研究组织实行上下结合、纵横向密切配合、宏观与微观并进的网络格局,进一步增强了课题研究的广泛性和报告的科学性。

该课题研究报告提出的由人才大省向人才强省的跨越和21世纪初人才资源开发的目标任务、战略重点、对策意见具有十分明显的时代意义和实用价值。在研究思路和难点问题上有关键性突破,其中不少内容和建议被省委、省政府制定下发的《关于加强人才资源开发的若干意见》和有关部门制定的《关于进一步加强高层次人才队伍建设的若干规定》《关于实施农业和农村人才资源开发的若干意见》等文件采纳或引用。

鉴定委员会认为,该课题研究总报告立意新,起点高,思路广,既注意理论分析深度,更突出实证分析与实际应用;既注意对远期对策的思考,更着眼于近期对策的研究;既注意报告的学术性,更重视对策措施的针对性,是一份高水平高质量的研究报告,在国内同类研究课题中处于领先水平。

该课题研究成果荣获第三届全国人事科研成果评审二等奖和江苏省人民政府决策咨询奖。

4 全国水利人才与教育培训发展战略规划研究

张阳、赵永乐、李晖,"全国水利人才与教育培训发展战略规划研究",水利部1999年研究计划项目,编号为水规划〔1999〕670号。水利部计划司下达,水利部人教司管理,河海大学国际工商学院承担。项目于1999年8月启动,2000年10月结题。项目负责人张阳时任河海大学国际工商学院院长、教授;赵永乐时任河海大学人力资源研究中心主任、教授;李晖时任南京艺术学院尚美分院院长助理。课题组主要成员有陈京民、司马雪放、王炎灿、周海炜、魏萍、陈曦川、承涛、夏明勇、单方庆、杨天秀、孙亚芹、先红、刘宇瑛、马黎兵、尚素春等。

为保证项目研究顺利开展,成立了以水利部人教司司长周保志为组长,人教司副司长高而坤、人教司助理巡视员陈志强、河海大学校长姜弘道、水利部人才资源开发中心主任张渝生为副组长的项目领导小组。

自1999年8月,项目组在项目领导小组的指导和支持下,先后对黄河、长江、松辽、珠江四个水利委员会和吉林、河南、陕西、甘肃、江苏、湖北、广东七个省水利系统以及河海大学、北京水利科学研究院、南京水利科学研究院等十余家教育科研单位进行了重点调查研究,多次走访了水利部、教育部和人事部有关部门。

自1999年12月开始,经水利部人教司部署,对水利部直属系统和非直属系统分别进行了统计调查。课题组对回收的有关资料进行了统计汇总和统计分析,摸清了"家底"。2000年5月,课题组提出了《水利人才开发与教育培训的重大问题及对策》,并在一定范围内征求意见。6月,预测工作基本结束。9月底,总报告完成初稿。10月初,总报告完成三稿。本项目研究历时14个月,动用了大量的人力、物力,参加调查研究40多人次,召开座谈会30余次,参加统计汇总650多人次,上机实数累计达3 200小时。

该研究旨在系统总结审视"九五"期间我国水利行业人才开发和教育培训工作的成效及存在不足的基础上,前瞻未来,对水利行业"十五"及至2015年人才发展和教育培训需求进行预测,提出21世纪初我国水利行业人才与教育培训发展的任务与目标、战略、实现途径及其对策措施,为制定21世纪初全国水利人才与教育培训发展战略规划提供重要参考依据。

项目研究以邓小平理论为指导,认真贯彻党的十五大会议精神,遵循社会主义市场经济运行和水利人才与教育培训的发展规律和特点,根据21世纪初我国水利事业发展的战略目标,总结经验,科学预测,精心策划,提出以"十五"规划与2015年远景目标为核心的全国水利人才与教育培训发展战略规划模型。

该项目研究成果由1份课题总报告、3份课题分报告、18份专题报告、8份调查报告和5份统计报告组成,约计60万字。课题总报告共分7部分,分别是前言、现实基础、重大问题、机遇与挑战、发展预测、任务与战略、对策体系与行动计划。

该项目之所以取得最终成果,得益于四个结合,首先是理论与实践相结合,其次是理论工作者与实际工作者相结合,再次是行政部门与课题研究部门相结合,最后是课题研究与规划编制相结合,整个项目研究形成了上下结合、纵横协调、宏微观并进的立体网络系统格局。

该项目总体思路:(1)确立人才第一和教育优先观念。(2)注重人才资源的系统开发。(3)实现水利人才与教育培训管理体制和增长方式的根本性转变。(4)解决水利人才开发与教育培训的重大问题,应与国家人事人才体制改革进程相一致,与国家整体教育体系相协调,与行业改革和发展环境相适应。(5)解决水利人才开发与教育培训的重大问题,不能一味地期待外部体制环境的改善,各相关用人单位和教育培训机构应该进一步加强内部管理,提高管理水平,特别是人力资源开发和管理水平以及企业教育管理水平。(6)解决水利人才开发与教育培训的重大问题,需要充分利用现代信息革命的成果,建立强大的人才管理信息系统及其技术支撑体系。21世纪初,全国水利人才与教育培训发展的战略总任务是:以邓小平理论和党的十五大精神为指导,实现水利人才与教育培训的两个根本性转变,建设一支规模充足、素质优良、布局合理、效益和管理水平处于全国领先地位、部分达到国际先进行列的人才队伍,形成现代化的教育培训体系,到2015年,在全国水利系统建成人才高地。

项目评审意见:研究报告紧扣当前的形势和社会发展趋势,针对水利行业的未来发展、水利各部门各事业层次的发展和"九五"期间存在的问题,阐述了建设水利人才高地的国际化、市场化、信息化的特点,并结合知识经济、西部大开发、中国加入WTO等时代特点,提出水利人才与教育培训的三大战略和八大重点工程,以超前的思想描绘21世纪中国水利人才培养的宏伟蓝图。课题研究范围广、技术好、起点高、成果丰硕,具有概念界定清晰而准确、论证翔实而充分、对策建议富有新意和创见、注重现实针对性和可操作性四个特点。在国内同期各类人力资源研究课题中,该课题的研究成果具有显而易见的领先水平。

该项目研究成果主要内容转化为水利部"十五"人才发展规划。

2001年该项目获得河海大学科学技术进步奖应用一等奖。

5 江苏人才发展战略研究

赵永乐,"江苏人才发展战略研究",江苏省哲学社会科学规划基金"十五"规划项目(编号G3-022)。课题主持人赵永乐时任河海大学人力资源研究中心主任、教授。课题组主要成员有刘戎、司马雪放、沈进等。课题自2001年底开始研究,2002年底基本结题。2003年初,课题组在听取中央和省内一些专家提出的宝贵意见的基础上,又根据党的十六大精神再次充实修改,最后定稿。

课题研究的范围涵盖江苏省人才发展战略制定、实施和管理的全过程。课题通过对人才、人才发展和人才发展战略的基础理论与实践的研究,提供江苏人才发展战略制定、实施和管理的理论依据和实现思路。其中通过对基本理论的研究,明确人才发展战略的一些基本内涵,并为本项研究的分析思路提供有益的启示;对国内外一些成功实施的人才发展战略及发展趋势进行分析比较,为制定江苏人才发展战略提供有益的信息和借鉴。课题研究在吸收现有研究成果的基础上,形成人才发展战略制定的方法、内容、程序和规则。在实践研究中,通过对江苏人才发展现状的分析来确定江苏省人才发展战略的目标体系和战略体系架构、战略的实施对策、战略的组织管理。

经济和社会发展的根本在于人才的发展,而人才的发展在于高层次的谋划与实施。人才发展战略的研究已经成为一项具有重大理论意义和实际价值的战略任务。该课题以邓小平理论为指导,认真贯彻党的十六大会议精神,遵循社会主义市场经济运行和江苏经济、社会发展的规律和特点,根据全面建设小康社会的目标,总结经验,科学预测,精心策划,通过对江苏人才发展战略进行理论研究和实践研究,勾勒出具有江苏特色并能适应江苏经济和社会发展需要的人才发展战略——"人才强省"战略,以此为江苏省全面建设小康社会创造良好的人才环境,为全省的社会主义建设事业和入世后经济、社会、文化的全面发展提供可靠的人才保证。

课题研究报告除前言外共分六部分,约计近8万字。前三部分分别是人才与人才发展概念的界定、人才发展战略的理论研究和国内外人才发展战略的比较,后三部分分别是江苏人才发展现状分析、江苏人才发展战略的选择和江苏人才发展的战略对策与实施。课题中人才及人才发展概念的界定、人才发展战略理论的研究、人才发展战略实现途径与动力的探索以及人才发展战略组织实施的提出,都颇有新意。

在研究期间,作为中期研究成果,课题组成员先后在《中国人事报》(2011年更名为《中国组织人事报》)、《中国人力资源开发》、《学海》、《人事管理》、《宏观经济观察》等杂志上公开发表了7篇论文。2篇论文在全国性学术研讨会上交流,1篇获得全国科研成果评审一等奖,1篇被收入《构筑拔尖文化人才高地,推进江苏文化产业发展》论文集中,由东南大学出版社公开出版,取得了较好的社会效益。中期研究的一些观点,如"人才强省"、人才战略、人才对策及组织实施的概念与措施等已经被《江苏省人才开发"十五"计划纲要》和江苏后来出台的《关于进一步加强人才队伍建设的决定》所吸纳。

评审专家认为,该课题报告的理论性、系统性、科学性和操作性较强,具有较高学术价值并对江苏省政府的人事人才工作决策产生重要影响,是一份高质量的研究成果。报告中江苏人才发展战略体系的构建、实现途径、对策措施和人才政策等内容具有可行性和可操作性,人才强省和有关对策建议已经被省委省政府有关文件所采纳,充分体现了研究成果的应用价值。

6 江苏省科技创新人才队伍建设对策研究

赵永乐,"江苏省科技创新人才队伍建设对策研究"课题,江苏省2002年软科学计划重点研究项目,编号BR2002039,由江苏省科技厅下达,江苏省教育厅管理,河海大学承担。课题主持人赵永乐时任河海大学人力资源研究中心主任、教授、博士生导师。时任科技厅副厅长刘显桃担任课题组顾问,课题组主要成员有詹世平、吴守海、陈京民、张永耀、肖伟、李汉中、李星、杜林致、李莉、张宏、徐芳等。

该课题提出,根据江苏省经济、社会和科技持续健康发展的目标和任务,以提升科技创新人才队伍整体素质和创新竞争力为目标,以江苏省经济、社会、科技发展的重点和实际为依据,在加大政府科技投入,依托原有的科技计划体系,继续实施在重大科技项目和课题的实践活动中培养科技创新人才的同时,紧紧围绕政府加入WTO后职能转变的要求,以科技创新人才能力建设为研究重点,以改革为动力、政策为引导、市场配置和单位人才自主使用为主的途径,构建以科技创新人才和队伍服务为中心的切实可行的对策体系。

该课题自2002年8月启动,经过调查研究、统计分析、专题研究、总课题研究等阶段,于2003年8月初结题。课题组首先对苏南、苏北、南京地区的9个市县的企业、高校、科研院所、开发区进行重点调研,完成三份地区调查研究分报告,形成全省调查研究报告。在此基础上,一方面,形成《关于加强江苏省科技创新人才队伍建设的若干意见》初稿,在多次修改并征求科技厅意见的基础上形成该稿的第五稿,2003年6月,经多次修改形成江苏省人才工作会议文件《关于加强江苏省科技创新人才队伍建设的若干意见》讨论稿。另一方面,课题组对1996—2001年我省科技进步奖获奖者情况、科技立项情况、专利申请和授权情况以及民营科技企业、重点实验室和工程研究中心、高校、企业、科研院所的科技人力资源情况等有关资料进行汇总统计和分析,完成了各项统计报告和统计分析报告。2003年4月中旬,专题报告相继完成。4月下旬,总课题报告形成雏形。由于非典疫情的原因,课题研究拖延了将近一个半月时间。5月底,课题研究重新启动。6月底,总报告完成第五稿。课题研究历经12个月,20多人次参加调查研究,召开座谈会17次,与近80家企业、高校、科研院所、政府科技主管部门的主要负责人、人力资源部门负责人、技术研发负责人、研发人员进行了交流。上机统计时间数累计达到4 000多小时。

"江苏省科技创新人才队伍建设对策研究"在系统总结、审视"九五"期间江苏省科技创新人才开发和队伍建设的成效及存在不足的基础上,对全省科技创新人才"十五"及至2010年的人才发展和队伍建设进行预测,提出21世纪初江苏省科技创新人才队伍建设的任务与目标、战略、实现途径及其对策措施,构建科技创新人才队伍建设的新体系,为推进人才强省建设,实现两个"率先",提供科技创新人才支撑。课题研究成果包括2份中期成果报告、7份专题报告、10份统计分析报告、10份统计报告和1份总报告。

课题研究有两个方面的重大发现,一是科技创新人才对经济发展的影响,二是企业R&D人员投入对企业产出的影响。

(1) 科技创新人才对江苏经济发展的影响

——大中型工业企业研发人员每增长10%,将使平均GDP增长0.261 2%。即江苏省每增加100人的大中型工业企业研发人员,将带动全省GDP增长0.488 6亿元;

——科技经费支出每增长10%,将使平均GDP增长2.46%。即江苏省每增加1亿元的科技经费支出,将带动全省GDP增长11.402 6亿元;

——技术合同交易额每增加10%,将使平均GDP增长3.16%。即每增加1亿元的合同交易额,将带动全省GDP增长64.082 3亿元;

——各类专业技术人员每增长10%,将使平均GDP增长6.155%。即每增加100人的各类专业技术人员,将带动全省GDP增长0.230 6亿元。

通过进一步分析,还可以发现科技创新人才队伍对经济发展贡献程度有如下特征:

一是科技创新人才队伍对江苏省经济发展的作用比一般专业人才队伍更大。每增加一名大中型工业企业研发人员可以带动GDP增长48.86亿元,而每增加一名专业技术人员则仅能带动GDP增长23.06亿元。

二是增加科技创新人才的产出效能对经济发展的促进作用,比增加科技经费投入更为明显。每增加1亿元的技术合同交易额,将带动GDP增长64.082 3亿元,而每增加1亿元的科技经费支出,仅能带动GDP增长11.402 6亿元。

(2) 企业 R&D 人员投入对企业产出的影响

通过对企业 R&D 人员投入与产出情况进行分析,可以发现不同地区对 R&D 人员投入的比例与产出的比例基本趋同。以 2000 年为例,苏南五市的大中型工业企业共投入 R&D 人员 3.39 万人,是苏北地区的 1.81 倍;R&D 经费支出 21.84 亿元,占全省大中型工业企业的 64.75%,是苏北地区的 1.84 倍;开发 R&D 项目 2 826 项,项目经费支出 20.58 亿元,均为苏北地区的 1.8 倍多。投入的悬殊带来收益的差距。2000 年,苏南大中型工业企业创造利润 121.37 亿元,是苏北地区的 1.55 倍;实现新产品销售利润 73.39 亿元,是苏北地区的 1.73 倍。这两项产出指标的比例和 R&D 人员投入的比例也大致趋同。通过进一步分析,我们还发现,在 R&D 人员人均经费相同的情况下,江苏省大中型工业企业每增加一名 R&D 人员,企业新产品利润就将增加近 20 万元。

再对从 1996 年到 2001 年江苏省大中型工业企业研发人员的产出情况进行分析。如果以人均新产品开发经费为对 R&D 人员的投入,人均新产品实现利税为 R&D 人员的产出,那么 1996 年江苏省大中型工业企业研发人员的投入产出比为 1∶1.7,2001 年的投入产出比为 1∶2.6,5 年间增长了 53%。研究表明,江苏省大中型工业企业如对每一位研发人员增加 1 万元研发经费,就能增加 2.6 万元的科研产出,研发人才成本收益率为 160%。

江苏省科技厅对该课题给予了以下评价:该项研究是为 2003 年即将召开的江苏省人才工作会议准备会议文件而开展的专项研究。研究的中期成果包括两份报告。一是关于加强江苏省科技创新人才队伍建设的调研报告。二是关于加强江苏省科技创新人才队伍建设的若干意见。两份成果皆被我厅采纳。前者作为我厅组织撰写的调研报告被中共江苏省委知识分子工作领导小组采纳,收录在《江苏省人才队伍建设情况调研报告汇编》中。后者被我厅采纳,作为我厅提供的江苏省人才工作会议交流文件,收录在《全省人才工作会议交流材料汇编》中。该项研究的成果对我省科技创新人才队伍建设工作的决策起到了重要的参考作用,有关内容已被我厅多处采纳应用。

该课题重要研究成果《关于江苏省科技创新人才队伍建设的对策研究》,2002 年获中国人才研究会全国科研成果评审一等奖。

7 江苏省企业经营者能力现状及提升对策研究

赵永乐,"江苏省企业经营者能力现状及提升对策研究",江苏省经济贸易委员会下达项目,河海大学人力资源研究中心承担。2002 年 11 月开题,2003 年 7 月结题。项目主持人赵永乐时任中国人才研究会常务理事、江苏省人才学会副会长、河海大学人力资源研究中心主任、教授。项目成立领导小组,组长由江苏省经贸委副主任顾瑜芳担任,副组长由赵永乐和江苏省经贸委培训处处长施友成担任。课题组主要成员还有杜林致、陈京民、冯艳玲、肖曼、朱燕、张宏、仲明明、邢伟等。省委研究室和徐州、无锡、扬州、南京等市经济贸易委员会的有关部门和个人参加了课题调查与研究。

课题组遵循社会主义市场经济运行规律和江苏经济发展的自身规律和特点,运用理论分析和实证研究相结合的手段,总结经验,科学预测,精心策划,通过对江苏省企业经营者能力现状的分析与研究,发现江苏省企业经营者能力、素质方面的欠缺与不足,以制度创新和建设为动力,挖掘全面拓展和提升我省企业经营者能力的方法和途径,从创新和创业的高度,探讨江苏省企业经营者能力开发、建设的新框架,提出企业经营者能力提升的战略思路和对策。

课题组先后对徐州、扬州、无锡、南京4市15家34位经营者进行了访谈,在徐州、扬州(含江都市,现江都区)、无锡(含江阴市)、南京4市(外加2个县级市)召开了6个由经济、体改、组织、人事、工商、国税、地税等部门参加的座谈会,对全省13个市的866位企业经营者进行了抽样问卷调查,对无锡、常州、南通、扬州、淮安、徐州6市30家企业1 463名一般管理人员进行了抽样问卷调查,对全省142家企业基本情况进行了统计调查,对90名企业经营者进行了经营者能力抽样测试,对100名企业经营者进行了个性抽样测试。调研工作涵盖全省13个市主要产业行业中的各类经济性质、各种规模类型的企业。上机统计时间数累计达到3 000多小时。

整个项目成果共分为四大部分:第一部分为1份总报告,第二部分为5份子课题报告,第三部分为7份专题分析报告,第四部分为5份调查统计报告。

通过调研和分析,课题组摸清了江苏省企业经营者能力的基本现状,找出了问题和深层次原因。江苏省企业经营者能力方面存在五大问题:一是经营管理知识水平偏低;二是经营管理能力欠缺;三是战略观念和意识比较差;四是科技创新领导能力薄弱;五是不同性质企业经营者的不同能力都有待提高。企业经营者能力方面存在问题背后的深层次原因,既有经营者专业结构和培训的原因,也有体制原因和科技投入与创新原因。

课题组提出2010年江苏企业经营者能力提升的战略总任务:以企业经营者能力建设为中心,通过企业经营者能力资本积累和企业经营者能力管理体制转变,形成有利于企业经营者能力提高、发展、发挥和尊重经营劳动、尊重经营者的政策环境和社会环境,构建江苏企业经营者能力建设体系,培养、吸引和用好企业经营者人才,使江苏企业经营者人才资源总量以高于其他行业的速度稳步增长,能力和效益水平显著提高,总体在全国处于领先地位,部分在世界达到先进行列,形成一支作风硬、能力强、贡献大的企业经营者队伍。

课题组对江苏省企业经营者能力的提升提出七条实践指导性强的对策,指出应建立以能力为核心的价值观,全面构建企业经营者能力建设体系,深刻认识企业经营者能力提升的重要性,从制度保障、能力培养、能本管理、战略激励、监督约束和加强安全与社会保障等方面,设计江苏省企业经营者能力的提升对策。一是要深刻认识企业经营者能力提升的重要性;二是要为企业经营者能力提升提供制度保障;三是要加强对企业经营者能力的培养;四是要在实践中加强企业经营者的能本管理;五是要对企业经营者能力的发挥实施战略激励;六是要加强约束监督,保证企业经营者能力的正向发挥;七是要加强企业经营者能力发挥的安全与社会保障。

课题组将企业经营者界定为"在企业中从事经营活动,直接面向市场进行资源优化配置、以实现企业利润最大化的经营决策者",其在企业中的地位和作用概括为三个方面:首先,企业经营者是提高企业组织效率的承担者,是企业活力的决定因素;其次,企业经营者是将科学技术转化为生产力的组织者,也是生产力的缔造者;最后,企业经营者是职工创造性劳动激励的领导者。

经营者能力系统由一般领导技能、经营能力和素质能力三大类能力组成。一般领导技能是指由企业经营者作为企业的创业和经营主体所具有的基本能力。一般领导技能指标系统包括战略观念、领导能力、组织协调能力、计划能力、应变能力、知人善任能力、人际交往能力、学习能力等指标。经营能力是企业经营者的最重要的能力,主要指经营者在组织管理企业的正常经营活动中所表现出来的能力。经营能力指标系统包括经营决策能力、开拓创新能力、市场分析能力、财务分析能力、工作效率能力等指标。素质能力主要指其在人格、道德品质和心理健康方面的基本素质及其维护提升的能力,素质能力是经营者获得和发挥各种能力的基础。素质能力指标系统包括人格特征及其影响程度和发展能力、道德素养及能力、心理健康及能力等指标。

评审专家认为,"江苏省企业经营者能力现状及提升对策研究"课题设计合理,框架严谨,材料翔实,结论可靠。研究成果的学术价值主要在于科学地界定了"企业经营者"和"企业经营者能力"两个概念,合理设计了"企业经营者能力指标体系",既具有科学性,又具有可行性,好操作。研究成果的应用价值显著,不仅把人才学理论、人力资本和人力资源开发理论、企业经营者生命周期理论、战略管理理论等运用于对江苏企业经营者能力及其提升的研究当中,而且为江苏省企业经营者能力提升提供了清晰的思路和许多可操作的对策,对于省级相关部门和地方政府作出决策和制定相关政策,具有参考意义。

该项目研究成果2003年获得人事部颁发的全国人事科研成果评审一等奖。

8 江苏省宣传文化系统人才工作研究

赵永乐,"江苏省宣传文化系统人才工作研究",江苏省委宣传部立项基金项目,由江苏省委宣传部下达,河海大学承担。2003年6月立项,2004年6月结题。项目负责人赵永乐时任中国人才研究会常务理事、江苏省人才学会副理事长、河海大学人力资源研究中心主任、教授、博士生导师。项目研究领导小组组长由省委宣传部副部长、省作协党组书记杨承志担任;副组长由河海大学副校长、教授吴远担任;领导小组成员有赵永乐、陆湘琳、王朔、陈京民、丁黎。项目研究主要人员有陈京民、丁黎、张永耀、张宏伟、殷凤春、马永刚、朱智铭、陈军飞、李明珍、姜鲲、徐芳、张莉、姜海燕、崔祥民、周希舫、张珺珺、仲明明、葛苏琼、沈晓燕等。江苏省委宣传部干部处副处长、机关党委副书记陆湘琳和王思连、张仕冲、林庆生、夏正元、顾建萍等参加了课题调研。

江苏省委宣传部、省人事厅印发的《关于构建江苏文化人才高地的若干意见》指出:构建江苏人才高地,是建设文化大省、应对加入世贸组织挑战的重要内容和战略举措,是实现江苏"富民强省、率先基本实现现代化"目标的基础性工程之一。加强对江苏省宣传文化系统人才工作的研究和建设,不但对支撑江苏文化大省建设,而且对江苏人才强省战略的实现都具有重大的现实意义。进一步加强宣传文化系统人才工作,是建设人才强省、实施人才强文化战略,服务"两个率先"的迫切要求。宣传文化系统必须适应全面建设小康社会的需要,从战略和全局的高度来认识宣传文化系统人才工作的重要性,紧紧抓住培养、吸引、使用人才三个环节,着力建设宣传文化系统党政人才、经营管理人才和专业技术人才三支队伍,重点培养一批适应社会主义现代化建设和改革开放要求的高层次人才。

2003年7月,项目组先后对南京、苏南和浙江、上海等地的宣传文化系统人才工作进行了重点调研,在此基础上形成了《关于加强江苏省宣传文化系统人才工作的意见》初稿,在多次征求江苏省委宣传部相关部门意见的基础上形成了第12稿。又经多次修改,形成了江苏省委宣传部人才工作会议文件《关于加强江苏省宣传文化系统人才工作的意见》(征求意见稿)。2003年8月开始对全省宣传文化系统人才工作、人才队伍现状等有关资料进行汇总、数据统计和分析,12月基本完成各项统计报告和统计分析报告。2004年2月基本完成专题报告。2004年1月开始起草《江苏省宣传文化系统人才工作纲要》,在多次修改的基础上征求各方面意见。2004年3月完成研究工作报告和《江苏省宣传文化系统人才工作现状与对策研究》报告。

项目最终研究成果,形成《江苏省宣传文化系统人才工作纲要(研究稿)》和《江苏省宣传文化系统人才工作纲要实施意见(研究稿)》。阶段性研究成果包括4份子课题报告、4份专题报告、8份调研报告、8份统计分析报告和8份统计报告。

《江苏省宣传文化系统人才工作纲要(研究稿)》的主要内容包括9大部分26条。(1)从人才强省战略的高度确立宣传文化系统人才工作的战略地位。(2)宣传文化系统人才工作的指导思想与战略任务。(3)加大宣传文化系统人才队伍建设力度。(4)抓好宣传文化系统人才的培养、吸引、使用工作。(5)完善宣传文化系统人才市场体系。(6)推进宣传文化系统人才分配制度和社会保障制度的改革。(7)加强宣传文化系统人才工作载体建设。(8)加强宏观调控,加快宣传文化系统人才工作法制化进程。(9)切实加强宣传文化系统人才工作的领导。

《江苏省宣传文化系统人才工作纲要实施意见(研究稿)》主要内容包括7大部分30条。(1)充分认识加强宣传文化系统人才工作的重要性。(2)实施江苏新世纪宣传文化人才行动计划。(3)建立宣传文化系统人才宏观调控机制。(4)加快宣传文化系统人才市场建设步伐。(5)创新机制,深化宣传文化系统人才管理体制改革。(6)深化文化系统事业单位用人制度改革。(7)加强宣传文化系统人才工作的组织领导。

2005年4月,江苏省委宣传部组织有关专家对该项目进行了评审。评审委员会由江苏省社科院副院长张灏瀚教授、南京市社会科学院院长叶南客研究员、江苏省委组织部人才工作处处长单作银、江苏省社会科学院文学所所长姜建研究员、南京农业大学公管院院长陈万明教授、南京理工大学人力资源管理研究中心主任孙剑平教授、南京航空航天大学人文学院王鲁捷教授组成。张灏瀚担任评审委员会主任委员。

评审委员会认为,该研究首次对江苏省宣传文化系统人才队伍基本情况进行了系统的调查、统计和分析,得出了第一手较为详细的数据,不仅成为研究的基础,而且为深入了解全省宣传文化系统人才全貌、为省委省政府今后相关工作和学界相关研究提供了第一手的资料和可靠的依据。首次系统明确了全省各级宣传文化部门人才工作的任务和目标,为江苏省各级党委宣传文化部门今后开展人才工作提出了有效务实的决策参考。从现状、背景、机制、对策等层面进行的分析、研究,具有较宽的思路和较深的视角。提出了江苏省宣传文化系统人才工作和人才队伍建设的战略思路,探讨了全省宣传文化系统人才工作和人才队伍管理开发的新框架,提出了江苏省宣传文化系统人才工作纲要和实施意见,思路清晰,重点明确,具有针对性和实践意义。研究成果逻辑严谨,结构合理,学术性较强。研究工作认真扎实,研究成果达到预期目标,研究内容丰富,理论基础扎实,资料翔实,说服力强,成果富有创新性和实用性,达到了国内同类研究的领先水平。

该项目2005年获得江苏省人民政府颁发的江苏省哲学社会科学优秀成果三等奖。

9 江苏人才强省战略研究

赵永乐,"江苏人才强省战略研究",2004年江苏省重大发展战略研究课题"江苏科教兴省战略深入实施研究"的子项。2004年7月启动,2005年1月结题。课题主持人赵永乐时任江苏省人才学会副会长、河海大学人力资源研究中心主任、教授、博士生导师。课题组成员有张书凤、王斌、张永耀等。

课题以江苏深入实施科教兴省战略为背景,运用理论研究、比较分析、定量分析等方法,探讨江苏人才发展的现状、预测、战略选择与实施等问题,为新时期江苏进一步深入实施人才强省战略提供决策参考和借鉴。首先,在分析江苏人才资源现状的基础上,开展调查研究,并广泛全面收集发达国家与新兴工业化国家在人均GDP达到3 000美元至5 000美元、6 000美元至8 000美元时期的相关信息资料,进行综合概括和分析比较。其次,根据1998年至2003年的江苏的统计资料以及2010年和2020年江苏的人均GDP目标,对江苏省2010年和2020年人才资源以及供给与需求进行预测及分析。再次,从江苏的实际情况出发,提出江苏的人才发展战略体系。最后,对人才发展战略的对策和实施进行研究,确保人才发展战略具有可行性和可操作性并得以实现。

课题研究报告共分为四部分:第一部分是江苏人才资源现状分析与供需分析,第二部分是发达国家和新兴工业化国家比较分析,第三部分是江苏人才发展战略的选择——人才强省战略,第四部分是江苏人才发展的战略对策与实施。

课题研究的创新观点主要体现在两个方面。

(1)江苏人才发展现状与预测。从1998年至2003年末,江苏省的人才工作在各个方面都取得了长足的进步,主要表现在:人才实力迅速增长、人才的分布结构趋于合理、科学技术人才全面发展。江苏省人才发展存在的问题主要体现在:人才学历结构急需调整、苏北人才质量偏低、现行用人制度不够合理、高技能人才缺乏、科技人才规模和质量有待提升。江苏省人才发展需求预测结果如下:2010年,人均GDP达到3 000～5 000美元时,江苏省的人才总量应该达到584.07万～820.7万人;高级人才应该达到27.05万～43.23万人。到2020时,人均GDP达到6 000～8 000美元时,江苏省人才总量应达到1 036.99万～1 233.11万人。高级人才总量应达到58.02万～71.43万人。

(2) 江苏人才强省战略的制定。21世纪初,江苏在人才战略上的选择只有一个,即实现由人才大省向人才强省的跨越,建设人才强省。建设人才强省,既是江苏人才发展的战略性任务,也是江苏人才发展的战略性目标。①总任务。21世纪初,江苏人才强省的战略总任务是:以邓小平人才理论和党的十六大精神为指导,紧紧围绕江苏率先全面建成小康社会和率先基本实现现代化的宏伟目标,以能力建设为中心,以创新为动力,以调整为手段,通过人才资本积累和人才体制转变,形成尊重劳动、尊重知识、尊重人才、尊重创造的政策环境和社会环境,建设一支规模充足、素质精良、布局合理、效益和管理水平处于全国领先地位,部分达到国际先进行列的人才队伍,在若干领域和区域构筑人才高地,形成六大人才高峰,到2010年,把江苏建成一个人才强省。②阶段目标。实现"人才强省"的跨越式发展,可以分两步走。第一步到2005年全省人才资源总量达到544万人左右,年均增长8%,保持全国领先。第二步到2010年全省人才资源总量达到770万人左右,年均增长7.1%。把江苏建设成为人才强省,使若干地区成为国内外人才向往的热土,若干学科拥有国际尖端人才群,若干产业形成全国经济支柱群,构筑江苏新世纪的人才高地,形成若干高峰。使江苏成为国内外闻名的人才密集、技术领先、经济发达、人民富裕、活力充沛的省份,成为中国的硅谷。③重点工程。为实现"十五"时期江苏人才发展的任务与目标,提出包括34960工程、人才市场建设工程、333新世纪学术和技术带头人培养工程、六大人才高峰构建工程、双创人才工程、人才扶贫工程六大战略重点工程。④战略体系。江苏省的人才强省战略体系应包括人才资本提升战略、人才国际化战略、构筑人才高地战略、超前人才投资战略和人才安全战略等五大战略。

江苏人才强省战略的实施对策主要包括三个方面。①江苏人才强省战略的实现途径与动力。江苏人才强省战略应该选择国际化、市场化、集约化和人才富裕化为实现途径。江苏人才的国际化、市场化、集约化和富裕化发展的根本动力在于改革、发展和开放,即人才的两个根本性转变、人才的结构调整和在人才问题上的进一步对外开放。②江苏人才强省战略的政策体系。江苏人才强省战略的政策体系主要由以下十项重点政策组成。第一,人才投资与资本提升政策。第二,人才资源配置市场化政策。第三,人才资源宏观调控政策。第四,人才收入分配与社会保障政策。第五,完善企业主体化政策。第六,改革职称政策。第七,采取人才倾斜政策。第八,实施人才聚集政策。第九,适用性人才资源开发政策。第十,人力资源管理者培训政策。③江苏省人才强省战略的组织实施。江苏人才强省战略实施过程中应做好以下几个方面的工作:第一,加大宣传力度,形成社会共识。第二,提供领导保证,建立党政领导抓人才发展的责任制。第三,深化改革,营造优秀人才脱颖而出的社会环境。第四,强化机制建设,建成高层次人才资源开发的"活跃区"。第五,创新引进方式,使江苏成为高层次人才创业的乐园。

10 江苏省"333工程"实施评估与"十一五"高层次人才工程规划思路研究

赵永乐,"江苏省'333工程'实施评估与'十一五'高层次人才工程规划思路研究",课题系江苏省"333人才工程"项目,江苏省人才工作领导小组办公室委托,河海大学人力资源研究中心成立课题组开展研究,课题组负责人赵永乐、单作银。该课题对江苏省已经实施两期的"333工程"进行评估,并研究"十一五"时期高层次人才工程规划思路。2005年3月立项,同年12月结题。赵永乐时任中国人才研究会常务理事、江苏省人才学会副会长、河海大学人力资源研究中心主任、教授、博士生导师;单作银时任江苏省委组织部人才处处长。课题组主要成员有石金楼、张玉清、张永耀、王斌、张书凤、张新岭、薄赋谣、张艳燕、卢超、乙田、陈雯、曹欣等。

该课题在系统总结、审视"十五"期间江苏省实施"333工程"对学术带头人等高层次人才开发和队伍建设的成就及存在不足的基础上,对全省高层次人才在"十一五"期间的发展进行规划,提出了"十一五"时期江苏省高层次人才的战略任务与重点工程以及"333工程"的实施对策与措施,构建了高层次人才队伍建设的新体系,创新了高层次人才工作机制,加快了打造江苏高层次人才第一方阵的速度。报告认为,面对江苏未来几十年的发展目标,江苏应当遵循科学发展观及创建和谐社会的基本要求,按照科技先导、教育优先、人才为本的思路,继续实施"人才强省"战略,创新"333工程"内涵,加快构建全省高层次人才工作体系,形成江苏发展的高层次人才优势,为实现江苏富民强省、"两个率先"的目标定位和既快又好的发展提供坚强的高层次人才保证。

课题组通过发放调查问卷、召开座谈会和访谈等方式开展调研。共向培养对象发放调查问卷3253份,向培养单位发放调查问卷860份;在全省七市和省部属部门与单位分别召开座谈会。通过基本情况统计、问卷统计分析、调研资料分析和专家判断评价等形式,对"333工程"设计与实施方法的科学性、实施效果与投资收益、促进人才队伍建设和对经济社会发展的贡献程度进行了客观的评估。在评估的基础上提出了"十一五"时期江苏省高层次人才工程规划思路。最终研究成果包括:江苏"333工程"实施评估及其规划、江苏"333工程"实施调研分析研究、江苏"333工程"评估指标体系研究、江苏"333工程"评估研究及总结报告、江苏"333工程"规划研究等分报告。

该课题的评估认为,江苏"333工程"实施的成效主要表现在三个方面:(1)科研成果丰硕,能力水平普遍提升;(2)培养效果显著,拉动队伍建设有力;(3)产出效能可观,促进经济社会发展。"333工程"有效实施的主要经验有五点:(1)省委、省政府的高度重视是工程顺利实施的前提;(2)科学的设计是工程顺利实施的基础;(3)有效的管理体系是工程顺利实施的支撑;(4)扎实的培养措施是工程顺利实施的关键;(5)多元化的投入是工程顺利实施的保障。通过研究,课题组得出三点结论:(1)高层次人才对江苏GDP的拉动作用要远远高于一般的专业技术人才,每增加一名高层次人才的拉动作用是增加一名专业技术人才的4.29倍。(2)增加高层次人才的产出效能对经济发展的促进作用,比增加对高层次人才的科技经费投入更为明显。(3)通过预测和供需对比分析得出,在人才竞争的严峻形势下,江苏省高层次人才发展面临着一个突出问题,那就是高层次人才缺口较大。

课题组提出"十一五"时期高层次人才工程的战略任务:按照科学发展观和科学人才观的要求,继续实施"333工程",创新工程内涵,优化工程品质,完善工程管理体系,推动制度创新,形成有利于高层次人才快速成长、高度集聚和充分发挥作用的机制和环境,重点培养造就一批适应江苏改革开放和经济社会发展的具有世界前沿水平的中青年高级专家,建设一支数量充足、素质一流、结构优化、运转高效并与国际经济、科技发展高度接轨的高层次人才队伍,带动江苏整个人才队伍建设。

课题组提出"十一五"江苏省高层次人才工程的八条实施对策:(1)坚持把"333工程"摆到全省人才工作的重要位置。(2)创新评价体系,建立科学的选拔考核机制,以能力和业绩为导向,完善高层次人才评价标准体系(摒弃唯论文、唯专著、唯奖项、唯承担基金项目的大一统的评价方式,坚持分类指导原则,建立"333工程"的选拔机制和考核机制)。(3)以能力建设为主题,强化中青年高层次人才的培养,构建以培养自主创新能力为鲜明特征的工程培养体系。(4)完善激励机制和保障机制,调动工程对象的积极性。(5)发挥用人单位的主体作用。(6)加大对"333工程"的投入。(7)加强"333工程"的信息化建设。(8)加强组织领导。

11 海河水利委员会人才发展战略研究

张阳,"海河水利委员会人才发展战略研究"(项目编号为2005540412),水利部各司局科技项目。2005年立项,2006年结题。课题主持人张阳时任河海大学商学院院长、教授、博士生导师。课题组主要成员有汪群、周海炜、唐震、胡兴球、杜林致、丁源、曾建华、杜荣江等。

海河流域地理位置和政治经济地位突出,自然环境形势严峻,海河水利委员会成立后对海河流域水利治理的主要内容由防洪治水拓展到更广泛的领域。2005年中国正处于社会转型阶段,新的治国方略对海河水利委员会既是机遇又是挑战,海河流域完善了依法治水的水利管理体系,逐步引入水权水市场等经济手段,海河水利委员会处于以"保障安全"向"促进发展"式转变,业务重点较之前有较大变化。但是,海河水利委员会仍然存在中国传统行政管理普遍存在的局限,需要顺应国家新经济形势和自身发展需求进行组织和人才变革。

在此背景下,本课题分析了海河水利委员会流域管理与区域管理复合管理模式下所面临的众多利益相关主体,梳理海河水利委员会的制度型组织特性及其在复合管理模式中承担的功能和角色,对其职能进行综合定位。然后,分析海河水利委员会人力资源环境和人力资源现状,对其人力资源管理进行全面诊断,提出海河水利委员会应健全现代人力资源管理体系,并导入战略性人力资源管理理念。最后,构建了海河水利委员会人才发展总体战略框架,明确人才发展使命,制定人才发展战略目标和战略部署及其战略保障,并通过人力资源管理基础平台建设工程、人才引进工程、人才激活工程、职业生涯规划工程和人才能力提升工程这五大工程将人才发展战略落地推进。

12 高等学校教师业绩评估体系研究

郭祥林,"高等学校教师业绩评估体系研究",江苏省高校哲学社会科学基金项目。2005年10月立项,2007年12月结题。课题主持人郭祥林时任河海大学人事处副处长。

该课题是在2001年"河海大学高等教育研究重点课题"——教师业绩评估体系研究的基础上,经过几年的不断实践和深化研究所申报的科研项目。

课题从高校教师业绩评估功能入手,总结了高校教师绩效评估具有控制、激励、发展、沟通等功能,进而对高校普遍实行的评估方法进行了分析。高校普遍采取的方法是较为典型的评估方式——业绩量化记分,即将教师应该完成的每项工作,包括教学、指导研究生、科研、论文论著甚至获得的表彰奖励和承担的社会工作等,都折合成一定的分值,称之为"考评指标体系",业绩评估就是将教师一段时间以来的工作,按照"考评指标体系"的规定,折合成分值,再确定评估等级。

这样的绩效评估值得思考:一是这种业绩评估从本质上说是奖惩性评估,继续下去,将"评去了精神、评去了境界、评去了价值"。二是很难评估出教师业绩的创意、创新价值以及团队工作中的个人价值。三是教师业绩评估的标准往往忽略了不可抗力的因素。

在这种思考的启发下,课题组从根本上反思了教师绩效评估制度的"先天不足"和自身局限:教师业绩评估在本质上属于"踢一脚"的激励方式、具体的业绩评估制度在主观和客观上都有缺陷、"削足适履"的负面效应、"老黄牛"和"千里马"的关系失调、"人情""面子"限制效益发挥等。

为此,要充分发挥教师业绩评估作用,根本上可以从弥补其"先天不足"——变压力为动力入手,以体现教师的自我实现需要为主题,进一步拓展发展性业绩评估。(1)在评估方向上,要立足现在、兼顾过去、面向未来,不仅注重教师的现实表现,更加重视教师的未来发展,重在促使教师自身的"成长",强化教师业绩评估的开发和指导作用。(2)在评估目标上,努力协调学校目标和教师个人目标的一致性。无论组织目标还是个人目标,都具有多重性、交叉性甚至相互矛盾的特点,必须协调组织目标和个体目标的一致性,才能形成组织的合力,也只有将两者目标协调一致,个人才能将组织目标当成个人愿望去实现,树立主人翁意识,增强责任感,调动积极性。(3)在评估过程中,注重教师的工作参与。一种形式是"戴帽子",另一种形式是使教师在一定程度上感到自己能对自己的工作做主,在评估中所体现的就是变"要我做"为"我要做",核心是通过目标引导,让教师感到自己是在做自己愿意做的事。同时,重视培养教师的主体意识和创造精神,强调评价者要对教师的过去、现在作全面了解,根据教师过去的基础和现实表现,规划其未来的发展目标。(4)在评估方式上,重视多渠道交流信息,提倡同行之间互相评价;通过系统地搜集评价信息并进行分析,对评价者和教师双方的教育活动进行价值判断,实现评价者和教师协调的发展目标的过程;提倡由教师自选评价者。(5)在评估目的上,通过评估体现教师的成就感。在基本需要得到保障的前提下,高校教师将更加注重自我价值实现的需要。

课题组依托该课题,先后在《江苏高教》《河海大学学报(社科版)》《扬州大学学报(高教版)》等刊物上发表论文多篇。

13 浙江省长兴县"十一五"人才发展规划纲要研究

赵永乐,"浙江省长兴县'十一五'人才发展规划纲要研究",课题作为长兴县人才规划项目由长兴县人才工作领导小组办公室下达,河海大学承担。课题自2005年12月启动,2006年4月结题。课题主持人赵永乐时任河海大学人力资源研究中心主任、教授、博士生导师。王斌、张书凤、陈淼等参加了课题研究。

2005年9月长兴县制定并实施了十大人才开发与培养计划,长兴县委、县政府提出制定长兴县"十一五"人才发展规划,并以河海大学人力资源研究中心为主组成课题组,根据长兴县委、县政府下达的任务,开展了长兴县"十一五"期间人才发展规划研究。课题组认为,在此新形势下,根据长兴县未来几十年的发展目标,长兴县应当遵循科学发展观及创建和谐社会的基本要求,按照科技先导、教育优先、人才为本的思路,继续大力实施"人才强县"战略,加快构建全县人才工作体系,形成长兴县发展的人才优势,为实现长兴经济和社会发展提供坚强的人才保证。

课题组首先通过收集资料和实证调查,研究、总结并剖析了长兴县"十五"以来人才工作的主要成就、基本经验和存在问题。其次,在座谈调研和抽样问卷调查的基础上,采用定量与定性相结合的方法,对长兴县人才现状进行了调研和分析。最后,在理论研究与实证研究的基础上,提出了长兴县"十一五"人才规划的纲要和对策。

《长兴县"十一五"人才发展规划研究》课题的研究目的是在系统总结、审视"十五"期间长兴县人才开发和队伍建设的成效及存在不足的基础上,对全县"十一五"期间的人才发展进行规划,提出"十一五"长兴县人才发展的战略目标、任务与重点工程以及实施对策与措施,构建长兴县人才队伍建设的新体系,创新人才工作机制,大力实施人才强县战略。

课题从以下三个方面开展研究。一是政策研究。在对长兴县"十五"期间人才现状进行客观分析的基础上,研究"十一五"期间长兴县人才发展的政策问题,并提出长兴县"十一五"人才规划实施的各项政策措施。二是系统分析。从人才系统的角度研究人才发展问题与对策。注重从政府部门、企业、人才个体三个层面分析研究长兴县"十五"人才发展的经验、存在的问题及对策。不仅重视人才总量的发展与提高,而且关注人才结构的合理调整与优化。三是方法创新。坚持理论研究与实证研究相结合,定量分析与定性分析相结合,注重政策研究和系统分析。在研究过程中,实证分析长兴县"十五"期间人才工作的现状、经验及存在的问题,并通过建立线性回归模型对长兴县"十一五"期间各类人才总量与人才结构进行预测,研究了"十一五"期间长兴县人才的发展战略及对策。

课题研究经过四个阶段。一是抽样调查阶段。2005年12月底,设计《长兴县人才状况抽样调查问卷》,由人事局下发到各抽样部门与单位开展抽样调查。问卷调查涉及工业企业、科技、教育、卫生等8个部门和单位。课题组对陆续回收的404份有效调查问卷运用统计软件SPSS进行统计。2006年2月初形成1份统计报告和1份统计分析报告。二是调查研究阶段。课题组与长兴的一些政府职能部门和乡镇领导、中高等专科学校的领导、人才个体(含长兴引进人才代表)进行座谈,深入企业实际进行调研,并对一些拔尖人才、政府职能部门领导进行了专访。在此基础上,完成了4份调研报告、1份调查问卷统计报告和1份调研分析报告。三是专题研究阶段。2006年2月,课题组在抽样调查、座谈、专访的基础上,对长兴人才发展进行了"十五"期间的回顾与"十一五"期间的发展等专项研究,完成了6份分析报告和6份专题报告。四是总体研究阶段。2006年2月中旬,开展总体研究,撰写总报告并多次研讨修改。

课题研究成果包括1份总报告、6份专题报告、6份分析报告和5份调研与统计报告,共计18份文件。

课题研究成果转化为浙江省长兴县"十一五"人才发展规划纲要。

14 科技人才成长机理与资助机制研究

王济干、赵永乐,"科技人才成长机理与资助机制研究",科技部中国科学技术信息研究所课题。2007年下达,2008年完成。王济干时任河海大学校长助理、教授、博士生导师;赵永乐时任中央人才工作协调小组特聘专家组成员、河海大学人力资源研究中心主任、教授、博士生导师。课题组主要成员有吕江洪、陈丽芬、李娜、李好特等。

基于科技知识和科技人才资源的知识经济迅猛发展,带来了以科技人才资源在世界范围内配置和使用为特征的科技人才资源国际化的趋势,也使得全球化的科技人才竞争日趋白热化,日益成为当代国际竞争的焦点。当前,无论是高度发达的国家还是新兴的工业化国家,都把科技人才视为决定国家发展前景的战略性资源和提升国家竞争力的关键因素。越来越多的国家把科技人才队伍建设放在重要的战略地位来考虑,并采取了一系列行之有效的科技人才管理体制改革,以期推动科技人才队伍的快速发展。

该课题首先从国家高科技人才短缺、组织单位期望与科技人才共同成长、科技人才关注自身发展三个层面进行分析,指出推动科技人才队伍建设的重要性和必要性,提出要解决科技人才成长问题,达成国家、组织、个人三方和谐。通过文献研究和实证调研相结合、定性与定量相结合的方法分析科技人才成长的现状、问题及成因,总结出科技人才成长的关键影响因素、科技人才成长的规律与成长周期。在此基础上探寻科技人才成长机理内涵,并提出了科技人才"成长助推模型";通过调研和文案法分析当前我国科技人才资助的模式和方式及资助现状,探讨科技人才成长机制内涵;缜密论证科技人才成长与资助的互动关系,得出科技人才成长"助推资助模型",课题组通过大量访谈和调研得出对科技人才成长资助所产生的助推力,不但和资助内容有关,还和资助模式、资助方式以及资助时间相关,对处于不同成长阶段的科技人才应采用匹配的资助方式和内容,使科技人才成长机理与资助机制高效、有机地结合,形成良性互促循环。最后建议部分,提出了科技人才成长的支撑体系,使模型更具系统化。

该课题研究既有理论上的探讨,也有在理论基础上的具体的科技人才资助机制的研究,从而为科技行政管理主体的科技部、科技厅等部门提高科技人才管理的科学化水平提供有力的保障。通过对科技人才普遍性规律的研究,可以为科技人才职业生涯规划制定、能力提升提供非常有益的参考,从而加速自身能力的提高,为国家科技部做好科技人才工作,有效地将项目资助与科技人才成长有机结合,推动我国科技创新体系建设,为科技人才资助政策的制定提供理论支持。通过系统分析人才成长的规律及影响因素,得出应该针对科技人才成长的不同阶段实施有效的管理和激励的结论。针对人才成长中的薄弱环节,制定有效的成长环境优化、资源配置优化、明确区分不同人才的关键需求的针对性对策,不仅可以有效开发员工潜能,还可以留住优秀人才、吸引更多的优秀人才,形成尊重人才、吸引人才的氛围。对科技人才成长规律的研究,还可以为科技人才的使用单位提供科学的理论指导,从而提高其选才、育才、用才过程的科学性与合理性,推动科技人才管理工作更有针对性地展开。通过对策分析,为科技人才的成长提供有价值的理论指导,为人才成长提供有力保障,起到加速和优化人才成长的作用。通过对策分析,还可以在预警人才成长问题的基础上,及时采取有效措施,化解矛盾,为人才成长提供有价值的实践指导。

15　广东省水库移民管理人才发展战略研究

周海炜,"广东省水库移民管理人才发展战略研究"(项目编号2007539613),广东省水库移民工作办公室委托技术咨询项目。2007年立项,2008年结题。课题主持人周海炜时任河海大学商学院副院长、教授、博士生导师。课题组主要成员有张龙、胡兴球等。

课题分析了广东省移民管理的特点和总体发展趋势,以及体制改革对广东省移民管理业务发展的新要求,在此基础上分析了广东省移民管理发展对人才的需求。同时,调研分析了广东省水库移民管理人才现状和问题,明确改进方向。进而分析了广东省水库移民管理人才战略的指导思想和基本原则、主要发展动力和政策依据,从人才引进和培养、人才开发、人才激励和人才保留四个方面构建了广东省移民管理人才发展战略体系,确定五年、十年战略目标,明确近五年以创新人才工作机制、加强高层次复合型人才培养、加强人才能力建设、强化人才凝聚力为主要任务，并从组织、资金、政策和技术四个方面提出战略实施保障。最后，课题通过职业化建设工程、人才引进工程、人才能力提升工程三大工程将人才发展战略落地推进。

16 南京文化人才队伍建设对策研究

赵永乐、魏萍、张宏如，"南京文化人才队伍建设对策研究"，2008年度南京市委宣传部计划项目，由南京市委宣传部下达，河海大学人力资源研究中心承担。2008年4月开始启动，同年12月结题。课题负责人赵永乐时任中央人才工作协调小组特聘专家组成员、河海大学人力资源研究中心主任、教授、博士生导师；魏萍时任河海大学水文水资源学院党委副书记、副教授；张宏如时任江苏工业学院学生处副处长、副教授。中共南京市委常委、宣传部部长叶皓担任课题领导小组组长，河海大学人力资源研究中心主任赵永乐和市委宣传部副部长张俊担任课题领导小组副组长。南京市委宣传部干部处处长鲍云海、干部处副处长叶军、干部处调研员任京路和干部处副调研员孙蕾等参加了课题调研和研讨工作。课题组主要成员有陆静丹、刘扬、刘煦宏、周莹、周应子等。

课题研究从"文化南京"的总体要求出发，通过对南京文化人才队伍建设现状进行分析，探究南京文化人才队伍发展的规律，总结南京文化人才队伍建设的经验，科学规划当前和今后一个时期南京文化人才队伍建设的战略目标与任务，紧紧围绕文化人才的培养、引进、使用三个战略环节，构建南京文化人才队伍建设的战略体系，并提出相应的对策措施，为南京的文化事业又好又快发展提供有力的人才保证。

南京文化人才队伍建设的主要任务是：人才强文战略上升为"文化南京"建设的重大战略，文化人才总量优势更加突出，文化人才结构明显优化，文化人才布局统筹合理，文化发展关键领域的人才需求得到充分保证。文化人才工作全面创新，建成并完善政府调控、市场配置、用人单位用人的文化人才体制和文化人才培养、评价、选拔、流动和激励等机制，文化人才自主创新能力显著增强。建立与文化发展相适应、与人才管理相协调，政策配套、功能健全、标准统一、规范高效、方便快捷、多层次、广覆盖的完善的文化人才公共服务体系。文化人才国际化进程取得重大进展。文化人才环境全面优化，区域特色逐步彰显，综合竞争力显著增强。

课题提出，要深化文化人事制度改革，建立和完善与社会主义市场经济相适应的文化人才管理体制，不断提高文化人才管理的信息化水平，大力提升文化人才的国际影响力和国际竞争力，促进文化人才队伍稳步壮大与文化人才队伍素质显著提高，不断完善文化人才队伍结构，提高文化人才使用效益，培养出大批能够担当南京文化发展重任的文化专业技术人才、文化经营人才和文化管理人才，重点培养一批能够推动南京文化市场化的高素质的文化经纪人才，构建体现科学发展观要求的人才强文战略框架和指标体系。

重点加强文化企业家、文化职业经理人、文化专业技术人才三支人才队伍建设，重点实施"创新引领""品牌示范""精英荟萃""旭日"四大人才工程和文化职业经理人培养行动计划。创新领导体制、管理职能体制和人才培养、人才评价、人才选拔任用、人才流动、人才激励、人才保障六大机制。

课题最后提出"大力度和规范化的文化人才投入"、"富有引力和活力的文化人才集聚"、"全方位、大力度的文化人才培养"、"文化人才创新创业扶持"、"支撑文化人才发展的公共服务"、"更加开放的文化人才国际化"和"围绕人才强文战略实施的文化人才宣传"七项队伍建设重大政策。

17 基于技术创新的企业科技人才绩效评价体系研究

司江伟,"基于技术创新的企业科技人才绩效评价体系研究",山东省自然科学基金资助项目(Y2008H38)。项目负责人司江伟时任中国石油大学(华东)经济管理学院党委书记、副教授,河海大学在职博士研究生。课题组成员有邓忆瑞、徐小峰、宋杰鲲、王晓、李文斌、吕肖东、董玉杰等。2008年12月批准立项,2010年6月完成。

该项目重点研究企业科技人才创新绩效的评价问题,建立了包括评价指标体系、评价模型体系在内的企业科技人才创新评价体系。主要内容包括以下五个方面。

(1) 通过文献梳理总结,发现关于企业科技人才创新绩效评价多集中于组织和系统等层面,关于科技人才微观个体的创新绩效评价还未有广泛的深入研究。对已有的研究成果,从投入产出、创新过程、创新能动、市场导向、组织沟通和知识管理等6个维度进行了梳理。

(2) 依据文献的梳理总结,构建了企业科技人才创新绩效六因素影响结构。由于影响因素之间存在信息冗余和交叉重复,借助结构方程模型和样本调查数据,研究对影响结构进行了简化分析。结合模型的拟合指数结果和相关领域知识指导,最终确定了由创新能力、创新行为和创新业绩组成的企业科技人才创新绩效三因素影响结构,分别从单维度和综合角度分析了影响因素对科技人才创新绩效的作用机理。

(3) 结合三因素影响结构,初步建立了由3维48个要素构成的评价指标体系。由于指标间存在信息重叠和高度相关等问题,研究运用鉴别力分析、隶属度分析和显著性分析等方法,对评价指标的解释力和敏感度进行了删减分析,确定了由3维19个要素构成的评价体系。结合调查样本,对该评价体系进行因子分析、信度和效度结构检验,最终确定了要素构成的评价指标体系。

(4) 以3维19个要素构成的评价指标体系为基础,运用层次分析法赋予指标权重,构建了企业科技人才创新绩效的主成分-逼近理想点模型、灰色关联度模型和模糊综合评价模型等三种单一评价模型。对单一评价模型结论运用Kendall协和系数法进行相容性检验，以相容单一评价模型结论为基础，构建了算术平均组合评价模型、漂移度组合评价模型和合作博弈组合评价模型等三种组合评价模型，并对组合评价结论运用 Spearman 等级相关系数法进行一致性检验，输出最优组合评价结论，同时将评价结果以三维气泡图的形式进行直观描述，并采用粗糙集方法构建分类规则。

（5）以随机选取的 64 名企业科技人才为对象，应用构建的创新绩效评价指标体系和评价模型进行创新绩效评价实证，结果表明建立的评价体系切实可行，能够有效实现对企业科技人才创新绩效的评价、排序，同时应用粗糙集方法得到了 5 条对实际决策有价值的分类规则，特别是在理想区间（高能力，高行为，高业绩）之外，还存在两个合理区间，即（低能力，高行为，高业绩）和（高能力，高行为，低业绩）。

课题组依托该项目研究，公开发表论文 6 篇。其中，CSSCI 期刊 3 篇，核心期刊 3 篇，被中国人民大学书报资料中心（C3 复印报刊资料）《管理科学》全文转载 1 篇；项目评审结果为优秀。

18 重庆市高层次人才使用与管理工作机制研究

王斌，"重庆市高层次人才使用与管理工作机制研究"，2008 年度重庆市社科规划项目，2008 年立项，2010 年结题。项目主持人王斌时任西南大学政治与公共管理学院副教授。

随着全球化、信息化步伐加快，高层次人才作为人才队伍中具有研发能力和创新作用的特殊群体，是科技进步的主要推动力量，在国家与区域之间人才竞争中的核心地位和作用日益凸现。目前，国际上最为短缺的是"两高"人才：一是高新技术领域的各类人才；二是骨干和领军人才。能否建设一个最大限度发挥高层次人才能力的使用与管理工作机制，对重庆市建设成为西部地区的重要增长极、长江上游地区的经济中心、城乡统筹发展的直辖市的历史任务，具有重大理论与实践意义。

直辖十年，重庆 GDP 年均增速为 10.21%，在西部 12 个省区市中列第 8 位，尚不具备明显优势。重庆市高层次人才使用与管理工作机制还存在着一些明显的不足，高层次人才管理有待进一步整合，高端人才的使用还存在着研究定位不明确、管理方式不尽科学等问题。基于以上现状，该项目的设计和论证得到专家认可、准予立项。

课题研究的主要内容有五个方面。（1）国内外高层次人才使用与管理工作机制理论研究成果的总结与分析。对研究理论成果进行文献研究，总结现有的理论成果，分析其研究聚焦点，并找出高层次人才使用与管理工作机制研究的空白点。（2）按照纵向衡量标准，分析当前重庆市高层次人才使用与管理工作机制的实施成就，通过横向标准，同发达国家、新兴工业化国家及国内发达区域高层次人才使用与管理工作机制的实践情况进行对比研究。（3）新时期面对实现全面建设小康社会奋斗目标的新要求，分析重庆市高层次人才使用与管理工作机制创新所面临的机遇与挑战、优势与不足，发现当前重庆市高层次人才使用与管理工作机制存在的局限性。通过纵向发展、横向对比研究以及新时期、新任务、新要求的分析，找出当前重庆市高层次人才使用与管理工作机制存在的问题和不足，确定难点问题，并分析原因。(4)创新重庆市高层次人才使用与管理工作机制的战略设计和战略措施研究。进行重庆市高层次人才使用与管理工作机制的战略愿景、战略目标研究，在此基础上，根据难点问题，有针对性地研究、构建重庆市高层次人才使用与管理工作机制的系统。(5)设计重庆市高层次人才使用与管理工作机制实施的保障体系。包括重庆市高层次人才使用与管理工作机制实践的实现途径与动力、组织实施等内容。

课题通过研究，在三个方面取得了重要成果。(1)理论上，按照市场经济中人力资本的使用与管理模式，借鉴人力资本的生产、流通、消费的经济规律，分析高层次人才的生成、利用、转化、发展的机制，设计了高层次人才使用与管理工作机制思路及其对策。(2)提出了重庆市高层次人才使用与管理工作机制的"424"战略。即四个体系、两个制度和四个战略措施。四个体系是指高层次人才宏观调控体系、高层次人才市场体系、高层次人才社会保障体系和人才法律体系，两个制度指的是高层次人才使用制度和收入分配制度，四个战略措施是指高层次人才工作的牵引、激励、约束、竞争淘汰机制四大战略措施。(3)提出了"三大工程"作为高层次人才战略的保障措施。为了保障战略顺利实施，构建新时期重庆市高层次人才重点科研基地工程、重庆市高层次人才国际化工程、重庆市高层次人才数据库及信息网络平台建设工程等，作为高层次人才使用和管理工作机制的宏观战略实施的保障。

课题研究的创新点主要表现在两个方面。(1)从坚持高层次人才使用与管理工作机制的宏观性、体现高层次人才使用和管理工作机制的统一性、实现高层次人才使用和管理工作机制的协调性、高层次人才使用和管理工作机制的民主性等视角，来探究重庆市高层次人才使用和管理的有机结合机理。(2)构建起一整套实现重庆市高层次人才使用和管理工作机制的科学化、高层次人才经济活动市场化、高层次人才体系的开放性、高层次人才经济活动法制化、高层次人才收入分配的价值化、高层次人才社会保障的社会化、用人制度的规范化和灵活化、高层次人才流动合理化的战略对策体系。

19 广西北部湾经济区科技人力资源合作开发与优化配置研究

沈鸿，"广西北部湾经济区科技人力资源合作开发与优化配置研究"，2008年广西壮族自治区中青年教师基础能力提升项目(原广西高校科研项目，项目编号200812LX266)。2008年开题，2009年结题。课题主持人沈鸿时任桂林工学院(2009年更名为桂林理工大学)人力资源管理系副主任、副教授。

该课题属于应用性的社会科学研究，研究范围主要是广西北部湾经济区，研究主题为该地区科技人力资源合作开发和优化配置问题。主要采用统计分析方法、比较分析方法开展研究。北部湾经济区是我国西部大开发和面向东盟开放合作的重点地区,对国家实施区域发展总体战略和互利共赢的开放战略具有重要意义。课题的研究目的有三点:(1)分析北部湾经济区科技人力资源开发配置面临的形势,系统分析政治、经济、人才竞争、教育发展形势,找出其科技人力资源配置面临的优劣势、机遇和挑战;(2)研究北部湾经济区各地科技人力资源配置的现状和存在的问题;(3)提出北部湾经济区各地科技人力资源优化配置的对策。

课题在系统梳理北部湾科技人力资源优化配置的相关文献基础上,搜集北部湾经济区各个主要城市科技人力资源相关统计数据,对照长江三角洲、珠江三角洲的相应统计数据,全面分析北部湾科技人力资源配置现状,包括科技人才的规模、产业结构、地区结构、梯队结构、创新能力等方面,为北部湾科技人力资源优化配置提供对策建议。

课题的研究成果丰富,并且具有现实指导意义:实施《广西北部湾经济区发展规划》对北部湾科技人力资源配置提出了新要求;加快北部湾经济区新型工业化、农业产业化和农村城镇化进程,需全面提升区域科技人力资源的配置水平;北部湾经济区经济转型和产业结构调整升级,要求提供优质的科技人力资源与完善的人力资源配置机制;与长江三角洲、珠江三角洲相比,北部湾经济区科技人力资源配置相对落后,应参照长江三角洲、珠江三角洲的先进发展经验争取后发式发展。

20 我国科技人才创新团队增效机理研究

王济干,"我国科技人才创新团队增效机理研究",江苏省哲学社会科学基金项目。2009年下达,2012年完成。王济干时任水利部人力资源研究院常务副院长、河海大学党委副书记、教授、博士生导师。课题组主要成员有樊传浩、张婕等。

该项目的主要成果为6篇系列论文,其中发表于《科研管理》《科学学与科学技术管理》等期刊的CSSCI检索论文3篇、国际学术会议EI检索论文2篇。该课题在遵循如下研究思路"文献梳理→理论研究→抽象概念→建立模型→因素分析→多阶段问卷调查→提出假设→进行检验→撰写报告"的基础上,系统梳理了创新团队和创新团队效能的概念,进行了创新团队效能影响因素的分析,用数学表达式构建出了创新团队增效测度的模型,并主要就创新团队创新行为中的增效机理、运行过程中的增效机理、产出成果中的增效机理三个方面进行了研究,在此基础上探讨了组织、团队、个体三个层面对创新团队的增效路径,解析了创新团队增效的黏合机制、共进机制及协调机制。

个体层面对团队效能产生影响的因素主要是团队带头人的领导行为以及团队其他成员的差异。在团队中,带头人会从战略指引、精神鼓舞、智力激发、个别关怀四个方面对团队其他成员进行领导,通过威权行为、仁慈行为和德行行为对团队成员产生作用力。而团队成员在人口特征上存在着认知差异,在心理特征方面由于带头人的领导会产生不同的公平感知度,同时其拥有的社会特征对其工作嵌入度也产生影响。团队成员的认知差异、公平感知度及不同的工作嵌入度对成员的组织公民行为会造成影响,而团队成员的组织公民行为在团队的创新过程和运行过程中也会发挥其影响力。个体层面对团队效能的影响一方面通过组织公民行为作用于团队的运行过程和创新过程,另一方面以团队特征为中介通过作用于成员的任务行为而作用于团队过程,从而提高团队效能。

团队的个体层面和团队过程都属于团队的研究层面,因此,要了解团队层面的因素对创新团队效能的影响,需要先了解团队特征。团队特征可以从三个方面来进行分析:一是团队的客观存在,包括团队的结构和团队的规模;二是与团队中的人有关,包括团队中成员的关系和团队的领导风格;三是团队特征的核心方面,即团队的资本,包括团队精神、团队知识和团队规范。团队特征的三个方面都蕴含着团队个体层面及团队层面的内容。团队的结构、团队规模、团队成员关系和领导风格都影响着团队资本。团队特征与团队带头人的行为以及团队成员特征相互作用形成成员组织公民行为,对团队层面的创新过程和行为过程形成影响从而对团队效能产生作用;团队特征也可直接作用于团队过程继而影响团队效能。

在组织层面,组织特征包括组织的战略、组织的文化、组织的结构以及组织的管理制度,其中组织的战略直接对团队的目标产生影响,组织战略规划及其实现方式和途径直接决定了团队的目标和任务,而团队的目标决定了团队的运行过程,因此,组织特征间接地对团队的运行过程产生影响,从而作用于团队效能。组织特征同时也决定了组织能够为团队提供支持,这些支持包括团队人才成长及其所需资源方面,通过构建人才成长平台、团队资助平台、关系拓展平台,以激励、培训、监控及调配可用资源的形式影响团队的产出过程,从而影响团队效能。

随着时代的不断发展,依靠他人的协助、依赖团队的支持将成为常态。该研究通过大量的实证研究对我国科技人才创新团队增效机理进行研究,从个体、团队、组织三个层面对科技人才创新团队的增效机理及作用路径进行了深入研究,这对掌握创新团队运作规律及团队维护与发展具有一定的理论创新和实践指导意义。

21 江苏信息服务业人才国际化研究

郭祥林,"江苏信息服务业人才国际化研究",江苏省2011年度"六大人才高峰"资助项目,江苏省委组织部、省人力资源和社会保障厅、省财政厅立项,2014年结项。郭祥林时任河海大学离退休处处长、公共管理学院研究员。

该项目以江苏信息服务业人才为研究对象,在信息服务业人才已经成为影响建设江苏信息与服务业强省目标的重要因素之一的背景下,开展了针对性很强的研究。

该项目研究包括三个部分:一是江苏省信息服务业人才发展现状研究以及与国内外信息服务业发达城市的比较研究;二是江苏信息服务业人才国际化综合研究,主要包括人才规模、素质、结构和效能研究,人才发展环境研究,人才载体研究;三是提出相关的对策与建议,包含体制机制创新、政策环境载体创新、重大人才工程实施等内容。

研究认为,江苏信息服务业人才国际化体系建设需要从制度设计的角度,推动信息服务业人才国际化,创新人才工作体制机制、人才政策法规、人才服务保障机制、人才综合发展环境、人才载体,从而为江苏建设信息服务业强省提供政策管理工具。(1)创新信息服务业人才工作体制机制。充分利用部省共建江苏南京"中国软件名城"机制,推动形成江苏信息服务业人才集聚发展的体制机制;积极创新信息服务业人才开发体制和工作机制,强化政府服务职能,健全完善高效便捷和规范有序的人才创新创业和社会公共服务体系。(2)完善信息服务业人才政策法规和服务保障机制,在人才引进流动、资质认定、创业扶持、激励保障、财税支持和人才权益保护等方面,形成与国际通行做法相衔接的人才政策法规体系。(3)完善人才综合发展环境。充分借鉴国际信息服务业发达地区经验,提升城市管理水平,建立信息服务业人才集聚的市场机制,营造社会文化氛围,创新人才综合发展环境。(4)加强人才载体建设。推进特色软件园区建设,以5个国家级软件园为重点,以示范性软件园为标杆,发挥江苏软件园区合作发展联盟的作用,全面推动软件园区向特色化、品牌化、国际化方向发展,不断提升软件园区专业功能和服务能力,优化综合发展环境。推进重点产业联盟建设,以各产业联盟为载体,加强产业集群合力,汇聚创新资源,构建沟通平台、创新平台、合作平台和服务平台。健全完善信息服务业国际化高端人才市场体系,搭建国际人才和高端人才的交流合作平台;加强产学研用合作,建设一批高水平的软件产学研基地和软件企业技术中心,构建支撑江苏、服务全国、辐射国际的国际化人才培养载体体系,真正打造国际现代化信息服务业人才高地。

22 江苏在实施"科教与人才强省""创新驱动"战略中注意发挥离退休老专家创新创业作用的研究

赵永乐、郭祥林、吴达高,"江苏在实施'科教与人才强省''创新驱动'战略中注意发挥离退休老专家创新创业作用的研究",江苏省科协2011年委托课题项目,2012年结题。赵永乐时任中央人才工作协调小组特聘专家组成员、中国人才研究会副会长、水利部人力资源研究院副院长、中国(南京)人才发展研究中心常务副主任、河海大学文天人力资源研究院院长、教授、博士生导师;郭祥林时任河海大学离退休处处长、公共管理学院研究员;吴达高时任江苏省老年科技工作者协会常务副会长。曹莉娜、陈晔、季樱华、徐鹏、戴雪滢、王佳、谭亮、戴惠等参加了课题的调研和专题写作。

受江苏省科协委托,江苏省老科技工作者协会自2012年上半年开始在全省13个市开展了问卷调查,并对南京市11家企事业单位的227名离退休后从事创新创业并取得显著成绩的老年人才进行了实地访谈。经过半年多的调查、访谈、整理、修改工作,形成了

《江苏省老年人才创新创业的现状》《江苏省注重发挥老年人才创新创业工作的总体设计》《加强老年人才创新创业工作的对策建议》等3篇总报告,以及《人口老龄化与人才老龄化》《人才成长规律与老年人才创新创业》《人才价值需求及老年人才心理》《老年人才创新创业认知、动机与影响因素分析》《国内外老年人才作用发挥情况的分析报告》《破除制约老年人才创新创业的体制机制障碍》《加强老年人才创新创业工作体系建设》《江苏省老年人才创新创业状况调查问卷统计报告》《江苏省老年人才创新创业状况调查分析报告》《江苏省老年人才创新创业访谈、座谈分析报告》《老年创新创业专家简介》等11项分报告。

该课题研究的主要观点是:在人才老龄化问题日益凸显,人才供需矛盾愈加突出等时代背景下,老年人才开展创新创业有着独特优势。但是,由于各种主观、客观因素的影响,老年人才创新创业存在社会认同感不强、重视度不高,老年人才创新创业配套政策措施不完善,创新创业体制机制不健全,老年人才创新创业的平台建设薄弱等问题。

该课题在分析老龄人才创新创业的作用和借鉴国内外老年人才作用发挥的基础上,提出了破除制约老年人才创新创业的体制机制障碍的措施:破除阻碍老年人才创新创业的传统观念,积极发挥政府对老年人才创新创业的引导作用,发挥市场对老年人才资源的配置功能,大力引进利用国际老年人才。同时提出了加强老年人才创新创业工作体系建设的对策建议:老年人才创新创业过程中需坚持"观念重视、加强引导""政策措施、切实有效""协调推进、服务发展""系统组织、有序开展"四个原则,营造鼓励老年人才创新创业的良好氛围,完善老年人才创新创业的工作体系,建立健全老年人才创新创业的政策体系,建立健全老年人才创新创业的体制机制。

该课题研究成果得到一批中国科学院院士、中国工程院院士的高度肯定和推荐,也得到江苏省委省政府的高度重视,时任江苏省委书记罗志军亲笔批示:"所提建议值得重视"。时任省长李学勇批示:"建议很重要,望予以关注,积极发挥好老科技工作者的作用"。

该课题的部分研究成果于2012年6月获得由中国人力资源和社会保障部、第二届中国人才发展论坛组委会举办的第二届中国人才发展论坛优秀论文三等奖。

23 沿海地区引资与引智相结合的引智政策研究

殷凤春,"沿海地区引资与引智相结合的引智政策研究",国家外国专家局软科学资助课题,2011年立项,2012年结项。项目主持人殷凤春时任盐城师范学院人事处副处长兼教师发展中心主任、副教授。

该课题通过对"沿海地区促进引资与引智相结合的引智创新政策"选题背景及研究意义的分析,梳理引资、引智、引资与引智政策重要性和举措方面的研究,结合全国沿海城市引智创新政策的具体方法和影响引智创新政策的各项因素,运用沿海地区引资与引智相结合的引智政策信息支持系统,探究沿海地区"引资"与"引智"相结合的引智政策要素及政策趋势。主要包括以下几个方面的具体内容：一是在充分分析国内外相关文献研究的基础上，分析沿海地区引资与引智的特点、形成规律、评价要素与经济发展的相关性，从科技管理政策、人才学、人力资源管理专业角度分析沿海地区"引资"与"引智"相结合的引智政策要素。二是通过发放问卷，对沿海地区引资、引智的现状、存在问题和原因进行有效分析，并选择沿海地区相关城市、企业和组织，对引资、引智工作进行相关性比较研究，找出制约沿海地区"引资"与"引智"相结合的引智政策制定与实施症结。三是根据专家咨询分别对沿海城市"引资"与"引智"相结合的引智政策进行评价。四是根据调查资料，在对沿海地区"引资"与"引智"相结合的引智政策现状进行有效分析的基础上，探讨未来沿海地区"引资"与"引智"相结合的引智政策的战略目标、战略任务和战略思路，构建起沿海地区"引资"与"引智"相结合的"人才港"建设的政策创新实施的战略步骤和战略措施。

从整体上看，本项目遵循提出问题—分析问题—解决问题的思路，采用描述性研究以弄清沿海地区不同类别人才引进的现状及特征，采用解释性研究以分析造成人才引进障碍的原因，采用规范性研究以提出解决问题的办法。将理论研究与方法研究、计算机仿真、系统开发和应用研究相结合，在实证研究的基础上进行理论研究。将定性研究与定量研究相结合，有专题性研究，有实证性研究。在研究过程中，运用最新的管理科学理论，结合信息技术、决策评价技术，构建起沿海地区"引资"与"引智"相结合的引智政策体系。

主要研究结论：一是对沿海地区引资与引智的背景进行分析，提出四个论断。①世界新兴产业发展形势和特点表明沿海引资与引智正当其时。②国际著名城市发展经验为沿海城市人才港建设提供了参考。③国内新兴产业发展需要领军人才引领。④国内"人才港"建设面临新机遇新挑战。二是对引智政策创新要素进行了分析，提出要制定和实施国家引进海外人才规划，建立海外人才评价和准入制度；重点引进高新技术、金融、法律、贸易方面的高级人才以及基础研究方面的紧缺人才。要在法律法规、引智机制、人文社会、财力投入、舆论宣传、市场机制、人才智力服务平台、工作机制、人才引进激励开发、人员素质建设等方面加强建设。三是对引资与引智相结合的引智创新政策进行了分析。提出沿海城市人才港政策创新要遵循高定位、遵规律、合逻辑、切实际四项基本原则，围绕国际人才"引得进、发展好、留得住"等环节，着力进行政策先行先试、创新突破。根据沿海的现实情况和未来发展需要，参照标杆城市及其他先发地区的经验和做法，按照政策突破的轻重缓急程度进行政策创新。四是建议实施沿海地区"人才港"战略。按照先行先试、重点突破、统筹推进的原则，抓住国家大力支持沿海新兴产业建设的历史契机，充分发挥沿海先行一步的优势，借鉴国际先进经验，实施一系列特殊的科研、创业、产业发展、法治、财税金融、人才管理与服务政策，创建与国际一流的新特产业合作区相适应的创新创业机制和开放多元的社会人文环境，积极在沿海城市探索建设"人才港"。

24　江苏高端人才引进与培养机制研究

殷凤春,"江苏高端人才引进与培养机制研究"(15BGL101),江苏省哲学社会科学规划项目,2011年立项,2015年结项。项目主持人殷凤春时任盐城师范学院人事处副处长兼教师发展中心主任、副教授。

该课题对于江苏实现人才工作创新发展、促进江苏经济社会发展、提升江苏核心竞争力、全面提升江苏省人才国际竞争力、实现人才强省发展战略目标,不仅是非常及时必要的,而且在理论上具有重要的创新意义,在实践上具有重大的指导作用。

课题主要从以下几个方面进行研究:(1)对高端人才引进、培养与管理创新规律进行研究。一是提出高端人才引进三大规律,即产业集群人才集聚效应规律、产业结构与人才结构相互作用规律和任意性引进与针对性引进规律。二是提出高端人才培养三大规律,即系统培养开发规律、实践培养规律和团队培养规律。三是提出高端人才管理创新两大规律,即优势转换规律和灵活管理规律。(2)对江苏高端人才引进培养机制和管理创新的现状及原因进行分析。就高端人才引进方面来看,优势主要在于引进对象重点化和引进方式多样化,但人才观念的误解、人才引进的盲目和后续管理的缺乏,导致人才引进与人才流失成反比,人才引进与社会需求不适应,人才投入与人才产出不对称。就高端人才培养方面来看,优势主要在于培养方式多元化和培养计划层次化,但人才投入机制的不健全、政府宏观调控的力度低、各种社会性因素的冲击,导致高端人才培养不均衡,人才结构性矛盾突出,人才流动权力受制约。就高端人才管理创新方面来看,优势主要在于管理理念时代化、管理模式人本化,但传统人才管理思想的存在、人才管理工作的相对落后,使得人才评价机制不科学,人才分配机制不科学,人才激励机制不科学。(3)江苏高端人才引进培养的分类指导研究。通过建立科研工作基地,引进高技能人才;营造良好的政治氛围,引进高端党政管理人才;利用股权激励,引进高端企业经营管理人才。通过实施知识和技能更新工程,培养高技能人才;扩大民主,培养高端党政管理人才;通过校企合作,培养高端企业经营管理人才。(4)江苏高端人才引进和培养机制管理创新评价指标研究。从江苏高端人才引进的现状来看,从引进理念、引进政策、引进机制和引进载体方面构建三级指标15个、二级指标4个和一级指标1个。从江苏高端人才培养的现状来看,基于对现状的把握,从培养方向、培养动力和培养底蕴方面构建8个三级指标、3个二级指标和1个一级指标。从江苏管理创新的理念、机制、制度和载体方面构建一级指标1个,二级指标4个,三级指标16个。并根据构建的评价指标体系在苏南、苏中、苏北进行高端人才引进、培养和管理创新的实践验证。(5)江苏高端人才引进培养和管理创新提升战略及对策。分析了高端人才引进政策的影响要素,提出高端人才培养发展思路、战略步骤、战略计划;提出江苏高端人才培养三大战略,即人才国际化培养战略、人才实践创新培养战略、人才产学研相结合培养战略;提出了高端人才管理制度和政策创新的十个方面;提出江苏高端人才管理创新三大战略,即高端人才项目管理创新战略、高端人才基地管理创新战略、高端人才柔性管理创新战略。

25 常州市人才资本测算及其对经济增长贡献率研究

王全纲,"常州市人才资本测算及其对经济增长贡献率研究",常州市第八届社科研究课题(2012CZSKL-C36),2012年立项,当年完成。课题负责人王全纲时任江苏理工学院商学院人力资源管理系副教授。课题组成员有王春梅、赵步同、涂朝连等。

该课题研究背景。知识经济时代,人才资本是现代经济增长的主要生产要素。人才资本的科学度量是研究人才资本对经济增长贡献率的基础,人才贡献率是国家中长期人才发展规划中表征国家和地方人才发展战略目标的六大核心指标之一,值得理论探索和实证研究。

该课题研究内容。在对常州市人才发展现状研究的基础上,针对常州的实际情况,运用人才测算的理论与方法,对常州市2001—2010年从业人员人力资本总量和人才资本总量进行了测算和分析,在此基础上,建立C-D生产函数型的人力资本分类模型,对人才资本对经济增长的贡献率进行了实际计量,得出了相关结论,并运用相关预测模型对常州市"十二五"期间人才资本发展目标进行了预测,提出了常州市人才资本发展的指导思想、主要任务和对策措施。

该课题研究提出的主要观点。(1)常州市人才发展取得很大成就,但在"经济社会转型期"还存在较多问题和面临较大挑战;(2)常州市人才资本增加的速度和占人力资本存量的比重还亟待提高;(3)常州市21世纪初的十年间,在影响经济增长的诸要素中,普通人力资本的产出弹性最高,其次是人才资本,物质资本的产出弹性最低;(4)十年间,从生产要素对经济的贡献来看,技术进步对经济增长的贡献率最高,其次是普通人力资本和人才资本,物质资本对经济的贡献率最低;(5)十年间,物质资本的贡献率一直呈下降趋势,普通人力资本的贡献率呈先上升后下降趋势,而人才资本贡献率总体呈上升趋势;(6)到2015年常州市人才资本的总量发展目标将达到1 429.30万人/年,与2010年相比要增加465.60万人/年,任务艰巨;(7)到2015年常州市人才资本对经济增长的贡献率将达到40.3%,5年间需上升11.19%,任务艰巨。

该课题研究提出五项对策建议。(1)解放思想,进一步明确人才资本发展的战略地位;(2)改革创新,加快完善人才资本发展的制度体系;(3)多元投入,加大人才资本发展的教育培训力度;(4)优化政策,全力推进各类优秀人才引进吸纳工作;(5)转变职能,加快构建人才资本发展服务体系。

26 水利部直属事业单位分类改革研究

王济干,"水利部直属事业单位分类改革研究",受水利部发展研究中心委托,水利部人力资源研究院、水利部人才资源开发中心和黄河水利委员会人劳局共同承担的水利部重大课题,于2012年立项,2013年结题(课题编号:水重大2012—5)。课题主持人王济干时任水利部人力资源研究院常务副院长、河海大学党委副书记、河海大学商学院教授、博士生导师。课题执行负责人陈楚时任水利部人才资源开发中心主任;执行负责人王大明时任黄河水利委员会人劳局副局长;执行负责人樊传浩时任水利部人力资源研究院研究人员,河海大学商学院博士、讲师。课题组主要成员有赵永乐、汪群、李娜、张龙、郭祥林、马国力、张英娜、王薇薇、张宝玲、冯艳阳、张涛、丁婷、翟彦彦等。

水利部直属事业单位是建设水利事业的中坚力量,是提供水利公益服务的主要载体。长期以来,这些事业单位较好地行使了法律法规、国务院以及水利部赋予的各项职能,实现了国家机关与社会公众在行业管理上的无缝对接,为中国水利的可持续发展作出了重要贡献。新时期,随着我国全面建设小康社会事业的不断推进,水利部直属事业单位的管理体制与机制已不能很好地满足水利改革发展的需要以及人民群众日益增长的公益服务需求,亟待通过改革不断改进和完善。该研究依据《中共中央国务院关于分类推进事业单位改革的指导意见》(中发〔2011〕5号)精神,在深入调研的基础上,借鉴理论成果和实践经验,从构建水利公益服务体系的全局出发,以分类为重点,研究提出了水利部直属事业单位的分类改革方案,并就如何确保分类改革的平稳推进提出了政策建议。

该课题的研究成果由参阅报告、研究报告简本、总报告和《国外水利单位管理情况调研报告》《国内相关行业和地方事业单位分类改革调研报告》2份子报告共5份报告组成。其中总报告共有八章内容,分别是绪论、相关概念及研究基础、水利部直属事业单位现状及存在的主要问题、水利部直属事业单位改革发展形势和要求、水利部直属事业单位分类改革方案、黄河水利委员会分类改革典型案例、政策建议、结论与展望。

该课题于2013年7月5日通过了水利部组织的评审验收。水利部重大课题研究领导小组及相关司局高度评价了该课题成果:为水利部直属事业单位分类改革提供了有力支撑。水利部采纳应用内容如下:"该研究成果为水利部直属事业单位分类改革提供了理论支撑,所提改革方案合理,实施建议可行,是中央编办批准水利部设立的43家事业单位分类改革工作的重要实施依据,部分成果已在流域机构试点单位进行应用和推广。"

27 博士后制度在高校师资队伍建设中的作用研究

王济干,"博士后制度在高校师资队伍建设中的作用研究",人力资源和社会保障部委托课题。2013年下达,2014年完成。王济干时任河海大学党委副书记、水利部人力资源研究院常务副院长、教授、博士生导师。课题组主要成员有薛万里、李娜、樊传浩等。

博士后制度是培养高层次科研创新人才的重要制度,博士后研究人员既是高校师资重要的后备力量,也是高校具有创新能力的高层次人才。当前,博士后制度已经演变成多个职能的载体,特别是在促进高校师资队伍建设方面起着积极的作用。

该研究从博士后制度对高校师资队伍建设作用的机理入手,主要进行博士后制度对师资队伍建设作用的影响因素研究、博士后制度对博士后人才成长的作用研究及博士后制度对师资队伍建设的综合影响及效率分析。

首先,进行博士后制度对高校师资队伍建设作用的影响因素研究。借助内容分析法、主成分分析法和结构方程模型,确定博士后制度对师资队伍建设产生作用的三方面因素:博士后个人因素、高校因素及其他因素。通过路径拟合发现,博士后个人因素在博士后制度对高校师资队伍建设的影响中起到部分中介作用,高校因素在博士后制度对高校师资队伍建设的影响中起到完全中介作用。其次,进行博士后制度对博士后人才成长的作用研究。通过综合使用深度访谈法和文献分析法研究博士后人才的成长周期、成长规律并确定博士后群体促进博士后人才成长的原因,接着运用逻辑曲线构建博士后人才的成长模型。以此为基础,借助随机网络模型构建博士后人才成长的基准模型及完善的博士后制度影响下的对比模型,研究发现,完善的博士后制度对提升博士后人才成长有促进作用。最后,进行博士后制度对高校师资队伍建设的综合影响及效率分析。通过构建博士后制度对高校师资队伍建设的3S-1K叠加影响模型,系统分析博士后制度对师资队伍建设的综合影响。同时,收集南京地区各高校的博士后经费投入及师资队伍科研、教学、社会工作三方面的数据,借助柯布-道格拉斯生产函数并运用EVIEWS软件来验证博士后经费投入与高校师资科研、教学、社会工作产出的影响模型,结果表明博士后经费投入对高校师资科研、教学、社会工作产出有显著影响。

该项目研究基于制度的相关理论,采用定性研究和定量研究相结合的方法来深入研究博士后制度对高校师资队伍建设的作用机理,以期在充分发挥博士后制度作用的同时,不断提升我国高校师资队伍的建设水平。

28　西部少数民族高层次人才培养问题研究

　　王斌,"西部少数民族高层次人才培养问题研究",该项目为2013年度国家民族事务委员会课题。2013年6月立项,2014年10月结题。项目负责人王斌时任西南大学教授、河海大学中央人才办国家人才理论研究基地特聘专家。

　　西部大开发战略是中共中央全面推进社会主义现代化建设的重大战略部署。西部大开发战略的实践过程中,西部少数民族高层次人才的培养,是实现西部地区与全国同步小康的伟大中国梦的重要途径。

　　课题的研究在对我国西部少数民族高层次人才培养现状进行相关分析的基础上,指出当前培养工作中存在的问题及其成因。在对西部少数民族高层次人才培养环境进行分析的基础上,提出西部少数民族高层次人才培养战略及体系,以及培养中的政策、途径和组织保障等措施。

　　该项目于2013年6月开始调查研究,2014年3月完成研究总报告、专题报告和分析报告,提交国家民族事务委员会评审,于2014年10月结题。课题组围绕着西部11个省、自治区、直辖市少数民族高层次人才队伍建设、培养的现状,以及应对国家开发战略等背景对西部少数民族高层次人才培养提出的要求,从整体和个体出发,对西部11个省区市进行定量和定性分析与研究。

　　研究成果包括三个模块。第一个模块为基础研究模块,即通过收集和分析西部11个少数民族地区的数据,对西部少数民族高层次人才的现实状况进行分析和研究。第二个模块为重点专题研究,即在分析研究的基础上,对西部少数民族高层次人才培养的环境、政策、机制和典型地区进行研究。第三个模块为总体研究模块。以专题研究为基础,提出了西部少数民族高层次人才培养的具体机制、政策创新内容。

　　(1) 西部少数民族高层次人才培养现状与问题分析。通过对西部11个少数民族地区高层次人才的研究,总体上发现在培养效果中存在着两个核心问题,也是最大的问题。一是西部少数民族高层次人才队伍总量与相对数偏少。二是西部少数民族高层次人才行业分布差异大。

　　在西部少数民族高层次人才培养实践中存在的核心问题,主要体现在四个方面:第一,重点领域高层次人才数量匮乏;第二,质量不符合西部少数民族发展的长远规划;第三,高层次人才结构不合理;第四,文化环境不成熟。

　　在问题分析的基础上,研究认为西部少数民族高层次人才培养问题的原因包括:第一,"人才强国"理念未能全面树立;第二,西部整体经济实力在全国不占优势;第三,西部少数民族高层次人才培养政策不明晰;第四,西部少数民族高层次人才培养机制不健全。

　　(2) 西部少数民族高层次人才培养战略与体系设计。一是西部少数民族高层次人才培养的4个培养体系,包括供需调控体系、培养运行体系、培养服务体系和培养法规体系。二是西部少数民族高层次人才培养的1个培养绩效评价制度,包括评价主体、评价客体、评价指标、评价方法等人才工作目标评价活动的制度体系。三是西部少数民族高层次人才培养工作实施的4个战略措施,包括牵引机制、激励机制、约束机制和淘汰机制。

(3) 西部少数民族高层次人才培养的保障措施。一是构建政策体系,保障培养工作科学规范;二是疏通现实途径,保障培养工作有效实施;三是激发实现动力,保障培养工作持续有力。

(4) 西部少数民族高层次人才培养战略的组织实施。一是加大宣传力度,形成社会共识;二是深化改革,营造培养少数民族高层次人才队伍的社会环境。

(5) 西部少数民族高层次人才培养工作机制运行的保障措施。强化政府在培养工作机制运行中的主导作用,发挥用人单位在少数民族高层次人才培养中的主体作用,加强平台载体对工作机制的支持作用,优化西部少数民族高层次人才培养工作的运行环境。

该课题在完成后,资政建议呈交国家民族事务委员会,递交相关领导,供决策参考。课题的研究成果,能够为深化西部大开发、培养少数民族高层次人才队伍的实践有所贡献,同时也能对今后的深入研究有所帮助。

29 干部竞争性选拔的制度优化与程序规范研究

申林,"干部竞争性选拔的制度优化与程序规范研究",国家社科基金(批准号:13BZZ046),2013年立项,2016年提交结项。项目主持人申林时任上海市委党校领导科学教研部副主任、副教授。主要参与者包括赵建平、王晓斌、刘长波、朱伟强等。

该课题的研究路径来源于研究对象的实践探索与理性思考,调研考察干部选拔任用改革的成功经验和做法,分析干部管理体制中的一些深层次问题;以干部选拔任用的目标取向、价值追求和原则要求为基础;以干部竞争性选拔的制度优化与程序规范为核心;运用多学科的理论、模型与方法,科学地加以分析、总结、提升;从干部竞争性选拔的现实状况、适用范围、方法技术了解各地的做法和经验,同时对过去干部竞争性选拔的效果进行评价,对今后干部竞争性选拔的制度和程序优化、客观评价干部的实绩和干部的"德",以及加强改进年轻干部工作等方面进行了广泛的调研,了解各地真实的情况,得到很多真知灼见和丰富的素材。

问卷调查和访谈前后历时8个月,最后形成了71场次75人次的访谈、1872人的问卷调查结果。通过访谈问卷对全国各地区的情况进行了解,发现各地在操作中遇到的问题,以尽量全面地反映干部工作的现实状况,并对干部选拔工作提出期望、建议。通过定量化的统计分析和质性的访谈反馈,研究干部竞争性选拔的现实问题以及改进建议。

干部选拔任用是整个干部制度的核心,在全部政治制度中具有举足轻重的作用。通过完善干部选拔制度,让能者贤者上,让庸者不肖者下,不断优化领导班子和干部队伍的结构,提高选人用人的公信度,是解决"能力不足"、加强党的先进性和纯洁性的重要措施。干部竞争性选拔工作扩大了干部选拔的来源和范围,拓展了干部晋升的通道,形成了不拘一格选拔人才的模式,促进了干部的成长,也发现了许多优秀的人才。但是,干部竞争性选拔的方式,也容易导致组织部门和主管领导逃避责任、不愿意担当的现象。个别部门成了计分员,弱化了党管干部的定位,也丧失了组织部门的职能。另外,干部竞争性选拔采用的笔试、面试等方法,与干部的职位要求存在一定的脱节。现有的笔试和面试,未能很好地评价干部的德和过去的业绩。在实际选拔效果上,也出现了部分考试型干部和缺乏基层经验的情况,影响了领导的权威和干部工作的公信力。如何进一步优化干部竞争性选拔制度,规范相应程序,成为迫切需要解决的问题。

该课题对干部竞争性选拔的矛盾心态进行了分类总结,并提出了15条具体的建议措施。

第一,建立干部培养选拔的中长期规划,开发干部资源。把干部培养选拔的中长期规划作为干部工作的考核内容之一,保证干部工作的延续性和一致性。扩大干部培养选拔的来源渠道,提前发现和储备人才,形成不拘一格,人才脱颖而出的局面。

第二,干部选拔任用方针从"四化"到"深化"的转变。在实际工作中,干部工作的"四化"方针被异化为"青年化""学历化""唯经济化",核心问题是缺乏科学的制度、标准、方法和程序,需要以科学化、制度化、标准化和程序化加以完善与深化。

第三,体现人尽其用,做到用当其时。破除干部提前期、培养期的观念,组织部门设定培养提前期的出发点是希望把每一个干部的培养方向都定为厅局级干部、省部级干部,而实际上导致了干部年龄层层递减。要做到"人尽其用,量能适岗",将培养和使用并重。

第四,促进干部全面发展。从单纯的职务晋升向多通道的职级晋升过渡。干部的成长不仅是职位的提升,也应该考虑个人的意愿、能力、兴趣。把一件简单的事情做到极致也是一种贡献;基层工作需要丰富的阅历和长期的经验积累,需要大智慧;党政机关中同样也有很多技术性的工作需要钻研和探究。对基层工作、技术性工作的专注应该得到职级晋升的认可,尤其应注意简单的职务提升所带来的"彼得效应"。

第五,从横向选拔到纵向提任。加强干部选调与纵向遴选制度。建立从乡镇到中央委办局纵向干部选调晋升制度。破除干部选拔的单位层级限制,有效地调动各级干部的积极性,同时为各级党政机关开发具有丰富基层经历的优秀干部资源。纵向选调制度可以有效地解决干部年龄层层递减的问题,也避免了机关干部人为"补"基层经历的问题。为保证各级党政机关干部年龄结构的合理性,仍应保留适当比例的公务员招录的渠道。

第六,多种选拔方式相互融合。干部选拔的方式应相互借鉴、相互融合,而不应强调某一种方式,或者依仗于某一种形式。

第七,合理设定选拔范围和条件。干部竞争性选拔的职位应强调职能设置、弱化职级观点,即竞争性选拔更适合副职岗位,而不是特指副处或副科岗位;强调组织管理权限,而不是层级设置,即竞争性选拔的对象应在组织部门的管理范围中,这有助于对选拔对象的了解、考察;干部竞争性选拔不适合非领导职务的选拔,也不适用于党政机关的正职职务选拔。

第八,注重基层的表现。在干部竞争性选拔的条件设置上可以加大基层工作经历的条件限定,从而保证选拔对象具有先天的基层工作经历。

第九，引入第三方评价机制。建立专业与独立的考试院，统一组织、评价、考试、考察干部，解决选拔的周期长、成本高的问题；可以建立干部竞争性选拔的题库、考官库，考官可以采取跨区县地域交流，提高考试的公正性和客观性。

第十，区别德的标准。德的要求应有不同的标准，职位越高，德的要求应该更高。正职岗位以德为先；副职岗位，执行层面的应强调德才兼备。加大对干部实绩和"德"考核的综合运用。

第十一，提前公示或多阶段公示，避免组织工作的盲目性。对推荐人选公示或报考人员公示可以提高干部选拔的公开性、民主性。如果通过考察、考试，在最后公示中再发现问题，会给工作带来极大被动。

第十二，建立配套性制度，给竞争上岗者充分发挥水平的平台；强化任后调整，弥补干部选拔本身的不足，完善能上能下机制。

第十三，把组织培养和个人意愿相结合。干部培养与常规性干部选拔是相配套的，然而，干部培养更多地倾向于组织部门的意愿，干部竞争性选拔更多地体现出个人的要求，将二者结合是使组织愿望与个人意愿相结合的途径。干部培养应保持一致性和主动性，而干部选拔则应更多地体现出个人意愿，从而激发出工作的积极性和主动性。

第十四，正确评估干部选拔任用中的风险，加强干部选拔的责任追究与监督。

第十五，建立信息化支持。在干部竞争性选拔中，应发挥信息化的作用，借助大数据技术，对干部的历史、经历进行综合分析和评判。同时，考虑建立统一的干部选拔平台、干部公示的信息化平台。

30 南京 321 计划实施情况绩效考评模式调研

赵永乐、徐军海，"南京 321 计划实施情况绩效考评模式调研"，南京市委组织部根据中共中央组织部组通字〔2014〕18 号文件精神和分工安排而确立的调研项目，中国（南京）人才发展研究中心承担具体的研究工作。课题研究负责人赵永乐时任河海大学中央人才工作协调小组国家人才理论研究基地首席专家、中国人才研究会副会长、水利部人力资源研究院副院长、中国（南京）人才发展研究中心常务副主任、教授、博士生导师；徐军海时任河海大学科技处副处长、副研究员。南京市委组织部（市人才办）牵头，市发改委、市财政局、市科委、市人社局、市金融办、市统计局、市社科院等部门参加联合调研，赵永乐、张明娣、罗昌峰、徐军海、范薇、刘宇琳、吴洪彪、田贵良、谢卫明、倪国萌、刘忠艳、曹莉娜、陶卓、权良缘、施学哲、陈双双等参加调研。

2014 年 3 月，"南京 321 计划实施情况绩效考评模式调研"课题正式启动。调研的目的是对照南京市委、市政府有关文件要求，结合当前全市人才工作考核机制的优化和完善，通过对 321 计划实施情况的系统性研究，提出有针对性的对策建议，为市委、市政府进一步指导和推动人才工作提供依据。调研工作最终形成了《南京 321 计划实施情况及优化对策研究报告》《南京321计划实施绩效考评模式研究报告》《南京321计划实施情况问卷调查分析报告》三项研究报告。

(1) 321计划实施的成效、问题和完善思路与对策

321计划的实施成效表现在五个方面:一是创业人才加速集聚;二是配套载体持续优化;三是体制机制改革和政策创新不断推进;四是城市影响力进一步彰显;五是受到入选人才的高度认同。321计划实施的主要问题,首先是实施进度与主要成效参差不齐,其次是围绕产业集聚人才的针对性不强,再次是考评体系和服务管理有待优化,最后是入选人才创业素质亟待提升。

完善321计划,要以聚集人才优势、转化人才优势为目标,以"人才引领、科技创业"为抓手,以体制机制改革和政策创新为核心,以提升全市人才工作科学化水平为出发点和落脚点,全面深化改革,积极发挥好政府"筑巢""搭台"的调控职能,彰显市场配置的主体功能,着重加强科技创业人才工作绩效考评机制科学化建设,达到以评促改、以评促建的目的,为打造科技创新和人才创业高地、促进南京市建成国家创新型城市和经济社会又好又快发展提供智力支撑和人才保障。

第一步到2015年底,全面达到南京321计划的引才目标,人才工作科学化水平显著提高,人才管理改革试验区基本建成,人才科创成果转化率显著提高,科技人才创业体制机制健全完善,城市核心竞争力明显增强,产业结构更加优化,初步形成适应城市科技创业发展要求的功能构架。第二步到2020年底,区域竞争力和国际影响力持续增强,进一步释放城市科技创业功能和人才红利,巩固城市品牌形象,努力建成高端科技创业人才、高端要素、高端创新三集群发展和研发、技术、制造、服务四领先的具有全球竞争优势的国际化、现代化、信息化的高端科技创业示范名城和现代化国际性科技创业大都市。

完善321计划的对策建议:从三个层面更好地发挥效能。一是从巩固人才计划成效、加速推进产业集聚和优化载体平台建设三个方面巩固321计划现有实施成果,继续推进和落实321计划。二是从健全完善绩效考核体系、加大引才资金投入和监管、加快引才国际化步伐、探索招才引智新路径和优化计划实施的管理服务五个方面紧扣难点,着力破解321计划当前存在的主要问题。三是围绕《苏南现代化建设示范区规划》有关科技创业的新要求,着眼国际舞台,编制中长期321计划实施蓝图,使321计划实现新跨越。

(2) 南京321计划实施绩效考评模式

构建321计划实施绩效考评模式的本意,在于以考评促整改、以考评促发展,即通过完善的321计划实施绩效的考评机制、科学的考评指标、系统的考评方法、规范的考评程序、健全的考评保障,诊断发掘各区(园区)在321计划实施过程中的"不适应"瓶颈,并提出优化引导性政策和完善改进措施等,以协助各区(园区)深化321计划实施。

绩效考评指标体系的设计从分析国内外人才工作绩效管理与考评的经验和启示入手,结合南京各区(园区)321计划实施的实际情况和各区基础条件,围绕321计划绩效考评的目的、对象、方式、范围、流程及指标等方面展开。构建了由人才引进、人才培养、人才投入、人才环境建设和人才效益5个方面的准则层指标和14项衡量层指标组成的321计

划实施绩效考评指标体系。

321 计划实施绩效考评模式的优化包括指导思想、基本原则、考评范围、考评内容、考评模式、考评方法、考评流程、组织实施、保障措施和实施要求等一整套方案。

(3) 南京 321 计划实施情况问卷调查分析

321 计划实施情况问卷调查主要围绕 321 计划入选人才对 321 计划实施效果、实施政策的满意度以及为建立考评模式所需了解的相关因素等内容展开。根据问卷统计结果,总体上看入选人才对 321 计划实施效果和 321 计划具体政策实施效果的认同度都很高。

321 计划政策在落实中存在的主要问题有六个方面:政策优惠较少,对人才吸引力度不大;人才享受政策的门槛太高;申报流程太复杂;政府执行部门协调存在问题;有关职能部门没有执行或尚未制定具体的操作流程;政策宣传力度不够等。321 计划入选人才所在区目前最紧缺的人才政策主要包括人才后期发展培育和支持政策、人才优化考评和激励政策、具备吸引力的引才政策、完善的人才评价体制、政府人才使用配套政策、人才使用的责权制度等六个方面。

导致园区载体利用率不高的主要原因有五个方面:缺乏成熟的产业链优势、部分人才存在"挂名"现象、园区之间的同质化竞争、缺乏科学的协同研发规划、引进人才的研究领域与载体所需不相匹配等。

321 计划入选人才所在企业目前发展中存在的较严重问题主要有人才总量不足、缺乏有效的展才平台、市场人才调配机制无法充分发挥、产业发展与人才结构不匹配、人才培养和使用脱节、无法真正做到人岗匹配、人才选拔和激励等内部政策不合理等七个方面。

《南京 321 计划实施情况绩效考评模式调研》获得中央组织部 2014 年度重大调研课题二等奖。

31 水利行业管理干部领导能力培养及评价机制研究

汪群,"水利行业管理干部领导能力培养及评价机制研究",水利部水利科技重点项目(项目编号为 20145020612),2014 年立项,2015 年结题。项目主持人汪群时任河海大学国际教育学院院长、教授、博士生导师。课题组主要成员有孙晶辉、孙斐、王济干、李卉、曾建华、樊传浩、邓玉林、张龙、王全蓉、徐宇峰、刘倩倩、陈静等。

(1) 国家政治、经济形势的新要求。党的十八大报告指出,坚持党的领导,就必须加强和改善党的领导,在能力建设方面要求改进党的领导方式和加强自身建设,牢牢把握加强党的执政能力建设、先进性和纯洁性建设。这强调了新时期发展需要不断提高党的领导水平和执政能力,建设高素质执政骨干队伍,切实提升各级干部领导力水平。

2014年5月,习近平总书记指出,我国发展仍处于重要战略机遇期,我们必须"适应新常态,保持战略上的平常心态"。同年,习近平总书记提出"节水优先,空间均衡,系统治理,两手发力"16字治水方针,赋予了新时期治水的新内涵、新要求、新任务,指明了新时期的治水新思路,这也要求水利行业管理干部领导力的内涵必须紧跟新时期治水新形势、新思路,同时也对管理干部领导力的培训目标、培训内容、培训方式等提出了新的要求。

(2) 水利事业改革发展的要求。2011年1月中央一号文件《中共中央国务院关于加快水利改革发展的决定》出台,明确了新形势下水利的战略定位,提出要把水利作为国家基础设施建设的优先领域。新形势下,保持经济平稳较快发展,转变经济发展方式,保障和改善民生,推进农业现代化,保障国家粮食安全,促进区域协调发展,建设资源节约型、环境友好型社会,积极应对气候变化、增强抵御自然灾害综合能力等国家重大战略,都对水利发展提出了新的要求,迫切需要深化水利改革,加快水利发展的战略转型,即从传统水利转向现代水利,从重建轻管转向建管并重,从单一的工程水利逐渐向统筹化的资源水利、民生水利、文化水利、生态水利、景观水利、和谐水利的方向发展。

水利事业改革发展的新要求及水利行业的管理特点,对在水利发展中起关键作用的水利行业各级管理干部的管理素养,尤其是领导力方面提出了更高的要求。

(3) 水利人才队伍建设的要求。《全国水利人才队伍建设"十二五"规划》中对党政人才队伍提出了明确的发展目标:以各级领导班子为重点,建设一支政治坚定、勇于创新、勤政廉洁、求真务实、奋发有为、善于推动水利科学发展的高素质的水利党政人才队伍。

(4) 干部考评和自身发展的要求。我党历来重视选贤任能,始终把选人任人作为关系党和人民事业的关键性、根本性问题来抓,对于管理干部的选用更不能放松。2013年,在全国组织工作会议上,习近平总书记对好干部提出20字标准,即信念坚定、为民服务、勤政务实、敢于担当、清正廉洁,这不仅是评价好干部的标准,也是对各级管理干部自身素养的要求。在新形势下,管理干部更要不断加强自身素养的提升,尤其是领导力方面的提升。

如上所述,从中央到水利部、从国家到个人都对水利行业管理干部的领导力提升提出了一定的要求和需求,而领导力评价又是衡量管理干部领导力水平的重要根据,是全面提升管理干部领导力的基础保证。

在水利现代化建设过程中,管理干部的领导力直接影响着水利团队的职能发挥和水利事业的健康发展。同时水利行业的快速发展也要求更新水利行业管理干部领导力理论和实践研究成果。水利行业管理干部领导力评价什么、如何评价是本课题的主要研究内容之一。此研究也是水利行业管理干部领导力提升研究的理论基础和重要依据。

管理干部的领导力培养方式有多种,如培训、知识更新、多岗位锻炼、急难险重任务承担、采取有效的激励措施等,但对组织者而言,领导力培养方式中最行之有效的方法就是培训。因而,面临新时期新任务、新问题,如何通过系统有效的培训,来提升水利行业管理干部的领导力,据此带动水利干部队伍整体管理能力素质的提高与人才的全面开发,是目前迫切需要解决的问题,这也是本课题研究的意义所在。因此建立水利行业管理干部领导力提升培训体系,是本课题研究的主要内容和最终目的。基于水利行业管理干部领导力评价的研究分析,建立水利行业管理干部领导力提升培训体系,使之具有更好的科学性和针对性,也是前期的研究内容在实践层面的具体应用。

32 西部地区人才培养、吸引和使用机制研究

赵永乐,"西部地区人才培养、吸引和使用机制研究",中央人才工作协调小组办公室2014年度委托课题,河海大学中央人才工作协调小组国家人才理论研究基地承担,2014年5月底下达,同年10月中旬结束。课题负责人赵永乐时任河海大学中央人才工作协调小组国家人才理论研究基地首席专家、中国人才研究会副会长、水利部人力资源研究院副院长、中国(南京)人才发展研究中心常务副主任、河海大学文天人力资源研究院院长、教授、博士生导师。王斌、王群峰、吴洪彪、徐军海、陈双双、陈艳艳、沈鸿、骆雪娇、肖南兵、陶卓、刘忠艳等参加了课题调查和研究。

我国西部地区人才发展相对滞后,既是我国人才发展的"短板",也是新一轮西部大开发的重大制约瓶颈。当时,国内外政治、经济发展格局的新趋势对我国西部地区的经济社会发展和人才发展提出了新的需求和挑战。西方发达国家提出"再工业化",党的十八大提出"创新驱动发展战略"的战略部署,国家提出"一带一路"倡议和长江经济带发展战略,国内外人才竞争态势日趋激烈,这些对西部地区各省份的人才发展都提出需求与挑战。要想解决西部地区的人才开发问题,就必须从根本上构建一套能够满足西部大开发要求的具有西部特点的科学系统有效的西部地区人才培养、吸引和使用机制。

西部地区人才培养、吸引和使用机制存在的问题主要表现在四个方面。(1)政策趋同。西部地区不同层面上实行的人才培养、吸引和使用政策众多且内容同质化,国家级、省级出台实施的人才工程(计划)在内容、方式、对象和期限上的重合度较高且有冲突。(2)机制不健全。一是人才的培养引进脱离实际需求;二是人才使用的真正主体——企业的积极性没调动起来;三是人才的培养、吸引和使用三个环节衔接不够,互相之间经常脱节或掣肘;四是普遍存在重引进、轻培养、轻使用的倾向。(3)市场的作用没有充分发挥。现在人才资源配置尤其是高层次人才配置的实际情况是,政府在起决定性作用,而市场的作用并没有得到充分发挥。(4)人才的价值没有得到充分体现。西部地区不论是政府财政还是企业用人单位,人才投入都严重不足,这就导致人才创新创业难,发挥作用难,收入与贡献不成比例,积极性受到挫伤,人才外流严重。

通过对影响西部地区人才发展的机制要素问卷调查结果进行统计分析,得出以下制约西部地区人才发展的十大机制要素。(1)用人单位人才培养激励保障;(2)用人单位提供的住房条件、医疗服务、家属工作、子女教育等保障;(3)人才激励保障机制;(4)用人单位引才提供的薪酬福利待遇;(5)市场在人才使用中作用发挥;(6)人才优势转化为产业

优势;(7)人才培养国际化水平;(8)人才队伍建设财政投入;(9)用人单位人才培养经费投入;(10)人才流动渠道建设。这十项制约要素,涵盖整个人才培养、引进和使用机制,主要涉及宏观政府层面和微观用人单位层面。排在前两位的都是用人单位的保障问题,这说明解决用人单位尤其是企业主体的积极性和活力不足问题是西部地区人才发展首先要解决的问题。

西部地区人才培养、吸引和使用机制的创新要遵循八项原则,即服务发展原则、改革动力原则、创新驱动原则、全面开放原则、系统设计原则、联系实际原则、突出重点原则和统筹协调原则。

西部地区人才运行机制架构的创新思路是:坚持党管人才原则,遵循市场经济规律和人才成长规律,加强和改善宏观调控,逐步建立与经济新常态和国家战略相适应、满足西部大开发需要的能够充分激发各类参与主体活力的系统有效的西部地区人才培养、吸引和使用新机制。

健全以西部地区转型跨越发展需要为导向,以提高创新能力为核心,人才结构与西部地区产业结构调整相适应的人才培养机制。建立与西部地区支柱产业、战略新兴产业和现代服务业发展互动,与企事业单位用人需求对接的快速高效的人才吸引机制。改革各类人才选拔方式,科学合理使用人才,促进人岗相适、用当其时、人尽其才、才尽其用,形成有利于各类人才脱颖而出、充分施展才能的人才使用机制。

构建西部地区人才培养、吸引和使用机制的对策建议:(1)确立人才优先理念。西部地区各级党委和政府要加快确立人才发展的战略新布局,构建人才优先新常态,以人才作为实施各项国家战略的首选动力和资源,使人才优先发展具体化、政策化、项目化、常态化。(2)转变发展方式。大力促进发展方式快速转变,推动西部地区产业升级换代。促进西部地区经济发展方式向主要依靠科技进步、人才资源能力素质提高和管理创新转变。将西部地区的各重点经济区、农产品主产区、资源富集区、沿边开放区等经济功能区建成区域人才聚集高地。(3)深化体制改革。要把深化改革作为推动西部地区人才培养、吸引和使用机制创新的根本动力,处理好政府和市场的关系,使市场在西部地区人才资源配置中真正起决定性作用。大力发展现代人才服务业,推动各种形式的高端人才服务产业化。(4)加大开放力度。充分发挥西部地区作为"一带一路"国家战略全方位开放前哨的功能和作用,推动对内对外开放相互促进、引进来和走出去更好结合,充分开发利用国内国际人才资源,积极引进和用好海外人才,形成西部地区全方位开放人才新格局。(5)完善人才政策体系。充分整合利用国家、西部地区各省区市现有的各方面政策资源,优化现有政策内容,形成立体化、全方位、广覆盖,更有针对性、操作性、实效性,更具吸引力、影响力、竞争力的与人才培养、吸引和使用机制相配套的人才政策体系。(6)加快建设人才软环境。加快有利于人才培养、吸引和使用机制创新和运转的人才软环境,着力建设优质高效规范的政府监管环境,建设公正文明权威的法治政策环境,建设宜居宜聚宜发展的公共服务环境,建设先进繁荣开放的社会文化环境。

33 江苏省双创人才激励政策效度评估机制研究——以"科技企业家"政策为例

刘钢,"江苏省双创人才激励政策效度评估机制研究——以'科技企业家'政策为例"(BR2014066),江苏省软科学研究计划项目,2014年立项,当年结题。项目主持人刘钢时任江苏省人才发展战略研究院企业人才研究中心副主任、河海大学商学院讲师。

创新引领发展是当今世界的主旋律,伴随着经济体制改革带来的改革红利、人口增长带来的人口红利、环境耗损带来的资源红利逐步消失,我们迫切需要从科技创新、管理创新、制度创新等多方面入手,解决经济发展与环境稀缺之间的矛盾,进一步解放生产力,发展生产力,这一过程的实现关键在改革,核心在创新。创新的关键在科技发展,而科技发展必须具备人才优势,因此,进一步提升我国人才特别是科技人才工作水平,对于提升创新能力、解放生产力具有极为关键的作用。在"创新驱动,转型升级"战略构想下,江苏省委组织部人才办出台了系列人才激励政策,取得了良好的效果。其中,"科技企业家培育工程"是针对企业家中的科技人才的主要激励政策,自2011年启动以来,取得了较为显著的成效。为了更好地推进相关工作,本课题通过大数据分析的方法,对该政策人才激励机理及其效度进行了研究。

针对江苏省创新驱动战略实施过程中"科技企业家"的政策绩效评估问题,以解放生产力为人才判别理念,结合美国公共政策学者Martin Rein提出的制度执行循环理论,即制度设计—执行—监管—完善—修订的全过程控制理论,对江苏省双创人才激励政策的全过程进行系统评估;以解放生产力为人才判别理念,从解放生产力两大方向——劳动者素质及劳动工具水平入手,以制度执行循环理论为控制过程,界定江苏省双创人才激励政策概念内涵,构建政策响应系统的内外部环境结构;通过梳理分析"科技企业家"工作的相关政策法规、行动方案、管理组织结构等资料,对已有工作进行全面汇总,通过在空间尺度上分析江苏省各地区"科技企业家"政策发展成果,分析区域发展优劣势,准确把握"科技企业家"政策在不同区域的落实困境,提出符合区域发展的"科技企业家"政策发展格局;通过对多利益相关者进行问卷调查,在"科技企业家"政策分析指标体系基础上,构建政策绩效评估指标体系,从系统投入产出比、经济转型成效、创新驱动力发展、人才效度、企业效度等方面进行"科技企业家"政策绩效评估。

34 盐城市"十三五"人才发展规划研究

殷凤春,"盐城市'十三五'人才发展规划研究",盐城市委组织部重点规划项目,

2014年立项，2015年结项。项目主持人殷凤春时任盐城师范学院人事处副处长、副教授。

该课题主要分析了盐城市人才发展的现状和面临的形势。人才优先发展格局初步形成，人才集聚效应明显增强，人才国际化步伐明显加快，人才发展环境持续优化。同时，存在一些问题，如人才结构不够完善，人才引进和培养工作发展不够均衡，企业的人才开发主体作用发挥不够，市场配置人才资源的决定性作用有待加强。面临的形势：未来人才驱动发展的趋势是从人口红利向人才红利转型，人才发展进入观念深化期、质量提升期、结构完善期、制度创新期和环境优化期，要牢固确立人才优先发展理念，大力集聚"高精尖缺"人才，以人才优先发展之功，收人才引领发展之效。

该课题提出：（1）建强引领新兴产业发展的创新创业人才队伍。推进创新链、产业链、资金链、人才链"四链"深度融合，以提升创新创业能力、市场开拓能力为核心，造就熟悉国际国内市场、掌握核心科技、引领产业发展的国际国内知名科技企业家。（2）建强创新能力强、具有国际视野的产业发展人才队伍。聚焦产业发展，重点围绕产业创新"十大工程"，加强与全国性各行业协会、产业发展联盟、知名科技人才专业管理服务机构的合作，培养和引进一批熟悉金融、国际贸易、现代物流、电子商务、人才资源服务的现代商务人才，在沿海开发、产业规划、现代农业、文化产业、旅游产业等领域培养造就一批具有全球眼光、市场开拓能力强、管理力高、引领创新驱动发展的产业管理服务人才。（3）建强素质优良、业务过硬的专业技术人才队伍。（4）建强数量充足、技艺精湛的高技能人才队伍。

提出实施重点工程和计划。重点工程包括：（1）产业发展领军人才引领工程。坚持绿色引领，围绕绿色发展战略，推进创新链、产业链、资金链、人才链的深度融合。（2）百所名校人才汇智工程。（3）重点园区"双招双引"工程。在省级以上开发区规划建设"一个产业研究院、一个专业孵化器、一个高层次人才创业集聚区、一个留学生创业园、一个创客空间、一笔创投基金、一批企业技术研发中心、一个人才公寓小区"等"八个一"人才平台。（4）凤还巢工程。（5）海外人才汇聚工程。围绕重点人才培育，实施四大计划：（1）企业家能力提升计划；（2）社会事业名家培养计划；（3）高技能人才培育计划；（4）行业人才协同发展计划。

35 大数据时代高智价值识别及工作嵌入反哺跟踪模型研究

殷凤春，"大数据时代高智价值识别及工作嵌入反哺跟踪模型研究"（15BGL101），国家社会科学基金面上项目，2015年立项，2020年结项。项目主持人殷凤春时任盐城师范学院人事处副处长、河海大学中央人才工作协调小组国家人才理论研究基地特聘专家、教授。

该研究成果以改善高智工作嵌入反哺跟踪并较好地将其与高智价值识别融合或统一起来为基本目标,研究关键指标和算法,并把提出的一系列先进技术和算法编制成程序模块,建立起较完善的大数据时代高智价值识别及工作嵌入反哺跟踪理论框架体系,以及基于工作嵌入反哺的高智价值识别大数据跟踪系统。(1)高智价值识别理论框架的构建。内容包括:高智价值识别研究的现状、存在的问题困境及其主要原因分析;对高智价值进行总体和分类识别的创新性研究;基于高智价值识别的实时性和动态性为目标的多维度状态预测,重点研究基于多维度状态观测值和行为模型进行价值识别预测的新方法;高智价值识别的内涵、特征的创新研究,建构高智价值识别的理论分析框架。(2)高智价值识别与工作嵌入反哺跟踪的相关性研究。具体内容包括:管理学、区域经济学、公共政策学、人力资源管理、组织行为学原理运用的基本点;对高智价值识别的变量(创新能力、学缘关系、薪酬水平、工作环境、引智政策等因素)和工作嵌入目的(组织满意度、员工满意度、工作满意度等因素)进行分析,对高智价值识别与工作嵌入反哺跟踪研究的现状、存在问题和原因进行有效分析,并选择不同层次、不同行业的企业和组织,针对高智类型分门别类进行工作嵌入反哺跟踪,找出制约高智与工作嵌入反哺的关键症结;构建起高智价值识别与工作嵌入反哺跟踪相关性的理论分析框架。(3)构建高智工作嵌入反哺跟踪模型。具体内容包括:基于分析框架还原高智与工作嵌入、组织嵌入、职业嵌入的关系;工作嵌入过程中的影响因素及其影响机理、信息反馈路径;高智工作嵌入对引智路径的影响因素与评价维度;高智引进的影响机理、行为规律;建构高智工作嵌入的信息反哺跟踪系统,优化基于工作嵌入的理论和方法,获取高智价值创造状态观测值并建立大数据跟踪模拟模型以及价值识别大数据线上确认模型。(4)高智工作嵌入跟踪反哺高智价值识别研究。通过大数据运用、聚类分析、SAS分析法(相关性分析法)和证据决策理论,根据专家咨询分别对高智价值识别及工作嵌入反哺跟踪要素进行优化分析。通过实证研究、系统分析高智与工作嵌入之间的相关性,最终在深入探讨高智价值识别评价的策略与技术创新手段的基础上,构建起工作嵌入反哺高智价值识别的大数据跟踪服务平台。

36 建立与经济社会发展需求相适应的人才需求预测与调整机制

赵永乐,"建立与经济社会发展需求相适应的人才需求预测与调整机制",中央人才工作协调小组办公室2015年度委托课题,河海大学中央人才工作协调小组国家人才理论研究基地承担。课题负责人赵永乐时任河海大学中央人才工作协调小组国家人才理论研究基地首席专家、中国人才研究会副会长、水利部人力资源研究院副院长、中国(南京)人才发展研究中心常务副主任、河海大学文天人力资源研究院院长、教授、博士生导师。在课题研究过程中,王培君、王斌、袁兴国、潘运军、吴洪彪、吕江洪、张书凤、刘忠艳等多次参与研讨。刘忠艳为课题研究提供了重要写作资料。

该课题提出人才预测机制和人才调整机制的概念。人才预测主要是针对人才需求而言，因而可以直接称为人才需求预测机制。而人才调整虽然是针对整个人才再生产而言的（既包括人才的培养，也包括人才的流通和使用），但其核心还是人才供给。人才预测机制和调整机制的功能虽然不同，但却是共生联动的系统机制。人才的预测机制启动之后必然带动调整机制的运行，为了有效实施通过预测形成的规划，就必须对处于规划状态的人才再生产过程进行调整，如果没有调整机制的跟进，根据预测结果所形成的规划就只能是一纸空话。人才需求预测与调整机制的运行要遵循"需求导向，科学预测，培以致用，动态调整，改革创新，统筹联动"的方针。

对于中长期的人才发展而言，人才预测的依据是经济社会发展的战略目标，其立足点在于宏观、长远、战略和国家、地区的竞争态势上。只有建立在这样的科学有效的人才需求预测基础上，人才发展规划才是可信度高、可靠性强和可操作的。人才调整机制的核心是人才供给。现有的人才再生产系统是历史的产物，对目前的经济社会发展大系统能起到支撑作用，但是对于未来的经济社会发展来讲就仅是一个实际存在的基础，这个基础一般很难满足未来经济社会发展的要求，因此必须对人才的供给进行更新、改造和调整。

未来一段时期我国的人才需求预测必须满足经济社会发展的要求，主要包括两个方面内容：一要预测我国经济发展新形态的人才需求，二要预测我国现代化建设的人才需求。我国经济发展新形态的人才需求主要包括两个方面，一是创新驱动发展战略与"中国制造 2025"战略的人才需求，二是"一带一路"倡议和我国企业走出国门的人才需求。现代化建设的人才需求主要是人的全面发展和人口现代化的需求与六支人才队伍新形态的需求。

该课题提出建立人才供给结构与人才需求结构相适应的调整机制的建议。

一是要促进人才供给结构战略性调整。首先，要改善现有人才存量结构。调整队伍与其他社会生产要素之间的关系结构；促进现有人才使用结构转型升级；转移落后产能人才；对现有六支人才队伍的形态进行战略性调整；遵循"以用为本"方针，激发人才使用活力，讲求人才使用质量，提升人才使用效益。其次，要创新未来人才培养结构。以人才培养为中心开启人才培养新模式；鼓励有条件的高校开设世界顶级水平新专业，瞄准世界先进水平培养高层次创新人才；推动高等教育大众化和人口现代化，实现新一代人口人才化，为开创人人皆可成才、人人尽展其才的生动局面和推动大众创业、万众创新奠定广泛而扎实的人才基础。最后，要加大海外人才引进力度。吸引更多的留学人员回国创新创业，吸引更多的海外华人和外籍专家来华工作；建立更加开放的外国学生来华留学制度和访问学者制度，吸引世界各国优秀的生源来华攻读学位，从事创新活动，择其英才而用之；加快建立技术移民制度和外国人在中国工作和居留管理制度，为吸引外籍人才来华长久或短期创新创业创造必要的制度条件；吸引外资来华设立研发机构，积极鼓励和引导外资研发机构参与承担国家科技计划项目。

二是以改革开放为动力调整人才供给结构。首先，要实施和调整人才发展的战略规划。从实现"两个一百年"的战略高度和国际人才竞争的全球视野来规划我国人才的发展。对《国家中长期人才发展规划纲要（2010—2020年）》的实施进行中期评估,重点对战略目标、队伍建设、工作机制、重大政策和重大工程进行审视、评估和调整。人才供给结构调整要体现战略思维、系统思维和顶层设计。其次,要使市场在人才结构调整中起决定性作用。推动人才资源的培养、配置和使用,依据市场规则、市场价格、市场竞争实现效益最大化和效率最优;充分突出用人单位的市场主体地位,坚持并建立谁用人、谁评价、谁出资、谁获益、谁承担用人风险的人才管理方式;充分开放人才服务市场,大力发展现代人才服务产业;吸引国际知名人才服务企业,引进先进的人才服务理念和经营管理方法。再次,要更好发挥政府作用。着力解决政府对人才和用人单位（尤其是国有经济用人单位）的市场行为干预过多和监管不到位问题;破除那些传统的名曰社会化的全国大一统的人才评价做法（诸如无端的人才认定、职称评定等）;制定充分激发人才活力的激励机制和有利于人才创新创业的税收制度。最后,要扩大人才的开放力度。抓紧制定涉外人才法规和制度;为满足"一带一路"倡议实现和我国企业走出国门的人才需求,制定国际化的金融商贸人才、基础设施建设与交通运输物流人才、企业跨国经营人才、文化交流人才四支队伍的发展规划。

37 海外引进人才的科研合作行为及其影响因素研究——以＊＊学者为例

李峰,"海外引进人才的科研合作行为及其影响因素研究——以＊＊学者为例",国家自然科学基金青年基金项目（项目编号为71403079）。由国家自然科学基金委员会管理科学部下达,执行期为2015年1月至2017年12月,2018年3月批准结题。项目负责人李峰时任河海大学公共管理学院副教授。主要参与人缪亚军、丁倩倩等。该项目共计发表研究论文8篇,其中SSCI检索期刊论文3篇、CSSCI检索期刊论文5篇;培养教育学学术硕士2名,其中一名硕士生的论文《高校海归学者的科研合作行为及影响因素研究》被评为校优秀论文;项目在结题评估中被评为"优秀"。

为了改变智力流失现状,促进智力回流,我国从20世纪90年代起就开始陆续实施人才引进相关政策。在这些政策刺激下,加之我国在科教领域的经费投入日益增加,海外学者回国意愿逐年增强,海归学者数量也随之增长。海外引进人才拥有独特的"跨国资本",科研合作是其发挥跨国资本的主要途径,也是海外引进人才相较于本土人才的优势所在。该项目以近20年的＊＊学者特聘教授为研究对象,结合国内某生命科学类研究所的案例研究,集中分析了海外引进人才在科研合作上的行为模式、动机及影响因素。具体研究内容包括:海外经历对科技人才成长的影响研究,海外引进人才回国前后在科研产量、科研质量、科研合作等方面的变化趋势研究,海外引进人才在科研合作行为、合作模式上的学科差异和个体差异研究,海外引进人才科研合作行为的若干影响因素研究。研究发现,海外经历总体上可以加快科技人才的成长速度,但是不同类型海外经历的促进作用不同,混合型海外经历优势更为明显,而单一型海外博士后经历并不能加速科技人才成长;海外引进人才的科研产量、科研质量和国际合作者数量在回国初期均呈现显著下滑的趋势,机构内合作和国内机构间合作是回国后的主要合作形式;海外引进人才在科研合作行为上不存在学科差异,但存在个体差异,即不同类型的海归学者在科研合作行为上表现出不同的变化趋势;海归科学家主要的国际合作动机有共享实验材料、未竟项目、个人关系维系和相似的研究兴趣等,而国内先进的科研条件、开辟新方向和项目的需要、保持研究独立性的需要、避免竞争等因素导致了海归科学家较低的国际合作意愿;母校联系对海外引进人才的校内合作倾向有消极作用,而对其国际合作倾向没有显著影响。这些研究结论对我们反思已有人才政策的实施效果,乃至改进国家和机构层面的人才引进、使用和评估政策均有一定的实践意义。

38 海外引进人才的跨国资本及其本土化问题研究

　　李峰,"海外引进人才的跨国资本及其本土化问题研究",中华全国归国华侨联合会青年课题(项目编号为15CZQK207)。由中华全国归国华侨联合会下达,执行期为2015年10月至2017年8月,2017年12月批准结题。项目负责人李峰时任河海大学公共管理学院副教授。主要参与人有丁倩倩、杜春兰、吴蝶等。项目共计发表CSSCI检索期刊论文2篇,参加世界比较教育大会、国际公共政策学会年会、中国科技政策与管理学术年会等国内外学术会议并汇报论文3次。

　　该项目以1998—2014年间入选的某计划特聘教授为研究对象,通过履历分析法、科学计量学方法、统计学和社会学研究方法等,重点分析**学者中海外引进人才跨国资本的本土化效果及其影响因素。跨国资本的本土化是指引进人才回国后适应国内科研文化环境,将自身跨国资本内化为科研能力的过程。具体来说,本项目将跨国资本划分为跨国人力资本和跨国网络资本两大类,其中,跨国人力资本是指引进人才在海外留学或工作时掌握的知识和技能,跨国网络资本是指引进人才在海外留学或工作时建立的学术关系网络。

　　该项目围绕这两类资本的本土化分别开展三大问题研究。

　　其一,跨国人力资本是否有助于引进人才提升学术业绩?本项目通过海外经历种类、海外机构学术地位和海外经历国别三个要素来衡量引进人才的跨国人力资本。人才引进后,跨国人力资本是否能够体现价值,实现本土化,需要通过比较引进人才与非引进人才的学术业绩来衡量。该项目从三个方面来评价学术业绩,即科研成果影响力、重大项目承担能力、获得较高学术地位所耗时间。为排除其他因素可能对跨国人力资本和学术业绩的关系造成干扰,本项目将一些个人和机构变量作为控制因素,如学者的性别、年龄、研究领域、行政任职、本科就读学校、学者所在国内机构的学术地位、办学规模、地理位置等。

其二,跨国网络资本是否有助于引进学者提升国际合作程度及合作效果?开展国际科研合作是引进人才实现自身跨国网络资本本土化的主要途径。该项目通过国际科研合作的强度、国际科研合作的效果、海外学术网络的移植程度等方面来评价引进人才跨国网络资本的本土化效果。

其三,影响跨国资本本土化的因素有哪些?该项目探索了影响跨国资本本土化的潜在因素,包括:科研文化、科研管理体制、科研政策等国家宏观科研环境,所在机构的绩效考核制度、科研奖励制度、教学与科研环境等组织文化因素,学者的国内关系网络、学者对国内科研文化的适应程度、学者对所在机构的认同度等个人因素。项目最后对如何改进跨国资本的本土化效果提出政策建议。

39 "十三五"省属企业经营管理人才发展规划

赵永乐、陈玉明,"'十三五'省属企业经营管理人才发展规划"系江苏省人民政府国有资产监督管理委员会委托课题,2015年11月批准立项,2016年12月完成。赵永乐时任河海大学中央人才工作协调小组国家人才理论研究基地首席专家、中国人才研究会副会长、水利部人力资源研究院副院长、中国(南京)人才发展研究中心常务副主任、河海大学文天人力资源研究院院长、教授、博士生导师;陈玉明时任江苏省国资委企业领导人员管理处处长。课题组成员有吕江洪、徐军海、宋一鸣等。

该项目重点研究"十三五"省属企业经营管理人才发展规划,主要内容包括以下五个方面。

(1) 人才基础与面临形势。"十二五"期间,江苏省国资委系统认真贯彻落实省委省政府的战略决策部署,经营管理人才发展取得显著成绩。人才优先发展格局基本形成,党管人才工作机制不断完善,政策创新力度不断加大,拉动产业发展成效明显,人才发展生态环境不断优化。"十三五"时期,省国资委系统经营管理人才发展面临机遇与挑战并存的局面,体现在国际形势变化的新挑战、国家战略实施的新需求、江苏战略布局的新机遇、省属企业发展的新要求几个方面。

(2) 指导思想、基本原则和战略目标。坚持党管人才原则,谋划人才优先发展战略布局,推动经营管理人才结构战略性调整,提升经营管理人才国际化水平。坚持以下基本原则:人才优先,引领发展;政府引导,市场决定;国际视野,高端集聚;优化环境,协调推进。构建"一个中心,三个高地",即经营管理人才集聚中心,经营管理人才制度创新高地、经营管理人才生态建设高地和经营管理人才价值实现高地。提出规模不断壮大、结构全面优化、素质大幅提升、环境持续改善的目标。

(3) 主要任务和重点人才工程。主要任务包括:重点培养造就企业家队伍、加强职业经理人队伍建设、突出培养创新型创业家人才、加强党务人才队伍建设。实施的重点人才工程包括四项主体人才计划:高层次跨界企业家培育计划(151计划)、高层次跨界职业经理人培育计划(512计划)、创业国资行动(236计划)、青年经管英才计划(261计划)。

（4）结构调整、体制改革与环境优化。首先,推动经营管理人才结构战略性调整。包括:坚持全面提高与重点建设相结合,坚持培养性调整与使用性调整相结合,坚持自主开发与积极引进相结合。其次,深化经营管理人才发展体制机制改革。包括:推进经营管理人才管理体制改革,建立健全符合经营管理人才成长规律的培养开发机制,建立健全更加开放、精准、灵活的经营管理人才引进使用机制,建立健全科学化、市场化、社会化的经营管理人才评价发现机制,建立尊重创新劳动、释放创新活力的经营管理人才激励保障机制。再次,创新经营管理人才政策。包括:制定总规,集成政策;精准投入,激发政策;创新服务,优化政策。最后,优化经营管理人才环境。包括:优化产业发展环境、优化创业环境、优化开放环境、优化法治环境。

（5）实施与保障。第一,领导体制。建立健全省国资委经营管理人才工作领导小组和工作机构,协调各方力量资源,更好地服务凝聚经营管理人才。第二,信息平台。推进经营管理人才工作信息化,建设省国资委系统经营管理人才大数据,建立统一的经营管理人才工程项目信息管理平台和经营管理人才信息共享平台。第三,舆论氛围。大力宣传经营管理人才在推动省国资系统经济发展和进步中的作用,为优秀经营管理人才的脱颖而出提供良好的环境基础。第四,考核评估。把经营管理人才发展主要指标纳入省属企业经济社会发展综合考核体系,加强动态监控和跟踪分析。

40　创新人才要素配置的市场作用研究

王全纲,"创新人才要素配置的市场作用研究",常州市软科学研究计划重点项目(CR2160004-1),2016年下达,2017年完成。项目负责人王全纲时任江苏理工学院商学院人力资源管理系副教授。

该项目研究背景与意义。目前,常州市已经进入更多地依靠科技进步和创新推动经济社会发展的重要历史阶段,只有通过人才、技术、资金等创新要素的大幅升级和重新组合,才能铸就创新高地。针对常州市创新人才数量短缺、效用发挥不足等问题,从如何提高科技创新人才政策效率与充分发挥市场作用机制的角度开展研究,不仅有利于保证区域经济发展中科技创新人才生产要素的供给,也有利于提高其他科技创新要素的利用效率,进而提升区域科技创新能力,促进区域经济发展方式转变。本项目不仅可以深化目前对科技创新人才系列政策和科技创新人才市场作用机制的理解,还可以进一步丰富区域人力资本与资源配置理论体系。

该项目研究内容。以常州科技创新人才要素为对象,重点分析现有科技创新人才政策的实施效果和效率情况,然后从政府与市场协同角度,研究提升常州科技创新人才要素配置效率的对策建议。具体内容有：(1)基于统计数据分析常州市科技创新人才要素配置现状与效率,分析常州市科技创新人才要素配置效率提升路径；(2)以各类创新人才政策惠及人员为对象,调查分析常州科技创新人才要素配置政策的实施效果,进一步分析科技创新人才要素配置政策存在的问题与成因；(3)通过访谈与问卷调查方式,以科技企业家为对象,分析常州市科技创新人才要素配置政策需求；(4)提出常州市科技创新人才要素配置效率提升的市场作用与政策优化对策建议。

该项目研究提出常州市科技创新人才要素配置的问题与需求。(1)总量结构问题：一是科技创新创业人才总量偏低；二是创新人才比重低于创业人才。(2)政策问题：一是人才政策相关配套措施有待改进；二是人才奖励资金管理制度不健全；三是人才项目评价指标需完善；四是政策宣传力度有待加强；五是重视海外人才,忽视本土人才。(3)产生政策问题的原因：一是政策衔接不够；二是政策内容滞后于经济社会发展；三是奖后派生待遇不规范；四是科技人才市场价格机制尚未形成。(4)政策需求：一是在引进科技创新领军人才方面有突破的政策；二是结合企业实际需求的科技创新人才政策；三是注重科技创新人才实际需求的政策；四是充分发挥科技创新人才要素配置市场作用的政策；五是塑造适宜科技创新人才发展软硬环境的政策。

该项目研究对构建常州市科技创新创业人才要素配置政策体系的建议。(1)建立健全科技创新人才政策体系,制定《常州科技创新人才政策白皮书》；(2)注重人才实际需求和产业发展趋势,制定《常州市杰出创新人才"云计划"实施细则》；(3)创造政策施行的软硬环境,制定《支持常州科技创新人才创新创业若干意见》；(4)发挥市场的作用,制定《常州科技创新人才引进暂行办法》；(5)恰当使用激励手段,制定《常州市科技创新人才创新创造创业若干激励政策的意见》。

41 供需匹配视角下提升我国新兴产业企业家创业胜任力的政策供给研究

黄永春,"供需匹配视角下提升我国新兴产业企业家创业胜任力的政策供给研究"(项目编号为16AGL005),国家社会科学基金重点项目,2016年立项,2020年结题。课题主持人黄永春时任河海大学人事处副处长、人才工作办公室主任、教授、博士生导师。课题组主要成员有徐军海、雷砺颖、孙俊、赵颖、叶子、胡世亮、陈成梦、姚远虎、张惟佳、晁一方、吴商硕、单禹喆、重阳倩囡等。

该课题研究旨在聚焦新兴产业企业家的创业活动实况,以供需匹配为视角,基于"供给侧改革"和"大众创业、万众创新"的时代背景,解析新兴产业企业家的创业胜任力结构与特征,分析"创业胜任力与创业模式匹配"与"创业政策与创业胜任力匹配"的机制,挖掘新兴企业家的创业政策需求,研究扶持我国新兴产业企业家创业的政策供给。该项目成果包括结项专著 1 份(30 万字),依托本研究成果发表论文 12 篇,其中 SSCI 论文 1 篇,CSSCI 论文 11 篇。

该课题主要内容划分为理论分析、机制分析、匹配分析和政策供给四个子课题。第一子课题立足于新兴产业企业家的创业现状,探究创业行为驱动因素的构成,构建创业行为驱动机制的概念模型,构建新兴产业企业家创业胜任力模型;第二子课题基于调节聚焦理论,解析创业期望、风险恐惧等内部因素对新生企业家创业行为的影响机制,并解析创业环境和创业资助等外部因素对新生企业家创业行为的影响机制;第三子课题探究创业胜任力与创业模式匹配、创业政策与创业胜任力匹配对创业绩效的影响机制,并调研分析创业政策要素体系,剖析创业政策供需现状和供需匹配度,构建政策的供需匹配模型;第四子课题调研分析南京市创业政策的供需匹配度,探讨我国现行创业政策供需缺口的形成原因,提出创业政策供给工具,构建扶持我国新兴企业家创业政策的工具框架。

该课题的主要观点:一是借鉴 GEM 对创业模式的分类,可将新兴产业企业家创业模式分为生存推动型、机会拉动型和创新驱动型三种类型,且三者具有异质性胜任特征。二是基于匹配视角,创业胜任力分别与三类创业模式匹配,对生存、成长及创新绩效具有异质性影响。三是动机激发、机会增加、技能培育三维度创业政策,与异质性创业者的创业胜任力匹配,提升新兴产业创业者的创业自信心、组织管理水平与专业知识技能,进而提升初创企业的创业绩效。四是我国结构性创业政策的供需匹配度均较好,其中动机激发类创业政策的匹配度最高,异质性创业政策的供需匹配度适中,各类创业政策的匹配度普遍较高,大部分政策需求大于供给。五是以培育和提升企业家的创业胜任力为着力点,结合创业政策与异质性企业家创业胜任力匹配缺口,构建"功能—导向"结构性平衡的异质性创业政策工具供给框架。针对不同类型企业家,从创业动机激发、创业机会增加和创业技能培育三个维度完善创业政策供给体系。

该课题的学术价值包括以下四个方面:第一,基于胜任力理论,探究我国新兴产业企业家的创业胜任力结构模型。第二,结合效果逻辑的创业过程模型,研究新兴产业企业家创业模式的类型与特征。第三,借助匹配理论,揭示新兴产业企业家创业政策供需错配的缺口形成机制和供需匹配的绩效生成机制。第四,开拓企业家创业的研究领域,推动创业政策理论研究的完善,促进该前沿问题的深入研究。

该课题的应用价值包括以下两个层面:从企业家层面来看,有利于为我国新兴产业企业家创业胜任力的培养提供理论指导,而且能为企业家创业模式的选择提供行动指南,从而有助于企业家提升其创业绩效。从政府层面来看,有助于政府了解新兴产业企业家胜任力培育的内在机制;能为我国政府扶持企业发展新兴产业提供备选良策,提升我国新兴产业企业家的创业成功率,进而提高政策供给体系的质量和效率。

42 依靠社会组织建立支撑人才创新创业金融服务体系研究

张长征,"依靠社会组织建立支撑人才创新创业金融服务体系研究"(项目编号为15SRA-1),江苏省社科应用研究(人才发展)课题,2016年立项,当年结题。课题主持人张长征时任河海大学商学院副院长、产业经济研究所副所长、副教授、博士生导师。课题组主要成员有黄德春、贺正齐、徐敏、周志翔、方隽敏、张中洲、吉星等。

该课题研究基于金融服务与人才创新创业周期阶段的匹配性,探索"政府—社会—市场"关系下的人才创新创业的金融服务体系问题,提出依靠社会组织建立人才创新创业金融服务体系,并构建社会组织主导下的人才创新创业金融服务体系模式和机制。

该课题的主要观点如下:

(1)人才创新创业是推进人才强国战略、创新驱动发展战略的必然需求。人才创新创业是一个系统工程,提升人才创新创业能力需要完善的人才创新创业支撑服务体系,金融是现代经济发展的"血液",是人才创新创业的首要物质支撑,建立人才创新创业的金融服务体系是驱动人才创新创业的重要源泉。

(2)人才创新创业服务支撑具有三个方面的导向,即创新创业融资的社会化导向、创新创业中介服务的市场化导向以及创新创业资源的网络化导向,建立人才创新创业金融服务体系也要面向这三个方面的导向。

(3)人才的创新创业既涉及"政府—市场"关系再匹配,也涉及"政府—企业—社会组织"功能协调,政府应该"有所为有所不为"。作为介于政府与企业之间的第三部门,社会组织可以有效弥补政府缺陷和市场失灵问题。

(4)人才创新创业存在生命周期阶段和区域需求差异性,社会组织服务的社会化、市场化、网络化、体系化优势,可以使其主导下的金融服务体系为人才创新创业提供更有效、更有针对性的金融服务支撑。

该课题的政策建议有以下三方面。

(1)建立人才创新创业金融服务体系,既要考虑人才创新创业不同生命周期发展阶段的金融需求差异性,也要考虑人才内部差异性,如高层次人才创新具有高精尖性、高技能人才创新具有"工匠"性、大学生创新具有探索性。依靠社会组织建立其金融服务支撑体系,就是要发挥社会组织的中介者、辅导者、引导者等多元角色作用,在人才创新创业的种子期、创业期、成长期、成熟期建立与之对应的人才创新创业金融服务模式。

(2)苏南、苏北人才结构差异致使两个区域人才创新创业金融服务需求也具有差异性,面向"政府—市场—社会组织"职能协调配合,应在苏南地区建立"社会组织主导"的人才创新创业的金融服务体系模式,在苏北地区建立"政府引导、社会组织为主"的人才创新创业金融服务体系模式。

（3）江苏现有人才创新创业服务体系形成了县级以上创业基地2 411个，创建省级示范基地80个、国家级示范基地2个，建立大学生创业园181个，其中省级大学生创业示范园26个，实现在正确的时间将正确的金融服务向正确的人才提供。但与此同时，也需要对这些社会组织自身的治理体系进行完善。

该课题的研究价值包括以下三个方面：第一，探索依靠社会组织来构建人才创新创业金融服务体系。第二，基于金融支持与人才创新创业周期阶段的匹配性，建立以社会组织为核心的金融服务支撑体系。第三，面向江苏区域发展的差异性，构建区域差异性的人才创新创业金融服务体系框架。

43 依靠社会组织优化江苏新兴产业人才环境的策略研究

张长征，"依靠社会组织优化江苏新兴产业人才环境的策略研究"（项目编号为2016ZDIXM008），江苏省高校哲学社会科学研究重点项目，2016年立项，2019年结题。课题主持人张长征时任河海大学商学院副院长、产业经济研究所副所长、副教授、博士生导师。课题组主要成员有华坚、贺正齐、杨素慧、张中洲、湛娉婷、芮晦敏、吉星等。

该课题研究提出依靠社会组织优化江苏新兴产业人才环境的策略，通过实证性观察和理论性分析，从江苏新兴产业人才队伍建设现状与问题、人才环境评价和人才环境优化的经验借鉴等问题出发，比较研究江苏新兴产业人才环境优化的"一区域一策略"模式，探讨社会组织在江苏新兴产业人才环境优化建设过程中的作用，总结和提炼社会组织在网络化治理下推动江苏新兴产业人才环境优化的框架和政策路径。依托本研究成果发表论文7篇，其中CSSCI论文5篇，学术获奖3项，分别为2017年江苏省社会科学院授予颁发江苏省社科应用研究精品工程（人才发展）二等奖，2016年江苏省哲学社会科学界联合会授予颁发江苏社科界第十届学术大会优秀成果一等奖，2016年江苏省哲学社会科学界联合会授予颁发江苏社科界第十届学术大会优秀成果一等奖，2016年江苏省哲学社会科学界联合会授予颁发江苏省社科应用研究精品工程（人才专项）优秀成果三等奖。

该课题的主要建树及创新体现在以下三点。

一是对江苏新兴产业人才队伍现状和主要存在的问题进行分析，探讨江苏新兴产业人才的基本情况，并基于环境因素分析方法建立了江苏新兴产业人才环境评价指标体系，对常州、南通、淮安的新兴产业人才环境问题进行评价，结果显示3个城市人才环境总体良好，但苏南优于苏中、苏中优于苏北的地区差异显著，在分指标中三个区域城市各有优势。在此基础上建立江苏新兴产业人才需求预测模型，发现江苏对新兴产业人才需求呈上升趋势但增速逐渐放缓，而对高端人才、国际性人才需求呈上升趋势。

二是梳理了美、德、日、韩等国以及北京、上海、广东、浙江等城市在新兴产业人才环境优化方面的先进经验,探索社会组织在新兴产业人才环境优化工作中应配合政府扮演"市场补充者"角色,协同企业充当"市场支撑者"的地位,提出以社会组织来构建网络化治理下的江苏新兴产业人才环境优化框架。面向江苏新兴产业人才需求与人才环境之间的矛盾和地区差异性,提出面向区域差异,建立"社企合作""社政合作""社金合作"的发展模式,使得社会组织通过高层次人才引流、放大和拉动效应,新兴产业企业扶持、监测及预警,来优化江苏新兴产业人才环境。

三是从区域角度出发针对不同地区提出相应策略,苏南建立社会组织主导下的新兴产业人才环境优化模式,充分发挥人才信息在社会组织资金分配过程中的基础作用;苏中建立"政社企"合作的新兴产业人才环境优化模式,企业通过社会组织向政府表达需求诉求,政府参考社会组织信息有选择性地为新兴产业企业提供资金支持;苏北建立政府主导的"社企合作"的新兴产业人才环境优化模式,政府以财政拨款、设置专项资金、信贷引导等方式对新兴产业企业进行资助。此外,还从人才领域供给侧改革、人才环境优化区域策略和产学研合作三个领域,建立江苏新兴产业人才环境政策体系。

该课题的研究价值包括以下四个方面:第一,将"依靠社会组织"作为"优化人才环境"的策略模式,通过实证性观察和理论性分析,确认社会组织在新兴产业人才环境优化过程中的作用。第二,将"依靠社会组织"作为"优化人才环境"的策略模式,通过实证性观察和理论性分析,确认社会组织在新兴产业人才环境优化过程中的作用。第三,提炼社会组织推动新兴产业人才环境优化的有效模式、路径和实施策略,为相关新兴产业人才环境优化进程提供示范标杆、理论依据、政策支持,即解决"最后一公里"问题的思路。第四,研究如何将"依靠社会组织"作为策略模式来推动江苏新兴产业人才环境优化建设。

44 江苏省装备制造行业人才强企机制研究

刘钢,"江苏省装备制造行业人才强企机制研究"(16SRB-3),江苏省社科应用研究精品工程(人才发展)项目,2016年立项,2017年结题。项目主持人刘钢时任江苏省人才发展战略研究院企业人才研究中心副主任、河海大学商学院副教授。

该项目从江苏省拥有有效发明专利500强、研发投入500强、拥有国家级研发机构111强、营业收入124强工业企业中,遴选评价对象。构建了工业企业人才竞争力评价体系,包括人才数量、人才素质、人才投入、人才平台、人才贡献等5个一级指标、13个二级指标、48个三级指标,突出了"**计划""R&D人员占比""国家级企业研发平台""R&D投入""拥有有效发明专利"等关键指标,充分体现了人才引领企业发展的导向。

研究表明,江苏省工业企业人才竞争力在全国处于一线水平,发展优势主要集中在人才规模、人才素质以及人才平台方面,但在人才投入、人才贡献方面仍处于全国二线水平。江苏工业企业人才竞争力的区域差异性显著,同区域经济水平差异性保持一致;江苏省的先进装备制造行业人才竞争力显著,新材料、化工材料、生物技术与新医药等新兴战略产业正在崛起。

该研究提出以下结论及建议：(1)苏南、苏中、苏北的工业产业格局差异性显著,建议强化适应性管理理念,有针对性地推进产业引导。(2)100强工作企业中有32家装备制造企业,说明江苏在现代制造业方面有较强实力。前10强企业中有4家制药企业,表明江苏生物医药产业具有显著竞争优势。(3)100强工业企业中,"＊＊计划""双创人才""双创团队"三类人才显著集聚在生物技术与新医药行业；特别值得注意的是,"＊＊计划"专家体现出较强的创新创业能力。(4)100强工业企业的专利情况与投入情况落后于广东省企业水平,应着眼于未来"智造",全面推进《中国制造2025江苏行动纲要》。

45 江苏创新创业生态系统的激励机制和政策工具研究

樊传浩,"江苏创新创业生态系统的激励机制和政策工具研究"(项目编号为17GLC002),江苏省社科基金项目,2017年立项,2021年结题。课题主持人樊传浩时任水利部人力资源研究院研究人员,河海大学商学院讲师、硕士生导师。课题组主要成员有黄永春、张长征、吕韦韦、高虹、薛婷婷、何凯元、许蕾、严姝婷、周雪娟、叶春兰、马韵鸿等。

该项目紧扣国家相关政策,立足江苏实际,在文献研究和调查访谈的基础上,梳理江苏创新创业生态系统的现状和问题,并借鉴国内外相关宝贵经验,构建了激励机制并形成了有效的政策工具,以促进江苏经济的高质量发展。该项目成果包含成果要报、书稿、论文及获奖。依托本研究项目发表论文6篇,其中CSSCI论文2篇、SSCI论文2篇、SCI论文1篇,单篇最高被引34次。该研究的实证结果——激励机制模型在2019年水利部党组拟定《新时代水利人才发展创新行动方案(2019—2021年)》时再次得到认可,并基于激励机制模型起草了《水利部人才创新团队遴选和使用管理办法》。

该课题的主要建树及创新体现在以下三点。

一是紧扣国家政策,借鉴国内外经验,系统分析各厅局、地级市的双创政策,综合13个开发区(每个地级市抽样1个)分类调查的569份有效样本数据分析结果,得出了江苏建设高质量创新创业生态系统将面临"顶层设计欠缺长远的省级统筹规划""各主体未能充分发挥优势形成协同效应""政府政策补贴的边际效用有待提升""苏南苏北创新创业的价值导向有显著差异""政府主管部门对创新创业政策预期显著高于企事业单位中的利益相关者预期"等5个主要问题。

二是根据研究假设构建出江苏创新创业生态系统激励机制的作用路径假设模型,采用极大似然估计的方法检验激励机制作用路径模型,分析了影响工作参与度、满意度、投入度和创业意愿的作用路径以及其中的直接效应和间接效应。

三是构建出江苏创新创业生态系统激励的政策工具理论框架,从战略目标、科学分工、公正分配、价值导向和创业氛围的维度提出了"试点先行,将支持和鼓励创新创业纳入江苏高质量发展的常态化工作机制""打造精品、树立典型,将创新创业企业建成能连通国家战略、研发和市场的人才孵化平台""系统设计、科学规划,围绕高质量发展布局江苏创新创业企业引领集聚人才和资源""目标导向、协同攻关,赋予各开发区充分的自主权,建立一企一策的管理制度""公正考核、动态诊断,遵循科研和市场规律,建立共享产权效益分配的产业发展长效机制""使命担当、激发潜能、尊重劳动,体现社会主义核心价值观,建立能激发创造活力的奖罚制度""主动支持、跟踪管理,逐步建立一套有利于双创人员大胆干事创业的制度体系"等一套具体政策和措施,既激发协同各方的创新创业欲望,又为政府行为划定恰当范围,为建设"强富美高"新江苏提供政策参考。

该课题的学术价值包括以下三个方面:第一,探索出区域创新创业生态系统协同增效的本质和作用机理,挖掘出影响创新创业效率的关键要素,拓展和丰富了生态系统理论和创新创业管理理论。第二,甄选出区域创新创业个体驱动因素,挖掘出区域创新创业生态系统运行的激励机制,拓展和丰富了激励理论和区域创新创业理论。第三,围绕创业和创新协同共生的动态平衡系统,探讨了创新创业过程中各主体更趋生态化的共生关系,进而丰富了生态系统理论和区域创新创业理论。

该课题的应用价值包括两个方面:一方面,通过甄选出区域创新创业个体驱动因素,构建出江苏创新创业生态系统运行的激励机制,从而助力促进区域创新创业生态系统整体功能的优化和科技转化效益的倍增;另一方面,为江苏突破人才创新创业激励的"天花板效应",提供了一套可以有效提高协同创新创业效率的政策工具。

46 "一带一路"中的中国国际工程企业人才全球化推进机制研究

汪群,"'一带一路'中的中国国际工程企业人才全球化推进机制研究",国家社会科学基金项目(项目编号为18BGL129),于2018年立项,2022年结题。项目主持人汪群时任常州工学院副校长、教授、博士生导师。课题组主要成员有李卉、邓玉林、赵永乐、曾建华、杭勇、韩志勇、李秀文、贺莉君、李青、杨彤彤、张玥、李怡芸、李烨等。

自"一带一路"倡议提出以来,中国政府和沿线国家致力于打造"人类命运共同体",在政策沟通、设施联通、贸易畅通、资金融通、民心相通方面取得了有效进展。现阶段,设施联通是"一带一路"沿线国家最主要的需求。中国国际工程企业是设施联通的核心实施主体,也是中国政府和东道国政府之间的桥梁,其在沿线国家大力开展电力工程、交通运输、房屋建筑、水利工程等方面的基础建设项目,有效地满足了沿线国家对基础设施的需求,并带动了政策沟通、贸易畅通、资金融通、民心相通的发展。其中,中国国际工程企业在开展建设时最重要的是建设手段和建设资源,国际工程项目便是其主要的建设手段,建设者暨人才是其主要的建设资源，而人才配置决定了资源充分使用的有效性。保障"一带一路"建设的成功因素便是在国际工程项目拓展过程中与人才配置形成高效互动。本课题扎根于现实情境，结合相应理论研究得出其互动方式是国际工程项目作为人才集聚的载体，在不断拓展的过程中会吸引全球人才，当形成全球化人才集聚时，国际工程项目与人才配置的互动达到最佳状态。

目前在国内进行的全球化人才集聚工作已取得长足的进步，然而，在海外进行的全球化人才集聚，虽然需求迫切，但是缺乏系统性和协同性。一方面，"走出去"的中国国际工程企业需要大量通晓国际规则、掌握多种语言、跨文化适应力较强的复合型国际工程项目人才，而"一带一路"沿线国家目前难以满足其人才需求；另一方面，未来全球人才短缺常态化又会导致"走出去"企业不得不面临"人才紧缺"这一困境。此外，中国大部分科研机构仍在寻找有意义的研发课题，教育部门也在为招募海外留学生、建设培养基地和学生就业犯难……因此，为突破人才困境，迫切需要研究全球化人才集聚机理和配置规律，搭建多主体协同平台，从制度建设层面推动和固化国际人才的集聚与共享。

该课题基于"人类命运共同体"的理念，服务于"一带一路"中国国际工程企业国际化发展的目的，以推进中国国际工程企业全球化人才高水平集聚为目标，开展全球化人才集聚机理与推进机制研究，并从多主体协同角度提出相应的对策建议。

第一，构建国际工程项目拓展与人才配置的互动关系及理论分析。结合"一带一路"中的全球化人才集聚的特殊性，尝试在开放系统观下运用社会技术系统理论进行研究，将国际工程项目拓展过程纳入技术范畴，同时将人才配置问题纳入社会范畴，从两个系统的互动过程出发，构建国际工程项目和全球化人才配置的社会技术系统模型，并进一步分析环境因素的影响作用，寻求社会系统和技术系统联合最优设计，以指导国际工程项目的全球化人才配置。

第二，从能动性主体互动视角建立吸引全球化人才的推进机制。根植于更大环境，通过分析各能动性主体的内涵与功能，探索其互动关系，并从其互动视角出发，结合不同层次环境的影响作用，构建吸引全球化人才的推进机制。该机制是指在"一带一路"背景下，以中国国际工程企业为核心，东道国地方政府、中国高校（科研机构）、人力资源平台组织为主要参与者的多元主体协同体系，在协同的思维下，以动力、长效、共享、约束为主要运行机制，运用各主体之间不同的功能，发挥其交互作用，持续、深入地改善不同层次环境，吸引全球人才，实现全球化人才集聚。

第三，系统性探讨全球化人才集聚的环境影响因素，从而形成对客观环境的评价标准与依据。以国际工程项目人才为例，对其所在东道国面临的全球化人才集聚环境进行探讨和解析。首先，以开放系统观为理论基础，从宏观环境、中观环境和微观环境三个层面，系统构建了全球化人才集聚环境系统评价体系，包括评价指标、指标权重；其次，建立相应评估模型，并以"一带一路"沿线国家 M 国为例进行评估模型的检验，为中国国际工程企业根据 M 国环境情况采取差异化的项目人才集聚措施提供方向。

第四，探讨环境对全球化人才集聚的作用机理。重点探讨东道国国家环境和中国国际工程企业环境对全球化人才集聚的作用机理。一方面，本课题着眼于表征东道国环境的国际人才吸引力与基于对地区的情感依附而产生积极态度的区域承诺等概念,将东道国环境视为外部因素,将国际人才的积极态度视为个体因素,根据"环境—态度—行为"的理论逻辑,从区域承诺切入,探讨东道国国家环境对全球化人才集聚的影响机制。另一方面,从中国国际工程企业环境视角,通过典型案例,分析"跨文化"管理情境中的高绩效工作系统提高员工工作能力、激发员工工作动机和增加员工参与机会以及提升企业国际化绩效的过程,从而营造优良的企业环境,吸引全球化人才,实现全球化人才集聚。

第五,提出推进全球化人才集聚的对策建议。从环境中具有能动性主体的视角,分别探讨了中国国际工程企业、中国高校(科研机构)、人力资源平台组织和东道国地方政府在全球化人才集聚过程中的协同推进策略,主要包括:(1)中国国际工程企业作为全球化人才集聚的重要推动主体,通过多种方式选拔、培养国际人才队伍,重视员工公平;通过发展文化融合、文化认同等方式优化管理,进而吸引全球化人才。(2)中国高校(科研机构)依照"内生"和"外延"两条路径,通过深化课程教学改革、开展校企合作办学、加强中外合作办学、重视来华留学生教育管理、推动国际校友会建设等,从人才供给的视角推动全球化人才集聚。(3)人力资源平台组织通过建设国际人才数据平台、搭建国际猎头机构信息网络和完善人力资源服务体系三条路径,在推进全球化人才集聚的过程中起到服务支撑作用。(4)东道国地方政府从推进东道国的经济建设、健全社会公共服务、优化文化环境和完善引才政策四个方面入手,不断优化国际人才环境,最终助推全球化人才集聚。

第六,设计了多主体协同的保障机制。通过设计动力、长效、共享、约束等机制有序规范各主体行为,保证多主体对全球化人才集聚协同推进的有效实施。一旦多主体推进体系出现偏离,上述机制可迅速反应,作出相应调整,对多主体协同推进人才全球化进行规范与控制。

47 黄河水利科学研究院组织诊断与人才队伍建设规划研究

樊传浩,"黄河水利科学研究院组织诊断与人才队伍建设规划研究"(项目编号为20188137416),流域科技重点项目,2018年立项,同年结题。课题主持人樊传浩时任水利部人力资源研究院研究人员、河海大学商学院讲师、硕士生导师。课题组主要成员有王济干、曾莉、张婕、王森林、何凯元、邹思雨、马韵鸿等。

"十三五"以来,治黄事业蓬勃发展,取得了诸多成绩。在此期间,黄河水利科学研究院(简称黄科院)人才队伍建设工作紧密围绕治黄中心工作,大力实施整体性人才资源开发,取得了良好效果。成绩难能可贵,差距不容忽视。国家战略新布局、水利发展新形势、黄委治河新理念以及黄科院发展规划均对人才队伍建设提出了更高要求,新形势下黄科院人才发展仍待提升。该报告总共分为四个部分,分别是人才建设现状与面临形势、指导思想、基本原则和总体目标、重要任务工程计划以及保障措施。

"十三五"以来,黄科院人才队伍建设紧密围绕治黄中心工作,采取一系列有力措施,取得了长足发展。一是人才队伍总量持续稳定;二是人才队伍素质显著提升;三是人才年龄结构逐步优化;四是人才发展环境较大改善;五是人才效能较大提升。"十三五"以来,黄科院人才队伍建设虽然取得了显著成绩,但仍然存在一些不容忽视的问题,主要体现在以下几个方面:一是人才管理能力有待加强;二是人才队伍素质有待提升;三是人才队伍结构有待进一步优化;四是人才机制和环境建设尚待加强。2019—2025年是推进水利现代化进程、提升流域水安全保障能力至关重要的7年,也是黄科院发展的关键时期。黄科院人才队伍建设面临着新形势、新任务和新要求。

在指导思想层面,该报告指出要全面贯彻十九大精神,以习近平新时代中国特色社会主义思想指导人才工作。深入贯彻"水利工程补短板、水利行业强监管"的新时期水利改革发展思路,大力推进水利人才战略,为深化水利改革提供保障与支持。黄科院加强人才队伍建设应坚持以下基本原则:一是坚持党管人才、牵头抓总的引领性原则;二是坚持问题导向、创新驱动的创新性原则;三是坚持机制创新、有效激励的能动性原则;四是坚持整体开发、统筹兼顾的系统性原则。

到2025年,适应新时期治黄事业发展战略的要求,应初步形成一支素质优良、结构合理、富有活力的人才队伍,人才培养与管理体系更加完善,在泥沙治理、水土保持等传统强势领域形成人才国际国内竞争优势,在其他重点学科领域形成国内人才竞争优势,为黄科院打造国内一流科研院所目标提供有力支撑。2019—2025年黄科院应以"黄科英才计划"为统领,制定并实施"行业领军人才计划""创新人才团队计划"和"青年精英人才计划"3项高层次专业技术人才计划,以及"市场经营人才计划""行政管理人才培养计划"2项紧缺重点人才计划,继续实施百名博士引进计划(简称"3+2+1"人才计划)。黄科院2019—2025年人才队伍建设的保障措施主要包括:完善组织保障机制、加大高层次人才资金投入力度、加强科研平台建设、完善人才管理机制。

48　推进江苏更深层次的人才体制机制改革研究

殷凤春,"推进江苏更深层次的人才体制机制改革研究"(18SRB-04),江苏省哲学社会科学规划办(人才发展)资助课题,2018年立项,2019年结项。项目主持人殷凤春时任盐城师范学院信息工程学院党总支书记兼人事处副处长、河海大学中央人才工作协调小组国家人才理论研究基地特聘专家、教授。

该课题分析了江苏人才体制机制改革面临的问题,主要有:人才综合素质与数量结构的不相适应,高端性人才缺口较大,人力资源方面的资本投资在国民经济投资内所占的比重过少,人力资源的能力建设不完善,人才市场机制不健全等。推进江苏更深层次人才体制机制改革,发挥人才第一资源的作用,要着力做好"放权、松绑、破壁、激活"的文章,破除制约推进更深层次人才体制机制改革的障碍,须采取更加有力、更有针对性的措施,集聚创新要素、壮大创新产业、培育创新动能,用人才"第一资源"激活创新"第一动力",持续优化创新体制、精心营造创新生态,释放人才的创新活力,让人才富矿成为创新力、竞争力和现实财富,塑造江苏人才创新的引领性优势。

该课题提出要坚持人民性作为构建人才体制机制的本质属性理念,深入落实"人才是第一资源、创新驱动主要是人才驱动创新、高质量发展关键在人才、科技创新与制度体系创新双轮同时驱动"的新时期人才体制机制改革发展新思路,以制度循环理论为依托,沿着"制度现实思考——制度需求——制度供给——制度实践"这一逻辑展开,主要完成四个方面的内容:第一,系统梳理推进江苏更深层次人才体制机制改革的经验与问题。第二,在分析人才体制机制改革与经济社会发展关系基础上,通过深入探讨推进江苏更深层次人才体制机制改革的核心问题,指出现阶段推进更深层次人才体制机制改革的需求与构建压力、状态、运行框架以及适应性政策选择程序。第三,在制度框架指导下,分别就更深层次人才引进、培养、使用和提升改革等问题探讨具体操作方法及制度供给。

研究内容包括五个部分。第一部分是推进江苏更深层次人才体制机制改革的相关文献与理论基础分析(习近平关于人才体制机制改革方面的论述、国内外学者关于人才体制机制方面的论述、关于政府与市场在人才管理中的作用研究)。第二部分是推进江苏更深层次人才体制机制改革的现状及优劣势分析(江苏经济社会发展的现状、推进江苏更深层次人才体制机制改革优势和面临挑战及影响因素的分析)。第三部分是江苏人才体制机制改革的实施计划研究(党管人才、产才融合、工程牵引、改革创新、优化服务等)。第四部分是为推进江苏更深层次人才体制机制改革寻找国外标杆城市,对国外标杆城市人才体制机制改革进行比较分析,找出其成功的经验和启示,为推进江苏更深层次人才体制机制改革提供学习样板和政策参考。第五部分是提出推进江苏更深层次人才体制机制改革的实现路径和对策建议。聚焦江苏高质量发展的战略需求,以改革开放为根本动力,提出推进江苏更深层次人才体制机制改革的路径。

49 跨文化背景下水利专业技术人才培养研究

汪群,"跨文化背景下水利专业技术人才培养研究",教育部直属高校国家级重点项目——"一带一路"教科文卫引智项目(项目编号为DL20180048),2018年立项,2019年结题。项目主持人汪群时任常州工学院副校长、教授、博士生导师。课题组主要成员有Zamir Ahmed Awan、Chantho Mlattanapheng、魏小军、张明琼、Sajad Nazir等。

在"一带一路"沿线国际基础设施建设中,水利水电开发企业"走出去"迫切需要解决人才队伍建设问题。"一带一路"是世界上跨度最长的经济大走廊,也是世界上最具发展潜力的经济带,沿线大多是新兴经济体和发展中国家,普遍处于上升期。2013年,习近平总书记提出了"一带一路"宏大倡议,世界由接纳到响应,再到积极行动,无论是从发展经济、改善民生,还是从应对金融危机、加快转型升级的角度看,"一带一路"倡议契合沿线国家的共同需求。《"一带一路"愿景与行动》指出,加强基础设施建设,推动跨国、跨区域互联互通是共建"一带一路"的优先合作方向,"六廊六路多国多港"是共建"一带一路"的主体框架。

水利水电开发企业作为大型央企,大规模走出去,既是对国家战略的响应,也是自身发展的需要。水利水电开发企业的行业价值链很长,包括水利水电投资、设计、施工、运营、设备配套、电网建设等,牵动的人力资源规模庞大。例如,中国电建集团在600万人口的老挝水电等工程项目上就有1.5万的人力资源投入。人才紧缺,因为涉及跨文化的冲击,所以无论是在外派员工还是本土员工的管理与协作、人力资源配置、队伍管理等方面都存在很大的问题。

研究水电开发企业的人才队伍建设,涉及水电开发专业人才的国际化培养和布局,既是国家外交战略和经济战略的需求,也是水电开发企业走出去的关键支撑,同时也是所在国行业和社会经济发展的迫切需求。为了切实推进"一带一路"基础设施以及互联互通建设,对国家和教育管理部门以及高校来说,要加强顶层设计,加强对"一带一路"沿线国家的未来杰出领袖、高端管理人才和专业技术人才的培养和外派人员管理的相关制度的推进;对走出去的大型企业来说,要做好跨国人力资源的配置,加强国际人力资源的管理;对东道国来说,要推进产业发展,必须有相应的人才支撑,做好相关专业人才的培养;三者更要协同整合,才能做到合作共赢,相得益彰。当前三方都在各自努力,也有相应的合作,但缺少系统的设计和研究。本研究团队聚焦水利水电开发企业的人才队伍建设问题,包括人才队伍的规划、配置、培育与开发,以跨国经营理论和国际人力资源管理理论的研究为基础,从东道国和母国两个视角,通过访谈、实地考察、问卷调查、案例研究、文献研究等方法,探讨水电开发企业走出去面临的在"一带一路"沿线国家的人才队伍建设问题、难点和解决方法,以及对高校人才培养、行业政策制定等方面的要求,探索国际化人才队伍建设机理。

50 南京构建具有全球竞争力的人才制度体系研究

唐洪武,"南京构建具有全球竞争力的人才制度体系研究",系2018年度南京市哲学社会科学基金春季公开招标的重大项目(项目编号为18CA02)。南京市社科规划办公室2018年6月下达,河海大学中央人才工作协调小组国家人才理论研究基地和中国(南京)人才发展研究中心承担。项目负责人唐洪武时任河海大学党委书记、教授、博士生导师。赵永乐、徐军海、黄永春、郭祥林、殷凤春等人才理论研究专家和吕江洪、潘运军、颜玉凡、蒋敏、陈双双等中青年实力学者组成老中青紧密结合的研究团队。

该项目自 2018 年 6 月开展研究,2019 年 6 月结束。课题组在确立南京构建具有全球竞争力的人才制度体系的指导思想的基础上,明确了人才制度体系建设的三个方面功能定位、五项遵循原则和五点建设思路、三个具体目标、四项重点任务与四大战略部署,提出了以"一主攻"方向、"三强"对策和"三新"保障为主要框架的对策建议体系。项目成果最终形成了 1 份摘要报告、1 份总报告、2 份要报、4 份分报告、9 份专题报告。

南京市委、市政府高度重视人才工作,按照党管人才原则,明确新时期新阶段人才工作的根本任务、基本思路和工作格局,人才制度体系建设不断推进,人才制度改革取得新进展,具体现状表现在五个方面:第一,南京人才制度的组织优势不断凸显;第二,南京人才发展体制机制改革持续深化;第三,南京人才制度改革着力点继续延伸;第四,人才工作重心不断向主体和主阵地转移;第五,南京人才制度体系成效逐年显现。

南京构建具有全球竞争力的人才制度体系,始终坚定制度自信,以人才培养为基础,以全球吸引配置为突破口,以发挥市场决定作用为导向,以实现价值为核心,深化改革,巩固优势,补齐短板,引领创新驱动,为南京经济社会发展提供坚强的人才制度支撑。其主要特征可以归纳为两个方面:不断创新,持续优化。

南京构建具有全球竞争力的人才制度体系的重大问题表现在:第一,尚有计划色彩;第二,市场作用不足;第三,整合效应欠缺;第四,优势转化乏力;第五,比较优势不强。南京构建具有全球竞争力的人才制度体系的需求来自四个方面:一是提升全球竞争力的发展需要;二是加快建设人才强国的战略需要;三是全面深化改革的任务需要;四是提升南京创新首位度的需要。

南京构建具有全球竞争力的人才制度体系的指导思想是:深入贯彻习近平新时代中国特色社会主义思想和十九大关于人才发展方面的指导性论述,牢固确立人才引领发展的战略地位,遵循社会主义市场经济规律和人才成长规律,构建具有全球竞争力和南京特色的人才制度体系,为南京建设有全球影响力的创新名城提供坚实的人才支撑。

南京构建具有全球竞争力的人才制度体系的功能定位,打造创新型人才聚集中心、链接创新网络的关键人才枢纽和争当人才体制机制改革排头兵,着力提升南京创新首位度,构建具有全球竞争力的人才制度体系。

南京构建具有全球竞争力的人才制度体系要遵循五项基本原则:一是坚持党管人才;二是坚持人才引领发展;三是坚持全球视角和开放心态;四是坚持中国特色和南京优势;五是尊重市场经济规律和人才成长规律。

南京未来构建全球竞争力的人才制度体系的整体建设应从五点思路着手:一是用世界性眼光和前瞻性战略看待南京人才制度体系建设;二是综合国内外市场因素提升南京人才制度体系的全球竞争力;三是从思想和观念上重塑南京具有全球竞争力的人才制度体系;四是从行动上打造南京具有全球竞争力的人才制度体系;五是准确把握南京构建具有全球竞争力的人才制度体系的着力点。

南京构建具有全球竞争力的人才制度体系必须坚持和完善中国特色社会主义制度,不断推进人才治理体系和治理能力现代化,坚决破除一切不合时宜的思想观念和体制机制弊端,突破利益固化的藩篱,充分发挥我国社会主义制度优越性,吸收人类文明有益成果,构建系统完备、科学规范、运行有效、具有全球竞争力的人才制度体系。具体目标包括三点:一是南京人才资源基本满足产业发展需求;二是南京人才资源聚集能力和效应显著增强;三是南京人才制度改革取得突破性进展。

南京构建具有全球竞争力的人才制度体系重点要完成四项任务:第一,推进三路人才五链深度融合。第二,整合园区人才创新载体平台。第三,发挥用人主体引才用才的主体作用。第四,夯实人才管理基础设施。南京构建具有全球竞争力的人才制度体系的四大部署:第一,构建"产学研"深度融合的人才工作体制机制。第二,建立与高质量发展相适应的人才激励机制。第三,探索长三角一体化的人才协同发展机制。第四,建设具有全球竞争力的人才宏观调控体系。

根据南京构建具有全球竞争力的人才制度体系的指导思想、思路和任务与部署,提出以"一主攻"方向、"三强"对策和"三新"保障为主要框架的对策建议体系。

人才制度体系构建的"一主攻"方向是指南京要把主攻方向精准定位在集聚和释放高层次人才的创新动能上。一是从全球范围内配置高端人才。二是从高端人才链出发培养支持创新人才。三是从创新效能的视角激发高端人才。四是以高质精准服务体系服务高端人才。五是从全球竞争的高度实惠高端人才。

南京的"三强"对策指的是强政府、强市场和强江北新区。一是加快转变政府职能,做强政府。二是充分发挥市场决定性作用,做强市场。三是以国内领先、国际一流为目标,做强江北新区。

"三新"保障是指人才法制新环境、人才融资新模式和人才开放新通道。一是加强法治建设,优化人才法制新环境。二是深化金融改革,开启人才融资新模式。三是参与国际竞争,开拓人才开放新通道。

该项目研究成果以《南京构建具有全球竞争力的人才制度体系研究》书名由河海大学出版社于2019年12月出版。

51 提升江苏制造业人才国际竞争力研究

吕江洪,"提升江苏制造业人才国际竞争力研究",中国人事科学研究院、江苏省行政管理科学研究所资助项目(HF218035),2018年4月批准立项,同年11月完成。项目主持人吕江洪时任南京邮电大学管理学院副教授、河海大学中央人才工作协调小组国家人才理论研究基地特聘专家。课题组成员有杨素慧、赵永乐、丁进、赵波、江游、孟上飞、陶卓、袁兴国、刘扬、纪萌、陈旭等。

该项目重点研究江苏制造业人才国际竞争力提升的问题,通过横向(区域分析)与纵向(产业分析)相结合的交叉分析思路,分析江苏省制造业竞争优势和短板,明确重点发展产业,厚植发展优势。项目的研究过程主要经历了准备、调查和分析研究三个阶段。在调查阶段,项目组对江苏制造业的人才国际竞争力情况进行摸底调查。选择了苏南、苏中、苏北共七个代表性城市,其中苏南选择了"中国制造2025"重点示范城市群中的四个城市——苏州、无锡、常州和南京;苏中选择了泰州和南通两个城市;苏北选择了徐州。城市的选择主要是基于前期对相关文献资料的分析,得知人才国际竞争力的分析对象应该是在一个相对比较高的平台才可以谈这个话题,后面的调研也证实了苏北和苏南的差距,因此,这个选题调研对象的选择更多地侧重于苏南和苏中。整个调研以座谈会、访谈、问卷调查和实地参观等形式展开。其中,座谈会8场,每场座谈会参加人员主要来自人社局、人才办、市政府研究室、发改委、科技局、经信委、统计局、高校、人才服务机构、经济开发区、园区、制造企业等有关部门领导或有关人才工作的同志,以及来自省级特色产业集群的企业代表和人才工程的代表。实地参观走访国有、民营、外资等15家制造业企业和6个经济开发区及园区,包括:徐工集团、无锡高新区、阿斯利康、海力士、苏州工业园区、三星电子、泰州医药高新区、常州天合光能、南京江宁经济技术开发区、江北高新区等。调查问卷发放对象包括参加座谈会的对象和调研开发区、园区的企业负责人、人力资源管理部门负责人、中高级技术职称人员和企业人才工作者以及人才专家。调查问卷随座谈会提纲和实地参观走访交流提纲同时发放,座谈会和实地参观走访结束当天收回,共收回有效调查问卷288份。

项目的突出特点表现在三个方面:(1)紧紧围绕国家、省市对地区制造业的定位和江苏高质量发展对人才的需求开展研究。(2)通过省内、国内和国际的对标比较,找到江苏制造业人才国际竞争力提升的切入点,提出以产业发展带动区域联动发展、抓带跨越的发展路径,并构建江苏制造业人才国际竞争力评价指标体系。(3)立足江苏制造业现有基础和发展情况,站在战略的高度通盘考虑。

项目的研究成果包括两个分报告和一个总报告。

分报告1:区域分析报告。将江苏13个设区市分为苏南、苏中、苏北三个区域进行分析,对比较典型的苏南和苏北区域制造业人才国际竞争力进行分析,苏中的情况介于两者之间,就不再单列人才工作小结。区域比较的结果:江苏制造业人才国际竞争力排在前三的城市是苏州、无锡、南通。

分报告2:产业分析报告。按照《中国制造2025》要重点突破的十大领域展开,分析江苏制造业在这十大领域的现状和问题,进一步明确产业定位以及对人才国际竞争力提升的要求。产业比较的结果是江苏省智能装备制造、新材料制造和电子及通信设备制造业基础好、规模大,有利于实现质的飞跃。

总报告。主要包括现状与问题、国内外比较与借鉴、要素与评价、提升的思路与框架、对策和建议共五个方面内容。

(1)现状与问题。通过分析地区和产业发展现状,发现江苏制造业人才国际竞争力的提升取得了显著成绩,主要表现在:江苏制造业人才支持力度逐步加大,人才资源结构继续优化,人才聚集高地初步形成,人才发展环境逐渐改善。江苏省作为制造业大省,在现代经济全球化发展的过程中,正不断地向国际制造业基地迈进。但是,在这一进程中,也面临着一些突出的问题,主要体现在:制造业人才结构性过剩与短缺并存,人才培养与企业实际需求脱节,用人主体在制造业人才发展中的主体作用尚未充分发挥,制造业要素成本上升。

（2）国内外比较与借鉴。国内标杆的选取是根据科技资源、人才资源的相似性，选择广东和浙江这2个省份与江苏进行比较，然后从人才数量国际竞争力、人才素质国际竞争力、人才投入国际竞争力、人才平台国际竞争力和人才贡献国际竞争力这五个方面展开。通过对比发现，浙江和广东在制造业品牌、营商环境、研发投入和专利成果方面都占有比较优势。国外标杆选取的是技术和科研领先全世界的日本、隐形冠军数量最多的德国、仅仅用20年实现制造业升级的韩国。通过剖析这三个国家制造业的发展轨迹，发现他们制造业能够快速崛起，并且具有国际竞争力，都离不开其政府对制造业及人才的精准扶持。给我们的借鉴和启发就是：①向德国学习"小而精"与"双元制"职业教育；②向日本学习从"模仿创新"到"自主创新"；③向韩国学习"政策倾斜"与"现代化发展"。

（3）要素与评价。运用德尔菲法和问卷调查法，得出江苏制造业人才国际竞争力提升的30项重大要素，其重要程度排名前5位的要素依次为："提高人才创新能力""创造良好的营商环境""加大研发投入""优化人才结构""加大国际人才投入"。满意程度排名前5位的要素依次为："优化人才国际政策环境""搭建人才发展国际平台""完善社保体系""加快产业集聚""促进科技成果转化"。制约程度排名前5位的要素依次为："取得重大国际科技成果""引进国际创业投资""坚持协同创新""扩大产业规模""扩大人才规模"。由此，构建由结构要素、平台要素、效能要素三部分组成的江苏制造业人才国际竞争力评价指标体系，具体包括5个一级指标、13个二级指标、30个三级指标。

（4）提升的思路与框架。课题组提出江苏制造业人才国际竞争力提升的指导思想，提出坚持党管人才、以用为本、培养与引进并举、改革和自主创新的四项基本原则。江苏制造业人才国际竞争力提升的目标为：江苏制造业人才资源基本满足产业需求，江苏制造业人才资源聚集能力和效应显著增强，江苏制造业人才发展制度改革取得突破性进展。围绕提升的目标，提出四大发展路径：产业驱动、创新引领、教育带动和抓带跨越。

（5）对策和建议。课题组提出江苏制造业人才国际竞争力提升的"五四三"对策与建议。"五"是健全五大工作机制，具体包括完善具有国际竞争力的人才培养机制、构建整合全球资源的人才引进机制、创新有利于释放活力的人才使用机制、健全人才国际发展的有效保障机制、加强党对江苏制造业人才工作的领导机制。"四"是打造四支国际人才队伍，包括：江苏制造业科技领军国际人才队伍、高技能国际人才队伍、企业家国际人才队伍、公共管理国际人才队伍。"三"是强化三项人才基础支撑，包括：谋划江苏制造业人才布局、加大江苏制造业人才投入、推动金融与江苏制造业人才发展对接。

项目的研究成果荣获2020年第二届江苏省人力资源社会保障优秀科研成果一等奖，部分成果已收录进《上海科技人才发展研究报告2019》《上海科技人才发展研究报告2020》（上海交通大学出版社）。

52 江苏省青年拔尖人才培养机制研究

殷凤春,"江苏省青年拔尖人才培养机制研究"(18SRB—04),江苏省哲学社会科学规划办(智库)资助课题,2018年立项,2019年结项。项目主持人殷凤春时任盐城师范学院信息工程学院党总支书记兼人事处副处长、河海大学中央人才工作协调小组国家人才理论研究基地特聘专家、教授。

江苏高校青年拔尖创新人才队伍建设是高校适应国家高质量发展、创新驱动发展和江苏经济社会高质量发展的时代要求。该课题指出,首先,江苏高校青年拔尖创新人才引进的理念上存在较大差异。(1)从引进的重视程度上看,南京高校,特别是985、211、双一流高校对青年拔尖创新人才的重视程度明显高于其他类型的高校。而从招引力度上看,苏北地区的高校由于地域限制,通常通过增加引进待遇、福利、工作和生活条件,以吸引集聚青年拔尖创新人才。苏中地区的高校不断完善自身的人才和发展政策,通过改革创新人才体制机制,以增强青年拔尖创新人才的吸引力。(2)从引进的方式上看,南京高校和苏南高校更注重加大科研基地平台建设以集聚人才,依据高校自身的软件和硬件条件,依据国家重点实验室、国家重大科研项目和校企合作的产学研转化项目、创新创业载体等路径集聚青年拔尖创新人才。苏中和苏北地区的高校通过搭建引进平台,而南京和苏南人才密集地区加大人才和智力的柔性引进力度,以达到"不求所有,但求所用"的用才目的。

其次,江苏高校青年拔尖创新人才在培养模式上存在较大差异。(1)从科研项目带动模式上看,南京高校和苏南的高校注重以项目为载体,通过科学研究培养青年拔尖人才的创新、合作和实践能力,通过创新创业人才实践培养基地,让青年拔尖创新人才在实践中不断成长起来。苏中、苏北高校借助于地方产业园建设,加大校企、校地合作,为各类人才搭建"产学研"合作平台。(2)从团队培养模式上看,南京高校和苏南的高校凭借高校地域优势和团队合作的综合优势,在信息共享和充分沟通的基础上通力合作、优势互补,培养青年拔尖创新人才的团队合作能力和综合运用能力。苏中和苏北高校通过建设人才特区,推动高校科学创新与地方经济社会发展融合,实现经济与人才协调发展。

再次,江苏高校青年拔尖创新人才创新政策上存在较大差异。(1)从管理创新理念上看,南京高校和苏南高校注重区域经济与青年拔尖创新人才的协同发展,注重人才招聘计划的拟订和适时调整,注重对人才市场环境的评估和调整。苏中、苏北高校注重有效运用媒体舆论、中介服务机构组织和微信客户端等方式,加大对青年拔尖创新人才的市场宣传力度。(2)从人才服务发展政策上看,南京高校和苏南高校注重以新时代创新创业人才结构、市场结构带动经济跨越式发展。苏中苏北高校坚持以人为本,坚持人性化服务,为青年拔尖创新人才提供高质量的全天候、全方位和全过程的服务。

最后,探讨了江苏高校青年拔尖创新人才队伍建设的实施路径。(1)坚持党管人才原则,确立以创新为核心的人才战略布局。(2)用世界性眼光和前瞻性战略,构建人才队伍建设大格局。(3)建立灵活的人才引进机制,拓宽本土人才培养渠道。(4)围绕产业经济社会发展需要,构建人才协同创新模式。(5)营造人才绿色生态圈,打造高校人才特区。(6)完善人才激励评价系统,提升人才投入产出效能。

53 我国高校高层次人才流动规律研究

李峰,"我国高校高层次人才流动规律研究",教育部人文社会科学研究规划基金项目(项目编号为18YJA880042)。项目主持人李峰时任河海大学公共管理学院副教授。主要参与人有岳芸、杨洋、魏玉洁、孙梦园等。项目由教育部社科司下达,执行期为2018年8月至2021年8月,2020年9月批准提前结题。在项目资助下,共计发表CSSCI检索期刊论文2篇、SSCI检索期刊论文1篇,参加江苏教育经济研究会学术年会、美国公共政策分析与管理学会年会、亚特兰大科学与创新政策双年会等国内外学术会议并汇报论文6次。

该项目以高校中入选国家重要人才计划的高层次人才为研究对象,通过分析他们学术入职后(一般为获得最高学位后)的流动行为,致力于揭示我国高校教师在整个学术生命周期中的流动规律。具体研究目标包括:一是从流动频率、流动类型等多角度描绘我国高校教师的流动行为,总结出学术生命周期不同阶段的流动特点;二是从代际差异、学科差异、性别差异等方面分析我国高校教师的流动行为,总结出不同类型教师的流动特点。具体研究内容包括:一是流动的类型研究。将高校教师流动界定为高校教师在整个学术生命周期(从学术入职到完全退出学术活动的整个生命历程)中各种形式的工作流动和职业流动。其中,工作流动是指高校教师就职机构的调动;职业流动是指高校教师职称职务的变化。具体针对四种工作流动类型(地理流动、社会流动、临时流动、跨部门流动)和三种职业流动类型(专业技术职务流动、学术领导职务流动、行政领导职务流动)进行研究,分析高层次人才每一次流动事件的流动内涵,并对其进行分类。二是流动类型的分布研究。分析了高层次人才的机构调动频率分布;分析了高层次人才在四种工作流动和两种职业流动(学术领导职务流动、行政领导职务流动)上的频率分布;分析了高层次人才在所有流动类型上的组合分布。三是流动的时间规律研究。将每一次流动看作是高校教师学术生涯中的一次关键性事件,通过总结每次流动的时间规律来探析我国高校教师的职业发展过程。四是流动的阶段差异研究。将高校教师的学术职业发展阶段划分为三个阶段和一个关键时期,分别为:职业初期(学术入职到获得正高级职称)、职业中期(获得正高级职称到首次入选国家级人才计划)、职业后期(首次入选国家级人才计划之后)和学术生涯黄金期(36~45岁之间)。在此基础上分析高层次人才在不同职业发展阶段上的机构流动频率、流动类型分布,并比较高层次人才流动行为偏好的阶段差异。五是流动的个体差异研究。综合分析了高层次人才在上述流动类型分布、流动时间规律和流动阶段差异上的个体差异,重点分析的个体差异包括代际差异、学科差异和性别差异。

54 水利改革与发展研究——水利人才创新团队建设和管理研究

樊传浩,"水利改革与发展研究——水利人才创新团队建设和管理研究",水利部水利科技重点项目,水利部发展研究中心委托水利部人力资源研究院承担课题,2019年立项,2020年结题。课题主持人樊传浩时任水利部人力资源研究院研究人员,河海大学商学院讲师、硕士生导师。课题组主要成员有王济干、朱艳、张恒杰、赵晓阳、孙文欣、何凯元等。

人才是实现民族振兴、赢得国际竞争的主要战略资源,是水利发展之要、事业之基、活力之源。随着中国特色社会主义进入新时代,水利事业发展也进入了新时代。新时代我国治水矛盾发生了深刻变化,从人民对除水害兴水利的需求与水利工程能力不足之间的矛盾,转化为人民对水资源水生态水环境的需求与水利行业监管能力不足之间的矛盾。相应地,治水思路也发生了重大转变,"水利工程补短板、水利行业强监管"历史性地成为水利工作的总基调。完善水利基础设施网络、全面加强对水利行业的监管,是解决水利改革发展不平衡不充分问题的关键。这些都对新时代水利人才工作提出了新的更高要求。

为贯彻落实《新时代水利人才发展创新行动方案(2019—2021年)》,精准把握国家重大战略和水利改革发展总基调对水利人才创新团队提出的新要求,研究水利人才创新团队的建设和管理十分必要。

该课题是在对河海大学、南京水利科学研究院及长江科学院等单位创新团队实地调研的基础上,开发出的典型案例,系统剖析了新时代水利人才发展创新行动方案中创新团队建设和管理的特殊性,围绕连通"人才"与"项目"可持续地"干成事""培养人",总结出了组建遴选和使用管理创新团队的重点问题,构建出了典型创新团队的四分激励机制和管理办法,对总课题"新时代水利人才创新行动研究"发挥了较好的支撑作用。

该课题分析了新时代水利人才创新团队建设和管理的基本情况,从目标、分工、分配、分明以及分权五个方面入手,剖析了创新团队运行的激励机制,为创新团队的建设和管理提供了有益参考。创新点在于创新团队构建了四分激励机制,即科学分工、公平分配、奖惩分明、制度分权四个方面,进而将理论构建的四分激励机制落实到相应的具体的行动措施中。创新团队需要紧密围绕连通"人才"与"项目"可持续地"干成事""培养人"的建设目标,尊重科学研究规律和人才成长规律,切实给予创新团队充分的自主权,切实鼓励团队成员大胆创新、大胆尝试。同时,创新团队重点在人才发现、培养、使用和评价激励等方面完善相应的制度体系,制度的价值导向是要做"百年大计",在试点、探索、完善后,不断进行系统性的制度优化,进而建立一套服务于水利人才发展全生命周期的管理制度。

该课题是根据水利改革发展对人才创新团队建设的新要求,在对典型单位调研和国内外经验借鉴的基础上,分析组建遴选和使用管理的重点问题,研究提出了水利人才创新团队建设和管理的措施及建议,起草了《水利人才创新团队遴选和使用管理办法》,由总则、人才创新团队的组建、任务、运行机制、评价机制、激励机制、保障机制和附则8章内容构成,对"新时代水利人才创新行动研究"发挥了较好的支撑作用。

55　科研人员流动与职业成就的关系研究

李峰,"科研人员流动与职业成就的关系研究",国家自然科学基金面上项目(项目编号为71874049),国家自然科学基金委员会管理科学部下达,执行期为2019年1月至2022年12月。项目主持人李峰时任河海大学公共管理学院副教授。主要参与人有岳芸、杨洋、魏玉洁、孙梦园等。在项目资助下,共计发表CSSCI检索期刊论文7篇、SSCI检索期刊论文1篇,培养教育学硕士生2名,参加亚特兰大科学与创新政策双年会、世界一流研究型大学论坛等国内外学术会议并汇报论文5次。

该项目以入选国家重要人才计划的科学技术领域高层次科研人员为研究对象,通过分析他们学术入职后的流动与职业成就之间的关系,以期实现以下研究目标:第一,揭示我国高层次科研人员在整个学术生命周期中的流动规律。从职业流动、地理流动、社会流动、临时流动和跨部门流动等多角度描绘我国科研人员的流动行为,总结出学术生命周期不同阶段的流动特点。第二,明确我国科研人员流动对职业成就的影响结果。分析不同类型的流动、不同阶段的流动对职业成就的影响,总结出有助于增加职业成就获得概率、加快职业成就获得速度的积极流动因素。第三,厘清我国科研人员流动与职业成就的互动机制。分析我国科研人员的流动历史与历次职业成就的相互影响机制,探讨西方流动和职业发展理论在解释我国科研人员流动与职业成就互动机制时的适用性,发展切合中国情境的流动和职业发展理论。通过对入选国家重要人才计划的科学技术领域高层次科研人员的大样本履历分析,本项目拟在以下两个方面作出贡献:在理论上扩展当前的科研人员流动与职业发展相关研究,将已有文献中流动对中短期职业发展的影响研究扩展至流动对长期职业发展成就的影响研究,将流动对职业发展的单向影响研究扩展至流动与职业发展的双向互动研究,并且发展适用于我国科研人员的流动与职业发展理论;在实践上解决"如何流动""何时流动"等现实问题,揭示我国科研人员的流动规律、流动与职业成就的互动机制,围绕当前的人才引进、培养、保持和评价政策提出建议。

56　江苏以产才城一体化建设人才友好环境研究

吕江洪,"江苏以产才城一体化建设人才友好环境研究",江苏省社科应用研究精品工程(人才发展)课题(19SRB-18)。2019年11月批准立项,2020年11月完成。项目主持人吕江洪时任南京邮电大学人力资源管理系副主任兼党支部书记、河海大学中央人才工作协调小组国家人才理论研究基地特聘专家、副教授。课题组成员有刘宁、杜运伟、江游等。

该项目重点研究江苏人才友好环境建设问题,主要内容包括以下五个方面。

(1) 人才环境是一个庞大的复杂系统。借鉴人才环境的相关概念,江苏人才友好环境是指江苏人才赖以生存和得以发展的政治、经济、社会、文化、科技、自然等环境,包括影响人才成长的各种外部要素的总和。具体来说,既包括硬环境,也包括软环境;既包括物质环境,也包括精神环境;既包括宏观环境,也包括微观环境。

(2) 课题组采用德尔菲法,通过征求专家、领导和人才代表的意见并打分,确定江苏人才友好环境建设的基本要素。德尔菲调查的初始内容从经济环境、科技环境、政策环境、创新与创业环境、生活环境、教育环境、高技术产业环境、自然环境8个方面提出了36项江苏人才友好环境建设的要素。经过三轮调查与反馈,最终确定前15项江苏人才友好环境建设的基本要素,包括扩大产业规模、加快产业集聚、促进科技成果转化、优化人才结构、完善人才引进政策、提升城市影响力、提升城市开放度和包容度、促进人才服务业发展、丰富教育资源、提高居住质量、提高基础设施便利程度、提高就业人员平均工资、搭建科技交流平台、增强用人单位引才自主权、完善财税政策。

(3) 课题组将以上筛选出的15项要素作为江苏人才友好环境建设的基本要素,设计成调查问卷进行抽样调查,在苏南、苏中和苏北各选择1个设区市展开调查。就调查数据进行探索性因子分析,提炼出江苏人才友好环境建设的三个因子:"产业发展"、"人才发展"和"城市发展",三个因子具有很高的内部一致性水平。江苏人才友好环境的建设离不开产业、人才和城市三者的一体化发展,三者缺一不可。产业发展是人才友好环境建设的先导,人才发展是人才友好环境建设的驱动,城市发展是人才友好环境建设的保障。

(4) 人才友好环境建设三个因子的满意度均分都达到中位值,说明江苏人才友好环境总体上处于中等偏上的水平,但是产、才、城三者的发展不平衡、不协调。人才发展处于领跑地位、产业发展具有优势,城市发展相对滞后。三个核心要素的具体指标表明:在产业发展方面,江苏聚力打造产业发展高地,但在促进科技成果转化和完善企业财税政策方面有待改进。在人才发展方面,江苏持续加大人才支持力度,但在优化人才结构和增强用人单位引才自主权方面有待改进。在城市发展方面,江苏全面提升城市能级,但在丰富教育资源和提升居住质量方面有待改进。目前的突出问题主要表现在地区环境发展不均、资源整合效应欠缺、科技人才环境迥异等方面。科技人才环境建设是实现创新驱动发展战略的突破口,江苏人才友好环境建设势在必行。

(5) 结合江苏发展现状,探索出适合江苏高质量发展的人才友好环境建设路径——打造高科技生态园区。高科技生态园区是集产、才、城一体化的综合创业空间,也是实现成果转化和人才集聚的重大科教平台。高科技生态园区应当具有明确的产业定位、提供实时的人才服务和具备去边界的城市空间。高科技生态园区的打造,首先要进行科学规划布局,保持整体战略协同和地区特色彰显。其次要落实三大转向:从传统转向现代、从数量转向质量、从外在转向内在。最后要做好跨界协同发展,包括共建跨区域产业合作园区、加强国际合作园区建设、共同打造产业生态园区现代化教育体系。

57 江苏省民营女企业家生产经营现状与转型发展对策研究

刘钢,"江苏省民营女企业家生产经营现状与转型发展对策研究",2019年中央高校基本科研业务费项目。项目主持人刘钢时任江苏省人才发展战略研究院企业人才研究中心副主任、河海大学商学院副教授。

妇女事业发展一直是习近平总书记关注的重大问题,女企业家队伍是江苏民营经济发展不可或缺的重要力量。受传统文化影响,即使在大批女性杰出人才脱颖而出的今天,一些涉及性别歧视的传统观念仍然制约着女性企业家的生存和发展,较男性企业家而言,女性企业家职业发展面临着更多的困难。

项目组赴盐城、南通、苏州三市进行了实地调查,发放问卷1 054份,回收有效问卷899份,通过分析获得了以企业经营现状、企业转型发展、女企业家个人发展、政策感知与建议为主要内容的第一手资料,通过摸底调研,了解掌握企业生产、经营的现状,为女企业家创新发展把脉问诊。以江苏省内民营女企业家为主要调查对象,通过问卷、座谈和访谈等形式,调查该群体的生产经营现状及转型发展需求,了解女企业家迫切需要政府和社会给予支持和解决的问题,有针对性地提出帮扶思路和举措。

研究发现:从行业类型来看,江苏省女性企业家活跃于各类行业,但主要聚集在制造业、批发和零售业、农林牧渔业等劳动密集型行业,制造业是江苏省主导优势行业,女性企业家的产业结构与江苏省产业整体结构相吻合。从行业布局来看,江苏省女性企业家行业分布呈现出显著的空间异质性。女性企业家的产业呈现出规模不大、管理规范、侧重短期规划的特征。女性职业发展特征呈金字塔式数量分布、在中性化职业中占优势。女性企业家转型方向聚焦于政府重点发展目标。女性企业家研发投入具有显著的空间与行业差异性。人才资源是女性企业家转型的最大短板。女性企业家的创业驱动力主要是实现自我价值。女性企业家的创业优势主要是性格亲和,善于协调。女性企业家的创业劣势主要是性别歧视、不善创新、家庭负担。

该研究提出,打造产业转型的"互联网+"生态系统,要针对行业特征优化转型路径。大力发展职业人才教育,提升政策执行效度,解决女性企业家面临的人才匮乏、融资困难等创业难题。弱化就业市场的性别歧势,打造共建式居家服务,解决女性企业家的事业与家庭权衡问题。

58 新文科背景下面向"一带一路"的涉外复合型应用技术人才培养模式创新研究

汪群,"新文科背景下面向'一带一路'的涉外复合型应用技术人才培养模式创新研究",教育部首批新文科研究与改革实践项目,2020年立项,2022年结题。项目主持人汪群时任常州工学院副校长、教授、博士生导师。课题组主要成员有曹国、李卉、谢燕红、金中坤、仲晶晶、曹建江、陈汨梨、李伟、孟祥森、黄德春、魏萍、邹一琴、王文琴等。

该课题围绕"一带一路"沿线国家产业链的发展需求,结合区域"走出去"国际工程企业产业特点,把握新发展格局之下国际化现阶段特征,重点打造物流、智能制造、工程建设等复合型涉外应用技术人才培养链:以多学科交叉融合为抓手,培养"专业＋、商务化、柔性化、灵性化和中国化"的高素质复合型涉外人才,构建高水平大学学科和高端人才引领、以应用技术大学和职业技术学校为主体的应用型人才培养联盟。包括根据新发展阶段、新发展理念、新发展格局下国际工程企业对涉外应用技术人才能力素质的要求,构建复合型涉外应用技术人才能力素质模型;贯彻新文科建设内涵、充分运用新技术,多学科交叉融合,优化涉外应用技术人才教育培养模式;探索多主体协同联合培养机制,为参与"一带一路"建设的国际工程企业提供一揽子人才解决方案。

目前"一带一路"建设由点及面,已逐步形成区域大合作,"五通"基础建设不断加大及深化,需要大量各级各类应用技术人才,特别是工程建设人才,在此统称为"涉外应用技术人才"。"一带一路"沿线国家大多是发展中国家,当地难以响应这样的人才需求。高校作为我国人才培养的主体,为沿线国家培养来华留学生和服务于"走出去"国际工程企业的中国学生,在服务"一带一路"建设和促进中华文化"走出去"过程中发挥着至关重要的作用。随着"六卓越一拔尖"计划2.0的正式启动,"新文科"建设也拉开序幕。中国特色社会主义的伟大实践所带来的"道路自信、理论自信、制度自信、文化自信"给新时期的人才培养提供了深厚的理论和实践基础。

该课题在深刻理解新技术和国际社会发展新形势下"新文科"建设内涵的基础上,结合"一带一路"沿线国家产业发展需求,构建新文科(解构为商务化、柔性化、灵性化和中国化)＋工科的复合型涉外应用技术人才模块化培养模式,着力解决以下问题。

(1) 如何在新国际格局和新技术条件下,与时俱进培养"一带一路"建设所需要的涉外应用技术人才。共建"一带一路"正成为我国深度参与世界经济合作、构建世界经济新格局、促进世界经济共繁荣、推动构建人类命运共同体的中国方案。"一带一路"沿线国家政治、经济体制多样,历史文化不同,宗教信仰各异,经济发展参差。因此,"一带一路"建设需要大量能够融会贯通丝绸之路沿线政治、经济、文化的不同层次、不同类型的涉外应用技术人才。目前,涉外应用技术人才的数量和质量无法满足"一带一路"建设中国际工程企业对于技术人才的复合型要求。此外,大数据、云计算、人工智能、区块链等新技术不仅带来了教育手段和传播方式的变革,也给人才培养提出了新的要求。

(2) 现有人才培养体系无法满足"走出去"企业对涉外人才软硬技能的要求。首先,现有培养体系专业分化过细,不适应"一带一路"沿线国家人口规模小、复合型应用技术人才的硬性技术需求。其次,工科人才培养对跨国跨文化的软技能培养不够。应加强涉外商务、法律知识技能培养,提高"商务化"程度;加强具有多国语言能力的跨文化敏感性能力训练,增强人才的柔性化;加强美学和文学等博雅教育,增强学科之间的交叉融合,提高人才的灵性化;此外还要加强中国精神和中国话语体系的教育,培养具有中国情怀的高素质复合型涉外应用技术人才。

(3) 现有的不同层次的教育主体没有形成协同效应,无法为国际工程企业提供一揽子人才解决方案。目前,在复合型涉外应用技术人才的培养过程中,一流本科院校、应用型地方高校和地方高职类院校之间合作机制不健全,一流高校的学科优势和高职类院校的技能培养优势在应用型高校的涉外人才培养中没有得到充分发挥。因此,复合型涉外应用技术人才的培养亟须区域内不同层次的教育供给主体之间积极合作,高效协同。

该课题在现有人才培养体系的基础上,以提升涉外人才培养质量为根本目标,坚持守正创新,围绕"一带一路"建设,聚焦沿线国家和"走出去"企业对应用技术人才的需求,解构新文科+,构建涉外复合型应用技术人才能力素质模型,提出"一专四化"的涉外复合型应用技术人才培养模式,并在培养内容、培养方式、培养进程三方面,以及相应的师资梯队、基地建设、课程体系、教材开发、学科平台、实验平台、实践基地等支撑体系方面,进行集成创新,并建立多教育主体协同的联合培养机制,致力于在新时代为国家培养"高素质复合型涉外应用技术人才"。

59 乡村振兴战略背景下江苏返乡创业人才环境优化研究——以徐州为例

袁兴国,"乡村振兴战略背景下江苏返乡创业人才环境优化研究——以徐州为例",江苏省人力资源和社会保障厅项目,2020年7月立项,2020年12月结题。袁兴国时任徐州工程学院徐州创新创业教育学院副院长、江苏省"333工程"中青年科学技术带头人、中国人才研究会理事、江苏省人才学会常务理事、江苏省创业服务协会常务理事、博士、研究员。

该课题在前期就针对返乡创业对实施乡村振兴战略的重要的意义进行过梳理和实践,认为研究徐州市返乡创业环境优化举措,在江苏乃至全国都具有典型性和代表性,具有较大推广价值,理论和现实意义显著。徐州市创业工作指导中心与徐州工程学院创新创业教育学院共同组成了本课题研究课题组。课题组面向近三年返乡创业者和人才工作者进行了访谈与问卷调研,并在邳州等地进行了实地调研,整体掌握了近年来徐州市返乡创业现状、政策落实情况、返乡创业群体特征以及诉求等情况。还赴返乡创业国家级试点县——丰县进行了调研,走访了典型返乡创业企业。课题组在实践调研及理论研究的基础上完成了本课题的调研报告。

该课题成果分为六个部分。第一部分重点陈述了课题研究的背景。第二部分对返乡创业主体及环境要素进行了界定。第三部分从组织机构与工作机制、政策支持体系、培训与指导、载体平台建设以及氛围营造多个方面描述了徐州市返乡创业环境营造现状。第四部分以点见面,详细介绍了徐州丰县返乡创业环境营造的特色和亮点以及取得的成效。第五部分主要呈现了返乡创业者以及人才工作者对徐州返乡创业环境的满意度评价以及改革需求。第六部分在坚持问题导向的基础上,对优化徐州返乡创业环境提出具体的对策及建议。在此基础上,重点研究了区域人才集聚的数量和质量对一个区域经济社会发展所起的至关重要的作用及实现路径。

该课题的主要观点:区域人才集聚与活力激发,一要突出政府在人才聚集中的主导作用。因地制宜、科学设计各种形式的人才工程项目,做好人才集聚的服务配套保障,大力培育和扶持产学研的合作模式。二要大力优化人才集聚与发展的政策环境、经济环境、文化环境、生态环境、交通环境。三要积极研究和注重政策举措的针对性和实效性。创新工作方法,让新技术、新方法在人才集聚上发挥作用。科学设计本土人才国际化发展的有效路径,科学谋划提升区域吸引和集聚国际人才的能力。四要因地制宜,建立科学系统的人才评价考核办法,引进先进的考评方法。

60 盐城企业人才创新活力研究

赵永乐,"盐城企业人才创新活力研究",盐城市委人才工作领导小组委托重大项目,河海大学中央人才工作协调小组国家人才理论研究基地承担,2021年8月下达,2022年1月结题。课题主持人赵永乐时任河海大学中央人才工作协调小组国家人才理论研究基地首席专家、中国(南京)人才发展研究中心常务副主任、教授、博士生导师。国家人才理论研究基地的赵永乐、李峰、吕江洪、陈双双、陶卓、李秀文、王珊、姜意莎、方娜、朱婷等组成了课题组。盐城市委组织部人才处和盐城市下辖各区、市、县组织部以及相关工作部门工作人员参加了课题的调研工作。

"十四五"期间,盐城将开启全面建设社会主义现代化新征程,坚持"三市"战略,坚定"两海两绿"路径,推进"四新盐城"建设,加快建设现代化经济体系,在"争当表率、争做示范、走在前列"中展现盐城担当,营造良好企业人才创新生态环境,激发广大企业人才强企和聚天下英才而用之的热情,努力引进、培养和用好高层人才,充分激发人才创造活力,打造一支与盐城经济社会发展相适应的企业人才队伍,促进企业人才创新发展,推动盐城社会主义现代化建设取得良好开局。在这种大背景下,盐城市委组织部邀请河海大学中央人才工作协调小组国家人才理论研究基地共同开展盐城企业人才创新活力研究,开发和发布2021年度盐城企业人才创新活力指数。

该课题研究的意义体现在两个方面。一是践行习近平新时代人才思想的深刻理论意义。习近平总书记在中央人才工作会议上强调,向用人主体授权,为人才松绑,把我国制度优势转化为人才优势、科技竞争优势,加快形成有利于人才成长的培养机制、有利于人尽其才的使用机制、有利于人才各展其能的激励机制、有利于人才脱颖而出的竞争机制。大国竞争既是经济、科技实力的竞争,也是人才创新的竞争,更好地激发企业人才创新活力是快速提升综合创新能力的关键。放眼国际,一些拥有较强科技创新实力的国家都有较高的企业人才创新活力。二是强化盐城的企业人才创新工作、激发企业人才创新活力的重大现实意义。人才是创新最关键的因素,强化盐城企业人才创新工作的关键在于激发企业人才的创新活力。开展盐城企业人才创新活力研究可以找出当前盐城企业人才创新存在的问题,开创盐城企业人才创新新局面,激发企业人才创新活力,畅通人才工作"最后一公里",做好企业人才创新的顶层设计、战略谋划和战略布局。

课题研究主要包括以下三个方面的内容。

(1) 首创、开发、发布企业人才创新活力指数。作为国内首创的企业人才创新活力指数于 2021 年 10 月 24 日在盐城公开发布。该指数的开发涉及盐城企业的人才创新工作、人才创新队伍、人才创新投入、人才创新效能、人才创新生态环境和人才创新发展潜力六大方面 103 项具体指标。盐城企业人才创新活力指数研究创造性地提出人才创新是企业发展和经营管理活动的一项重要工作,企业人才创新工作是盐城市人才工作和创新工作的重要组成部分,需要有组织形态、规划与工程、创新机制和政策激励等一整套工作体系作保证。事实上,盐城市的部分先觉企业近年来已经尝试开展人才创新工作,初步形成了企业人才创新工作的雏形。除此之外,企业人才创新活力指数指标体系的设计还有多处创新亮点。盐城企业人才创新活力指数的开发和运用,不仅有利于对盐城企业的人才创新活力进行评估,更重要的是能使企业明确企业人才创新的重要性和自身人才创新工作的长处与短板,并明确未来人才创新活力提升的方向。盐城各级党委和政府通过发布盐城企业人才创新活力指数,更加明确在人才工作新的历史起点上有针对性地解决企业人才创新队伍结构性矛盾突出、人才政策精准化程度不高、人才发展体制机制改革"最后一公里"不畅通的问题。

(2) 探寻盐城企业人才创新活力的重大影响因素和制约因素。课题研究并没有满足于在全国首创、开发和发布企业人才创新活力指数,而是将目光进一步聚焦到如何解决提升企业人才创新活力问题。课题组在盐城市委组织部的大力支持下,开发了一套通过抽样问卷调查来客观评价盐城市影响企业人才创新活力的要素和要素现状或实施情况的专家调查系统,通过四方面的代表对政府、企业、人才和社会四个层面 50 项因素进行综合评价,探寻盐城企业人才创新活力的重大影响因素、满意因素、不满意因素,并探寻制约企业人才创新活力的瓶颈因素。探寻盐城企业人才创新活力重大影响因素和制约因素的研究,箭头直指政府、企业、人才和社会多层面的综合性要素,找出导致盐城企业人才创新活力不足的关键短板,以寻求盐城企业人才创新活力提升的突破口,为盐城市提供加强企业人才创新工作和激发企业人才创新活力的决策依据和参考。

(3) 规划盐城企业人才创新发展的总体思路与对策。该课题在开发盐城企业人才创新活力指数研究和探寻盐城企业人才创新活力的重大影响因素和制约因素研究的基础上,根据盐城市委组织部的要求,提出加强盐城企业人才创新工作、激发企业人才创新活力的总体思路与对策。课题组以习近平新时代人才思想为指导,分析盐城企业人才创新活力的现状,肯定成效,明确问题,依据盐城市"十四五"经济社会发展的需要,提出指导思想和包括战略定位、基本原则、主要目标与主要任务在内的总体思路,并提出以充分发挥盐城企业人才培养、引进、使用积极作用,以"重大部署"、"四强"实施策略和"三支撑"保障为主要框架的对策建议体系。

该课题研究也是国家社科基金重大项目"构建具有全球竞争力的人才制度体系研究"(20ZDA107)的中期调研成果。国家社科基金重大项目"构建具有全球竞争力的人才制度体系研究"首席专家、西南交通大学党的组织建设与人才发展研究中心主任、中国人事科学研究院原院长吴江教授认为,该次调研作为国内首次针对企业人才创新活力指数的研究工作,设计了一套研究企业创新活力的指标体系,对于此后在全国范围内开展相关研究工作积累了重要的经验,提供了高水平的制度安排,同时也为研究构建具有全球竞争力的人才制度体系提供了重要理论创新成果。

该课题研究报告于 2022 年先后获得全国人事人才研究主题征文二等奖、盐城市第十四次社科优秀成果特等奖、江苏省第十七届社科优秀成果三等奖和江苏省第三届人力资源社会保障优秀科研成果三等奖。

61 "产-才-城"适配视域下长三角人才一体化发展的协同机制研究

黄永春,"'产-才-城'适配视域下长三角人才一体化发展的协同机制研究"(项目编号为 21BGL016),国家社科基金一般项目,2021 年立项,目前在研。课题主持人黄永春时任河海大学人事处副处长、人才工作办公室主任、教授、博士生导师。课题组主要成员有郑江淮、杜晓荣、徐高彦、徐军海、吴国玖、邹晨、陈成梦、胡世亮、叶子、吴商硕、何政、杨凌云、钱春琳等。

该项目基于"长三角一体化"战略背景,立足长三角"产-才-城"的适配融合现状,构建"产-才-城"适配融合的理论框架,分析长三角"产-才-城"的适配格局;在此基础上,以人才一体化为着力点,探究长三角人才一体化的发展实况及制约机制,进而以构建区域创新体系为导向,构建长三角人才一体化发展的协同机制,推动区域人才的一体化配置与流动,从而提高长三角的"产-才-城"适配度。

该课题的主要内容及创新点体现在以下六方面。

一是从新型城镇化核心理念出发,基于扎根理论,采用半结构化访谈法,探究"产-才-城"适配融合的内涵和特征;基于空间类分和空间选择理论,分析"产-才-城"的融合机理和适配机制,构建"产-才-城"适配融合的分析框架。

二是基于"产-才-城"适配融合的理论框架,分析其适配融合阶段及演化趋势,探讨长三角"产-才-城"适配融合的类型差异与空间格局,揭示长三角"产-才-城"适配融合的演化规律,阐释长三角"产-才-城"适配格局的驱动机制,探寻长三角"产-才-城"适配融合的制约因素。

三是以"产-才-城"适配为研究视域,界定人才一体化的内涵;以城市为切入点,测评长三角城市间人才一体化的程度及演变规律;以省域和长三角整体为切入点,测度长三角人才一体化的联动性与传染性、网络性和系统性,综合测评长三角人才一体化程度。

四是探寻长三角地区人才流动和集聚的现状及影响因素,揭示地市层面长三角人才一体化的关联特征,探究不同地区的空间关联角色和模式,揭示人才一体化时空关联的传导机制;探寻长三角人才一体化的催生因素,揭示人才一体化的催生机制。

五是探讨长三角"产-才-城"适配融合的类型差异与空间格局,分析长三角地区人才政策体系的协同度及演化特征,探寻长三角人才一体化的制约机制。

六是剖析国内外典型区域人才一体化的经验与教训,构建"产-才-城"适配视域下长三角人才一体化的协同机制。即依据城市功能定位的差异,以构筑区域创新体系为导向,制定人才"引、育、用、服"四力协同机制,从而通过人才一体化驱动要素一体化,培育长三角创新链与产业链,提升人才等级与产业等级、城市等级的匹配度,提高长三角的"产-才-城"适配度,助推长三角高质量一体化发展。

该课题的学术价值包括以下三个方面:第一,基于协同学和经济地理学的理论,构建"产-才-城"适配融合的分析框架,探究长三角地区"产-才-城"适配格局及其形成机制,并测评长三角地区人才一体化程度及其制约机制;第二,以"产-才-城"适配融合为目标,以"共引、共育、共用、共服"为逻辑脉络,构建区域人才一体化发展的协同机制;第三,创建"产-才-城"适配视域下人才一体化的研究视域和理论框架,深化人才一体化领域的研究。

该课题的应用价值包括以下三个方面:一是以"产-才-城"适配为切入点,可为提升新型城镇化水平提供实践借鉴和政策参考;二是以"长三角一体化"国家战略为研究背景,可为完善"人才一体化"的政策体系提供实践借鉴;三是能为长三角区域合作办公室等有关部门的人才政策制定提供指引和参考,有助于促进长三角人才的一体化发展,提升长三角区域的"产-才-城"适配水平,进而推动长三角高质量一体化发展。

62 适配南京高质量发展的科技人才全链条引进培育机制及激励政策研究

樊传浩,"适配南京高质量发展的科技人才全链条引进培育机制及激励政策研究",南京市软科学重点课题,2022年立项,目前在研。课题主持人樊传浩时任水利部人力资源研究院副研究员、河海大学商学院副教授、硕士生导师。课题组主要成员有李娜、王森林、王济干、王薇薇、何凯元、郑诗颖、龚瑶、王嘉欣等。

2021年9月,习近平总书记在中央人才工作会议中提出要全面贯彻新时代人才工作新理念新战略新举措,加快建设世界重要人才中心和创新高地,深化人才发展体制机制改革,加快建设国家战略人才力量,全方位培养、引进、用好人才五点指示。在当今创新驱动发展的时代背景下,高水平科技自立自强是我国实现中华民族伟大复兴这一宏伟目标的关键所在,而科技自立、自主创新本质上依靠科技人才这一重要力量来实现。南京市是全国唯一的国家科技体制综合改革试点城市,想要实现科技兴市的现代化道路,就必须将人才优势转化为产业优势,进而促进南京市科技产业的高质量发展。

南京市在科技创新人才的工作上进行了大量探索与实践,期望通过科技领域的持续发展而成为全国代表性创新高地。从外部来看,国际间新一轮的人才争夺战已经打响,人才资源竞争日趋激烈,全国各地都在推进人才强省、人才强市战略,不断改革科技人才管理制度,出台优惠政策,南京市存在同国内其他发达城市的产业同质化较为严重的问题,南京市对人才的吸引力及城市竞争力都亟待提升。从内部来看,南京市科技人才的发展仍存在如高端科技人才流动性过大、科技人才服务保障体系不健全、科技人才结构和布局不合理等问题。

南京市迫切需要建设一支与经济社会发展相适应、与科技高质量发展相匹配的一流科技人才队伍。该课题针对南京市科技人才发展的现存问题,围绕南京市科技人才的全链条引进培育机制及激励政策展开,为优化完善南京市高层次科技人才引进机制、创业氛围、培育能力、激励政策提供建议,以实现南京市建设人才强市、创新高地的目标。在总目标的指引下,应重点解决以下三个问题。

(1) 重点回答南京市科技人才发展是什么(what)的问题,通过构建"人才甄选决策→跨边界人才池开发→全周期价值链"的科技人才高质量发展解释性分析框架,探索以科技人才催生战略性科创产业、以科技人才集聚促进产业集群、以科技人才结构调整促进产业转型的发展之路。

(2) 在适配南京高质量发展的背景下,引入跨边界网络协同全周期价值链的期望理论,回答科技人才的引进培育为什么(why)能发生的问题,提供科技人才发展的政策牵引条件和典型平台案例,找到当前人才引进培育的难点所在,提炼南京市人才引进培育的经验,在全国树立南京科技人才引进培育的区域特色品牌。

(3) 聚焦科技人才激励政策研究,重点回答怎么样(how)更优培育科技人才的问题,旨在为南京市政府、科技局、需求侧用人单位和科技行业人才主管部门等相关部门单位提供理论支撑和政策建议,助推南京市科技产业的高质量发展。

第 5 部分
著作篇

1 用人新论

钱孝华、望山(赵永乐),《用人新论》,河海大学出版社,1989年1月出版。主编钱孝华时任中共江苏省委组织部研究室主任;望山系赵永乐曾用笔名,时任中国人才研究会理事、江苏省人才学会秘书长、江苏省社科联咨询部负责人、《人才》(江苏)杂志主编、副研究员。参加写作的有赵宁乐、钱孝华、陆正方、李义生、祝新汉、钱锡昌、望山、武有智、邬志刚、葛文俊等,赵宁乐、徐保卫、舒小娟、李明对该书进行了编辑,望山统稿。

1987年初,江苏省人才学会邀请中共江苏省委组织部、江苏省社科联、江苏省科技干部局、江苏省行政管理科学研究所等部门的专家,就我国干部人事制度改革和人才管理体制改革等一系列问题进行了综合研究。党的十三次代表大会后,这些专家又多次讨论酝酿对上述问题的研究,进一步深化并编写了《用人新论》。《用人新论》不求面面俱到,只求创新探索,努力反映用人问题上的时代脉搏,是一次协同科研的可喜尝试。该书主要作者曾于1988年上半年在江苏省人才学会、江苏省社科联咨询部和南京市组织人事工作理论研究会联合举办的系列讲座上授课并受到好评。1988年9月,在连云港市举办的"干部人事制度改革"研讨班上,该书的主要内容作为教材受到欢迎。

该书主要研究探讨了改革现行用人制度的方法、途径以及在改革中遇到的一些问题,试图从不同的角度来考察分析有关用人的问题,并力求就此提炼出一些新思考和新见解。所谓用人制度的"新论",既有在当时已经开始探索实施比较成功的,也有实行了但还不够完善的,还有没有实行只是理论探讨的。

全书17.2万字,除前言外共12讲46节,分别论述了干部工作民主化、干部人事的分类管理、国家公务员制度、干部人事管理与竞争机制、商品经济与干部人事管理、人才流动、人才市场、领导干部考核科学化、建立和强化干部的监督机制、干部的能上能下问题、实现沿海经济发展战略的人才对策和干部教育面临的新问题及其对策等一系列理论问题。

2 作家人才学

夏老长,《作家人才学》,河海大学出版社,1989年6月出版。作者夏老长,1962年生,时任江西省南丰县地方志办公室工作人员,曾担任南丰县地方文化研究中心办公室主任、县人大常委会调研员兼南丰县总工会主席。我国人才学创始人、国家科委人才资源研究所副所长、中国人才研究会秘书长王通讯和中国文艺人才研究会秘书长、《文艺人才》杂志主编齐建昌为该书作序。

该书21万字,共10章40节。主要内容包括作家人才的基本特征、社会地位和作用,作家人才的创作活动、智能结构,作家人才成功的主观因素、外部环境及成才途径,作家人才的发现、选拔、培养和造就,以及作家人才群的探讨等。该书是作者的处女作,也是我国第一部系统研究作家人才成长规律的学术专著,为我国人才研究领域填补了一块专业人才学的研究空白,也为作家人才学奠定了理论基石。

该书主要使用调研归纳的方法,基于作者本人认知、古籍、国外资料及全国许多人才研究专家的最新科研成果,从作家人才学相关研究内容的视角出发,探讨作家人才的基本特征、社会地位和作用,分析作家人才的智能结构,讨论作家人才成功的内在因素和外部环境,以此研究作家人才的创作活动,解释作家人才成长的途径,进而揭示作家人才的发现和选拔、培养与造就的途径。

该书很好地把握了作家人才发展规律研究这一重大学术课题,运用结构严谨、逻辑紧密,从社会科学的视角,全面探求了作家人才成长、人才培养与人才管理的途径,立论新颖,内容丰富,资料翔实,繁简恰当,较好地注重了理论性、知识性、实用性,进而使该书的内容、信息量、知识结构达到一个新的高度、新的水平,且具有可读性,为大家掌握更多的作家人才的内涵,更多地了解作家人才的成长规律,提供了一个很好的渠道,同时具有学术性与实践应用性,对各行各业的读者都具有鲜明的启迪作用。

在没有现成作家人才学著作参考、借鉴的情况下,作者能匠心独运,自立体裁,自成一家之言,是难能可贵的。这项工作也是一项开创性的工作。该书的出版,是献给广大文学爱好者、人才学爱好者、各级文联组织及干部、大专院校中文系师生、广大社会科学工作者的一部好书,也对人才学的深入研究、探讨起到积极的推动作用。

该书序作者王通讯和齐建昌对该书给予了较高的评价。王通讯认为:该书"立论新颖,内容丰富,资料翔实,繁简恰当,较好地注重了理论性、知识性、实用性,可以说是献给广大文学爱好者、人才学爱好者、各级文联组织及干部、大专院校中文系师生、广大社会科学工作者的一部好书"。齐建昌指出,该书是"立论新颖、观点独特、内容丰富、结构严谨、贯通古今的中华文明史上第一部系统揭示作家成才规律的专著,开文艺人才研究史上理论著作之先河,为作家人才学奠定了理论基石,给广大文艺人才研究者以新的启迪"。

1989年10月,该书获得江西省抚州地区文艺攻坚优秀成果奖。1992年12月,该书分别获得江西省第五次社会科学优秀成果三等奖,江西省抚州地区第五次社会科学优秀成果评审一等奖。

3 当代著名科学家科学成就与哲学思想

宋明南、梁重言、周浩祥等,《当代著名科学家科学成就与哲学思想》,河海大学出版社,1989年10月出版。主编宋明南时任河海大学社科系副主任;梁重言时任东南大学人文学院副教授;周浩祥时任河海大学副教授。参加该书编写的有:浙江大学的林超然、颜一谦、华明,西安冶金建筑学院的孟宪俊、张强、梦镭丰、傅宇亚、中国科技大学的孙显元、余和群,华中理工大学的殷正坤,东南大学的梁重言,河海大学的宋明南、周浩祥、张翔宇,华南理工大学的彭纪南、伍德昌、成都电讯工程学院的薛晓东、浙江工学院的鲍健强、陕西机械学院的邬焜,江苏省自然辩证法研究会的马军等。林超然、孟宪俊、殷正坤担任编委,宋明南、赵德水负责统稿。

从科学发展的动力来看,哲学往往为科学观察、实验、计算及研究提供一定的概念和思想支撑。科学家在探索真理的过程中,会坚定自己的哲学概念与思想,从而丰富和发展自身的观点,哲学思想或对科学研究起到探照灯的引领作用,或对其构成约束和限制。而科学家为了在科学探索活动中作出重大贡献,必定会对哲学思想进行强烈关注与深入思考,并从中获得灵感。

该书是为适应高等院校理、工、农、医等专业的专科生、本科生、研究生学习之需要,由全国十余所理工科大学有关教师集体编写,选择了20世纪以来国际上公认的、知名度高的、影响力大的,在数学、物理学、化学、生物学、地质学、天文学、系统学等领域均作出过特殊贡献的著名科学家27位,对他们的生平、科学成就、哲学思想和贡献,都一一作了介绍。

该书选取的这些科学家对浩渺星空的好奇和惊异、对宇宙本质问题的痴迷和热情、对思想穷根究底的辩驳和拷问、对逻辑与理性的推崇和赞赏,均为现代科学传统注入了最深层的精神内核。例如,爱因斯坦追求世界的统一性是他科学创造的信念与动力,推动他在规范场的研究中取得初步成功;霍金依据"有生于无"的自洽框架,第一次提出了一个逻辑上完整的关于宇宙创生的物理理论;普朗克站在唯物主义立场上,抛弃马赫的狭隘经验论,作出划时代的发现。这些科学家强调哲学思想对于科学研究的重要性,并且体现在自身传授知识与科学研究过程之中,尝试用哲学思想来整理和反映科学事实。

该书不仅可作高等院校学生学习之用,而且可作中高等学校教师和自然科学、自然辩证法、哲学等研究工作者参考,使大家意识到哲学观点对于基础科学研究的重要作用,认识到科学研究抓源头、抓基础的重要性,从而发挥科学成就与哲学思想之间的相互促进、相互激荡作用,少走弯路,实现个人的突破与超越,为人类文明进步贡献更多智慧和力量。

4 人才,走向市场——人才市场学概论

望山(赵永乐),《人才,走向市场——人才市场学概论》,河海大学出版社,1989年12月出版。作者望山系赵永乐曾用笔名,时任中国人才研究会理事、江苏省人才学会副会长、《江苏社联通讯》杂志主编、《社科信息》杂志主编、《人才》(江苏)杂志主编,副研究员。

该著作是我国第一部系统研究人才市场的理论专著,填补了当时我国人才学理论研究上的一项空白。作者早在20世纪80年代初就开始关注人才市场问题,1984年开始研究和写作,1987年底完成我国第一部有关人才市场学的专著。20世纪80年代,正值新旧

体制激烈碰撞之际,此时人才流动高潮迭起,市场因素虽然开始显现,可是,若使用"人才市场"之类的崭新术语仍需很大的胆量和气魄,甚至会被人扣上"自由化倾向"的帽子[①]。该著作大胆突破当时人才流动和人才市场研究的理论禁区,初步建立起比较系统的人才市场学理论体系。

作者运用马克思主义的基本观点方法,结合社会主义初级阶段人才运行规律,分析了人才市场的特点、运行方式、作用及其不足。运用马克思主义生产力理论分析人才在生产力要素构成中的地位与作用;根据社会再生产理论,研究提出了人才再生产的特殊形式;通过对社会主义商品经济特征的分析,阐述了人才市场的积极意义,论述了人才市场学的有关概念和范畴。从人才劳动力到人才再生产,从人才流动到人才市场,从历史到现实,从人才市场的基本概念、定义和本质到开放人才市场的依据,从人才市场的运行机制和运转功能到人才的供给与需求,理论紧密联系实际,通过对人才市场问题的研究,为我国社会主义的人才市场实践提供理论依据。

该书的主要内容有四个方面。第一,叙述了人才市场学和人才市场的基本概念,认为"人才市场学是研究人才劳动力的供给与使用和支付能力的需求的关系的科学"[②],认为"人才市场就是人才劳动力市场。从狭义的角度来讲,人才市场是指交换人才劳动力的场所,是为人才个人和人才使用单位互相选择提供种种便利条件和保障的办事机构;从广义的角度来讲,人才市场指的是一种关系和领域。作为关系而言,指的是一定范围内的人才劳动力的供给需求关系;而作为领域而言,指的则是人才流通领域"[③]。该书从市场学和经济学的角度来定义人才市场,从而把该书的人才市场与平时我们所说的人才市场(指的是一种人才集市)科学地区别开来,澄清了人们对于人才市场理解上的误区。第二,把人才市场与其他各类市场进行了详细的比较,得出了它们的共性,也得出了人才市场的特殊性,并论证了人才市场的本质、人才市场的特征、人才市场的作用等,加深了人们对人才市场的认识。第三,运用经济学和市场学的观点,探讨了人才市场的运行机制、运行功能、供给与需求等,着重描述了人才市场的三大运行机制和它们各自的特征以及制约它们发挥作用的现实因素等。第四,从更深的层次探讨和分析了人才市场开放的依据、人才市场的承受能力,从而提出了人才市场的框架和开放人才市场的步骤和措施等。在当时我国人才市场还处于起步阶段,人才流动受到诸多因素制约,还不是特别普遍的情况下,该书的许多观点都是具有前瞻性的。

我国人才学史专家侯建东认为该著作具有六大突出特点和独特贡献[④]:(1) 率先大胆提出社会主义人才市场理论的相关术语和构建目标设想。在公开出版物中,该书是第一次使用"人才市场学"这一术语,并对这一术语进行了理论阐述,同时对人才市场的基本术语作了详细阐释。特别值得一提的是,"该书从市场学和经济学的角度来定义人才市场,从而把该书的人才市场与平时我们所说的人才市场(指的是一种人才集市)科学地区别开

---

① 侯建东. 中国人才学史(1979—2015)[M]. 上海:同济大学出版社,2017:178.
② 望山. 人才,走向市场——人才市场学概论[M]. 南京:河海大学出版社,1989:3.
③ 望山. 人才,走向市场——人才市场学概论[M]. 南京:河海大学出版社,1989:146-147.
④ 侯建东. 中国人才学史(1979—2015)[M]. 上海:同济大学出版社,2017:178.

来,澄清了人们对人才市场理解上的误区"①。(2)搭建起人才市场学学科的基本理论框架,奠定了人才市场学的理论基础。"该书是我国第一部系统研究人才市场的理论专著",构建起人才市场学学科的基本理论框架,"填补了我国人才市场学研究的空白"②。(3)首次明确提出"人才就是生产力"的观点。该书响亮地提出"人才就是生产力"和"人才走向市场,是解放人才生产力的具体形式和措施"③等崭新观点。同时,还直截了当地指出,"人才市场就是人才劳动力市场"④。(4)明晰了人才市场与其他各类市场的内涵和外延。在详细地比较分析人才市场和其他各类市场的共性的基础上,阐释了人才市场的特殊性,从而廓清了人才市场与其他各类市场的边界。(5)尝试探索人才市场的运行机制。该书从人才学、市场学、经济学等学科视角出发,结合我国现实情况,"详尽论述了人才市场的定义、本质、特征、作用、运行机制、运行功能等基本理论问题"⑤。(6)初步阐释放开人才市场的理论依据。"就人才市场开放的依据、承受能力、框架和步骤等应用问题作了具体阐述。"⑥

该书问世后,引起了学术界的广泛关注,被认为"对人才市场进行了较为全面系统的理论研究,具有非常重要的价值"⑦。

该著作于1997年获得中国人才研究会颁发的全国第一届人才学著述一等奖,于1999年获得国家人事部颁发的第二届全国人事科研成果评审一等奖。

5 科技队伍建设与发展

彭涵明、望山(赵永乐),《科技队伍建设与发展》,河海大学出版社,1990年6月出版。主编彭涵明时任江苏省人才学会名誉理事长、原江苏省科学技术干部局局长;望山系赵永乐笔名,时任江苏省人才学会副会长、《江苏社联通讯》杂志主编、《社科信息》杂志主编、副研究员。参加该著作写作的有李建军、周彪、李明耀、赵宁乐、李明、单作银、沈小健、詹世平、徐保卫、朱华友、望山、顾军和何达昌等。

全书共29.1万字。作为我国第一部系统研究科技队伍的理论专著,该书从我国改革开放和经济社会发展的需要出发,在对大量具体调查统计资料进行分析研究的基础上,对我国科技队伍的建设和发展进行了多方位的探讨。

该书指出,科技队伍作为全体科技人员的组合整体,既是当今第一生产力——科学技

---

① 赵永乐.人才市场新论[M].北京:蓝天出版社,2005:290.
② 李小平.人才市场学研究[M]//王通讯,叶忠海.中国人才学30年(1979—2009).中国人事出版社,2009:122.
③ 望山.人才,走向市场——人才市场学概论[M].南京:河海大学出版社,1989:28.
④ 望山.人才,走向市场——人才市场学概论[M].南京:河海大学出版社,1989:146.
⑤ 李小平.人才市场学研究[M]//王通讯,叶忠海.中国人才学30年(1979—2009).中国人事出版社,2009:128.
⑥ 李小平.人才市场学研究[M]//王通讯,叶忠海.中国人才学30年(1979—2009).中国人事出版社,2009:128.
⑦ 李小平.人才市场学研究[M]//王通讯,叶忠海.中国人才学30年(1979—2009).中国人事出版社,2009:122.

术的首要的、能动的组成要素，也是科学技术的载体，更是衡量一个国家综合实力的主要标准之一。科技队伍研究在我国已成为一门具有独立研究对象和系统理论的学科。全书共15章58节，全面考察和系统研究了科技队伍与科技进步和社会发展的关系、科技人才的内涵特征、科技人才再生产、科技人才市场、科技队伍的地位作用与现状、科技队伍的社会环境、技术职务与职称等一系列科技队伍研究的重大理论，以及科研、工业、农业、教学、卫生等五大系列的科技队伍的组成、结构、管理和发展规律等问题。为适应乡镇企业的发展，该著作还对乡村工业科技队伍进行了专门研究。

该书绪论还介绍了科技队伍研究的内容和方法，以及科技队伍研究的相关学科和分支学科；该书的最后一章，还介绍了国外的发达国家、社会主义国家和发展中国家的科技队伍概况。该书针对我国科技队伍建设与发展的现状，提出了全面的、系统的、可行的对策建议。《社科信息》杂志1990年第六期在书评与苏讯栏目中刊载了凌东的文章《科技队伍研究的上乘之作——评〈科技队伍建设与发展〉》，称赞该书"内容广泛，框架得当，具有较高的理论学术价值和实际应用价值"。

1991年该著作获得江苏省人民政府颁发的江苏省第三次哲学社会科学优秀成果三等奖。

6 江苏农民实业家辞典

《江苏农民实业家辞典》编纂委员会，《江苏农民实业家辞典》，河海大学出版社，1990年11月出版。全书共92.5万字，收录江苏省各类农民实业家925人。该辞典编纂委员会由江苏省人才学会、中共江苏省委农村工作部、江苏省科学技术协会和江苏省哲学社会科学联合会等单位共同组成，有主任委员彭涵明，副主任委员府培生、江立、王淮冰、张鸣，编委丁在录等共112名。编辑部有主编赵永乐，副主编林毅、章道珍、谢树春、曲兰亭，编纂人员丁永能等共330名。时任中共江苏省委副书记曹鸿鸣为《江苏农民实业家辞典》题词，江苏省人民政府副省长凌启鸿为《江苏农民实业家辞典》撰写前言。

党的十三届三中全会以来，尤其是实行农村经济体制改革以来，江苏省农村的经济、社会生活发生了巨大变化，涌现出一大批农业实业人才，作为农村经济、社会生活飞跃发展的带头人，他们的业绩早就引起了人们的关注。该辞典为人们认识了解农民实业家，认识和了解农村工作规律及其在新形势下的特点，做了一项不可或缺的基础性工作。辞典收录了自党的十一届三中全会以来在江苏省农村经济体制改革中涌现出的并为振兴和发展江苏或当地农村经济作出突出贡献和显著成绩的各类农民实业家925人，他们当中既有乡村工业企业的厂长经理，也有种植大户和养殖大户，还有活跃在农村商业、运输、建筑、服务等行业战线上的实干人物。词条内容包括农民实业家的姓名、籍贯、出生年月、现职、简历，以及主要事迹、成就，并兼及工作经验和获奖情况，还附有照片。词条编写主要依据本人和组织提供的材料，并由有关单位推荐，经县、区、市审核。编写内容时间截止到

1988年底。书中材料翔实、丰富、全面、准确。词目以姓氏笔画为序。为便于查索,辞典还附有词目汉语拼音索引和词目地区分类索引。

为农民中的优秀人物树碑立传,在我国尚属首例。该辞典的问世为系统总结、寻求农民实业家的成长规律和农村经济的工作规律,了解农村改革以来的重大变化,了解农民精神生活和物质生活的巨大变化,提供了坚实的基础。

7　古今用人要诀

周平,《古今用人要诀》,河海大学出版社,1993年7月出版。作者周平时任江苏省盱眙县经济委员会主任。

大千世界,社会万业,非几匹"千里马"所能撑持,大量需要的是各行各业的"百里驹"。因此,在研究"人才学"的同时,更需要研究"用人学"。用人艺术,博大精深,虽然这是一个古老话题,但同时是历代社会的热门课题,尤其是在现代,民主、法治、科技乃至经济建设迅猛发展,用人更成为举足轻重之关键。

该书是一本专门研究"用人学"的专著。全书共6章26节,合计34.3万字。从知人、择人、任人、容人、育人,直至励人的全过程,将先秦至今历史上用人的理论、思想和经验,结合现代社会的具体情况进行了综合研究和深入探讨。"知人"强调求才要广,当善于识人辨才,评价人事应视其环境和条件、普遍访问、慎察众意,注重德能勤绩分类鉴别;"择人"强调诚信待人,立贤不拘一格,当唯才是用;"任人"强调因事择人、因人器使、因流而导、因佐而构、用尽其才;"容人"强调人无完人、取长补短、任则必容、容则必信;"育人"强调既得其用、又得其养,既育其智、又育其德,注重创造良好的育人环境;"励人"强调利益差异、赏罚分明,以推动其进取奋斗。这全过程中的每一个环节都自有高深的学问和奥妙可寻。

该书通过以上梳理,探讨出以下三点认知:第一,用人不能仅限于"人才",因为"人才"与"人材"之间本无严格界限。第二,用人是一个过程,包括知人、择人、任人、容人、育人、励人等,忽视其中任何一个环节,都不会取得好结果。第三,用人当出以公心。世人皆以"会用与不会用"论人,而"真用,假用"才是用人之道,从事业出发,真心用人,定会掌握用人方法。

该书就用人问题与广大理论工作者和实际工作者共同探讨,就用人的各个环节分别予以深入探讨,具有较强的学术性和实践性,使我国古代灿烂的用人文化之花开放在现代绿叶丛中,从而使现代用人文化更加绚丽多姿。

8 充分发挥现有人才作用的研究

望山(赵永乐),《充分发挥现有人才作用的研究》,河海大学出版社,1995年2月出版。该著作是江苏省哲学社会科学规划办公室下达给江苏省人才学会的"八五"规划项目"充分发挥现有人才作用的研究"的研究成果,1993年立项,1995年结题。主编望山系赵永乐笔名,时任江苏省人才学会副会长、《江苏社会科学》杂志主编兼《社科信息》杂志主编、研究员。副主编为赵宁乐、谢树春、方心清。共上百名专家学者参与了调查研究。课题报告主要执笔者有望山、宋史军、单作银、赵宁乐、孙淮斌等。

在江苏省委组织部、省人事局、省科技干部局、省社科联等单位的热情支持下,在南京、无锡、苏州、淮阴、南通、连云港、盐城、扬州等市和南京大学、东南大学、南京师范大学的大力配合下,课题组经过17个多月的努力,完成了课题研究总报告和省级调研篇、市级调研篇、县级调研篇、企业调研篇和乡镇调研篇等调研成果。

课题研究以邓小平建设有中国特色社会主义理论为指导思想,以建立社会主义市场经济以及与之相适应的现代企业制度为目标,从江苏省经济社会发展的实际情况出发,着重对江苏省人才作用发挥相对滞后的现象和可能产生的副作用以及相应的对策进行尽可能系统的研究,以期引起省委、省政府及有关部门的高度重视,使有关问题得到尽可能快和稳妥的解决。

课题研究总报告首先在对江苏现有人才的实力进行分析的基础上,对江苏现有人才的作用发挥进行了评估并找出问题所在。其次,深入发掘江苏现有人才难以发挥作用的主要原因。再次,提出充分发挥现有人才作用的对策目标与原则。最后,提出充分发挥现有人才作用的基本对策。

省一级调研的内容主要集中在五个方面,即加强知识分子工作与发挥知识分子作用问题,深化职称改革与调动专业技术人员积极性问题,人才流动、人才市场与发挥人才作用问题,发挥高级专家作用问题,高校教学科研人员发挥作用问题。在市一级,分别就南京、无锡、淮阴、南通等市有关人才作用发挥的问题进行了调研。在县一级,分别就南京市雨花台区、淮安市、淮阴县、邗江县、东海县有关人才作用发挥的问题进行了调研。在企业方面,先后调研了连云港港务局、淮阴市冶金工业公司、南京调速电机厂、大丰县飞轮总厂、大丰县化肥厂、灌南压铸机厂等企业。在乡镇方面,调研了靖江县新桥镇、东海县桃林镇、吴江市梅堰镇、宿迁市宿城镇和江都县的部分乡镇以及淮阴市清浦区的村办厂。为使各项调研在内容上不相互重复,各大块的各项具体调研各有侧重,如市级调研篇中,南京市侧重于发挥青年科技人员作用的研究,淮阴市侧重于一般专业技术人员作用发挥的研究,无锡市侧重于乡镇企业科技人才队伍的研究,南通市侧重于引进人才作用发挥的研究。为使课题研究从宏微观上能够对照验证,除总报告外的五大块沿着省、市、县、企业、乡镇的脉络,从宏观逐渐过渡到微观,层次分明,使人既能全面把握江苏整体人才作用发挥情况,又能较深刻地了解各个层次的人才作用发挥情况。

课题认为,江苏现有人才作用未能充分发挥的主要原因在于六个方面:一是人才资源没有得到应有的重视;二是缺乏有效的激励机制;三是人才资源的市场配置机制尚未走上正轨;四是知识老化问题未能根本解决;五是人才作用发挥的社会支撑体系有待健全;六是思想政治工作逐年削弱。江苏充分发挥人才作用在对策设计方面。目标模式是:在江苏逐步建立起与社会主义市场经济体制相适应的、与全面改革开放总格局相同步的以宏观调控下的人才市场为中心的富有效率、充满活力、能够满足经济社会发展需求的人才作用发挥机制。这种新的人才作用发挥机制建立的基点是:人才是国家的主人翁,人才是第一资源,既要尊重人才的主人翁地位,又要尊重人才的价值和劳动。确立构建新的人才作用发挥机制,需要遵循四项基本原则,包括发展生产力原则、人才价值原则、效益原则和机制自运行原则。充分发挥现有人才作用的基本对策,一是建立合理配置人才资源的市场机制;二是建立以价值为导向的激励机制;三是建立可行有效的终身教育机制;四是建立强有力的社会支撑体系;五是造就一支跨世纪的高级专家队伍;六是切实加强人才的思想政治工作。

时任江苏省人才学会会长的李向阳认为,这是一项很有政治思想价值、经济价值和学术价值的有关社情、国力的调研工作,对于领导机关、实际工作部门、理论研究者和各有关方面来说,将是一份颇有见地的决策建设与研究资料。该研究报告很有特色:一是数据比较多、比较重。二是方法比较好。这样就改变了有关人才问题的社会调查方法,具有一定的开创意义。读完报告,人们自然会想到必须从对人才问题的空泛议论转向采取扎扎实实的过硬行动,善于既从政治角度又从经济角度考虑人才开发的宏观效益和微观效益,要把人才经济系数列入国民经济考核的指标体系,像抓发展开放型经济、抓发展第三产业、抓控制人口与计划生育那样抓人才开发。报告中提出的充分发挥现有人才作用的目标原则和基本对策,也是较有见地的,值得思考和研究。

9 新世纪人才曙光:江苏省加快培养跨世纪学术和技术带头人对策研究

刘显桃、赵永乐,《新世纪人才曙光:江苏省加快培养跨世纪学术和技术带头人对策研究》,江苏科学技术出版社,1996年2月出版。主编刘显桃时任江苏省委组织部知识分子工作处处长;主编赵永乐时任江苏省人才学会副会长、《江苏社会科学》杂志社副社长、"江苏省加快培养跨世纪学术和技术带头人对策研究"课题组负责人、研究员。副主编单作银时任江苏省委组织部知识分子工作处巡视员;赵常林时任江苏省委党校副教授;朱必祥时任南京理工大学人文学院讲师。刘显桃、赵永乐、单作银、赵常林、朱必祥、陈东伟、石金楼、肖曼、司马雪放等参加了书稿的编校工作,赵永乐统稿审稿,刘显桃审定稿。

该著作由江苏省委书记陈焕友题词,"努力培养一大批跨世纪人才"。江苏省委副书记顾浩作序,他指出:课题组系统分析了"我省组织学术、技术带头人队伍的现状、规模及其发展趋势,剖析了学术、技术带头人队伍建设中存在的主要问题及形成的原因,阐明了我省培养跨世纪学术、技术带头人的任务、目标和若干原则,提出了可操作性较强的对策措施,使对策研究在理论和实践方面有较强的可靠性、权威性和普遍指导性,为省委、省政府的决策提供了可靠而又翔实的依据,对全省知识分子工作尤其是跨世纪学术、技术带头人培养工作的开展也将起到积极的推动作用"。

1993年,党的十四届三中全会提出,"要造就一批进入世界科技前沿的跨世纪的学术和技术带头人"。之后,国务院办公厅转发了国家人事部、科委、教委、财政部《关于培养跨世纪学术和技术带头人的意见》。根据中央、国务院的指示精神,结合江苏省知识分子队伍的现状及经济社会发展的实际需要,江苏省委知识分子工作领导小组于1994年初研究确定,把培养跨世纪学术、技术带头人作为今后一个时期知识分子工作的一项重点任务。省委知工办根据领导小组的要求,召开了省委研究室、宣传部、省人事局、科委、教委等部门分管领导会议,研究了培养跨世纪学术、技术带头人调研工作的具体要求和工作方法,并作具体分工。为了保证课题的顺利进行,省委知工办向有关部门借调了人才研究方面的专家和研究人员,共同组成了总课题组。

调研工作由江苏省委组织部副部长林玉英高级工程师总负责,刘显桃、赵永乐担任总课题组负责人。江苏省科委将调研工作列为江苏省1994年科技计划项目,编号为BR94934,下达给江苏省委知识分子工作领导小组办公室承担。1994年7月立项,1995年8月结题,9月通过省级评审。该著作是调研工作的研究成果,包括1份总课题报告、11份基础专题研究报告和8份子课题研究报告。

总课题报告提出,要突出战略重点,实施"333工程"。加快组织实施"333跨世纪学术、技术带头人培养工程"(简称"333工程")。即到2000年,重点培养出30名能进入世界科技前沿并在国际上具有较高知名度的院士级专家;培养出300名在国内学术、技术界具有重大影响的高级专家;培养出3 000名各学科、各行业成就突出,具有一定威望的学术技术带头人。其中拟培养的30名院士级专家,由省委知识分子工作领导小组直接联系管理,培养工作由有关部门和单位具体组织实施;300名高级专家分别由省人事局、省科委、省教委、省计经委、省委宣传部等综合主管部门牵头联系管理,培养工作由有关部门和单位具体组织实施;3 000名学术、技术带头人的培养工作由各市有关部门及单位具体组织实施。省委知识分子工作领导小组负责"333工程"的组织协调工作。

调研工作在江苏省委知识分子工作领导小组的直接领导下完成,江苏省委副书记、省委知识分子工作领导小组组长顾浩和江苏省人民政府副省长、省委知识分子工作领导小组副组长张怀西多次关心总课题研究的进展,了解课题研究情况。研究得到了中央组织部有关部门负责同志的指导,得到了省哲学社会科学联合会、省委党校、南京理工大学人文学院、南京大学国际商学院、河海大学国际工商学院、南京师范大学经济法政学院的大力支持。江苏省科委在本课题立项和研究过程中给予了多方面的指导,省财政厅在经费上给予了大力的支持,省教委、省计经委、省人事局、省科干局、省统计局、中国科学院南京分院、南京师范大学人事处、南京大学人事处等部门无偿提供了研究资料,保证课题研究的顺利进行。还得到了中国人事科学院人事与人才科学研究所多方面的关心和指导,得到了上海市委组织部、市人事局和北京、山东、辽宁、浙江、广东等省市有关部门的大力支持。

1995年9月,江苏省科委组织国内专家对该项目进行了评审。评审组由江苏省委研究室主任顾介康,中国人事与人才科学研究所副所长、研究员王通讯,中央组织部干部教育局副局长姚雪,中央组织部干部教育局知工处处长郭瑞廷,广东省科技干部学院副院长、教授彭文晋,上海市公共行政与人力资源研究所常务副所长、研究员沈荣华,华东师范大学教授叶忠海,江苏省政府研究室副主任张锋,江苏省社科院研究员沈立人,东南大学教授夏安邦,南京大学教授赵曙明等11名专家组成,顾介康担任组长,王通讯、姚雪担任副组长。来自全国各地的专家们一致认为,总课题报告高屋建瓴,起点高、思路新、气势大,既能总揽全局,又能突出重点。指导思想明确,框架结构合理,基本概念清晰,资料丰富翔实,问题分析透彻,研究结果令人信服,是一份高水平、高质量的研究报告。他们认为这项研究成果,在国内同类课题研究中处于领先水平,其研究成果不仅对江苏省,而且对全国各地培养跨世纪学术、技术带头人工作都有实际的指导意义。

江苏省委、省政府采纳了该项目总课题研究报告的意见,从1997年开始组织实施"333跨世纪学术、技术带头人培养工程"。苏办发〔1997〕1号文件《江苏省跨世纪学术和技术带头人培养工作"九五"计划和2010年规划纲要》提出,到2000年,重点培养出30名能进入世界科技前沿并在国际上具有较高知名度的杰出专家(第一层次);培养出300名国内学术、技术界具有重大影响的高级专家(第二层次);培养出3 000名省内各学科、各行业成就突出,具有一定声望的学术、技术带头人(第三层次)。一期结束后又实施"333新世纪科学技术带头人培养工程",之后又实施"333高层次人才培养工程"。到2020年,已开始实施第六期"333高层次人才培养工程",有力地推动了高层次人才队伍建设,提升了自主创新能力,促进了经济社会的可持续发展。江苏省"333高层次人才工程"是我国省级实施最早、影响最大的人才工程,至今已经成为江苏省人才工作的品牌工程。

"江苏省加快培养跨世纪学术和技术带头人对策研究"项目1996年获得江苏省科技进步三等奖(相当于1998年后的二等奖)。

该著作1997年获得国家人事部颁发的全国人事科研成果评审一等奖。

10　现代人才规划技术

赵永乐,《现代人才规划技术》,上海交通大学出版社,1999年8月出版。作者赵永乐时任江苏省人才学会副会长、江苏省人力资源学会副会长、河海大学人力资源研究中心主任、教授。

该书在国内首次提出现代人才规划技术体系,并将其提炼为人才信息收集与处理技术、人才队伍指标体系设计技术、人才现状分析技术、人才发展预测技术、人才发展战略选择技术、人才发展对策组合技术、人才发展规划实施与控制技术、人才规划组织与管理技术八大技术。该书曾作为《国家中长期人才发展规划纲要(2010—2020年)》编制的参考书使用。

人才规划工作不仅仅需要有人才规划学理论的指导,更需要有现代人才规划技术的武装,不仅要解决"是什么"和"为什么"的问题,而且更为重要的是要解决"做什么"和"怎么做"的问题。该书总结了20世纪80年代和90年代人才规划的实践(主要是我国人才规划的实践),提出了现代人才规划技术的基本框架和技术体系。该书的出版并不是为了在人才规划理论上进一步升级,而只是为了解决人才规划应该做什么和应该怎么做的问题。

该书认为,人才规划技术是人才规划学和人才规划工作的中介和纽带,通过人才规划技术,人才规划学的理论可以指导人才规划的实际工作;通过人才规划技术,人才规划工作的经验才可以上升为人才规划学的理论。

现代人才规划技术体系在运用过程中必须遵循四项原则。一是全局原则。人才规划技术的运用要从全局出发、系统考虑。首先要把规划的对象——人才系统本身当作一个整体来看,其次要把人才系统的过去、现在和将来三个时态当作一个整体来看,最后要把人才规划工作及其全过程当作一个整体来看,从总体协调的需要来选择和使用技术,使人才系统处于最佳的运行状态,实现整体效果最优的系统目标。二是综合原则。一个大规模、复杂的人才系统的规划,往往不是一项单纯的技术所能奏效的,而需要综合运用各个有关领域的技术,使各种技术互相配合渗透,形成一个有效的技术体系,发挥技术体系的整体优势,达到人才规划的整体优化目标。三是满意原则。人才规划技术运用的目的是达到系统的最优化,而人才系统的发展要受到各种外部环境、内部条件的制约,在发展的过程中还要面临着大量不确定的随机因素的制约,这就需要在满足各项基本要求的前提下,选择一个各方面都满意、不一定最优的技术方案,总体达到最优即可。四是可行原则。技术的运用必须可行,这就要从实际出发来制定使用技术的方案,既要达到总体效果优化的目标,又要经济节约,便于操作,切实可行。

该书共由10章组成,除第一章导论外,其余九章分别介绍现代人才规划技术体系的八大技术。第二章介绍人才信息收集与处理技术,从人才信息概述入手,全面分析人才信息收集方案、人才调查方法和人才信息处理等有关内容。第三章介绍人才队伍指标体系设计技术,首先探讨人才队伍指标体系的概念与框架,然后详细分析人才发展、人才工作与生活和人才环境三个指标体系。第四章介绍人才现状分析技术,阐述人才现状分析的内容和方法,介绍人才环境分析、人才队伍分析和人才现状综合分析的方法。第五章和第六章介绍人才发展预测技术。第五章从人才预测的基本概述入手,探讨九种简单的预测方法;第六章从人才预测模型的基本概述入手,介绍线性回归、非线性回归和计量经济学三种预测模型技术。第七章介绍人才发展战略选择技术,首先讲述人才发展战略和人才发展战略模式,然后分别探讨人才发展战略目标的确定和人才发展战略的选择。第八章介绍人才发展对策组合技术,在对人才发展对策基本概念深入探讨的基础上,分别对八个大类的对策进行阐述。第九章介绍人才规划实施与控制技术,主要包括人才规划的实施、人才规划的控制和人才规划的修订三个方面的内容。第十章介绍人才规划组织与管理技术,主要从人才规划的组织、人才规划的管理和人才规划管理者三个方面展开。

该书写作的特色,亦是构架现代人才规划技术理论框架的最大特点,不唯理论而阐发,而是将目光和重心紧扣在技术应用上。该书写作特色主要表现在五个方面:一是技术性。不追求高深的理论效果,而是为人才规划工作提供实用的工具和方法。二是应用性。探讨和阐释技术的目的只有一个,那就是为了人才规划的实际工作,是为应用。三是系统性。人才规划技术不是一项两项孤立的技术,而是一个体系。在这个体系中,各项技术互相联系,互相扶持,互相补充,不可分离。四是战略性。人才规划本身就具有战略性,人才规划技术的理论框架也离不开战略性,不管是选择技术还是使用技术,都要站在战略的高度上,从全局出发,从长远出发,不能简单地把技术问题当作权宜之计。五是可摹性。读者读完之后能尽快掌握,自如运用。该书从我国近十几年来的一些著名的典型研究课题和规划中选取了大量的实例,不仅增加了可读性,而且启迪了读者的智慧,使其能够举一反三。

该书是人才规划方面研究的代表作,总结了20世纪八九十年代我国人才规划期间提出的包括八大技术的现代人才规划技术的基本框架和技术体系。其中关于人才发展战略选择与制定、人才发展对策的组合、人才规划的实施与控制等理论在我国人才规划类书籍中都是首次提出。尤其是第七章,对人才发展战略的概念、模式、目标和战略选择的专门论述,被称为"人才发展战略学的代表作"[①]。

运用该书的技术与方法,作者与李海东、张新岭、姜农娟合作编写了《人力资源规划》教材,2010年由电子工业出版社出版。《人力资源规划》已从根本上创新了传统的人力资源规划教科书模式。《人力资源规划》现已出版第四版,不仅满足了高等院校人力资源管理专业教学的需要,而且也深受企业人力资源工作者的欢迎。

11 高等工程技术人才的素质与培养

郭桂英、胡学龙、张茂康,《高等工程技术人才的素质与培养》,河海大学出版社,1999年9月出版。该书是江苏省"九五"教育科学研究规划重点课题"江苏省跨世纪高等工程人才素质培养及教育改革研究"的成果。作者郭桂英时任扬州大学高等教育研究所副研究员;胡学龙时任扬州大学信息工程学院副院长;张茂康时任扬州大学工学院教务处处长。课题组成员还有王自强、刘平、李宜祥、吕洪生、花蓓、陈景春、姚玖珊、钱晓勤、熊雷等。

高等工程技术人才的教育与培养是一个长期以来具有较高理论意义和实践价值的课题,不同的社会发展时期其内涵都会发生变化,特别是在世纪之交我国社会主义市场经济体制建立的过程中,如何面向经济建设主战场、迎接知识经济的挑战进行素质教育、学习

---

① 叶忠海,郑其绪.新编人才学大辞典[M].北京:中央文献出版社,2015:1219.

教育、创新教育,已成为高等工科院校不可回避的问题。工程技术是形成国家综合实力的核心要素,所以在社会人才结构中工程技术人才占有很高的比例,对他们的教育、培养及合理使用对整个国民经济的持续、稳步发展至关重要,对江苏省区域性经济实力的提高同样发挥举足轻重的作用。

该书根据江苏省制定的国民经济、社会发展"九五"计划和2010年远景目标,结合本省工业现代化进程的发展需要,来研究高等工程技术人才的素质结构,着重从教育改革和学习改革两方面开展研究,先将课题分解为七个专题,在各个专题研究的基础上再展开集中研究。在对江苏省高等工程教育进行社会调查研究的基础上,借鉴国内外高等工程教育发展的先进经验,遵循高级工程技术人才成长的一般规律,针对人才培养过程中业已存在的一些弊端,提出面向21世纪高等工程教育改革的基本思路,揭示了高级工程技术人才培养的阶段性、终身性和社会性,提出了人才培养模式的多样化和课程改革的新思路,阐述了对工科大学生开展素质教育、学习教育、创造教育的思想、方法和基本途径。

该书的写作,在"江苏省跨世纪高等工程人才素质培养及教育改革研究"各个子课题充分研究并发表系列研究论文的基础上提出本书的编写大纲及内容,内容新颖,时代性强,在理论与实践的结合上有所突破,可供高等教育工作者、工科大学生、工程技术人员和科技人才管理干部等阅读,也可供高等教育管理类研究生作为教学参考书,对江苏省高等工程教育的改革起到一定的参考与借鉴作用。

12 知识经济与创新人才

潘杰,《知识经济与创新人才》,河海大学出版社,1999年10月出版。作者潘杰时任江苏省水利厅科教处副处长、省水利学会秘书长。江苏省副省长、教授、博士生导师金忠青和江苏省水利厅厅长、教授、博士生导师翟浩辉为该书作序。

随着知识经济时代的到来,各类学科的相互渗透、融合,诸多观念的更新、发展,已愈来愈清楚地表明,作为科技工作者,必须成为复合型人才、高素质的人才。在知识经济的大潮中,开拓思维,拓宽视野,了解今天,展望未来的科学发展,不仅是新的过程,也是时代的要求。如何把握这一时代特征,迎接知识经济的挑战,引起了国内外许多专家、学者的关注和研究。

该书共分九讲,合计33.8万字。从时代新视角、开拓新视角、思辩新视角三个方面论述知识经济,从人文新视角、精英新视角、开创新视角、谋略新视角、情感新视角、变革新视角六个方面探讨创新人才。作者把握这一21世纪的重大学术课题,在对发达国家的科技进步和我国改革的实践进行认真概括与探讨的基础上,从人文学科的视角,探求知识经济的本质——创新意识与人才资源。该书大量使用归纳方法和实证方法,从古今中外的例证中,尤其是从丰富多彩的改革实践中,寻求、探索、发现新的规律及切实可行的途径,根据建设中国特色社会主义知识经济的要求,做到学术探讨与普及宣传相结合,把培养高素质的人才尤其是培养人的社会责任感、创造精神、创新能力和综合素质摆到突出位置,为大家掌握更多的知识经济内涵,更多地了解现代科技信息,提供了一个很好的渠道。

宣传新知识,了解新知识,掌握新知识,并有所创新、有所突破,是飞速发展的科技时代赋予每一个科教工作者的责任。该书的内容、信息量、知识结构达到一个新的高度、新的水平,具有学术水平而且具有实践应用性,对各行各业的领导同志和广大读者在知识经济时代使自身成为创新人才,使工作、事业更卓有成效,都具有鲜明的启迪作用。该书的出版对知识经济的深入研究、探讨起到积极的推动作用,是对有中国特色的知识经济理论建设的贡献;对宣传知识经济,加快水利现代化人才培养,推动其在知识经济时代不断创新与进步,同样具有指导意义。

13 人才市场新论

赵永乐、张娜、王慧、任雷鸣,《人才市场新论》,蓝天出版社,2005年4月出版,"新世纪人才学理论丛书"之一。作者赵永乐时任江苏省人才学会副会长、江苏省人力资源学会副会长、河海大学人力资源研究中心主任、教授、博士生导师;张娜、王慧时系河海大学在读博士研究生;任雷鸣时任江苏省高校招生就业指导服务中心副主任。

该著作在望山(赵永乐笔名)1989年由河海大学出版社出版的《人才,走向市场——人才市场学概论》一书的基础上展开写作,并在理论上延伸和创新。

改革开放以来,社会主义市场经济体制从无到有,不断完善,具有中国特色的市场经济理论也在日臻成熟,但人才市场领域的理论研究不仅进展缓慢,而且肯花大力气进行深入系统研究的学者也不多。当时的人才市场研究面都过于狭窄,就市场研究市场出路不大。该著作认为,人才市场研究必须从体制的角度来进行研究:要把人才市场放到市场经济的大体制中来研究,把人才市场放到人才体制中来研究;必须从人才系统的角度来进行研究:要把人才市场放到人才再生产的全过程中来研究,研究人才生产、人才流通和人才劳动消费各个环节中的市场关系;当时关于人才市场研究的基本上是人才劳动力市场(人才资源市场),这在知识经济时代是远远不够的,还应该研究高级形态的人才市场——人才资本市场。

该著作除绪论外共分12章。绪论描述人才市场的发展历程,把人才市场的发展分为五个阶段,介绍人才市场在各个阶段的主要特征,同时也介绍人才市场的大致研究情况和人才体制。

第一章介绍人才系统的市场关系。第一节介绍人才系统——人才再生产。第二节分析人才系统内的市场关系。第三节探讨人才系统与市场体系的关系。

第二章介绍人才市场的基本的概念。第一节介绍人才市场的概念、人才市场存在的前提条件、人才市场的主体、人才市场的客体。第二节介绍人才市场的功能如交换功能、平衡功能、协调功能、价值实现功能、信息功能、评价功能、激励功能等。第三节介绍人才市场的本质,即人才市场的本质是人才劳动力市场。

第三章介绍人才市场的流通对象。人才市场的流通对象就是人才劳动力。第一节介绍人才劳动力的概念、人才劳动力的商品属性、人才劳动力的交换过程和人才劳动力的流通特点。第二节将人才劳动力与商品、服务、技术、资本、普通劳动力等市场的流通对象进行比较。第三节讲述人才劳动力价值的内涵和人才劳动力价值的实现。第四节介绍人才劳动力产权及其交易,并介绍人才资本及其市场交换。

第四章介绍人才市场的运行机制。第一节从总体上介绍人才市场运行机制的体系,包括人才市场运行的目标、模式与主客体、决策结构、内部机制及基本特征。第二节介绍人才市场的供求机制。第三节介绍人才市场的价格机制。第四节介绍人才市场的竞争机制等。

第五、六章介绍人才市场的供给与需求。第五章第一节介绍人才供给的概念并分析影响人才供给的因素。第二节介绍人才的供给曲线。第三节分析人才使用单位的人才供给。第六章第一节介绍人才需求的概念、支持理论并分析影响人才需求的因素。第二节介绍人才的需求曲线。第三节分析人才使用单位的人才需求。

第七章从经济学和市场学的角度介绍人才市场的价格。第一节介绍人才价值与人才价格的基本概念,以及人才市场价格的形成。第二节介绍人才市场价格的基本概念、人才市场的均衡价格,以及人才市场价格的作用,并对影响人才市场价格的因素进行分析。第三节着重讨论人才价格市场化,对人才价格的形成机制及其前提条件、人才价格市场化的衡量标准、人才价格市场化的微观实现形式、人才定价与价格行为进行探讨。第四节分析人才市场价格态势的特点和人才市场价格的管理。

第八章介绍人才市场的中介机构。第一节介绍人才市场中介机构的概念、基本特征与分类。第二节介绍人才市场中介机构的产生与发展及其特点,并对人才市场中介机构的作用进行分析。第三节从九个方面介绍人才市场中介机构的业务。第四节主要介绍人才市场中介机构的设立、发展对策及其管理。

第九章介绍人才市场的宏观调控。第一节讨论政府在人才市场中的定位与作用。第二节就进一步转变政府职能进行分析。第三节从层次、手段和任务等方面对政府的宏观调控进行概括。

第十章介绍组织内的人才市场。第一节讲述组织内人才市场的概念、特点,以及认识和发展组织内人才市场的意义。第二节介绍组织内人才市场的构成要素,包括组织内人才市场的主客体、组织内人才市场主体间的关系。第三节介绍组织内人才市场的功能与作用。第四节论述组织内人才市场的运行机制,包括内部三大机制和管理层面的绩效机制、薪酬机制和人才发展机制。

第十一章介绍企业家人才市场和高级技术人才市场。第一节介绍企业家的概念和企业家人力资本。第二节介绍企业家人才市场。第三节介绍高级技术人才的概念。第四节介绍高级技术人才市场。

第十二章介绍人才市场的现状与发展。第一节介绍我国人才市场在经历了20多年的发展后所取得的成就,同时介绍人才市场发展过程中存在的问题。第二节介绍发展和完善我国人才市场的措施,同时提出培育和发展人才市场的目标。第三节介绍我国人才市场的发展前景,如人才市场化、人才市场的产业化和企业化、人才市场国际化、人才市场信息化、人才市场法制化等。

该著作对人才系统的界定,对人才系统中市场关系的研究,对"人才劳动力价值的实现""人才劳动力产权与人才资本""人才资本市场化"等概念的探讨,不仅饱含新意,而且具有理论深度。同时在国内独立地对"组织内的人才市场""企业家人才市场""高级技术人才市场"进行了深入系统的论述[①]。

14 新世纪人才实证研究

赵永贤、芮明春、陈锡安等,《新世纪人才实证研究》,河海大学出版社,2006年6月出版。作者赵永贤时任江苏省委组织部副部长、省人事厅厅长;芮明春时任江苏省人事厅副厅长;陈锡安时任江苏省行政管理科学研究所所长、研究员。参加写作、编撰的还有朱广林、白伟、唐宏强、丁进、陈京民、魏所康、陈功勤、张永清、刘小群、戚鲁、赵玉伟、陈社育、郑敏杰、石彬彬、彭华林、乔彤、郑跃东、张连静、唐焱、王跃、陈辉、吉鹏等。

该书是江苏省人才工作者以邓小平人才理论、"三个代表"重要思想和科学发展观为指导,紧密结合新世纪初我国及江苏经济社会发展和人才工作实践,深入研究、深刻思考的重要科研成果。由赵永贤、芮明春亲自领衔、策划和指导,由陈锡安主持的一系列人才专项研究汇编而成。江苏省委副书记冯敏刚为该书作序。

全书分为上、下两篇,共计56.5万字。上篇包括《入世与江苏人才发展战略研究》《我国人才政策体系建设与人才宏观调控》《新时期政府人事职能转变研究》《江苏省人才标准界定研究》《江苏省人才国际化战略实施方案研究》《国际化人才开发与自主创新》六篇宏观理论研究报告,围绕人才理论与实践的重大课题,在人才战略、人才规划、人才政策、人才标准和政府人事职能转变等方面,取得了不少具有重要参考价值和借鉴意义的理论和对策研究成果;下篇包括《国家公务员量化考核研究》《南京地税绩效管理实证研究》《南京市"万人评议政府"模式研究》《政府目标管理核心技术运用调研报告》四篇微观工作研究报告,围绕提高政府效能,加强公务员队伍建设,在政府组织及公务员绩效管理领域内,取得了重要的理论和技术成果。该书的显著特点,一是创新性,二是针对性,三是适用性。

该书旨在希望全省各级组织人事部门和广大人才工作者站在新的起点上,以强烈的使命感、责任感、紧迫感,创新思路,科学谋划,深入思考,扎实工作,在推进人才强省战略、人才国际化战略和"十一五"人才规划的进程中,进一步加大创新力度,拿出更多的高水平的人才理论科研成果,为又快又好地推进"两个率先"作出新的贡献。

[①] 叶忠海,郑其绪.新编人才学大辞典[M].北京:中央文献出版社,2015:1219.

15　创新型人才培育概论

闵卓,《创新型人才培育概论》,河海大学出版社,2010年1月出版。作者闵卓时系东南大学老科协会员,原东南大学人文学院高等教育管理研究员。

21世纪初,创新作为重要的国家元素第一次呈现在人们面前。创新是人类对周围世界的积极认知与制作,为人类文明进步提供了不竭动力。然而,与西方发达国家相比,我国的创新能力仍然存在不足。技术创新是有关国家兴旺发达的大事,非技术创新也是我国各领域都需要进行的工作,而一切创新都是由人来实现的。因此,我们需要培育大批有创新兴趣和意识、具备相应的创新基础和能力的人才。

该书是系统研究创新型人才培育的专著,从创新的基本原理、原创与德行的重要关系详细论述了创新型人才基本素质的特征;研究、分析和推介了60种自主创新的科学方法及相关案例;从家庭教养环境、学校教育、国家战略思维到社会资源生态,较详尽地阐述了对创新型人才的具体培养规律和思想指导;论述了江苏建设教育强省过程中的创新人才培育及其成果;积极推介了全国及国际上在创新教育方面的前沿进展。最后一章中提出了10大领域的100道思考与实践题目,对于各类人才创新素质的培育和成长具有鲜明的启迪和指导作用。全书分八章,共33.3万字。

由于创新教育与纯理科的抽象思维及推导不同,既需要理性的阐述,也离不开实例的介绍和分析,很多创新的奥秘隐藏在成功的人和事之中。因此,该书既有作者自己的理论见解与实践,更有对广大创新人才的实际引证与分析。多维度的介绍使该书内容丰富、观点新颖、论据翔实、生动有趣,具有较强的可读性,适于各类教育工作者、管理者和立志于在创新上有所作为的各类学生及自学者阅读。

该书作为江苏省教育厅2008年重点项目"江苏教育强省建设中的创新人才培育研究"的成果之一,对江苏人才的教育和创新有所涉及,同时对全国尤其是全世界创新方面的最新理念和优秀教育方法也进行了推介。该书的出版,有益于新一代优秀创新型人才的培养。

16　青年人才成长的理论与实践——大学生职业规划与创业教育

袁兴国,《青年人才成长的理论与实践——大学生职业规划与创业教育》,南京大学出版社,2010年8月出版。作者袁兴国时任徐州工程学院大学生就业中心主任,副教授,中国人才研究会理事、河海大学商学院在职博士研究生。

该著作认为,我国的高等教育已经从"精英教育"进入"大众教育"时代。20世纪80年代,全国高校毕业生每年只有二三十万人,而现在已达到四五百万人。就业的形势也已经发生了很大的变化,大学生不可能一毕业就能进大机关、大企业、大单位,很多人都要从基层干起,在实践中逐步锻炼、成长。家长要适时调整对孩子的就业期望,不要看不起基础性的岗位,否则就可能影响适龄青年的及时就业。全社会要形成"行行可建功、处处能立业、劳动最光荣"的观念,学生、学校、家长、社会、媒体也要有这样的概念,应当与时俱进。

时代在变化,社会在发展,在"大众化"教育的基础下,社会应当认可大学生不仅什么工作都可以做,而且什么工作都能够做好。就业是民生之本,也是涉及群众切身利益的重大问题,人口多、就业压力大是我国的一个基本国情。在相当长一段时期内,就业都将是影响经济社会发展的一个突出问题,是我们必须长期面对和积极应对的艰巨任务。各级政府高度重视解决就业和再就业问题,出台了一系列鼓励、支持、扩大就业与再就业的政策措施,尤其是对大学生就业,十七大报告在关于民生问题的表述中专门论及高校毕业生的就业问题,给予了高度的关注。目前各级政府出台了一系列政策措施,比如规定高校要把就业指导课作为必修课等措施,这些都对毕业生就业起到了良好的促进作用。

在21世纪的前20年,中国将面临更加激烈的国际竞争,要想在竞争中立于不败之地,关键靠人才,特别是大批接受过高等教育的高素质人才,人才是第一资源,是强国战略的根本。从现在大学生就业的现状看,学生不是缺乏知识,而是缺乏一些基本素质和技能,比如待人接物能力、沟通交流技巧、职业道德和操守、创新和创造能力等。因此,在毕业前他们应该具备一定的求职技巧,对自己进行科学的职业规划,培养求职和创业所需的基本素质和能力。

17 高管团队人口特征对高管离职的影响研究

张龙、邓玉林,《高管团队人口特征对高管离职的影响研究》,光明日报出版社,2010年12月出版。作者张龙时任河海大学商学院讲师;邓玉林时任河海大学商学院讲师。

经济全球化和企业国际化给组织管理带来一个重要影响:组织员工队伍趋于多样化。员工队伍多样性是一把双刃剑:一方面,它是创造性的解决方案的催化剂,有助于提高组织绩效;另一方面,它也是冲突、离职等消极行为的良好媒介,对于组织绩效有负面影响。鉴于此,员工队伍的多样性、多样化问题在过去几十年来一直是社会学、心理学、组织行为科学等领域的研究热点。

从人口特征角度去探讨高管团队多样性问题发端于1984年Hambrick和Mason的经典研究。在此之前,对于组织中的多样性问题的研究主要是从心理学角度入手的,研究的是组织员工在心理特征——如认知和价值观——上的多样性。和心理特征相比,人口特征的一个突出特点是"可观察的管理特征",因而能够方便地用于管理决策。Hambrick 和 Mason 的研究开创了一个全新的研究领域。2004年,在上述经典论文发表20年之际,Carpenter 等学者回顾了这个领域的研究。他们发现,Hambrick 和 Mason 的论文被引用超过500次。尽管如此,他们还是发现,这些研究基本上是在西方背景,特别是美国背景下进行的,因而他们提出未来的研究有必要关注非西方背景。

该书积极回应了 Carpenter 等学者的倡议。作者立足于中国背景,较为系统地分析了中国企业高管团队人口特征对于高管离职的影响。全书共分八章:第一章介绍了写作背景,阐述了研究的起因和目的,并界定了研究问题;第二章梳理了相关文献;第三章立足于中国的经济转型和社会文化价值观两个背景特征,修正了高管团队人口特征影响高管离职的理论模型;第四章统计分析了1991—2005年沪深上市公司高管(团队)人口特征的概况,一方面验证了第三章提出的有关中国企业高管(团队)人口特征演变的假说,另一方面为后续的实证研究提供了背景;第五章到第七章分别报告了三项实证研究,即高管接受 MBA 教育情况对于其提升和离职的影响(个体层面),高管团队人口特征差异对于高管离职的影响(团队层面),以及高管团队中垂直对人口特征差异对于高管离职的影响(垂直对层面);第八章给出了全书的结论。

作为人口特征研究的中国化尝试,该书并非纯粹的重复性研究。概括说来,本书的贡献在于一方面在中国背景下检验了某些在西方背景下得到的结论,作了运用高管团队人口特征研究本土化的努力;另一方面通过考察中国的实际情况,分析了新的问题,加入了新的人口特征变量,从而拓展了全球范围内这一研究领域的边界。

该书在下面四个方面做了扎实的工作:第一,分析了中国的经济转型和社会文化价值观作用于高管团队人口特征-高管离职关系的机理,展示了国别背景如何影响人口特征和高管离职的机理;第二,对于1991—2005年沪深上市公司高管团队人口特征及其演变情况进行了统计分析,为中国背景下进行高管团队人口特征研究提供了丰富的背景信息,也为完善高管团队人口特征理论提供了一个思路,即从演化的角度去考察高管团队人口特征差异;第三,在实证研究中,本书引入了一些不同于以往同类研究的变量,包括新的组织人口特征(如高管选择方式)和独特的调节变量(如企业改革进程),展示了转型经济中高管团队人口特征差异作用于高管离职的独特机理;第四,对于高管团队中垂直对的研究把职位层级看作一个情境变量,分析了高管团队中人口特征差异的方向问题,突破了以往高管团队人口特征研究仅关注文化、环境和绩效等宏观调节变量的做法,对于未来探讨微观因素,特别是个体特征对高管人口特征差异-产出变量关系的影响具有积极的启示价值。

该书反映了作者围绕高管团队人口特征开展的多年研究的基本状况。整体而言,本书所收录的研究成果较为深入地分析了我国企业高管团队人口特征对于高管离职的影响。对于这个领域的研究者来说,该书具有重要的专业性参考价值;对于企业管理者来说,该书的研究能够帮助他们更好地理解高管团队的构成并预测其所具有影响,进而结合企业的战略和人力资源政策,通过招聘、提升、解雇等措施来调整高管团队的构成。

18 知识型员工的激励机制研究

邓玉林、张龙、奚红华,《知识型员工的激励机制研究》,东南大学出版社,2011年9月出版。作者邓玉林时任河海大学商学院讲师;张龙时任河海大学商学院管理学与人力资源系副主任;奚红华时任河海大学商学院讲师。

知识经济时代,企业要生存、要保持可持续的发展,关键是要通过管理找到知识创造、传播和应用的最佳途径。而知识的产生和应用归根到底离不开掌握知识的高素质人才——知识型员工,这些员工形成的人才资源会成为企业最重要的资本,成为各企业生产中最具有弹性、最具有经济增长潜力、最重要的财富。如何有效地管理知识型员工,发掘、利用和发展他们的创造力和潜能,提高他们的工作热情,协调并激发其以一致的、能提高全体员工共同利益的方式来工作——即如何激励知识型员工,已成为现代企业管理面临的首要问题。

目前针对知识型员工的激励研究已有很多,但多为定性分析,侧重于从行为科学的角度研究激励机理、分析其激励因素与激励过程、提出一些管理激励的措施,相应的机制设计研究则较少。该书基于知识型员工的需求特征等行为假设,改进激励机制研究中的基本模型及其多种改进模型,将行为主义学者的研究思路纳入基于不对称信息博弈的激励机制研究模型,对这类人才的报酬激励机制、关系契约机制、内在激励因素的超契约机制以及人力资本产权激励等方面进行了深入的研究。

知识型员工希望在完成企业交给他们的任务的同时,获得一份与自己贡献相称的报酬,这可以通过一种外在激励——正式报酬契约机制得到实施。该书首先研究知识型员工的正式报酬激励契约,基于他们的风险偏好与损失规避特征,分析了这些因素对其报酬契约的影响以及相应最优报酬契约的特征;其次,考虑到知识型员工人才与企业是一种长期合作关系,在正式契约的基础上,企业还需利用非正式的、长期的关系契约来激励他们,因此本书把关系契约作为激励的契约基础,研究了企业与知识型员工人才的关系激励契约;再者,相对于外在激励因素,知识型员工更看重工作本身的兴趣等内在激励因素,而内在激励较难通过契约得到安排和实现,相应的内在激励措施也很难通过契约机制得到实施,因而必须超越契约形式来设计相应的激励机制,即设计超契约的激励机制。在对知识型员工内在激励因素的超契约机制的研究中,该书针对他们的"工作激励"与"学习与成长"等内在激励因素,研究了知识工作设计与晋升阶梯等超契约机制;鉴于知识型员工通过正规教育、培训及实践形成了人力资本,其首要经济要求是承认其产权,承认其对企业的剩余价值控制权和剩余价值索取权的要求,因此,必须对人力资本产权给予收益,对他们进行产权激励。该书最后对知识型员工的人力资本产权激励机制进行了研究。

该研究成果较为深入地讨论了知识型员工这类人才激励机制的构建,特别是结合了我国知识型员工的实证研究,较好地解释了我国知识型员工激励机制中的问题并提供了相应的对策建议。对于该领域的研究者来说,该书具有重要的专业性参考价值;对于企业管理者而言，该书能够帮助他们更好地理解知识型员工激励机制的构建原理与对策，进而结合企业的人才制度，协调并激发知识型员工以一致的、能提高全体员工共同利益的方式来工作。

19　人才资本产权实现的路径模式与制度安排

王勇，《人才资本产权实现的路径模式与制度安排》，中国财政经济出版社，2012年6月出版。作者王勇时任淮阴工学院副教授、博士。

人才资本作为一种"主动的资产"，其效率的发挥只能激励，不能压榨。只有充分调动人才资本承载者的积极性、主动性，才能将人才资本的优势转化为知识优势、科技优势、产业优势、生产力优势，才能留住人才，不断地积累人才资本存量。从经济学角度来讲，人才资本激励问题在本质上是人才资本产权的实现问题，或者说人才资本激励程度与人才资本产权的实现程度有直接联系。

人才资本产权的实现是一个动态的过程。人才资本产权的形成、界定、派生、运用以及它们组合方式的变化构成了人才资本产权实现的动态过程。人才资本产权的实现必须是有效率的，才能发挥人才资本产权的功能特别是激励功能。在不同的经济体制下，人才资本产权的实现路径是不同的，不同的路径也就决定了产权实现效率的不同。在人才资本交易活动中，交易双方之间是一种既竞争又合作的关系。由于人的有限理性和信息的不对称等方面的原因，人们不可能处理好相互间的竞争与合作的关系，而作为一系列契约总和的制度为人们的经济活动提供了一个基本的框架，减少了信息成本和不确定性，把阻碍合作的因素减少到最低限度，保证合作的顺利进行；同时传递关于人才资本交易行为的信息，从而降低交易成本。因此，制度安排是人才资本产权实现的一个重要的影响因素。制度安排对人才资本产权实现的效应不仅仅表现在人才资本的交易活动过程中，而且还表现在制度安排对人才资本的能动性方面。一方面人才资本是制度的源泉，决定着制度的结构、有效性及其演化和变迁；另一方面制度因素制约着人才资本对经济发展的效应。

近年来，随着人才理论和人力资本理论的繁荣与发展，人才资本及其产权的研究也有了一定的进展，主要表现在以下几个方面：其一是对人才资本范畴的研究；其二是对人才资本投资与收益的研究；其三是对人才资本与经济增长关系的研究；其四是对人才资本产权的研究。这些研究成果一方面推动了人力资本理论的深入发展，另一方面也为后继的研究提供了难得的宝贵资料。该书以资本理论、产权理论、交易理论和制度理论为基础，以比较分析、辩证分析、历史分析为主要研究方法，在已有研究成果的基础上，从宏观视角对人才资本产权实现的交易路径和制度安排进行研究和探讨，其主要创新点为：（1）采用比较分析方法，以人力资本理论为基础，阐释了人才资本的内涵；（2）界定了人才资本产权实现的内涵，并提出了产权实现的三个衡量指标——流动的自由度、择业的自主度和收益的合理度；（3）运用交易理论构建了人才资本市场交易和企业内交易的价格模型；

(4)基于制度理论提出了人才资本产权实现的制度安排的建议、对策以及制度安排实施路径的优化对策。

该书主要包括四个部分。首先,以人才的特殊性为基点,以资本理论为理论基础,运用比较分析的方法,系统阐释了人才资本的内涵,具体分析了个体人才资本的形成,探讨了人才资本积累及其影响因素。通过研究人才资本的内涵、形成与积累,为人才资本产权实现的研究奠定基础。其次,从内涵、结构、功能和属性等方面对人才资本产权进行了探索性研究。在此基础上,对人才资本产权实现进行了界定,并提出了衡量人才资本产权实现的三个指标,即择业的自主度、流动的自由度以及收益的合理度。再次,基于交易的人才资本产权的实现效用,对人才资本产权实现的路径进行了研究。从市场交易的路径出发,分析了人才资本市场交易的特征与过程,并提出了人才资本市场定价的思路。从企业内交易的路径出发,分析了人才资本企业内交易的必要性和企业内交易的过程,并提出了企业内重新定价的模型,以达到人才资本产权实现路径的完整性。交易成本是存在的,而且是正的,基于此,分析了人才资本交易成本及其对人才资本产权实现的影响。最后,对人才资本产权实现的制度安排进行了研究。从制度的功能出发,分析了制度对人的行为和交易行为的影响。在此基础之上,分析了人才资本产权实现的制度安排的内容及其实施机制的影响因素,并提出了相应的对策,进而为人才资本产权实现提供制度上的保障。

20　科技人才开发战略及创新绩效研究

汪群、邓玉林、曾建华、朱菊芳,《科技人才开发战略及创新绩效研究》,科学出版社,2013年1月出版。作者汪群时任河海大学商学院副院长、教授、博士生导师;邓玉林时任河海大学商学院副教授;曾建华时任河海大学商学院讲师;朱菊芳时任南京师范大学副教授。

知识经济时代,人才,特别是科技人才成为获取竞争优势的核心要素,谁拥有一流的科技人才,谁就在竞争中获得了主动权与制高点。当前,资源与环境已经成为制约我国经济发展的重要瓶颈,我国经济发展必须告别依靠要素投入的阶段,转而依靠创新来支持经济的发展。在此形势下,如何建设一支规模、结构、质量适当并与提高国家创新能力、可持续发展目标相适应的科技人才队伍,已成为决定我国未来科技发展成败的关键问题。该著作就是基于这样的背景进行写作的,具有一定的前沿性。

通过对科技人才开发所获得的竞争优势会比通过其他手段所获得的竞争优势更为持久,且直接影响我国高科技产业的发展和建设科技大国的战略目标。从这个角度来看,进行科技人才开发的现实意义显而易见,并体现在不同的层次上。

从宏观层面来看,政府进行科技人才开发有助于重新审视我国的人才开发战略,加强科技人才的建设,改善人才配置的不合理,有利于优化我国人才结构;在各行各业中开发一批具有国际视野的技术领军人才,通过领军人才的引领作用,促进相关产业的结构升级,紧跟国际潮流,实现我国产业升级;通过建设一支高素质的科技人才队伍,使我国能够抓住重要的战略机遇期,占领国际技术制高点,产生一批有核心竞争力的产业,实现技术跨越式发展,推动我国综合国力实现质的飞跃;大力建设创新型人才队伍,建立有效的科技人才的开发管理体制,能够支撑我国创新型国家建设。

从中观层面来看,加强科技人才的开发工作有利于形成比较完善的留人、用人机制,能够帮助组织吸引各类科技人才;认识科技人才的价值,将人才问题与发展问题放在同等重要的地位,着力培养人才和引进人才,能够有效提升组织的核心竞争力;同时构建人才创新素质提升机制,通过提升技术人才创新素质加强对企业创新能力的支撑。

该著作以国家创新体系的构建为着眼点,从科技人才开发主体的角度出发,总结目前我国科技人才开发现状,并以科技人才开发与培养不同发展阶段的代表性国家(美国、日本、印度等)为例,提炼出对我国科技人才开发的诸多启示,针对我国的具体情况提出相应的对策建议。最后,提出并阐述了基于创新绩效的科技人才开发战略思想,以期对我国科技人才开发问题作出有益探索。

全书分9个章节来展开。第1章概论,阐述了科技人才开发背景,以及对政府和组织的意义;对科技管理、科技人才、科技人才开发战略以及创新绩效等相关概念进行了界定,并对科技人才开发战略以及创新绩效等方面的研究现状进行了综述;介绍了本书的理论基础、内容安排和研究方法。第2章对我国科技人才开发现状及环境进行了分析。该章在概述我国科技人才开发现状的基础上,对我国人才开发方面的环境影响因素进行分析,并讨论人才开发环境的塑造。第3章基于我国创新体系对我国科技人才开发的目标与主体进行分析。该章首先对我国的国家创新体系进行了论述,然后对创新体系中的五类人才开发主体在科技开发过程中扮演的角色进行界定和说明,并阐述了它们之间的相互关系。第4章、第5章、第6章,分别就3个主要人才开发主体的战略及措施开展说明和分析,首先阐述它们各自的科技开发战略,其次讨论它们实施该战略的措施,最后分析并总结它们存在的问题。第7章分别选取了传统发达国家、新兴发达国家、发展中国家的典型代表(美国、日本、印度),对它们在政府(宏观)、企业和科研院所(中观)层面的科技人才开发战略和措施进行了分析,并比较和总结了它们的异同,提炼出对我国科技人才开发的启示。第8章提出了本书的一个主旨思想:基于创新绩效的我国科技人才开发战略。该章基于第7章的分析,借鉴典型国家的经验,总结出我国科技人才开发战略和重点开发对象——科技领军人才和创新团队,并就这两个重点对象从创新绩效的角度对其开发进行深入分析。第9章提出了我国科技人才开发的对策,主要针对第4章、第5章、第6章提出的科技人才开发过程中存在的问题,结合第7章的启示,从激发创新绩效的角度分别给出了相应的对策建议和解决方法。

2016年,该著作获得中国人才研究会第五届理事会颁发的优秀人才科研成果奖二等奖。2019年,该著作获得江苏省人力资源和社会保障厅、江苏省人才学会颁发的江苏省人才研究优秀成果奖一等奖。

21 宏观人才学概论

赵永乐、沈荣华、桂昭明,《宏观人才学概论》,党建读物出版社,2013年9月出版。主编赵永乐时任中央人才工作协调小组特聘专家组成员、中国人才研究会副会长、水利部人力资源研究院副院长、中国(南京)人才发展研究中心常务副主任、河海大学文天人力资源研究院院长、教授;副主编沈荣华时任中央人才工作协调小组特聘专家组成员、中国人才研究会副会长、上海市公共行政与人力资源研究所名誉所长、研究员;副主编桂昭明时任中央人才工作协调小组特聘专家组成员、中国人才研究会常务理事、武汉工程大学人才资源开发研究所所长、教授。中央人才工作协调小组特聘专家组成员、中国人才研究会副会长、欧美同学会副会长、全球化智库(CCG)理事长王辉耀是该著作写作班子的核心成员。参加写作的还有王培君、夏剑锋、汪怿、潘运军、赵全军、程芳、石凯、朱义令、王芳霞、苏琴、郑金连。

该著作是国家出版基金项目、"十二五"国家重点出版物出版规划项目、人才强国研究出版工程、人才学理论研究丛书之一,和《微观人才学概论》《新编人才学通论》一起被称为人才学"新三论"。中共中央组织部副部长、国家人力资源和社会保障部部长兼党组书记、中央人才工作协调小组副组长尹蔚民作序。尹蔚民部长在序中指出,《宏观人才学概论》、《微观人才学概论》和《新编人才学通论》,"以科学发展观为指导,系统研究总结了改革开放以来人才理论与实践发展的成就和经验,吸收借鉴了国际人力资源开发的最新理论成果,在新的历史起点上,紧紧围绕我国实施人才强国战略的重大理论创新和实践创新问题,着力开拓人才学发展的新思维、新方法,首次提出了以宏观人才学、微观人才学、人才学通论为基本知识框架的人才学理论体系。这对构建中国特色人才学理论体系、更好实施人才强国战略具有重要意义"。

2011年11月,中国人才研究会向以赵永乐为代表的写作团队正式下达了《宏观人才学概论》的研究写作任务。2012年1月15日,写作团队在南京研讨《宏观人才学概论》的写作方案。3月下旬,写作大纲形成,作者落实,写作工作展开。5月下旬,全书形成初稿。7月初和8月中旬,在南京和镇江两次召开书稿研讨会。到11月初,全书先后几易其稿,书稿正式定名为《宏观人才学概论》。11月24日,中国人才研究会在北京召开审稿会。审稿会对《宏观人才学概论》的写作工作给予了充分肯定,会议纪要指出,《宏观人才学概论》"首次提出人才功能、人才要素、人才资源、人才资本、人才发展的五大基本理论;提出宏观人才运行、人才市场体系、人才宏观管理三大基础理论,特别对人才大国迈向人才强国的内涵外延作了系统回答,对人才学发展都有重要贡献"。

该著作对宏观人才学进行了这样的定义:宏观人才学是从宏观的角度研究人才整体的发展、运行规律以及人才政策体系的学问。宏观人才学关注的是整个社会、国家、地区、产业、行业,其人才观是大人才观,涉及人才的生产和投资、流通和配置以及消费和产出的整体人才社会运行全过程,既有发展问题,又有体制问题。对于中国来说,还有开放问题。宏观人才学研究的虽然也是人才问题,但其切入点已不再是一个个的人才单体,也不再是一般意义的人才群体,其范畴已冲出单位、部门的边界,是人才整体。

该著作坚持科学性、前瞻性、创新性、实用性、国际性相统一的写作原则,在视角上与国际人才发展大趋势相衔接,将立足点确立在实施人才强国战略上;提出并回答新时期宏观人才发展中的一系列新课题,搭建宏观人才学的理论体系,集中展示宏观人才理论研究的最新成果。全书主要内容可以概括为理论和实践两大层面:理论层面是包括五大基本理论、三大基础理论和人才强国战略理论的宏观人才学理论系统。实践层面是涵盖人才队伍建设、区域人才发展、人才产业结构、人才发展环境、海外高层次人才引进和国际人才竞争等一系列人才强国战略实践问题的宏观人才学实践系统。

全书除绪论外分为四大部分12章,计39.7万字。

第一部分是宏观人才学的基本理论。该部分包括第1章的内容,解读了人才功能理论、人才要素理论、人才资源理论、人才资本理论和人才发展理论五大基本理论,对于全书的展开起着理论提炼和概括指导的作用。

第二部分是宏观人才学的基础理论体系。该部分包括第2~4章的内容,展示了宏观人才运行系统理论、人才市场体系理论和人才宏观管理理论三大基础理论体系,为全书的展开奠定了理论基础。第2章首次在全国提出宏观人才运行系统理论,以人才从形成到流通再到使用的运行过程为时间轴线,分析人才生产与投资过程、人才流通与配置过程、人才使用与产出过程,构建宏观人才运行系统。第3章论述了人才市场体系理论,在概述人才市场概念的基础上,着重剖析了构成人才市场体系的运营元素——主客体和三大运行机制,并对我国的人才流动和人才服务业进行了分析。第4章阐述了人才宏观管理理论,在概述人才宏观管理的内涵意义、主要内容和转变趋势的基础上,着重分析加强党管人才工作、改进政府的人才宏观管理和加强人才工作法制建设等重要举措,推动我国由人才大国向人才强国的转变。

第三部分是该著作的核心内容——人才强国战略。该部分包括第5章内容,从人才强国的战略背景出发,深刻阐释了人才强国战略的指导思想、基本要求、战略目标和战略任务,以及实施人才强国战略的重大举措。

第四部分是人才强国战略的外延。该部分主要包括第6~12章的内容,围绕人才强国战略的实施,对一系列宏观人才范畴重大的现实理论和实践问题进行了比较全面的探讨。第6章人才发展指标与水平,在系统阐述人才效能、人才使用效益等指标内涵意义的基础上,着重讨论人才发展指标体系的构建与水平的评估等相关问题。第7章人才队伍建设,围绕突出培养造就创新型科技人才、大力开发经济社会发展重点领域急需紧缺专门人才和统筹推进各类人才队伍建设三个方面展开阐述。第8章区域人才发展战略研究,分析区域人才发展三路径,提出区域人才发展战略体系。第9章人才产业结构调整与优化,阐释人才的产业空间布局问题和人才产业结构的优化方案。第10章海外高层次人才引进,提出海外高层次人才引进、使用以及在引进过程中需要正确把握的重要关系。第11章人才发展环境,在梳理我国人才发展环境现状的基础上,着重讨论我国人才发展事业环境、生活环境、文化环境和政治环境的优化问题。第12章全球化背景下的中国国际人才竞争,在分析国际人才竞争和中国人才竞争现状的基础上,提出确立我国国际人才竞争优势和应对国际人才竞争的策略。

该著作及时回答了新时期宏观人才发展中提出的新课题,构建起宏观人才学崭新的理论体系,集中展示了宏观人才学理论的最新研究成果。

22 技术创新中的 CTO 研究

唐震、殷璇、张静,《技术创新中的 CTO 研究》,河海大学出版社,2013 年 10 月出版。作者唐震时任河海大学商学院副院长;殷璇、张静时系河海大学在读硕士研究生。

知识经济时代,技术在企业取得市场成功方面的作用越来越关键,特别是技术导向型高科技企业对技术依赖性更强,技术的战略地位日益凸显,"CTO"这一职位也变得炙手可热。

19 世纪 50 年代到 60 年代期间,美国许多大型企业在远离总部的地方建立了研发实验室,目标是集聚杰出的科学家,使他们能够在不受日常业务问题影响的环境中研究相关专题。实验室主任通常由企业中不参与企业战略决策的一名副总裁担任,他们的职责是吸引最优秀的科学家,让他们探索出新的思路并发表有价值的研究论文。20 世纪 80 年代末以来,技术成为企业产品和服务的一个重要组成部分,高级经理人在执行商业决策时,需要理解技术并能够为引进和开发技术提供可靠的指导意见。西方许多大公司在实践中意识到,R&D 实验室主任似乎并不能承担技术与商业的桥梁作用,于是开始设立 CTO 的职位。随着时代的进一步发展,技术更新周期的不断缩短,以及技术参与企业战略的程度越来越高,对 CTO 的要求也越来越高。Hoven 等学者发现,在美国、欧洲和日本的研究中,CTO 列席董事会中的百分比分别为 8%、35% 和 90%。

在不同的公司里,CTO 职位的名称虽然相同,但他们的工作内容却有很大差异,主要是各个公司设立这一职位的独特业务要求或演变路径所致,也有的公司对 CTO 角色存在误解。在 CTO 的角色上,Smith(2004)的研究总括了 CTO 可能出现的全部角色,根据公司目前经营的业务阶段(初创、稳定、扩张或占据主导地位)将 CTO 归结为:天才(创始人/产品创新制造者)、主任(科学家/创新管理研究院)、行政人员(经理/有效部署的会计师)、提倡者(服务/用户,客户功能)、执行者(战略管理的工程师/科学家)和空缺(没有首席技术官/没有新的技术)。在 CTO 的职责上,Herstatt 和 Tietze(2007)发现 CTO 最重要的任务和职责包括:(1)管理重大研究项目的选择;(2)向 CEO 和高管团队成员咨询技术相关的决策;(3)在不同业务部门和跨职能领域进行协调,以确保基础的协同和效率。同时该研究也发现日本电气工程产业 CTO 基本都有技术背景,拥有工程相关领域的硕士学位。这些研究表明,CTO 的角色逐渐从技术人员转向战略决策者,职能也从一般的直线经理转向了公司层战略的制定者,肩负着企业技术发言人和内外部技术联络者的任务。CTO 的角色必须具有足够的教育背景等独特的任职资格,角色才可以发挥作用。

该书深入梳理并总结了 CTO 的发展沿革,最后着眼于中国背景,解决中国问题。该书指出,CTO 的职责在今天已经发展得非常宽泛,企业对于 CTO 角色的理解千差万别。为了充分发挥CTO在企业中的作用,必须从根本上界定CTO角色的作用机制。该书从内外部两个视角进行探讨,内部关注CTO与CEO的关系对CTO技术战略参与程度的影响,外部关注CTO社会资本对其技术创新绩效的影响,共分为三部分,第一部分是绪论,主要介绍了研究背景并阐明了相应的理论基础,界定了研究问题;第二、三部分分别论述并展示了两项实证研究,即CTO-CEO信任关系对CTO技术战略参与程度的影响研究,CTO外部社会资本、组织影响力与技术创新绩效之间的关系研究,并得出了相应的结论与管理启示。

作为CTO在中国背景下的机制研究,该书发现随着C"X"O的引入和兴起,国人逐渐接触到CTO这个名词,但在经历了磨合之后,仍然受困于一个最简单的问题:CTO究竟是做什么的?本书一方面强调了CTO的战略参与者身份,另一方面关注CTO在企业内外部扮演的角色作用,为我国高科技企业合理有效地设立CTO职位并发挥其效用提供理论依据和相关的建议。该书在以下几个方面进行了深入的研究:第一,参考战略管理非理性学派观点的同时,从中国背景出发,在组织权力分配视角下探究了CEO和CTO及企业其他高管团队成员等作为技术战略的主要群体之间的相互关系是如何影响技术战略决策与实施的,具体考虑了CTO与CEO信任关系对于CTO技术参与程度的影响作用,并将这种作用置于高管团队权力分配的情境中;第二,从CTO的角色作用出发,探究CTO在企业内外部环境中所扮演的角色与技术创新活动的关系,分析并展示了CTO外部社会资本和CTO组织影响力对于技术创新绩效的影响;第三,除了验证性假设,在实证研究中还提出了一些开拓性假设,比如CTO非权力性影响力会影响CTO外部社会资本各个维度与技术创新绩效之间的关系、CTO的权力分配对CTO-CEO信任关系与CTO技术战略参与程度的调节作用;第四,本书对于变量进行了细致的划分,基于不同维度探究作用机理,在内部视角上将CTO权力分为结构权力、专家权力、所有权权力、威望权力并分别分析其调节作用,将技术战略分为资源、管理、关系三个维度,在外部视角上把外部社会资本划分为结构维、关系维、认知维三个维度分析其对于技术创新绩效的影响,从权力性和非权力性因素考虑组织影响力的中介作用,具有丰富的理论及实践价值。

该书揭示了中国情境下CTO角色的作用机制。对于CTO研究领域的学者来说,该书具有专业的参考价值;对于CTO来说,该书为CTO应具备的个人条件(背景、素质、能力)提供了参考;对于企业管理者来说,该书得出了企业进行CTO岗位设置的条件、职责定位以及权力分配的方案,同时得出CTO要通过与CEO建立认知信任和情感信任,更大程度地参与企业技术战略,并且根据CEO的不同背景和角色在构建信任关系中选择不同的侧重点。

23 自主创新人才评价与提升

殷凤春,《自主创新人才评价与提升》,南京大学出版社,2013年10月出版。作者殷凤春时任盐城师范学院人事处副处长兼教师发展中心主任、副教授。

该著作指出,自主创新人才是指在构建创新性国家背景下,接受新思想、新思维,能够有效整合信息资源,在充分发挥主观能动性的基础上进行创造性变革,推动社会进步并对人类文明作出重要贡献的人。对自主创新人才进行科学评价,可以有效整合组织内外的人力资源优势,为组织打造应对金融危机的新产品、新品牌和新竞争思路,可以有效提升自主创新人才的创新力和组织的核心竞争力,帮助组织在更大范围内实现经济效益最大化。著作围绕"资源—人才—自主创新人才"和"学习力—文化力—创新力"展开,沿着"核心竞争优势→人才开发→评价模型构建→评价体系优化→战略战术提升"的思路,凸现学习力、创新力和文化力在其中的关键作用。

该著作分为五大部分,共11章内容。第一部分为1~2章,理论分析部分。主要论述自主创新人才评价的背景和目标、理论基础和评价主体以及内涵、特征、劳动价值、生态模式,自主创新人才评价模型与提升战略的研究现状以及本书的研究思路、基本框架及研究方法。系统论述了自主创新人才评价研究的理论基础(资源理论、组织创新理论、核心能力理论、知识管理理论和人力资本理论),揭示了自主创新人才评价的特征,分析了自主创新人才劳动的特殊性。第二部分为3~5章,调查建模部分。通过调查统计分析,验证了自主创新人才评价模型的合理性和科学性,构建了自主创新人才评价指标的识别标准。确定自主创新人才评价指标分为1个一级指标、3个二级指标,13个三级指标。运用层次分析法建立起自主创新人才评价模型。第三部分为第6章,优化验证部分。运用遗传算法模糊综合评价法和证据理论方法对评价模型进行了优化处理,并选择部分企业的自主创新人才,依据要素识别标准赋予分值,进行优劣排序,以识别其创新能力和价值力。第四部分为第7~10章,培养提升战略部分。对中西方自主创新人才开发进行了比较分析,运用SWOT等分析工具对自主创新人才的培养、执行力和提升进行了分析。第五部分为第11章,概括了本书的主要结论、创新之处及今后研究的设想。

该著作获2014年盐城市哲学社会科学优秀理论成果二等奖。

24 科技人才创新行为管理与队伍建设

王斌,《科技人才创新行为管理与队伍建设》,中国农业出版社,2014年3月出版。作者王斌时任西南大学教授、博士、河海大学中央人才工作协调小组国家人才理论研究基地特聘专家。

该著作以科技人才为研究对象,对如何用好科技人才,使科技人才在创新活动中发挥更大的作用,提高自主科技创新能力,创造出更多的经济和社会效益,将微观和宏观相结合,进行了系统性的研究。

该书分为三大部分,共9章内容。

(1) 理论分析部分。通过对技术创新理论、现代心理学、组织行为学、现代心理学理论的最新研究成果进行梳理,对基本概念进行界定与分析,得出了对科技人才创新行为管理的概念界定,即科技人才在组织中对于新技术、新制程、新技巧或新产品的创意寻找、确立、执行，以及成功地将创意付诸实践使其成为有用的产品或服务，从而形成核心竞争力，并在这一过程中实现其个人价值的整体行为过程的管理。

（2）实证和外延研究部分。第一，通过实证调查的方法，对影响科技人才创新行为的工作价值观、五大人格特质、内外动机进行了分析。第二，运用文献分析方法，分析了组织文化、领导者风格和组织创新氛围等个体外在的组织因素对科技人才创新行为的影响。第三，通过模型构建，对科技人才创新行为的决策、资源配置管理进行了探索性研究。第四，在论述长期激励与短期激励应该协调，保持科技人才创新行为动机的观点基础上，设计了股票期权长期激励模型和利润分享短期激励模型。第五，在绩效评价具有行为约束作用的基础上，通过专家调查法，设计了科技人才创新行为绩效评价指标体系和指标权重，设计了以模糊数学综合评价法为工具的评价软件。第六，在阐述了科技人才创新行为价值的内涵和类型的基础上，重点对科技人才个体价值和创新知识价值进行了理论分析，并提出了科技人才个体价值的实现是以社会承认为载体，通过内外人才市场实现，创新知识价值是在转化为生产力后，通过创新知识生产力运行而实现的理论观点。

（3）科技人才队伍建设的制度框架设计。提出了科技人才队伍建设的宏观调控体系与科技人才队伍建设的微观制度设计，并提出了科技人才队伍建设的实施措施。

该著作的特色与创新主要表现在四个方面。①突出宏观与微观结合，将人才队伍建设系统观与单体的科技人才管理紧密结合。②强调个体和群体实证研究，基于价值管理，将科技人才的心理、行为研究融入个体与群体的实证中。③运用多学科构建模型，将理论研究和抽象研究转化为可操作和实用的管理模型，并设计了模型软件。④设计了制度框架，针对不同领域的科技人才，提出了相应的对策建议。提出了以制度设计为纲，政府宏观调控体系为框，市场配置、法律保障为架，以收入分配、社会保障、培养和使用三大制度体系为内容的系统性设计。

2014年4月20日《重庆时报》刊发了题为"见微知著的科技人才管理"的书评，书评认为该书"从理论到实证运用多种方法，多维度地对科技人才创新和队伍建设进行了独到的研究。尤其在微观方面，运用大量的案例，进行分析比较。例如对科技人才创新的激励研究，通过激励研究进而提出如何培养和管理科技人才"。截至2022年12月，书中学术观点被学术期刊论文引用7次，被博士学位论文引用11次，被硕士学位论文引用14次。

25　求索中国特色人才路

赵永乐，《求索中国特色人才路》，党建读物出版社，2014年11月出版。作者赵永乐时任中央人才工作协调小组特聘专家、河海大学中央人才工作协调小组国家人才理论研究基地首席专家、中国人才研究会副会长、水利部人力资源研究院副院长、中国（南京）人才发展研究中心常务副主任、河海大学文天人力资源研究院院长、教授、博士生导师。河海大学硕士研究生刘建、王燕、戴雪滢、秦群、汤玲、王佳、葛江徽和高臣等为该著作的出版付出了辛勤的劳动。

该著作是国家出版基金项目、"十二五"国家重点出版物出版规划项目、人才强国研究出版工程、人才学者自选集丛书之一。该著作从作者的260多篇文章中，精选出56篇宏观人才学方面的文章结集出版，共计37.1万字。

该著作的56篇文章，既有人才体制方面的，又有人才发展方面的，还有人才市场方面的；既有学术理论方面的，也有实证研究方面的，还有调研报告或是有感而发或是时事评论方面的。时间跨度自20世纪80年代初到21世纪初期，从改革开放初到市场经济确立再到人才强国战略全面实施，长达34年。作者根据自己的研究，在我国较早地提出了一系列有真知灼见的命题、概念和理论体系。比如，早在1987年，作者就著文提出，我国"人才体制的改革将形成有计划指导、有宏观控制、有市场调节的人才体制模式，将使对人才的生产、流通和使用的管理变得更合理，更有效，将使人才的发展与经济发展相适应"，明确提出：建立和发展人才市场。作者在1999年10月结题的一项课题研究总报告《21世纪的江苏：建设人才强省的任务与战略》中明确宣告："千禧之年即将来临，为在全国率先实现现代化，迎接知识经济和加入WTO的挑战，江苏在21世纪的人才战略上只有一个选择，即实现由人才大省向人才强省的跨越，建设人才强省。"该文在全国率先提出"人才强省"战略及其政策，被江苏省委、省政府采纳。2010年10月，人才发展理论创新座谈会在北京举行，作者在专题发言中首次提出"人才引领发展"命题概念，并从人才特区的角度指出，"人才引领发展"是"服务发展"[系《国家中长期人才发展规划纲要（2010—2020年）》中24字指导方针的首位方针]的新要求。2013年，作者将"人才实力雄厚与经济发展相对滞后并存"的总体特征概括为"南京现象"，指出分析"南京现象"、破解人才优势有效转化问题，对南京来讲具有重大现实意义，对全国很多城市来讲也具有启示和借鉴意义，并提出破解人才优势转化为经济发展优势难题的策略。

26 城市人才创新创业环境优化的策略

袁兴国，《城市人才创新创业环境优化的策略》，河海大学出版社，2015年9月出版。作者袁兴国时任徐州工程学院徐州创新创业教育学院副院长、江苏省"333工程"中青年科学技术带头人、中国人才研究会理事、博士、研究员。

当今世界，经济的竞争、科技的竞争，归根结底是人才的竞争，人才的产生与作用的发挥离不开所处的环境，所以当前人才发展的环境成为影响人才竞争的一项主要指标。城区在地方经济社会发展中起到引领作用，如何打造和有效利用环境资源。推动人才创业的开展，保障经济在更高水平上的可持续运行，已经成为城区科技等将资源优势转化为经济发展优势，并实现跨越式发展的先决条件。同时从政府层面看，打造良好的创新创业环境是地方政府吸引人才、获得城市创新发展的有力抓手。

该著作研究的背景主要有三个方面：(1) 国家中长期发展规划等未来宏观政策中均

把创新创业人才及环境的发展作为工作重点。(2)围绕建设创新型国家和创新型城市的要求,地方各级政府积极营造有利于创新创业的环境,从产学研用创新体系的建设,到创新资源的聚集,再到创新人才的培养与吸引,成功培育了一批优秀的创新创业企业,为城市转变经济发展方式提供了有力的支撑与保障。(3)徐州市建设创新型城市,谋求城市转型快速发展,迫切需要优化人才的创新创业环境。

该著作不断深化创新创业人才是经济社会发展中非常宝贵、稀缺的战略性资源这一论点,认为这是当前江苏实施创新驱动战略、加快实现"两个率先"、营造竞争新优势的核心助推力量。

该著作认为,从江苏的基本状况看,创新创业人才主要分布在核心城市的城区,因此,城区人才创新创业环境的优劣对能否集聚到一定数量的创新创业人才和能否充分发挥创新创业人才的效能至关重要。著者尤其以徐州市为例,在全面调查比较分析的基础上,依据经济学供需理论和资源依附理论,通过解析创新创业主体与环境要素的相关关系,深究城区人才创新创业环境优化的机理,集国内外典型城市优化创新创业环境的经验做法,查找问题、分析原因,提出了徐州城区创新创业环境优化的实现路径、对策措施。并就江苏如何加强城区创新创业环境优化的理论研究和建立城市创新创业环境优劣要素的识别系统等提出研究的思考。

该著作提出要在三个方面进一步开展有针对性的探究。第一,要研究建立江苏省城市人才创新创业环境优化的识别系统,建立优化城区人才创新创业环境的有预见性和前瞻性的政策机制。第二,要对江苏省城区人才创新环境及其对人才发挥效能的不同机理进行深入研究。在设计与优化创新和创业环境中科学区分不同的功能,并在其中建立联系,是未来研究与实践的核心问题。第三,加强对未来江苏省公益创业环境营造的研究。着眼于更高水平、有内涵的创新创业环境的打造,从国际视野看,是趋势,是方向。

该著作形成的核心观点为江苏打造创新型城市、科学谋划城区人才创新创业环境优化的长效机制提供了决策参考。

27 聘任制公务员契约治理研究

张宏伟,《聘任制公务员契约治理研究》,南京大学出版社,2015年11月出版。作者张宏伟时任江苏省人力资源和社会保障厅办公室主任、省公务员局职位处(综合处)处长。

职位聘任制是指机关通过合同方式任用公务员的一种人事管理制度,是适应公共管理理论和实践发展提出的新课题,是干部人事制度改革推进的迫切要求和对公务员制度的创新。国内有关聘任制公务员制度的研究,大多侧重于现象描述、实践梳理、比较分析等方面,该书从制度沿革和聘任实践出发,围绕聘任制的核心——"合同"来研究聘任制公务员的治理机制,而这又是当前国内开展聘任制改革试点中突出的实践困惑和管理瓶颈。

该书从中国公务员职位聘任的文化基因出发,梳理了古代中国官员聘任的形式、内容、管理方法等;从西方文官制度的发展沿革中,梳理了美国、英国、澳大利亚等西方国家公务员聘任制度的特点及其发展规律,在中西的实践比较中,探索相应的理论脉络,依托新公共管理理论及治理理论,结合中国国情,提出公务员职位聘任实践中的治理实质。本书依托契约理论,探究关键性假设,以聘任职位的分析作为契约治理的逻辑起点,将契约理论中的"交易三属性"这一经济学分析工具应用到聘任制公务员契约治理以及职位设置等管理实践中,并进而构建聘任制公务员的管理模型。依托心理契约理论,探索聘任制公务员心理契约的构建途径及其机制。依托服务型政府理论,找到公务员职位聘任制与服务型政府建设在目标上的契合点。

该书提出,聘任制公务员契约治理是公务员管理科学化的重要内容。其核心内涵在于党管人才、依法管理、契约精神、行政效能的有机统一。具体包括:第一,增强聘任制公务员的宗旨意识,体现"党管干部、党管人才"的原则。第二,坚持在公务员法的框架内,实现聘任制公务员的依法管理。第三,强化以聘任合同为基础的契约精神,重视合作意识、竞争意识、市场理念。第四,重视成本意识,实现公共管理服务的高效能。

该书还就契约治理中涉及科学设置公务员的聘任职位、聘任制公务员心理契约的实证分析、聘任合同流程的控制、职位职责规范的建立等专题作了理论阐述和实践分析,是国内以聘任制公务员作为研究对象的少有著述。

该书研究的技术路线主要包括两个维度。其一,方法层面。研究使用了几种主要方法,如文献、案例、问卷调查、比较研究、定性总结提升等。其二,内容层面。就每种方法对应的研究领域逐一展开,分别包括对理论文献的综合回顾,对典型案例的分析解剖,初步治理模型的构思设计,辅之以问卷调查分析,对主要结论进行验证,直至最终实现聘任制公务员契约治理机制的总结与实践落地。

"推进国家治理体系和治理能力现代化"对于作为治国理政主体的公务员来讲,是一种新动力和新机遇。聘任制公务员制度的建立,是公务员制度的重要发展,其与传统委任制的重要区别就是:职位聘任强化契约理念,促进竞争合作,实现依法治理和合同治理的统一,释放公务员管理机制创新的活力。因此,聘任制公务员契约治理是公务员管理科学化的重要内容。该书顺势而为,切中时弊,努力体现"宏观看得准、微观抓得实"的原则,与党的十九大以来的相关改革一脉相承,始终把百姓的福祉和干部的职责紧紧连在一起,且内涵丰富,兼收并蓄,结构合理,可资相关政府工作实务借鉴。

该著作于2018年11月获得江苏省人民政府颁发的江苏省哲学社会科学优秀成果奖三等奖。

28 老年科技人才隐性人力资本的转化研究

曹莉娜,《老年科技人才隐性人力资本的转化研究》,河海大学出版社,2015年11月出版。作者曹莉娜时任金陵科技学院商学院副教授、河海大学商学院在读博士研究生。

该书认为,老年人才对于社会意味着什么和我们应如何利用好老年人力资源已然成了中国在经济快速发展、人口预期寿命延长背景下值得深思的问题。我国政府一向重视离退休老人的生活和社会化活动,早在20世纪70年代起就鼓励老年人不要背起自己对社会没用的思想包袱,而是把自己当作对小家、国家都能继续产生正能量的电池。

老年科技人才是老龄群体中很有特色的一部分,由于他们本身具有较高的隐性人力资本,因此他们的"老有所为"可以为我国经济增长作出不小的贡献,特别在当前经济快速发展的历史阶段,恰当地发挥好他们的作用,有着更为重要的现实意义。老年科技人才中聚集了很多重量级的人才,他们不仅道德高尚,业务素质更是一流,具备了离退休后"老有所为"的条件。

老年科技人才中有成就卓著的老教授、老专家,有造诣很深的艺术工作者,还有精通业务的各类技术骨干和医务骨干。他们在长期工作实践中积累的经验、技能、知识,并没有因其离退休而消失,特别是近几年刚刚退休的科技人才,其所处年龄段正是在科研工作中作出重要成果的黄金时期,他们具有相当的"智力优势",但由于现行刚性的退休制度的限制而不得不退居二线。如果他们就此荒废累积的才能,将是整个社会的损失。国家仍然需要他们继续在科研攻关、项目管理、社会服务等方面发挥特长和优势,为经济发展贡献力量。

29 人才学简明教程

吕江洪、陈双双、崔颖、赵永乐,《人才学简明教程》,中国电力出版社,2016年8月出版。作者吕江洪时任南京邮电大学管理学院副教授;陈双双时任河海大学文天学院经济管理系人力资源管理专业教研室主任;崔颖时任河南工业大学管理学院副教授;赵永乐时任河海大学中央人才工作协调小组国家人才理论研究基地首席专家、中国人才研究会副会长、水利部人力资源研究院副院长、中国(南京)人才发展研究中心常务副主任、河海大学文天人力资源研究院院长、教授、博士生导师。

为了深入学习贯彻党的十八大精神,加快确立人才优先发展的战略布局,推动我国由人才大国迈向人才强国,中国人才学研究会组织人才学研究专家学者首次提出了以宏观人才学、微观人才学、人才学通论为基本知识框架的人才学理论体系,开拓了人才学发展的新思维、新方法,构建了中国特色人才学理论体系。该书的写作思路正是基于这个理论体系展开。

该书注重理论和实践的结合,力求理论架构的系统和完整、实践发展的现实和可行,全书架构上分为理论基础和实践发展两大块。前者按照"微观人才学、人才学通论、宏观人才学"这三个基础理论体系的先后顺序为主线,通过相关案例引导,逐步展开理论阐述。后者从国家和个体两个层面展开实践探索,在国家层面提出人才强国战略,在个体层面阐述大学生如何成为国家栋梁之材。

全书正文共设19章,这19章分成六个组成部分。第一部分是该书的基本概念界定:导论篇。该部分包括第1~3章的内容,解读了人才学的学科性质、研究内容、研究方法、人才概述、人才思想等,对于全书的展开起着理论提炼和概括指导的作用。第二部分主要是微观人才学的基础理论体系:人才成长篇。该部分包括第4~7章的内容,展示了人才成长基本理论、人才成长过程、人才成长影响因素和人才成长规律,为全书的展开奠定了微观人才学的理论基础。第三部分主要是人才学通论的基础理论体系:人才开发篇。该部分包括第8~10章的内容,阐述了人才的自主开发、组织开发和社会开发,是微观人才学向宏观人才学过渡的基础。第四部分主要是宏观人才学的基础理论体系:宏观人才篇。该部分包括第11~13章的内容,展示了人才再生产、人才市场体系和人才宏观管理三大基础理论体系,为全书的展开奠定了宏观人才学的理论基础。第五部分是该书的核心内容之一:人才强国篇。该部分包括第14~17章的内容,从国际人才竞争的战略背景出发,深刻阐释了人才发展的指导方针与任务、人才队伍建设、人才发展的举措。第六部分是该书的核心内容之二:大学生成才篇。该部分包括第18、19章内容,分别对大学生成才、大学生创新创业的现实理论和实践问题进行了比较全面的探讨。

全书在写作上突出了以下三个特点。

(1) 简单明了。该书的每一章都设置下列共有模块:引导案例、学习目标、学习导航、相关链接、自测题和答案。每章开篇的"引导案例",以案例的形式引导读者思考,从而引出本章的主题。之后,明确的学习目标和学习导航,突出本章的主要知识体系,便于读者直观清晰地了解各章具体内容,明确学习的重点和思路。各章正文之后的"相关链接"丰富了读者对该章知识背景的了解,也是对该章内容的拓展和升华。每章最后都有"自测题"及"答案"模块。"自测题"统一采用判断题、单选题、多选题、简答题和案例分析这五种题型,有助于读者更好地巩固所学的知识。

(2) 新颖实用。一方面表现在内容新颖。无论是正文内容,还是各部分案例及相关链接,都力求吸收和借鉴当前人才管理相关理论与实践的最新成果和前沿动态,层层深入,展现人才管理工作的全新面貌。另一方面表现在知识实用。本着提高学生应用能力、实战素质的目的,并使人才学理论落地有声,该书专门设计了大学生成才和大学生创新创业的特色内容。此部分内容具有较强的实战指导特点,力求将人才成长的理论应用到大学生的人才成长中。

(3) 语言平实。本书语言朴实,通俗易懂,内容富有趣味性和生动性。没有晦涩难懂的理论和深奥复杂的数理模型计算和推导,适合有兴趣的读者选用。

该教材是"十三五"普通高等教育规划教材。目前在开设人才学的全国地方高校以及部队院校都有大量使用,推动了人才教育的高质量发展。

2019年该书获得江苏女性人才研究中心突出贡献奖。

30　南京浦口人才管理改革试验区建设研究

潘运军、赵永乐,《南京浦口人才管理改革试验区建设研究》,南京出版社,2016年9月出版。作者潘运军时任南京工业大学人力资源部副部长、副教授、河海大学在读博士研究生;赵永乐时任河海大学中央人才工作协调小组国家人才理论研究基地首席专家、中国人才研究会副会长、水利部人力资源研究院副院长、中国(南京)人才发展研究中心常务副主任、河海大学文天人力资源研究院院长、教授、博士生导师。赵永乐全程给予指导,陶卓、周昌伟参与了研究工作,朱义令、刘忠艳、李培园参与了案例分析撰写工作。

人才问题,核心是体制机制问题。《国家中长期人才发展规划纲要(2010—2020年)》明确提出:"把深化改革作为推动人才发展的根本动力,坚决破除束缚人才发展的思想观念和制度障碍,构建与社会主义市场经济体制相适应、有利于科学发展的人才发展体制机制,最大限度地激发人才的创造活力。"为此,要"鼓励地方和行业结合自身实际建立与国际人才管理体系接轨的人才管理改革试验区"。

在国家和社会不断深化人才体制机制改革的背景下,一些地方探索并建立人才管理改革试验区。《南京浦口人才管理改革试验区建设研究》即在此背景下,结合浦口区委组织部委托课题,开始启动。

全书包括三个篇章,计30万字。第一篇章为课题研究的总报告,共包含现状与问题、需求与前瞻、指导思想与建设方针、战略目标与部署、人才队伍建设、重大政策创新、体制机制改革、推进保障等八个部分,许多观点和提法为首次提出或国内较早提出。在战略目标方面,该书指出,"建设'精英高度汇集、制度国际接轨、产城相互融合、环境优雅宜居、服务开放多元'的人才管理改革先行区、南京紫金(浦口)人才管理改革示范区,实现浦口人才集聚国际化,体制机制市场化,人才服务高端化,作用发挥多元化,人才进出自由化,推动浦口成为苏南辐射带动苏中苏北、长三角带动中西部地区的前沿综合门户,江北新区加快现代化建设和提升国际竞争力的重要引擎"。在体制机制方面,该书提出,"以人才创新创业和充分发展为中心,建立浦口人才管理改革试验区。区委领导全局推动人才工作,政府提供宏观指导、公共服务和宜居环境促进人才集聚,政府和用人主体、孵化主体、支撑服务主体、高校院所合作互动促进人才创新创业,形成多层面、全方位人才发展体制、机制"。在具体内容上,该书特意对政府、市场、企业主体的角色以及具体作用进行了详细的阐述。在重大政策创新方面,对照体制机制创新,该书用"四个注重""两个构建""两个突破""两个集成""两个激励""两个提高""两个发展""两个建设",对加大高端创新创业人才和团队引进力度,构建全方位、立体式创业融资渠道,促进人才资本化,高度集成各种创新资源,大力推动产学研合作,优化教育、医疗服务,繁荣人才中介产业,优化人才生活环境等方面的政策创新进行了阐述。

第二篇章为专题报告,从不同视角对浦口人才发展现状、试验区建设进行了全方位的研究,包括"浦口人才管理改革试验区建设的 SWOT 分析""浦口区产业及人才发展现状分析""浦口人才管理改革试验区人才发展预测——以上海浦东新区、苏州高新区为综合标杆""典型科技园区人才工作相关经验研究""国内主要人才特区的发展定位和建设思路研究""浦口人才管理改革人才试验区发展定位研究""浦口人才管理改革试验区体制机制建设研究""浦口人才管理改革试验区人才载体建设研究""浦口人才管理改革试验区人才政策创新研究""浦口人才管理改革试验区人才工作问卷调研分析报告""浦口人才管理改革试验区人才发展问卷调研分析报告"等11个专题报告。

第三篇章为案例分析,主要选取了六个人才创新创业载体、一个街道、一个人才中心、两位创新创业高层次人才等典型,试图从不同维度解析浦口区人才发展生态,总结人才工作和人才创新创业成功经验以及人才发展需要突破的体制机制障碍,为浦口人才管理改革试验区建设提供现实的分析蓝本。在创新创业载体的样本选择中,该篇特意选择了代表中国四种建设模式的"南京工业大学科技产业园""创新药物百家汇""江苏膜科技产业园""南京鼎业生物医药科技产业园"进行分析,它们的建设主体分别是高校、产业公司、投资公司、科学家,它们都是具有很强自主活力和很大发展潜力的非政府办园区和孵化器模式。

该书突破当时许多地方以"引才政策"为突破口建立"人才特区"的做法,尝试从政策、体制机制、载体、环境等方面系统探索人才管理改革试验区建设,注重厘清在人才发展体制机制中政府、人才、用人主体的权责和关系,具有一定的前瞻性以及理论和应用价值。

31 调研江苏:发挥老年专家创新创业作用研究

赵永乐、郭祥林、吴达高、陈培玲,《调研江苏:发挥老年专家创新创业作用研究》,党建读物出版社,2016年5月出版。作者赵永乐时任河海大学中央人才工作协调小组国家人才理论研究基地首席专家、中国人才研究会副会长、水利部人力资源研究院副院长、中国(南京)人才发展研究中心常务副主任、河海大学文天人力资源研究院院长,教授、博士生导师;郭祥林时任河海大学离退休处处长、河海大学中央人才工作协调小组国家人才理论研究基地特聘专家、公共管理学院研究员;吴达高时任江苏省老年科技工作者协会常务副会长;陈培玲时任河海大学理学院党委副书记。参与该著作写作的还有沈光、王江曼、朱义令、王燕、卢愿清、罗珺、戴雪滢、曹莉娜、陈晔、季樱华、徐鹏、王佳、谭亮、戴惠、刘忠艳、李培园、李青等。

随着我国社会经济建设的快速发展,物质生活水平、医疗卫生水平不断提升,养老制度等不断完善,人口寿命不断增长,人口的老龄化速度加快。与之相对的则是社会经济发展所需要的人才出现严重短缺的趋势。这时出现了相互矛盾的现象:一方面,高级人才特别是有创新能力的高级人才供不应求;另一方面,老年科技人才浪费惊人。社会上大都忽视了老年科技人才具有深厚的专业知识、较高的业务素质、丰富的工作经验的优势。因此在人类"创造力时变规律曲线"向后推移过程中,老年人才的贡献将越来越大!

在实施"科教与人才强省""创新驱动"战略过程中，江苏省高度重视发挥那些在离退休后仍然参与创新创业老年人才的作用。为此，专门成立课题组，以江苏实施科教和人才强省战略为背景，从老年人才的特点出发，围绕老年人才创新创业作用的发挥，以问卷调查和专题访谈这两种调查方式进行调研，研究老年人才的人力资本效率、特点和创造力变化规律。课题组专门调研了江苏省13个市和南京市的11家企事业单位的227名离退休后从事创新创业并取得显著成绩的老年人才，经过了半年多的调查、访谈、整理、修改工作，形成了系列研究成果。

该著作是国家出版基金项目、"十二五"国家重点出版物出版规划项目、人才强国研究出版工程、人才体制机制改革丛书之一，依托2012年江苏省科协委托课题项目《江苏在实施"科教与人才强省""创新驱动"战略中注意发挥离退休老专家创新创业作用的研究》的系列研究成果而形成。全书共28.2万字，总体上分为上、下两篇。上篇是前言和3章的总报告，主要阐述江苏省老年人才创新创业的现状、对江苏省如何发挥老年人才创新创业工作进行了总体设计，并提出了适时建立科技人员的弹性退休机制、制定老年人才再就业权利的保护法规、制定老年人才创办领办科技企业优惠政策的实施细则、构建组织开发利用平台拓宽老年人才发挥作用的渠道、建设老年人才创新创业基地、营造社会外部保障条件、开展针对性培训以提高老年人才素质、强化老年人才创新创业工作组织建设等八项对策建议。下篇是11份分报告，内容涵盖了对人口老龄化与人才老龄化分析，人才成长规律与老年人才创新创业分析，对人才价值需求及老年人才心理分析，对老年人才创新创业认知动机与影响因素分析，对国内外老年人才作用发挥情况借鉴，加强老年人才创新创业工作体系建设以及该课题所做江苏老年人才创新创业状况调查分析，老年人才创新创业调查问卷和访谈、座谈分析等，同时，对江苏省具有典型示范作用的老年专家的创新创业情况进行了介绍。

该著作的重要观点主要包括三个方面。

在人才老龄化问题日益凸显，人才供需矛盾愈加突出等时代背景下，江苏省老年人才开展创新创业有着独特优势，他们专业精深、创新创业经验丰富、作风优良、身体精力尚好、渴求再作贡献的事业心强烈，同时，其创新创业工作呈现出起点高、切入准、投入少、见效快、成功率高、学术成果和经济社会效益显著的特点，在人力、资本的投入产出方面显示出较大的比较优势。

积极发挥老年人才创新创业作用，符合人才发展和使用的客观规律和国际趋势，是贯彻"积极老龄化"方针，应对江苏省快速老龄化严峻挑战的必然选择，是实施科教与人才强省、创新驱动战略的迫切需要。但是，由于各种主观、客观因素的影响，老年人才创新创业存在社会认同感不强、重视度不高，老年人才创新创业配套政策措施不完善、创新创业体制机制不健全，老年人才创新创业的平台建设薄弱等问题。

在分析老龄人才创新创业的作用和借鉴国内外老年人才作用发挥情况的基础上，该著作提出了破除制约老年人才创新创业的体制机制障碍的措施：破除阻碍老年人才创新创业的传统观念、积极发挥政府对老年人才创新创业的引导作用、发挥市场对老年人才资源的配置功能、大力引进利用国际老年人才；同时提出了加强老年人才创新创业工作体系建设的对策建议:老年人才创新创业过程中需坚持"观念重视、加强引导,政策措施、切实有效,协调推进、服务发展,系统组织、有序开展"四个原则,积极营造鼓励老年人才创新创业的良好氛围、完善老年人才创新创业的工作体系、建立健全老年人才创新创业的政策体系、建立健全老年人才创新创业的体制机制。

该著作前期课题研究得到中国科学院陈达院士,中国工程院张齐生院士、李鸿志院士、阮长耿院士、贲德院士等高度肯定,他们认为,该研究"切实从江苏省核心战略实施对人才的迫切需求出发,对当前一批适合从事创新创业的老专家人才的分析判断比较准确和新颖","如能有效实施,将有利于充实和完善日趋重要的人才政策,将对江苏省深入贯彻'科教与人才强省'和'创新驱动'战略提供相当一批有价值的现实人才资源,也将有利于积极应对老龄化日益加速的严峻挑战"。为此,他们联名向江苏省委、省政府推荐该研究成果,得到了江苏省委、省政府的高度重视。江苏省委书记罗志军亲笔批示:"所提建议值得重视",并要求分管省领导阅研。江苏省人民政府省长李学勇批示:"建议很重要,望予以关注,积极发挥好老龄科技工作者的作用。"

32 高校创新人才战略选择

郭万牛,《高校创新人才战略选择》,中国矿业大学出版社,2016年10月出版。作者郭万牛时任南京工业大学党委学工部部长、学生处处长、管理学博士、教授。

建设创新型国家,需要创新人才。当人才竞争成为国际竞争的焦点,人才资源也被各国视为战略资源和提升国家竞争力的核心因素时,教育尤其是高等教育必然成为建设创新型国家的基础。因而,了解我国高校创新人才队伍建设的状况,掌握高校创新人才资源的特点,增强创新人才资源开发的责任感和使命感,进一步做好创新人才工作,具有重要意义。纵观我国高校创新人才工作,还没有把创新人才建设上升到学校的战略来实施,致使高校整体上缺乏创新能力和创新活力。因而加强高校创新人才工作的研究,建立适合高校的创新人才战略,对于高校优化创新人才发展环境,完善高校创新人才管理模式,从学校战略高度开展创新人才建设具有迫切性和现实指导意义。

该著作以高校为研究对象,以树立科学的创新人才观为首要目的,以"创新人才"内涵为研究起点,结合人的全面发展理论,努力在理论上科学界定新时期创新人才的内涵和标准。通过借鉴国外发达国家高校的创新人才战略,运用演化博弈理论分析了高校创新人才战略相关利益主体间的行为关系,构建高校创新人才战略评价指标体系,建立三种高校创新人才战略评价模型,选取江苏地区26所高校作为决策单元进行实证分析,运用DEA方法对模型进行求解,根据分析结论为高校实施创新人才战略研究提供可资借鉴的理论和实践案例。

著作对高校创新人才战略系统的要素范畴进行了梳理,界定了高校创新人才、创新人才绩效和创新人才战略的基本内涵、理论基础、具体内容和实施的重要意义等,对高校创新人才战略利益主体进行行为分析,并从高校与创新人才的关系、创新人才与企业的关系以及创新人才的激励机制着手,构建行为博弈模型,系统研究创新人才战略利益主体间的相互关系,确定各利益主体对战略实施的影响程度,以求实现对创新人才战略的评价研究。采用调查问卷法对数据统计进行分析,甄选了高校创新人才战略的39个主要评价指标以及3个不同的评价维度,即实力、活力和效力。在此基础上,选取树型结构作为高校创新人才战略评价指标体系的结构形式,构建了高校创新人才战略评价指标体系,运用主成分分析法筛选了主要投入产出指标,建立了三种高校创新人才战略评价模型,包括理想情形下的模型、考虑内部不可控要素——科研成果的滞后性的模型和考虑外部不可控要素——创新人才能力与荣誉的匹配度的模型,从高校创新人才战略的定位、创新人才战略利益主体的相互关系以及不同的评价维度等方面进一步提出相关的对策建议。

该研究成果对高校创新人才战略的制定、高校创新人才发展环境的建设以及高校创新人才的管理等具有一定的参考意义和指导作用。

33　调研南京:加快人才优势向发展优势转化

赵永乐等,《调研南京:加快人才优势向发展优势转化》,党建读物出版社,2016年11月出版。作者赵永乐时任河海大学中央人才工作协调小组国家人才理论研究基地首席专家、中国人才研究会副会长、水利部人力资源研究院副院长、中国(南京)人才发展研究中心常务副主任、河海大学文天人力资源研究院院长,教授、博士生导师。

该著作是国家出版基金项目、"十二五"国家重点出版物出版规划项目、人才强国研究出版工程、人才体制机制改革丛书之一,是2012年5月南京市委、市政府下达、中国(南京)人才发展研究中心承担的"南京市突破人才和经济发展不成正相关关系瓶颈研究"重大课题项目研究成果。该课题负责人为赵永乐,参加该课题研究的人员主要有:王济干、陈京民、郭祥林、潘运军、徐军海、王春艳、曹莉娜、张永耀、陶卓、周昌伟、陈双双、权良媛、韦艳文、张璐、张建苗、孙静、赵东菊、栾凌雁、张艳、阿茹娜等。该著作总体上分为上、中、下三篇,上篇包括前言和5章的总报告,中篇是7份分报告,下篇是11份专题报告。全书共36.5万字。

南京科技、教育资源丰富,人才优势明显,在全国仅次于北京、上海,位居第三。经济实力在江苏却列于苏州、无锡之后,仅能位列第三。事实说明,南京的人才优势未能有效地转化为当地的发展优势。这种"人才优势未能有效转化为产业优势"的总体特征被专家们概括为"南京现象"。然而,"南京现象"不是孤例,国内不少科技教育的地域中心或多或少被"南京现象"所困扰。人才工作必须考虑这样的重大问题:有了人才优势之后,怎样才能使这一优势真正转化为当地的发展优势?因此,关注和研究"南京现象",促进人才优势向发展优势转化,对于解决中国式的人才发展具有重要意义。

该著作的重要观点主要来自六个方面的分析和研究。

一是"南京现象"分析。"南京现象"具体表现在四个方面:(1)人才资本对经济增长的拉动作用小;(2)人才资源对经济增长的贡献率不高;(3)科技成果转化率不高;(4)教育、科研投入较低。

二是南京市人才优势转化的多元要素分析。通过问卷调查对南京促进人才优势转化为经济发展优势的重要影响因素进行选择和评价,得出三个方面的结果。(1)人才优势向经济发展转化的十个方面促进要素;(2)令人比较满意的六大要素;(3)问题较大、需要突破的十大要素。南京市人才优势向经济发展转化问题较大、需要突破的十大要素是:①产业园区的重复建设与同质竞争;②新技术从科研机构向市场转移的效率不高;③企业作为创新主体地位贯彻不到位;④需要通过科学分类,建立人才的科学评价体系,形成具有针对性的管理制度、政策和办法;⑤营造尊重创新、宽容失败的创新氛围不够;⑥金融对创新创业的支持力度不够;⑦人才资源布局不够合理;⑧创新科研体制不健全;⑨有利于人才发展的法制环境建设滞后;⑩鼓励创业的城市文化(精神)有待于进一步培育和创建。问题较大、需要突破的10个要素既为南京市人才优势向经济发展优势转化的短板,也是致使人才与经济发展不成正相关关系的重要瓶颈因素。

三是南京市阻碍人才优势转化的原因分析。造成阻碍人才优势转化的原因有客观和主观两个方面。客观上,南京作为一个省会城市和全国性的科研中心、教育中心、文化中心,其城市定位决定了有相当大部分人才不是为经济发展服务的,即使是为经济发展服务的,也不是专门为南京当地的经济发展服务的。主观原因主要包括思想观念滞后、体制机制约束和政策体系缺位三个方面。起决定性作用的主要还是主观方面原因。

四是南京市加快人才优势转化的新模式。在调研中发现,南京已经产生了四种具有很强自主活力和很大发展潜力的非政府办园区和孵化器模式。(1)以南京工业大学科技产业园为代表的高校、科研院所建立的人才创业园区。(2)以创新药物百家汇为代表的产业公司创办的产业人才创业园区。(3)以江苏膜科技产业园为代表的科学家联合创办的专业人才创业园区。(4)以南京鼎业生物医药科技产业园为代表的投资公司创建的科技服务型人才创业园区。

五是破除"南京现象"的思路。要以科学发展观为指导,牢固树立人才资源是第一资源的理念,以增强人才培养与本地经济产业紧密结合度为核心,以促进人才优势向产业优势转化为主线,以市场为基础,构建多元人才培养模式,打造市场完善、服务体系健全的转化环境,鼓励创新创业,体现人才价值,改革体制机制,创建活力和效率俱佳的人才管理改革实验示范区。南京市要加快人才优势转化,需要促使管理调控主体即政府、创新创业主体、孵化服务主体三个主体到位;抓住人才优势向创新能力转化、人才的创新能力向南京本地经济发展所需要的现实生产能力转化、加快现实生产能力向经济发展优势转化三个环节。

六是南京市促进人才优势转化的对策建议。(1)转变观念、激发活力:凝造竞相创业城市精神。(2)科学规划、合理引导:准确把握政府工作定位。(3)创新开发、以用为本:充分发挥经济主体作用。(4)市场运作、高端服务:形成创业孵化多元格局。(5)改革体制、创新政策:推动人才优势加快转变。

该著作得出结论:南京市人才优势向发展优势转化的阻碍因素既有体制机制因素,也有政策体系因素,还有公共环境因素。这些阻碍因素可以归纳为管理调控主体政府强位,但创新创业主体缺位,孵化服务主体不到位,使得人才优势转化模式单一,人才优势转化效益低下,制约了南京市人才资源的集聚、人才创新能力向现实生产力转化以及现实生产力转化为经济发展优势。以改革为根本动力,进一步解放思想,创新南京的人才体制机制,挖掘南京人才优势当地转化的内需,这才是当务之急。

34 镇江"十三五"人才发展研究

赵永乐、王济干等,《镇江"十三五"人才发展研究》,江苏人民出版社,2016年12月出版。作者赵永乐时任中国人才研究会副会长、水利部人力资源研究院副院长、中国(南京)人才发展研究中心常务副主任、河海大学文天人力资源研究院院长、教授、博士生导师;王济干时任江苏科技大学党委书记、水利部人力资源研究院常务副院长、镇江创新人才发展研究院院长、教授、博士生导师。

该著作是中共镇江市委组织部、镇江市人才工作领导小组办公室委托课题的研究成果。课题由中国(南京)人才发展研究中心承担,赵永乐教授总负责。2015年11月立项,2016年5月结题。镇江市委组织部副部长、市人才办主任毛健担任课题领导小组组长,赵永乐和镇江高等专科学校校长、教授丁钢担任副组长。课题组主要成员有徐军海、许萍、陈双双、张书凤、李海东、崔祥民、杨俊凯、潘运军、吕江洪、朱义令、刘忠艳、李培园、李青等。镇江市人才工作办公室的孙丽君、李志、郭鑫、朱录军、唐亚辉和镇江高等专科学校的李大洪、江志堃、孙松、何斌等参与了课题调查和研究。

该著作总体上分为上、中、下三篇,上篇是总报告,中篇是19份专题报告,下篇是12份案例报告。全书共49.7万字。

课题研究的基本内容主要包括九个方面的研究。一是现状与关系研究。二是与有关城市人才发展的比较借鉴研究。三是人才发展影响因素选择与评价研究。四是镇江市融入南京科教人才大系统可能性路径研究。五是人才需求、供给侧结构性改革及"十三五"人才发展需求预测研究。六是创新创业人才发展及载体建设研究。七是人才工程(计划)创新及六支人才队伍建设研究。八是人才体制机制改革与政策创新及人才国际化对策研究。九是人才工作考核评价体系研究。

课题提出,"十三五"期间镇江人才发展要坚持党管人才原则,深入实施科教与人才强市战略,谋划人才优先发展战略布局,遵循社会主义市场经济规律和人才成长规律,深化人才发展体制机制改革,推动人才结构战略性调整,优化人才资本配置,形成具有国际竞争力的人才制度优势,为加快建设富有特色的"强富美高"新镇江提供有力人才支撑。

课题提出"人才优先,引领发展;政府引导,市场决定;国际视野,高端集聚;优化环境,协调推进"32字人才发展遵循原则,"人才发展体制改革先行区、人才创新创业福地、产业人才集聚基地、人才生态发展高地"一区三地人才发展战略定位以及"综合竞争力居省前列、人才结构更加合理、人才素质大幅提升、人才环境明显优化、人才效能显著增强、人才国际化进程加快"六大人才发展战略目标。课题还提出"创新创业人才、产业发展人才、民生与精神文明建设人才和党政与社会治理人才"四支队伍建设的人才发展的主要任务。实施包括全面启动"金山英才"计划、组织实施"169高层次人才培养工程"、全力实施创业镇江行动三项主体人才计划和包括教育领军人才、卫生领军人才、经营管理人才、农村实用人才、文化创意领军、社会工作领军、金山青年英才、大学毕业生留镇和人才返乡等九项统筹建设计划的重点人才工程。

课题提出加快转变人才发展方式、深化人才发展体制机制改革和优化四大人才环境三方面的对策与完善党管人才领导体制、加大财政投入、加强舆论宣传、建设信息平台、加快智库建设、加强考核评估六大实施保障举措。

该课题研究成果最后转化为镇江市"十三五"人才发展规划纲要稿。

35 人才资本与经济协调发展研究——以常州市为例

王全纲,《人才资本与经济协调发展研究——以常州市为例》,河海大学出版社,2017年10月出版。作者王全纲时任江苏理工学院商学院人力资源管理系副主任、副教授。

该著作是在完成常州市第八届社科研究课题"常州市人才资本测算及其对经济增长贡献率研究"(2012CZSKL-C36)、第十届社科研究课题"常州市人才资本与经济的协同发展研究"(2014CZSKL-B02)、第十二届社科研究课题"常州经济转型发展中人才资本驱动作用研究"(2016CZSKL-B28)以及博士论文《人才资本与经济协调发展研究——以常州市为例》基础上完成并出版的。赵永乐教授为该著作作了"画龙点睛"的"序"。

在知识经济、人才经济时代,人才资本在经济发展中占据着举足轻重的战略地位。尤其在我国,创新驱动发展已成为经济发展方式转变的主旋律,人才资本与经济发展的关系受到了政府的高度重视和学术界的密切关注。正如赵永乐教授在该书序言中所述"可以毫不夸张地说,我们已经进入人才经济的时代。正因为此,人才与经济的关系越来越受到社会的重视。就一个国家或地区而言,对于人才的超前投资,无疑能够得到远比物质资本投资和一般人力资本投资效益更高的回报率。在经济社会发展过程中,尽管各种形态资本都有不同程度的贡献,然而只有人才资本的贡献程度最高,以至于我们可以断定,人才资本是最重要的资本形态"。

以常州市为例,对人才资本与经济协调发展进行理论与实证研究。首先通过建立人才资本测算方法,以常州市为例进行人才资本测算的实证研究。其次在对人才资本与经济协调发展关系系统分析的基础上,建立人才资本与经济发展的相关性分析模型,基于扩展的 C-D 模型,建立人才资本对经济增长的直接贡献率、间接贡献率的测算模型和各层次人才资本对经济增长的贡献率测算模型。再次,运用协整模型、协同学的方法,建立人才资本与经济协调发展的评价模型。最后,在分析人才资本与经济协调发展的调控内容、调控机制和调控思路的基础上,从总量调控、质量调控、速度调控和结构调控四个方面,建立人才资本与经济协调发展的相关线性需求预测模型,并提出人才资本与经济协调发展的调控对策。

该著作研究的理论价值在于初步建立了人才资本与经济协调发展的研究框架,进一步补充和完善了人才资本与经济协调发展研究的定量分析方法。现实价值在于为相关政府部门科学确定人才资本存量、质量和结构以及人才资本对经济增长的贡献率,提供了现实参考;同时为相关政府部门明确人才资本与经济协调发展的状态,制定人才资本与经济协调发展的调控目标、调控政策和调控制度等提供了现实参考。

将人才资本从人力资本中分离出来,探究人才资本与经济协调发展问题,属于较为新颖的视角。主要亮点大致可以归纳为以下三个方面:第一,在人才资本测算中,建立了分段加权求和的计算方法和以职称因素调整人才受教育年限的方法,对现有人才资本测算的加权受教育年限法进行了一定的补充与完善;第二,系统分析了人才资本与经济协调发展的关系,建立了人才资本对经济增长间接贡献率的测算模型及各层次人才资本对经济增长贡献率的测算模型,补充和完善现有人才资本对经济增长贡献率测算模型;第三,构建了人才资本与经济协调发展的评价模型和人才资本与经济协调发展的调控体系与需求预测模型,对现有人才资本与经济协调发展的研究理论进行了完善和补充。

36 高端人才引进培养机制和管理创新研究——以江苏省为例

殷凤春,《高端人才引进培养机制和管理创新研究——以江苏省为例》,人民出版社,2017年11月出版。作者殷凤春时任盐城师范学院人事处副处长、河海大学中央人才工作协调小组国家人才理论研究基地特聘专家、教授。

该著作围绕"高端人才—价值实现—创新规律"和"引进—培养—管理创新"展开,沿着"区域聚集→经济发展→组织需求→评价指标构建→战略战术提升"的思路,凸显市场、政府和企业在其中的引导作用。江苏作为我国的教育大省、经济强省,吸引和集聚着众多的高端人才。本书以江苏省为例,对高端人才引进培养机制和管理创新进行研究,力图完成高端人才在实现创新发展、促进经济社会和谐发展、着力提升组织核心竞争力、全面提升人才国际竞争力和价值贡献率、实现产业的升级换代等方面的理论探讨和实践推演。

全书分为三大部分,共 16 章内容。第一部分为第 1~5 章,基础理论部分。主要论述高端人才的内涵、特征、意义及引进、培养、管理创新方面的最新观点，并对高端人才引进培养机制和管理创新的内涵、价值定位和价值实现进行理论阐述和界定。论述高端人才区域聚集的类型、现状、特征及经济效应、政治效应、文化效应，分析以市场为主导的高端人才引进、培养对经济发展的影响，探讨基于组织满意的高端人才需求层次，揭示高端人才引进、培养和管理创新的规律。第二部分为第 6~15 章，实证调查建模部分。比较中外高端人才引进、培养和管理创新的异同，对沿海城市高端人才引进培养工程进行比较，对沿海地区高端青年人才价值实现与趋向规律及区域聚集效应进行了梳理，对苏南地区、苏中地区、苏北地区的高端人才从引进、培养和管理创新的角度进行调查，分析其原因，提出区别高端人才并进行分类指导，差别化构建高端人才引进、培养和管理创新的评价指标体系。第三部分为第 16 章，战略提升部分。分析高端人才引进的政策走向、政策要素，理清高端人才引进培养的政策发展思路，分析高端人才管理制度和管理政策创新点，提出高端人才引进培养和管理创新方面的战略及对策。

该著作于 2018 年获得江苏省应用精品工程优秀理论成果一等奖、江苏省人力资源和社会保障厅首届优秀理论成果三等奖、江苏省高校教科研优秀成果三等奖和盐城市哲学社会科学优秀成果一等奖。

37 2018 年中国水利人才发展研究报告

王济干等，《2018 年中国水利人才发展研究报告》，河海大学出版社，2019 年 9 月出版。作者王济干时任水利部人力资源研究院院长、镇江创新人才发展研究院院长、河海大学教授、博士生导师。邓玉林、樊传浩、张龙等参加该书的编著。

新时代水利人才工作与人力资源管理亟须构建数据收集、挖掘、分析、展示于一体的水利人才大数据挖掘可视化综合服务平台，建立水利人才发展的数据库和人事管理信息系统，对水利人才发展数据进行结构化的组合和进一步分析与预测，使数据的剖析具有针对性和预测性；在政策层面准确理解和把握水利人才政策要点与变迁特征，推动水利人才队伍建设，为水利改革发展提供全方位、强有力的人才保证和智力支撑；勾勒我国水利行业人才发展理论研究和实践探索的大致状况。编撰《2018 年中国水利人才发展研究报告》（以下简称《2018 年报告》）正当其时、适得其势。《2018 年报告》由总报告和分报告组成，分报告是总报告的基础和支撑，总报告是分报告的总结和提炼。

该报告分为三个部分，分别是：2018 年中国水利人才发展的基本情况、中国水利人才政策措施变迁研究以及中国水利人才发展的探索与实践。

按照《国家中长期人才发展纲要（2010—2020 年）》中的人才资源分类，该研究将中国水利人才界定为截至 2018 年 12 月 31 日在职的全国水利系统从业人员中的显性人才，主要由全国水利系统从业人员中的党政人才、专业技术人才、经管企业经营管理人才和高技能人才构成，其中高技能人才包括高级技师、技师和高级工。

2018年水利人才政策研究立足于人才强国、创新驱动发展、水利人才发展等战略,围绕水利人才发展及其政策状况进行描述、梳理和分析,探究水利人才及其政策的发展方向和趋势,以推动水利人才的创新发展。2018年水利人才政策研究在对2003—2018年期间水利人才政策样本收集与整理的基础上,依据关键历史事件、标志性政策文件等对人才政策的发展进行阶段划分,运用人才管理理论对人才政策进行内容维度的划分,并运用政策工具理论进行政策工具维度的划分。然后采用内容分析法从水利人才的政策范式维度、政策内容维度和政策工具维度分析了水利人才政策的变迁特征,凝练了水利人才政策的发展方向和进步空间。通过对我国水利人才政策的变迁状况的梳理分析,发现我国水利人才政策主要是通过制度微调实现,即针对不同时期的政策问题,提出相应政策目标,在人才总量、分布、结构、素质和机制五个方面进行制度微调。体现为:(1)水利人才总量类政策微调式变迁显著依赖数量路径;(2)人才分布政策从强调重规模与区域分布到强调关注薄弱环节;(3)水利人才政策的覆盖对象日益全面;(4)从强调文化业务素质到关注综合素质的提升;(5)人才管理体制机制的政策调整革故鼎新。同时进一步凝练了水利人才政策的发展方向和进步空间,包括:创新培养手段,完善水利人才培养机制;注重创新型、管理类人才培养,进一步优化人才结构;构建人才现代化评价体系,促进水利人才队伍建设;全方位招才引智,壮大基层、贫困地区水利人才队伍;加强人才信息化平台建设。为加强水利人才队伍和推进新时代水利现代化建设提供人才保障。

中国水利人才发展的探索与实践部分涉及三个方面的基础性工作:(1)对来自水利部人事司、中国水利学会人力资源和社会保障专业委员会和水利部人力资源研究院的57项水利人才发展理论研究和实践探索成果进行主题编码、对比和归纳。(2)对《中国水利报》和《中国水利》杂志2009—2018年期间所刊文献的主题进行检索和分析。(3)针对2016—2018年间《管理世界》《中国行政管理》《哈佛商业评论》《中国人力资源开发》《商业评论》这五种高水平专业刊物发表的论文和部分人力资源/人才管理著作,通过主题专家判断,将人力资源管理研究热点/前沿文献按照其核心关注点(人、工作、组织和基础体系)分成四类,并列出了若干项代表性论著。

基于此,《2018年报告》提出了推进水利人才发展研究的三条建议:(1)加强行业人才基础数据建设,为人才发展不断提供更多数据支撑;(2)强化行业人才工作"试点"、"培育"和"创新改革",将先进的理论与丰富的实践结合;(3)加强行业人才战略与重大水利工程的对接力度,努力形成战略引导、人才建设先行的人才发展思路。

38 产业集群与人才集聚相互驱动和耦合发展研究

周庆元,《产业集群与人才集聚相互驱动和耦合发展研究》,河海大学出版社,2019年9月出版。作者周庆元时任常州机电职业技术学院经济管理学院院长,江苏省"333高层次人才"中青年学术技术带头人、江苏高校"青蓝工程"中青年学术带头人,博士、副教授。

从世界范围看,产业集群在强化专业化分工、发挥协作配套效应、建立空间创新系统、优化生产要素配置等方面作用显著,是工业化发展到一定阶段的必然趋势。人才集聚和产业集群往往相伴而生,从现象上看,产业集群对各类人才具有巨大的吸引力,引致人才集聚,并为吸引人才、培养人才和激励人才提供了良好环境,产业集群与人才集聚的良性互动和耦合发展成为衡量一个区域核心竞争力的重要标志,是推动经济转型升级的有效途径。

该书分为 7 章 23 节,共计 20.5 万字。基于产业集群创新升级的背景,总结和研究产业集群形成过程中的人才集聚和成长机理,探索产业集群与人才集聚的良性互动和耦合发展机制,系统研究产业集群创新升级背景下产业集群与人才集聚相互驱动和发展的相关问题。从研究现状和最新成果的文献检索与梳理出发,明确产业集群与人才集聚的内涵、特征、类型与功能,建立基于生命周期理论的分析框架。通过对江苏发展现状的考察、对发达国家典型模式的比较研究,以及对江苏不同地区、典型模式及关键环节的案例调查,分析人才集聚效应和成长机理,剖析产业集群与人才集聚发展一体化的基本经验、动力机制和具体实现模式,探索其融合发展的一般规律,最后提出产业集群与人才集聚相互驱动和耦合发展的协同路径与政策保障思路。

该书对于厘清人才流动与成长规律,解决当前产业集群扩张及其创新升级问题,促进集群经济的科学发展具有现实指导意义,可以为各级政府制定产业与人才政策提供理论依据和决策参考,以期促进产业集群与人才集聚的相互驱动和发展,引导实现产业集群与人才集聚的一体化发展,进而实现两者互动耦合的最优效应。同时能够为产业政策和人才政策优化提供决策参考与依据,对于破解当前产业群扩张与转型升级问题,以及产业集群扩张与产业转型升级过程中的人才集聚问题具有重要的指导意义。

39 南京构建具有全球竞争力的人才制度体系研究

《南京构建具有全球竞争力的人才制度体系研究》课题组,《南京构建具有全球竞争力的人才制度体系研究》,河海大学出版社,2019 年 12 月出版。该课题组总负责人唐洪武时任河海大学党委书记、教授、博士生导师。课题组主要成员赵永乐时任河海大学中央人才工作协调小组国家人才理论研究基地首席专家、中国(南京)人才发展研究中心常务副主任、教授、博士生导师;徐军海时任江苏省社科联科研中心主任、河海大学中央人才工作协调小组国家人才理论研究基地特聘研究员;黄永春时任河海大学商学院副院长、教授、博士生导师;郭祥林时任河海大学后勤处处长、研究员。课题组成员还有吕江洪、殷凤春、潘运军、颜玉凡、蒋敏、陈双双、贺雪梅等。

该著作系 2018 年度南京市哲学社会科学基金春季公开招标的重大项目"南京构建具有全球竞争力的人才制度体系研究"(项目编号18CA02)的研究成果,包括 1 份摘要报告、1 份总报告、2 份要报、4 份分报告、9 份基础研究和调查研究报告。经过一年的实际调研和理论科研,课题组在确立南京构建具有全球竞争力的人才制度体系的指导思想的基础上,明确了人才制度体系建设的三个方面功能定位、五项遵循原则和五点建设思路、三条具体目标、四项重点任务与四大战略部署,提出了确立以"一主攻"方向、"三强"对策和"三新"保障为主要框架的对策建议体系。

习近平总书记强调指出,构建具有全球竞争力的人才制度体系,聚天下英才而用之。这一战略思想是基于国际范围对优秀人才的激烈竞争、国内人才强国战略的贯彻落实以及人才发展的形势需要而提出,体现了海纳百川的眼界、魄力和气度,指明了参与全球人才竞争的有效途径,对于加快人才强国建设、赢得全球竞争新优势意义重大。当前,人才作为战略性创新资源,无疑成为全球竞争的焦点,而人才竞争的背后则是制度的较量。毫无疑问,谁拥有良好的人才制度,谁就能抢占人才争夺的制高点。南京立足国家重要科研教育基地的独特禀赋和发展定位,深入实施人才强市和创新驱动战略,奋力建设具有全球影响力的创新名城。需要加快构建具有全球竞争力的人才制度体系,提升全球配置人才资源能力,聚天下英才而用之,这是培育南京人才竞争比较优势、参与全球人才竞争的战略选择。

南京市委、市政府高度重视人才工作,按照党管人才原则,明确新时期新阶段人才工作的根本任务、基本思路和工作格局,人才制度体系建设不断推进,人才制度改革取得新进展,具体现状表现在四个方面:一是南京人才制度的组织优势不断凸显;二是南京人才发展体制机制改革持续深化;三是南京人才制度改革着力点继续延伸;四是南京人才制度体系成效逐年显现。

南京构建具有全球竞争力的人才制度体系的重大问题主要表现在五个方面:第一,尚有计划色彩。第二,市场作用不足。第三,整合效应欠缺。第四,优势转化乏力。第五,比较优势不强。南京构建具有全球竞争力的人才制度体系的需求来自四个方面:一是提升全球竞争力的发展需要;二是加快建设人才强国的战略需要;三是全面深化改革的任务需要;四是提升南京创新首位度的需要。

南京构建具有全球竞争力的人才制度体系的指导思想是:深入贯彻习近平新时代中国特色社会主义思想和十九大关于人才发展方面的指导性论述,牢固确立人才引领发展的战略地位,遵循社会主义市场经济规律和人才成长规律,构建具有全球竞争力和南京特色的人才制度体系,为南京建设有全球影响力的创新名城提供坚实的人才支撑。

南京构建具有全球竞争力的人才制度体系的功能定位,立足于全球创新和全球竞争的大格局中,以建设有全球影响力的创新名城为目标,以深化改革为动力,打造创新型人才聚集中心、链接创新网络的关键人才枢纽,当好人才体制机制改革排头兵,着力提升南京创新首位度,构建具有全球竞争力的人才制度体系。南京构建具有全球竞争力的人才制度体系要遵循五项基本原则:一是坚持党管人才;二是坚持人才引领发展;三是坚持全球视角和开放心态;四是坚持中国特色和南京优势;五是尊重市场经济规律和人才成长规律。

南京构建具有全球竞争力的人才制度体系重点要完成四项任务:第一,推进三路人才五链深度融合。第二,整合园区人才创新载体平台。第三,发挥用人主体引才用才的主体作用。第四，夯实人才管理基础设施。南京构建具有全球竞争力的人才制度体系的四大部署：第一，构建产学研深度融合的人才工作体制机制。第二，建立与高质量发展相适应的人才激励机制。第三，探索长三角一体化的人才协同发展机制。第四，建设具有全球竞争力的人才宏观调控体系。

根据南京构建具有全球竞争力的人才制度体系的指导思想、思路和任务与部署，建立以"一主攻"方向、"三强"对策和"三新"保障为主要框架的对策建议体系。"一主攻"方向是指南京要把主攻方向精准定位在集聚和释放高层次人才的创新动能上。南京的"三强"对策指的是强政府、强市场和强江北新区。"三新"保障是指人才法制新环境、人才融资新模式和人才开放新通道。

40 河长制治理理论与实践

汪群、李卉、田鸣、张玥，《河长制治理理论与实践》，河海大学出版社，2020年10月出版。作者汪群时任常州工学院副校长、河海大学商学院教授、博士生导师；李卉时任河海大学商学院副教授；田鸣时任河海大学商学院讲师；张玥时系河海大学商学院在读博士研究生。

农业文明是"黄色文明"，工业文明是"黑色文明"，生态文明为"绿色文明"。党的十八大将生态文明建设放在突出地位，融入政治建设、经济建设、社会建设和文化建设等各方面和全过程。生态环境由水、土壤、空气等要素组成，其中，水是生命之源、生产之要、生态之基，水生态文明是生态文明的重要组成和基础保障。长期以来，我国经济社会发展付出的水资源、水环境代价过大，导致一些地方出现水资源短缺、水污染严重、水生态退化等问题，这对促进人水和谐、推动水生态文明建设提出了严峻挑战。随着《关于全面推行河长制的意见》和《关于在湖泊实施湖长制的指导意见》的出台以及河(湖)长制在全国广泛深入地推行，河(湖)长制成为扼制水环境恶化、建设水生态文明、实现绿色发展的有效途径、强力抓手和制度创新，亦是推进国家治理体系和治理能力现代化的重要实践。

河(湖)长制是以推进水生态文明建设为导向，推行行政首长负责制下的多主体参与的协同治水模式，通过明确党政负责人牵头，协调部门之间的权力配置，细化各级河长职责及措施，形成一级抓一级、层层抓落实的工作格局，以破解传统多龙治水带来的主体不明、职责不清、协调困难等管理困境。

河(湖)长制是新时代河湖治理的制度创新，是落实习近平总书记提出的"重在保护，要在治理"方向性战略要求的重要抓手。如果说"重在保护"是要抓好江河治理，建成绿水青山的水治理专业工作，那么"要在治理"的关键是做好水治理的治理结构设计和制度安排，明确主体责任，约束、规范、调整人的行为，遏制水资源过度开发利用、防治水污染。不仅要加大推行力度，推进实践创新，还要加紧理论研究，加强对治水科学规律和社会治理规律的深刻揭示与科学把握，做好理论与实践的有机结合。这是一个不断创新实践，在实践中总结提炼具有中国特色的水治理理论，再用新理论通过研讨、培训等方式，指导水治理实践的过程。当前由于政府推动,各地积极探索,河(湖)长制创新实践精彩纷呈;高校、科研院所以及相关政事企等单位专家学者也在积极总结提炼河(湖)长制的理论机理,相关培训也如火如荼开展,为本书的出版提供了丰厚的滋养。

该书以推进水生态文明建设为导向,从环境治理、社会治理最新要求和研究趋势入手,提出推进水治理从"常规治理"到"生态治理"、从"多龙治水"到"治理共同体"的转变,构建河(湖)长制治理的理论体系与实践路径。在深入分析河(湖)长制治理主体与要素的基础上,提出推进水生态文明建设的目标体系和战略路径,以及保障河(湖)长制长效化的机制。在总结提炼河(湖)长制的建设内容和组织实施要点的基础上,深入分析参与河(湖)长制治理的"政产学研金文"不同主体的能力素质要求,并据此制定有针对性的能力开发方案和培训体系。

41 西南地区基层公共文化人才培养和激励机制研究

王斌、殷赵云、黄英歌,《西南地区基层公共文化人才培养和激励机制研究》,西南师范大学出版社,2020年10月出版。作者王斌时任西南大学教授、河海大学中央人才工作协调小组国家人才理论研究基地特聘专家。殷赵云、黄英歌时系西南大学行政管理专业硕士研究生。

该书以西南地区的基层公共文化人才队伍建设为研究对象,以如何更好地按照本地区的实际需求培养本地基层公共文化人才为出发点,针对西南地区基层公共文化人才培养、激励机制的建设,为实现西南地区公共文化服务的均等化、标准化的建设提供充足的人才支持作出了较大的贡献。

该书对西南地区5个省、自治区及直辖市的基层公共文化机构、人才队伍建设、培养和激励的现状,从整体和个体出发进行定量与定性分析与研究。以人才队伍建设及其机制的基本理论、现实基础和比较、队伍建设的工作机制、培养机制、激励机制、管理机制,以及效果评估、策略保障为主线,逐层递进展开研究。

该著作集成和运用人才学、社会学、人力资源开发与管理、战略管理和经济学等多学科的理论和方法,以制度创新和制度建设为动力,以构建西南地区基层公共文化人才能力建设体系为切入点,从战略的高度,探讨西南地区基层公共文化人才培养和激励机制的新框架。首先,总结并剖析西南地区基层公共文化人才培养和激励政策措施实施以来的主要成就、基本经验和存在问题,再实证调查,收集西南地区基层公共文化人才培养的效果,评估目前获得的成就与达到的程度。其次,通过将实施内容转化为可考核的数量指标,遵循科学性、系统性、可操作性等原则,构建西南地区基层公共文化人才培养开发战略实施评价模型和评价指标体系,并注重实施政策与保障体系的研究。最后,设计西南地区基层公共文化人才培养开发战略,在理论研究与实证研究相结合的基础上,提出具体规划、重点内容、基本思路、相关政策和关键措施。

该著作的主要观点表现在五个方面。(1)西南地区基层公共文化人才培养与激励机制的设计。提出了西南地区基层公共文化人才培养的总体构架"41"战略,包括4个体系、1个制度。4个体系是指西南地区基层公共文化人才供需调控体系、培养运行体系、培养服务体系和培养法规体系,1个制度指的是西南地区基层公共文化人才培养绩效评价制度。(2)构建了"41"培养战略的运行体系。包括:西南地区基层公共文化人才培养的供需调控系统、西南地区基层公共文化人才培养运行体系、西南地区基层公共文化人才培养服务体系、西南地区基层公共文化人才培养法规体系。(3)设计了"41"培养战略的培养绩效评价制度与评价指标体系。提出了西南地区基层公共文化人才工作目标评价指标体系分为人才培养工作过程和人才培养工作效果两大领域。在此基础上,将人才培养工作过程领域分为政策环境类、服务指导类、流动发展类和激励保障类四类评价因素,将人才培养工作效果领域分为总量、结构、分布和发展四类评价因素,构建了西南地区基层公共文化人才培养多维价值评价方法体系。(4)设计了基于绩效提升的西南地区基层公共文化人才激励机制。基于绩效提升的基层公共文化人才激励机制是包括保障机制、管理机制、评估机制和反馈机制在内的有机统一体,各机制之间相互制约、相互作用、相互影响,全力保障激励机制的有效运行和推进绩效水平的持续提升。(5)西南地区基层公共文化人才培养与激励机制运行的措施与建议。一是形成科学的培养管理体系;二是构建终身教育体系;三是建设网络远程继续教育系统;四是大力建设内部培养师队伍;五是完善科学的培养实施程序;六是树立现代激励管理理念;七是完善基层公共文化人才薪酬体系;八是打通基层公共文化人才职业发展瓶颈;九是合理规划基层公共文化人才的发展;十是完善党管人才工作格局、优化培养与激励机制运行环境、加强培养系统运行资金保障。

42 2019年中国水利人才发展研究报告

王济干等,《2019年中国水利人才发展研究报告》,河海大学出版社,2020年12月出版。作者王济干时任水利部人力资源研究院院长、镇江创新人才发展研究院院长、河海大学教授、博士生导师。邓玉林、樊传浩、张龙等参加该著作的写作。

《2019年中国水利人才发展研究报告》(以下简称《2019年报告》)的基本研究思路为:先了解中国水利人才资源及其从业人员的现状,然后分析水利人才政策的宏观与微观情况,进一步讨论水利人才研究的进展情况,并对构建水利人才发展指数进行展望,最后讨论人才管理的信息化建设,寻求相关研究的可视化方案。

《2019年报告》研究内容主要分四个方面。

第一,对水利人才队伍进行整体统计,从全局上把握水利人才资源变化情况和水利从业人员变化情况,并对水利人才进行预测。2019年中国水利人才发展基本情况主要由

2019年中国水利人才资源的变化情况、2019年中国水利从业人员的变化情况以及2018年和2019年中国水利人才资源发展、从业人员发展的新情况分析三部分内容构成。

第二，对水利人才政策进行比较分析，发现水利人才政策存在的问题，并提出完善人才政策的建议。2019年中国水利人才政策比较研究立足于人才强国、创新驱动发展、水利人才发展等国家战略，围绕水利人才的发展规律，开展国家和地方层面水利人才政策的相关研究，对水利人才发展及其政策演变进行描述、梳理和分析，探究水利人才及其政策的发展方向和趋势，以推动水利人才的创新发展。2019年水利人才政策比较研究首先构建了水利人才政策体系与分析框架，为系统全面地分析和解读水利人才政策奠定了基础；其次，对2019年国家和水利部等宏观层面的人才政策进行了分析，并与《2018年中国水利人才发展研究报告》中的政策变迁研究部分结论进行了对比、验证、丰富和修正了相关研究结论；最后，对2011—2020年苏浙水利人才政策进行了对比分析，总结出两省政策的异同点，凝练了地方政策的创新特征。

第三，从水利人才理论与实践两方面入手，分析水利人才和水利人力资源管理的理论研究情况，讨论人力资源管理研究的理论热点与实践案例。2019年水利人才发展研究进展是基于中国知网1990—2019年的文献，补充、完善了大量基础数据，改进了关键的文献计量分析方法，综合运用了多种分析工具和策略，以尽可能简洁、全面地展示过去30年中国知网文献所展示出来的水利人才研究状况。

第四，构建水利行业人力资源指数，完善水利人才可视化综合服务云平台，对水利人才数量、人才政策和人才研究进行展示，并提供相应分析结果。2019年可视化服务云平台主要包括"基于大数据挖掘的水利人才可视化综合服务云平台"与"水利人才发展指数"两个内容的研究。其中，"基于大数据挖掘的水利人才可视化综合服务云平台"是在2018年版研究报告基础上，继续优化系统架构，完善数据资源整合方案，并对数据进一步分析挖掘，为水利人才的建设与发展规划提供数据依据和决策支撑。该部分的内容以审视水利人才发展为初衷，提出了水利人才画像概念，针对水利人才画像构成要素进行细化，以现有数据和经典统计分析模型为依据，实现了对个人、团队、单位、区域乃至行业人才进行精准画像。进一步结合政策分析、人才文献研究，采用大数据挖掘分析技术实现对水利人才发展进行预测与研判，对人才创新团队运行状况进行研判并实时反馈，引导团队正常运行。由于水利人才画像相关文献非常有限，课题组在近一年的探究中，多次讨论调整方案，不断明晰水利人才服务平台的定位及相关模块与构成要素。最后，以行业典型单位现有数据为实例，可视化展示相关研究成果。"水利人才发展指数"是在文献梳理的基础上，采用专家座谈的方法，综合分析人才指数评价及其各个维度，初步确定了水利人才发展指数的研究内容，主要包括水利人才发展指数的概念、框架体系以及初步指标体系。

基于对2018年中国水利人才发展的研究，该书仍按照人才数据与结构分析、水利人才政策体系建构与2019年人才政策分析、2019年水利人才理论研究和实践探索、水利人才发展大数据技术运用和可视化服务平台等方面的研究框架，努力形成水利人才发展研究的基本框架，体现水利人才发展的基本特征和核心内容。另外，该书在遵循研究基本框架的前提下，一是着力加强对2019年的人才数据分析和政策文件的研究；二是加大对其他行业和相关省份的对比研究；三是新增了水利人才发展指数的建构，以期整体上审视组织、区域或行业的人才发展总体水平。

43 干部选拔任用的制度优化与程序规范研究

申林，《干部选拔任用的制度优化与程序规范研究》，于2020年12月由上海社会科学院出版社出版。作者申林时任上海市委党校、上海行政学院领导科学教研部副教授。

干部选拔制度的演进就是根据现实需要与事业发展的要求，在实践中不断尝试、总结、完善的过程。党政领导干部竞争性选拔方式曾经在我国干部选拔的历史上发挥了重要作用，同时也带来了现实的问题与困境。通过聚焦各地干部群众在干部竞争性选拔中的意见和建议，为干部选拔任用制度优化与程序规范的路径选择提供历史逻辑、实践依据、理论思维，为各级领导、组织人事干部、广大干部群众及研究者不断优化完善干部选拔制度提供决策参考、操作路径。本书在调查研究中形成的共识与结论，有力地支持和论证了干部选拔任用工作的最新要求，形成了干部选拔任用的趋势性建议。

该书是以国家社科基金课题的调研为基础并经过删减而成。其研究路径来源于对研究对象的实践探索与理性思考，调研考察干部选拔任用改革的成功经验和做法，分析干部管理体制中的一些深层次问题；以干部选拔任用的目标取向、价值追求和原则要求为基础，以干部竞争性选拔的制度优化与程序规范为核心，运用多学科的理论、模型与方法，科学地加以分析、总结、提升；就干部选拔的现实状况、适用范围、方法技术，了解各地的做法和经验，同时对过去干部竞争性选拔的效果进行评价，优化干部选拔的制度和程序，客观评价干部的实绩和干部的"德"，并对加强改进年轻干部工作等方面进行了广泛的调研，了解了各地真实的情况，也积累了很多真知灼见和丰富的素材。

干部选拔的制度是党的思想建设、组织建设、作风建设、反腐倡廉建设、制度建设的重要内容和保证。通过完善干部选拔制度，让能者贤者上，让庸者不肖者下，不断优化领导班子和干部队伍的结构，提高选人用人的公信度，是解决"能力不足"、加强党的先进性和纯洁性的重要措施。

干部选拔工作是政治建设的重要导向，对组织建设和干部管理工作具有深远的影响。从2004年开始，干部竞争性选拔方式在全国得到普遍推广，短短数年时间成为干部选拔的一种主要方式，得到了社会各方面的好评。它扩充了干部选拔的方式和途径，同时，在发展中也逐渐暴露出一些问题。

要在改进完善中继续推进干部选拔方式改革探索。纵观干部选拔方式的决策历程，"改进、完善"是一直坚持和贯彻的明确思路，党的十八大以来，中央关于干部选拔方式的基本思路是，通过优化完善干部选拔方式，引导干部在实干、实绩上竞争，树立竞争择优、选贤任能的用人导向。

干部选拔任用是整个干部制度的核心，在全部政治制度中具有举足轻重的地位。该课题研究着眼于国内干部选拔的现实困境与实践经验总结的对策性应用研究,在各地实践调查的基础上,以历史的、现实的、理性的视角进行系统的总结与提升;借鉴科学的技术与方法,进一步形成民主、公开、竞争、择优的干部选拔任用机制,建立具有中国特色与科学理论支撑的干部选拔制度与规范程序。该课题的研究将对深化干部人事制度改革、完善干部选拔方式、建设执政骨干队伍具有一定的参考价值。

44 我国西部地区人才吸引和使用优化研究

陈双双,《我国西部地区人才吸引和使用优化研究》,河海大学出版社,2022年10月出版。作者陈双双时任江苏开放大学商学院营销管理系主任、副教授。

该书研究依托赵永乐教授2014年受中央组织部人才工作协调小组委托开展的西部地区人才吸引、培养和使用研究的基础,主要聚焦西部人才吸引、使用现状及评价分析、西部人才吸引和使用影响因素及作用、不同省(市、区)之间影响因素及作用的差异化方面开展研究。研究结论主要有以下六个方面。

一是西部人才吸引。西部各省(市、区)创新人才吸引聚集存在较大差异,其中四川、云南经济发展水平和地理位置较好,处于全国先进水平,能够吸引大量人才,有较为充足的物质基础及完善的保障机制,能保证创新人才聚集效应的产生;贵州、西藏、陕西、甘肃、新疆5个地区的创新人才聚集处于中档水平;而重庆、青海、宁夏的创新人才聚集则处于最低水平。另外,除四川省的创新人才聚集较好,其他9个地区的创新人才聚集都随着年份的增加而出现好转的情况,即创新人才聚集效应呈现出越来越好的趋势;除西藏、甘肃、云南外,其他7个地区在2011年创新人才吸引聚集效应较好,2012年之后呈现不良趋势,2015年又逐渐好转,可见这些地区人才吸引集聚效应随年代推移虽有波折但呈总体增强趋势。

二是西部人才使用。当前西部经济增长主要是靠扩大投资来拉动经济增长的粗放型方式。该书运用改进的道格拉斯函数测算出西部整体人才贡献率为7.62%,运用离散指数法进行西部内部分省分年份的人才使用效益的测算,得出重庆、云南、内蒙古的人才平均离散指数超过1,其他省份全部小于1,人才使用效率低下。

三是西部人才吸引影响因素及作用。西部人才吸引7个维度的影响因素均正向影响西部人才吸引,但是影响程度大小不同,影响程度从大到小排列依次为:产业发展环境、区域人才吸引环境、区域政府人才吸引政策、区域人才吸引体制机制、用人单位人才吸引环境、区域人才工作对人才的吸引、人才自身被吸引的制约因素。7个维度的影响因素之间存在着部分相互作用的关系:西部产业发展环境和用人单位人才吸引环境之间正向相关,西部人才工作正向影响西部人才吸引政策和西部人才吸引体制机制。

四是西部人才使用影响因素及作用。西部人才使用的7个维度的影响因素均正向影响西部人才使用,但是影响程度大小不同。7个维度影响因素之间存在着部分相互作用的关系:西部人才使用支持政策正向影响用人单位人才使用环境,西部人才工作正向影响区域人才使用支持政策和区域体制机制,西部人才使用环境和用人单位人才使用环境之间相互影响。

五是省际比较分析。研究发现,陕西、新疆和广西三省的人才吸引和使用影响因素之间不存在差异性,但是三省影响因素作用于人才吸引和使用的程度具有差异性。陕西人才吸引和使用当前亟须改进的影响因素为产业发展环境、用人单位人才吸引和人才使用环境、区域人才使用环境;新疆人才吸引和使用当前亟须改进的影响因素为产业发展环境、区域人才吸引环境、区域人才工作、人才个体能力实现因素;广西人才吸引和使用当前亟须改进的影响因素为区域人才吸引和人才使用政策、区域人才吸引和人才使用体制机制、用人单位人才使用环境。

六是优化对策观点提出。双循环格局下西部人才吸引和使用优化应确立人才优先发展理念,创新驱动引领发展;创新产业发展环境,聚焦产业引才聚才;完善人才政策体系,加大政策落实力度;瞄准人才吸引使用,创新管理体制机制;顺应双循环新格局,深化人才供给侧改革;激发用人单位活力,改善人才使用环境;聚焦创新创业人才,提升人才自身能力。

45 国际创新名城人才制度与治理研究——基于南京人才新发展格局的实践探索

赵永乐、郭祥林、陈培玲,《国际创新名城人才制度与治理研究——基于南京人才新发展格局的实践探索》,西南交通大学出版社,2022年12月出版。作者赵永乐时任河海大学中央人才工作协调小组国家人才理论研究基地首席专家、中国(南京)人才发展研究中心常务副主任、教授、博士生导师;郭祥林时任河海大学法学院党委书记兼院长、研究员;陈培玲时任河海大学水文水资源学院党委副书记、副教授。

该著作系国家社会科学基金重大项目"构建具有全球竞争力的人才制度体系研究"(课题号20ZDA107)的研究成果。该研究站在人才工作的新历史起点上,遵循习近平新时代中国特色社会主义思想和党的十八大以来中央作出的人才是实现民族振兴、赢得国际竞争主动的战略资源的重大判断和全方位培养、引进、使用人才的重大部署,从南京人才新发展格局的实践出发,对南京国际创新名城的人才制度和治理开展调研。书稿共分为四大部分九章,沿着导论、现状、制度和治理的逻辑脉络将理论创新与实际调研相结合、定性分析与定量分析相结合,为南京建设国际创新名城、构建具有全球竞争力的人才制度提供支撑,提出制度建设目标、任务、思路和基于新格局的治理实施路径,为大中城市人才管理部门、人才工作者和各类用人主体的人才工作提供理论指导和实践做法。该著作第一部分是导论,阐明研究的背景意义、理论基础、核心概念,并交代研究思路和框架;第二部分包含两章,对南京人才制度体系建设条件和南京的人才双循环进行分析;第三部分包含两章,阐释南京新发展格局下的人才制度体系建设思路和主题、主线与动力;第四部分包含四章,分别对新发展格局下南京人才供给治理、流通治理、需求治理和治理共同体进行研究。

该著作归纳出南京人才制度体系建设的五大成绩:体系组织优势显现、体系不断健全、竞争力持续提升、成效逐年显现、服务配套政策逐步完善。找出五个方面的重大问题:制度体系不够健全、供给需求严重脱节、政出多门缺少联动、落地效能转化欠佳、自主培养不够重视。南京人才制度体系建设的问题源自发展格局上人才双循环的五点不足:市场作用未能充分发挥、内循环"链条"尚需畅通、外循环衔接需要加强、双循环效能发挥有待提升、生态环境建设有待优化。研究在对南京人才制度建设条件和南京的双循环进行分析的基础上,凝练出新格局下南京人才制度体系建设的指导思想、基本原则、总体思路、建设目标,提出以内循环为主体的人才制度、以竞争力为核心的外循环人才制度和以双循环相互促进为关节点的人才制度三个方面的具体建设思路;提出以推动高质量发展为制度建设主题、以深化供给侧结构性改革为制度建设主线、以改革创新为制度建设根本动力。最后,研究的归宿落在新格局形势下以中央"全方位培养、引进、使用人才"重大部署为落脚点的南京人才治理体系上,用全部书稿三分之一多的篇幅具体阐述了南京人才的供给治理、流通治理、需求治理和人才治理共同体。该著作作为国家社会科学基金重大项目"构建具有全球竞争力的人才制度体系研究"的一项研究成果,是对南京国际创新名城人才制度与治理进行个案实证研究的结果,是落实践行习近平总书记"构建具有全球竞争力的人才制度体系"重要指示的一种有力尝试。要使南京的人才制度更加巩固、优越性充分展现,真正建成具有全球竞争力的人才制度体系,任重而道远,还需在坚持和完善中国特色人才制度、推进人才治理体系和治理能力现代化上下更大功夫,也还需在理论上持续不懈地跟踪研究。

国家社会科学基金重大项目"构建具有全球竞争力的人才制度体系研究"(课题号20ZDA107)首席专家、西南交通大学党的组织建设与人才发展研究中心主任、中国人事科学研究院原院长吴江教授为该著作作序。吴江教授在序中指出,"河海大学赵永乐教授作为国家社会科学基金重大项目'构建具有全球竞争力的人才制度体系研究'的主要成员,带领课题组深入南京高校科研院所、高新技术企业,以及政府人才主管部门,开展了为期两年的调查研究,终于出版了《国际创新名城人才制度与治理研究——基于南京人才新发展格局的实践探索》这本专著。读后的确令人耳目一新、深受启发。该研究成果不仅对新发展格局下的南京建设国际创新名城和实施人才强市具有重要理论价值和实践意义,而且对国内有关城市创新发展和人才强市也有普适参考作用"。吴江教授还认为,"对人才制度体系的理论创新也是该书的一大特色。赵永乐教授以其多年从事人才学理论研究的扎实功底,提出了构建我国人才制度体系必须坚持和运用马克思主义的社会再生产一般原理,继承和发展马克思主义的劳动力再生产理论,创造具有中国特色的人才再生产理论"。

第6部分
论文篇

1 科技队伍的管理

治宇、梁训,《科技队伍的管理》,发表于《江苏人才研究通讯》1982 年第 3 期。作者治宇时任华东水利学院(现河海大学)干部训练班主任,华东水利学院人才学研究会骨干成员;梁训时任华东水利学院组织部组织员,华东水利学院人才学研究会骨干成员。

该文认为,科技队伍的管理,重点在于发挥科技人才的专长,促使其获得最佳成果。作者分析当时科技队伍管理的状况,从宏观方面来看,一是科技人员奇缺,质量不高;人才浪费严重,人浮于事。二是科技人员年龄老化,青黄不接;中年骨干负担严重,难以集中精力攻关。三是许多学科缺少学科带头人,特别是基层单位更是缺少科技带头人;科技人才结构不合理,组织涣散,内耗严重。四是缺乏一整套较为稳定的认真严格贯彻实施的科学的激励政策和制度。从微观方面看,一支科技队伍必须有合理的组织机构、科学的激励政策、可行的考核办法、必要的调节和有效的决策,使科技组织积极主动地完成任务,不断地作出新贡献。这些都是当时微观科技队伍管理所缺欠的。该文指出,管理的成效有赖于宏观管理有效地解决关键问题和制定切实可行的激励政策,宏观管理的有效决策有赖于微观管理的贯彻实施。

该文作者从宏观方面提出三点探讨性的建议。一是由中央和省、市、自治区两级分别采取会考制度,发掘科技人才。二是采取适当措施,尽可能延长中年科技人员服务年限,想方设法排除各种干扰,充分发挥骨干作用。对有真才实学的老专家要配备能够合作的助手,延缓其老化过程,争取多为四化服务。三是从现有中央和省级机关抽调一批有研究能力的人员,组成关于科技队伍科学管理和科技政策、科技人员激励政策的专门研究机构,对科技队伍管理的理论、基本原理、管理本质、目的和内容等进行调查研究,对科技总政策和具体政策进行分析探讨,拟订和讨论对科技人员的激励政策措施方案等。

该文作者也从微观方面对科技队伍管理进行了探讨。一是关于科技队伍基层组织合理结构问题,必须从现实科技人员实际情况出发,倡导结构模式多样化,以能否完成任务、出成果、作贡献为标准,将之作为衡量科技队伍结构是否合理、是否最佳的标识。二是科技队伍的管理者必须见人之长,用人之长。首先是以才择人,唯才用人;以长择才,唯长用才。其次是要因任务而设事,因事而选才,避免因人设事。再次要重视人之所长,善用人之所长。最后是对当前在科技队伍中还有一部分没有固定任务或学非所用的科技人员,不宜再提专业对口的要求,而代之以用其所长的提法,要摆脱过去专业分工过细之弊,发挥、培养、使用人才之长,逐步达到人尽其才,才尽其用,集科技人才群体之长,广泛发挥于四化建设之中。

2　教研室的人才系统结构

梁训、金少斌、孟庆龙,《教研室的人才系统结构》,发表于《人才研究文集》(江苏省哲学社会科学联合会论文选)1983年1月上集。文集编者按,该文节选自作者的《试谈教研室的人才系统工程》一文的第二部分。作者梁训时任华东水利学院(现河海大学)组织部干部;金少斌时任华东水利学院农水系辅导员;孟庆龙时任华东水利学院农水系干部。

该文指出,一切事物都有其自身的特殊结构,事物的结构决定事物的性质。一个良好的教研室人才系统结构,要有一个学术带头人和学科领导人,还要有一支精锐的部队组成梯队。

一个好的学术带头人必须具备的品格和素养包括五个方面。(1)知识渊博,学术造诣较深,在校内外声望较高,视野开阔,思想敏锐,对科学发展动向十分敏感,善于预测本学科的发展趋势和社会需要。(2)乐为人梯,喜做人才设计师,善于培植新秀,热情鼓励冒尖。(3)爱才如渴,重视人才,善于鼓励人,给人以信心。学术民主,百家争鸣,善于听取别人的见解,尊重不同的学术观点,充分发挥大家的创造力和想象力。(4)治学严谨,以身作则,作风正派,品德高尚。学术理论必须具有严密的科学性,经得起推敲,经得起考验。(5)具有强烈的事业心和责任心,殚思竭虑,兢兢业业,奋发图强,对本学科的事业发展有宏图大略,既有远景规划,又有具体措施,努力奋斗,争取逐渐形成理论体系,形成特色,形成学派。

一个好的学科领导人必须具备的品格和素养包括七个方面。(1)本学科的专业知识造诣较深。(2)知识面广。(3)组织能力较强。精力充沛,工作效率高。事业心和责任心强,积极主动,勇于探索,敢于创新。判断力强,有预见性,果断,有较强的决策能力。能听取各方面的意见,集中群众的智慧。充分调动一切可以调动的积极因素,去完成共同的目标和任务。(4)能与人合作共事,善于团结人,办事公道,赏罚分明。以身作则,要求别人做到的,自己首先能做到带头干,身体力行。善于体察别人的需求,主动地助人、关心人、激励人。既要加强思想政治工作,又要合理地解决一些可以解决的实际问题。(5)具有比较成熟的个性。要有较强的自觉性、自信心、自制力和自我敏感性。有自知之明是好领导的重要因素之一,应经常了解自己对教研室领导的效力。(6)知人善任,任人唯贤。知人是善任的先决条件,但不是充分条件。还必须不计个人的恩怨,以事业为重,真正贯彻任人唯贤的方针,才能做到善任。(7)积极贯彻党的路线方针政策,努力完成党委、院、系交给的各项工作任务。

教研室的人才系统结构要在五个结构上形成梯队。(1)年龄结构。年长者阅历广阔,知识渊博,经验丰富;中年具有一定的学术造诣,知识丰富,年富力强,是教学科研工作的中坚骨干;青年朝气蓬勃,奋发有为,思想敏锐,有强烈的好奇心和求知欲,没有包袱,敢闯敢冲。老中青应当按一定的合理比例组成人才梯队,各展其才,各献其智,互相取长补短,系统的功能才能更好发挥。(2)知识结构。一个教研室应由教授、副教授、讲师、助教和教学辅助人员组成。(3) 智能结构。智能是指运用知识解决实际问题的能力。能级相当、水平相近的人，往往合作不好，荷叶包钉子，个个想出头，内耗绵延，互相消能，同时也造成人才的浪费。能级不一，特点各异，反能合作共事，同步协调，获得互补，齐心同力。(4) 专长结构。应各有侧重，各有专长，各有特色，各有主攻方向而又互相支持，协同一致，各有分工，各尽所能，各展其才，组成一个有机的整体。把各种专长的人才个体合理搭配，有机地组成系统的合理的人才结构，使个体与个体的功能产生相乘的绩效，构成系统比较优化的功能。(5) 个性与气质结构。个性与气质是人在态度和行为方面的表现，如人的脾气、情感、兴趣、性格等，指人的典型的稳定的心理特征。合理搭配，相互补偿，可以使系统具有高昂的团体士气。团结友爱，内部的凝聚力、向心力强，有利于人才的成长，人才志趣相近，感情融洽，相互砥砺，鼓舞共进。

作者最后指出，教研室人才系统的结构是一个多序列、多层次、多要素、多维度、动态的综合体，要达到系统优化、结构合理、经济，不可能一次成功，永恒不变。必须在实践的过程中，不断取得反馈信息，不断调整、充实和提高，不断地向最优化努力。

3　论现代领导科学

梁训，《论现代领导科学》，发表于《人才》(江苏)1987 年第 3 期。作者梁训时任江苏省人才学会理事、河海大学社会科学系党总支书记、副研究员。

该文从现代化社会的四个方面的特征谈起，论及现代人的十大特征和现代领导的八大观念。

该文认为，全球性的新技术革命正在兴起，推动着人类历史的车轮滚滚向前，对世界经济发展和人类社会进步都将产生巨大的影响，对我国社会主义现代化建设也必将产生深刻的影响。现代化社会的特征主要表现在四个方面的影响上：一是促使整个社会产业结构和经济发展发生很大的变化。二是知识和智力开发成为决定生产力发展速度和经济竞争力的关键因素。三是信息技术的发展，使人类的劳动方式发生了革命性的变化。四是电子技术的发展，渗透到人们活动的各个方面，引起社会结构和社会生活的变化。

没有现代经济的发展，就不会有现代的科学文化，也不可能产生现代人的特征。人的素质是历史的产物，又给历史以巨大的影响。人们的思想现代化，又能促进社会经济发展和现代化建设。社会主义现代化的物质文明建设和精神文明建设必须同步，社会主义现代化不仅限于经济，更要渗透到思想文化的深层。没有现代化的人，实现现代化只能是一句空话。现代人具有十个方面的特征：一是珍惜时间，讲求效率。二是求知欲强，不断努力学习，更新知识。三是成就欲强，有理想有抱负有信心，敢于迎接挑战。四是计划性强，周密思考，计划行事有条不紊，提高效率。五是信息灵通，理智分析。六是锐意进取，改革创新。七是客观求实，实事求是，能客观地看待周围的人和事。八是生活内容丰富多彩。九是处事公道，尚文明，守秩序，讲公德。十是富有创造精神，开拓思想，勤劳果敢，勇于负责。

根据现代社会和现代人的特征,吸收与领导科学关系比较密切的控制论、信息论、系统论的科学成就,建立现代领导观念,提高领导效能,优化社会工程,加速社会主义现代化建设的步伐。现代领导的观念主要包括八个方面:一是控制观念,要有统管全局的战略思想,抓住事物普遍联系和运动的特征,把握控制系统的输入和输出数据、系统的功能活动和可能的行为方式及其变动的趋势,以信息为基础,研究组织系统中控制过程和信息过程的管理和调节。二是信息观念,领导工作实质上就是猎取信息、处理信息、作出决策、组织实施、信息反馈、调整和修正决策、再组织实施修正后的决策,直至实现领导系统的目标的过程。三是系统观念,要考虑系统的整体性、层次性、目的优化性和环境适应性。四是时间观念,要有时代观、准时观、惜时观、高效观、佳时观,要精简会议。五是市场观念,要有经营思想,充分发挥市场调节的作用,经济合理组织生产,科学管理合理经营,不断开拓市场。办教育要进行人才市场的调查和预测,根据各行各业的需求,培养各种类各层次专业对口的人才,不断调整专业设置和招生人数。六是自然观念,遵循客观规律,有效地改造自然、造福人类;提高人们开发天然资源的能力,使天然资源更好地为人类文明服务,使人们生活得更美好、更幸福;加强现代环境科学发展,重视环境保护立法,使人类自身能与相应的自然条件协调发展,同自然界和睦相处。七是法制观念,加强社会主义法治建设,从主要依靠政策办事,到不仅依靠政策,而且厉行法治依法办事,运用法律手段管理经济、管理行政、依法治国。八是社会主义观念,要坚持以马克思主义和毛泽东思想为指导思想,这是我国社会主义现代化事业的根本,也是领导观念现代化的根本,要加强党的观念,坚持党的领导,研究分析新时期的新情况,创造性地解决问题,总结新经验。

1987年,该文获得《人才》杂志优秀论文二等奖。

4 高层次复合型是跨世纪水利人才的基本特征

姜弘道,《高层次复合型是跨世纪水利人才的基本特征》,发表于《中国水利》1996年第6期。作者姜弘道时任河海大学党委书记兼校长、教授、博士生导师。

该文指出,历史发展至今天,竞争已成为时代的总特征。而竞争的核心,是人才的竞争。21世纪,是建设具有中国特色社会主义的关键时期,也是社会主义市场经济更加发展,综合国力更加增强,完成与世界经济、科技接轨的时代。在这种形势下,水利院校要培养什么样的人才呢?该文认为:培养高层次复合型人才是现阶段人才培养的主要内容,高层次复合型是跨世纪水利人才的基本特征,跨世纪水利人才的基本特征主要表现在高层次复合型人才的知识结构和能力结构上。

(1)高层次复合型人才应具有的知识结构。作为跨世纪复合型人才必须具备深厚的自然科学基础理论知识、专业基础理论知识和广博的21世纪科技专业知识。这是一个逐步提高的三层结构的知识体系:①自然科学基础理论知识,如高等数学、大学物理等公共基础课。②专业基础理论知识,如理论力学、材料力学、电工学等技术基础课。③专业技术知识,即体现本专业特点的基本技术知识。前两者是后者的基础,而后者又是前两者与实际应用相结合的延伸和发展。之所以这样要求,是因为将来的科技发展是综合性的,即学科的交叉、渗透日益明显,未来的技术知识,是多科进行概念和方法的移植。

(2) 高层次复合型人才的能力结构。作为新世纪宏伟水利工程的设计者、建造者和管理者,高层次复合型人才应具有更高的注意力、观察力、思维力、记忆力和想象力,具备适应新纪元的技能和能力,主要包括:①新技术理论的运用技能。能够运用最新最现代化的技术和手段,对出现的各种复杂技术理论和众多信息进行正确处理,并作出正确、灵活的判断。②计算机操作及运算能力。高层次复合型人才要掌握现代化计算机、电脑操作使用技术,熟练编程,并且能自如地运用到设计、施工及管理中去。③设计技能。树立现代正确的设计指导思想,在熟练运用传统设计方法的基础上,能运用现代先进方法进行水利工程的系统设计、方法设计、工程设计等。④利用科技情报和信息的技能。能从浩瀚的科技文献、工具书、计算机软件、数据库中快速检索出所需资料和信息,并加以恰当的综合,以利我用。⑤适应新世纪需要的多种能力,如自学能力、科学实验的动手能力、良好的思维和表达能力、组织管理能力、社会交往及适应能力、研究创造能力和解决问题能力。⑥高层次复合型人才,还必须具有良好的身体素质。

"水利第一"必须要有第一的水利人才。我们将继续深化教学改革,培养大批具有多种能力的高层次复合型水利建设人才。

5 21 世纪人才培养的走向

姜弘道,《21 世纪人才培养的走向》,发表于《中国水利》1997 年第 4 期。作者姜弘道时任河海大学党委书记兼校长、教授、博士生导师。

21 世纪是一个竞争十分激烈的世纪。国务院在"九五"计划与 2010 年远景目标纲要中制定了两项基本国策:一是可持续发展战略,二是科教兴国战略。我们潜在的优势在教育,教育已经成了经济增长的最重要的源泉,面对激烈竞争,集人才培养、科学研究和社会服务于一身的现代高等学校,需要认真思考如何培养 21 世纪所需要的人才,我国人才培养的走向应当如何。在此背景下,该文提出了 21 世纪人才培养的 3 个走向。

走向之一:在培养思想方面突出素质教育。与教育最为密切的有三大要素:人、社会和文化。随着 21 世纪的到来,一种新型的"人、社会、文化"三者统一的教育观已应社会的呼唤迅速而来。按照马克思主义的观点,教育的本质是培养面向社会、面向未来的全面发展的人。这里的全面发展,应该考虑把"人本位"、"社会本位"和"文化本位"三种哲学流派的"合理内核",加以提炼、综合、概括出对未来"社会人"的基本素质要求,作为培养人的必要条件,这就是素质教育的基本含义。就我国而言,21 世纪突出素质教育,也是明显的走向。

走向之二:在培养内容和方法上突出创造教育。该文指出我们要实施的创造教育,就是按照培养创造型人才的教育方法、技巧和规律,培养和造就学生的创造性才能。创造性教育的出发点和归宿在于研究如何充分发挥人的智慧和才能。教育改革的深入进行,必然导致创造教育的深化研究和逐步实现。创造型教学呼唤创造型教师,这对优化教师队伍的建设起着强有力的推动作用。创造性教育的提倡和实施,还有利于教育思想、教育观念、教学内容、教育手段、教育模式及组织形式的不断改革与创新。总之,它将推动和深化教学的全面改革,有助于创造具有我国特色的社会主义教育体系的理论。

走向之三:在培养系统方面突出终身教育。随着市场经济体制的确立,教育思想的变革,体制的转换,办学自主权的放宽,我国21世纪高等教育由一次性教育模式走向终身教育的制度已是大势所趋。终身教育概念的提出与发展实际上是一种教育思想的更新,其根本目的是要使人人成为主动适应未来变化的人。为了与我国21世纪高等教育的走向相适应,河海大学正在加快深入开展教学改革,努力培养高层次复合型的现代化水利建设人才。

6 世界贸易大战与人才战略取向

望山(赵永乐),《世界贸易大战与人才战略取向》,发表于《学海》1997年第5期。作者望山系赵永乐笔名,时任河海大学人力资源研究中心主任,教授。

21世纪,世界竞争的焦点将不再是自然资源等因素,人才竞争将成为世界经济发展的制高点。一个国家拥有人才的规模和质量,将决定这个国家在世界贸易大战中的地位。因而,世界各国都将根据各自的国情,制订各具特色的人才战略。各国人才战略的基本取向可以归纳为四个"力度加大"。

首先是人才资本投入力度加大。人才资本的投入是为了形成人才生产力。21世纪世界各国将普遍重视人才资本的投入,加大人才的培养力度。终身教育普遍受到重视,职业大学将兴起和发展。教育国际化将得到进一步推进,教育跨国投资也将兴起。引进人才将是各国的长远战略。人才竞争进一步炽烈化,将逼迫各国采取更加切实可行的人才保护政策和人才引进政策。科研投入将得到各国政府的普遍重视,而且将得到各国企业的更加重视。

其次是人才结构调整力度加大。工业化国家早就调整了教育的专业结构,加强了对现有人才的转业和升级培训,加紧引进急需的专业人才。中等收入国家把人才结构的调整目标瞄向工业化国家,力求达到高起点和高效益。一些人力资源大国一方面根据本国国情,巩固扩大现有的劳动密集型产业和一般性技术产业在世界贸易大战中的既得利益;另一方面抓紧升级换代,利用高新技术人才大上高技术、高附加值产业,以在国际分工中占据更高的位置。低收入国家则努力培养自己的人才队伍,形成适当的人才结构,以保证本国的产业能得到发展,保证本国利益在国际分工中不受损害。

再次是人才环境建设力度加大。很多国家将会针对美国等国的"人才掠夺"策略,从法制的高度采取顽强的抵制措施,制定更加灵活有效的"移民法"和"出入境管理法"。发展中国家通过"移民税"和"护照税"来限制人才外流,通过"教育法"和"教育税法"来促进人才的教育培养,还通过"双重国籍法""技术进步法"等来鼓励海外人才回归并为回归人员工作创造条件。大多数的国家都将更加重视人才市场体系的建设,使人才资源的配置产生更大的效益。更多的国家将更加重视国家对人才市场的干预,进行适度的人才宏观调整,以利于人才资源的保护和人才市场的健康发展。建立灵活的户籍管理和保险就业制度以及创造良好的工作环境和生活环境,是21世纪各国、各公司企业人才战略的重点。

最后是人才合作开发力度加大。除了人才竞争之外,各国之间还存在着广泛的人才合作开发的可能性。在21世纪,这种合作开发将变得越来越有必要和越来越有成效。人才合作开发除了表现在人才资本的投入上以外,还表现在由于资本流动和跨国公司建设海外分公司而带来的人才的合作上。合作的另一个方面将表现在人才的跨国流动上。著名学者巴格瓦蒂等提出在未来时期由工业化国家和发展中国家进行合作的建议。21世纪,世界人才资源将更加一体化,合作开发趋势将有助于世界贸易向更高层次和更广范围发展。世界各国只要采取了正确合理的人才策略,就能在地球上建立起一个充满希望和机遇的人才秩序,并都能从中获利。

7 论知识经济与智力资源

王云昌,《论知识经济与智力资源》,发表于《北京市计划劳动管理干部学院学报》1999年第4期。作者王云昌时任河海大学国际工商学院副院长、副教授。

在人类社会即将迈入21世纪之时,以高科技为主导的新型产业的崛起,推动经济领域发生了一场空前革命,知识不但在这场革命中成为经济的直接驱动力,而且掀开了知识经济时代。在知识经济时代中,知识变成了资本,而人又是知识的创造者和拥有者,是知识的载体,因此,社会的主要投资将是人才的投资,即对智力资源的开发和运用。正确认识和处理知识经济与智力资源的关系问题,则具有深远的历史意义和重要的现实意义。该文就知识经济与智力资源的关系、我国实施科教兴国的战略等问题进行阐述,以期引起大家的关注。

该文论述了知识经济的时代特征。首先,知识经济是一种信息化、网络化经济,知识经济是微电子技术、信息技术充分发展的产物,是信息社会的经济形态。其次,知识经济是一种创新型经济,技术创新成为经济增长的最重要的动因。再次,知识经济是一种可持续发展经济,它把科学与技术融为一体,反映了人类对自然界与人类社会的科学、全面的认识。最后,知识经济是一种智力型经济,智力资源的多寡,智力资源开发和利用程度的高低,决定着企业的未来和竞争优势。

该文提出智力资源是知识经济的第一资源。在知识经济时代,怎样知才、用才、育才是每个成功企业管理者的必备素质。知识经济需要的人才是一种新型的人才。人才是智力资源的载体,因此选拔人才是知识经济的命脉。知识经济时代对人才提出了特殊要求:语言能力方面,社会和经济提出必须学会使用计算机语言的要求;网络技术方面,必须能够识别网络的标识、语言,熟练掌握操作技术;创造力方面,创新活动将成为社会性的普遍行为,谁不创新,谁就失去财富,谁不培养自己的创造能力,谁就会被知识经济时代所抛弃。

该文提出要大力开发智力资源,迎接知识经济的挑战。中国所面临的重大挑战是必须强化全民族的"世界观念",必须脚踏实地抓好科教,提高全民素质,跟上时代步伐。实施科教兴国是一项庞大的系统工程,需要各方面的配合与协作,做好以下几方面的工作:其一,发挥政府在推动科技进步中的作用,加快国家知识创新体系的建设;其二,构建新的科技投入体系,加大科技投入;其三,提高科技成果转化为现实生产力的能力;其四,逐步使企业成为技术开发的主体;其五,重视智力资源,提高劳动者素质。

8 论邓小平选人用人思想的特点

郑大俊、颜素珍,《论邓小平选人用人思想的特点》,发表于《前沿》2001年第5期。作者郑大俊时任河海大学党委副书记、教授;颜素珍时任河海大学党委宣传部部长、教授。

邓小平选人用人的思想在邓小平的理论与实践中占有非常重要的地位。它不仅是保证国家长治久安、社会主义建设和发展的基石,而且是培养和选拔新世纪领导人才的重要理论依据,归纳起来有四个方面的特点。

首先,在选人用人的目的上,要具有战略眼光。选人用人问题"是个战略问题,是决定我们命运的问题"。这是邓小平领导理论中的一个根本性观点。

其次,在选人用人的标准上,要坚持原则性。干部队伍建设要坚持"四化"标准;选拔干部要坚持德才兼备原则,德才兼备、又红又专,是我们长期奉行的干部政策,既是用人原则,又是选人标准,也是邓小平同志一贯强调的;使用干部要坚持选贤任能原则,选贤任能是邓小平选人用人思想的精髓。这一思想,揭示了干部队伍建设中的两个关键性问题:一是干部队伍建设的理想目标是贤、能,二是实现干部队伍建设的理想目标的基本手段是选、任。"贤"和"能"是人才的客观标准,而"选"和"任"是领导主观上对人才采取的行动和态度。邓小平这一思想,为解决干部年轻化问题,选拔优秀人才到适当的岗位上起了重要的指导作用,为近二十年的建设奠定了良好的人才基础。

再次,在选人用人的结构上,要坚持合理性。要建立合理的年龄结构,实现梯级年龄结构,有利于实现干部新老交替,使班子永葆青春和活力;要建立合理的知识结构,要求领导班子成员具有一定的科学文化知识和科学管理知识,在班子成员中建立合理的专业知识结构,配套成龙,以便从整体上实现由内行担任领导工作,发挥最佳效能。

最后,在选人用人的机制上,要营造良好环境。创造使优秀人才脱颖而出的社会环境,使人才尽快成长起来,这是邓小平同志一贯倡导的思想。对此,他强调要从机制上创造一个良好的选人用人环境。一是要破除论资排辈思想,大胆选用青年人才;二是要加大干部交流力度,增强人才竞争意识;三是要坚持干部能上能下、建立择优录用机制;四是要破除求全责备观念,不以成见用人。

综上所述,邓小平同志的选人用人思想博大精深,内容极其丰富,深刻学习领会邓小平选人用人思想,无论是对于人才的选拔任用,还是对干部队伍的建设,都有着极其深刻的现实意义。

9 国企经营管理人员的激励与约束机制

王云昌、张芸,《国企经营管理人员的激励与约束机制》,发表于《中国人力资源开发》2002年第7期。作者王云昌时任河海大学国际工商学院副院长、副教授;张芸时系河海大学国际工商学院在读硕士研究生。

在我国由计划经济向市场经济根本性转变的过程中,国有企业经营管理人员的素质和行为对企业经营状况起着至关重要的作用。因此,以建立现代企业制度为目标的我国国有企业改革,必须在建立企业法人产权制度的同时,建立起有效的经营管理人员的激励与约束机制。这是防止经营权侵犯所有权,防止国有资产流失,提高企业经营效率,确保国有资产保值增值的关键。

该文从国有企业经营管理人员的激励与约束机制的内容、激励约束系统及如何建立健全国有企业经营管理人员激励与约束机制三方面进行研究。该文指出,国企经营管理人员的激励机制要遵循经营者收入与企业经营业绩挂钩、物质鼓励与精神鼓励相结合的原则,可采用报酬激励、控制权激励、声誉或荣誉激励等方式;约束机制具有界定经营者行为,维护经济活动秩序的功能,是企业运行、市场活动等不可缺少的机制条件,一般包含竞争约束、风险约束、预算约束、企业组织内部监督约束、市场监督约束,还有法律约束、道德约束、责任约束和政府约束等机制的作用。激励机制和约束机制是相辅相成的,不能割裂。要以利益激励机制为核心建立激励机制,以监督机制为核心建立约束机制,对上述各种激励约束机制进行有效组合。该文建议从产权、市场、政府和企业四个层面建立激励与约束机制,构成国企经营管理人员的激励约束系统;并建议通过创造充分竞争的市场环境、硬化预算约束、建立企业家市场选拔机制、完善企业内部机制、完善法制环境,努力创造公平竞争的企业内外部环境,逐步形成有效的间接激励与约束机制,通过经理报酬激励机制和行为监督机制,建立所有者对经营者的直接激励与监督机制。

10 浅析领导者非权力威望

缪子梅,《浅析领导者非权力威望》,发表于《河海大学学报(哲学社会科学版)》2003年第2期。作者缪子梅时任河海大学水利水电工程学院党委副书记。

现代社会是一个经过高度组织化的社会群体。长期以来,领导者已经成为一个集体正常运转的重要因素。但随着社会的发展,社会竞争的日益激烈,组织结构的复杂化对管理行为的要求不断提高。这些对领导的水平和成效提出更高要求。要提高单位的竞争力,增强集体的凝聚力,激发员工的积极性,实现最终发展目标,领导者的威望起着非常关键的作用。

该研究阐述了非权力威望是一种精神上的影响力量,它由人格要素、知识素养、能力要素、心理要素等构成。提出了提高非权力威望的途径:一方面,要建立科学的领导决策体系,建立科学的领导者选拔体系;另一方面,领导者要加强自身修养,提高自身素质。领导者可以从这两个角度出发改变管理理念,提高领导水平。

该研究从宏观和微观两方面对提高非权力威望提出了建议。在宏观层面,首先,建立科学的领导者选拔体系。一方面,建立科学民主的决策组织体系,建立相应的信息系统和智囊系统,形成信息、知识高度综合的优化决策结构,同时发挥公众参与作用,实现领导决策规范化、程序化;另一方面,要优化决策技术,将现代科学技术及时运用到领导决策中去,充分发挥数学化、模型化计算机以及相应的电子数据处理系统等现代化手段的作用,可以最大限度地提高领导决策的科学性和合理性。其次,建立科学的领导决策体系。该系统能够识别人,即选拔领导要"知人善任";能选拔人,即要从个人的思想道德品质和从事某方面工作所具备的专业知识及专业能力两方面来考察;能考察人,考察、识别人才的关键在于用才,在任用的过程中,必须将非权力因素作为考察的内容。在微观层面,第一,领导者要正确行使权力,注意权与非权的结合使用,树立良好的领导者形象,对下级形成示范效应,减少下级侵蚀权威、不规范使用权力的可能性。正确使用权力是领导者树立权威的最重要手段。第二,加强个人非权力威望的素质修养,要求领导者拥有优良的政治素质、良好的道德品质、良好的心理素质、宽广的知识面、较强的能力、良好的人际关系、较强的创造能力。

11　人才市场化与政府归位

赵永乐,《人才市场化与政府归位》,发表于《人事管理》2003年第3期。《中国人事报》2003年4月8日第4版摘要刊登。《人才资源开发》杂志于2003年第6期摘要转载。作者赵永乐时任河海大学人力资源研究中心主任、教授、博士生导师。

人才市场化可以诠释为:整个人才系统要全面进入市场,融入市场,按市场机制运转,按市场规律办事。人才市场化应涵盖人才培养的市场化、人才配置的市场化、人才使用的市场化和人才宏观管理的市场化。人才宏观管理的市场化,是说人才宏观管理要面向市场化,政府要归位。政府对人才的管理一定要从传统的"管"字上跳出来。一是要大踏步地后退,把人才的权力交还给人才本人,把用人的权力交还给用人单位,把人才的配置交还给市场。二是要大幅度地提高,把对人才的管理提升到现代化和战略的高度,从规划、市场、环境、政策、法制的角度,抓好人才供求发展、人才与其他生产要素的宏观和总体的结合,以及人才优势向事业优势的转换。三是要大力度地调控,运用经济手段、法律手段和必要的行政手段,实行全面、有力、有效的调控。四是要全身心地服务,及人才与用人单位之所及,想人才与用人单位之所想,提高行政效率,解决实际问题,从根本上为提高人才的活力和用人单位的竞争力提供保障。

政府归位,就是政府要转换职能,强化宏观调控。首先是实行有力的宏观调控。政府的职能不是自己出面办市场、办中介机构,而是作为制度政策的供给者制定必要的政策,保证人才市场健康、有序地运作和发展。(1)制定和执行宏观调控政策,抓好人才市场基础设施建设,创造良好的人才成长、发展环境。(2)培育人才市场体系,监管人才市场的运行和维护平等竞争。(3)调节人才的社会分配,组织人才的社会保障。(4)制定和实施人才发展战略,保证人才与经济、社会协调发展。其次是加强政府对人才市场的服务功能。政府部门应不断增强为经济建设服务、为用人单位服务、为人才服务的意识,改进服务手段,拓宽服务范围,形成多层次、多功能的覆盖全社会的人才流动社会化服务体系,为各类人才和用人单位提供全方位服务。(1)投资兴建公共人才市场基础设施。(2)发展以服务为宗旨的非营利中介机构。(3)为人才市场提供信息服务。再次是改善和加强对人才市场的管理和监督。要遵守三原则:(1)保证合法经营、正当交易。(2)放活市场,繁荣市场。(3)管理与服务相结合。建立人才监察体制。建立举报制度,成立专门机构,配备拥有较高法律素质和相关专业知识的监察人员。发挥工会及社会舆论的监督作用,强化人才市场各类主体的自我保护意识,对人才市场进行有效监察。最后是加强人才市场的法规建设。要针对人才市场的特点有目的地进行,尽量减少各法律部门间的冲突,充分利用立法资源。(1)规范政府宏观管理人才市场行为的法规,如相关的行政法、税法等。(2)规范人才市场秩序和中介机构、市场主体行为的法规,如人才市场管理法、反不正当竞争法、职业介绍法、人事争议仲裁法等。(3)规范各类各层次人才的法规,如公务员法、经理法、专业技术人员法等。(4)涉外人才法规,如移民法、外籍人才引进法等。(5)地方性的人才开发与保护法规。

12 论人才可持续发展能力的建设

石金楼、黄海艳,《论人才可持续发展能力的建设》,发表于《现代经济探讨》2003年第6期。作者石金楼时任江苏省委组织部人才工作处副处长;黄海艳时系河海大学在读博士研究生。

随着经济全球化的到来,人才成为国家、地区和企业之间竞争的核心。中国加入WTO,面临着人才需求的严峻挑战。中国是人力资源丰富的国家,但是在"质"的层面上却与发达国家有很大的差距。为了保持我国的竞争优势,实现可持续发展,我国必须加强人才的开发特别是人才的能力建设。为此,该文对人才的能力建设内涵、意义和实现途径进行了探讨。

"人才"是指"在一定的社会历史条件下，少数具有优越的内在素质，以其创造性劳动成果对社会进步作出重大贡献的人"。21世纪是一个以知识、智力和创新能力为基础的知识经济时代，人才的知识、智力和创新能力将成为知识经济社会发展的主要源泉、动力与目的。人的发展依赖于人的能力的发展，尤其是人的创新能力的发展。人才资源能力建设是为应对经济全球化和新经济挑战的需要而提出的，具有鲜明的时代特色，成为提高各国综合实力和发展潜力的关键因素。人才能力建设的本质功能是通过对物质、能量和信息的结构增效、替代增效、转化增效和产出增效，有效地克服传统生产力要素投入的边际效益递减规律，有效地提高国家创新能力，有效地增强国际竞争能力。人才资源的能力的培育和提高对整个社会经济的可持续发展起基础性的支撑作用，它既是社会发展的基本动力，也是社会发展的归宿。

人才资源的能力具有很大的可塑性，发挥能力的关键在于创造相应的环境条件，使人在与环境的相互作用中提高本能、发挥能力。首先，要树立全新的人才开发理念，创建以教育培训为支撑的学习型社会，以及加强制度和环境建设。其次，要加强人才能力建设的国际交流与合作。21世纪是全球化的世纪，中国人才的能力建设，要充分利用加入世贸组织后的机遇，加强国际间的人才交流与合作，学习借鉴国外先进的教育培训经验，积极参与国际化的人才工作。最后，要改善经济环境。经济环境是人才资源能力建设的基础。经济环境是人才资源能力建设的基础。经济环境与人才环境密切联系，经济环境为改善人才环境提供物质条件、生活待遇和创业舞台。实践证明，环境提供的物质条件越充分，成才活动取得的效果越好。

13　试论高等学校教师的业绩评估

郭祥林、司马雪放、黄林楠、张烨，《试论高等学校教师的业绩评估》，发表于《江苏高教》2004年第1期。作者郭祥林时任河海大学人事处副处长、副研究员；司马雪放时任河海大学商学院讲师；黄林楠时任河海大学招生办主任；张烨时任河海大学人事处人事科科长。

该文首先从制度价值视角评述了高校教师业绩评估功能：控制功能、激励功能、发展功能、沟通功能。

其次，从制度反思的视角分析了高校教师绩效评估的"先天不足"和自身局限：第一，教师业绩评估在本质上属于"踢一脚"的激励方式。评估就像一条"无形的鞭子"、一只"无影的脚"，在教师背后不停地鞭策和"踢屁股"，形成一种外在压力，迫使他们努力工作，做出成绩。第二，具体的业绩评估制度在主观和客观上都有缺陷。主观上，任何业绩评估制度都是由人来制定和实施的，因此业绩评估的科学性、公正性、准确性都是相对的；客观上，制度本身不可能修改得尽善尽美，评估指标的设置也没有绝对的界定标准，特别是有些评估标准本身就无法定量，难以把握。第三，"削足适履"的负面效应。标准化的评估和教师的个人素质发展不均衡的矛盾，会导致为了均衡而牺牲个性、创造性地"削足适履"现象的产生。第四，"老黄牛"和"千里马"的关系失调。考评出的先进人物往往是那些埋头苦干、与世无争的"老黄牛"；而个性突出、锋芒外露的"千里马"，却可能不被大家所认同。第五，"人情""面子"限制效益发挥。给予表彰、奖励，做起来理直气壮、得心应手，而对于惩处，做起来就显得瞻前顾后、困难重重。

再次，该文提出教师业绩评估的根本是变压力为动力。第一，在评估方向上，不仅注重教师的现实表现，更加重视教师的未来发展，重在促使教师自身的"成长"，强化教师业绩评估的开发和指导作用。第二，在评估目标上，努力协调学校目标和教师个人目标的一致性。第三，在评估过程中，注重教师的工作参与。第四，在评估方式上，重视多渠道交流信息，提倡同行之间互相评价。第五，在评估目的上，通过评估体现教师的成就感。

最后，该文认为教师业绩评估应该做到分层管理和多样化评估。在分层管理方面：第一，对于骨干群体的业绩评估，重点体现引导、扶持和关心，具有针对性和个案评估的特征，不能一概而论地要求他们承担几门课程的教学任务、做几项科研任务、发表几篇学术论文，需要突出强调骨干教师个体发展目标和自身价值。第二，大众群体是支撑学校生存和发展的基本力量。应强调降低管理重心，突出管理效益。对教师个体的业绩评估着重应该由学院（系）的层面履行。在评估方式多样化方面：第一，骨干群体的个性化业绩评估应更多地采用多种形式相结合的工作行为评估方法。第二，大众群体的业绩评估采用目标管理考评方式。

14 构建高素质创新人才培养体系的思考与实践

鞠平、任立良、阮怀宁、马亦农、潘静，《构建高素质创新人才培养体系的思考与实践》，发表于《中国大学教学》2004年第4期。作者鞠平时任河海大学副校长、教授、博士生导师；任立良时任河海大学教务处处长、教授、博士生导师；阮怀宁时任河海大学教务处副处长、教授、博士生导师；马亦农时任河海大学教务处教研科科长；潘静时任河海大学教务处教研科科长。

河海大学提出"致高、致用、致远"的教育理念。根据办学理念和办学特色的总体设想，在制订新一轮本科人才培养方案时，要特别强调三项总体要求，分别是：明确以培养应用型人才为主；强化基础，拓宽专业口径；采用理论教学、实践教学和科学研究三元结合的教学模式。

该文总结出河海大学针对构建高素质创新人才培养体系作出的一些具体实践。第一，精心组织实施专业学科群协同攻关。根据学校专业配置情况，学校实施了以学科群为工作集体、按专业大类制订方案的计划，学校专门成立了校级专家组和工作组。专家组工作职责是对学校的原则意见、专业大类的培养方案框架和各专业的培养方案等进行审议，提出咨询意见。第二，构建坚实宽广的全校公共基础平台。主要着眼于提高学生的思想道德素质、文化素质、身体素质和心理素质，提升学生的文化品位和人生规划水平，使学生具备对今后快速变化社会的适应能力。第三，按专业大类整合大类学科基础课程体系。学校在制定培养方案时，除搭建了全校的公共基础平台以外，还按各专业大类整体优化，彻底整合课程体系，按专业群搭建了基础课程平台。根据学科和工程实践的发展趋势，将过去的老课程进行整合，变成为新的综合性课程，既给学生本学科整体性的知识，也注重其他学科知识对本学科的影响及在本学科领域中的应用。第四，明确创新能力的具体培养措施与实践环节。为探索理论教学、实践教学和科学研究三结合的创新人才培养模式，河海大学在制定培养方案的总体构想中，实践教学有了突出的改进，普遍减少验证性实验项目，增加了综合性实验。第五，构筑多样化的素质教育环境。设置计划外学分，使第一课堂与第二课堂相结合的培养模式固化在培养方案中，充分发挥教室外第二课堂在素质教育与创新教育中的作用。继续实行多样化的人才培养模式，完善辅修专业计划，增加双学位专业。

河海大学教育教学改革仍在不断深化，新的本科人才培养方案在探索新时代新理念、反映现代人才培养的科学性、时代性、实践性等方面做了一些工作。

15 神经网络模型对城市人才资源总量的预测

吴利华、郑垂勇，《神经网络模型对城市人才资源总量的预测》，发表于《科技进步与对策》2004年第8期。作者吴利华时系河海大学经济学院在读博士研究生、副教授；郑垂勇时任河海大学经济学院院长、教授、博士生导师。

人才资源是区域在自然资源、环境（自然和社会）条件相对固定的前提下，经济实现增长的动力和源泉。现阶段是我国城市发展的关键阶段，拥有人才优势，则拥有发展优势，就会在竞争中处于主动地位。预测城市经济发展人才资源需求的总量，有利于制定吸引人才、培养人才的政策。

该文首先定性分析了影响城市人才资源总量的各种因素，确定反映各影响因素的指标。在指标选择方面，考虑到指标数据的客观性、有代表性、可搜集性，在力争指标科学、全面地反映影响城市人才资源需求总量的主要因素基础上，确定模型的主要指标。以南京市为例，该研究发现与人才资源总量显著相关的指标为人口总数、第三产业增加值占国内生产总值比重、城镇居民平均每人每年可支配收入、人均国内生产总值。然后运用相关分析筛选出影响人才资源总量变化的主要因素，进行计量经济学模型计算分析，用人才资源总量与人口总数、第三产业增加值占国内生产总值比重、城镇居民平均每人每年可支配收入、人均国内生产总值作回归分析，发现各影响因素之间有明显的多重共线性。最后，由于城市人才资源总量影响因素众多，因素间的相互作用关系复杂，计量经济学方法能较好地解释经济现象的相互作用机理，但预测精度较差，所以该研究选用了BP神经网络进行预测,BP神经网络即误差逆传播网络,是典型的多层网络,分为输入层、隐含层、输出层,各层之间实行全互连接。该文利用回归分析结果选择BP神经网模型的输入输出变量,以影响人才资源的主要因素为神经网络输入变量,对城市人才资源总量进行预测,得出了南京市人才资源BP人工神经网络预测分析表。

该文通过分析和例证,试图比较用来预测城市人才资源总量的不同模型的特点,并在计量经济学分析的基础上,分析优选输入、输出变量的方法对神经网络预测模型使用效果的影响。

16 面向市场"订单式"培养复合型人才

鞠平、姜弘道、阮怀宁、马亦农、潘静,《面向市场"订单式"培养复合型人才》,发表于《中国高等教育》2004年第11期。作者鞠平时任河海大学副校长、教授、博士生导师;姜弘道时任河海大学校长、教授、博士生导师;阮怀宁时任河海大学教务处副处长、教授、博士生导师;马亦农时任河海大学教务处教研科科长;潘静时任河海大学教务处教研科副科长。

该文认为,作为高等学校,提高大学毕业生的就业率责无旁贷。除了千方百计扩大就业渠道以外,最根本的还是要培养出适合人才市场需要的人才。用人单位对于当前大学毕业生不足之处的总体反映是:学生知识结构不合理,工程意识不强,经济观念淡薄,组织管理知识贫乏,人文精神欠缺。高等学校必须紧密结合社会经济的发展需要,充分履行为社会服务和促进人才全面发展的重要职能,努力缩短人才培养和人才需求之间的差距,把握面向市场培养人才的要点,探索面向市场培养复合型人才的新路子。

首先,面向市场培养人才应注重需求。随着我国市场经济体制的建立和完善,国家不断改进高等教育的管理机制,高等学校在办学规模、资金筹措、专业设置、人才培养目标与定位等各方面大大增加了自主权。其次,面向市场培养人才应注重效益。在市场经济的宏观条件下,教育也要考虑成本、考虑效益。大学要发挥教育资源的最大优势,面向社会与市场需求,盘活现有教育资源。适时调整专业结构与方向,构建灵活的多样化的人才培养模式。第三,面向市场培养人才应注重质量。随着高等教育收费制度的实施,受教育者有权并期望受到优质的教育。提高教学质量并最终提高毕业生质量,是高校制胜的法宝。其中重要的一条是要有高质量的教师队伍,以高质量的教学水平,培养出高质量的学生,为社会输送高质量的人才。

需求、效益和质量要落实到高等学校培养人才的全过程。复合型人才培养需要更加注重市场导向的作用,不能为了复合而复合。为了满足学生和用人单位对个性化教育的需求,必须采用更加开放、灵活、多样化的培养模式,这里提出的"订单式"培养模式即一种重要的复合型人才培养模式,其主要包含以下要素:第一,需求驱动。要按照人事部的人力资源需求分析报告,根据本学校主要服务单位的需求,在优秀学生中实行跨学科的培养计划。第二，多种层次。由于需求是多层次的，所以教育服务也是多层次的。第三，方式灵活。由于学生类别不同和人才需求的多层次，所以学制应该要有弹性。第四，联合培养。应该与用人单位联合培养，包括联合指导毕业生学习、实习和实践，让学生在校期间提前介入工作实际，鼓励用人单位承担学生的培养费。

17 关于科学人才观的几点认识

王培君、赵永乐，《关于科学人才观的几点认识》，发表于《河海大学学报（哲学社会科学版）》2005年第1期。作者王培君时任河海大学团委书记、副研究员；赵永乐时任河海大学人力资源研究中心主任、教授、博士生导师。

知识经济时代，人才资源成为最重要的战略资源。实施人才强国战略，加大人才资源开发力度，已成为当今时代推动经济社会跨越发展的重要举措和必然选择。2003年底中共中央、国务院召开了全国人才工作会议，并作出了《关于进一步加强人才工作的决定》，会议开创性地提出了科学的人才观。科学人才观要求在我国建立一种与国际规则接轨、适应中国实际的新的人才观，具有丰富的科学内涵，是我们做好人才工作的理论基础和重要原则。

科学人才观的提出经历了一个认识逐步深入的过程，是顺应时代进步、经济发展和全面建设小康社会新局面的现实要求。在科学人才观的提出方面，该文认为树立科学人才观是社会发展、经济发展、国家发展的必然要求。在科学人才观的内涵方面，该文提出从人才标准、人才价值、人才开发、人才流通、人才使用、人才管理、人才结构等七个方面深入领会和把握。科学的人才标准应该立足于国家发展的现实需要，立足于市场的需要，应当向人们提供多元的成才机遇和选择。创造了社会价值的人才才是我们真正需要的人才，实现了自身价值的人才才会更加人尽其才。树立科学的人才开发观，就要以人才资源的能力建设为核心，大力加强人才的培养工作。流动性是人才商品的天然属性，只有在流动中，人才的价值才能体现，才能实现人力资本的增值。在人才管理上应树立"双赢观""人本观""法治观"。科学的人才结构观要体现人才重点、人才主体、人才类别以及人才范围四个方面的内容。

最后，该文认为科学人才观的提出，在引导新型人才观的同时，也引发了新的研究课题。一是人才观念的产生。二是人才衡量的尺度。人才是国家的人才，更是用人单位的人才，用什么人、怎么用，应由用人单位说了算，用人单位觉得谁是人才、谁能够为其带来效益就用谁，而不是由别的什么人来告诉他该用谁不该用谁。三是人才评价的主体。四是人才管理的主角。党管人才原则的提出，也是明确要求各有关部门工作中要主动协调、自觉沟通，围绕党的人才工作的总目标，分工协作，共同把人才工作做好。

18 人才强国战略实现途径和动力的选择

赵永乐,《人才强国战略实现途径和动力的选择》,发表于《济南大学学报(社会科学版)》2005年第1期。作者赵永乐时任河海大学人力资源研究中心主任、教授、博士生导师。

为了完成中共中央、国务院提出的重大而紧迫的任务,推进人才强国战略的实施,我们有必要对人才强国战略的实现途径和动力进行选择。

新世纪新阶段应选择将人才市场化、人才集约化、人才国际化和人才富裕化作为实现人才强国战略的"四化途径"。首先是人才市场化。一要明确政府在人才市场化中的定位;二要建设高水平高效率的人才市场体系;三要培育市场主体;四要使人才的个人收入分配与业绩和市场接轨;五要以市场的原则来构建人才的社会保障体系。其次是人才集约化。一要加大教育投资力度;二要加快专业教育层次结构改革;三要倡导和加强人才的终身教育;四要调整人才结构,使之适应我国经济和社会发展的要求。再次是人才国际化。一要在人才管理和培养方法上与国际接轨;二要形成符合国际惯例并具有我国特点的人才培养、使用和激励机制;三要积极扩大人才劳务出口;四要使广大人才掌握现代化的信息和手段,获取世界上最前沿的信息知识和研究成果。最后是人才富裕化。一要认识人才劳动的特殊价值,确定人才的高收入;二要认识人才再生产的特殊要求,确定人才的高回报;三要用一流的工资待遇吸引和留住人才;四要广泛推行按要素分配,使人才的知识、技术、管理、经营和资本等都能成为生产要素参与分配。

实施人才强国战略的根本动力在于改革、发展、调整和开放四个方面。首先是推动人才体制根本性转变。一要建立和强化人才的宏观调控体系,培育和完善人才市场体系,建立多层次的人才社会保障;二要建立现代企业的用人制度和合理有效的人才个人收入分配制度;三要建立人才资源法律体制的基本框架。其次是促进人才增长方式根本性转变。新的人才增长方式要从粗放式转变到集约式,达到五"高"二"强"。五"高"分别是人力资本高投资、人才再生产高效益、人才素质高提升、人才收入高回报和人才对经济社会发展高适应。二"强"就是我国成为全世界的高层次人才强凝聚和人才作用强辐射的国家。再次是对人才进行结构性调整。一要使人才结构与经济结构相适应,为经济结构调整提供可靠的人才保证;二要政府宏观调控、市场引导和企业操作三者联动调整;三要提高整体素质,优化结构,提高效益,适应经济和社会发展的需要,迎接加入WTO的挑战,推进知识经济,在全国形成若干个人才中心,建成若干个人才高地。最后是坚持人才的对外开放。一要全面提高对外开放水平,促进人才国际化;二要实行大面积的全方位的高层次的对外开放;三要注意改善国内的人才环境,使大量人才在国际化的前提下为我所用,并大量吸引外籍人才为我所用,为我国的经济和社会发展作出贡献。

19　人才资本价值在组织中的实现途径

赵永乐、张新岭,《人才资本价值在组织中的实现途径》,发表于《华东经济管理》2005年第5期。作者赵永乐时任河海大学人力资源研究中心主任、教授、博士生导师;张新岭时系河海大学在职博士研究生。

首先,该文阐述了人才资本价值具有不确定性高、增值性强、专用性强、外部性强等特点。

其次,该文原创性地提出了人才资本与组织价值创造循环闭路的概念,并对其进行了论述。它认为,以人才资本进入组织为起点,人才资本与组织价值创造的过程是一个系统、完整的流程,形成了一个循环闭路。完成这个循环闭路,人才资本和组织的价值可以得到实现,人才资本可以实现再生产。这个循环闭路包括人才资本与岗位的结合、人才资本的物化、岗位绩效凝聚为组织绩效、人才资本再生产等环节。

最后,该文重点讨论了组织中人才资本价值有效实现的途径问题。该文认为影响人才资本价值实现的决定性因素可以归结为绩效和管理两个方面。绩效的内容、形式和大小反映了人才资本消费和实现的程度,作为绩效回报的薪酬决定了人才资本在什么状态下完成再生产。管理途径主要是指设计合理的组织结构和实行有效的岗位管理,它们人才资本价值实现的客观条件,决定了人才资本可能实现的程度。该文还提出并分析了人才资本价值实现的绩效-薪酬途径和管理途径。

对于绩效-薪酬途径,该文认为可以通过讨论薪酬的形式和内容,来研究人才资本价值实现的绩效途径。人才资本价值的薪酬由两部分构成。首先,人才资本作为投入的生产要素要求获得相应的回报,包括承担风险的回报,这部分可以称之为回报性薪酬。其次,因为人才资本存在于活的人体内,为促使其充分发挥,需要对其载体进行激励,也就是要有一部分激励性薪酬。为充分实现人才资本价值,组织的回报性薪酬必须切实反映岗位价值和人才资本的价值以及人才资本所承担的风险。激励性薪酬的实现是人才资本和组织博弈的结果,因为人才资本对自身价值拥有更多的信息,并且能够完全决定真实价值的发挥,所以在和组织的博弈过程中,一般能占得优势,组织则处于缺乏信息的不利地位。鉴于此,组织应该在实行公平原则的基础上,对人才资本进行有效的"激励"而不能"压榨"。对人才资本的激励一般从分享组织所有权和长期利益两个方面着手。

对于管理途径,该文认为合理的组织结构和有效的岗位管理是实现人才资本价值的主要管理途径。合理的组织结构主要从组织资本的角度考虑,为了充分实现人才资本的价值,进而实现组织的价值,组织应该把个体形式的人才资本固化为组织资本,实现人才资本与组织资本的良性互动。有效的岗位管理是实现人才资本价值最直接的手段。为充分实现人才资本价值,组织必须做好岗位管理的每一项工作,具体包括岗位设置、岗位分析、岗位评价、人岗匹配、绩效评价等内容。

20　论组织价值与人才资本价值的关系

赵永乐、张新岭，《论组织价值与人才资本价值的关系》，发表于《武汉化工学院学报》2005年第3期。作者赵永乐时任河海大学人力资源研究中心主任、教授、博士生导师；张新岭时系河海大学在职博士研究生。

该文首先分析了人才资本的价值特性，认为对于人才资本价值的不确定性可以从投资形成、使用发挥、绩效评价三个连续的环节来分析。对于人才资本的强增值性可以从投资和使用两个角度来认识。人才资本的专用性特征是指人才资本具有的专业知识、专门技能或拥有的某些特定信息只能在特定的组织或行业中才有价值，才能发挥作用。人才资本的强外部性是指人才资本价值的大小和实现程度会极大地影响其他签约者功能的发挥和价值的实现，进而影响组织整体的绩效和价值。

该文然后着重讨论了组织价值与人才资本价值的关系。

一是认为人才资本价值只有在组织中才有意义。离开了组织，人才资本的概念就不存在，人才资本的价值就无从谈起，同时，人才资本的价值也只有在组织中才能实现。

二是认为组织价值的实现依靠人才资本价值的实现。组织的价值主要产生于对组织内包括人才资本在内的各种经济资源的有效利用，只有组织内所有资源的价值得到充分实现，组织的价值才能得到实现。人才资本价值的实现是组织提升市场价值的首要条件。

三是认为人才资本目标与组织目标存在差异性。由于人才资本价值的强不确定性，从主观和客观两个方面都会使人才资本目标与组织目标产生差异。从主观来看，人才资本的目标函数比组织更复杂，人才资本为了实现自己的目标，就有可能背离组织的目标。客观上，契约的不完备性和信息的不对称性可以使人才资本背离组织的目标成为现实。人才资本价值与组织价值是互相依赖、互相促进的关系。只有人才资本目标与组织目标相一致，人才资本的价值才能最大限度地发挥，才能最有利于组织目标的实现。所以，组织应通过绩效考核、薪酬激励、组织设计、岗位管理等手段克服人才资本目标与组织目标的差异，使二者协调一致。

四是认为人才资本的价值最终体现在人才资本市场上。人才资本市场是人才资本进行交易的场所，人才资本交易的基础就是人才资本的价值。人才资本的定价、使用、收益、流动等都是以人才资本的市场价值为基础的。在人才资本形成过程中进行的教育、迁移等有形、可见的投资，形成人才资本的显性价值，表现为学历、资历等。无形、不可见的投资，如"干中学"等，形成人才资本的隐性价值。显性价值和隐性价值之和是人才资本的真实价值。人才资本使用过程中体现出来的价值可以称为人才资本的实现价值，表现为工作效率、科研成果、企业利润、股票价格等。真实价值是实现价值的根源，实现价值是真实价值的使用和发挥，一定程度上可以代表真实价值；但由于受主观意愿和外界环境的制约，同样的真实价值所表现出的实现价值是不固定的。

21　契约理念:高校师资管理的新视野

郭祥林,《契约理念:高校师资管理的新视野》,发表于《河海大学学报(哲学社会科学版)》2005年第4期。作者郭祥林时任河海大学人事处副处长、副研究员。

该文以美国行为科学家克里斯·阿吉里斯所提出的"正式组织与成熟个性间的矛盾"为切入点,引入契约理念,探讨了契约理念的相关因素:(1)自由。高校师资管理特别需要突出对教师"人性"的充分尊重,给予教师更多的"自由"。(2)诚信。诚信是在市场经济活动中形成的道德规则。由于诚信原则兼有法律调节和道德调节的双重功能,高校师资管理需要倍加重视诚信。(3)团结。契约团结是突破法学取向契约意义的一个重要因素。契约团结有两个层次的概念:机械的团结和有机的团结。机械的团结是一种本能的需要,或因一种爱好而结合的低级的团结,但并非是消极的、需要加以排斥的团结。机械的团结既有积极的作用,也有消极的影响。问题的关键在于如何充分利用和发挥积极的机械的团结作用,抑制和减少消极的机械的团结的影响。那就是建立起有效的有机的团结。高校中有机的团结的基础就在于在管理者和教师之间存在一系列有效的相互依赖的共同信念。

在此基础上,该文提出了高校师资管理中契约理念的运用:合约管理与心理契约。(1)合约管理。实行合约管理是深化高校用人制度改革的一项主要内容,是推进高校人事管理工作向法治化轨道迈进的一项具体措施。合约管理不仅是高校用人制度改革的一项内容,在高校人事管理的其他领域也广泛运用,诸如岗位聘约、委托培训合约、出国留学协议、服务期协议等。(2)心理契约。建立良好的心理契约,包括加强学校和教师之间有效的沟通联系,调整和改善管理者与教师之间的相互关系。在沟通和协商过程中,必须减少心理协调和信息传递中的失真现象,建立完善的反馈机制。在教师与学校之间缔结心理契约时,双方必须相互了解彼此在哪些方面存在分歧和差异,对那些不同的方面,个人可以持保留态度,但也应该表示出足够的关注和尊重。

总体上,合约管理和心理契约在一定程度上是相互联系、相互融合的。良好的劳动关系合约、岗位聘约等需要辅之以和谐的心理契约,才能更好地发挥作用,提高管理效能;而心理契约有了正式的合约作保证,就能提高其稳定性和确定性,进而形成有利于合约履行的动机和行为,促进合约的顺利履行。

22　跨国公司在我国的人才战略及我国的对策

杨勇、张阳,《跨国公司在我国的人才战略及我国的对策》,发表于《现代管理科学》

2005年第4期。作者杨勇时系河海大学在读博士研究生;张阳时任河海大学商学院院长、教授、博士生导师。

该文分析了跨国公司在我国实施人才本土化战略的方式,认为跨国公司在我国实施人才本土化战略会产生扩大我国就业、提高我国的科研水平和管理水平、有助于抑制我国人才外流等对我国有利的影响以及国内企业人才流失、抑制国内企业的发展壮大等不利影响,该文在此基础上提出相应的对策。

跨国公司人才本土化战略是指跨国公司的海外子公司在东道主国从事生产和经营活动的过程中,为迅速适应东道主国的经济、文化、政治环境,获取最大的经济效益,在公司的各级岗位雇佣东道国员工,使其成为地道的当地公司。跨国公司在我国实施人才本土化战略的方式主要有:(1)建立合资企业利用中方企业的优秀人才。跨国公司在进入我国的最初阶段,根据合资协议,合资企业的中高层管理人员中有相当一部分是中方人员。由于跨国公司对我国的法律、政策、市场以及当地文化等各方面的经营环境不甚了解,多采用合资方人员。(2)以高薪吸引国内现有的优秀人才。经过多年的发展,我国积累了大量的优秀人才,但由于国内用人制度不完善,企业对人才不够重视,不少企业经营效益也不好,不能给这些人才提供合适的薪酬待遇。(3)在高等院校招聘优秀学生充实人才队伍。在高等院校招聘优秀毕业生,一方面可以充实跨国公司的人才队伍,另一方面还可以保持跨国公司的企业文化。(4)对未来人才的争夺,跨国公司不仅重视对现有人才的争夺,而且很重视对有利于公司发展的未来人才的争夺。

该文指出,面对跨国公司在我国实施的人才本土化战略,我们要保持清醒的头脑,利用其对我们有利的一面,避免和消除其对我们不利的一面,尽量引导其为我国经济发展服务,并提出具体对策。作为政府,在政策上应采取开放的态度,不阻挠、不限制。同时也要充分认识到跨国公司在我国实施人才本土化战略可能导致的国内企业优秀人才流失,国内企业难以发展壮大,形成跨国公司事实上的垄断的危机。我国政府应练好内功,完善国内的用人机制,为各类人才创建施展才华的舞台;同时要大力发展民营经济,给予民营经济以国民待遇,为企业参与市场竞争提供良好的条件。作为企业,要进一步完善用人制度,打破国有企业人浮于事、不重视人才的现象。制定合理的薪酬制度,虽然要求国内企业在整体薪酬水平上赶上跨国公司几乎不可能实现,但要做到在某种程度上具有一定的竞争力还是可以实现的。要使各类人才能够在合理的薪酬体系和晋升机制下充分发挥自己的特长为企业的发展服务。

23　实现人才价值　大力推进人才市场化进程

牛励耘、薄赋徭,《实现人才价值　大力推进人才市场化进程》,发表于《人才资源开发》2005年第12期。该文是作者以《人才资源开发》杂志记者的身份采访河海大学人力资源研究中心主任、博士生导师赵永乐教授的专访稿,该文发表后在知网被下载百余次。

作者牛励耘时任《人才资源开发》杂志编辑部主任；薄赋徭时任安徽工业职业技术学院讲师、《人才资源开发》杂志特邀记者、河海大学在读硕士研究生。

  作者以记者的身份从人才价值为出发点，沿着人才劳动力价格、人才价格市场化、人才市场价格管理、目前我国人才市场化程度及市场化关键的脉络，对赵永乐教授进行了深度采访。记者最后请赵教授对我国人才市场的前景进行了描绘。整个采访，既论及浓厚的人才理论，又牵涉现实的人才实践，所提问题突显了热点和难点。面对记者的提问，赵永乐教授给予了正面直接的回答。赵教授的回答全面深刻、深入浅出，不仅显示了深厚的人才理论功底，而且展示了对现实问题研究的系统思考。

  专访表明，人才价值理论是人才经济理论的核心和基础，也是人才市场理论和人才价格理论的核心和基础。人才的创造性劳动是经济财富的源泉，是社会发展的动力。从这个意义上说，人才价值具有更丰富的含义。应该把人才的价值理解为一个体系，这个体系包括三个层次，即人才的生产价值、人才的流通价值和人才的劳动消费价值（也可称为人才使用价值）。

  赵永乐认为，人才的价值具有三种形态。第一，人才生产价值由人才生产投资决定，人才生产价值可以用人才生产投资所形成的成本表示。第二，人才具有交换价值。要实现人才的生产价值，人才必须进入流通领域，与用人单位交换自己的劳动力，形成自己的交换价值。第三，人才具有劳动消费价值。人才的劳动消费价值由其在组织中所创造的工作绩效大小决定，用人才在组织中的薪酬来表示。因此，人才的价值应该是生产价值、交换价值和劳动消费价值（使用价值）的统一。人才生产价值是人才价值的基础，交换价值是人才价值的转换器，劳动消费价值是人才价值的实现终端。三个层次的价值缺一不可，并依次递进，最终实现人才的总价值。

  赵永乐指出，人才价值的货币表现形式是人才劳动力的价格，也就是人才劳动者的薪酬，它是人才市场运行的重要经济杠杆。人才劳动力价格的确定，以人才价值为基础，并受人才市场供求关系的影响和调节。是否由人才市场形成人才劳动力的价格，即人才劳动力价格是否市场化，是发挥人才市场对人才资源配置的基础性作用的关键。第一，人才劳动力价格市场化的衡量标准主要有三个方面：（1）用人单位是否完全拥有决定所用人才劳动力价格的决策权。（2）人才劳动力价格的形成是否具有充分的竞争。（3）人才劳动力价格对人才市场的供求和人才资源的配置是否有调节作用。第二，当前我国人才市场价格态势有两个显著的特点：（1）低端人才价值高估，高端人才价值得不到应有的体现。（2）人才劳动力市场价格水平因地区、岗位、技术而异。第三，加强人才市场价格管理应从三个方面入手：（1）人才市场价格的定价要遵循价值规律。（2）建立人才市场的价格导向机制，加快人才价格市场化。（3）政府对人才的市场价格进行必要的有效的指导和控制。人才市场化不仅要有人才培养、配置的市场化，更要有与市场化相衔接的人才使用和宏观管理的配套，其中包括保证市场化的人才环境、人才运行机制和人才法规等。市场化的关键是政府归位，即政府要转换职能，由过去繁杂琐碎的微观人才管理中走出来，强化宏观调控，突出战略性、前瞻性和政府的导向性。

  赵永乐归纳了当前和今后相当长一段时期内我国人才市场建设的任务：加快市场化、

产业化、信息化、国际化和法制化建设,促进市场发育,实现制度创新。我们有理由充满信心地展望未来:今后的一段时期内,我国的人才市场将得到更大的发展,最终在我国建成一个统一、开放、竞争、有序的成熟完善的人才大市场。

24 探析高校教师学历-职称之间的转换规律

王慧,《探析高校教师学历-职称之间的转换规律》,发表于《重庆工学院学报》2005年第12期。作者王慧时系河海大学商学院在读博士研究生。

学历是高校教师职称评审工作的重要因素之一。但国家整体教育能力的提高,高校教师供需市场的不平衡,导致一些非正常现象随之出现,一些本来需要本科生的岗位如图书管理员、后勤,却有大量博士生去争,但在这些岗位上博士生其学无以致用,一方面造成人力资源的浪费,另一方面,一些博士也未必甘心一直做低价值工作,长期下去,也会造成心理的不平衡,影响工作。反之,在一些高级职务上或研究岗位上本科学历本身的视角和经历也会造成不能胜任的情况发生。对学历的要求有个合理的层次结构,和职称任免紧密相连。在形式上确定学历与职称之间的对应关系,研究不同学历层次向不同职称过渡演变规律,对我们如何培养人才、如何使用人才至关重要。

不同学历人员向不同职称过渡的含义是:某个学历层次(如大学本科毕业)经一定年限(如3年)有多少比例进入某一职称(如助教)。这种过渡有其自然的规律,不可能是一刀切。如果一所高校的职称晋升政策基本上保证了教师队伍的合理结构,那么学历-职称之间的转化规律会明显地表现在现实中。合理的职称结构,很大程度上取决于一种感性认识:如果在一定条件下,不同职称的人集合在一起,彼此工作协调,能充分发挥各自的能力,适应学校发展的需要,那么就认为这个阶段的职称结构是合理的。研究学历-职称的转化规律,不仅要进行从学历到职称或从职称到学历的推算,而且要把人员的毕业年限区分开来。也就是要同时研究具有某一学历的人才在其工作过程中职称的变化规律。

该文通过研究不同学历对不同级别职称产生的影响,把这些变量用一个整体的概念贯穿起来,应用控制理论的基本原理构建学历-职称转换的动态模型。高校的教师队伍是一个多因素影响的系统,学历和职称只是描述了这个系统的一个特征。该文选择职称作为系统的状态变量来构建模型,先形成教师学历-职称系统变化的传递框图,构建晋升矩阵、职称矩阵、定职矩阵和投入矩阵,进而推导出学历-职称之间的动态关系。在模型建立后,通过已知晋升矩阵、职称矩阵、定职矩阵和对输入量的假定,可以求解若干年后的职称结构;或者已知历年的学历层次和职称结构,可以反推参数矩阵(晋升矩阵、职称矩阵和定职矩阵);也可以已知晋升矩阵、职称矩阵、定职矩阵,规定若干年后的职称结构,求解应提供的各学历层次上的人数。

25 转型时期国有商业银行的人才开发策略

张鑫、夏锦文,《转型时期国有商业银行的人才开发策略》,发表于《商业研究》2005年第22期。作者张鑫时系河海大学在读博士研究生;夏锦文时任南京师范大学教务处处长、教授。

随着全球经济一体化进程的加快和知识经济时代的到来,中国经济社会发展进入转型时期,人才成为当今和未来经济发展之争的焦点。国有商业银行如何在转型时期有效地调整和改进人才开发策略,对于增强国有商业银行的核心能力并在激烈的竞争中生存和发展,具有重要的现实意义。

该文首先分析了转型时期国有商业银行人才开发面临的压力,包括以下几个方面:第一,人才竞争的压力。国有商业银行如果不能制定有效的人才开发策略、合理地使用并留住人才,那么必将成为外资银行免费的培训基地。第二,人才开发观念的压力。国有商业银行要想赢得转型时期优先发展的契机,把握住与外资银行在人才竞争中的主动权,必须转变人才开发观念。第三,人才资源配置的压力。面对人才资源的短缺以及人才资源配置的不合理等问题,国有商业银行人才资源开发压力重重。

另外,该文指出要建立一套行之有效的集人才开发、使用于一体的人才开发策略。第一,要树立正确的人才开发观念,包括人才开发的资本化观念、人才开发的市场化观念以及人才开发的社会化观念。第二,要建立人才开发的规划机制。一是从战略角度进行规划;二是从系统的角度进行规划;三是从动态的角度进行规划。第三,要注重人才开发的培训机制,要求银行现有人才的知识、技能不断提高,观念不断更新,形成一种基于学习型组织的培训开发机制。第四,要创新人才开发的激励机制,建立一个全方位、透明性强、开放式的激励机制,以此来开发现有员工的潜力,促进商业银行人才开发的良性循环。第五,要引入进退有序的流动机制。国有商业银行应对人才开发价值链进行分析,把人才资源开发作为价值链上的一个环节,依据协同效应的原理,从投入—产出的角度进一步扫除人才退出的障碍,建立起能力适应的用人机制。第六,要营造适宜人才开发的企业文化,通过整体的机制构建来发挥企业文化在国有商业银行人才开发中的导向功能、约束功能、凝聚功能、激励功能等。

总之,转型时期的时代特点,必将要求国有商业银行创新人才开发模式。只有将国有商业银行发展战略、企业文化、组织设计和人才开发有机地结合起来,从战略层面上、制度层面上、技术层面上来全面建设国有商业银行的人才开发模式,才能积极应对竞争,从而真正意义上充分发挥人才资源的作用。

26　韩国高层次研发人才资源发展对江苏现时期的启示

赵永乐、王斌、张书凤,《韩国高层次研发人才资源发展对江苏现时期的启示》,发表于《南京社会科学》2006年第3期。作者赵永乐时任中国人才研究会常务理事、江苏省人才学会副会长、河海大学人力资源研究中心主任、教授、博士生导师;王斌、张书凤时系河海大学商学院在读博士研究生。

该论文发表时正值江苏省为完成"十一五"规划目标、实现"两个率先"的阶段,也是实践"人才强省"战略的时期。该论文通过分析韩国在20世纪80年代中期到90年代中期的科研产出的高速发展及这一时期韩国高层次研发人才资源开发的经验,提出了江苏省高层次人才资源发展的具有时代价值的对策。

首先,该论文针对韩国高层次研发人才资源概况和分布,分别从部门分布,学科分布,研究开发科学家、工程师的学位分布等维度进行了考查和对比分析,从借鉴经验的角度,提出了以下观点:(1)强化政府对科技发展战略的确定与重视。韩国在这一阶段的科技发展战略是集中全国科技力量发展重工业和化工技术;以开发国际性技术的重点战略,发展尖端技术;增加科研经费的投入;提高教育和科研机构水平,大力培养高级科研人员。(2)研发高层次人才培养成为韩国科技政策中的重要内容之一。首先,韩国在科技发展的同时,认识到研究开发中的科学家与工程师是科技人才的核心部分。其次,培养科学家与工程师的重心与科技发展战略对应。最后,加大企业单位的研发力度。

其次,论文通过比较研究,提出了该时期江苏省高层次研发人才资源发展对策。(1)强化政府在高层次研发人才队伍建设中的宏观引导作用。政府要在高层次研发人才队伍建设中发挥宏观引导作用,通过财税政策的支持鼓励企事业单位增加研发投入;通过科技计划项目的实施,加大高层次研发人才队伍的培养和开发力度;转变政府职能,加强对高层次研发人才的服务。一是要强化政府科技计划项目在培养高层次研发人才中的引导作用。二是要鼓励青年研发人才承担各类研发计划的研究任务。三是要建立快速吸纳创新性成果与高层次研发人才培养的滚动机制。(2)加大政府研发投入,形成多元化的研发投入体系。一是各级财政要切实加大科技投入,不断提高江苏省科技研发在财政支出中的比例。二是通过经济杠杆政策措施,引导和鼓励企业单位增加研发投入,逐步形成以财政投入为引导、企业投入为主体、银行贷款为支撑、社会集资和引进外资为补充的多元投资体系。三是支持和鼓励大型国有企业集团提取一定数量的资金集中用于关键技术的研究开发和产业化的投入。(3)积极推进人才国际化培养,加强国际科技合作,加大对江苏省内国际科技合作计划特别是重点国际合作项目的支持力度。(4)发挥企业等实业单位在高层次研发人才队伍建设中的主体作用。一是加强企业研发机构建设。二是充分发挥高新开发区、科技园区对高层次研发人才的集聚作用。三是加强工程技术研究中心建设。

27　多维度培养大学生科技创新能力

张仰飞、魏萍、冯永伟、王灿,《多维度培养大学生科技创新能力》,发表于《南京工程学院学报(社会科学版)》2006年第4期。作者张仰飞时任南京工程学院团委书记;魏萍时任河海大学水文水资源学院党委副书记、硕士生导师;冯永伟时任南京工程学院机械工程学院党委副书记;王灿时任南京工程学院经济与管理学院党委副书记。

目前我国的中学教育还没有突出学生的创新教育,因而,在高等教育阶段,加强大学生的科技创新能力培养,既是培养高素质人才的需要,也是建设创新型国家的需要。该文提出以教育教学改革为主线,以科技创新项目为龙头,以各类科技竞赛为动力,以校园文化建设为载体,从这四个维度实施培养工作,不仅能显著增强大学生个体的科技创新意识、科技创新精神和科技创新能力,还能有效实现对大学生整体的科技创新能力的全方位培养和提升。该文还对多维度培养大学生科技创新能力进行了研究和探讨。

首先,以深化教育教学改革为主线,着力夯实大学生科技创新的基础,发挥其主渠道作用。第一,学校和广大教师要确立"以人为本"和"培养创新型人才"的办学理念;第二,深化人才培养模式的改革,制订创新人才培养计划,提高各类人才培养方案的针对性;第三,在学科和专业教育中渗透,将创新教育贯穿人才培养的全过程;另外,还要加强师资建设,形成强有力的教育教学队伍。其次,以科技创新项目为龙头,着力培养大学生科技创新的骨干队伍,发挥其示范和辐射作用。一是研究实践项目的来源多样化。二是实践过程多样化。再次,以各类科技竞赛为动力,着力提高大学生科技创新能力,发挥其促进和推动作用。最后,以校园文化建设为载体,着力提高大学生的科技创新意识,发挥其覆盖和渗透作用。加强大学生科技创新能力的培养,要充分利用校园文化这一有效载体的潜移默化、覆盖渗透作用,从精神、物质和管理多方面加强培养的力度,以科技创新的精神激励和鼓舞大学生,将科技创新的强烈意识渗透进大学生的心灵,使科技创新能力的培养成为全体大学生自觉的成才需求。

实践证明,加强大学生的科技创新能力培养工作是有显著成效的。当然,加强大学生的科技创新能力的培养是一项系统工程,任务艰巨,并贯穿于人才培养的全过程。我们要重视并积极研究和实践更好的途径和方法,制定目标体系、实施体系、保障体系并保证这些体系的协调运作,从而形成良好的运行机制,把工作不断引向深入,为国家和社会发展培养高素质的科技创新型人才。

28　人才团队创新价值分析模型

　　王斌、赵永乐,《人才团队创新价值分析模型》,发表于《人才资源开发》2006年第4期。作者王斌时系河海大学商学院在读博士研究生;赵永乐时任中国人才研究会常务理事、江苏省人才学会副会长、河海大学人力资源研究中心主任、教授、博士生导师。

　　该论文认为人才团队是新时期创新活动的一种主要组织形式,提出了人才团队创新价值分析模型的理论框架。(1)论文界定了人才团队创新价值分析的内涵,即人才创新团队主体对于创新目标的价值前景分析,对于创新价值与创新风险所带来的可能的价值损失之间的价值选择、取舍问题的分析,以及创新战略选择的确定。(2)论文提出,人才团队创新价值包括三个要素:第一是人才创新主体价值;第二是人才团队创新客体价值;第三是人才团队创新价值选择。(3)人才团队创新价值分析模型。模型中包括三个维度:第一是创新目标维度,第二是创新风险维度,第三是创新战略维度。在模型分析中,创新目标维度用来描述人才创新主体对创新客体价值的选择与认可;创新风险维度用来描述人才创新风险因素;创新战略维度用来描述创新价值的实践。

　　论文认为,人才团队的创新目标维度,在大部分情况下价值实现难以确定,这也正是创新风险所在。因此目标的设定要满足以下要求:(1)创新目标价值清晰明确,人才团队在对创新目标价值足够精确的单一预测的基础上,明确对获得创新价值所存在的风险并基本确定所应采取的战略。(2)存在几种可能的创新目标价值的时候,人才团队在进行分析的过程中,必须明确每一种可能的价值结果的经济价值与社会价值,采取的分析手段主要包括目标价值的选项评估模型及博弈论。(3)在创新目标价值有一定变动范围的情况下,创新人才团队可以确定创新目标未来可能的价值变化范围,分析潜在社会价值与经济价值,进行创新自身条件变化的预测,从而确定创新价值可能的确定点,进而规划未来情景,确定变动范围以及范围内的创新目标价值点。(4)在创新目标价值不明确的情况下,人才团队仍然可以通过确定一组或多组创新目标的价值变量,并在创新过程中不断地筛选或补充变量,不断获得逐渐明晰的信息,逐渐明确大概的价值前景,同时在这一动态发展的过程中逐渐制定相应的行业规定,从而为创新风险价值以及创新战略提供有益的信息。

　　论文提出,在人才团队的创新风险维度方面,要明确以下三点:(1)创新风险有三个可能的来源,主要包括环境风险、创新目标自身的风险因素、创新主体的自身因素。(2)创新活动中的各类风险因素,主要包括潜在的风险因素、非过程性风险因素、不可控因素的风险。(3)由于创新能力和能够运用的创新资源存在差异,创新主体必须对自己承受风险价值损失的能力有一个客观和准确的评估,充分评价自我牺牲与创新价值之间的价值比较和取舍,也可以通过多个人才团队的联合创新等形式来分散风险价值。

　　论文在人才团队的创新战略维度方面提出,人才团队创新战略的意义在于确保创新目标价值的实现,即人才团队在思维中把人才内部条件因素与外部环境,包括资源等因素进行匹配,将人才团队进行创新所具有的强项、弱项与外部的机会与风险相匹配的一个设计协调过程。

论文进而提出了"人才团队的创新竞争力分析模型",该模型要求人才团队分析确定创新目标价值的实现与创新风险之间的相互竞争力量对比。模型中主要包括四个方面的力量对比:一是创新价值实现壁垒,二是创新风险的威胁,三是人才团队的核心能力,四是创新价值的收益性。在此基础上,论文提出了人才团队的创新战略设计,即在战略分析的基础上,人才团队把存在于其思维意识中的战略分析,构想形成一个具体和可操作的,受到组织控制、有意识的、规范化的详细的创新价值实现方案。在这一战略方案中,人才团队应详细、具体地制订创新目标、资源规划、资本预算、创新步骤等实施计划,从而保证创新战略的顺利实现。在实施中,人才团队要把战略方案、计划方案转化为战略行动。人才团队的创新战略行动,主要包括:进行创新活动所需要的资源配置,这是实施战略的重要手段;创新人才团队的组织设置,这是实施战略的保证;战略实施的控制。

29 探讨高校教师职称晋升的政策与实践

王慧,《探讨高校教师职称晋升的政策与实践》,发表于《经济师》2006年第7期。作者王慧时系河海大学商学院在读博士研究生。

自从1986年职称评审工作恢复以来,我国高校教师的职称晋升工作取得很大的成绩。高校教师的职称晋升是国家评定高校教师知识技能的基本方式。在社会主义市场经济条件下及在改革开放的大环境背景下,高校教师职称晋升政策的制定和实践是摆在高校管理中的一个需要总结和深入研究的问题,其不光需要理论指导,也需要实践证明。

从效果上看,现有职称晋升的激励作用没有发挥预期效果,通过放宽职称晋升的年龄来改善高校教师高级职称人员不足的状况,从而提高高校学术和科研水平的出发点没有问题,但其本质上是一种激励方法。数量上的增加并不能直接带来高学术和科研水平的提升。通过实践数据对比,高校的学术和科研能力并没有出现与职称人数成正比的现象,高级职称年轻化速度过快所导致的高级职称泛滥,高级职称含金量不足的问题直接影响到了教师的积极性。我国职称晋升工作的基本问题是数量不足与增加过快的矛盾。

高校要用发展的眼光看待职称晋升,要继续加强和改善职称晋升工作。关于高校教师职称晋升改革工作的争论更多是从结果的损益来讨论,缺少从理论和政策上的讨论,各种争论缺少令人信服的理论依据。高校职称晋升工作的核心问题是理论工作的滞后。中国特色高等学校的职称晋升规律要充分考虑中国的具体国情,不能简单地照搬套用西方高校职称晋升的理论。在经济高速发展下,要对我国复杂的国情进行研究,发现和总结其特有的规律。在学习、借鉴、比较别国的成功经验的基础上,加速研究社会主义市场经济体制下的高等教育发展的客观规律,创建新的理论。在理论基础上的职称晋升要有明确的目标,具有一定的开放性,保证职称晋升工作更好地为实现高等教育目标服务;同时,要坚持以政策手段调控为主,注重结构比例的控制与平衡。

该论文从目标、现状和发展出发，对职称晋升提出几点建议：(1)要控制政策执行下的高等学校高职人员的快速膨胀，避免职称架构失调。(2)要努力提高高校教师的整体科研能力、学术水平及教学水平，要关注助教和讲师等低级职称人员的提升。(3)要提高职称评审的标准，努力保持高级职称的质量。(4)要大力整治学术腐败的不正之风，把好职称晋升的质量关。要防止因职称晋升引起的重科研轻教学现象，高校的最终目的是为社会服务，为社会培养人才，培养学生是高校的重要任务之一，因此在制定职称晋升政策时，要考虑教学与科研二者并重。

30　跨国公司在华设立研发机构对我国人才的影响效应分析

张阳、陈玉玉，《跨国公司在华设立研发机构对我国人才的影响效应分析》，发表于《集团经济研究》2006年第10X期。作者张阳时任河海大学商学院院长，教授、博士生导师；陈玉玉时系河海大学商学院在读硕士研究生。

该文发现，随着跨国公司在我国投资规模的不断扩大，跨国公司不但将生产和营销环节放到中国，而且将其R&D部门转移到中国，并在华设立独资的R&D机构，表明当时我国吸引外资已经达到了一个新的水平，即中国不再仅仅是跨国公司初级产品的生产加工基地，也成为跨国公司全球发展战略的重要组成部分。

该文认为，跨国公司在华R&D机构对我国人力资源既有正面影响也有负面影响。正面影响体现在：跨国公司在华R&D投资，不仅能带来先进的技术和管理经验，以培养我国的人才，而且能为我国本土企业提供培训服务，促进我国人力资源的开发。第一，跨国公司在我国设立研发中心，能够间接抑制人才外流、吸纳归国人才。第二，跨国公司在华设立研发机构，有助于雇用和培养当地的研发人员，促进当地相关的人力资源开发，推动我国的技术进步。第三，很多跨国公司为我国本土企业提供培训服务，促进我国人力资源的建设。第四，跨国公司的研发机构与中国的高等院校和科研机构展开合作与交流，缩小了我国与国际先进技术的距离。负面影响体现在：跨国公司在华R&D机构对技术人才的争夺，造成国内研发人才向跨国公司在华研发机构单向流动，使得国内的研究力量遭受重大损失，对我国国内企业形成了极大的冲击。

针对上述现象，该文认为，虽然短期内跨国公司在华设立研发机构激化了人才争夺战，但是从长远来看，是利大于弊的。新人才不断地诞生，跨国公司带来的先进技术和管理经验，将我国的新人才培养成高级人才，促进了我国人才资源质的发展，有利于中国整体人才素质的提高。而且，在外企工作的人才回流量也在逐年扩大，带动了本土企业研发能力的提升。

该文最终提出四点建议：第一，鼓励人才向本土企业回流。采取持股、技术入股、提供创业基金等灵活的政策来吸引人才。第二，政府应重视人力资源的开发。政府应该深化教育体制改革，增加对教育的投资，培养出既懂技术又懂经营的多面手和具有创新精神的人才。第三，建立合理的奖惩机制，强化国内企业对人力资源的开发。第四，引进国外高科技人才。将网罗人才的视野抛向国外，提供各种优惠条件，大力引进国外高科技人才。

31 高校教师职务聘任管理中的"蝴蝶效应"

王慧，《高校教师职务聘任管理中的"蝴蝶效应"》，发表于《黑龙江高教研究》2006年第11期。作者王慧时系河海大学商学院在读博士研究生。

经过多年扩招，我国高校的规模逐步扩大，对教师的需求量也与日俱增。教师的招聘是高校教师队伍建设的第一个环节，这个环节的重要程度不言而喻。岗位设置是教师聘任的第一步，部分高校在岗位设置上缺少和本校实际情况的匹配论证，甚至存在"拿来主义"情况，最终导致岗位职责不明，目标不清，导致后期管理的困难，造成工作无人问津与重复劳动并存的现象，一方面打击了教师的积极性，另一方面也造成人力的浪费。

"蝴蝶效应"主要关注对初始条件的敏感，避免"定位效应"的负面作用，其影响招聘的全过程，但每个过程的重要初始条件不同。在设置岗位时，要兼顾职责和权利的平衡。通过对岗位初始条件的关注，以事定岗、因事设职，按单位的工作性质、完成工作任务所需要的专业知识和业务能力的要求，以及工作量等不同情况，确定不同的职务岗位。合理的岗位设置通过"蝴蝶效应"的放大效应既满足了高校的需求，也可以提升高校的声誉。"蝴蝶效应"贯穿教师聘任管理的全过程，岗位设定的初始条件是标准，聘任过程的初始条件则是利益的共鸣，通过物质和精神两方面的契合才能找到合适的对象。聘后管理是职务聘任的关键，也是难点所在，其初始条件是激励，但激励贯穿于整个过程，要注意持续性和有效性。

混沌体系的复杂性在于变化，在社会高速发展的过程中，变化才是常态。水无常势，人无常形，高校的人才聘任模式没有固定的模式，考虑社会的发展、构建"混沌型"组织才是更好的选择。通过对"蝴蝶效应"的理解，不难看出高校教师职务聘任管理需要处理好三大关系：初始条件与最终目标的关系、高校战略人力资源和教师聘任之间的关系、个体与组织的关系。

不可否认，在混沌体系下，初始条件和最终目标之间存在一定因果关系，但更重要的是相关关系，而相关关系的分析是混沌体系的核心。高校教师职务聘任过程中对初始条件是否敏感是聘任实施成败的关键，而重要的初始条件是混沌体系持续优化的核心。战略性的人力资源是高校人事体系的重要支撑，对战略性的人力资源的引进是高校人力聘任的重要来源，也是"蝴蝶效应"的重要初始条件，混沌理论中变化环境相互作用是结果不确定性的原因。然而系统的集成性、管理的连贯性使制度的实施可以利用"蝴蝶效应"的连锁反应很好地把握事物发展，在教师聘任过程中，绩效考核则是蝴蝶效应中的连贯性条件，必须予以重视。

32 基于新人才体制框架的中国人才法律体系

赵永乐、胡美娟,《基于新人才体制框架的中国人才法律体系》,发表于《中国人事报》2007年1月5日《理论与探索》版。作者赵永乐时任中国人才研究会常务理事、江苏省人才学会副会长、河海大学人力资源研究中心主任、教授、博士生导师;胡美娟时系河海大学商学院在读博士研究生。

该文认为,在人才法律体系的构建与完善的过程中,要应用改革的精神来探索建立人才法律体系,加强人才法制建设。以高端人才开发为龙头,以人才价值实现为导向,遵循人才成长规律和市场经济规律,规范好人才流动、竞争秩序,以能力建设为主,不断赋予人才法制体系建设以新内涵,为调节人才市场供需的结构性失衡提供法律支持。

首先,应解决人才法律的系统性问题。在新的人才法律体系构建过程中,应该在现有的法律法规基础上,扩大人才法律的覆盖面,使人才的各项活动可以达到有法可依的程度。健全的人才法律体系应该涉及人才体制的各个子系统,这是人才体制得以运行的保证,人才法律体系应对政府、市场、企业(用人单位)、收入、保障及人才主体本身进行系统规范。

其次,健全的人才法律体系应包括各个层次的人才法律,包括国家法律和行政法规等相关的人才大法、地方性法规、各职能部门和地方政府的规章制度。人才法律体系应包括层次清晰的、结构合理的、可操作的人才体制相关法律法规。

再次,在人才法律体系构建过程中应注重法律的时效性建设。国家法律和行政法规及地方性法规都应定期调查,按实际需求作必要的修正。只有注重法律法规的时效性,才能适应时代的发展,真正体现可操作性,才能保证在国际人才竞争中的优势地位。

第四,要建设完善的人才法律体系,还应将"以人为本"贯穿人才法律建设的全过程。以人为本,就是要在制定相关人才法律时,尊重人才的生存权、发展权,既保障其生存、安全、健康需要,又要满足其发展的需要,提供事业发展空间等。以人为本,就要使人才法律措施改革的力度与群众能够承受的程度相适应。在制定政策时,既要优胜劣汰,又要兼顾弱势群体。人才法律应前后衔接,配套推进。

33 树立科学发展观 深化高校职务聘任改革

赵永乐、王慧,《树立科学发展观 深化高校职务聘任改革》,发表于《现代高教理论研究》2007年第3期。作者赵永乐时任中国人才研究会常务理事、江苏省人才学会副会长、河海大学人力资源中心主任,教授,博士生导师;王慧时系河海大学商学院在读博士研究生。

党的十六届三中全会提出,要"坚持以人为本,树立全面、协调、可持续的发展观",树立科学的发展观和科学的人才观,是党中央在全面建设小康社会,实现社会主义现代化过程中提出的科学命题,也是对毛泽东思想,邓小平理论和"三个代表"重要思想的继承和发展。我们从1986年开始实行专业技术职务聘任制度,并在2002年进行人事制度改革,建立教师职务聘任制成为高校的共识。

如何树立科学发展观,深化高校职务聘任制改革,是高校职务聘任制发展需要思考的问题。该论文对此问题进行了探讨,并提出以下建议:(1)要以人为本,坚持全面协调发展。高校职务晋升考核要坚持科学发展观,要坚持激励因素和保障因素并重,消除不满,提高教师积极性。(2)职称工作本身是一个系统工程,要落实好科学发展观,处理好宏观与微观、局部与整体、内部和外部的关系。(3)要明确定位,结合学校的综合条件,立足学校发展的定位,科学构建岗位体系,分类管理,确定人才发展目标,制定人才措施。(4)要配合学校发展战略,处理好引进和稳定的关系。高校职务聘任制改革要坚持全面、协调、可持续的科学发展观,注重师资发展的全面性,注重职称工作的协调性,同时考虑职称层级和学校发展的实际需要相协调。

该文就如何树立可持续发展观进行了论述,并给出切实可行的方法。具体包括:(1)健全教师的职务聘任制度。可持续发展强调综合利用现有资源,强调发展的持续性。高校教师是高校的人力资源,从个人角度看,职称晋升是改善个人物质、经济条件的重要途径,也是激励教师科研热情和发展激情的方式;从高校角度看,职称体系是高校师资力量的体现。对于职称的分布,该文提出了双正态分布的评价体系。通过职务聘任制的调节,可以进一步促进高校师资队伍结构的合理化,实现高校资源的最优配置。该文在充分考虑学校、学科的复杂性基础上,对科研教学型学科、教学科研型学科的职称比例给出了实践建议。为了进一步说明职称体系的比例,该文给出了高校职称配置比例的计算方法及参考计算方式。(2)科学有效的指导。师资队伍具有一定组合结构的整体,这种结构处于不断运动和变化中,从而表现为不同的次序、空间位置、聚集状态和相互关系,一定要用科学发展观去调节架构,保持动态平衡,这是高校师资队伍建设核心所在。

34 中国高校教师职称改革模式的抉择

赵永乐、王慧,《中国高校教师职称改革模式的抉择》,发表于《南京社会科学》2007年第4期。作者赵永乐时任中国人才研究会常务理事、江苏省人才学会副会长、河海大学人力资源中心主任、教授、博士生导师;王慧时系河海大学商学院在读博士研究生。

我国高校不同时期的教师职称制度都是在一定的历史条件下形成的,应该说与我国当时的政治经济体制、经济发展水平、社会意识形态等在某种程度上都保持着一种相适应的关系。我国人事工作面临着如何满足两个根本性转变的要求:一是在管理上要能适应从计划经济体制向市场经济体制的根本性转变;二是在发展上要能适应从粗放的增长方式向集约的增长方式的根本性转变。基于20世纪90年代以来我国社会主义市场经济发展的需要,加之评聘制度本身管理机制尚不完善、运行模式尚不规范,致使职务评聘过程还存在着诸多问题与不足。21世纪以来,国内的一些具有评聘自主权的高校纷纷对本校的教师职称制度进行了大力度的改革,使教师职务聘任制在很大程度上得以实现。但同时我们也能看到,还有更多的学校,特别是那些不具有评定自主权的高校,仍然被现行的职称制度所困扰。

高校与教师个人择聘的单一性和封闭性,造成以下问题:师资队伍结构不合理;配置刚化效率低下;教师流动不畅通,人才紧缺与过剩同在;近亲繁殖,素质退化。这种职称制度不利于高校教师资源的优化配置、充分利用和队伍建设。因此改革现行的高校教师职称制度势在必行。该文从四个方面对高校教师职称改革模式进行论述,指出为要真正彻底地实现高校教师的职务聘任制,需从四个方面对高校教师职称改革模式进行选择。一是在称谓上要把"职称"变为"职务";二是在制度的重心上要从评定转向聘任;三是在评聘的主体上要从社会转向具体的高校单位;四是在运作的模式上要从行政计划转向市场选择。这四方面的概述阐述了高校教师改革的历史和未来,可为高校的职称改革提供理论指导。

该文明确指出建立和培育高等教育人才(教师)市场,要从五个方面入手:一是要明确政府在市场中的定位,完善和强化对高校教师资源的宏观调控;二是建设高水平高效率的市场体系,使高校教师资源的培养、配置和使用全面市场化;三是加速培养市场主体,尤其要使具体高校和教师个人在市场中成长和运行;四是高校教师的个人收入分配和业绩要与市场接轨,由市场评价教师和高校的业绩,从而确定教师的个人收入分配;五是以市场的原则来构建高校教师的社会保障体系。该文明确提出所有的高校都应该实行真正意义上的教师职务聘任制。

35 基于因子分析的江苏省人才环境评价研究

石金楼,《基于因子分析的江苏省人才环境评价研究》,发表于《南京社会科学》2007年第5期。作者石金楼时任江苏省委组织部人才工作处副处长。

人才环境直接影响到人才的培养和发展。它是一个庞大的复杂系统,所以对于人才环境的评价也要深入浅出,层层分析。该文遵循可采集性、比较性、非重复性等原则,选择经济发展状况、人才创业和发展保障状况等5个方面18个指标构建人才环境评价指标体系,运用因子分析法对江苏省13个地级市的人才环境进行评价。

首先从人才环境的结构进行分析,认为适宜的环境可以激励、促进人才的成长和发展,恶劣的环境可能制约、阻碍人才的成长和发展。从社会系统的角度看,政治、经济、文化状况、教育发达程度、人才管理体制、地域状况、人际环境,以及家庭、婚姻状况等诸多因素构成了一个社会环境网络,它们从各个层面对人才的成长和发展施加影响。其次,人才环境评价体系的设计包括五项基本原则:可采集性原则、比较性原则、非重复性原则、普遍性原则、重要性原则。对于人才环境评价指标的选取,通常可以采取社会调查、专家咨询、人才人事部门统计等办法进行。根据上述原则以及指标本身的性质,该文采用德尔菲法构建人才环境评价的指标体系,包括5个二级指标和18个三级指标。

该文借助多元统计分析中的因子分析方法,评价江苏省13个地级市的人才环境状况,得出13个城市的因子得分和综合得分,反映城市人才吸引力的状况,从而判断各城市人才环境的优劣。从经济科技因子排序来看,在苏南经济的带动下,江苏经济发展逐步向苏中蔓延,江苏省委、省政府已经把沿江一带的发展提升到战略的高度。从教育因子排序来看,科技教育落后的地区应该出台相关优惠政策吸引人才,执行"舍得投资、舍得开发、舍得培养"的人才开发战略,引导人才资源的合理、有效配置。从城市因子排序来看,通过生态产业的孵化、生态环境的培育和生态文化的诱导,弘扬高效的生态技术、和谐的管理体制和系统负责的社会行为,可促进经济和环境的协调发展。从综合因子排序来看,苏北城市与苏南和苏中地区的城市还存在比较大的差距,因此苏北的城市要从人才环境的各个方面加以改善,打破江苏省地区间的界限,达到全省人才资源的全面、合理配置。

36 知识经济条件下江苏人才资源开发战略探析

石金楼、郑垂勇,《知识经济条件下江苏人才资源开发战略探析》,发表于《学海》2007年第5期。作者石金楼时任江苏省委组织部人才工作处副处长;郑垂勇时任河海大学校长助理、教授、博士生导师。

21世纪是知识经济的时代,也是人才竞争的时代。江苏作为全国经济最发达的地区之一,在新一轮的人才资源开发中既要保持以往的发展优势,又要认识到人才资源开发中存在的问题;既要认清人才资源开发面临的客观环境,又要不失时机地创新人才资源开发的理念和机制,因地制宜地确立符合江苏地方经济发展要求的人才资源开发战略,为江苏经济和社会事业的发展提供强有力的人才保证和智力支持。

现阶段经济发展的突出特征是:科技引导着产业发展并推动经济结构的重大变革。与以往一切经济形态相区别,知识经济是以知识为导向的经济,它直接渗透于生产力的诸因素中,成为生产力发展的直接要素。知识的创新、生产、扩散和应用成为人类最重要的活动,改变着人类以往在社会经济中形成的生产、生活和管理方式乃至整个社会结构。该文认为开发江苏人才资源首要前提是解放思想,转变观念,营造"尊重劳动、尊重知识、尊重人才、尊重创造"的社会氛围,树立符合国际发展趋势的人才资源开发新理念。人才价值是人的才能和智慧满足自我发展和社会发展需要的程度,是人才内在价值和外在价值的统一,可表达为社会价值和社会使用价值的总和。

政策滞后是制约人才资源开发的最大障碍之一。毛泽东指出"政策和策略是党的生命"。对此,江苏应当重点加强四个方面的政策研究,真正把自己建成为一个人才大省。这四个方面的政策分别是人才投资与资本提升政策、人才资源配置市场化政策、人才倾斜政策、适用性人才资源开发政策。人才的选拔使用不仅关系到无产阶级政党执政能力的提高和政权的巩固,而且关系到社会经济的持续、快速、协调、健康发展和国家的长治久安,要全面推进"个人申报、业内评价、单位聘用、政府调控"的职称评聘工作机制。总之,在新的历史条件和发展机遇面前,江苏要从建立体系、完善机制、分类指导、组织落实、监督检查等方面,形成统筹协调、齐抓共管的人才开发新格局,积极稳妥地开发人才资源,主动迎接知识经济所带来的挑战,从而实现由科技大省向科技强省的跨越。

37 我国人才市场体系的法制环境现状分析

胡美娟,《我国人才市场体系的法制环境现状分析》,发表于《科技管理研究》2007年第10期。作者胡美娟时系河海大学在读博士研究生。

该文认为,人才市场体系是人才体制的核心,是人才各项经济活动的基础环境。研究人才市场体系的法制现状对人事人才立法工作具有重要的意义。人事人才立法尚不能完全适应依法治国、依法行政和人事人才工作的需要。对人才市场体系进行法制现状研究,是为了更好地建立相关健全人才市场体系的法律法规,为建立健康有序的人才市场环境做好法制保障。

人才市场指的是一种关系和领域。作为一种关系而言,指的是一定范围内的人才的供给关系;而作为领域而言,指的则是人才流通领域。供求活动的完成对应地依靠两个环节:一是人才的培养(生产)环节;二是人才的配置(流通)环节。人才的培养环节保证人才供给的数量和质量;人才的配置环节保证人才能配置到效益最高的部门或单位,并保证人才流通的安全。人才安全问题是近几年人们普遍关注而一直未能解决的问题。所以,人才市场体系涉及人才培养、人才流通、人才安全三个主要的方面。人才培养方面的法律法规,既有法律、行政法规,也有地方性法规;在人才培养的各个时期的法律法规中处于"法律"层次的较多,所以,可以说我国有关人才培养的法律是比较健全的。人才流通方面的法律法规,只有行政法规层次的,主要体现在从国外引进人才方面,但没有国内的企业间人才流动的法律法规,特别是在我国加入WTO以后,许多跨国公司的人才战略本土化以后,人才在国内的合理、有序流动问题显得尤其重要。人才市场体系中最突出的问题是人才安全问题。迫切需要建立相关的法律来解决人才安全问题。人才流通和人才安全问题是人才市场体系的薄弱环节和领域。我国首先要解决的问题是人才流动、人才安全问题。其中,最主要的是人才安全问题。应加快对人才安全问题的立法,填补空白。可从建立部门规章或地方性法规开始。国家可以从宏观上作原则指导,地方上要结合各地实际,突出创新,注重实用性和可操作性,先解决地区、区域的人才安全问题,为我国设立更高层次的人才安全法律法规提供经验。

该文指出,要以法律为保障构建和谐、科学、有序、公平的人才市场体系生态环境。建立健全各地人才市场管理的相关法律法规,构建一个和谐、科学、有序、公平的社会主义人才市场体系;针对人才的特征和人才的需求,以法律的形式确立人才市场管理机构的权限;对人才中介组织的行业准入、行业标准及其中介服务进行规范,明确相关机构对中介机构的有效监督、管理和仲裁的职责;明确人才的择业权利、方式、诚信原则;规范用人单位的权利和义务;规范人才招聘管理、流动人员档案管理、人事代理等人事管理和服务活动的机制和程序,促进人才合理有序流动;对人才流动中的国家秘密保护、知识产权保护、商业秘密保护等作出合理的规定等。只有以"法律"的形式对人才市场的相关行为进行规范,才能真正建立一种和谐、科学、有序、公平的人才市场体系。

38 我国区域人才发展指数研究

张书凤、沈进,《我国区域人才发展指数研究》,发表于《科技管理研究》2007年第11期。作者张书凤时为河海大学商学院在读博士研究生;沈进时任江苏省社会科学院社会学研究所副研究员。

该文认为,一国或地区的经济发展水平越来越依赖于该国或地区人才的发展程度与水平。人才队伍发展水平与程度越高的国家和地区,其经济发展水平往往越高。区域人才发展指数就是用来反映和评价一国各地区人才发展水平与程度差异的综合指标。编制区域人才发展指数有利于监测和分析一国区域人才队伍的发展差异、优化调整一国人才区域结构,有利于科学编制区域人才发展规划以及制定人才宏观管理政策。

该文在编制区域人才发展指数的过程中,选择人才规模、人才结构和人才效益三类指标。人才规模选择人才密度指数,人才结构选择人才教育指数、人才职称当量指数和人才可工作年限指数,人才效益则选择人才科技论文指数、人才科技成果指数、人才专利指数和人才经济指数。在编制方法上,子指数的计算根据国际上测算人文发展指数时计算教育指数和GDP指数的方法,采用无量纲的处理方法;类指数和总指数的编制采用加法合成法,对各子指数采用线性加权平均的方法进行合成。

该文研究结果显示,我国东中西三大区域中人才规模指数、人才潜能指数、人才效益指数以及人才发展指数的排序是:东部最高,中部其次,西部最低。我国31个省(市、区)中,人才规模指数排名最高的五个省市,依次是北京、天津、上海、辽宁、新疆;人才潜能指数排名最高的五个省市,依次是北京、辽宁、上海、黑龙江、河南;人才效益指数排名最高的五个省市,依次是北京、上海、广东、浙江、天津;人才发展指数排名最高的五个省市,依次是北京、上海、天津、辽宁、广东。用人均GDP和人才发展指数的离散系数来表示我国区域经济发展的不平衡程度以及人才发展的不平衡程度,计算结果显示,我国2000年各省市区域人才发展的不平衡程度小于经济发展的不平衡程度。

该文根据我国区域人才发展指数编制结果指出:(1)我国区域人才发展极不平衡,东部人才队伍发展水平显著高于中部和西部,区域人才发展不平衡导致经济发展的不平衡,因此,合理调整人才区域结构,有助于缓解我国区域经济发展的不平衡程度;(2)我国实行西部大开发战略的过程中,应该首先注重人才的开发、培养与引进;(3)必须从宏观上加大西部人才开发培育的力度,采取优惠的人才引进政策,引导人才由东部向西部转移。

39 事业单位岗位绩效工资制度改革探析

郭祥林、陈双双,《事业单位岗位绩效工资制度改革探析》,发表于《中国人力资源开发》2008年第2期。作者郭祥林时任河海大学常州校区组织人事部部长、副研究员、硕士生导师;陈双双时系河海大学公管院在读硕士研究生。

我国从2006年开始在全国范围内实施事业单位岗位绩效工资制度改革,该文在探讨岗位绩效工资制度的结构及体系基础上,针对改革中存在的"先行入轨"的非正常程序套改工资利弊交织、收入规范工作尚未到位、绩效工资体系滞后、事业单位绩效评估困难重重等四个方面的问题,提出推进我国事业单位岗位绩效工资制度改革需要处理好的五大关系。

(1)岗位管理与身份管理的关系。事业单位实行聘用制度改革的目的之一就是实现事业单位用人制度由身份管理向岗位管理转变。长期以来的固有观念以及既得利益的驱使,这样的转变将是长期的、持续的。首先需要转变思想观念,转变"终身制""铁饭碗""干多干少一个样""平均主义""大锅饭"等思想观念,形成"按需设岗、按岗聘用、公平竞争、择优聘用、合同管理"的能进能出、能上能下的用人机制;同时又要确保从身份管理到岗位管理的平稳过渡,从身份管理向岗位管理过渡必须是一个循序渐进的过程。

(2)岗位管理与工资体系的关系。我国事业单位内部按岗位性质不同分为专业技术岗位、管理岗位以及工勤技能岗位三类,高度抽象了岗位的本质属性。在具体实施过程中又存在着"双重身份"甚至是"多重身份"的员工,如何聘用他们,给予什么样的岗位待遇,将直接关系到他们积极性、主动性的发挥,关系到队伍的稳定和建设。要利用单位自主分配的权力,在岗位管理和工资体系上保持一个科学的、实事求是的、合理的衔接。

(3)绩效工资与绩效评估的关系。绩效工资在整个岗位绩效工资结构份额中占据很大的比例。因此需要科学的绩效评估作体系作为支撑。而绩效评估本身就是一个十分棘手的管理问题,如果不能处理好绩效评估与绩效工资的关系,岗位绩效工资制度将流于形式。

(4)绩效工资与特殊人才的关系。"完善高层次人才收入分配激励机制"是这次事业单位收入分配制度改革的一项重要内容。事业单位中的特殊人才,因其工作绩效存在着一个短期绩效和长期绩效现象,如果不能够在合理的期限内给这些特殊人才合理的绩效工资,他们的工作积极性就可能受挫,优秀人才就可能流失。怎么使这些特殊人才、高层次人才的工作业绩与绩效切实挂钩,成为岗位绩效工资制度改革亟待解决的问题。

(5)工资总量调控与分配自主权的关系。政府行政部门对事业单位工资的管理实行总量调控,事业单位应在工资总量调控之下,充分运用自身分配自主权,采取按岗定酬、按任务定酬、按业绩定酬、生产要素按业绩参与分配等多种分配形式,充分调动广大职工积极性,吸引和留住人才。

该文 2007 年获中国行政管理学会优秀论文二等奖。

40 我国水利人才资源开发与管理 SWOT 分析

陈楚,《我国水利人才资源开发与管理 SWOT 分析》,发表于《水利经济》2008 年第 4 期。作者陈楚时任水利部人才资源开发中心主任、教授级高级工程师。

水利人才是实现"科教兴水"的决定性因素,教育培训则是培养人才、提升人力资本的根本性手段。研究制定水利人才资源战略规划,则是实施"科教兴水"战略,建设一流水利人才,提升水利人力资本的保证和前提,对我国水利事业的持续、快速、健康发展将产生巨大的推动作用。该文运用 SWOT 分析方法,从战略发展的角度,分析了我国水利人才开发的管理优势、劣势、机遇和挑战,结合水利工作的实际和人才资源理论,从水利人才资源发展的机制创新、结构调整和环境营造三个方面提出了促进我国水利人才资源发展的对策。

水利人才资源开发与管理的优势:一是人才总量增加,增速加快;二是人才队伍文化素质不断提高;三是人才队伍专业素质逐步得到改善,领导班子总体素质得到提高。劣势:一是高层次人才、高技能人才明显不足;二是人才结构及其分布情况不合理;三是水利人才整体素质仍很低。水利人才资源开发与管理的机遇有:一是全球范围内知识经济的兴起和科技革命的日新月异;二是国家社会经济发展重大战略的实施;三是水利作为关系民生问题的重要因素得到党中央高度重视;四是水利事业改革和发展为水利人才开发提出更高要求。挑战:一是国家大力实施人才战略,但并没有从根本上改变人才培养与使用的传统观念;二是教育管理体制的调整和行业"块块管理"的体制影响行业人才工作决策力;三是国家行政管理体制调整存在不确定性。

针对当前水利人才资源开发管理中存在的问题,考虑今后经济社会发展对水利人才智力的需要,该文指出 21 世纪我国水利人才资源开发与管理的对策和措施应着重三个方面:一是水利人才资源发展的机制创新;二是水利人才资源发展的结构调整;三是水利人才资源发展的环境营造。

41 论人才才能三态的关系特征及现实意义

司江伟、郑其绪,《论人才才能三态的关系特征及现实意义》,发表于《武汉工程大学学报》2008 年第 5 期。作者司江伟时任中国石油大学(华东)经济管理学院党委书记、副教授;郑其绪时任中国石油大学(华东)党委书记、教授。

该论文首先丰富和发展了前人关于人才才能"三态"的分类和界定。(1)将才能的"持有态"对应为"能"和"智"值得商榷。智代表的是人才的智能水平,虽然在根本上得益于后天的培养和开发,但在一定程度上对先天遗传也有依赖性。唯有知识,完全是通过后天的学习和实践而获得。所以,将才能的"持有态"对应为知识,完全符合辩证唯物主义的观点。(2)将才能的发挥态对应为"勤"值得商榷。通常是以"出勤率、积极性、协作精神、工作风格"等反映人才的"勤",而这些内容恰恰反映了人才"德"的水平和状况。所以,"勤"只能反映人才发挥自身才能的主观愿望,并不能准确表述才能发挥的客观程度和水平。按照科学人才观的要求,应赋予人才才能的"三态"新的对应关系:"持有态"——知识,是人才对知识占有的状况。"发挥态"——能力,是人才对知识运用的状况,具体表现为人才的各种能力。"物化态"——业绩,是人才将知识和能力物化为现实的状况。

其次探讨了人才才能"三态"关系的特征。该文认为人才才能"三态"的关系表现为以下四个方面的突出特征:(1)才能"三态"的正相关性。才能的"持有态""发挥态""物化态"三者之间的逻辑关系是清晰的、分明的,前一态是后一态的基础和条件,后一态是前一态的目的和归宿,它们的关系从起始到终结呈逐步梯度递进的关系。(2)才能"三态"的循环性。在原有"持有态""发挥态"的基础上发展成为"物化态",人才的知识、能力又经历了一次完善、补充、整合甚至否定的过程,形成了新的"持有态""发挥态"。(3)才能"三态"的反常性。指才能三种状态的正相关关系未能出现,而出现了负相关或者零相关关系。这种情况若经常出现,就要认真分析,查找原因,提出对策。(4)才能"三态"的超常性。指人才知识向能力的转化或者知识、能力向业绩的转化超出了正常水平。这种情况不仅仅出现在有特殊才能的人才身上,在常人身上也有可能出现。超常性的出现来自人才渴求成功的强烈愿望,同时,组织所给予的激励也能起到外在激发和催化的作用。前者是内在驱动力,后者是外在拉动力。

最后研究了人才才能"三态"分类及关系特征的现实意义。(1)才能"三态"的分类,深化了"德才兼备"的用人标准,有利于人才的选拔、任用和评价。根据科学人才观的要求,"品德、知识、能力和业绩"是对"德才兼备"的具体阐释。强调"德才兼备"的选人用人原则,即对人才"才"的要求是集"知识、能力和业绩"为一身的统一体。(2)才能"三态"关系的特征,厘清了"三态"转化的内在机理,有利于创新型国家的构建。强调才能"三态"的正相关性,有利于人力资本积累;强调才能"三态"的循环性,有利于创新性成果的积累;强调才能"三态"的反常性和超常性,有利于提高人才的使用效能、优化人才环境。

该文于2009年12月获山东省东营市第16届优秀社科成果一等奖,2010年9月获山东省第24届优秀社科成果三等奖。

42　我国人才资本对经济增长的贡献研究

张书凤,《我国人才资本对经济增长的贡献研究》,发表于《生产力研究》2008年第

5期。作者张书凤时系河海大学商学院在读博士研究生。

该文认为，人才资本是体现在人才本身和社会效益上，以人才的数量、质量和知识技能、工作能力，特别是创造性的劳动成果以及对人类的较大贡献所表现出来的资本。人才资本与人力资本的区别在于：承载的主体不一样，能力类型和能级不同，人才资本更加突出创造性的劳动成果。人才资本的测算方法采用受教育年限法，用人才各学历层次人数乘以赋予各学历层次的权数加总获得。人才平均受教育年限的测算用各学历层次的人才比重乘以赋予各学历层次的权数求和获得。

该文认为人才资本作为经济增长的一个重要因素，与普通劳动力和物质资本对经济增长的贡献是不一样的。该文通过建立具有类似希克斯技术中性的生产函数，测算了我国人才资本对经济增长的贡献率。在模型设定中，参照希克斯技术中性条件，假定物质资本与普通劳动力的比值以及人才资本与普通劳动力的比值不变，技术进步不改变物质资本、普通劳动力和人才资本在产出中的分配份额。

该文根据测量模型和历史数据得出以下结论：一是与发达国家相比，我国人才的平均受教育年限较低，2001年人才平均受教育年限为13.58年，相当于大学一年级的水平，而日本专业技术人员的平均受教育年限达到14.40年。二是在影响我国经济增长的诸要素中，人才资本的产出弹性最高，其次是普通劳动力，物质资本的产出弹性最低；从要素增长速度来看，物质资本的增长速度最快，其次是人才资本，普通劳动力的增长速度最慢。相对于物质资本和普通劳动力而言，人才资本的增长可以更快地促使经济的增长。三是从生产要素对经济的贡献来看，20世纪90年代我国技术进步对经济的贡献率最高，其次是物质资本和人才资本，普通劳动力对经济的贡献率最低。四是20世纪90年代我国人才资本的增长速度较慢，使得人才资本对我国经济的贡献率仍低于物质资本对经济的贡献率。

该文根据我国人才资本对经济增长贡献率的测算结果提出：加大我国人才资本投资力度，提高人才队伍的整体素质与水平，有助于提高人才资本对我国经济的贡献率；普通劳动力的增长速度与经济增长速度也是不相称的，高经济增长并没有带来高就业，提高我国劳动就业率，加快劳动力的增长速度，对于促进我国经济增长也是至关重要的。

43　高校人力资本价值模型研究

黄海燕、赵永乐，《高校人力资本价值模型研究》，发表于《常州工学院学报》2008年第6期。作者黄海燕时任常州大学组织部部长、副研究员；赵永乐时任中央人才工作协调小组特聘专家组成员、中国人才研究会常务理事、江苏省人才学会副会长、河海大学人力资源研究中心主任、教授、博士生导师。

随着我国高等教育体制改革的推进，高校间出现了激烈的人才竞争态势，如何建立并保持竞争优势已经成为各高校都必须面对的难题。准确地认识高校人力资本价值的内涵和产生机制是高校人力资本管理的基础,对当前高校人力资本保值增值具有重要意义。高校人力资本价值是由凝结于每个员工身上的人力资本的价值相互联系、相互影响、共同作用而形成的群体价值。

该文首先对高校人力资本价值的内涵进行了分析:(1)高校人力资本的价值体现于满足保证高校完成其根本任务的需要;(2)高校人力资本的价值高低与高校的生存与发展密切相关;(3)高校人力资本价值是由高校全体人员的人力资本共同构成的群体人力资本。

其次,该文建立了高校人力资本价值模型。高校人力资本价值的产生过程,实际上就是若干个个体人力资本投入高校,形成三大类人力资本并通过这三类人力资本间的相互匹配、交互作用,最终输出"教学"、"科研"和"社会服务"这些社会职能的过程。概括而言,高校人力资本价值的产生主要包括四个阶段:个体人力资本培育阶段、分类聚积阶段、群体互动阶段和价值输出与再培育阶段。

再次,该文进一步分析了高校人力资本价值的特征,包括不可逆和非平衡的特征、非线性的特征、反馈性特征、路径依赖性特征。

最后,该文提出了高校人力资本价值增值的路径。第一,人才流动增值路径,人才流入、人才流出控制、配置调整均能实现人力资本增值。第二,学习性投资的增值路径,学习性投资是高校人力资本的"知识因素"和"能力因素"实现增值的主要途径。第三,激励约束机制增值路径。高校人力资本激励与约束机制的实质,就是通过设计一定的中介机制,促使高校的所有教职人员都能够积极、主动地运用自身所拥有的人力资本,并使教职人员的个人目标与高校运营目标最大限度地一致,从而充分发挥高校整体人力资本的最大潜能。第四是医疗保健投资增值路径。高校教职人员的医疗保健投资对于高校教师的人力资本的保值增值具有重要意义。

总的来说,高校人力资本价值是由凝结于每个员工身上的人力资本的价值,经相互联系、相互影响、共同作用而形成的群体价值。该文通过对高校人力资本价值内涵的分析,建立了高校人力资本价值模型,并进一步分析了它的特征和增值途径,期冀能为我国高校科学管理人力资本提供一些有益的参考。

44 东部知识产权人才 SWOT 分析

戴宏伟、郑垂勇、赵敏,《东部知识产权人才 SWOT 分析》,发表于《现代管理科学》2008 年第 11 期。作者戴宏伟时系河海大学在职博士研究生;郑垂勇时任河海大学校长助理、教授、博士生导师;赵敏时任河海大学商学院研究员。

SWOT 分析方法是了解知识产权人才各影响因素的有效方法,该文对东部地区知识产权人才建设的优势、劣势、机会、挑战进行全面分析,为东部地区地方知识产权人才战略的制定和实施,奠定必要的理论和实证基础;利用 SWOT 分析方法对东部地区知识产权人才建设问题进行分析，从中找出有利因素及不利因素，发现问题并找出应对方案。

该文研究指出东部地区知识产权人才建设的优势包括区域经济发达、教育发展程度高。劣势是东部地区的知识产权人才缺口非常大，尤其缺乏精通知识产权专业知识和国际规则、具有理工科专业知识、外语水平较高的高素质人才。东部地区知识产权人才建设面临的机会有：东部战略急需知识产权人才，知识产权战略的制定和实施需要大量的知识产权人才；区域发展吸引人才，随着东部地区现代化基础设施、科技教育资源和人力资本等优势急剧增强，以知识与信息为基础的区域发展模式出现机遇。东部地区知识产权人才建设面临的挑战是：发达国家的威胁，以及体制性和机制性问题严重，一是重论文轻专利，二是重成果轻转化。

基于上述分析，该文得出东部地区知识产权人才建设的战略举措。第一，建立知识产权人才教育培训体系。有计划、有步骤地开展针对行政领导干部、知识产权行政管理人员、司法审判人员、知识产权服务人员等的培训工作。第二，加快知识产权专业人才的培养。在现有的基础上，鼓励更多有条件的高校设立知识产权二级学科，组建知识产权学院，创建知识产权研究机构，建设知识产权人才培养基地。大力开展知识产权工程师培训工作，培养一批具备较强的专业基础知识、管理知识的人才。第三，鼓励和开展知识产权人才培养国际合作。建立人才培训国际交流机制，高度重视"送出去，引进来"工作，引导公派留学生、鼓励自费留学生选修知识产权专业。支持从海外引进或聘任知识产权高层次人才。第四，建立多形式、跨渠道的知识产权人才教育培训机制，以适应东部经济社会发展不同主体对各类知识产权人才的需求。促进知识产权人才地区分布、行业分布、内部结构的均衡与协调发展，不断优化知识产权人才队伍。第五，提高全民知识产权意识。将知识产权法制宣传纳入普法教育计划，采取多种形式，利用多种渠道，持续宣传普及知识产权知识，针对不同受众编写具有东部地区特色的宣传材料，营造尊重和保护知识产权的良好社会氛围，树立知识产权保护的良好形象。

45 市级税务系统人才配置建模思路

赵永乐、沈鸿、陆静丹，《市级税务系统人才配置建模思路》，发表于《中国人才》2008年第17期。该文是南京市地税局委托河海大学承担、河海大学人力资源研究中心主任赵永乐教授主持的"南京地税系统人力资源配置研究"的课题研究成果之一。作者赵永乐时任中央人才工作协调小组特聘专家组成员、中国人才研究会常务理事兼副秘书长、江苏省人才学会副会长、河海大学人力资源研究中心主任、教授、博士生导师；沈鸿、陆静丹均时系河海大学商学院在读博士研究生。

我国政府部门的人才配置主要以行政计划配置为主，市场配置为辅，税务系统也是如此。但是，税务系统因其工作性质的不同又具有一定特殊性，主要表现在税务系统的人才需求随着经济社会的发展变化和税务工作量的增减而发生改变。在人员总编制受到国家限制的情况下,税务系统内部亟须合理、高效地配置人才资源,以应对系统内部日益增长的人才需求。

该论文在研究人才配置机理的基础上,结合我国税务工作的实际情况,提出市级税务系统人才配置的建模思路应分四步走。

第一步,对税务系统人才配置进行现状分析、总量分析与预测。在横向上,通过对全国或上一个层次税务系统的人才配置和同层次典型的相关税务系统人才配置情况进行调查分析;在纵向上,通过对该税务系统的人才配置发展过程进行历史比较,找出存在的差距和不足;运用他因素预测模型进行预测,构建模型。第二步,确定市级税务系统人才配置的关键影响因素,包括宏观环境因素和微观环境因素。宏观环境影响因素多采用经济环境因素(主要选取 GDP 作为代表因素),微观环境因素的确定根据访谈和德尔菲问卷调查法获得。最终得出人员素质、工作强度、组织环境三个方面 12 项具体的关键影响因素。第三步,编制市级税务系统人才配置系数。首先确定各分局人才需求系数,然后根据各分局人才需求系数在所有分局人才需求系数总和中所占的比例来求得该分局人才配置系数。编制各分局人才配置系数的编制公式。第四步,构建税务系统人才配置模型系数。包括税务系统的人才配置总量控制模型、税务系统的人才配置系数模型、税务系统各分局人才分配模型。对税务系统人才配置进行科学的量化配置。

在运用本模型系数对税务系统人才进行量化配置的同时,还必须高度重视提高税务系统人才的质量,加强人才培训,优化系统内的人才结构,并结合税务系统的实际情况,创新工作方式,优化工作流程,完善激励机制,推进网上办税服务平台建设,对税务系统人才实施动态管理,以实现税务系统人才配置的科学性、合理性和均衡性。

46　美国的人才强国之路与中国的人才强国战略

赵永乐,《美国的人才强国之路与中国的人才强国战略》,发表于《第一资源》2009 年 1 期。作者赵永乐时任中央人才工作协调小组特聘专家组成员、中国人才研究会常务理事、江苏省人才学会副会长、河海大学人力资源研究中心主任、教授、博士生导师。

该文首先分析了美国的人才强国之路。美国之所以能够称霸世界,靠的是人才——美国拥有世界顶尖水平的超一流精英队伍。美国创立了一套成熟的、具有美国特色的人才价值实现机制模式。这个模式可以将其描述为四个"高":高普及性的高等教育和社会培训体系、高门槛的人才移民政策、高竞争的市场配置机制、高价值实现的企业用人制度。高普及性的高等教育和社会培训,就是最大规模地一次造就和再次造就能够满足美国经济社会发展要求的人才的价值。高门槛的人才移民,就是在全球范围内网罗一流人才,低成本地扩大高价值的人才规模。高竞争的市场配置,就是通过市场的供需关系和选择去凸显人才的价值。高价值实现的企业用人制度,就是通过对人才消费的制度化管理使人才价值在企业得以最终实现。正因为如此,美国才能在激烈异常的全球人才竞争中成为世界上名副其实的头号人才强国。

该文接着分析了中国与美国的现实差距。2006年美国公共教育经费投入占GDP比重是我国的1.97倍;高等教育毛入学率是我国的3.76倍;万人在校大学生人数是我国的2.87倍;百万人从事研发的科学家和工程师数是我国的4.97倍;研发经费支出占GDP的比重是我国的1.85倍;万人就业人员专利申请数是我国的3.42倍;万人就业人员发明专利授权数是我国的36.45倍;万人国际互联网用户数是我国的6.04倍;千人计算机普及率是我国的11.32倍。在人才问题上,中美的差距非常悬殊。不仅如此,即使与周边的国家或地区相比,我国的差距也很大。人才问题已经成为我国追赶世界强国、实现现代化的最大瓶颈。

该文指出,根据中央的要求,要实现人才强国,一要依靠人才来强国,二要通过人才来强国,三要组织人才来强国。一是讲强国的主体,强国的主体是人才;二是讲强国的途径,是通过人才的途径来达到的强国目的;三是讲强国的方式,是将人才组织起来,达到最佳组合,实现又好又快的发展,取得高效。前两者很重要,既解决指导思想的理念方针问题,又解决实践的建设、发展和通道问题。但是第三点更为重要。人才只有组织起来了,组织好了,才能充分发挥作用,才能转化为现实的生产力,才能达到强国的目的。走人才强国的路,我国的差距很大,任重而道远。然而,差距再大,我们也要走,而且是势必走之。

该文最后认为,中国人才强国战略的确立是伴随着对人才工作认识的不断深化而完成的。从20世纪90年代末到21世纪初,我国部分省份已经明确提出了"人才强省"战略,人才工作得到有力的推动。新世纪新阶段人才工作的根本任务不仅仅是确立人才强国战略,更为重要的是成功地实施人才强国战略。而要在长达12年的时期内实施人才强国战略,就必须做好中长期的战略规划,放眼2020年的长远目标,从战略的高度,全盘统筹和总体部署人才队伍发展和人才工作,实现集约规模发展,打造与世界最高水平相媲美的富于创新创业精神的人才队伍,充分发挥人才作用,服务经济社会发展大局。编制中长期人才规划只是实施人才强国战略的第一步,我国还要全国高度一体、万众一心、坚持不懈、扎扎实实地将人才强国战略实施下去,直到建成世界一流人才强国。

47 关于科技人才成长与资助关系的思考

吕江洪、曹家和等,《关于科技人才成长与资助关系的思考》,发表于《科学与管理》2009年第1期。作者吕江洪时系河海大学商学院在职博士研究生;曹家和时任河海大学商学院教授、博士生导师。

该论文首先描述了科技人才成长与资助的杠杆关系。杠杆原理亦称"杠杆平衡条件",即作用在杠杆上的两个力(动力和阻力)的大小跟它们的力臂成反比。动力×动力臂=阻力×阻力臂,用代数式表示为$F_1 \cdot L_1 = F_2 \cdot L_2$。式中$F_1$表示动力,$L_1$表示动力臂,$F_2$表示阻力,$L_2$表示阻力臂。科技人才成长与资助的杠杆关系中,$F_1$可以理解为资助的力度，$L_1$ 可以理解为资助的时间，F_2 表示科技人才成长的阻力，L_2 表示科技人才的年龄，支点 O 是资助的时间点。由杠杆原理可知，科技人才要克服成长的阻力，快速地成长起来，理想的状态可以是增加 F_1，即加大资助的力度；或者在动力不变的情况下，支点 O 的位置前移，即尽早给予科技人才资助；再或者是延长 L_1，即延长资助的时间。然而现实中科技人才的成长与资助并不始终处于这种理想状态。

该论文其次探讨了科技人才成长与资助的问题与不足。认为科技人才成长与资助中存在如下问题：(1) 资助支点滞后。就资助的时间点而言，现有的资助模式多为"锦上添花"型，"雪中送炭"的较少。(2) 资助力度不足。有些资助项目在现实的操作过程中存在资助内容和经费支撑不匹配的问题。(3) 资助时间短暂。不少资助模式强调短期效果，而科技人才在接受资助后往往需要一段较长的时间才能获得成功。

该文最后提出了科技人才成长与资助的对策建议。(1) 资助支点前移。加大选拔优秀青年科技人才力度，并尽可能地将资助的时间点前移。资助支点的前移首先要求打破科技人才队伍中的论资排辈现象，在全社会营造重视科技人才特别是重视最佳年龄期的科技人才的氛围。其次，制定向青年科技人才倾斜的政策。(2) 资助力度加大。科技人才的成长与资助依赖于社会政府和组织单位的共同努力。政府要推进科技管理体制改革，重点是健全国家科技决策机制，完善科技评审与评估制度，改革科技成果评价和奖励制度。科技人才所在单位要改善资助环境，尊重科技人才的首创精神，建立健全科学的人才评价体系以及客观公正的利益分配机制，落实监督，确保创新资金和设备准确到位。(3) 资助时间延长。时间延长的程度取决于科技人才受资助后的成长预测评价。单位可以通过人才成长管理办公室对人才成长情况进行综合管理，对处于关键成长阶段的科技人才要特别关注，因为在其成长的关键点，资助产生的作用力最大。

48　人才招聘的关键问题研究

王培君，《人才招聘的关键问题研究》，发表于《企业经济》2009 年第 5 期。作者王培君时任江苏省教育科学研究院、江苏教育学院党委委员、副院长、研究员。

在现代企业人力资源管理中，企业文化理念、胜任特征模型和心理契约是人才招聘过程中需要特别关注的问题。企业招聘要在组织文化的整体框架下进行总体设计，并建立基于胜任特征模型的招聘流程，以与应聘者建立起稳固的心理契约。企业文化框架解决的是应聘者个体与企业群体之间的适应性。胜任特征模型可以解决应聘者个体和企业岗位之间的系统匹配性，建立心理契约是尝试在企业和应聘者之间建立一种长期稳定的关系。

首先，企业是人的企业，企业员工在共同完成经营目标的过程中，逐渐形成了一定的行为模式和共有价值观，这就是企业文化。从企业文化视角看，企业应致力于寻找、录用那些认同企业文化、与企业价值观吻合的人力资源。其次，基于胜任特征的人才招聘方式更科学、更有效,是人力资源管理思想的重大转变。但无论是对胜任特征概念本身的定义,还是对其内容结构的研究,都还处于起步阶段。胜任特征的本源意义也说明其具有鲜明的行业、企业、岗位特性,没有一个万能的模型可以通用。企业在招聘过程中,必须根据实际情况灵活地应用这一方法。与传统的人才招聘不同,基于胜任特征的选拔并不是针对岗位能力要求,而是重点考察个人内在特征,试图为企业找到具有核心动机和特质的员工;并明确描述符合组织成功要求的可以量化的员工产出或结果,从员工工作绩效角度入手来定义能力等级与水平。企业在招聘过程中,应该根据实际情况灵活选用特征模型,特别是招聘应届大学毕业生不宜使用胜任特征模型。最后,心理契约是企业与员工之间的一种主观心理约定,人力资源管理不仅要考虑到法律契约,同时要考虑员工是否认为这样符合他们的心理预期,或者说,这样做并没有违背员工内心对双方权利义务关系的约定。只有充分尊重心理契约,才能在企业和员工之间达成一种满意水平。心理契约是企业对应聘者的道德承诺,并在双方互动中悄然拟就。

综上,该文认为在招聘过程中,企业应注意对应聘者的识别,开展多方位科学测评,恰当评估应聘者,保证引进人才的货真价实,实现人、岗位和组织三者之间的匹配。我国人才测评理论近些年来已取得了长足进步,企业可以在这些理论基础上开发出具有自身特色和功能的人才测评工具,进行应聘人员的测试甄选。

49 坚持以人为本　探索创新型水利人才培养机制

陈楚,《坚持以人为本　探索创新型水利人才培养机制》,发表于《人民长江》2009年第7期。作者陈楚时任水利部人才资源开发中心主任、教授级高级工程师。

水利事业又好又快发展取决于创新型人才的开发与使用,因此,研究加快培养创新型水利人才是当前一个重要的课题。该文论述了水利行业人才内涵与特征,介绍了水利部创新型水利人才培养的实践与探索和取得的成效以及我国水利人才目前的结构,分析了水利部在创新型水利人才培养方面存在的不足之处。针对我国在水利人才方面存在的总量规模较大而高层次人才相对不足,人才知识和能力技术技能单一、专业知识面较窄,人才学历偏低等问题,提出了继续改进水利人才培养机制的建议。

水利部党组十分重视人才工作,不断推进创新型水利人才培养机制,取得了可喜的成绩,但与新时期水利改革发展要求相比仍存在较大差距。具体来说,在人才数量方面,存在着人才总量规模较大而高层次人才相对不足的问题;在人才知识和能力结构方面,存在着技术技能单一、专业知识面较窄的问题;在人才学历方面,存在着大学专科以下学历人员较多而大学本科以上学历的人才依然较少的问题。在社会观念意识方面,根深蒂固的官本位思想造成一些人员不安心技术工作;在用人方面,很多单位对取得一定成绩的科技人员习惯以行政提拔为激励手段,使一些具有发展潜力的科技人员过早脱离一线科研、科技工作;在积极鼓励、全面支持和有效保障水利人才潜心科研工作的配套激励政策方面尚存在有待改进之处,创新型人才的评价机制、社会承认机制及待遇兑现机制尚未有效建立。在人才投入方面,还存在着人才培养经费渠道不畅、投入不足的问题。

这些问题的存在,将严重影响水利人才队伍建设以及创新型人才的培养和使用,必须不断推进创新型水利人才培养机制建设,并针对这些问题不断加强机制改善。基于此,该文提出以下几点建议:继续加强对创新型人才培养工作的组织与领导,推行"一把手"负责制;不断完善创新型人才评价和激励机制;推行职业生涯设计,引导创新型人才全面发展;整合人才资源、建立人才市场服务体系;大力弘扬水利行业精神,积极培育水利创新文化;不断增加创新型人才培养经费投入。

50 海归人才在常州市创业的典型案例分析

吴颖、许长新,《海归人才在常州市创业的典型案例分析》,发表于《江苏技术师范学院学报(职教通讯)》2009年第9期。作者吴颖时系河海大学在职博士研究生;许长新时任河海大学商学院副院长、教授、博士生导师。

大力引进领军型海外留学归国创业人才是常州市委、市政府实施"人才强市"战略,提升产业层次、优化人才结构的重要举措。为了研究海归人才创业企业目前创业的情况以及发展经营中存在的问题,该研究实地走访了15家创业企业,总结了海归创业的不同类型以及他们创业中存在的问题,并对今后的发展提出了积极建议。该文首先总结得出海归创业的多种模式,可以概括为两大类:海归嫁接型和海归创业型。海归嫁接型具体可以细分为三种情况:直接降落型、合作嫁接型及创业嫁接型。海归创业型则包括四种模式:起步阶段型、初级创业型、成熟创业型及浪漫创业型。基于以上调研结果,该研究总结得出领军型海归创业中存在的主要问题。首先,创业企业普遍面临缺乏资金、人才、市场的窘境。其次,产业集聚不明显。再次,各辖市区服务水平参差不齐,引进人才的办法太过老套。最后,政府服务还存在许多有待突破的创新空间。

因此,该研究根据企业的反映,针对海归创业的工作对常州市政府提出相应的对策建议。第一,要用海纳百川的胸襟来感召海外华人精英,放大常州的宣传推介力度,讲究宣传方式,提高实用性和适用性。同时,在具体招用海归创业人员时,要有大眼光、大胸襟,能给予优惠的地方尽量宽松。第二,要不断创新招才纳才的方法,根据形势的变化不断创新招才的办法,举办相关的中介组织,进一步做好常州市的主要宣传网站,要跟主要华人网站建立直接链接关系,更方便地宣传常州市。第三,打造差别化竞争优势,在两市五区之间做好产业差别化定位,让它们各有侧重地发展,这需要站在全市的高度,深刻地分析了解各地不同的自然禀赋、发展优势、发展潜力,从而正确定位;同时,可以通过建立不同产业的检测平台来形成当地的产业特色,调研中发现很多海归创业企业需要不同类型的测试平台、加工中心等。第四,创新政府服务企业的理念和办法,建议常州市一方面要不断使创新创业的主体多样性,大力发展政府+企业的模式;另一方面加强服务机构建设,降低企业初创时的成本和风险。第五,搭建好企业发展的公共服务平台,建立融资平台、市场开拓平台、人才招聘平台、产品发布平台、与有关院所及科研机构的研发平台等。第六,帮助企业解决具体困难,在日常服务中勇于探索、勇于创新。在名称核准及海归身份等问题上,工商登记要注意变通,帮助企业解围解困。

51 打造国家级高层次创新人才方阵

赵永乐,《打造国家级高层次创新人才方阵》,发表于《中国人才》2009年第19期。作者赵永乐时任中央人才工作协调小组特聘专家组成员、中国人才研究会常务理事、江苏省人才学会副会长、河海大学文天人力资源研究院院长、教授、博士生导师。

进入21世纪,我国先后提出实施"人才强国"战略和"建设创新型国家"的重大战略决策。在短短的几年时间里,两项战略决策取得显著成效。尽管我国创新投入和产出的发展速度都超过了美国,但我国研发经费支出占GDP的比重、百万人口研发的科学家与工程师数、万人就业人员发明专利授权数等与美国的差距仍然很大。我国要在2020年跨入人才强国行列、建成创新型国家,跻身于世界知识体系战略源头并牢固地占有一席之地,就必须精心打造具有世界一流水平的国家级高层次创新人才方阵,最大限度地实现高层次创新人才的价值。

该文首先分析了高层次创新人才的特点。高层次创新人才是现代社会创新发展的动力,是创新人才队伍的魂魄,他们的水平代表着一个国家科技和知识的最高水准。高层次创新人才的特点主要包括战略资本性、自主创新性、领军团队性、流动国际性和创业风险性。该文接着提出了高层次创新人才的培养原则。打造国家级高层次创新人才方阵,培养高层次创新人才,要坚持包括服务发展原则、提高自主创新能力原则、国际化原则、规划管理整体联动原则和高立意、高起点、高投入、高效益原则在内的五项基本原则。在此基础上该文指出,要想实现高层次创新人才的价值,就必须创新高层次创新人才价值实现的四大机制。一是高层次创新人才价值的生产机制,二是高层次创新人才价值的引进机制,三是高层次创新人才价值的交换机制,四是高层次创新人才价值的消费机制。

该文最后提出打造国家级高层次创新人才方阵六个方面的重大政策建议。一要以高层次创新人才为先导。贯彻"以高层次创新人才为先导"的方针,以大面积培养开发为基础条件,以充分发挥高层次创新人才作用为中心环节,打造国家级高层次创新人才方阵。二要培养高层次创新人才。以自主创新能力为核心,以中青年高层次创新人才为主体,培养造就一批具有世界前沿一流水平的顶级科学家。三要引进海外高层次创新人才。紧紧围绕国家中长期发展目标,以加强国家核心竞争力和赶超国际先进水平为目的,有选择地分期引进一批国际一流的战略科学家和创新创业领军人才。四要扶持高层次创新人才创业。培养高层次创新人才的科技转化能力和创业能力。五要完善高层次创新人才激励机制。有效激励、最大限度地发挥作用,是高层次创新人才工作的中心环节。不仅要从职业或岗位出发,发挥高层次创新人才领军作用或带头作用,而且要从国家和社会出发,发挥他们提供公共服务的作用。探索年薪制、协议工资制、项目工资制和知识产权激励制度,对高层次创新人才实行分红、期权、股权等战略激励。六要健全高层次创新人才保护保障机制。大胆探索对高层次创新人才实行与其创新风险程度、对社会的累积贡献大小和自身价值的市场认可程度等相对应的战略保障机制。建立国家级高层次创新人才国家投保制度,制定国家人才安全条例。

52　科技人才成长与资助的现状调查

吕江洪、赵永乐、王济干、曹家和、李好特,《科技人才成长与资助的现状调查》,发表于《科技管理研究》2009年第10期。作者吕江洪时系河海大学商学院在职博士研究生;赵永乐时任中央人才工作协调小组特聘专家组成员、中国人才研究会常务理事兼副秘书长、江苏省人才学会副会长、河海大学文天人力资源研究院院长、教授、博士生导师;王济干时任河海大学校长助理、教授、博士生导师;曹家和时任河海大学商学院教授、博士生导师;李好特时系河海大学在读硕士研究生。

该论文首先说明了调查方法。该课题组运用问卷调查法对科技人才成长与资助的现状进行了调查,以分层抽样的方式在北京、重庆、武汉、济南、南京5个市的企业、高校和科研院所的18家单位展开,被调查者要求具有本科以上学历或者副高以上职称。共回收有效问卷704份,有效问卷回收率达到90.96%,回收的问卷具有广泛的代表性。

其次进行了调查数据分析。第一,影响科技人才成长的主要因素分析。(1)主要的内在因素:56%的被调查者们认为学习能力"非常重要",位居第一位;紧接着是品德因素,认为其"非常重要"的人数也超过了一半;接下来是心理素质和情商(团队合作意识、竞争意识、沟通协调);仅三分之一左右的人认为智力因素、知识结构和身体素质"非常重要"。(2)主要的外在因素:认为机遇"非常重要"的人数最多,其次是激励与考核制度、学术氛围、领导支持,这三者几乎同等重要。紧居其后的是单位发展状况、知识共享状况和国家政策(资助扶持等)。第二,科技人才成长的需求分析。(1)中青年科技人才成长的需求:最迫切的是获得发展机会,居第二位的是成长环境,第三位是薪水,第四位是工作稳定性。(2)高层次科技人才成长的需求:首先体现为对社会的贡献程度,其次是培养人才的数量,产出能力、单位赢利能力和个人发展能力分居第三、四、五位。第三,科技人才成长的资助供给状况分析。(1)受资助的主要来源:本单位的资助是科技人才最主要的资助来源。经常能获得省部级科研资助项目的仅占28.70%,经常能获得国家级科研资助项目的比例更少。(2)对资助项目评审的认知:大家普遍认为,现行资助的一些评审程序亟待调整,匿名评审是一种比较合适的方法。(3)单位资助计划的制定:49.90%的被调查者表示其所在的组织制定了科技人才职业生涯发展的各项政策,18.50%的被调查者认为所在组织的相关政策缺乏或尚不完善。

最后提出了科技人才成长与资助的结论与建议。(1)影响科技人才成长最重要的内在因素依次是:学习能力、品德因素、心理素质。最重要的外在因素依次是:机遇、激励与考核制度和学术氛围(同等重要)、领导支持。(2)中青年科技人才成长迫切需要获得及时的发展机会、处于良好的成长环境,并享有理想的报酬待遇。高层次科技人才成长的兴奋点在于对社会的贡献度、培养人才的数量和个人的产出能力。因此,对科技人才成长的资助模式应分类指导。(3)大多数科技人才的资助来源于所在单位,所以作为科技人才成长的"摇篮",所在单位应加强国内外的信息交流,为科技人才成长提供坚实的资助平台和寻找广泛的资助来源。同时,国家应加大对科技人才成长的资助扶持力度,创新资助机制,实现科技人才成长与资助的耦合。

53　EAP视阈下知识型员工的职业生涯管理

张宏如、赵永乐,《EAP视阈下知识型员工的职业生涯管理》,发表于《中国人才》2009年第12期。作者张宏如时任江苏工业学院学生处处长、副教授;赵永乐时任中央人才工作协调小组特聘专家组成员、中国人才研究会常务理事兼副秘书长、江苏省人才学会副会长、河海大学文天人力资源研究院院长、教授、博士生导师。

该论文首先丰富和发展了知识人才职业生涯管理。论文提出EAP激励视阈下的知识型员工职业生涯管理"四维"策略:从EAP激励路径出发,从个体认知着手,澄清职业锚;结合组织环境,协调组织职业生涯管理与自我职业生涯管理;开展职业生涯"年检",提升职业适应发展能力;激发员工成就动机。

首先是个体认知与规划。这是EAP视阈下的知识型员工职业生涯管理"四维"策略中第一个维度,是指根据知识型员工个人知识、技能、兴趣、价值观等自身因素,指导并协助员工探索职业生涯发展目标,并制定相应发展策略、采取必要行动以实现职业生涯目标的过程。个体认知与规划侧重于探索与策略,主要包括指导员工自我剖析、明晰职业锚和自我规划三个方面内容。其次,环境认知与规划。具体是运用EAP,在个体认知与规划基础上,帮助员工进一步衡量认识所从事职业的单位性质、工作地点、工作内容、人际环境、组织文化等因素的组合及其变化,指导员工规划可行的职业生涯发展目标行为与协调关系的过程。再次,职业生涯"年检"。通过EAP每年对知识型员工的职业生涯管理实施阶段性评估与反馈,不断提升职业发展的适应性,及时反馈并调适生涯策略,及时修正规划的目标、策略、行动、方法等不切实际的部分,调整认知,完善职业生涯发展规划,推进知识型员工职业生涯科学、灵活、规范、有效地发展。职业生涯"年检"具体包括预警、总结、适应、反思与修正。最后,成就动机激发。这是EAP视阈下的知识型员工职业生涯管理的重要环节,是在个体认知与规划、环境认知与规划和职业生涯"年检"的前提下,运用EAP激发知识型员工想要做好工作的动力。成就动机对个体的工作、学习有巨大的推动作用。通过EAP激励的多重职业生涯发展阶梯设计和心理辅导、团体咨询、敏感性训练等成就动机训练,可以有效激发知识型员工的成就动机。一方面,建立知识型员工多重职业生涯发展阶梯;另一方面,注重运用 EAP 进行知识型员工的成就动机训练。

员工帮助计划(EAP)视阈下的知识型员工职业生涯管理激励重视人与组织的关系,有着清晰的人文关怀的烙印,更能受到知识型员工的重视和期待,可以辨认和处理隐藏在职业背后的深层问题,避免单纯职业规划项目易出现的问题。EAP 的长期性特征,相对有更多发现和思考,可以提供更全面的服务,而且 EAP 激励的保密原则,更能增加员工的信任感,从而更有效地提升知识型员工职业生涯管理的效果。

54　人才招聘中的品德测评

王培君,《人才招聘中的品德测评》,发表于《商场现代化》2009 年第 12 期。作者王培君时任江苏省教育科学研究院、江苏教育学院党委委员、副院长、副研究员。

现代企业竞争本质上是人才竞争,而品德是人才素质的基础,品德在我国历代人才测评体系中一直占有重要的地位。但由于品德是一种个体心理现象,属于素质冰山水面下的隐蔽部分,不容易观察与测量。现有的很多品德测评法,比如民意测验法、评语法、模糊测评法等,是对企业内部员工的一种考评方法。该文针对来自外部应聘者的品德测评,进行了理论和方法的探讨。

在品德测评中,首先应该注意树立文化本位理念。所聘人员的思想品德和文化底蕴、文化认同一定程度上比其所具有的知识、技能更重要,与企业有着相同理念、相同价值观的员工更容易理解企业使命,更愿意为实现企业目标而努力工作。其次,要注意沟通交流的理念。对大多数的应聘者,企业是第一次与其接触,了解其诚信的一个非常重要的手段就是多交谈、多沟通、多观察。要想方设法让应聘者多讲、多说、多做,以让其充分地表达、展示,通过应聘者的言谈和行为举止发现问题,挖掘其隐藏的深层的品德素质。再次,要注意树立实践考验的理念。由于道德品质本身的隐蔽性,以及应聘者有意识的掩盖,品德测评往往十分困难。因此,通过一定技术方法的测试后,还要贯彻实践考验的理念,安排一定期限的试用期,在实际交往和具体工作中来验证应聘者的品德。最后,应树立快速决策理念。如果在试用期内确认应聘者的品德有问题,应该毫不犹豫地予以辞退,撤销合同。

品德测评可以融入正常的招聘流程之中,在测试过程中主要应把握三个主要环节:心理测试(汰劣)、情景模拟(择优)、在岗试用(验证)。心理测试是通过一系列标准化测验,对贯穿于人的认知、情感、行为等心理活动的全过程的个人心理特质作出推论和数量化分析的一种科学手段。情景模拟是将其纳入一定的环境系统中,观察、分析、评定应聘者的行为表现,以此来推测其潜在素质。在岗试用是指将其安置在实际工作岗位上,通过时间尺度来予以检验。最后,由于品德本身的隐蔽性,对其测评也不同于一般的能力测评、行为测评,品德测评的方法主要有投射技术、量表测评、结构化面试、背景调查、测谎技术等。

55 服务发展的新要求——从人才特区看人才引领发展

赵永乐,《服务发展的新要求——从人才特区看人才引领发展》,发表于《第一资源》2010年第4期。作者赵永乐时任中央人才工作协调小组特聘专家组成员、中国人才研究会常务理事兼副秘书长、江苏省人才学会副会长、河海大学文天人力资源研究院院长,教授、博士生导师。

2010年10月22—23日,由国家人力资源和社会保障部主办的中国人才发展论坛在北京举行。23日上午,论坛召开人才发展理论创新座谈会,中共中央政治局委员、中央书记处书记、中央组织部部长李源潮出席座谈会,六位专家在座谈会上发言。该文系赵永乐在座谈会上的专题发言。原文载于《第一资源》杂志2010年第4期,后收入《2010中国人才发展论坛论文汇编》,由中国人事出版社于2010年出版。

该文在我国首次提出"人才引领发展"命题概念,并从人才特区的角度指出,"人才引领发展"是"服务发展"[系《国家中长期人才发展规划纲要(2010—2020年)》中24字指导方针的首位方针]的新要求。

该文分析了北京中关村、无锡和嘉定汽车城三个人才特区案例的"特"字。北京中关村建设国际化人才特区,"特"字表现在四"特"原则上,即"特殊政策、特殊机制、特事特办"。无锡建设国内一流的人才特区,"特"字体现在聚焦特定的对象、实施特别的政策、营造特殊的环境三个方面。嘉定建设上海国际汽车城产业基地,也是国家级的海外高层次人才创新创业基地,"特"字则体现为在特定的行业(汽车产业)实行特定的政策。

三个人才特区案例的"特"尽管各有不同,但都有共同的"特"点。那就是这些人才特区的"特"字与以往的人才政策相比,一是"特"在人才层面上,二是"特"在更高更宽的发展层面上。对于前者而言,人才特区的"特"字无非表现在六个字上,这就是人才的"发展"、"改革"和"开放"。对于后者而言,人才特区的"特"字已经从一般意义的"服务发展"升华成"引领发展"。

人才特区在人才发展上,要实施特区的特有人才发展战略,培养和造就有特区特色的规模适度、结构优化、布局合理、素质优良的人才队伍,确立特区的人才竞争比较优势。在人才改革上,要勇于率先创新人才体制机制,把深化人才改革作为特区发展的根本动力,为特区的人才发展提供制度保障。在人才开放上,要以开放的视野,积极参与国际人才竞争,瞄准世界的先进水平,构建国际一流的创新创业平台,大力引进能够为我所用的国外高层次创新创业人才。

人才特区的"特"字不仅表现在人才层面,更为重要的是表现在更高更宽的发展层面上;不仅表现在"服务发展"上,而且更为重要的是表现在已经升华了的"引领发展"上。人才特区的人才"引领发展"归结起来就是引领贯穿整个特区经济社会发展全过程和各领域的经济发展方式根本性转变。第一,坚持引领经济结构战略性调整。人才特区的人才结构调整已经不再是简单的服务于特区经济结构的调整,而是要超前引领特区乃至整个社会的经济结构发生战略性的调整,引领新的产业形成和发展。第二,坚持引领科技进步和创新。要大力引进和突出培养创新型科技人才,尤其是瞄准世界一流水平的创业科学家和产业科学家,建设硅谷型的特区,实现知识与产业紧密结合的超越发展。第三,坚持引领可持续发展。新型人才的创新创业,不仅要着眼于发展新型产业和高新技术,而且还要考虑引领促进保障和改善民生,促进建设资源节约型、环境友好型社会。第四,坚持引领和谐社会建设。特区不仅要人才引领经济、科技和社会发展,还要引领文化教育、劳动就业、社会保障、医药卫生、自然环境等方面的发展,努力形成特区人才与经济、社会、环境、非人才、特区外人才等诸因素和谐的生动良好局面。

56 中国企业 CTO 的成长路径

唐震、殷璐、汪群,《中国企业 CTO 的成长路径》,发表于《统计与决策》2010 年第 7 期。作者唐震时任河海大学商学院国际认证办主任;殷璐时系河海大学在读硕士研究生;汪群时任河海大学商学院副院长。

该文认为,现代企业发展所面临的主要问题绝不仅仅是科学技术本身的发展,而是由科学技术发展所引起的环境变革加快、市场全球化以及越来越挑剔的顾客,这使得技术在企业战略决策中扮演着日益重要的角色。尽管学者们已经对 CTO 作了一定的研究,但关注 CTO 成长路径的文献相对甚少。虽然某些论文涉及了 CTO 的个人背景、任职资格等,但没有进行专题式的分析和总结,更没有提出具体的 CTO 成长路径。

该文通过对 80 位优秀 CTO 职业生涯的跟踪分析,从直观的数据得出成为 CTO 必备的"硬性"条件:第一,超强的学习能力。第二,丰富的工作经历。第三,长期的工作经验。这一点也与 Tietze 定义的 CTO 的任职资格中的"在业务领域长期的专业经验"相契合。第四,仅仅具备这些"硬件"是远远不够的,还需要具备对技术浓厚的兴趣、较强的沟通能力和强大的推动力、敏锐的市场嗅觉以及冒险精神和勇气等这些"软性"条件。

根据统计数据,该文按照创业和外聘,将 CTO 分为两大类,一类是企业家型 CTO,即自主创业成为 CTO;另一类是专家型 CTO,即通过企业外聘成为 CTO。文章进一步对这两种类型 CTO 的成长路径进行了深入探讨:一方面,创业的 CTO 是企业的管理者和经营者,肩负着研发、管理等一系列责任,因此对这类 CTO 不仅要求有较深的技术功底,也要具备企业管理者的基本素质,转向经营管理的专业技术人员还必须能够认识到技术与管理之间的差异;另一方面,外聘专业技术人员的 CTO 成长路径需要借鉴"双梯制"的职业发展通道。

文章还对外聘专业技术人员的"双梯制"CTO 成长路径进行了重点阐释:第一,沿着管理阶梯晋升的技术人员享有更多的制定决策的权利,并承担更多的责任,要对研发人员进行引导和管理，必须具备良好的研发能力，同时必须注重在管理实践方面的经验积累，特别是要培养团队管理的能力。这类CTO不仅是企业的技术专家、企业研发团队的管理者，也是企业与高校、政府、媒体等外界沟通的联系者。第二，技术阶梯为研发人员提供专业技术的纵向发展路径，激励研发人员不断增长研发与知识技能。沿技术阶梯晋升的技术人员拥有更强的独立性，拥有更多从事专业技术活动的资源和机会。学历不太高的技术人员进入企业之后不能立刻担任技术方面的要职，要从助理工程师或工程师沿着"技术阶梯"一步步晋升，积累技术实践经验。起点比较高的专业技术人员很可能一跃成为企业的首席科学家，通过对技术理论创新这条"技术通道"直接成为企业技术方面的发言人。

该文概括了中国企业第一代CTO的成长路径，使人们对CTO的成长有了初步的了解，同时也为一般的技术人员如何成为优秀的CTO以及企业选择优秀CTO的基本标准提供了参考。

57 人才发展方式的根本性转变与人才结构的战略性调整

赵永乐，《人才发展方式的根本性转变与人才结构的战略性调整》，收入《2010中国人才发展论坛大会交流论文集》，王晓初主编，中国人事出版社于2010年10月出版。作者赵永乐时任中央人才工作协调小组特聘专家组成员、中国人才研究会常务理事兼副秘书长、江苏省人才学会副会长、河海大学文天人力资源研究院院长，教授、博士生导师。

党的十七大提出"加快转变经济发展方式，推动产业结构优化升级"。这一战略任务对我国转变人才发展方式和调整人才结构提出了新的要求。与此相对应，《国家中长期人才发展规划纲要（2010—2020年）》提出"确立在经济社会发展中人才优先发展的战略布局"和"推动人才结构战略性调整"。这样，从根本上转变人才发展方式和对人才结构进行战略性调整，就成为我国未来十几年人才事业发展和更好更快实施人才强国战略的历史性战略任务。

2010年发布的国家中长期人才发展规划纲要内容自始至终都充满着人才发展方式的转变，不仅确立了人才优先发展的战略布局，而且提出了人才发展的指导方针、战略目标、总体部署、主要任务和一系列重大举措。首先是从指导方针看人才发展方式的转变。人才发展规划纲要为我国当前和今后一个时期的人才发展规定了明确的指导方针："服务发展、人才优先、以用为本、创新机制、高端引领、整体开发"。24字指导方针是整个规划的灵魂，对于推动我国未来一段时期人才发展方式的转变、应对国际人才竞争具有重要的战略指导意义。24字发展方针分成三个单元、六句话，每个单元包括两句话、八个字，分别从人才发展的外部关系、内部关系和队伍关系三个层面展开。也就是说，我国的人才发展首先必须顺外部整体与人才的关系，然后厘清内部发展与改革的关系，最后还要明确整个队伍层次发展的关系。其次是从发展目标看人才发展方式的转变。人才发展规划纲要提出2020年我国人才发展总体目标：培养和造就规模宏大、结构优化、布局合理、素质优良的人才队伍，确立国家人才竞争比较优势，进入世界人才强国行列，为在21世纪中叶基本实现社会主义现代化奠定人才基础。这个人才发展总体目标既是我国中长期人才发展规划的总体目标，也是我国人才发展方式转变的总体目标。"确立国家人才竞争比较优势"在这个总体目标中居于核心位置，规划纲要里的总体部署、主要任务、重大政策和重大工程等，都是围绕着"确立国家人才竞争比较优势"而逐层展开的。

党的十七大提出"要大力推进经济结构战略性调整"，要求人才结构也要进行战略性调整，而且要做到"优先调整"。人才结构优先调整是实现"经济结构战略性调整"必先具备的条件。提出"人才结构优先调整"，对于确立国家人才竞争比较优势具有战略意义，对于推进经济战略性调整具有基础作用。我国人才的结构性矛盾突出，一是人才需求与供给矛盾突出；二是我国人才结构落后导致国家人才竞争力不强；三是对照2020年人才发展的战略目标，人才结构的调整任重而道远。我国的人才结构战略性调整主要包括六个方面：一是调整人才与其他要素投入关系的结构；二是调整人才生产的结构和布局；三是为建设创新型国家，调整人才队伍构成；四是大力开发经济社会发展重点领域急需紧缺专门人才；五是调整专业技术人才队伍结构；六是调整高技能人才队伍结构。人才结构调整，既要充分发挥市场配置人才资源的基础性作用，又要改善宏观调控，两者需要有机结合。

该论文于2010年获得中国人才发展论坛征文比赛三等奖。

58 创新人才培养模式之"知行统一"研究

唐峻、冯友梅、赵忠、鞠平、王亚非、陈大恩、沙爱民，《创新人才培养模式之"知行统一"研究》，发表于《华中农业大学学报（社会科学版）》2011年第3期。作者唐峻时任华中农业大学党委副书记、研究员；冯友梅时任华中科技大学党委常务副书记、纪委书记、教授；赵忠时任西北农林科技大学副校长、教授；鞠平时任河海大学副校长、教授、博士生导师；王亚非时任电子科技大学党委副书记、教授；陈大恩时任中国石油大学（北京）副校长、教授；沙爱民时任长安大学副校长、教授。

我国哲学思想家历来推崇"知行统一"。当前人才培养过程中存在着"知行不一"的现象，主要体现在做人、做学问方面。而要解决人才培养上"知行不一"的问题，须从培养学生的社会责任感、深化教育教学改革、开展师德师风建设、加强课外活动和校园文化建设、充分利用社会教育资源等方面着手，以学生为主体，以教师为主导，充分发挥学生的主动性，把促进学生"知行统一"融入教育教学工作、人才培养工作的全过程、全方位、全领域，使学生真正成为有高度社会责任感、有创新精神和实践能力、在做人做事上"知行统一"的创新型人才。

该文提出了解决人才培养上"知行不一"问题的对策与建议:首先,培养学生的社会责任感,使学生在做人方面真正做到"知行统一"。学校应大力开展理想信念教育,全方位建立社会责任意识教育氛围与机制,深入推进社会实践活动,切实做好学生情感教育。其次深化教育教学改革,使学生在做学问方面真正做到"知行统一"。要做好实践教学顶层设计,明确实践教学改革原则。优化实践教学体系,创新实践教学模式。构建实践教学平台,提高实践教学成效。再次,开展师德师风建设,使教师在做人做学问上真正成为学生"知行统一"的模范,一方面教师身体力行,另一方面实行真实意义上的导师制。同时,加强课外活动和校园文化建设,大力营造"知行统一"的良好氛围。坚持文化育人,强化熏陶感染和精神塑造;坚持活动育人,突出参与体验和实践锻炼;坚持自主育人,注重自我管理和自我教育。最后,充分利用社会教育资源,为促进学生"知行统一"打造平台。充分利用社会资源构建"知行统一"实践平台,完善教研学产结合、激励企业参与人才培养的机制。

59 科技人才集聚效应的实证研究——基于江苏的数据

王勇,《科技人才集聚效应的实证研究——基于江苏的数据》,发表于《科技管理研究》2011年第5期。作者王勇时任淮阴工学院副教授。

知识经济作为一种全新的经济形态正在悄然兴起,作为生产投入要素的知识和人才日益成为经济增长的主要源泉,具有明显的"外溢效应",区域经济的发展很大程度上取决于人才资源的数量和质量支撑以及集聚的程度。吸引人才集聚、发挥人才集聚效应的关键是保持工资和收入水平对人才流动的高度弹性和敏感。定量研究、评价科技人才集聚效应,了解科技人才集聚的效率和效果,并找出影响人才集聚效应有效发挥的障碍,对于促进科技成果转化和科技创新具有重要的实用价值和理论意义。

该论文以江苏13个地级市为研究对象,运用主成分分析法从13个指标中提取出经济发展和社会发展两个主成分来反映科技人才集聚效应。根据上述的研究,得到如下结论:(1) 江苏虽然是科技文化较发达的省份之一,但是所辖的13个地级市的科技人才集聚效应却存在着明显的差异,说明江苏省各地级市之间的经济社会发展综合水平存在着很大差异。(2) 江苏13个地级市科技人才集聚效应差异的原因呈多元化。科技人才集聚效应明显的苏州、无锡、南京、南通等城市基本上位于苏南地区,具有雄厚的经济基础、良好的研发平台和便捷的交通设施,能够在一定程度上增强对科技人才的吸引力,使外地人才流向本地区;而科技人才集聚效应较弱的宿迁、连云港和淮安等城市则存在明显的人才流失现象,对科技人才的吸引力远小于苏南城市。尽管如此,随着江苏沿海开发战略和振兴苏北战略的实施,苏南和苏北城市的人才吸引能力的差距将会不断缩小。

该论文在实证研究基础上,提出了以下政策建议:(1) 树立科学的人才观念。要根据区域产业定位制定合理的、分层次的人才引进政策,破除户籍制度、人事制度中限制人才流动的障碍,减少人才集聚的阻力,为人才集聚提供基础。(2)制定差异化的集聚战略,增强科技人才集聚能力。苏南应加大高级科技人才引进的力度。苏北地区首先应该积极开发现有的科技人才资源,不断优化和改善人才环境,从而为科技人才集聚和发展奠定基础。其次在产业结构调整、升级的过程中,确立重点发展项目,以项目为载体,构建项目人才链,实现人才集聚的重点突破。(3)构建科技人才集聚载体,搭建科技人才集聚平台。(4)优化科技人才集聚环境。集聚科技人才、发挥科技人才的效应必须不断加强城市的基础设施、生活服务设施和生态环境的建设。软环境的发展与创新也是吸引科技人才不可或缺的因素。要健全政府服务体系和市场化服务体系,在引进科技人才和留住科技人才方面制定更为灵活宽松的政策,提高人才对工作环境和生活环境的满意度,努力降低人才的流失率,提高人才集聚的效率。

60 老年科技人员创新创业限制因素的实证研究——以江苏为例

郭祥林、陈晔,《老年科技人员创新创业限制因素的实证研究——以江苏为例》,发表于《中国经贸导刊》2012年第11期。作者郭祥林时任河海大学离退休处处长、研究员;陈晔时系河海大学公管院在读硕士研究生。

该文在对江苏省南京、无锡、镇江、常州、苏州、南通、扬州、泰州、徐州、连云港、宿迁、淮安和盐城13个地级市老年科技人员工作的现状、工作中遇到的困难和限制以及期望获得的政策支持等方面进行深入调查的基础上,分析了老年科技人员创新创业过程中的限制因素,提出了对策建议。

老年科技人员创新创业的限制因素包括:(1)社会观念。有三种用人观点具有代表性:一是"老而难为"的观念;二是"抢饭碗"的观念;三是"拾遗补缺"的观念。(2)用人渠道。老年科技人员创新创业渠道少,范围狭窄,呈自发和松散状态。(3)退休年龄。目前实行的是刚性的法定退休年龄,"一刀切"的退休年龄制度是对老年科技人才的极大浪费,刚性退休年龄制度不仅没有区分普通劳动力资源和高级人才资源,也没有考虑到人力资本的发展变化特征。(4)政策法律。虽然国家为老年科技人员创新创业提供了政策保证和指导依据,但实际过程中仍然存在着政策不完善、落实不到位等问题,集中反映在科研资金和经费缺乏、项目和奖励申报困难、职称晋升阻滞等方面,同时,对于再就业时遇到的工伤待遇、劳务纠纷等问题的解决缺乏法律的依据。(5)自身因素。老年科技人员知识结构老化,得不到补充和更新,限制了老年科技人员创新创业作用的发挥。

解决问题的对策包括:(1)加强政策引导,创造良好的政策环境,建立"政府引导支持、市场主导配置、单位按需聘请、个人自愿量力"的总体工作方针。一是建立老年科技人员专项基金,资助科技含量高、经济效益好,但缺乏启动资金的科技项目。二是制定老年科技人员创办科技企业优惠政策,如创业资金资助、税费减免、创业担保贷款等。三是制定突出贡献奖励办法,对重大科研成果、专利发明等给予奖励,调动老年科技人才的积极性。(2)构建开发利用平台,拓宽创新创业渠道,定期或不定期地举办退休科技人才专场招聘会;设立老年人力资源信息库,实现老年科技人才与用人单位的网络对接。老干部局、老年科技工作者协会、老年学会等部门和组织积极配合,共同参与,形成一个全方位、多角度的老年科技人才开发体系。(3)学习国外老年人才开发经验,探索建立弹性退休制度。可探索适合国情的弹性退休制度,考虑在国家法定退休年龄基础上确定5～10年的弹性幅度,既避免"一刀切"的尴尬,又充分利用创新潜力巨大的老年科技人才资源。

61 遵循系统培养的人才开发规律

郭万牛,《遵循系统培养的人才开发规律》,发表于《山西财经大学学报》2012年第S4期。作者郭万牛时任南京工业大学党委学工部部长、学生处处长,管理学博士、教授。

"遵循系统培养的人才开发规律"是科学人才观的重要组成内容,涵盖三大合乎规律的人才开发体系和遵循人才开发规律系统培养人才的四大实践路径,集中体现了我国人才发展"整体开发"的指导方针,对于实施国家人才发展规划和进一步提高人才工作服务科学发展水平具有重大的意义。人才培养和开发不可分割,是一项系统工程。"十年树木,百年树人",人才开发要靠长期持续的系统培养。

人才资源开发必须遵循全面协调可持续发展的原则,着眼于经济社会发展的现实需要和长远需要,坚持把人才资源放在经济社会发展各种资源的首要位置,以人才资源的开发作为推动科学发展的根本动力,确立人才资源开发相对于其他资源开发的优先地位。人才资源开发要做到现实需求与长远需要相结合、高端引领与整体开发相结合、外部引进与内部培养相结合、培养与使用相结合。由于人才有其自身的成长规律和成长周期,社会的人才开发也有其自身的规律和周期,所以需要通过全面规划,系统培养人才,确立在经济社会发展中人才优先发展的战略布局,做到人才资源优先开发、人才结构优先调整、人才投资优先保证、人才制度优先创新。

遵循人才资源开发规律,着眼经济社会发展的现实需要和长远需要,全面规划、系统培养人才,形成人才辈出的良好局面。我国科技人力资源总量虽然已达3 800多万,居世界前列,但创新创业拔尖人才和领军人才严重不足。面对这一形势,我们要把培养创新创业人才作为人才工作的重大战略任务来抓。全社会一方面要营造创新的环境,另一方面要形成鼓励创新、宽容失败、团结协作、勇攀高峰的社会氛围。此外,高等院校在人才的培养上要以社会发展需求为导向,在专业设置上要紧跟技术以及产业发展的步伐,教师在自身素质上要不断调整自身的知识结构以满足社会发展的变化,在教学方式上要培养学生敢想、敢做、敢创新的精神。

人才开发是一项系统工程,需要建立一套完整的培养体系,包括全社会的终身教育体系、教育与实践相结合的培养体系和科研与生产相结合的创新体系等三大人才开发体系。要组织实施创新人才推进计划,依托国家重大人才培养计划、重大科研和重大工程项目、重点学科和重点科研基地、国际学术交流合作项目,积极培养创新人才和创新团队,努力造就一批德才兼备、国际一流的科技尖子人才、国际级研究学者和科技领军人物,特别要抓紧培养造就一批中青年高级专家。同时要加强产学研结合,完善风险投资政策,对科技创业人才实行倾斜政策,鼓励和支持科研人员向企业集聚和自主创业。

62 工作价值观异质性作用与高科技创业团队效能内部关系研究——基于社会认同视角

王济干、樊传浩,《工作价值观异质性作用与高科技创业团队效能内部关系研究——基于社会认同视角》,发表于《科学学与科学技术管理》2012年第9期。作者王济干时任河海大学党委副书记、水利部人力资源研究院常务副院长、教授、博士生导师;樊传浩时任河海大学商学院管理学与人力资源系讲师。

高科技创业已成为推动经济社会发展的重要力量,并将逐渐成为一个国家经济发展中最具活力的部分。创业活动是经济增长的重要来源,作为其中最具活力的部分,高科技创业现象正在成为研究的热点。该文对工作价值观的影响作用进行了更为深入的研究,尝试探索创业团队异质性与团队效能的关系,对工作价值观调节高科技创业团队效能内部作用的效应进行深入分析,试图打开创业团队异质性与高科技新创企业成长之间的"黑箱",剖析创业团队构成与创业团队行为过程之间关系的"悖论",以期从根本上找出提升新创企业竞争优势的途径。

该文以高科技创业现象为背景,以高科技企业中的创业团队为主体,从社会认同视角,引入并分析创业团队异质性以及自我归类过程中与团队效能的作用关系;构建研究框架,使用有效样本数据634份,基于Pearson分析构建路径假设模型,使用SEM方法进行拟合修正,得出作用路径拟合模型,并对工作价值观异质性的调节效应进行了深入研究。研究表明:高科技创业团队一般统计学属性异质性与团队效能不相关,教育背景异质性对团队功效感有显著负向影响,创业经验异质性、认知异质性对团队效能有显著正向影响;高科技创业团队通过工作价值观的中介作用、团队功效感对业绩效能具有显著负向作用;高科技创业团队工作价值观异质性调节团队行为结果作用于业绩效能的效应显著。

该文的理论贡献在于揭示了创业团队效能内部、创业团队异质性与团队效能之间的作用规律,特别是对高科技创业团队工作价值观异质性及其各维度对团队效能内部作用的中介和调节效应进行研究。这不仅丰富了创业团队效能理论,还剖析了创业团队内部作用过程,对创业研究是一个重要的理论发展。另外,该文对创业团队成员间交互行为过程的研究,提供了促进新创企业成长的有效路径,对高科技新创企业的创业团队构建和运行具有重要的实践意义,新创企业可以通过有针对性的团队调整,在创业过程中提高任务完成的效率与效果。

63 从乔布斯的不同凡"想"到创业领军人才培养的不拘一格

赵永乐,《从乔布斯的不同凡"想"到创业领军人才培养的不拘一格》,收入《2012第二届中国人才发展论坛大会优秀论文汇编》,王晓初主编,中国人事出版社于2012年12月出版。《光明日报》2012年6月20日第15版登载,题目为"从不同凡'想'的创新到不同凡响的创业"。作者赵永乐时任中央人才工作协调小组特聘专家、中国人才研究会副会长、水利部人力资源研究院副院长、中国(南京)人才发展研究中心常务副主任、河海大学文天人力资源研究院院长、教授、博士生导师。

乔布斯生于1955年2月24日,在硅谷长大,里德学院肄业,21岁创立苹果公司,1985年被驱逐出苹果,1997年重新执掌苹果,2010年苹果成为全球市值最高的科技公司。乔布斯的一生是极具坎坷的一生,多次大起大落。乔布斯的成功就在于他的不同凡"想"。乔布斯的不同凡"想"对我国创业领军人才的培养具有启示作用。

苹果曾经发布一个异常精彩的广告——不同凡"想",广告的画外音是这么说的:"献给那些疯狂的人——不合时宜的人、叛逆的人、搞破坏的人,他们就像塞在方孔里的圆楔子。那些人总是用与众不同的方式看世界,他们不喜欢规矩,他们不承认现状。你可以引述他们,可以反对他们,也可以吹捧或污蔑他们。但你唯一不能做的一件事就是忽视他们。因为他们正在改变一切,是他们推动着人类的进步。某些人把他们视为疯子,而我们视他们为天才。因为唯有那些疯狂到极点并自认为能改变世界的人,才真的改变了世界。"乔布斯看了这个广告,激动得热泪直流。这个疯狂的人就是乔布斯。

乔布斯的不同凡"想",首先表现在他非凡的领导魅力上。乔布斯不仅是企业界的领袖,也是科技界的泰斗,是一个魅力型的领导者。苹果员工对于乔布斯有着近乎疯狂的膜拜。乔布斯的不同凡"想",其次表现在他非凡的价值观上。乔布斯的一生充满着挫折、失败和悲剧,他在磨炼中探索,在探索中磨炼,终于悟出了自己人生的真谛。乔布斯彻底颠覆了风行一时并至今还在风行的"客户是上帝"的神圣经营理念,他用"设计出色的产品",去改造客户传统的理念,引领社会发展的风骚。乔布斯的不同凡"想",再次表现在他非凡的管理文化上。苹果作为一个创新型企业之所以能获得巨大成功,就是因为乔布斯强调工程师主导,强调工程师驱动,强调以设计引领管理。尽管乔布斯的管理文化曾经遭到一些权威管理专家的严肃批评和非议,但苹果成功的事实还真的值得人们去思考什么是真正的管理,起码要肯定世界上还真的有这么一种另类的管理。乔布斯的不同凡"想",最后表现在他非凡的人才观上。乔布斯认为,苹果需要的人只是那些特质与价值观与苹果的"基因"吻合的人。用乔布斯的话说,就是"保持我所在的团队的一流水平,是我工作的一部分。为团队招募 A 级人才,是我应该作出的贡献"。

该论文指出,创业领军人才的培养要不拘一格。第一要深刻认识创业领军人才对社会发展的作用和贡献。第二要深刻认识创业领军人才反常心态与行为的合理性。第三要深刻认识倡导创业和扶持创业领军人才的迫切性。第四要深刻认识市场和竞争对开发创业领军人才的重要性。第五要构建有利于创业领军人才成长和发展的社会环境。

该论文 2012 年获得第二届中国人才发展论坛优秀论文三等奖。

64 培养高素质水利人才　服务水利事业跨越式发展

王乘,《培养高素质水利人才　服务水利事业跨越式发展》,发表于《水利发展研究》2012 年第 12 期。作者王乘时任河海大学校长、教授、博士生导师。

水利改革发展的新形势和水利人才队伍建设的新任务,向水利高等教育提出了新要求。作为行业特色高校,河海大学以服务水利事业跨越式发展为己任,以建设"水利特色,世界一流"大学为目标,将提高人才培养质量作为学校内涵式发展的核心任务,开展一流的教学科研、凝聚一流的师资队伍、培养一流的水利人才。

该文首先分析了新时期水利行业人才现状,认为当前我国水利人才队伍的发展现状还不能完全适应水利事业在新的历史起点上实现跨越式发展的需要。从总体上看,存在高层次专业技术人才、高技能人才、创新型人才偏少,人才分布不均衡,基层单位水利人才匮乏等突出问题。

然后着重介绍了河海大学在培养水利人才方面的举措,分别是弘扬传统,彰显特色,培养高素质水利人才以及加快发展,建设"水利特色、世界一流"大学。以建设"水利特色,世界一流"大学为目标,河海大学将人才培养作为学校的根本任务,主动对接水利事业跨越式发展,以体制机制改革为重点,进一步发挥自身特色优势,进一步依托水利行业,培养高素质水利人才。在本科人才培养方面,强化水利特色、注重实践训练、提升创新能力;在研究生培养方面,服务水利发展需求、建设联合培养基地、聘请行业领军人才、改革选拔培养机制、发展专业学位教育并推动教育的国际化;在师资建设方面,实施人才强校战略、着力培养青年人才;在服务基层水利方面,培养水利急需人才、实施远程培训工程。

长期以来,河海大学与祖国同呼吸、共命运,始终站在社会变革和时代进步的前列,培养了一批又一批优秀人才,为国家富强、民族振兴和水利建设事业发展作出了重要贡献,成为高层次应用型水利人才培养的重要基地。河海大学期待加强与水利行业、企业、科研院所和兄弟院校的合作交流,共同制定中长期科研计划,携手攻关前瞻性课题,探索建立新的合作平台和机制,共同推动行业领域人才培养和科技进步,在提高人才培养质量、提高科研学术水平和协同创新能力等方面优势互补、实现双赢,取得新的成绩。

65 人才裂变与组织内创新创业

赵永乐,《人才裂变与组织内创新创业》,发表于《中国人力资源社会保障》2012年第11期。作者赵永乐时任中央人才工作协调小组特聘专家、中国人才研究会副会长、水利部人力资源研究院副院长、中国(南京)人才发展研究中心常务副主任、河海大学文天人力资源研究院院长、教授、博士生导师。

该文提出硅谷的一个重要的人才现象——人才裂变,并从硅谷的人才裂变谈起。硅谷是现代新兴产业的发祥地,也是人才裂变的代名词。硅谷人才裂变源头始于1955年创办的肖克利半导体实验室,爆发于之后创立的仙童半导体公司。诺贝尔奖奖金得主肖克利的创业使得硅谷得以命名,揭开了电子产业新时代的序幕,也打开了人才裂变的潘多拉魔盒。第二年,加盟肖克利实验室的八位年轻科学家集体"叛逃",创办了仙童半导体公司。仙童半导体公司是硅谷人才裂变的摇篮,也是自主创业精神的释放器。仙童公司的人才裂变造就了一大批企业,大批的青年人才涌进仙童的大门,同时又有大批的精英人才出走仙童自行创业,创造了硅谷的一段耀眼发谷史——一个具有战略性的新兴产业集群诞生了。

硅谷的人才裂变使得硅谷兴旺发达,也带来了相当严重的负面效应。肖克利半导体实验室被转让两次,最后关门。仙童公司精英人才流失殆尽,公司最后消亡。更多的高新技术公司创办不久也纷纷倒闭,很多的公司都为人才流失大伤脑筋。硅谷的人才裂变带来了三个方面的启示:第一,人才裂变的动力是自主创新。第二,产业集群的基础是自主创业。第三,组织内的创新创业是遏制人才流失的法宝。

如今,英特尔公司已成为世界最大的半导体集成电路厂商,占有80%的市场份额。英特尔是怎样克服人才裂变负面效应的呢? 首先,英特尔公司由三驾马车所驾驭:诺伊斯是"舵手",把握着企业的发展方向;摩尔是"心脏",擅长分析技术趋势和策略谋划;葛鲁夫则是"铁腕",掌控着管理大局。这个创新创业团队经过与肖克利的争斗与割舍,又经过仙童十余年的打拼与磨炼,逐渐成熟,珠联璧合,每个人的才能和优势都发挥得淋漓尽致。其次,英特尔通常会把员工配置到具有挑战性的岗位上,让他们去从事具有挑战性的工作,使他们在公司产生高度的成就感。再次,英特尔经常调换员工的工作,培养员工适应快节奏运转的能力,使员工保持最佳的工作状态,在工作中增长才干。最后,英特尔从一开始就以股权吸引人才在公司内创新创业,当时大约有1/3的员工获得了公司的股权。在英特尔的带领下,为了留住人才,硅谷的高科技公司普遍实行了股权制度。英特尔之所以发展到今天,是组织内的创新创业保证了人才留在企业里,与企业同生共存齐发展。

当前,我国正处在战略性新兴产业发展的萌发期,创新创业浪潮迭起,很多企业都遭受或面临着人才裂变的严重冲击。强化组织内的创新创业,已经成为企业转型升级和可持续发展的当务之急。第一,企业要深刻认识人才裂变负面影响的严重性,倡导创新创业和扶持创新创业人才。第二,企业要深刻认识内部创新创业的迫切性,培养造就大批创新创业人才,全面提高员工的创造力和责任心。第三,企业要深刻认识组织内创新创业的规律性,发挥组织优势,组建具有活力的创新创业团队。第四,企业要深刻认识市场和竞争对开发创新创业人才的必要性,把市场和竞争作为创新创业人才开发的主要路径和主战场。第五,企业要深刻认识创新创业人才独特个性与行为的合理性,让乔布斯式的人才冒得出、留得住。第六,企业要深刻认识构建有利于创新创业组织环境的重要性,实施有利于创新创业人才成长和发展的政策措施。

66 加快人才优势向经济发展优势转化研究——人才问题的"南京现象"及其破解策略

赵永乐、潘运军,《加快人才优势向经济发展优势转化研究——人才问题的"南京现象"及其破解策略》,发表于《第一资源》2013年第2期。作者赵永乐时任中央人才工作协调小组特聘专家、中国人才研究会副会长、水利部人力资源研究院副院长、中国(南京)人才发展研究中心常务副主任、河海大学文天人力资源研究院院长、教授、博士生导师;潘运军时任南京工业大学学生处副处长、副教授。

南京科技、教育、人才数量位列全国前三,经济发展却只位列江苏前三。一些学者将"人才实力雄厚与经济发展相对滞后并存"的总体特征概括为"南京现象"。分析"南京现象",破解人才优势有效转化问题,对南京来讲具有重大的现实意义,对全国很多城市来讲也具有启示和借鉴意义。该文以南京为个案,分四个部分逐层进行分析,最终提出破解人才优势转化为经济发展优势这一难题的策略。

第一部分,主要介绍人才问题的"南京现象"及其主要表现。从基本事实来看,南京的人才优势未能有效转化为本地经济发展优势。具体表现为三个方面:一是人才资本对经济增长的拉动作用小。二是人才资源对经济增长的贡献率不高。三是教育、科研投入远低于苏州、上海。第二部分,主要分析南京市阻碍人才优势转化的问题。第一,阻碍人才优势转化的原因。第二,根据调研,南京市人才与经济发展不成正相关关系的重要瓶颈因素有:产业园区的重复建设与同质竞争、新技术从科研机构向市场转移的效率不高、企业作为创新主体地位不到位、人才资源布局不够优化、创新科研体制不健全等。第三部分,主要介绍了南京市委、市政府为了充分发挥人才和科教资源优势,支撑南京市经济转型升级,采取的一系列加快人才优势转化的改革探索。第四部分主要介绍了破除"南京现象"的思路与建议。本文提出的基本思路为:南京市要加快人才优势转化,需要促使三个主体到位,抓住三个环节。三个主体:一是管理调控主体即政府,要抓好规划、协调、扶持和激励,形成组织优势;二是创新创业主体,要提高创新创业的意识、能力和活力,形成业绩和效能;三是孵化服务主体,要市场运作,高端服务,扩大规模,形成产业效应。三个环节:一是积极将人才优势向创新能力转化;二是使人才的创新能力向南京本地经济发展所需要的现实生产能力转化;三是加快现实生产力向经济社会发展优势转化,促使人才创业企业化、组织创业产业化,调整各个不同利益集团,最大限度地激发和调动人才主体积极性,将人才优势转化为发展优势。

基于以上分析,该文提出对策建议如下:一是转变观念、激发活力——凝造竞相创业城市精神;二是科学规划、合理引导——准确把握政府工作定位;三是创新开发、以用为本——充分发挥经济主体作用;四是市场运作、高端服务——形成创业孵化多元格局;五是改革体制、创新政策——推动人才优势加快转变。

该文为南京市委市政府委托课题"南京市突破人才和经济发展不成正相关关系瓶颈研究"的研究成果,研究思路和研究结论受到当时南京市委主要领导、学界同仁的大力肯定,相关观点也被南京市委主要领导和职能部门采纳。

67 基于高等教育大众化的我国农村人力资源迁移策略研究

袁兴国,《基于高等教育大众化的我国农村人力资源迁移策略研究》,发表于《中国人才》2013年第3期。作者袁兴国时任徐州工程学院徐州创新创业教育学院副院长、中国人才研究会理事、博士、研究员。

1973年,美国社会学家马丁·特罗在经济合作与发展组织(OECD)举办的国际会议上作了题为"从精英到大众"的论文报告,深入地阐述了以高等教育毛入学率为指标将高等教育发展历史分为"精英、大众和普及"三个阶段的基本观点。该文认为:西方国家经历了由于农村人口迁移与流动,造成城乡人口结构发生变化的诸如"人口红利"等一系列具有里程碑性质的进程,形成的经验和教训值得借鉴。在高等教育大众化的形势下,在未来10~20年时间,我国农村人力资源面临着一次迁移与流动的进程,这个进程与我国的产业结构调整和城市化进程息息相关,将要构成政府决策与相关政策的一个热点问题。

该文的主要观点:高校是保存文化遗产、传播文化知识的圣地,是科学研究的大本营。在开放与变革理念的指导下,高等教育要实现与农村经济社会发展的良性互动,树立为农服务思想,保证高等教育培育出的人才不论从事何种行业都有重农思想和为农服务意识。高校文化氛围同样可以对社会环境的优化作出积极贡献,因此,要充分发挥大学的文化影响功能,带动全社会形成爱农、重农的社会氛围。从而在全社会树立建设社会主义新农村不光是政府、农民自己的事,而是全社会包括每一个人的事的观念;农村高等教育体系的建立,必须立足于农村经济和社会发展的需要,为农村培养多方面多层次的留得住、用得上的适用人才。建立地方政府统筹下的以教育行政部门为主的农科教各相关部门共同参与的农村高等教育管理体制,并从建立法规、增加教育投入和师资培训等方面入手,建立推进农村高等教育体系发展的各类保障机制。

文章最后总结了农村人力资源迁移是当前农村人口流动的一个基本特征,高等教育大众化使得大量农村青年人口由普通劳动者转换为人力资源,使得农村人口迁移的质量在不断提高,面对我国未来经济和社会发展的需要,必须在政府层面做好高等教育面向农村人力资源形成与迁移的政策策略,同时也说明未来我国高等教育大众化发展趋势必须要有前瞻性的思考。我国未来农村人力资源迁移从发展策略上应该关注高等教育大众化通向农村的发展策略、农村人力资本开发策略、农村产业结构转型中技术人才培育策略和城乡一体化治理人才的发展策略等几个方面。

68 绩效管理视角下的公务员职位职责治理框架研究

张宏伟,《绩效管理视角下的公务员职位职责治理框架研究》,发表于《江海学刊》2013年第5期,被人大复印报刊资料《公共行政》2013年12期全文转载。作者张宏伟时任江苏省人力资源和社会保障厅公务员局职位处(综合处)处长。

该文认为,当代政府绩效评估及管理是西方国家新公共管理运动中逐步发展起来的一种政府治理方式。绩效管理的对象是"事"和"组织",但根本是人的因素。公务员是治国理政的主体,对公务员履职行为进行评估,是政府绩效管理"由事到人"的逻辑延伸。避免绩效管理"重事轻人"的倾向,须根据国情,将其与政府职能转变以及管理者法定职责紧密结合,构建以"公务员职位职责规范"为基础的治理框架。

该文为深化公务员职位职责规范的研究和实践提供了4个重要视角:其一,构建职位职责规范的逻辑前提;其二,明确职位职责规范实施的路径方向;其三,规定职位职责规范的内容体系;其四,推进职位职责治理框架的形成。该文的创新点在于指出政府绩效管理是一种系统、动态、综合的治理方式,是一个将组织压力传递给个人的管理过程。其中的重要目标是建立政府职能——政府绩效管理指标体系——公务员职位职责三者之间的关联,形成一个相互联系、相互衔接、相互支撑的工作体系。这一框架分三个层次展开:其一,宏观视野。从政府绩效管理的逻辑前提出发,分析政府职责定位,延伸到职位分析、职位确定、职位职责规范建立,直至组织行为目标的达成。这一路径基于政府公共事务管理职能实现过程的考量,是政府绩效管理目标实现的过程。其二,中观视野。从政府绩效管理目标实现的主要承担者——公务员出发,依托"职位职责规范"实现公务员队伍的科学管理。其制度体系包括内容体系(基石)——应用与执行体系(行动机制)——监督体系(反馈)——保障体系。其三,微观视野。坚持以人为本,分析基于公务员个体的"德、能、勤、绩、廉"的评价体系,并绘制了逻辑清晰的工字形逻辑图。三个维度之间相互联系、相互印证、相互支持、相互衔接,是一个既有基础体系,又有执行体系和评价体系的整体逻辑框架。

该文指出,政府及其公务员的绩效管理还要立足国情、地情走渐进的道路。其理性的路径是:充分发挥政府及其公务员绩效评估在转变职能和行使职能、强化责任和监督、依法规范行政行为,建好公务员队伍等方面的积极作用,逐步形成党委领导、政府负责、社会支持、群众参与的工作格局,实现三个方面的愿景。分别是:(1)创新政府责任治理机制,使之逐步形成具有中国特色的行政监督机制;(2)转变政府职能,合理界定政府职责、落实职位职责、形成公务员职位职责规范,使之成为政府绩效管理和公务员绩效管理的前提和基础、桥梁和纽带;(3)创新公务员管理机制,建设忠于国家、服务人民、恪尽职守、人民满意的公务员队伍。

该文最后还提出职位职责治理在绩效管理中的5个实践价值,为实现公务员科学管理提供了政策建议。

69 官员董事与上市公司绩效指征实证检验

张军仁、肖柳,《官员董事与上市公司绩效指征实证检验》,发表于《求索》2013年第10期。作者张军仁系河海大学商学院在职博士研究生,时任长江三峡设备物资有限公司三峡项目部经理、书记;肖柳系中南财经政法大学MBA学院研究生。

该研究以2007—2012年在上海证券交易所IPO的A股公司为目标,从招股说明书中收集董事会董事个人简历,推断董事的身份和背景。该研究选取90家样本上市公司,占2007—2012年在上海证券交易所IPO公司总数的71%。样本年度分布不均匀,很大程度上由上海证券交易所IPO总趋势决定。根据CSRC行业分类,样本覆盖了全部19个行业,并且在不同行业的覆盖面基本相似。

第一,官员董事的存在与董事会的专业性负相关。研究用表示董事会专业性的非关联公司董事(经营专家)、专业人才董事、专家学者董事比率作为替代变量进行回归分析,结果显示,来自非关联公司董事比率与官员董事比率负相关,在5%的水平上显著;专业人才董事比率和专家学者董事比率均与官员董事比率负相关,在1%的水平上显著。实证表明,一方面,官员董事可能通常不具备企业经营专业技能,为保护自身在董事会中的优势地位还会排挤有企业经营经验的非关联公司董事;另一方面,官员董事完成政治和社会目标的特殊技能对上市公司的盈利非常重要。专业人才董事对上市公司价值的贡献度相对较低。专家学者董事态度中立,能发表客观意见,以至官员董事甚至不必掌握企业经营知识。

第二,官员董事的存在与公司冗员数量正相关。研究用表示上市公司冗员程度的IPO年度百万销售额员工数为因变量进行回归分析,结果显示,百万销售额员工数与官员董事比率正相关。实证表明,官员董事的势力显著加重了上市公司的冗员程度。上市公司官员董事越多,帮助政府完成就业目标的积极性就越高,冗员也就越多。

第三,官员董事的存在与获得的政府补助正相关。研究用上市公司IPO年度和第二年所获得的政府补贴与当年净收益的比值为因变量进行回归分析,结果显示,官员董事比率与上市公司IPO年度政府补贴增加不相关,与IPO第二年获得的政府补贴显著相关。实证表明,官员董事并未导致上市公司IPO年度政府补贴增加,但明显提高了上市公司IPO第二年获得的政府补贴数额。上市公司官员董事越多,获得政府补贴的概率就越大,数量也越多。

第四,官员董事的存在与公司上市后的业绩负相关。研究用表示公司业绩的ROA、息税前总资产收益率和非常项目收入占总收入比重为因变量进行回归分析,结果显示,ROA、息税前总资产收益率与官员董事比率负相关,非常项目收入占总收入比重与官员董事比率无关。实证表明,官员董事对上市公司会计绩效有较大负面影响,会导致更低的会计盈余,其与盈余管理并没有明显的关系。官员董事一方面为上市公司带来政府补贴;另一方面也让公司承担了更多的政治和社会负担,对上市公司的经营管理弊大于利。

官员董事与公司绩效实证检验结论:(1)在国有上市公司董事会,官员董事比较常见且具有较大的影响力。相对于其他董事,他们更多地扮演着政府角色,显著地降低了董事会的专业性。(2)官员董事常常将政治和社会目标摆在公司盈利目标之上,让上市公司承担了过多的增加就业和维护稳定等方面的社会责任,降低了公司的市场竞争力。(3)作为补偿,官员董事也为上市公司争取了政府补贴和政府保护,但最终还是导致了上市公司更低的会计收益。本研究扩展了对上市公司人事、治理和组织特点的认知,为改进上市公司治理提供了实证信息支持。

70 大学创新人才战略须借鉴国外成熟经验

郭万牛,《大学创新人才战略须借鉴国外成熟经验》,发表于《学术界》2013年第11期。作者郭万牛时任南京工业大学党委学生工作部部长、学生工作处处长、人民武装部部长,教授。

我国于2010年颁布了《国家中长期人才发展规划纲要(2010—2020年)》,明确提出"人才是我国经济社会发展的第一资源"。大学作为知识的物化者和创新的重要基地,是创新人才的源泉和平台,在培养和吸引创新人才方面的作用无可替代。纵观发达国家大学,纷纷立足本国实际,普遍实施创新人才战略,激发大学人才创新活力,对我国大学实施和完善创新人才战略有着重要的借鉴意义。

该文首先从创新理念、人才开发、培养模式及创新氛围等四个方面对发达国家大学创新人才战略进行了述评:第一,将创新理念作为国家核心竞争力的首要理念并出台配套政策予以保障;第二,构建创新人才培养、开发和引进一体化的体系以保持持续良性发展趋势;第三,建立大学与市场分工合作的教育开发模式以激发创新活力;第四,提供一流的创新环境以营造创新氛围。

其次,本文对我国大学创新人才战略的历史演进进行梳理,分析其存在的问题。中华人民共和国成立以来,我国大学创新人才战略的演进随着时代的发展而逐步完善。当前,我国大学的创新人才战略已基本成形,主要集中在创新人才的培养、吸引和使用三个方面。当代中国大学创新人才战略普遍存在的问题:一是对"人才资源"的重要性认识不足;二是创新人才评价与激励机制欠缺;三是大学自主创新的内生动力不足;四是创新人才国际化水平不高。

最后,该文在与发达国家比较的基础上提出可以借鉴的模式。第一,理念重塑和氛围营造相结合,树立并坚持高端引领、人才优先发展、效益最好的投入是人才投入、人才以用为本的理念,同时应构筑个性鲜明的大学精神,创造包容失败的舆论与机制,营造教授治学的风气。第二,人才开发和继续教育相结合。大学应实现"以工作为中心"到"以人为中心"的人事工作思想转变,树立"职业生涯管理"模式。第三,激励体系和保护机制相结合,应建立符合不同类型科研活动特点、体现科研人员劳动价值、合理而规范的薪酬体系,使科研人员有合理而稳定的收入,从而达到与自己工作成果相适应的满足。第四,产学研合作和适宜的考核机制相结合。产学研合作不仅是大学增强自主创新能力的有效途径,而且是培养创新人才的重要手段。

71 农业现代化视角下的科技人才保障机制探讨——以扬州市为例

郭祥林、管春敏,《农业现代化视角下的科技人才保障机制探讨——以扬州市为例》,发表于《辽宁农业科学》2014年第6期。作者郭祥林时任河海大学后勤处处长,研究员;管春敏时系河海大学公管院在读硕士研究生。

经过实地走访调查发现,扬州市的农业科技人才队伍建设还无法满足现代化农业发展的需求,存在人才总量偏少、整体水平偏低、科研创新能力较弱、财政投入力度不够、激励措施不到位等问题。扬州市的农业产业升级和新农村建设必须坚持将培养农业科技人才作为工作核心,从人才队伍外部宏观层面和内部微观层面入手,建立全方位完善的人才保障机制。

在外部宏观层面,一是建立双重政策机制,发挥政府主导作用。扬州市政府应积极发挥政府主导作用,尽快建立引导性政策和推动性政策相结合的双重政策机制。引导性政策具体表现为:提升工业化水平以带动农业发展、扶持涉农企业成长、优化农村土地政策等。推动型政策具体表现为:采用灵活的人才户籍制度、人事档案制度等,促进农业科技人才的跨地区流动,提升扬州市农业科技人才队伍的整体实力。二是建立多元资金体系,拓宽资金来源,包括增加农业科技方面的财政投入,提升对科技人才培养的投入份额,设立农业科技人才发展专项基金,鼓励农科院所、农业龙头企业积极申报国家、省部级农业科技计划项目,以科技项目为载体,财政拨款为动力,提升本地区的农业科技水平,鼓励涉农企业加大对科技人才的培养投入,如对增加员工技术培训支出的涉农企业,政府应给予一定的税收优惠。

在内部微观层面,一是采用综合培养模式,满足农业发展要求。为了满足现代化农业发展的需要,扬州市应着重在提升中、高层次农业科研人才的技术创新水平和加强基层农技推广人员的技术应用能力上下功夫。以提升人才的创新能力为目标,适当转变培养方式,采用学历教育、技术培训及基层实践相结合的多样化培养模式;整合各种教育培训资源,加强各类农科院所、职业院校、农技服务机构及农技培训项目之间的联系,对分散的基层农技推广人员进行集成培训。二是建立灵活引进机制,引进高端人才。要建立灵活的人才引进机制,采取多样化的人才引进形式,在项目引才、资金引才的基础上,鼓励涉农企业招聘外来高端人才,加速地区间人才的流通。要放宽人才引进限制条件,如放宽人才户籍制度,采取"用人不养人"的形式,消除高端人才在心理上的后顾之忧。三是采用高效激励机制,提升人才积极性。首先,扬州市应转换现有的薪酬制度,将原有的只拿"死工资"制度转变为"基本工资+绩效工资+奖金"制度,适当调整工资结构,加大绩效工资和奖金的比例,并根据市场行情适当提高各类农业科技人才工资水平,减少人才的流失。其次,加强对农业科技人才的精神鼓励。扬州市各级政府应大力宣传成功个人和典型案例,表彰对农业科技进步作出突出贡献的个人或团体,扩大农业科技人才在社会公众中的知名度和影响力,通过满足农业科技人才较高层次的需求来提升其对扬州市农业产业的忠诚度。

72 坚持和完善以党管人才为核心的基本人才制度

魏萍、赵永乐,《坚持和完善以党管人才为核心的基本人才制度》,发表于《江苏师范大学学报(哲学社会科学版)》2014年第6期。作者魏萍时任河海大学能源与电气学院党委书记、副教授;赵永乐时任河海大学中央人才工作协调小组国家人才理论研究基地首席专家、中国人才研究会副会长、水利部人力资源研究院副院长、中国(南京)人才发展研究中心常务副主任、河海大学文天人力资源研究院院长、教授、博士生导师。

该文首先概述了改革开放以来党管人才的发展历程。改革开放之初,邓小平提出"尊重知识、尊重人才",但当时并未从制度上找到解决人才问题的答案。党的十四大后,一些发达地区开始探索通过人才(知识分子)工作领导小组的形式来实现党管人才。2003年5月,中央政治局会议首次提出了党管人才原则。2010年开始,我国实施国家中长期人才发展规划纲要,加强党对人才工作的领导。2012年,《关于进一步加强党管人才工作的意见》对党管人才工作作了进一步明确和深化,标志着党管人才工作进入一个新的发展阶段。经过十几年的发展,党管人才成为我国人才发展和人才工作必须坚持的重要原则,是我国人才制度的独特优势,是人才工作沿着正确方向稳步前进的根本保证。

其次探讨了党管人才的内涵创新,提出以党的十八届三中全会精神创新党管人才的内涵,围绕"建立集聚人才体制机制,择天下英才而用之"展开论述。强调要坚持党管人才指导思想,严格遵循中国特色社会主义市场经济规律和人才成长发展规律,着力破除束缚人才成长发展的陈旧思想观念,积极推进人才工作的体制机制改革和政策创新,从而充分激发各类人才的创业创新活力。因此,党管人才内涵创新,要在加强和完善党管人才其本身所蕴藏的思想政治、组织和密切联系群众三大优势的基础上,以党的十八届三中全会精神锐意推进人才体制和党管人才制度改革,处理好党管人才工作的四大关系:(1)处理好党管人才和市场作用的关系;(2)处理好党管人才和发挥政府职能的关系;(3)处理好党管人才和激发人才创造活力的关系;(4)处理好党管人才和增强企业用人活力的关系。

最后研究了如何解决当前党管人才所面临的人才发展、人才改革和人才开放等重大问题。(1)着力转变人才发展方式。根据经济产业结构调整的需求对人才结构进行战略性的调整,着力培养高层次创新创业人才,努力造就战略性新兴产业的领军人才,促进人才优势转化为知识优势、科技优势和产业优势。(2)深化人才体制机制改革。坚持市场化方式,遵循人才供求规律、人才"有进有出"原则、人才竞争国际化理念,营造天下英才竞相汇聚、蓬勃涌现、自由竞争、开放发展的市场环境。(3)拓宽人才开放渠道。要加大人才开放力度,以开放促改革,坚持对内对外开放相互促进,引进来和走出去相结合,逐步形成全方位的开放型人才工作新格局,真正达到"择天下英才而用之"。(4)健全人才政策法规。广泛听取社会意见,梳理创新创业人才的政策需求,完善、创新人才政策,优化人才发展的政策环境。同时坚持法治化思维,大力推进人才管理工作的法制化、制度化、规范化,依法保障人才权益。

73 高管薪酬影响因素权重分析

张军仁,《高管薪酬影响因素权重分析》,发表于《统计与决策》2014年第10期。作者张军仁系河海大学商学院在职博士研究生,时任长江三峡设备物资有限公司三峡项目部经理、书记。

上市公司高管薪酬水平受到学者和社会的广泛关注。上市公司高管是一个特殊的群体,其管理劳动又是一种特殊的劳动,其薪酬影响因素就变得更加复杂。高管薪酬水平与公司绩效、公司经营管理难度、高管人力资本、市场薪酬、公司治理结构、企业内外部监督强度、高管个人特质、企业特征、企业经营环境等诸多影响因素密切相关。

委托代理理论认为高管薪酬契约必须满足三个条件:代理人以行动效用最大化原则选择具体的操作行动,即所谓刺激一致性或激励相容条件;在具体"自然"干涉的情况下,代理人履行契约责任后所获得的收益不能低于某个预定收益额,即参与条件;在代理人执行这个契约后,委托人所获得的收益最大化,采用其他契约都不能使委托人的收益超过或等于执行该契约所取得的效用,即收益最大化条件。上市公司高管薪酬通常由董事会决定,并经股东大会同意才确定下来。决策者的人数和偏好会产生重要影响。公司绩效与高管薪酬的关系受到企业监督技术的调节。不同企业之间监督技术的不同,企业所有者和高管之间的激励安排也有差别。当风险厌恶的代理人和委托人之间存在信息不对称时,监督就会带来收益。上市公司在决定高管薪酬时,还可能会受高管个人特质的影响。高管薪酬还受组织文化和相应社会契约的影响。事实上,政府干预上市公司高管薪酬的措施也在不断出台。国有企业、民营企业经营目标和管理机制的差别也对高管薪酬有影响。

根据研究需要,设定上市公司总资产收益率(ROA)为公司绩效变量,职工人数为经营管理难度变量,总经理学历为高管人力资本变量,总经理平均薪酬为市场薪酬变量,董事会规模为公司治理结构变量,外部董事人数与全部董事人数比率为监督强度变量。该研究以2011年沪深两市11家上市公司为目标,从上海证券交易所、深圳证券交易所网站发布的上市公司年报等资料中收集总经理年薪、ROA、职工人数、总经理学历、总经理平均薪酬、董事会规模、外部董事人数与全部董事人数比率等高管薪酬影响因素有关数据。高管个人特质、企业特征、企业经营环境等影响因素未找到合适的替代变量。基于RST-AHP组合法的高管薪酬影响因素,上市公司总资产收益率(ROA)、职工人数、总经理学历、董事会规模、外部董事人数与全部董事人数比率、总经理平均薪酬等,对总经理薪酬水平的影响权重分别是0.26,0.17,0.19,0.08,0.10,0.20。

实证分析表明,上市公司以绩效为基础的高管薪酬机制基本形成,但高管薪酬的激励与约束机制尚不健全。一方面,高管人力资本、市场薪酬水平和公司经营管理难度等非绩效因素对高管薪酬水平的影响力(合计权重0.56)是公司绩效影响力的2倍以上。另一方面,公司治理结构和企业内外部监督对高管薪酬水平的约束作用明显不足(合计权重0.18)。实证分析结果与当前高管薪酬管理实际比较吻合。

74 高校创新团队信任影响绩效过程模型研究

吴方、张宝玲、王济干,《高校创新团队信任影响绩效过程模型研究》,发表于《西南民族大学学报(人文社科版)》2015年第7期。作者吴方时任中国药科大学国际医药商学院讲师、博士;张宝玲时任中国药科大学学工处处长、博士;王济干时任江苏科技大学党委书记、水利部人力资源研究院常务副院长、河海大学商学院教授、博士生导师。

近年来,党和国家领导人多次强调要实施创新驱动发展战略,将创新作为推动民族进步和社会发展的不竭动力。2014年8月18日,习近平总书记主持召开的中央财经领导小组第七次会议强调,"加快形成一支规模宏大、富有创新精神、敢于承担风险的创新型人才队伍",并且在用好、吸引、培养创新人才队伍上下功夫。高校作为人才资源的发源地,同时具有学科齐全、基础雄厚的优势。高校创新团队正是适应了经济发展对科技创新的迫切需要,由多学科、多专业、多知识领域的高素质知识分子聚集而组成的团队。高校创新团队作为一个动态的系统,其成员是一些从事脑力劳动的特殊个体,他们对自己的专业领域非常熟悉,但是,团队成员的工作潜力能否充分发挥,成员间的关系是否融洽,团队的绩效可否达到最优却带有一定的不可预知性。因此,如何提升高校创新团队的绩效成为人们研究的热点。

该文认为,信任机制的建立是高校创新团队存续的基础,也是团队绩效提升的重要保证。实践中,信任机制作为团队有效管理的基础,在很大程度上影响着高校创新团队的运行效果和水平。因而,针对高校创新团队绩效问题,应该把信任机制作为一个重要因素加以认真研究。为此,该文运用博弈论对高校创新团队中信任机制的人际信任和制度信任两个阶段进行了深入研究,并借助构建不同信任机制下的博弈模型来研究如何提升团队绩效的问题。研究表明,要提高高校团队的绩效,就必须在人际信任的基础上,建立制度信任机制以达到团队成员间的有效合作,并据此提出了促进高校创新团队绩效提升的有关对策建议。本研究的意义在于,运用动态的观点对高校创新团队内部信任机制的形成过程进行分析,以及使用模型构建的方法检验了人际信任、制度信任与团队绩效之间的博弈关系。同时,研究结论为高校创新团队的管理提供了一种新的思路,有助于合理地建立内部信任机制,也有助于有效地提升团队绩效。

75 人才与产业耦合:创新驱动下西部人才培养路径

陶卓、王春艳,《人才与产业耦合:创新驱动下西部人才培养路径》,发表于《科技进步与对策》2015年第22期。作者陶卓时系河海大学商学院在读博士研究生;王春艳时任江苏经贸职业技术学院贸易与物流学院副教授、中国人事科学研究院博士后。

随着创新驱动发展战略的实施,西部地区产业优化逐步升级,与东部、中部地区优势互补、协调发展的新格局正在形成,经济发展水平也将实现整体跃升。在产业结构优化和发展方式转变过程中,西部地区对各层次、各行业人才的需求也将越来越旺盛。但从当前情况来看,西部地区在经济、社会、文化发展方面相对滞后。因此,该文认为西部地区要想从源头上解决人才培养机制中的瓶颈问题,根本方法是在创新驱动战略下,设计出符合西部人才成长实际情况的人才培养路径,使西部地区人才与产业达到互动发展的耦合状态。

该文以人才培养路径为研究对象,对西部地区2020年的产业人才需求进行预测;然后,基于人才与产业耦合理论,设计出西部人才培养的教育发展路径、在职培训发展路径以及产业人才培养路径,分别对西部人才素质教育、培训模式、产业结果进行了优化;最终根据创新驱动战略实施要求,提出了西部地区人才培养的发展建议。

该文认为在创新驱动战略下,西部地区产业发展在数量和质量上对人才有着越来越高的要求。人才培养过程的关键在于学校教育及在职培训两个阶段。这两个阶段与产业的耦合机制不同，学校教育与产业耦合决定了人才培养数量，而在职培训与产业的耦合决定了人才培养质量。在学校教育阶段，西部地区应重视学生科学应用、知识创新和创业开拓能力的培养，推进各层次素质教育，并对升学及考试制度进行配套改革，努力提高人才培养质量。在在职培训阶段，西部地区可以走兼顾高技术产业发展和传统产业提升的道路，针对不同产业的人才采用不同层次和方式的在职培训、培养模式。强化和完善相关在职培训制度、机制，建设专业技术人才、企业经营管理人才、技能人才在内，规模适度、结构合理、素质较高，与产业需求相符的人才队伍。

最后，该文认为西部地区第三产业发展潜力巨大，是产业结构合理化的主攻方向。西部地区可从两个方面着手优化培养第三产业人才：(1) 完善人才流动机制。政府部门应发挥主导作用，给予激励及优惠政策，鼓励第三产业中的富余专业技术人员向第一、第二产业流动。引导人才向农村及少数民族集聚区流动，带动当地经济与社会发展。(2) 优化人才市场资源配置作用。加强人才市场建设，有效吸纳社会资源，并通过人才中介服务组织，帮助第三产业中富余人才接受再教育，使其顺利地向第一、第二产业流动。

76 经济学视角下高校创新团队成长机理

吴方、王济干，《经济学视角下高校创新团队成长机理》，发表于《人民论坛》2015 年第 35 期。作者吴方时任中国药科大学国际医药商学院讲师，博士；王济干时任江苏科技大学党委书记，水利部人力资源研究院常务副院长，河海大学商学院教授、博士生导师。

自 2000 年国家自然科学基金委员会设立了"科学基金创新研究群体项目"、2004 年教育部启动了"'长江学者和创新团队发展计划'创新团队支持办法"以来，高校创新团队建设日益得到国家的高度重视，也引发了学者的广泛关注。目前高校创新团队的建设存在诸多问题，如团队内部知识无法有效共享、科研队伍结构不合理等，都成为制约团队发展的突出问题。为此，国内外心理学家以及科学社会学家等对创新团队开展了不同程度的研究，其中最具有代表性的是库恩基于"范式"和社会学的"共同体"提出的"科学共同体"概念，为分析高校创新团队提供了理论依据。

今天的团队成员所面对的是知识经济时代，21 世纪的经济既是一种以人为本的经济，又是一种以知识为本的经济，正是知识经济这种源动力推动着高校创新团队的成长。那么，如何理解知识经济对高校创新团队成长的影响？高校创新团队内部各要素在知识经济背景下对其成长的影响如何？高校创新团队成长的目标到底是实体价值的最大化还是虚拟价值的最大化？这些都构成了我们对高校创新团队成长的追溯和探讨。遗憾的是，高校创新团队成长的建设理论并不能完全涵盖和有效解释这一现象及其对实际经济发展的影响。因此，我们有必要从一个新的视角——经济学的角度，来审视和探讨高校创新团队成长的实质、机理和效应。

该文从经济学的角度出发,将高校创新团队的成长过程纳入经济学分析的框架。首先,从经济学视角给出了高校创新团队成长的概念,且对其成长的实质进行了分析,认为高校创新团队的成长整体上受制于实体价值和虚拟价值的相互作用,而成长的实质则是资源、能力和制度交互作用的动态过程。在此基础上,从资源、能力和制度三个维度对高校创新团队的成长机理进行了分析,并探讨了在成长中所伴随的经济效应,为解决高校创新团队在成长过程中所存在的问题提供了一定的理论依据。当然,从经济学视角对高校创新团队成长的研究还不够深入,很多问题仍有待进一步研究,如团队带头人与成员的"经济人"假设有何不同,其对团队可持续成长的影响力又怎样,高校创新团队与其他团队在成长机理方面有哪些区别,能力维度的研究还处于定性分析阶段,是否存在计量的尺度等。这些都是值得深入研究的课题。

77 人才管理政府与市场关系研究

赵永乐,《人才管理政府与市场关系研究》,发表于《国家行政学院学报》2016年第3期。该文是2016年中央人才工作协调小组办公室向作者下达了《人才管理政府与市场关系研究》写作任务。作者赵永乐时任河海大学中央人才工作协调小组国家人才理论研究基地首席专家、中国人才研究会副会长、水利部人力资源研究院副院长、中国(南京)人才发展研究中心常务副主任、教授、博士生导师。

政府与市场关系的处理是人才管理必须辨清的根本命题,人才体制和机制的关系必须从宏观和微观两个层面上厘清,这是深化人才体制机制改革必须解决的两大命题。为使市场在人才资源配置中起决定性作用和更好发挥政府作用,必须深入研究人才管理政府与市场关系,加快转变政府人才管理职能,在人才体制机制改革中突出市场导向。

该文首先就处理好政府与市场关系进行了论述。论文在叙述我国面临的三大人才问题、人才管理方式转变的历史过程和政府与市场关系现存问题的基础上指出,要加快转变人才管理方式,厘清政府和市场关系的边界,突出市场导向,为人才发展扫除体制机制障碍,构建科学规范、开放包容、运行高效的人才发展治理体系,形成具有国际竞争力的人才制度优势。该文指出,人才发展体制改革的核心问题是要处理好政府与市场的关系。在人才管理范畴里,政府与市场两者之间的关系不是简单的非此即彼或此消彼长的关系,而是有机组合、相辅相成的关系。只有真正使市场在人才资源配置中起到决定性作用,才能算是突出市场导向;只有更好发挥政府作用,才能扫除障碍保障突出市场导向。

该文其次就厘清宏观微观两个层面进行了探讨。人才管理方式要解决的"谁管、管谁、管什么、怎么管"四个问题,其实就是人才管理的体制机制问题。国家的人才管理体制是指政府和市场等管理主体人才管理权限边界的分割和运作,而人才管理机制则是指各管理主体在权限范围内的职责和义务的实现以及运作机理、制度和方式。虽然人才管理体制改革和人才管理机制创新两者的使命相同,但两者的功能和运作领域却有很大区别。

作为国家而言,人才管理体制为干,基本属于宏观的战略层面;人才管理机制则为枝,大多属于微观的操作层面。整个社会人才需求与人才供给的互相作用和结合过程就是宏观人才配置过程。具体的用人单位与人才个人的结合和使用过程就是人才微观配置过程。深化人才发展体制机制改革,一定要厘清体制和机制在宏观和微观领域人才管理的边界,尤其是要搞清人才管理有关运行机制在微观领域的实施责任主体是谁。

该文接着论及加快转变政府职能。改革的关键就是要变革政府的所作所为,限制政府的权限,调整政府的管理方式,控制政府有关部门拓展管理边界的冲动,使政府在人才发展过程中更好发挥作用。政府要加快转变人才管理职能,从根本上解决以往在人才管理上干预过多和监管不到位的问题,将政府的职责和作用定位于直接操盘宏观调控体系和间接调节市场配置体系上。要以强大的政治优势和组织优势来确保突出市场导向,构建和创造市场优势。政府人才管理面临着四项重大任务:一是强化人才宏观调控,二是重点掌控国家人才命脉,三是不断优化人才发展环境,四是加强人才队伍体系建设。

该文最后对突出市场导向进行了研究。人才体制改革的目的是使市场这个主体在人才资源配置中起决定性作用。然而市场这个主体只是一种关系,并不是一个实体,因此要突出市场导向就必须做到两个充分:一是充分激发市场运行主体用人单位和人才自身以及市场服务主体人才服务产业的活力;二是充分发挥市场的供求、价格和竞争三大机制的作用。政府要尽可能地保障和落实用人主体自主权,提高人才横向和纵向流动性,最大限度激发和释放人才创新创造创业活力。必须遵循社会主义市场经济规律和人才成长规律,深化人才发展体制改革,积极稳妥地从广度和深度上推进市场化改革,大幅度减少政府对人才资源的直接配置,加快完善现代人才市场体系,推动人才资源配置依据市场规则、市场价格、市场竞争实现效益最大化和效率最优化。

78 产业人才工程:实践困惑、理论反思及路径重构——以A省某产业人才工程建设为例

张宏伟,《产业人才工程:实践困惑、理论反思及路径重构——以A省某产业人才工程建设为例》,发表于《现代管理科学》2016年第10期。作者张宏伟时任江苏省人力资源和社会保障厅公务员局职位处(综合处)处长。

该文对政府构建江苏产业人才高峰建设提出不少建设性意见,在工作实践中被积极吸纳。该文在其时中央正围绕协调推进"四个全面"战略布局,着眼于加快实施创新驱动发展战略和人才强国战略,进行人才规划编制的大背景下,特别是各地正在结合实际研究制定"十三五"乃至更长远的人才发展规划,针对人才工程的决策和实施,找准瓶颈问题。

该文以列表的形式,详细分析少数地方和部门各类人才工程实施中的非理性倾向现

象共12种,并逐一作了原因分析。(1)内涵较为模糊。人才工程与培训计划、科技计划、项目研究计划、人才引进计划、团队建设计划等区分度不足。(2)定位有失精准。人才工程的目标定位应围绕中央和地方的发展大局。(3)主体意识时有偏差。人才工程实施的主体应回归用人单位、企业和人才本身。(4)市场参与度不足。人才工程建设没有充分体现"市场在人才资源配置中的决定性作用"。(5)协同意识不强。人才培养、选拔、使用要注重与教育、科技、财税、人事、社会管理等领域的改革相衔接。(6)管理方向尚待明晰。人才工程演变成"给项目、给资金、给荣誉、给头衔",但实践中政府职能履行既有越位又有缺位。(7)有政绩冲动倾向。人才工程实施中有重项目、重资金、重数据、重个体的非理性倾向和"政绩"冲动的传统。(8)存有路径依赖。有些地方对人才工程实施中存在问题缺少经常性反思,人才工程类型有"同质化"倾向。(9)评价总体粗放。对人才的评审、选拔更多地处于"程序正义"阶段,实现科学化评价的目标任重道远。(10)制度亟待补全。对于人才工程实施中社会公众关注的人才申报和评审过程,缺少公开性。(11)政策落地效应不一。实践中众多的人才工程政策单一,主要是项目、资金、评审和荣誉等,并无实质性人才优惠政策相配套。(12)难免折腾人才。如对人才的反复考核、验收、检查,各种会议、活动、评审等。这些活动不仅影响了人才的时间成本,更容易造成对人才全身心投入事业的身心困扰,处理不好对人才而言就是一种隐性的负能量。

该文在分析各地人才工程实施中各种非理性倾向基础上,以江苏产业人才高峰人才工程项目为具体案例,分别从绩效管理、项目管理、公共治理的视角进行理论分析和治理要素梳理,在此基础上提出"完善产业人才培养、吸引、使用的机制""强化产业人才开发的政策扶持""打造产业人才高峰建设服务平台""提高产业人才高峰建设的组织化程度"等四个方面的人才工程建设路径。

79 中国青年创客创业政策评价与趋势研判

刘忠艳,《中国青年创客创业政策评价与趋势研判》,发表于《科技进步与对策》2016年第12期,被引率为24次。作者刘忠艳时系河海大学在读博士研究生。

该文首先运用政策内容分析方法,采用Rothwel和Zegveld对政策工具划分的三重标注,即供给政策、需求政策、环境政策3个构面,对大学生创业政策进行了系统分析。其中,采取政府官网、数据库与电话咨询相结合的方式搜集数据,通过清华大学政府文献数据库、北大法宝数据库、创业数字图书馆检索系统及国务院有关部委网站,以"大学生创业""青年创客""青年创业""大学生创新创业""高校创新创业"等为关键词进行一次检索,搜集整理出国务院办公厅、共青团中央、教育部、科技部、人社部等颁布的涉及大学生创业的法律、法规、规划、意见、通知等政策文本109份,再以"创业扶持""创业优惠""创业引导"为关键词进行二次检索,并逐一对搜集到的政策文本内容进行梳理分析,剔除与大学生创客相关度不高的政策文本,最后保留1998年1月—2015年11月与大学生创客创业密切相关的政策文本33份为研究样本。通过整理分析，构建了包含发文时间、政策名称、发文主体、政策全文等数据字段在内的大学生创客创业政策文献数据库。根据政策分析框架以及遵循政策内容主题词提炼的"四步法"原则，依次详细研读政策内容，借助Nvivo自定义每一分析政策样本中的主题词并形成词库，人工提取与大学生创业相关的主题词。

该研究发现，环境类政策在政策工具中占比相对较高，其次是供给类政策。环境类政策中贷款担保所占比重最大；供给类政策除大学生创业主题词外，高等院校、创业教育占比较大；政府的后续跟踪服务在需求类政策中占比较大。通过共词矩阵社会网络图谱分析、节点点度中心度分析。研究得出，中国大学生创业政策与其所处的宏观境遇密切相关，日益受到相关部门的高度重视；现有政策表现出鲜明的阶段性特征，其连续性与精准性亟待进一步提高；政出多门、政策泛化、叠化现象严重，影响政策执行效率，有待深入整合集成；围绕大学生青年创客创业科技创新成果转化的供给类政策以及政策评估、后续高质化服务的需求类政策仍需深入优化完善。

基于研究结论，该文最后提出强化政策绩效管理，构建立体式、动态化大学生创业政策绩效考核体系，确保大学生创业政策执行落实到位；进一步深化整合政策出台部门之间的通力协作，规范涉及大学生创客创业政策制定主体的责任边界，加强大学生创客创业各相关政策制定主体之间的有效沟通；强化大学生创业能力输出前端、创业中端、创业成果产出终端各环节的集成整合。

80 基于WSBM的创新创业政策效度评估及优化对策——以江苏省"科技企业家培育工程"政策为例

张华、王慧敏、刘钢，《基于WSBM的创新创业政策效度评估及优化对策——以江苏省"科技企业家培育工程"政策为例》，发表于《科技管理研究》2016年第14期。作者张华时任河海大学商学院在读硕士研究生；王慧敏时任江苏省人才发展战略研究院企业人才研究中心主任、河海大学商学院副院长、教授、博士生导师；刘钢时任江苏省人才发展战略研究院企业人才研究中心副主任、河海大学商学院讲师。

进入"十三五"时期，中国经济进入新常态，呈现速度变化、结构优化、动力转换等特点。2015年中央经济工作会议指出推进供给侧结构性改革是适应我国经济发展新常态的必然要求。习近平总书记进一步用"加减乘除"四则运算布局供给侧改革，着重强调我国应以创新发展理念，挖掘经济发展新动力，开拓新空间，创造新产业，培育经济增长的"乘数因子"，以新产业的"几何式增长"推动经济发展。供给侧结构性改革需要创新创业制度环境、企业转型以及企业家创造精神的共同推动。

科技企业家作为企业的管理者与创新者,为企业提供技术支持与智力支撑,同时也为企业吸引更多的政策扶持。而企业为科技企业家提供管理平台与创新平台,是企业家赖以生存的发展环境。江苏省"科技企业家培育工程"政策以扶持科技企业为手段,以培育科技企业家队伍为目标,通过企业的创新创业发展水平来表征,其从制定、实施到生效是一个复杂的过程,复杂影响因素会使评估结果产生偏差。因此,针对江苏省"科技企业家培育工程"政策的具体现状,选取适合的评估指标与方法,系统科学地评估政策效度,对于总结与分析政策实践的经验教训,完善江苏省"科技企业家培育工程"政策具有十分重要的意义。

该文以江苏省"科技企业家培育工程"政策为例提出创新创业政策效度评估指标体系,基于政策梳理以及调研分析,首先从投入、产出两个角度,建立包括4个一级指标8个子要素的"科技企业家培育工程"政策效度评估指标体系;通过运用基于松弛变量权重的数据包络分析模型对江苏省"科技企业家培育工程"政策效度进行评估,其次利用熵权法与FAHP对各指标进行综合赋权,并从企业平台、区域以及行业系统分析政策实施现状,从企业平台、区域、行业三个角度探讨"科技企业家培育工程"的实施现状,最后提出优化江苏省"科技企业家培育工程"政策的对策。

81 创新驱动发展背景下的政府人才治理:内涵、发展困境及应对策略

刘忠艳,《创新驱动发展背景下的政府人才治理:内涵、发展困境及应对策略》,发表于《中国人力资源开发》2016年第17期,被引率为14次。作者刘忠艳时系河海大学在读博士研究生。

该论文提出政府人才发展治理概念,旨在通过发挥政府引导、市场导向、用人单位决定、社会参与、人才主动五位一体的多元化治理主体结构框架及其行动作为,来推进国家人才事业发展和人才全面可持续发展的治理体系。在该种"共治"范式框架下,政府扮演着元治理角色,并对人才事业发展提供宏观政策、引导、监督等职能;市场供需机制下的用才主体以及行业发展对人才的实际需求,以及人才个体对人才资本的供给充分决定人才资源配置。人才治理应以发展问题为导向的治理范式,针对人才发展过程中存在的问题,通过一套正式或非正式的制度安排来化解人才发展与经济社会发展之间的矛盾,优化人才资源配置,促进人才创新创业创造活力,其终极夙愿是实现人才自我价值和社会价值最大化、高度善治的统一。其中,推进人才治理目标达成的动力机制在于治理主体之间的内在关系机理的驱动。政府作为非市场组织,通过宏观政策供给、监督规范、法制保障等制度安排向人才及用人主体提供政策、制度、法律法规、财政资金、金融扶持、税费减免等资

源;社会主要通过社会团体、社会氛围向人才提供辅助资源;市场向人才发布行业需求信息,提供产业平台、中介服务等资源;用人单位为人才提供劳动报酬和员工管理等资源。最终,来自政府、市场、社会、用人单位四者所投入的资源共同有机组成一个积蓄多元化资源要素的资源池(Resource Pool)。通过资源池的激励、推动、共振作用于承载人才资本的个体人才,再经由人才对资源筛选、过滤、消化进而激发人才创新创造创业效能释放,并最终反作用并回馈于整个社会大系统。

政府人才规制由管理走向治理,在理念、范式、方法等方面发生了不同程度的革新。结合创新驱动发展战略实施的时代背景,提炼了人才治理的内涵、运行范式及特征。以问题为导向,诊断出当前我国政府人才治理面临着行政过度干预制约人才效能充分释放,导致人才治理高效化运行新格局难以达成;重人才"创新结果输出"轻"内生创新能力培育",致使人才发展治理路径依赖本末倒置;供给类政策工具推动势能强于需求类、环境类政策工具拉动和影响效应,诱发人才创新成果现实转化乏力等发展困境。据此,从重塑政府人才治理职能边界,优化人才发展领导体制;创新政府人才治理内容体系,克服政府人才发展供给短板;厘定"政府-X"的关系边界,建立网络化人才协同治理格局三个方面,推进人才发展治理体系和治理能力现代化建设。

82 全球高端人才流动和集聚的影响因素研究

王全纲、赵永乐,《全球高端人才流动和集聚的影响因素研究》,发表于《科学管理研究》2017年第1期。作者王全纲时任江苏理工学院商学院人力资源管理系副教授;赵永乐时任河海大学中央人才工作协调小组国家人才理论研究基地首席专家、水利部人力资源研究院副院长、中国(南京)人才发展研究中心常务副主任、教授、博士生导师。

迅速发展的现代科技对于高端人才的需求越来越高,因此高端人才的流动与集聚对于全球高端技术与信息化产业的发展有着至关重要的影响作用。立足于信息化、全球化的时代背景之下,高端人才的集聚以及流动趋势将会很大程度上引起金融中心及科技创新中心的变化。该文通过分析影响全球高端人才流动和集聚的关键因素以及未来的变化趋势,通过现有的条件来分析高端人才的集聚与流动现象趋势,并据此研究与分析我国相关方面的政策以加强高端人才的集聚。

文中提出全球高端人才流动和集聚影响因素有:(1)人才政策是高端人才流动与集聚的原始动因;(2)经济格局的变迁推动着高端人才流动与集聚;(3)社会综合环境最终决定高端人才流动与集聚的状况;(4)科技创新环境是高端人才流动与集聚的内涵性因素。该文采用多元回归法进行假设检验,由结果可以看出,城市规模、国家生产总值、政府投入引进资金、R&D研究政府资金、固定资产投资的回归系数均为正,说明对新常态下我国高端人才的流动与集聚的影响显著,高端人才的流动与集聚的趋势日益加强。

文中针对我国全球高端人才集聚和流动趋势提出对策建议:(1)培养高端人才,利用政策优势引进海外人才。政府一方面需要通过政策手段来培养更多的优秀人才，加大科学研发成本的投入，为科研教育提供足够的政策支持；另一方面要以优惠的政策来引进海外高技术人才，学习其先进的专业技术及管理模式，提高自身的专业水准。(2) 大力发展经济，站在经济格局的高端。对于全球性的高端人才的吸引离不开金融中心的作用，因此为了能够吸引更多的全球高端人才，需要不断发展国家的经济，形成新一代的世界金融中心。(3) 完善社会综合环境，为高端人才提供良好的工作基础。全球性的高端人才引进工程与我国的社会环境密切相关，因此需要切实根据国情不断营造本国良好的社会环境，为全球性的高端人才提供良好的社会环境基础。政府在引导人才引进时需要注重人才市场的培育与拓展，利用市场来拉动人才行业的发展，利用产业发展推动人才市场的需求，使两者达到动态平衡的状态。(4) 加强国家整体自主创新能力，激励高端人才不断持续创新。为了能够吸引更多的全球性的高端人才集聚，国家整体的科技创新与持续创新能力需要不断加强。我国在科技发展方面应该以创新体系为核心，完善知识技术的创新体系以及建立科研成果转化系统机构。自主创新是吸引全球性的高端人才的根本，只有创新才能发展与生存，通过不断自主创新吸引全球性的高端人才，继而掌握核心技术并辐射到其他领域形成特有的发展区域。

83 ISM框架下女性创业绩效影响因素分析——一个创业失败的案例研究

刘忠艳，《ISM框架下女性创业绩效影响因素分析——一个创业失败的案例研究》，发表于《科学学研究》2017年第2期，被引率为47次。作者刘忠艳时系河海大学博士研究生。

创业是个体成长和创造新价值的过程，是一项建立在资源匮乏可控基础上通过高度整合资源要素来寻求、识别、把握发展机会的创造性实务活动。女性创业在反贫困、提高女性地位和促进自我发展，乃至助推经济社会可持续发展方面发挥着举足轻重的作用。但由于女性创业者创业所选领域、发展阶段、创业资源禀赋等多方面的差异，存在创业存活率较低、创业活动科技含量偏低、资源支撑跟进时滞等诸多问题，致使公共创业政策未能更好地落到实处，一定程度上制约了女性创业者创新绩效的发展。

鉴于此，该论文基于解释结构模型(Interpretative Structural Modeling, ISM)的视角，结合德尔菲法对选取的文献资料进行梳理分析，选取影响女性创业者创新绩效的关键因素指标。采用解释结构模型原理，构建导致女性创业者创业绩效产生及发展的影响因素层级递阶结构模型，明确导致创业绩效发展的基础条件、关键性因素及重要标尺，以及创业绩效产生的路径。在此基础上，通过选取典型女性创业失败案例检验影响女性创业绩效的因素概念模型。研究发现，影响女性创业者创业绩效的综合因素作用机制的发挥呈现出阶段性特征,即在酝酿期(Ⅰ)、初创期(Ⅱ)、发展期(Ⅲ)、成熟期(Ⅳ)四个不同创业阶段女性创业者所面临的发展困境和重要议题略有不同,因此,对女性创业者创业绩效产生作用的各影响因素的作用发挥程度也会有所倾向和侧重。最后研究得出,政策支撑、经济发展水平、创业氛围、法规保障、传统思想、家庭关系等是影响女性开展创业行为和创业绩效的基础条件;追求独立、经济需求、个人成就的创业动机以及角色认知、个性特征成为女性创业者创业绩效的驱动性因素;中介服务、行业环境、进入时机在一定程度上会对女性创业绩效产生影响;女性创业者个人资本(决断力、敏捷性、抗风险能力、工作经验、技能水平)、网络资本(合伙团队人力资本、资金链财务资本)、创业管理(战略决策和资源整合能力)、持续创新能力是确保女性创业绩效保持高绩效的根源性因素;产品服务和企业形象的塑造、输出、维护成为影响女性创业绩效的重要标尺。

最后该研究提出,就政府而言,需要不断创新女性创业者政策、法规、公共服务的有效供给,做好项目发展引导和市场监管,引导社会形成尊重和鼓励女性创业的良好氛围。就女性创业者个人而言,需要不断提升自身心智,提高前瞻意识,扩大战略视野,推进自身知识结构再造,强化市场实践体验,统筹资源管理能力体系。由此从外部资源引入和自身核心竞争力建设两个层面来形成和提高女性创业绩效。

84 新兴产业企业家创业胜任力的构成体系研究——基于创业机会理论的探索性分析

黄永春、雷砺颖,《新兴产业企业家创业胜任力的构成体系研究——基于创业机会理论的探索性分析》,发表于《南京社会科学》2017年第2期。作者黄永春时任河海大学人事处副处长,人才工作办公室主任,河海大学商学院教授、博士生导师;雷砺颖系河海大学在读博士研究生。

我国于2015年提出了"大众创业、万众创新"的战略规划,旨在推进新兴产业的创新创业,化解经济新常态的发展压力,助推我国经济提量增效。然而,尽管我国创业者众多且创业活动较活跃,但多以生存型创业模式为主,且新创企业的存活率偏低。2015年《全球创业观察中国报告》显示,我国新创企业存活率不足5%。这是因为我国创业环境不够完善,创业政策较滞后,尤其匮乏胜任新兴产业创新创业的企业家。

企业家是创新要素的组合者,能通过不断的创新加速经济增长;并且高素质的企业家能敏锐地洞察创业环境的不确定性,善于获取和利用创业机会,善于发掘和利用创业资源,并且在创业过程中具有较高的战略领导能力,从而能加快新兴产业的创新创业。因此,我国亟须培养能把握新兴技术商机,并能推动新兴技术商业化的企业家。这是因为企业家是创新创业的推动者和协调者,其人力资本和社会资本不仅会影响创业战略的制定和实施,而且会影响创业资源的整合配置,从而影响企业家的创业绩效。例如,乔布斯凭借专业知识和敏锐的创新触觉,创立了苹果公司并领导其成为引领资讯科技和电子产品的标杆企业。

该文基于创业机会论,构建了新兴产业企业家创业胜任力的概念模型,并在南京、苏州、无锡进行了实证调研,旨在探寻新兴产业企业家创业胜任力的构成体系;进而根据四类胜任力要素的外显性特征和结构关系,构建了新兴产业企业家创业胜任力的金字塔模型;并探讨企业家创业胜任力对其创业机会识别、评估和开发的影响,为我国新兴产业企业家的培养提供理论指导。

研究结果表明:(1)新兴产业企业家的创业胜任力包括社会胜任力、职能胜任力、认知胜任力和心理胜任力;(2)新兴产业企业家的社会胜任力体现为企业家构建关系网络以及社会交流互动的能力,主要包括网络构建和交流沟通能力;(3)新兴产业企业家的职能胜任力体现为企业家的创业资源调配能力,主要包括组织管理、战略领导以及文化构建能力;(4)新兴产业企业家的认知胜任力体现为企业家的认知结构和认知模式,主要包括先验知识、概念能力、创新思维模式以及学习运用能力;(5)新兴产业企业家的心理胜任力体现为企业家的心理特征,主要包括风险倾向和创业情绪。基于此,该文提出,在经济新常态背景下,我国应基于新兴产业企业家创业胜任力的结构框架,制定供需匹配的政策供给,以推进我国新兴产业的创新创业。

85　创建世界一流学科　打造行业创新人才培养高地

徐辉,《创建世界一流学科　打造行业创新人才培养高地》,发表于《中国高等教育》2017年第15期。作者徐辉时任河海大学校长、教授、博士生导师。

创建世界一流学科,站在行业进步、科技发展和人才培养的最前沿。学科是大学建设的基础,是学校办学特色、办学水平的重要体现。顺应传统水利向现代水利转变、探索水利向水拓展、推进河向海延伸。建设世界一流大学和一流学科,是党中央、国务院作出的重大战略决策,为行业特色研究型大学跨越式发展提供了重要的历史机遇。以"双一流"建设为契机,行业特色研究型大学锐意创新、深化改革,主动面向国家、行业重大需求,面向经济社会主战场,面向科技前沿,推进与经济社会发展、行业进步和科技前沿的紧密衔接,开展学科交叉融合和广泛的协同创新,在某些学科领域或学科方向上达到世界领先水平,矢志成为行业创新人才的培养高地、解决重大问题的代言机构、未来科技的引领者、推动创新驱动发展的引擎。

一直以来,河海大学坚持以水利为特色,围绕行业办学,不断提升服务水利行业重大需求的能力,为国家培养了20余万行业技术骨干和建设人才,为葛洲坝、三峡、南水北调等世纪工程的论证建设、运行管理作出了重大贡献,逐步成为水利高层次创新人才培养的摇篮和水利科技创新的重要基地。"十三五"时期,学校将坚持特色发展,瞄准国家重大战略需求和科技前沿领域,围绕"顺应传统水利向现代水利转变、探索水利向水拓展、推进河向海延伸、加快国内向国际迈进"的发展思路,以解决水问题为核心,打造更多学科高峰,优化学科布局,创新学科组织模式,以土木工程、环境科学与工程、工商管理等传统优势学科为支撑,加强理科、人文社会科学学科与优势学科的交叉融合,实现若干优势学科具有国内领先水平,新能源、新材料、信息等新兴学科增长点取得突破。

当今时代,新一轮科技革命和产业变革加速演进,全球科技与经济格局正在发生深刻变化,科技创新成为提高社会生产力和综合国力的战略支撑。只有发挥特色优势,拓宽服务面向,行业特色研究型大学才能焕发出新的生机。以创建世界一流学科为引领,行业特色研究型大学加快走向世界一流。行业特色研究型大学建设特色型世界一流大学,关键是在某些学科领域或学科方向上领先,取得对全局性发展的引领作用,从而带动学校整体达到世界水平。深入推进内涵发展,行业特色研究型大学突出发挥优势、办出特色。

86 基于学历-职称的人才资本测算研究——以常州市为例

王全纲、张书凤,《基于学历-职称的人才资本测算研究——以常州市为例》,发表于《会计之友》2017年第17期。作者王全纲时任江苏理工学院商学院人力资源管理系副教授;张书凤时任江苏大学管理学院教师。

人才资本作为人力资本中较高层次的组成部分,是一国或地区经济发展的核心生产要素,也是经济增长的主要源泉之一。人才资本的传统测算方法主要参照人力资本的测算思路,以人才的学历为依据,采用受教育年限法进行测算。学历代表了人才的知识资本,职称反映了人才的技能资本。通过引入人才的职称因素,构建了人才资本测算的学历-职称法,并以常州市为例,从总量、结构和质量三个维度对人才资本的测算进行实证研究。

从国内外对人才资本或人力资本的测量方法研究的文献来看,主要从人才资本的投入角度、产出角度和产权角度等三个角度进行度量。上述人力资本的测算方法为本文从宏观层面测算人才资本提供了很好的借鉴,现实中由于我国关于人才工资、人才效益等方面统计的相关数据比较缺乏,工资法、收益法实施起来比较困难。成本法中现有的人才统计主要有人才学历和人才职称两方面数据。现有学者对人才资本的测算大多以人才学历数据为基础,采用学历指数法、人才受教育年限法进行测算。由于中专以下(不含中专)学历人才主要是以职称为评价标准,如果以学历评价,只能计算中专以下(不含中专)的受教育年限,显然不符合现实。因此,该文考虑同时以人才学历和职称为依据来测算人才资本,采用加权受教育年限法。采用常州市数据得到以下结论。

(1)学历-职称转化法是对低学历、高职称的人才,以职称层次相对应的学历来计算受教育年限的方法。在人才资本的测算中,职称和学历是两个重要考虑因素,本文建立了学历-职称转化法,调整了低学历-高职称人才的受教育年限。加权受教育年限的测算,宜采用分段加权求和的方法。

(2) 常州市人才资本总量呈现逐年上升趋势,由 2000 年的 8 420 712 人,上升到 2014 年的 29 133 571 人。通过计算可以发现,从 2000 年到 2014 年,常州市人才资本年均增长 9.27%。可见,常州市人才资本的总量规模呈现快速增长的趋势。

(3) 常州市高级人才资本比重呈现逐年上升趋势,由 2000 年的 7.61% 上升到 2014 年的 13.87%,平均每年上升 0.45 个百分点。而初级人才比重呈现逐年下降趋势,由 2000 年的 37.12% 下降到 2014 年的 19.35%,平均每年下降 1.27 个百分点。可见,常州市人才资本的层次结构呈现逐年优化的趋势。

(4) 常州市人才资本质量呈现逐年上升趋势,到 2014 年常州市人才加权平均受教育年限达到 31.34 年,人才平均素质相当于大学专科的水平,比 2000 年的 27.49 年提高 3.85 年,平均每年提高 0.275 年。可见,虽然常州市人才资本的质量逐年提升,但与发达国家和地区相比,常州市人才资本质量仍存在较大的提升空间。

87　提升实体经济企业人才竞争力

刘钢、过昕彤,《提升实体经济企业人才竞争力》,发表于《群众》2017 年第 13 期。作者刘钢时任江苏省人才发展战略研究院企业人才研究中心副主任、河海大学商学院副教授;过昕彤时系河海大学商学院在读本科生。

该文针对提升实体经济人才竞争力问题,以江苏省工业企业人才竞争力百强企业数据为例,构建了工业企业人才竞争力概念及其评估技术体系;系统分析工业企业人才竞争力的区域特征、行业特征、人才特征、投入特征、贡献特征、专利特征。通过分析江苏工业企业人才竞争力数据可以发现,我国实体经济企业人才竞争力普遍具有如下发展问题:(1) 产业链的人才布局不合理,引才意识不强。大量传统产业高端人才稀缺,引才意识不强,能力不强,甚至形成引才难、难引才、不引才的恶性循环。产业链的人才融合之路仍然漫长。(2) 企业创新缺失国际视野,研发意识不强。有的企业只注重短期经济效益的提升,而忽视了人才投入才是企业最大的投入。江苏工业企业人才竞争力 100 强企业合计国际 PCT 专利申请量 180 件,远低于国际企业。企业平均研发强度 3.5% 距离世界 500 强平均水平 5%～10%,仍有较大差距。(3) 企业人才激励和流动机制还不完善。在运用激励手段调动企业人才积极性方面,缺乏系统的制度建设,与绩效考评结果紧密挂钩的人才薪酬分配体系还未建立;在精神激励方面,企业人才创新创业业绩和奉献精神还未得到充分认可,宣传力度不够,缺乏有利于一大批企业人才脱颖而出的政策和环境。企业人才流动机制还不健全,善于企业经营管理的党政机关干部到企业工作机会太少,而企业之间、区域之间的人才交流也不多,没有完全形成市场配置人才资源的环境和氛围。工业企业人才创新环境建设不足，研发人员无研发能动性，尚未真正形成渴求人才、尊重人才、依靠人才的创新氛围，人才舞台不够宽广。

该文最后从江苏工业企业人才竞争力发展实践凝练提升我国实体经济人才竞争力的对策建议，如着力加强制度创新，推进人才发展与产业发展的深度融合；着力优化政策供给，提升企业引才用才能力；着力构建开放的市场平台，促进人才向企业流动；着力构建人才激励平台，注重激发企业人才活力。并进一步提出促进企业从"引、用、留"全过程强化人才强企能力，打造人才创新创造环境，真正形成渴求人才、尊重人才、依靠人才的创新氛围。

88 1978—2017年中国科技人才政策变迁研究

刘忠艳、赵永乐、王斌，《1978—2017年中国科技人才政策变迁研究》，发表于《中国科技论坛》2018年第2期，被引率百余次。作者刘忠艳时系河海大学博士研究生；赵永乐时任河海大学中央人才工作协调小组国家人才理论研究基地首席专家、水利部人力资源研究院副院长、中国（南京）人才发展研究中心常务副主任、教授、博士生导师；王斌时任西南大学政治与公共管理学院院长助理、西南大学MPA教育管理中心主任、教授。

科技人才政策是政府在特定时空背景下为促进科技人才发展，提升科技人才驱动经济、科技、文化等发展的效能而采取的行为准则和制度措施。面对经济发展新旧动能转化的现实情形，不得不深入思考现有科技人才政策体系是否能够持续有效促进科技人才成长，是否能够满足创新驱动发展战略深入实施对人才驱动发展的期待和需求，是否需要推进政策体系变革和创新来驱动科技人才创新创造创业发展。基于此，该文采用政策文献计量和内容分析法，回溯1978—2017年国家层面科技人才政策内容演变的历史场域和路径依赖，全面认知各阶段科技人才政策所反映的结构性和规律性的整体"世界"，形塑政策演进逻辑所潜藏的可择方案，剖析政策演进过程中政策设计及其内容供给存在的偏狭，探寻科技人才政策创新完善的着力点和突破口。

该文采用文献计量和内容分析法，以1978—2017年国家层面发布的625条科技人才政策为研究，借鉴Mcdonnell等人的权威、能力建设、激励、系统变革和劝诫5种类型的政策工具思想，来展开政策文本工具分析，以重大事件为时间节点，对科技人才政策演进的历史轨迹、发文主体、阶段性政策要点以及政策工具进行系统解析。研究发现，改革开放以来中国科技人才政策体系历经恢复调适、初步确立、积极推进、深入推进、全面创新治理五个阶段，政策数量整体呈现递增态势；形成以科技部、财政部、教育部为高发文量的主体结构网络体系；政策工具由权威、劝诫为主导逐步向能力、激励、系统变革类工具演进；政策着力点与各阶段面临的形势和发展需求呈现出高度的耦合性，政策传递、创新、扩散得以深入推进；科技人才政策体系供需结构矛盾突出，长期滞后于社会经济、用人主体以及科技人才的发展需求。

该研究提出：一是调整科技人才政策的激励扶持的结构力度，在现有科技人才激励措施倾向应用领域的基础上,加大对基础性研究领域科技人才的激励和扶持力度,确保科研人才能够有动力和有条件自觉进行研究周期长和探索性强的基础性科研项目,提高自主创新研发的内生动力;二是借助高等教育改革和人才发展体制机制改革契机,推进科技人才培育制度的创新和完善,强化科技人才创新意识、创造实践能力培育;三是在政府新型决策智库建设的背景下推进用人主体、科技人才参与科技人才政策设计的话语体系构建,展开必要性、实质性的重大科技人才政策的需求调研和论证,促使企业真正成为集聚和用好用活科技人才的重要载体;四是采取立法手段构建科技人才法治制度体系,逐步完善科技人才财产、专利、知识产权保障制度,适时出台单项科技人才法律法规,推进立法进程,加大执法力度,补足科技人才合法权益法制保护薄弱和执行缺位的真空。

89　海归学者的跨国资本本土化及其效果评价研究

　　李峰,《海归学者的跨国资本本土化及其效果评价研究》,发表于《华侨华人历史研究》2018年第2期。作者李峰时任河海大学公共管理学院副教授。

　　跨国资本本土化是海归学者通过文化再适应克服"逆向文化冲击",最大化地利用其跨国资本,最终实现跨国资本价值的过程。在跨国资本本土化过程中,跨国资本的移植和扩散是最主要的两个环节。其中,跨国资本移植,是指海归学者将其在海外获得的跨国人力资本和跨国社会资本移植到国内并发挥作用的过程。跨国资本的移植程度直接关系到跨国资本的本土化效果。一般来说,跨国资本的完全移植有利于实现跨国资本效用最大化。与此同时,为了更好地发挥海归人才的引领作用,跨国资本扩散也是本土化过程中的重要环节,海归学者往往通过授课、研究生培养、科研合作、学术机构管理等活动将自身跨国资本"传递"给学生、合作者、同事等国内相关者,实现跨国资本的扩散过程。通过此扩散过程,其他国内相关者也可以间接利用海归学者的跨国资本,实现自身人力资本的增值。显然,跨国资本的移植程度直接影响到它的扩散效果,移植程度越高,可能产生的扩散效果也越好。从跨国资本本土化的过程来看,要实现跨国资本的最大化利用,不仅需要最大限度地移植跨国资本,还需要通过跨国资本的扩散最大限度地发挥跨国资本的辐射作用;从跨国资本本土化的最终结果来看,跨国资本价值不仅体现在海归学者自身人力资本的增值上,还体现在与海归学者有联系的其他国内相关者的人力资本增值上。

　　因此,该文将海归学者跨国资本本土化的概念界定为:海归学者通过跨国资本的移植和扩散,实现自身及其他国内相关者人力资本增值的过程。海归学者跨国资本本土化效果的评价,首先应遵循特殊性原则,立足于跨国资本的特殊性以及海归学者开展科研活动的动机和行为的特殊性,与科技人才、科技人力资本的通用评价方法相区分。其次,本土化效果评价应是一个综合性、系统性评价,兼顾本土化过程评价和结果评价,即不仅要对海归学者及国内相关者的人力资本增值结果进行评价,还应抓住本土化过程中的关键环节,注重对跨国资本的移植程度和扩散效果进行评价。基于此,本文从跨国资本本土化的过程和结果视角出发，提出了跨国资本本土化效果的"移植—扩散—增值"评价框架。海归学者跨国资本本土化效果的评价归根结底是对科技人员的评价，因此在评价过程中还应遵守科技评价、人才评价中的基本准则，充分考虑学科差异、引进前和引进后差异等学者个体差异，坚持定量评价和定性评价相结合的原则。

90　基于框架分析法的高校高层次人才薪酬激励模式创新研究

　　张宝玲、吴方、王济干，《基于框架分析法的高校高层次人才薪酬激励模式创新研究》，发表于《江苏高教》2018年第5期。作者张宝玲时任中国药科大学学工处处长，博士；吴方时任中国药科大学国际医药商学院副教授，博士；王济干时任江苏科技大学党委书记、水利部人力资源研究院常务副院长、河海大学商学院教授、博士生导师。

　　在经济全球化、人才国际化时代，有效吸引和激励高层次人才是提升国家核心竞争力和创新实力的重要举措及实现途径。以"激励"为基本内容，高层次人才制度体系建设经历着密集的调整与优化。围绕着高层次人才特征、薪酬体系、激励机制等问题，学术界开展了大量研究，产生了丰富的理论成果。

　　该文认为，依据高层次人才个体和工作特征分析有助于了解其需求及其行为表现。较高的学术造诣、广泛的知名度、高度的自主倾向和自由独立性、创新能力等是高层次人才价值维度必不可少的内容。薪酬水平是高校对高层次人才吸引力的重要因素。目前，高校在年薪水平、科研条件、团队建设等方面为高层次人才出台了许多优惠政策，建立涵盖非经济性薪酬、福利、延期收益、内在薪酬等的总体薪酬体系，却存在着政策"激励官本化""重引进轻自主培养化""项目碎片化"等问题，从而忽视了薪酬的规范性、公平性和激励性，造成高校高层次人才引进的镂空化、消极化、集中化与高端化。

　　鉴于此，该文通过对北京大学、清华大学、南京大学、中山大学、南开大学、东南大学等高校21位高层次人才管理资深专家，并在以上高校中选择了20位高层次人才进行半结构化访谈，厘清高校高层次人才薪酬激励现状及其要素，并采用框架分析法研究薪酬要素与激励效应的关联，最后构建高校高层次人才薪酬激励塔形模式并提出具体制度保障。研究结果表明，高层次人才薪酬激励维度主要可以从获取报酬、与组织间的亲密关系、理解或探索欲满足和公平性感知等4个方面进行阐释。薪酬激励效应可分为工作参与度、工作满意度、工作投入度和离职意愿4个方面，任何薪酬政策的制定都要以满意为前提，工作参与度、工作投入度是取得高工作绩效的重要依托，离职意愿则是人才流动的重要动机，也是重要的负激励效应体现。因此，该文认为可以从包容与自治并举、物质与精神并重、支持与激励并行、减压与约束并用等4个方面切入，从而提升高层次人才的激励效应，对发挥高层次人才在"双一流"建设中的引领带动作用具有重要的现实意义。

91 从特色到优势:进一步提升我国人才制度体系的全球竞争力

赵永乐,《从特色到优势:进一步提升我国人才制度体系的全球竞争力》,发表于《南京社会科学》2018年第6期。作者赵永乐时任河海大学中央人才工作协调小组国家人才理论研究基地首席专家、水利部人力资源研究院副院长、中国(南京)人才发展研究中心常务副主任、教授、博士生导师。该文由中央人才工作协调小组办公室2016年下达的全国人才理论研究基地研究项目"构建具有全球竞争力的人才制度体系研究"研究报告改写而成。该项目由河海大学中央人才工作协调小组国家人才理论研究基地和中国(南京)人才发展研究中心承担,赵永乐负责并执笔。在研究过程中,叶南客、张宏如、张新岭、李海东、张书凤、卢愿清、王勇、陈培玲、刘忠艳等多次参与研讨。

党的十九大报告将习近平新时代中国特色社会主义思想概括为"八个明确",其中第四个"明确"就是"明确全面深化改革总目标是完善和发展中国特色社会主义制度、推进国家治理体系和治理能力现代化"。十九大报告又指出,"人才是实现民族振兴、赢得国际竞争主动的战略资源"。结合学习习近平总书记就深化人才发展体制机制改革所作出的重要指示"加快构建具有全球竞争力的人才制度体系,聚天下英才而用之",深感进一步提升我国人才制度体系全球竞争力是新时代交给我们的具有深刻理论意义和深远战略意义的重大课题。

综合国力的竞争说到底是人才竞争,人才竞争的背后则是制度的较量。完善和发展我国的人才制度是完善和发展中国特色社会主义制度不可或缺的重要组成部分,不仅是深化人才体制机制改革的目标,也是实现全面深化改革总目标不可或缺的重要组成部分。判断我国人才制度是否得到完善和发展的重要标志就是要看我国是否建成具有全球竞争力的人才制度体系。因此,进一步提升人才制度体系的全球竞争力,是夺取新时代中国特色社会主义伟大胜利的重大现实要求。

全文分为四大部分。第一部分是"价值意蕴:新时代中国人才制度体系的应有之义"。该文认为,构建具有全球竞争力的人才制度体系是应对提升全球竞争力的科学回应、全面深化改革的目标要求和加快建设人才强国的战略需要。第二部分是"内在逻辑:我国人才制度体系的特色优势"。该文指出,我国人才制度体系是中国特色社会主义制度体系的重要组成部分,"中国特色"是我国人才制度的鲜明特色,"党管人才"是我国人才制度的最大优势。第三部分是"外在透视:我国人才制度体系的全球竞争力"。该文在分析全球的人才竞争态势和中美人才竞争力比较的基础上,对我国人才的全球竞争力进行了分析,指出我国人才全球竞争力的长处和短板。第四部分是"路径策略:进一步提升人才制度体系全球竞争力"。该文提出我国提升人才制度体系全球竞争力的基本思路,进而提出培育和加强人才生产的全球竞争力、凝聚和增强人才吸引的全球竞争力、塑造和提升用人主体和高层次人才的全球竞争力、推进人才治理体系和治理能力现代化四条应对策略。

92 Relationship between Dual Innovation Ability and Scientific Research Performance of High-level Talents in Colleges and Universities

潘运军,"Relationship between Dual Innovation Ability and Scientific Research Performance of High-level Talents in Colleges and Universities",发表于 Educational Sciences:Theory & Practice(SSCI 收录)2018 年第 6 期。作者潘运军时任南京工业大学人事处副处长、副教授。

高校高层次人才作为高校科技创新的重要主体,是国家科技创新体系中最重要的战略资源之一,发挥着科技创新主力军的作用。高校高层次人才的创新能力可以用双元创新来描述,双元创新能力包括探索式创新与利用式创新。高校高层次人才的双元创新能力如何作用于科研绩效,如何获得促进效果都值得深入探讨。

该文第一部分对双元创新能力和科研绩效的内涵进行了解答,对二者之间的关系提出假设,并确定了该研究的概念模型。该文第二部分根据以往文献中对于高校高层次人才双元创新能力与科研绩效的相关表述设计了调查问卷,并对研究变量测量和样本选取进行了说明。该文第三部分通过项目分析、同质性检验、探索性因子分析、信度分析、相关分析对双元创新能力和科研绩效的关系进行了实证分析。通过合理假设与实证研究,得到如下结论与启示:

(1)高校高层次人才双元创新能力的两个维度即探索性创新能力、利用性创新能力与科研绩效,存在显著的正相关关系。这说明科研绩效产生是高校高层次人才双元创新能力发挥作用的过程。在高校高层次人才科研绩效产生过程中探索性创新、利用性创新能力的应用都将起到影响作用。

(2)高校高层次人才双元创新能力与科研绩效的两个维度即主观科研绩效、客观科研绩效,存在显著的正相关关系。高校高层次人才从主观能动上提升科研绩效主要的驱动力在于双元创新,同时客观上科研成果的提升也离不开双元创新能力的提高。

(3)高校高层次人才的双元创新能力与科研绩效总体显著相关。高校想要获取科研竞争优势,就需要把握机会,高水平发挥高层次人才的双元创新能力,迅速对产出的科研成果进行发展与深化。

该研究对于中国情境下高校高层次人才双元创新能力与科研绩效提升具有一定的启示作用。首先,应加快建立健全高校高层次人才科研绩效评价体系。通过科学的绩效评价体系,高校可不断调整高校高层次人才的结构和研究方向,并不断提升高校高层次人才的服务工作水平。其次,构建适合中国高校实践的双元创新管理模式,推动高校高层次人才科技创新出现井喷状态,进而提升高校的科研创新竞争力。最后,高校教育主管部门制定高校高层次人才扶持政策时,应依据高校高层次人才科研绩效的提升途径,有针对性地提供人才政策与保障。

93 "双一流"视角下高校管理人才队伍建设的思考

唐洪武,《"双一流"视角下高校管理人才队伍建设的思考》,发表于《国家教育行政学院学报》2018年第9期。唐洪武时任河海大学党委书记、教授、博士生导师。

"双一流"建设需要构建和完善大学治理体系。2015年10月24日国务院印发的《统筹推进世界一流大学和一流学科建设总体方案》的总体目标中强调,"双一流"建设要"加快高等教育治理体系和治理能力现代化"。高校管理是高校治理体系中的重要环节,开发好管理队伍的人力资源能够极大加快"双一流"建设的进程。如何做好高校管理,为高校管理队伍的发展提供战略思考并予以实施是当前"双一流"建设不可回避的课题。

该文指出,一流的大学需要一流的高校管理队伍,要注重高校管理队伍在"双一流"建设中的战略地位,因为发挥管理队伍作用是全面加强党的领导的必要途径,在"双一流"建设的实践中要充分发挥管理人才的作用,并且在考核评价上体现"管理人员也是人才"。总之,高校在"双一流"建设中应树立"管理人员也是人才"的理念,激励管理人员成为"双一流"建设的主角。这是全面加强党的领导、党管人才的内在要求。

国际化是当今高等教育发展的潮流,也是世界一流大学办学成功的标志之一。国际化是从全球的角度服务高等学校的教学、研究和服务等诸项功能的过程,这种过程离不开高校管理的国际化。因此该文认为管理人员须拓宽国际视野,善于国际比较,善于服务高校国际化,高校要提供平台支撑。通过国际比较,管理人员能清晰看到自家学校与国际一流大学的差距,能准确把握当今全球高等教育发展的规律,能紧跟高等教育发达地区高校学科发展的潮流,能吸取服务学校国际化的经验。高校要注重拓宽管理队伍的国际视野,提升管理队伍的能力,从而促进国际化人才培养、科学研究等的体制机制创新,激发国际化的活力,提高学校的国际化水平。另外,管理人员还应拥有中国情怀,牢记"双一流"建设初心,为提升中国的国际影响力和话语权作贡献;拥有文化自觉和制度自信,体现中国情怀的大学气质、内涵和勇气,主动成为文化传承的组织者和推动者。

94 高校创新人才培养绩效评价及对策研究

李娜、宗晓卫,《高校创新人才培养绩效评价及对策研究》,发表于《中国大学生就业》2018年第19期。作者李娜时任河海大学公共管理学院党委副书记、副教授;宗晓卫时任河海大学公共管理学院辅导员、讲师。

人才培养是高校的根本职能,在知识经济迅猛发展的今天,培养具有创新能力的高素质人才也是高校的教育要务。目前大学生创新人才培养已取得了阶段性的成绩,但创新人才培养质量仍不能满足社会发展需求。高校要以对于创新人才培养现状进行有效评价为前提,进一步研究创新人才培养的对策。

该研究梳理了关于人才成长规律以及关于创新人才素质或发展方面的指标体系的文献,结合调查研究,并利用层次分析法,设计了考核指标并依此构建科学、有效、可行的人才培养现状评价体系;结合模糊综合评价法,量化各项指标并进行评估,得出较为客观合理的评价等级,以期为高校创新人才的培养提供有价值的决策咨询建议。

该研究设计高校创新人才培养的绩效评价指标体系,根据德尔菲法、层次分析法(AHP)和模糊综合评价法,确定各指标权重,选取有效样本,对创新人才培养现状开展评价,该研究考核指标的设定,内容上涵盖了高校开展创新人才培养工作的基本内容,较为全面和系统。同时,该研究通过对 14 个具体指标进行提炼,结合问卷调查的结果,将影响高校创新人才培养效果的因素归为以下三大类:学术层面因素、管理技术层面因素、创新创业文化环境。在该研究测评过程中,不同高校反映出的问题会有所差异,因此作为创新人才培养的受众,学生对于该绩效的打分,可以作为高校创新人才培养考核与评比的重要参考。通过对测评结果和相关数据资料的分析,及时发现问题、总结经验,并适时调整相应制度和措施,可有力推动创新人才培养的科学性。通过该研究的方法能对高校创新人才培养现状进行有效测评,以促进高校的培养工作并作出针对性改进。

该文的研究结论对高校创新人才培养有重要的实践启示,主要体现在以下几个方面。首先,丰富创新类教育教学活动载体,加大创新类实践活动、实践基地的参观等应用型活动的组织力度,合理规划创新类竞赛活动来培养学生的创新思维,提升创新能力。其次,建立科学合理的分阶段激励机制,从学分制、荣誉表彰、奖学金等政策中,体现学校对创新能力提高的关注度,建立创新成果转化机制,帮助学生把创新成果推向市场,实现社会价值。再次,加快硬件资源配备,如提高专项资金供给、建设专门的创新科研实验室、建立创业孵化基地等。最后,加强专业教师指导,一方面,学校要提高教师队伍的创新意识,把创新指导融入课堂;另一方面,要增加专业的创新类指导教师。

95 政策契合、资源整合与创业能力——高层次科技人才案例扎根研究

陶卓、潘运军、李培园、杨静,《政策契合、资源整合与创业能力——高层次科技人才案例扎根研究》,发表于《科技进步与对策》2018 年第 8 期。作者陶卓时任南京邮电大学讲

师;潘运军时任南京工业大学人事处副处长、副教授;李培园时系河海大学在读博士研究生;杨静时任南京工程学院经济与管理学院副教授。

我国经济进入新常态,高层次科技人才成为区域经济中科技创新创业的生力军。高层次科技人才不仅在科技领域具有精湛的学术造诣,还掌握着诸多亟待转化为生产力的科技成果。面临经济增长速度放缓、市场竞争日趋激烈等现实困境时,高层次科技人才的创业过程往往步履艰难,创办的企业规模较小,导致生存空间狭窄。高层次科技人才想要迈开创业步伐,其创业能力的高低成为决定其创业成功与否的关键因素。该文认为将资源依赖理论与创业行为学观点进行整合,可为提升高层次科技人才创业能力提供一条有效路径。

该文主要通过分析高层次科技人才创业过程与区级政府扶持政策实施之间的情境与关系,以期打开高层次科技人才创业能力提升路径中的"黑箱",探寻高层次科技人才契合政策、资源整合与创业能力之间的影响路径。论文主要研究了三位高层次科技人才契合区级政府人才政策,获取区级政府政策扶持,再将自身创业资源与政策资源进行整合,从而提升自身创业能力的案例。

该文发现高层次科技人才提升其创业能力,可经过契合政策,再进行资源整合,整个过程可从三个方面来概括。首先,高层次科技人才获得区级政府的扶持政策资助;其次,获得资助后,高层次科技人才将创业资源与政策资源进行整合;最后,高层次科技人才创业能力得以全面提升。具体来说,高层次科技人才契合区级政府人才政策,通过需求识别到政策获取,再到扶持匹配,最后到资助申报这样一个过程得以完成;而将创业资源与政府资源进行整合,则是在高层次科技人才获得区级政府人才政策资助后,经过配套投入、资源优化、约束突破三个步骤得以实现。最终,高层次人才的创业能力提升还应主要在三个方面下功夫,主要是控制能力、突破能力及占位能力。基于以上分析,论文最终构建了高层次科技人才创业能力提升路径的理论模型,高层次科技人才创业过程中可通过契合区级政府人才政策获取政策扶持,将自身创业资源与政策资源进行整合,从而大幅度提高自身创业能力。

96 南京充分发挥市场在构建全球竞争力人才制度体系中的决定作用

郭祥林、贺雪艳,《南京充分发挥市场在构建全球竞争力人才制度体系中的决定作用》,发表于《人才研究》2019年第五辑。作者郭祥林时任河海大学后勤管理处处长,研究员;贺雪艳时任河海大学人事处师资科科员。

该文系统地梳理了近年来南京市人才制度体系建设现状,归纳了南京市在人才制度体系建设方面政府重视、政策多样、特色不明、效果可圈的基本认识。分析出南京人才制度体系建设党管人才、全方位实施人才环境优化工程的两个优势和市场在构建具有全球竞争力的人才制度体系建设过程中作用发挥不到位、南京市人才制度措施碎片化现象较为明显的两个不足。

在此基础上,总结、归纳、提炼了南京人才制度体系中市场作用存在的问题:一是计划特色明显,南京市人才制度计划大多以人才数量目标为人才制度体系建设目标,其目标不是建立在市场需求基础上,而是带有明显的计划经济指标特征。二是市场作用偏离,未完全将企业引才的评价权交给企业主体。市场功能作用偏离,未充分发挥市场机制作用。三是整合效应欠缺,各人才政策之间缺少联动机制,人才链、创新链、产业链、资金链衔接不够紧密,人才结构、产业结构和城市功能缺少有效互动。四是效能转化欠佳,南京面临"创新多、创业少,科研多、产业少,专利多、产品少"的结构短板,科教资源丰富,但科教人才的创新成果难以产品化,创新成果与产业发展对接不紧密,对创新的助力作用较弱,在科教人才效能的转化方面缺少明确的政策指引。

该文提出南京充分发挥市场在构建全球竞争力人才制度体系中的决定作用,需要深化人才体制机制改革,加快转变人才管理方式,厘清政府与市场的关系,使市场在人才资源配置中起决定性作用,更好发挥政府作用,构建科学规范、开放包容、运行高效的人才发展治理体系,形成具有国际竞争力的人才制度优势。具体的对策建议是:(1)加快政府职能转变,人才管理工作的主动权主要还是在政府,政府起了主导作用,改革就是要变革政府的行政行为,转变政府的管理职能,调整政府的管理方式,减少政府对人才资源的直接配置,措施包括聚焦产业集群吸引人才集聚、提升服务保障加速人才集聚、强化效能转化激发人才活力、改革管理机制强化人才合力等。(2)发挥市场决定作用,要激发用人主体活力,发挥市场的供给、价格和竞争机制的作用,突出市场导向,走市场驱动的人才创新之路,措施包括做到需求产生依赖市场、人才选择依靠市场、效能转化依托市场、优胜劣汰依据市场等。(3)强化人才制度体系创新,归纳起来就是"四个创新",包括坚持理念创新、坚持功能创新、坚持措施创新、坚持内容创新。

97 When international mobility meets local connections: Evidence from China

李峰、唐莉,"When international mobility meets local connections: Evidence from China",发表于 *Science and Public Policy* 2019 年第 4 期。作者李峰时任河海大学公共管理学院副教授;唐莉时任复旦大学国际关系与公共事务学院教授。

该论文以 1999—2015 年间 1 447 名自然科学和工程技术领域＊＊＊＊特聘教授的履历信息为分析数据,探讨了不同海外经历形成的跨国资本与回母校工作形成的本土关联对科研人员职业发展的影响。论文采用了泊松回归分析方法,将科技人才从博士毕业至获得＊＊学者称号的间隔时间作为职业发展速度的代理变量,将跨国学术流动、本土关联作为解释变量,将＊＊学者批次、任职高校地位等作为控制变量。

研究发现:(1)不同类型的海外经历对高层次人才职业发展的作用存在异质性。单一的海外博士留学经历和单一的海外访问经历均不利于加快职业发展,而海外博士留学经历与其他海外经历复合才有助于缩短入选高层次人才计划的时间。(2)本土关联对入选高层次人才计划有加速效应,并且学术人才拥有的本土联系越强,则越快获聘＊＊学者。(3)相对于出国"镀金"来说,选择滞留母校发展似乎是一个更优选择。获得海外博士学位后回到母校工作的海归人才比一直在国内母校工作的本土人才在入选人才计划的时间上要慢两年半左右。海归的回国适应、本土关联的筛选效应、出国"镀金"的机会成本等因素可能是上述研究结果的诱因。

该论文发表在科技政策领域国际知名期刊 *Science and Public Policy* 上,已累计被他引19次。论文对我国科技人才发展现状的科学评价和人才引进、人才培养等方面的政策改进具有重要意义。2020年1月16日,国际著名期刊 *Nature* 在焦点新闻栏目(News in focus)以"Chinese academics who work abroad are slower to win major honour"为题报道了该论文。清华大学董洁林教授评价,该论文佐证了中国需要对科研文化问题进行改革;宁波诺丁汉大学曹聪教授评价,该论文说明了早年我国本土培养的科学家相较于海归科学家有一定的学术竞争力。此外,该论文还被知识分子、科学网、科研圈等多个有影响力的公众号报道或转载,累计阅读量超十五万,在学界和社会各界引起了深入讨论。

98 河(湖)长制推进水生态文明建设的战略路径研究

田鸣、张阳、汪群、王宏鹏,《河(湖)长制推进水生态文明建设的战略路径研究》,发表于《中国环境管理》2019年第6期。作者田鸣时任河海大学商学院讲师;张阳时任河海大学商学院教授、博士生导师;汪群时任常州工学院副校长,河海大学商学院教授、博士生导师;王宏鹏时系河海大学商学院在读博士研究生。

建设生态文明是中华民族永续发展的千年大计,其中,水生态文明是生态文明的重要组成部分。随着党的十九大报告中作出"加快生态文明体制改革,建设美丽中国"的重要指示,水生态文明建设进入了深化体制改革的新时期。河(湖)长制因其根植中国国情,创造性地将环境目标责任制与行政首长负责制在河湖治理领域有机结合,有效破解了长期困扰中国的"多龙治水"难题。但是,从河(湖)长制提出以来,学界都对其"人治化""运动式""功能泛化"的特征感到担忧,对其能否长效助力水生态文明建设提出质疑。实践中则囿于上下级责任推诿、跨部门协调困难、治理效果遭遇瓶颈等现实问题,对发展方向和工作重点存在疑惑。究其原因,未能厘清河(湖)长制推进水生态文明建设的战略路径是现阶段理论界和实务界面临的相同难题。

该文在吸纳日本琵琶湖—淀川流域治理成功经验的基础上，结合已出台的相关政策、法规与规划，进一步提出了河（湖）长制推进水生态文明建设的战略路径，并针对每个阶段的工作重点提出河（湖）长制实施的建议，为河（湖）长制从"有名"向"有实"稳步前进提供理论支撑。

第一阶段的首要重心应当放在由组织体系、制度体系、评价体系、保障体系等共同组成的河湖治理体系的建设上。通过"政府→治理体系→政府"的治理体系构建回路，促进有针对性的制度和政策出台；通过"政府→治理体系→多元主体→政府"的治理体系优化回路，形成多元主体的积极反馈，以切实解决治理体系建设中的问题。

第二阶段河（湖）长将不再作为"交办"主体开展工作，而应承担监督和协调的重任。推进产业、科研机构及高校发挥各自主体作用，通过市场与科层共同提高执行力、效率并降低成本，通过科层与网络共同监督治理效果，逐步构建出"政、产、民、文、学"监督驱动、"政、金、产、政"工程项目驱动、"政、研、学、产"科技驱动和"产、研、金"经济转型驱动等多种驱动回路。

第三阶段河（湖）长制不再只是一种制度创新，更是绿色发展文化风貌的实际表现，"政、产、学、研、金、文、民"多主体以河（湖）长为中心，科学技术与法律制度以和谐水文化为统领，在以"德治"为核心的多中心治理模式下，形成绿色发展方式、绿色生活方式和环境公民社会。

99 区域人才集聚与活力激发的路径探析

袁兴国，《区域人才集聚与活力激发的路径探析》，发表于《中国人事科学》2019年第7期。作者袁兴国时任徐州工程学院徐州创新创业教育学院副院长，江苏省"333工程"科学技术带头人，中国人才研究会理事，江苏省人才学会常务理事，江苏省创业服务协会常务理事，博士、研究员。

该文认为，进入新时代，我国发展的基本理念进入了全新的境地，人才工作及人才学科的发展也进入了崭新的发展阶段。习近平总书记高屋建瓴，多次专门阐述人才发展的新理念、新要求。人才发展的体制机制的顶层设计日趋科学性和系统性，各级政府对人才引领发展的重要性认识日益提升，人才学科的建设与发展也日新月异。一个区域人才集聚的数量和质量对一个区域经济社会发展起到至关重要的作用。

该文通过对国内外人才集聚案例及其规律的研究分析与梳理，认为：人才集聚不仅可以实现人才自身的价值，而且还会产生集聚效应，从而获得先行发展的机会，促进社会、科技、经济等方面持续高效发展。因此，人才集聚有着不容忽视的作用。但如何吸引人才、集聚人才，不仅与当地的社会经济环境有关，还与人才集聚的模式有着密不可分的关系。经过梳理，该文认为目前已有的人才集聚典型模式有3种，并重点总结市场主导型和政府主导型人才集聚的作用模式,尤其对政府主导的人才集聚模式进行了分析评价。认为这种模式一般在市场经济发展不够充分、市场机制不太健全的发展中国家如中国、印度等国家较为普遍。区域经济发展的内在动力不足,完全依靠自身和市场机制的作用很难在短期内创造出足够的条件来实现特定的人才集聚。所以人才集聚需要依靠政府的帮助来完成,政府的引导很关键。这也是我们国家在人才发展的实践过程中不断积累的宝贵经验。

该文接着从影响人才集聚的要素分析,结合区域发展环境中经济、区位、文化、政策和制度几个要素对人才集聚影响的分析,探索性地提出了区域人才集聚与活力激发的八条路径:(1)实施人才工程引进人才;(2)提升国际人才吸引力;(3)出台配套政策保障人才引进;(4)以产学研模式培育人才;(5)加快本土人才国际化发展;(6)建立以知识价值为导向的分配制度;(7)营造人才使用良好环境;(8)构建人才集聚平台。该文论证的问题凸显了当前人才发展实践中的实际问题,具有一定的现实意义。提出的解决问题的思路具有一定的借鉴价值。

100　创业政策与创业模式匹配对创业绩效影响机制

黄永春、陈成梦、徐军海、黄晓芸,《创业政策与创业模式匹配对创业绩效影响机制》,发表于《科学学研究》2019年第9期。作者黄永春时任河海大学人事处副处长、人才工作办公室主任,河海大学商学院教授、博士生导师;陈成梦时系河海大学商学院在读博士研究生;徐军海时任江苏省社科联社科研究中心主任,副研究员;黄晓芸时系河海大学硕士研究生。

我国经济已由高速增长阶段转向高质量发展阶段,创新作为拉动经济增长的新引擎,有利于新时代我国实现经济的转型发展。因此,在"大众创业、万众创新"的战略举措提出后,习近平总书记在十九大提出"激发和保护企业家精神,鼓励更多社会主体投身创新创业",旨在充分激发创业活力,促进经济的高质量发展。鉴于此,近几年国务院陆续出台鼓励创业的政策文件,旨在引导创新要素向创业者聚集。由此,我国国民的创业热情高涨,创业活动在全球经济体中处于活跃状态。例如,2017年全球创业观察(GEM)报告显示,中国的早期创业活动指数为9.87%,高于日本、英国等发达国家。

尽管我国创业活动在全球经济体中处于活跃状态,但我国的创业成功率较低。这是因为:一方面,我国缺乏胜任创业机会开发与利用的创业者;另一方面,我国现有的创业政策供给不够体系化、精准化,供需匹配度不高。因此,我国应结合异质性创业者的胜任力特征,采取差异化、针对性的政策扶持。

该文以上海、南京、苏州、杭州、深圳等城市初创企业的创业者为调研对象,借助MOS模型,以"供需匹配"为视角,探究了创业政策与创业模式的匹配对创业绩效的影响机制。在此基础上,运用独立样本t检验方法和多元层次回归分析方法,实证研究了异质性创业政策与三类创业模式匹配对创业绩效的影响机制。

研究结果表明,动机激发、机会增加和技能培育创业政策对生存推动型、机会拉动型和创新驱动型三类创业者的创业绩效具有异质性影响。具体而言:(1)动机激发和机会增加政策有助于提升生存推动型创业者的自我效能感,为其提供更多的创业资源和机会;(2)动机激发和技能培育政策有助于增强机会拉动型创业者的创业自信心,提升其专业知识和实践技能;(3)机会增加和技能培育政策对创新驱动型创业者的创业绩效具有显著作用,有助于扩展创新驱动型创业者的社会关系网络,提升其组织管理水平。鉴于此,该文提出,政府应采取异质性的创业政策供给措施,即关注生存推动型创业者的动机激发和机会增加,加强机会拉动型创业者的动机强化和技能培育,侧重创新驱动型创业者的技能提升和机会增加,由此提高我国创业政策供给体系的质量和效率。

101 研究生应用型人才联合培养的长效机制

刘平雷、董增川、赵倩,《研究生应用型人才联合培养的长效机制》,发表于《中国高校科技》2019年第12期。作者刘平雷时任河海大学研究生基地管理办公室主任;董增川时任河海大学副校长、教授、博士生导师;赵倩时任河海大学研究生基地管理办公室科员。

《国务院办公厅关于深化产教融合的若干意见》中明确指出,校企协同,合作育人,充分调动企业参与产教融合的积极性和主动性,健全完善需求导向的人才培养模式,构建校企合作长效机制是深化产教融合的原则,是解决人才教育供给与产业需求重大结构性矛盾的有效举措。但在改革过程中,企业参与度、积极性不高,发挥作用较弱,校企之间的联合培养流于形式、难以深入,联合培养质量得不到保障等问题日益凸显。因此,如何持续有效提升研究生创新实践能力,实现学生、高校与企业合作共赢,构建研究生应用型人才联合培养长效机制成为亟待解决的重要问题。

构建研究生联合培养长效机制,对于深化产教融合,满足应用型人才的社会需求和实现培养目标具有重要意义。该研究发现,以合作共享为驱动构建"协作发展"的互惠激励机制,以权责分明为基础构建"积极高效"的管理协调机制,以校企共担为载体构建"持久稳固"的质量保障机制,可以实现优质资源共享,解决企业实际问题,提升人才培养质量,促进教育链、人才链与产业链、创新链有机衔接。

该文的研究结论对高校与企业管理者构建研究生应用型人才联合培养有重要的实践启示,主要体现在以下几个方面。首先,从满足研究生应用型人才的需求出发,以合作共享为驱动激发校企的积极性和主动性,以实践创新为驱动提升研究生职业发展能力,以联合攻关为驱动推进双导师协同创新。其次,要从组织模式、权责制度、信息平台等方面构建积极高效的管理协调机制,以最高的效率、最低的成本协调培养双方的矛盾与利益,协调双方的责、权、利以及工作方式,加快文化整合,寻找各方的最佳契合点以实现合作目标。最后,构建与培养目标和行业发展需求相适应、校企共担的质量保障机制,主动服务国家、区域经济社会发展。高校作为联合培养的主体,积极从健全规章制度、把控关键环节、完善评控体系、加强导师培训等方面主动与企业开展培养工作;企业作为联合培养的另一主体,要有高度的责任心,结合企业自身情况,为合作提供实践研究项目、指导教师队伍、创新训练平台、生活工作条件等保障措施。

102 科技人才流动与经济高质量发展互动关系研究——以长江经济带为例

李培园、成长春、严翔,《科技人才流动与经济高质量发展互动关系研究——以长江经济带为例》,发表于《科技进步与对策》2019年第19期。作者李培园时系河海大学在读博士研究生;成长春时任江苏省政府参事、江苏长江经济带研究院院长兼首席专家、江苏省中国特色社会主义理论体系研究中心南通大学基地主任、中国区域经济学会常务理事、教授、博士生导师;严翔时系河海大学在读博士研究生。

目前国内较少研究科技人才流动与区域经济系统间的双向耦合关系,多是侧重单向关系研究。另外,大多数研究主要侧重于人才流动结果,忽视了人才流动带来知识、信息、技术等资源要素的交互分享对区域经济的影响。科技人才流动在某些地区形成人才集聚,促进了区域经济发展、人才素质提升,进而有助于优化区域整体发展环境,吸引更多科技人才。但是,当人才集聚超过地区人力资本承载力后,反而会影响人才规模效应的发挥,造成人才资源浪费,如人才事业发展受阻、待遇不能满足等。在此条件下,人才有意愿向发展前景更好的地区流动。该文认为科技人才流动与区域经济高质量发展之间的互动关系如下:

(1) 科技人才作为高端知识拥有者,其流动会带来信息、资金等要素的高效配置,促进知识、技术的交互共享。合理范围内的科技人才数量增加,有助于提升地区整体人才素质,为地区产业发展提供更多技能型人才,进而有助于实现产业转型升级,转换经济增长动力,实现区域经济高质量发展。

(2) 区域经济高质量发展有助于推动商品和服务质量提升,发挥市场在资源配置中的决定性作用,优化市场环境。人才发展环境尤其是研发环境的优化有助于吸引科技人才,使其有意愿到该地区分享技术知识。地区产业结构优化及其对新动能的需求促使当地政府和企业不断想办法吸引更多科技人才。

(3) 外部因素对科技人才流动和区域经济高质量发展的影响主要包括:区域公共基础设施共建共享程度越高,越利于科技人才流动和地区经济发展;地区人才政策、城市规划的协同有利于避免产业同质竞争,实现产业错落发展以及科技人才在地区间顺畅流动;生活、教育、医疗文化等方面的共享互通有利于满足人们的物质、精神生活需要,进而有利于科技人才流动。

103 以社会需求为导向,依托优势学科的环境类人才培养创新与实践

李轶、王沛芳、王超,《以社会需求为导向,依托优势学科的环境类人才培养创新与实践》,发表于《教育现代化》2019年第37期。作者李轶时任河海大学教授、博士生导师,环境学院副院长;王沛芳时任河海大学环境学院院长、教授、博士生导师;王超时任中国工程院院士,河海大学副校长、教授、博士生导师。

环境问题是当前社会的难题之一,环境学科作为一门新兴学科,在专业高度分化的同时,学科综合化、人才培养一体化的特点也愈加明显。我国对适应行业需求、具有创新能力和国际化视野的环境类高水平人才的需求不断增长。为提升专业建设能力和人才培养质量,该项目组成员通过多年的人才培养模式改革、创新与实践,形成了以"水环境保护与生态修复"为特色方向的创新人才培养体系,专业建设和人才培养成果显著。

在环境类专业创新人才多元化培养模式方面,该项目组在多项教改课题支持下开展研究,形成了"以社会需求为导向,依托优势学科的环境类人才培养创新与实践"的理论成果;结合学科特点,探索并实践了"强化基础、认识社会、提出创新、取得突破"的本科生渐进式人才培养模式。以个性化发展和社会需求为导向,优化人才培养过程,创建了"科学型、技术型、应用型"人才多出口培养体系,充分发挥了学生的主观能动性,保证了就业率和人才培养的多元化;结合行业对不同层次人才的需求,完善了本—硕—博一体化培养模式,首先优化培养过程,对优秀本科生实施推荐免试研究生制度,对优秀硕士生实施硕博连读制度。通过培养模式改革,使优秀学生更早接触学科前沿,促进了科研与教学紧密结合,学术成果更为突出;开创了"科学研究、创新训练、毕业设计"的"三结合"创新能力培养模式,充分发挥了重大科研项目和行业课题需求对人才培养的引导作用,学生创新能力获得用人单位一致好评;打造了多途径实践教学新模式,显著提高学生实践能力。在研究成果推动环境类专业建设和学科发展方面,在专业建设和人才培养上取得了重要成果,环境类学生的创新能力得到了极大提高,多途径实践教学模式为其他院校提供了良好借鉴,人才培养模式创新与教学改革成果起到了辐射示范作用。

总之,"以社会需求为导向,依托优势学科的环境类人才培养创新与实践"不同于传统环境专业的人才培养和教育教学模式。为满足社会发展对高水平专业人才的需求,在传统人才培养模式的基础上,研究与实践了多元化的人才培养模式。"适应性、创新性、实践性"人才培养正日益取得丰硕成果,为我国环境领域创新人才培养作出了重大贡献。

104 释放高层次人才创新动能 提升创新首位度

唐洪武,《释放高层次人才创新动能 提升创新首位度》,发表于《南京日报》2019年9月18日。作者唐洪武时任河海大学党委书记、教授、博士生导师。

高层次人才队伍是区域经济社会发展的核心战略资源,高层次人才不仅包括科技领军、产业技术等专业型人才,也包括科技企业家等复合型人才,还包括服务于创新转化的生产性服务业人才。与上海、深圳、广州、杭州等城市相比,南京既有科教人才资源富集的基础优势,亦存在人才国际化不足、产才融合较低、人才链失位、高层次人才效能发挥不够等短板。因此,南京应突出市场导向,聚焦人才的高端化、国际化和集群化,深化人才体制机制改革,充分释放高层次人才的创新动能,提升创新首位度。

该文指出,随着"创业南京"计划、"345"海外高层次人才引进计划、百名顶尖专家领创行动等工程的实施,以及人才发展体制机制改革向纵深推进,南京高层次人才集聚优势逐渐显现。这主要体现在以下几点:科技顶尖专家的磁吸效应显现;高层次科研人才的集聚优势显著;科技企业家正在加速涌现。

该文认为要优化人才体制机制,集聚和释放高层次人才创新动能。首先,突出市场导向,完善国际化人才精准引才用才机制,集聚海内外英才。围绕主导产业的发展需求,发挥用才主体的聚才能动性。量身定制事业发展平台,高标准打造源头创新载体;拓展海外人才引进方式,探索"离岸式""候鸟型"等柔性引才机制。其次,从"补短板"转向"砺尖端",创新人才多元培养支持机制,建强高端人才链。深入实施"南京工匠"计划,完善技术技能人才培养模式;大力培养引领产业向价值链高端提升的生产性服务人才。再次,深化工作体制改革,创建有国际竞争力的人才制度,激发高层次人才创新效能。强化国际通行的人才创新创业机制。加大高层次创新人才激励力度;完善人才在不同体制间流动体制,推进科技成果转化。最后,构建"过程便捷化、主体社会化、标准国际化"的高质量精准服务体系,提升人才服务品质。培育中介服务体系,借助社会力量提供高质量服务;对人才的"关键小事"实行"高级定制"解决方案,提供精准保姆式服务。

105 人才争夺战背景下的人才红利研究:理论透视、发展障碍与政策创新

孙友然、孙兆君、庄璇,《人才争夺战背景下的人才红利研究:理论透视、发展障碍与政策创新》,发表于《经济论坛》2020年第2期。作者孙友然时任南京邮电大学管理学院教

授;孙兆君、庄璇时系南京邮电大学管理学院在读硕士研究生。

首先,论文对人才红利的概念、构成要素、实质和特征进行了理论分析。人才红利是指一个国家或地区由于人才规模增加、人才素质提升、人才结构优化、人才体制机制改善、人才配置效率提升、人才环境优化等单个因素或多个因素综合变化而带来的经济效益和社会效益的增加。笔者将人才红利分为两大部分:显性人才红利和隐性人才红利。显性人才红利主要包括人力资本红利、就业总量红利、就业结构红利、经济总量红利;隐性人才红利包括人才制度红利和社会效应红利。人才红利的实质是一个国家或地区的人才生产效率超过同样规模普通劳动力投入而带来的经济效益和社会效益的增加。人才红利可视为社会经济增长的额外源泉。人才红利具有流动性、内生性、外生性、条件性和弹性等五个特征。

其次,论文探讨了人才红利的发展障碍。(1)认识障碍。包括对人才的认识障碍、对人才工作的认识障碍和对人才红利的认识障碍。(2)人才自由流动障碍。包括人才在地区间的自由流动障碍和人才在不同所有制组织间的自由流动障碍。(3)政府与市场的协同障碍。政府与市场在人才工作中存在着协同障碍,市场还没有在人才资源配置过程中发挥决定性作用。(4)人才生态环境建设障碍。人才的"官本位"现象突出,现有人才评价体系不利于人才生态环境的建设,利于人才成长的环境氛围不足。(5)人才引进与人才培养的协同发展障碍。地方政府没有认清人才引进与人才培养的辩证关系。

最后,论文提出了释放人才红利的对策建议。(1)更新观念是释放人才红利的前提。更新人才观念;强化政府和市场的协同观念;理性认识人才引进与人才培养的关系。(2)不断优化人才生态环境。包括创造良好的舆论环境,建立公平的竞争环境以及构建公平公正的法律环境。(3)加强人才信息化管理,推进人才共享和交流。(4)改革人才评估体系,完善人才工作评估考核制度。(5)探索和创新激发人才红利的财税政策。加大对科研人才的财政投入力度,提高科研人才的收入水平;不断改革财税政策,探索支持重点和优先发展产业的财税政策;鼓励社会组织和民间团体参与人才工作,完善产学研合作一体化的相关财税政策。(6)加强我国人才政策的落实、评估和更新。相关部门重视对各行业人才投资收益效率的动态评估,应用科学有效的量化方法对各行业、各地区人才的资本投入进行分析和评估,并提出指导意见和建议,既能避免人才引进的盲目性,又能发挥引进人才的效率和效用,同时为各地的支柱产业提供有效的人才支撑。

106 规模扩张还是产品研发?——创业资助对新生企业家创业导向的影响

黄永春、姚远虎、徐军海、胡世亮,《规模扩张还是产品研发?——创业资助对新生企业家创业导向的影响》,发表于《科学学研究》2020年第2期。作者黄永春时任河海大学人事处副处长、人才工作办公室主任,河海大学商学院教授、博士生导师;姚远虎时系河海大学商学院硕士研究生;徐军海时任江苏省社科联社科研究中心主任,副研究员;胡世亮时系河海大学在读博士研究生。

创新创业是我国推进供给侧改革,实现经济高质量、可持续、有活力发展的关键供给端。鉴于此,我国各级政府出台了一系列创业资助政策,旨在激发国民的创业动力,扶持创业型经济发展,培育经济发展的新动能。伴随着我国创业资助政策的实施,国民创业的动力不断增强。但与此同时,GEM报告也显示,我国一年内创业失败率约是全球创业观察成员国平均水平的2倍,且新创企业的存活率不足5%。因而,迫切需要解析创业资助对新生企业家创业导向的影响机制,探究我国该如何引导新生企业家选择适宜的创业导向,促进创业型经济发展,从而助推新旧动能转换。

当前,我国经济结构调整正从"增量扩能"为主转向"调整存量""做优增量"并举,这意味着我国既要推动新生企业技术升级,又要促进新生企业挖掘研发潜力,进而打造经济发展的新引擎,带动我国经济新旧动能的转换。目前,尽管我国各级政府出台了多种创业资助政策,但创业资助政策的精准度不足,加之新生企业的创新能力薄弱,使得部分新生企业家陷入产能过度扩张或研发效率低下等困境,从而制约我国创业型经济的建设。

由此,该文基于GEM数据,通过理论分析和实证研究,深入探讨金融支持、政府项目和税收优惠等创业资助对新生企业家创业导向的影响机制;并研讨创业资助对不同创业导向的异质性影响,以为我国创业资助体系的优化提供理论指导和政策建议。

研究结果表明:(1)创业资助不仅能促进新生企业家追求产品研发,还能推动新生企业家实施规模扩张。相对而言,金融支持更能驱动新生企业家实施规模扩张;政府项目和税收优惠更能激励新生企业家追求产品研发。(2)创业资助能增强新生企业家对创业机会、自身能力及网络关系的感知度和对创业风险的容忍度,提升其创业自我效能,进而促进其实施规模扩张或追求产品研发。(3)与OECD国家相比,非OECD国家金融支持、政府项目及税收优惠等创业资助体系尚不完善,因而对新生企业家追求产品研发的激励效应较弱。据此,该文从金融支持、政府项目以及税收优惠三个方面提出相关对策建议,从而引导新生企业家选择合理的创业导向,以促进创业型经济发展,助推新旧动能的转换。

107 支持性组织氛围对科技人员主动创新行为影响研究:自我决定感与分配公平的作用

严姝婷、樊传浩,《支持性组织氛围对科技人员主动创新行为影响研究:自我决定感与分配公平的作用》,发表于《技术经济》2020年第5期。作者严姝婷时任水利部人力资源研究院研究人员、河海大学商学院在读企业管理硕士研究生;樊传浩时任水利部人力资源研究院副研究员,河海大学商学院副教授、硕士生导师。

李克强总理在召开国家杰出青年科学基金工作座谈会上提出,"创新成果往往不是计划出来的,政府要为科研人员自由探索营造宽松环境",不仅强调了创新,更强调了创新的主动性。主动创新不仅能够有助于员工高效地完成工作,还能为组织带来更关键的高绩效。如何激发员工主动创新行为,改变被动式、政治命令式的创新模式,对于实现组织与员工双赢具有重要的理论和实践意义。

支持性组织氛围感知有助于激发员工创新思维,增强创新主动性。该文旨在研究支持性组织氛围感知对员工主动创新行为的影响,并以自我决定理论和公平理论为基础,研究自我决定感和分配公平在以上关系中起的中介作用和调节作用。结果显示:(1)支持性组织氛围感知对员工主动创新行为具有显著影响;(2)支持性组织氛围感知对自我决定感具有显著正向影响;(3)自我决定感在支持性组织氛围感知与主动创新行为的关系中起完全中介作用;(4)分配公平在自我决定感与主动创新行为关系中起调节作用。该研究从自我决定感视角揭示支持性组织氛围感知影响主动创新行为的内在机制和边界条件,在理论上具有重要意义。首先,该文基于组织与员工互惠的角度来探究员工的工作行为,这为研究主动创新行为提供了一个新的视角。并从自我决定理论视角阐释了支持性组织氛围感知对主动创新行为影响的内在机理,证实了自我决定感在其中所起的中介作用。其次,该研究将分配公平纳入研究框架,检验了分配公平在自我决定感与主动创新行为之间的调节作用,也进一步验证了公平理论在中国情境下的适用性,表明分配公平是员工产生主动创新行为不可忽略的重要组织因素。

该文的研究结论对企业管理者进行积极管理有重要的实践启示,主要体现在以下几个方面。首先,该研究表明支持性组织氛围感知对员工主动创新行为具有积极的影响,这表明,支持性的组织氛围的构建是激发员工主动创新行为的努力方向。其次,企业管理者应重视员工基本心理需要的满足,完善组织管理模式,当员工的自主、胜任和关系需要满足程度处于较高水平,意味着有较高的自我决定感,更容易激发员工的主动创新行为。最后,相对于低的分配公平感,具有高的分配公平感的员工,其自我决定感对主动创新行为的影响更强。在管理实践中,企业应重视组织内的分配公平性,还要关注科技型员工对自身投入产出比的公平感知,通过人力资源管理完善分配流程和加强沟通反馈,建立科学的绩效分配体系,提高员工的分配公平感,不仅能吸引和留住员工,还能发挥员工的价值,激发潜能和创造力,进而促进员工的主动创新行为。

108 基于问题与需求的南京市人才制度体系建设方略

赵永乐、徐军海、黄永春、郭祥林、吕江洪,《基于问题与需求的南京市人才制度体系建设方略》,发表于《北京教育学院学报》2020年第3期。作者赵永乐时任河海大学中央人才工作协调小组国家人才理论研究基地首席专家、中国(南京)人才发展研究中心常务副主任、教授、博士生导师;徐军海时任中国人才研究会人才学专委会理事、江苏省青年科技工作者协会副会长、河海大学中央人才工作协调小组国家人才理论研究基地特聘专家、江苏省社科联科研中心主任、研究员;黄永春时任河海大学商学院副院长、教授、博士生导师;郭祥林时任河海大学后勤处处长、研究员;吕江洪时任南京邮电大学管理学院副教授。

习近平总书记强调指出,要构建具有全球竞争力的人才制度体系,聚天下英才而用之。人才作为战略性创新资源,是全球竞争的焦点,而人才竞争的背后则是制度的较量。谁拥有良好的人才制度,谁就能抢占人才争夺的制高点。南京立足中国"一带一路"重要节点城市、东部地区重要中心城市、长三角唯一特大城市、国家重要科研教育基地的独特禀赋和发展定位,深入实施人才强市和创新驱动战略,广结创新伙伴,广聚智力资源,奋力建设具有全球影响力的创新名城。因此,需要加快构建具有全球竞争力的人才制度体系,提升全球配置人才资源能力,聚天下英才而用之,这是培育南京人才竞争比较优势、参与全球人才竞争的战略选择。

该文首先分析问题所在,把握前瞻需求。南京人才制度体系建设存在六大问题,一是市场作用有待于进一步发挥,二是用人主体聚才用才意识不强,三是整合效应尚未完全形成,四是科教人才优势转化乏力,五是人才竞争比较优势不足,六是高层次人才集聚仍有很大空间。南京建设有全球影响力的创新名城、构建具有全球竞争力人才制度体系的前瞻需求来自四个方面,一是提升全球竞争力的发展需要,二是加快建设人才强国的战略需要,三是全面深化改革的任务需要,四是提升南京创新首位度的需要。

根据南京构建具有全球竞争力的人才制度体系的指导思想、思路和任务与部署,该文提出以"一主攻"方向、"三强"对策和"三新"保障为主要框架的对策建议体系。南京要把主攻方向精准定位在集聚和释放高层次人才的创新动能上。一要从全球范围内配置高端人才,二要从高端人才链出发培养支持创新人才,三要从创新效能的视角激发高端人才,四要以高质精准服务体系服务高端人才,五要从全球竞争的高度惠及高端人才。南京的"三强"对策:一是要加快转变政府职能,做强政府;二是要充分发挥决定性作用,做强市场;三是要做到国内领先国际一流,做强新区。南京的"三新"保障:一是要加强法治建设,优化人才法制新环境;二是要深化金融改革,开启人才融资新模式;三是要参与国际竞争,开拓人才开放新通道。

109 企业人才竞争力的空间分异特征及驱动因素研究——以江苏省工业企业为例

杨洋、黄晶、刘文逸、刘钢、穆恩怡,《企业人才竞争力的空间分异特征及驱动因素研究——以江苏省工业企业为例》,发表于《管理现代化》2020年第6期。作者杨洋时系河海大学在读硕士研究生;刘文逸时系河海大学在读本科生;黄晶、刘钢时系河海大学商学院教师;穆恩怡时系剑桥大学土地经济学院研究生。

江苏省有着门类齐全、规模庞大的工业体系,近年来凭借发达的教育和优越的自然禀赋,工业发展迅猛。但是,地区之间人才竞争力发展不均衡,高精尖人才流失的问题日益严重。因此,明确人才竞争力发展现状,促进地区企业人才竞争力均衡发展,全面提升人才竞争力已经成为实现人才强省、促进江苏省高质量发展,提升企业核心竞争力的关键所在。

人才竞争力已经成为当前工业企业乃至实体经济转型升级的关键动力。该文针对江苏省企业人才竞争力空间分异特征,构建了人才竞争力综合指标体系,基于熵权法和FAHP,对江苏各地市企业人才竞争力进行评价,在此基础上进行ESDA探索性空间数据分析,揭示江苏省企业人才竞争力的空间分异特征,并通过空间回归分析模型对影响企业人才竞争力的外部环境因素的作用机制进行探究。研究结果表明:(1)江苏省企业人才竞争力整体上存在显著的空间相关性,高值地区会不断带动临近地区人才竞争力的提升,而低值区域与高值区域的差距将会越来越大,形成明显的极化现象。该现象将会成为江苏省提升人才竞争力、实现全面发展的巨大阻力。(2)在地理区位方面,人才竞争力的空间分异特征与"一群三轴"的战略发展规划具有一定的契合性,拥有前驱城市的带动和完善的人才体制机制对人才竞争力的提升有着至关重要的作用。(3)在环境要素方面,地区的经济水平、政府干预度、开放水平、教育水平是各个地区企业人才竞争力的重要影响因素。研究表明,2014年仅有经济水平和教育水平出现显著的相关性,到2017年经济水平和教育水平的相关性降低,而政府干预度和开放水平出现显著的相关性。

该文研究提出,建议发挥政府顶层设计优势,做好研发建设与资源配置规划,逐渐弱化人才竞争力的空间聚集效应。充分发挥地理区位优势,向先驱城市看齐,逐步建立和完善人才体制机制,激发区域引才聚才潜力。明晰人才发展的外部环境驱动,创造良好的人才发展环境,进一步提升地区人才竞争力。

110 创业期望、风险恐惧与新生企业家的创业行为——基于调节聚焦理论

黄永春、毛竹青、苏德金、赵又霖,《创业期望、风险恐惧与新生企业家的创业行为——基于调节聚焦理论》,发表于《科研管理》2020年第6期。作者黄永春时任河海大学人事处副处长、人才工作办公室主任、河海大学商学院教授、博士生导师;毛竹青时系首尔大学博士研究生;苏德金时任南京审计大学讲师;赵又霖时任河海大学讲师。

供给侧改革的"加法"是补短板,即扩大要素供给,发展新兴产业,提高经济增长质量。因此,我国正着力推进"大众创业、万众创新",尤其力推新兴产业的创新创业,旨在化解"新常态"的经济增长压力。随着创业氛围的改善,创业政策的实施,众创平台的搭建,国民创业期望空前提高。

然而,从创业者个人意愿开始,再到创业各项活动的实施,最后到新企业的创建与成长是一个艰苦的蜕变过程,创业者不仅需要面对动态复杂的创业环境,而且需要投入一定的经济成本和人力成本,承担较高的不确定性。由此很多个体在创业过程中,不免萌发风险恐惧心理。很多社会个体即使满怀创业期望,但因对创业风险的恐惧,处于"临渊羡鱼"状态。因此,迫切需要探讨创业期望和风险恐惧对新生企业家创业行为的影响机制,以指引我国新生企业家的创业行为。

该文基于调节聚焦理论,首先,通过数理解析,深入探讨创业期望对新生企业家创业行为的影响机制,探究新生企业家应如何制定合理的创业期望以及风险恐惧对新生企业家创业行为的影响机制;其次,采用仿真分析对上述结论进行模拟;最后,文章选取了2001—2015年间的GEM-APS数据库,以全球109个国家为研究对象,进行实证检验。

研究结果表明:(1)过低的创业期望会制约新生企业家的创业行为,而过高的创业期望也会驱使企业家萌生消极创业情绪。因此新生企业家应基于创业胜任特征制定合理的创业期望,以激发其创业行为。新生企业家制定的合理创业期望越高,其创业积极性也就越高,因而会采取积极的创业投资行为。(2)风险恐惧会降低新生企业家的创业意愿,但是一旦个体选择了创业实践,风险恐惧对新生企业家创业投资行为的影响则取决于其创业期望水平。如果新生企业家的创业期望较高,那么风险恐惧的增加会驱动新生企业家萌发实现自我的需要而形成促进聚焦调节机制,此时积极投资将处于主导地位,由此新生企业家会实施积极导向的创业投资行为。但是如果新生企业家的创业期望水平较低,则风险恐惧的增加会催生新生企业家产生责任自我的需求而形成预防聚焦调节机制,此时害怕失败将处于主导地位,由此新生企业家将减少创业投资。

111 坚持和完善共建共治共享的人才社会治理制度

赵永乐,《坚持和完善共建共治共享的人才社会治理制度》,发表于《中国人才》2020年第11期。作者赵永乐时任河海大学中央人才工作协调小组国家人才理论研究基地首席专家、中国(南京)人才发展研究中心常务副主任、皖江工学院人力资源研究院院长、教授、博士生导师。

该文认为,要推进人才治理体系和治理能力现代化,就必须根据习近平总书记的人才思想,坚持和完善共建共治共享的人才社会治理制度,建设党管人才、行政负责、城市发力、主体激活、园区集聚和公众广泛参与的人才治理共同体,形成牢固确立人才引领战略、多元协同人才治理体制、韧性演进人才政策体系和务实创新人才生态环境的人才治理良好局面。

一是坚持党管人才原则:践行习近平新时代人才思想。党管人才是我国人才治理的根本原则,在人才治理体系中居于核心位置,既是我国人才治理的鲜明特色和最大优势,也是推进人才治理体系和治理能力现代化的关键因素。要改进领导方式,增强党管人才的政治功能和组织力。保持中国特色人才制度和国家治理体系的稳定性及延续性,抓紧制定人才治理体系和治理能力现代化急需的制度和法规,推动中国特色人才制度不断完善和发展,更加成熟更加定型。

二是转变人才治理方式:坚持和完善人才治理行政体制。构建职责明确、依法行政的政府人才治理体系。优化政府职责体系,厘清政府和市场、政府和社会的关系,推动人才治理方式发生根本性转变,更好发挥政府作用。要向用人主体放权,为人才松绑,推动市场在人才治理中起决定性作用。政府有关行政部门要推进人才职能优化协同高效,以各类产业园区和中小城市为人才集聚平台,把人才工作重心真正转移到社会基层和市场主体身上。

三是中小城市治理发力:打造聚才新高地和发展新引擎。江苏的昆山、江阴和浙江的余姚都是中小城市人才治理发力的典范。昆山和江阴连续多年居我国百强县之首和亚,人才实力在江苏县级城市里位排前二。余姚坚定不移地实施人才强市战略,探索符合人才创新创业发展规律的助力政策,创新高端人才集聚方式,人才工作重心下移到园区和基层社区、镇,突出企业主体地位。但我国多数中小城市人才治理体系不完善,治理能力薄弱发力不足,人才工作亟待加强。

四是充分激发人才活力:为治理现代化贡献智慧和力量。加快人才制度和政策创新,支持各类人才为推进国家治理体系和治理能力现代化贡献智慧和力量。要按市场经济规律和市场运行机制办事,尊重人才成长规律,保护人才公平竞争,使人才成为最重要、最鲜活、最具效力的市场要素,形成人人渴望成才、人人努力成才、人人皆可成才、人人尽展其才的良好局面。广大人才都要明确自己的历史使命,将个人理想与社会需求紧密结合,志在兴国,勇于奉献。

五是市场起决定性作用:以用人主体为人才治理的重心。充分发挥市场在人才配置中的决定性作用,使用人主体成为人才治理的重心,成为人才引领发展的主角。以人才管理为核心,创新企业传统的人力资源管理模式。促使各种生产资源和要素向人才集聚,用价值观、心理契约和期权股权来增强人才对企业的认同度、归属感和创造力,建设高层次人才充分集聚、体制机制全面创新、科技创新高度活跃、新兴产业高速发展、高质量和高效率的中国特色人才管理模式。

六是量身打造集聚英才:建设人才共生发展专家产业园。要为高层次专家量身打造非常宜创的专家产业园。打破传统的经济开发区或高新区概念,形成人才引领发展态势的新生态园区。各类园区只要有条件,都要转变发展方式,牢固确立人才引领发展的战略地位,在政策设计、区域布局和合作平台上彰显高层专家地位和人才共生新生态,以人才集聚引领产业发展,以创新驱动引领园区发展,提升全球竞争力,抢占天下英才战略高地。

七是社会协同公众参与:构建基层社会人才治理新格局。完善公众参与基层社会人才治理的制度化渠道,推动社会人才治理和服务重心向基层下移。完善基层社会人才治理体制,在各类园区建设海外人才开放创新集聚试验区、人才服务产业集聚区、人才特别社区和人才管理改革实验区。培育人才自治新组织,健全法人治理结构。大力发展人才中介服务和为创新创业提供全要素组合与孵化的现代人才服务业。

112 长三角人才集聚的非均衡格局与一体化协同发展机制

黄永春、邹晨、叶子,《长三角人才集聚的非均衡格局与一体化协同发展机制》,发表于《江海学刊》2021年第2期。作者黄永春时任河海大学人事处副处长、人才工作办公室主任,河海大学商学院教授、博士生导师;邹晨、叶子时系河海大学商学院在读博士研究生。

人才作为经济社会发展的第一资源,是兴国之本、富民之基、发展之源,也是国家发展和民族振兴的支撑。同时,人才也是最活跃的经济要素,伴随着经济社会的发展而流动,尤其在城市化的不断推动下,人才会向具有独特吸引力的地区或产业流动,从而形成人才集聚。尽管人才集聚会产生信息共享、知识溢出和创新联动等集聚效应,但人才的不合理集聚也会引发"马太效应",导致人才结构分布失衡、人才配置效率偏低等问题,从而阻碍区域经济的高质量一体化发展。

当前,人才分布不均衡已成为阻碍我国区域经济发展的重要因素,而随着构建区域创新人才共同体理念的提出,人才一体化逐渐成为破解人才分布不均衡现象的重要举措。据统计,长三角人才的异地流动次数人均仅为0.83次,跨省市人才流动次数所占比例不超过40%。因此,长三角区域一体化发展迫切需要借助人才一体化,推动人才与技术、资本等创新要素的深度融合,促成人才集聚与产业集群的双向驱动,进而提高全要素生产率、构建现代产业体系。

基于此,该文首先从空间和产业两个层面分析了长三角人才集聚的演化态势和时空格局,进而剖析了长三角人才一体化发展的制约因素。文章运用了社会网络分析方法(SNA)、区位熵和人才—产业结构偏离度指数等研究方法,发现在长三角一体化背景下,区域人才集聚已取得明显成效,主要表现出格局多极化、方向多样化、流动阶梯化等演化态势。但由于经济发展不均衡、产业布局同质化、共享平台欠完善以及公共服务未统一等因素的制约,长三角依然存在人才集聚空间不均衡以及人才与产业结构适配失衡等问题,制约了人才效能的发挥,成为长三角地区高质量发展的重要障碍。人才一体化是整合区域间人才资源的战略举措,是解决长三角发展不平衡问题的重要抓手,更是促进长三角高质量一体化发展的重要推力。因此,构建区域创新人才共同体成为落实长三角区域一体化国家战略的重要手段。

基于上述研究,该文进一步探讨了长三角人才一体化协同发展的机制与路径,提出从"引育用服"四个层面构建长三角人才一体化的协同机制,以期推动长三角区域人才链与产业链、创新链、资金链、服务链的融合聚变,打造产业型创新人才的集聚中心。文章指出,长三角可以在"共商、共建、共管、共享"指导思想引领下,以产才融合为导向,加强人才一体化的顶层设计,根据区域的资源禀赋,推进产业错位发展;建立健全人才一体化的"共引、共育、共用、共服"协同机制,从而促进人才链、产业链、资金链和创新链的深度融合,构筑产才结构互补的区域创新分工格局,提升区域的"产—才—城"适配度,从而为高质量一体化发展提供坚实的人才支撑。

113 服务环境对新生企业家创业导向的影响

黄永春、张惟佳、徐军海,《服务环境对新生企业家创业导向的影响》,发表于《科研管理》2021年第2期。作者黄永春时任河海大学人事处副处长、人才工作办公室主任,河海大学商学院教授、博士生导师;张惟佳时系河海大学商学院硕士研究生;徐军海时任江苏省社科联社科研究中心主任、副研究员。

创新创业是我国推进供给侧改革,实现经济高质量、可持续、有活力发展的关键供给端。为推动创业活动健康有序发展,习近平总书记强调营造"稳定公平透明、可预期的营商环境",旨在提高创业服务效能,改善创业生态环境。然而,当前我国新生企业的存活率仍不足5%,创业失败率是全球创业观察成员国的2倍。目前,尽管我国各级政府搭建了多种创业服务平台,然而由于我国研发转移、制度支持等服务环境不够完善,且缺乏差异化、分层次的创业服务,加之新生企业的产品研发能力薄弱,部分新生企业家陷入产能扩张过度或研发效率低下的困境,从而制约我国创业型经济的建设。因此,迫切需要解析服务环境对新生企业家创业导向选择的影响机制,探究我国应如何完善服务环境,引导新生企业家选择适宜的创业导向,助推我国转换经济增长动力,实现新旧动能的转换。

该文首先依次解析了社会文化环境、研发转移环境、中介服务环境、制度支持环境等服务环境对新生企业家创业导向的直接影响,并借助社会认知理论,探究创业自我效能在服务环境与新生企业家创业导向间的中介效应,进而揭示服务环境对新生企业家创业导向选择与实施的影响机制。基于此,该文进一步构建了社会文化环境、研发转移环境、中介服务环境、制度支持环境等服务环境对新生企业家创业导向影响机制的概念模型,基于GEM数据,通过理论分析和实证研究,深入探讨社会文化环境、研发转移环境、中介服务环境和制度支持环境等服务环境对新生企业家创业导向的影响机制,并分析服务环境对不同创业导向的异质性影响。

基于GEM指标体系,该文解析了服务环境对新生企业家创业导向选择的影响机制,并借助社会认知论探究了创业自我效能在服务环境与新生企业家创业导向间的中介效应。实证研究结果表明：(1) 服务环境不仅能促进新生企业家追求产品开发,还能推动其实施规模扩张。具体而言,研发转移环境、制度支持环境更能激励新生企业家实施产品开发;而社会文化环境、中介服务环境更能驱动新生企业家寻求规模扩张。(2) 服务环境能促进新生企业家感知创业机会、提高感知技能、强化风险承担和积极拓展网络,提升其创业自我效能,进而促进其选择与实施创业导向。(3) 相比 OECD 国家,非 OECD 国家的社会文化环境、研发转移环境、中介服务环境、制度支持环境等服务环境较滞后,因而对产品开发的激励效应相对较弱。据此为我国创业服务环境的优化提供了理论指导和政策建议。

114 基层河长胜任力模型构建的实证研究

汪群、傅颖萍、钱慧丽,《基层河长胜任力模型构建的实证研究》,发表于《河海大学学报(哲学社会科学版)》2021年第3期。作者汪群时任常州工学院副校长、河海大学商学院教授、博士生导师;傅颖萍、钱慧丽时系河海大学商学院在读硕士研究生。

2016年中央全面深化改革领导小组第28次会议通过的《关于全面推行河长制的意见》(以下简称《意见》)要求全国各省(自治区、直辖市)在2018年年底前全面建立河长制,并明确了河长制的组织形式。河长制的快速推进以及四、五级河长体系的建立对各级河长的履责能力提出了要求,尤其是河长体系中数量最多、分布最广的基层河长。如何对基层河长进行有效的培训、绩效考核,以便形成一支政治素质强、技能水平高的河长队伍对河长制的发展至关重要。

自1973年麦克利兰首次提出胜任力概念及冰山模型以来,其被广泛应用于企业管理、教育、政府等领域。在政府系统中构建胜任力模型,开展有针对性和实用性的绩效考核和教育培训能进一步提升公共事务管理人员的能力素质和实际解决问题的能力。河长是公务员体系中的特殊存在,其胜任力既具有公务员胜任力特征又有独特性,目前已有的一些公务员通用胜任力模型无法完全覆盖其在河长制中的全部工作职能。河长制赋予河长的工作职责如巡河调查、水质管控等,具有一定专业性和标准化的要求,既不同于专业水利部门的职责,也不是简单的党政领导的领导职能,是传统公务员胜任力模型中未曾提及的。同时,各个层级的河长在落实河长制六大任务时所涉及的工作侧重点各不相同,通用的胜任力模型亦无法对所有层级的河长胜任力进行概括。为了更加科学、高效、准确地指导河长工作,建立针对基层河长这个特定群体的胜任力模型对河长制的精细化运转和推行具有重要意义。

扎根理论可以在不加预设的条件下,通过搜集和分析原始资料,归纳、提炼出概念与范畴,很好地契合基层河长胜任力特征的挖掘。因此,该文运用扎根理论方法分析提炼基层河长的胜任力特征。首先,通过深入访谈,收集基层河长在任职期间所做的成功和不成功的事件描述,挖掘出影响河长绩效的工作要求、工作行为、动机和价值观等;其次,运用扎根理论方法对样本资料进行开放性编码、主轴性编码、选择性编码,持续比较分析,提取基层河长在任职履责、完成河长制工作任务、推进水生态文明建设中所需的胜任力要素,进而构建基层河长胜任力的初始模型;最后,运用问卷调查法验证由扎根理论方法构建的胜任力模型。

该文选取基层河长这一特殊群体进行研究,对访谈资料进行编码分析,提取出基层河长的23项胜任力要素,构建了由河湖管理能力、协作力、抗压力、专业素质和人格特质五大维度构成的基层河长胜任力模型。经过问卷调查的实证检验,胜任力模型通过信效度检验,说明建立的理论模型具有合理性、科学性和实用性。

115 基于粮食安全视角的农业水利技术推进与人才培养创新——以河海大学为例

徐辉、张兵、陈菁、徐俊增,《基于粮食安全视角的农业水利技术推进与人才培养创新——以河海大学为例》,发表于《中国农业教育》2021年第3期。作者徐辉时任河海大学校长、教授、博士生导师;张兵时任河海大学党委常委、副校长、教授、博士生导师;陈菁时任河海大学农业科学与工程学院院长、农村发展研究所所长、教授、博士生导师;徐俊增时任河海大学农业科学与工程学院副院长、水文水资源与水利工程科学国家重点实验室研究员、教授、博士生导师。

民以食为天。粮食安全关系国计民生,是国家安全的重要基础。对于中国这样一个超过14亿人口的发展中大国,粮食安全更是治国理政的头等大事。农业水利作为水利与农业的结合点,在新中国农业发展与国家粮食安全保障中发挥着重要的作用。

作为我国水利高等教育发源地的河海大学在如何防洪除涝、如何兴建工程供水、如何科学灌溉、如何排水改良土壤等方面为国家农业生产和粮食安全贡献了重要力量。新时期保障国家粮食安全,技术和人才是关键。围绕保障国家粮食安全的重大命题,河海大学结合自身学科特色,在学科群布局、学科方向拓展方面积极探索,加强农业水资源高效利用与节水灌溉、水土资源合理配置与高效利用、水旱灾害演变与减灾、灌区信息化与智能化、灌排工程优化设计与高效运行、水土污染防控与修复等领域研究布局,加大知农爱农的农业水利创新型人才培养力度,力争更好地服务于乡村振兴,更好地保障国家粮食安全。具体表现为以下几点:

(1)加强顶层设计,成立农业科学与工程学院。河海大学积极投身祖国水利建设,为农业生产和粮食安全贡献了力量。1952年华东水利学院(河海大学前身)建校之初,就设立了河川、水文、农水(农田水利工程,后改为农业水利工程)等系,分别围绕农业生产中如何防洪除涝、如何兴建工程供水、如何科学灌溉、如何排水改良土壤等内容进行长期的研究,产生了一批原创性成果,在国家水利工程建设、农业水利发展中贡献卓著。(2)面向国家重大战略,加强农业科技研究。河海大学持之以恒加强基础研究,加强创新人才教育培养,加强国际科技合作,大力弘扬科学家精神,用实际行动践行科技报国。围绕农业水资源高效利用与节水灌溉、农业水土资源合理配置与高效利用、灌区信息化与智能化、农业水土污染防控与修复等领域加强基础研究和新技术研究,突破农业可持续发展的瓶颈,更好地服务于中华民族伟大复兴。(3)培养知农业、爱农业的创新型农业水利人才。河海大学农业水利专业在人才培养过程中聚焦立德树人,坚持五育并举,将专业教育与劳动教育融合,着重培养知农业、懂农业、爱农业的农业人才,注重以劳动教育提升大学生服务农业的情怀。

116 "十四五"人才发展的主题、主线、动力与格局

赵永乐,《"十四五"人才发展的主题、主线、动力与格局》,发表于《中国人才》2021年第5期。作者赵永乐时任河海大学中央人才工作协调小组国家人才理论研究基地首席专家、中国(南京)人才发展研究中心常务副主任、教授、博士生导师。

"十四五"时期我国人才发展的主题是推动高质量发展。人才的规模发展要向人才的质量发展转变,人才的速度发展要向人才的效能发展转变,人才的粗放发展要向人才的精细发展转变,人才的外延发展要向人才的内涵发展转变。这不仅是新阶段经济社会发展和全球竞争的客观要求,也是我国人才发展和科技创新的丰富内涵与内在规律的必然要求。要在理念上将人才服务发展上升到人才引领发展,把引领发展作为人才工作的根本宗旨,开创人才引领发展的战略局面。要坚持创新在人才高质量发展全局中的核心地位,从质量、效率、动力各方面推动国内人才循环变革,提升人才循环的质量、效益、活力和竞争力。

"十四五"时期我国人才发展的主线是坚持供给侧结构性改革。针对我国人才供给短板,要紧紧围绕人才供给侧结构性改革这条主线,强化人才循环的生产环节,打通人才生产与人才流通、人才使用消费诸环节的关节通道,形成畅通的国内人才良性大循环。要扭住人才供给侧结构性改革,同时注重人才需求侧改革,以促进科技创新的方式有效扩大人才内需战略基点,有机统筹人才的供给、需求两侧改革,以创新驱动、高质量供给引领和创造人才新需求。切实构建以国内教育为主要形式和渠道的人才供给体系,形成具有全球竞争力的人才供给优势。提升人才供给对国内人才需求的适配性,以高质量人才供给满足日益升级的科技、产业和社会对人才的持续需求。

"十四五"时期我国人才发展的动力是更深层次改革更高水平开放。必须守正创新,坚定不移地推进人才更深层次改革,坚定不移地扩大人才更高水平开放,以改革开放为根

本动力,为加快构建人才新发展格局提供智力支撑。人才工作要从政府推动模式向市场决定模式转换,坚守中国特色和优势,重构市场功能和社会功能,充分发挥市场在人才资源配置中的决定性作用,更好发挥政府作用。要以改革创新为根本动力,破除制约人才高质量发展的体制机制障碍,为用人主体放权,为人才松绑,将人才工作着力点下移到与市场面对面、与人才面对面的中小城镇、各类园区、基层社区和企业、院校、科研院所以及各种创新平台,充分激发市场主体用人单位尤其是企业和人才个人的活力。要坚持更大范围、更宽领域、更深层次扩大人才对外开放,坚定不移地实行更加开放的人才政策,增强国内和国际人才联动效应,统筹人才发展和安全,全面防范人才风险挑战,聚天下英才而用之。

"十四五"时期我国人才发展的新格局是畅通国内大循环、促进国内国际双循环。要深刻认识加快构建人才新发展格局的重要性、必要性和紧迫性,抓紧探索人才新发展格局和人才循环尤其是人才国内循环的内涵、特征及关系规律。要以人才国内循环为主体构建人才新发展格局,巩固人才根基,发扬人才优势,补齐循环短板,加强循环弱项,从人才的生产、流通和使用消费全链条上花大力气重构系统完整、功能齐全、运转高效的人才国内大循环体系。要以大智慧开启新思路,走出人才变局,打破人才围局,重塑参与国际人才竞争与合作的新优势,重构和畅通具有全球竞争力的国际人才大循环。要以引智聚才为接口和纽带使国内人才循环与国际人才循环有效链接,以高质量的国际人才循环提升国内人才循环的效率和水平。同时要立足国内人才循环基本盘,以畅通的国内人才循环促进国际人才交流与合作,积极参与全球人才治理,建设公正合理的全球人才命运共同体,实现互利共赢,促进共同发展。

117 创新团队共享领导、组织环境与创造力

孙沐芸、王济干、何凯元,《创新团队共享领导、组织环境与创造力》,发表于《江海学刊》2021年第5期。作者孙沐芸时任南京航空航天大学马克思主义学院讲师、博士;王济干时任水利部人力资源研究院院长、河海大学商学院教授、博士生导师;何凯元时系河海大学商学院在读博士研究生。

"创新是引领发展的第一动力",党的十九届五中全会进一步确立了创新在我国现代化建设全局中的核心地位。创新团队的出现顺应了时代需求,能迅速高效完成日趋复杂且涉及广泛知识领域的创新工作,提升创新能力。创造力是创新团队完成创新实践、获得竞争优势和实现可持续发展的关键。相关研究已证实,团队领导是影响团队创造力的重要因素。近期领导科学研究发现,传统自上而下的垂直型领导在从事创新工作的团队中显露出各种弊端,而分散的领导权力更能让拥有关键信息和知识的个体在特定情境中发挥优势,这种新的领导模式被称为共享领导。共享领导模式正在实际工作中被越来越多的组织所采用,成为一种重要的新型管理模式,例如华为公司的团队管理模式、小米公司的矩阵式管理模式,都采用了水平集体领导模式。

虽然学界关于领导模式与创造力之间关系已有较多研究，但多数聚焦于垂直型领导对团队创造力的影响，缺乏关于横向领导模式与创造力之间关系的研究，且鲜有研究关注到领导模式对个体层面创造力的影响。该文重点探讨共享领导对团队和个体两个层面创造力的影响，以期更加全面、准确地反映出横向领导模式对团队多层创造力的影响机制，从而为改进企业和团队管理措施提供新思路。同时，该文使用定性比较分析方法探讨领导力与多种因素交互作用对创造力的影响，而现有相关研究多采用线性回归方式检验共享领导对创造力的净效应，忽略了现实管理情境中多种因素的耦合作用，对团队外部组织因素的研究较少；该文采用的组态研究方法能揭示条件间的互补性，补充了传统线性回归方法中的影响机理分析，弥补了现有研究对组织环境要素和各要素间关联性关注不足的缺陷，为深化创造力研究提供了新的方法论。

基于定性比较分析方法，以 116 个创新团队 1 584 名个体为研究对象，考察创新团队共享领导网络要素与组织环境因素联动对团队和个体两个层面创造力的影响，结果发现：共享领导与组织环境因素配置的 4 个条件组合构成提高或降低团队创造力的充分条件组合，6 个条件组合构成提高或降低个体创造力的充分条件组合，且共享领导低网络密度是降低团队创造力和个体创造力的充要条件。因此，创新团队采用共享领导模式，既要重视环境不确定性对团队创造力的影响，又要重视组织文化对个体创造力的影响，注重发挥多种因素的联动效应。

118 创业还是就业？——行为经济学视角下的动态效用最大化分析

黄永春、胡世亮、叶子、李光明，《创业还是就业？——行为经济学视角下的动态效用最大化分析》，发表于《管理工程学报》2021 年第 6 期。作者黄永春时任河海大学人事处副处长、人才工作办公室主任，河海大学商学院教授、博士生导师；胡世亮、叶子时系河海大学商学院在读博士研究生；李光明时任河海大学商学院副教授。

随着"大众创业、万众创新"战略部署的推进，我国国民的创业动力和积极性空前提高。从中央到各级政府都制定了鼓励创新创业的政策措施，旨在激发国民的创业动力和积极性。与此同时，马云等企业家的成功创业实践，使得全社会的创业动力被激发，创业激情被点燃，涌现"海归创业""科研人员技术创业""大学生创业"等创业群体。然而，2016 年 GEM（全球创业观察）报告的 APS 数据显示，我国新创企业的存活率不足 5%，一年内创业失败率是全球创业观察成员国的 2 倍。与此同时，方兴东、李善友等企业家在经历创业失败后转而就业。因此，通过深入研讨个体选择创业或者就业的影响机制，探究是什么因素驱动个体从就业转而创业，又是什么因素迫使个体放弃创业，可以指导我国新生企业家的创业实践，也可以为我国创业政策的完善提供理论指导。

该文以行为经济学为视角,在传统创业 MOS 模型的基础上,通过对自主动机、创业能力、创业机会和创业风险等效用因素的分析,提出了个体效用最大化创业 MOSR(Motivation 动机、Opportunity 机会、Skill 技能、Risk 风险)的理论框架,廓清了个体创业决策的关键影响因素,并且分析了四大要素的内在作用机制;进而基于创业的 MOSR 理论框架,借鉴 Levesque 等学者的前期研究,将创业机会作为创业决策的关键影响因素之一,构建了个体创业与否的数理分析模型,实证分析动机、机会、技能、风险四大因素对个体创业决策的影响机制;在此基础上结合数理模型,根据个体创业与否的时机选择,解析了就业转创业者、创业转就业者等决策行为的生成机制,进行了仿真分析和实证分析,旨在为我国个体创业行为的选择乃至我国创业政策的制定提供理论借鉴,从而助推我国创业型经济建设。

研究结果表明:(1)工作自主性的诉求动机、创业机会的感知和感知能力的提升不仅能够激发个体的创业积极性,而且能驱动个体较早地选择创业;而感知创业风险不仅会抑制个体的创业积极性,而且会滞缓个体创业时机的选择。(2)创业能力是驱动行为主体萌发创业动机的核心要素,其不仅能够增强个体创业收入的预期,强化工作自主性的诉求,而且有助于个体感知和开发创业机会,缓解个体的风险恐惧感,从而激发个体的创业行为。(3)后发国家为了推进经济发展,会鼓励创业行为,制定降低创业风险的政策,因而要素驱动型国家和投资驱动型国家的个体创业倾向高于创新驱动型国家;但后发国家的创业模式更多地体现为生存驱动型,因而创业失败率较高且社会辐射效应也较低。

因此,行为主体应加强创业学习,积累创业能力,转变风险态度,以开发创业机会与资源。与此同时,后发国家应完善创业保障与服务,加强创业教育与激励,提供合理的创业资源支持,以激发个体的创业动力,提升个体的创业能力。

119　为什么中国缺少学术型企业家?——基于"认知目的"论

黄永春、徐军海、徐高彦,《为什么中国缺少学术型企业家?——基于"认知目的"论》,发表于《科研管理》2021 年第 6 期。作者黄永春时任河海大学人事处副处长、人才工作办公室主任,河海大学商学院教授、博士生导师;徐军海时任江苏省社科联社科研究中心主任、副研究员;徐高彦时任河海大学副教授。

我国正着力推进新兴技术的研发和产业化,推进高校科研成果的落地转化。学术型企业家是既懂技术开发又懂经营管理的科研人员,其应当作为核心技术的发明者参与科技成果的转化,更有效地推进新兴科研成果的转化。例如,在王选院士的带领下,方正集团跨越了第二代、第三代技术,直接发展第四代激光照排系统,如今已成为中国信息产业的大型控股集团。随着我国越来越多的大学教授开始学术创业,学术型企业家逐渐成为我国企业家队伍的新兴力量。然而受"四唯"考核机制等政策环境的制约,我国极其匮乏学术型企业家。2016年中科院调查显示,我国高校科技成果转化率在10%左右,而美国高校科技成果转化率高达50%。因此,迫切需要揭示制约我国科研人员学术创业的影响因素,鼓励部分具有创业能力的科研人员转型为学术企业家,以推动我国新兴科研成果的研发与转化。

该文基于"认知-目的"理论("S-O-R"理论),表示为机体的行为反应(R)既取决于刺激因素(S),又取决于有机体内部认知(O),从内生需求和外部刺激角度,揭示了我国科研人员学术创业的驱动机制;进而借助自我决定理论,探究了我国科研人员学术创业行为的类型,即内摄传统型、认同转换型和整合创业型。在此基础上,构建了基于人力资本积累的两阶段职业生涯选择的数理模型,并且每个阶段面临两种职业选择,即学术研究与学术创业,比较分析了三类科研人员的创业收益与成本获取特征;进而结合实证分析,探究了我国缺少学术型企业家的制约因素包括创业意愿、创业能力、创业成本、创业环境。

研究结果表明:(1)尽管学术创业具有较高的预期效益,但是学术创业的风险和转换成本较高,因此需要营造有利于学术创业的氛围,降低学术创业的成本和风险,改善学术创业的社会环境。(2)当科研人员学术创业的社会效益较高,并且学术创业的转换成本较低时,科研人员可能会转型为学术企业家。(3)当科研人员的非科研技能获取成本较高,并且社会的创业环境不够完善时,科研人员会选择风险规避策略,即放弃学术创业,转而从事学术研究。据此,该文从科研院所具有创业愿景的科研人员和政府、科研院两大角度提出相关对策建议。

120 营造良好人才创新生态环境

赵永乐,《营造良好人才创新生态环境》,发表于《中国人才》2021年第9期。作者赵永乐时任河海大学中央人才工作协调小组国家人才理论研究基地首席专家、中国(南京)人才发展研究中心常务副主任、教授、博士生导师。

2021年5月28日,习近平总书记在两院院士大会上发表重要讲话,他在论及人才工作时指出:"我们着力实施人才强国战略,营造良好人才创新生态环境,聚天下英才而用之,充分激发广大科技人员积极性、主动性、创造性。"在这句话里,习近平总书记提出了"营造良好人才创新生态环境"这一重要概念。营造良好人才创新生态环境,既是他人才思想的组成部分,也是他创新思想的重要内容。

首先,该文论述了营造良好人才创新生态环境的地位与作用。习近平总书记关于"营造良好人才创新生态环境"的讲话精神,表达了两层含义。一是明示了营造良好人才创新生态环境的地位和与实施人才强国战略两者之间的逻辑关系。二是突出了营造良好人才创新生态环境的两个重要作用：在宏观上以营造良好人才创新生态环境为手段，构建具有全球竞争力的人才制度体系，在全球范围内吸引人才、留住人才、用好人才，达到聚天下英才而用之的目的；在微观上以良好人才创新生态环境来充分激发各类人才的创新活力。

其次，该文对人才创新含义进行了新解。"人才创新"在"营造良好人才创新生态环境"中是最核心也是最本质的概念。人才和创新是统一于"人才创新"整体中不可分割的两个要素：人才是主体要素，也是创新本身不可或缺的组成要素；创新是行为要素，是人才的实质属性，也是人才不可或缺的构成要素。没有了人才，创新也不复存在了；反过来如果没有了创新这个属性，人才也就不能称其为人才了。人才和创新是两个互为依托、休戚相关的要素。在新发展阶段的"营造良好人才创新生态环境"中，"人才"和"创新"的内涵都发生了根本性的变化。人才含义有四个方面的变化：首先，人才以创新为实质属性，结成一种有利于人才发展和创新发展的生态关系；其次，驱动发展也是人才的实质功能；再次，人才具有引领发展的战略地位；最后，人才的创新是结成生产关系的生态创新。创新的含义也有四个方面的变化：首先，创新成为举国创新的战略形态概念，着重点提升到创新和国家发展全局的关系和功能上；其次，以驱动发展为根本目的，创新摆在国家发展全局的核心位置上；再次，以自主创新为主体形成自主创新和开放创新相互促进的国内国际双循环格局；最后，创新是一种具有动态驱动力的资本化生产要素。

再次，该文对生态环境概念进行了界定。"营造良好人才创新生态环境"中的"生态环境"可以理解为有关影响人才创新的生存与发展关系的各种因素的总和。所谓营造良好人才创新生态环境，就是要营造有利于人才创新生态关系的环境。人才创新生态是一个体系，从内部看可以分成要素生态和格局生态两个系统。要素生态系统指由主体要素、行为要素、调控要素、运行方式要素和环境要素等构成的人才创新有机生态系统。格局生态系统指由国内国际人才创新双循环组成的格局生态系统，主要包括国内循环生态、国际循环生态以及各循环的生产、分配、流通、消费等环节的亚生态系统。人才创新生态体系还包括与外在的教育、人才、科技、经济、社会等大体系结成的关系密切、相互融合、交叉运行的体系链生态关系。良好的人才创新生态对内能够促进和谐共生，对外能够协同推进发展。

最后，该文论述了人才创新生态环境的营造治理。对于人才创新而言，环境的营造指的就是环境的经营、运作和建造，在很大程度上指的也就是环境的治理。人才创新生态环境的营造主体主要指政府、市场和社会等宏观治理主体。我国人才创新生态环境的营造要遵循市场化、法治化、国际化三原则，以高质量发展为主题，以供给侧结构性改革为主线，以人才创新市场主体需求为导向，以制度建设为重心，以改革创新为动力，以完善宏观治理、强化市场治理、突出社会治理为抓手，从制度层面为营造良好人才创新生态环境提供有力的保障和支撑。一要完善宏观治理；二要强化市场治理；三要突出社会治理，形成共建共治共享的人才创新生态环境营造共同体。

121 多元主体协同构建人才全球化循环机制

汪群、李卉,《多元主体协同构建人才全球化循环机制》,发表于《中国教育报》2021年11月29日。作者汪群时任常州工学院副校长、河海大学商学院教授、博士生导师;李卉时任河海大学商学院副教授。

国际人才竞争的重点是汇聚世界一流人才,特别是汇聚高端的创新创业人才。"走出去"企业是实现并打通国际国内双循环的重要桥梁和纽带,直接服务于国际循环,能够有力带动国内循环,打通国内外商品及要素市场,优化配置东道国既有资源,推进海外国际人才集聚并帮助"走出去"企业提升核心竞争力。人才全球化是树立全球视野和战略眼光,充分开发利用国内国际人才资源,通过全球市场来配置、调节人力资源,并达到人才集聚效应的一种人才配置模式。对于高校来说,应在国内和国际两个战场进行"政产学研"多主体的联合行动、系统谋划、协同推进,尽快占据全球化人才集聚的制高点。

该文具体包含三个方面内容:(1) 多元协同,促进人才全球化推进。人才全球化推进是在"一带一路"倡议背景下,以"走出去"企业人才需求为导向,通过"走出去"企业、高校(科研机构)、人力资源平台组织、东道国地方政府等多元主体协同参与,在系统、平台的思维下,以动力、长效、共享、约束为主要运行机制,充分发挥各主体不同的功能及其交互作用,增强对国际人才的吸引力,持续、深入地推进人才全球化集聚的过程。(2) 产教联盟,实现人才精准培养。中国高校(科研机构)应针对"一带一路"倡议背景下的"走出去"企业在东道国对国际人才的实际需求,主动与"走出去"企业联合建立产教联盟,在实现国际人才精准培养的同时,为企业提供一揽子人才解决方案。一是可以深入开展国际化人才订单式培养;二是可以共建实践平台;三是让企业人才来学校传授经验。(3) 平台构建,网联全球人才资源。人力资源平台组织作为多主体协同推进人才全球化集聚的重要组成部分,要通过不断完善人力资源服务来向"走出去"企业和其他主体提供全球人才信息,与其人才需求形成良好对接,并服务支撑及推进人才全球化集聚。一是构建国际人才信息交流平台,共享国际人才资源信息;二是构建与东道国各界精英的交流平台。

122 水利事业单位人才资源价值评估研究

徐铭蔚、张婕、王济干,《水利事业单位人才资源价值评估研究》,发表于《湖北农业科学》2021年第17期。作者徐铭蔚时系河海大学商学院在读硕士研究生;张婕时任河海大学商学院副教授、博士、硕士生导师;王济干时任水利部人力资源研究院院长、河海大学商学院教授、博士生导师。

人才是科学技术的第一生产力和大国竞争、人才竞赛的第一动力。人才强国战略要求突出培养造就创新型科技人才、大力开发经济社会发展重点领域急需紧缺专门人才和统筹推进各类人才队伍建设。水利是国民经济和社会发展的重要基础设施,是社会稳定、经济发展和城乡人民幸福生活的重要保障。在水利人的努力下,中国已经初步形成了山清水秀、社会稳定的治水局面。在国家人才强国战略背景下,新时代水利事业改革发展对水利人才的转型升级提出了"专业理论与实践并行、技术技能精细化、人才素质综合化"等新要求。

随着知识经济时代的到来,作为知识载体的人才资源逐渐成为各行各业发展的重要战略资源,在水利行业发展成为国民经济和社会发展的重要基础设施的现实背景下,做好水利行业人才资源价值评估对行业发展、国家经济增长和生态文明建设意义重大。人才资源价值评估可以健全人才资源评估体系,对水利行业人才资源价值进行评估可以摸清水利人才队伍的基本情况,有利于明确新时代水利行业人才发展的短板,推动实施水利人才储备战略,实现人尽其能、德配其位,为水利行业发展奠定坚实基石。

综合来看,已有研究为人才资源价值评估方法、体系提供了丰富的成果,但是在水利行业的人才价值评估方面,尚未能够深入结合水利行业人才的特征构建评估体系。该文立足水利行业,在对水利人才资源价值概念的内涵与外延、分类梳理基础上,针对水利事业单位,综合成本加和法与实物期权法,构建水利事业单位人才资源分类价值评估模型;以江苏省某水利事业单位进行实证案例检验,验证了模型的科学性和合理性,并提出提升该单位人才资源价值的对策建议。

该研究在分析研究背景和对已有相关研究进行回顾的基础上,界定了水利人才资源与价值的内涵及多维度分类,选取水利事业单位为研究对象并明确了水利事业单位价值评估的基本要素,据此创新性地采用成本加和法和实物期权法思路,考虑价值构成维度和价值分成的贡献系数构建水利事业单位人才资源分类价值评估模型及其二级细分模型,以江苏省某水利事业单位为实证案例进行模型检验。研究结果表明,江苏省某水利事业单位人才资源现实价值远高于预期价值,各类人才中专业技术人才和工勤技能人才对人才整体价值贡献最大。最后,提出人才工资、招聘费用和培训教育费用有侧重地分配,加大创新技术的资金和人才投入,加强跨单位跨区域合作交流的对策建议。

123 东道国人才生态环境对人才根植意愿的影响——人才成长预期的中介效应

汪群、梁秋璐、张勤,《东道国人才生态环境对人才根植意愿的影响——人才成长预期的中介效应》,发表于《科技管理研究》2021年第21期。作者汪群时任常州工学院副校长、河海大学商学院教授、博士生导师;梁秋璐、张勤时系河海大学商学院在读硕士研究生。

"一带一路"倡议掀起了我国企业跨国投资的热潮,以国际工程企业为主的"走出去"企业依托基础设施建设和产能合作与沿线各国展开多元化、宽领域的投资贸易合作。大量国际工程项目的出现促使大量同类型或相关人才以工程建设为联系,在东道国区域空间上产生聚类,进而形成了工程性人才集聚。外派人员是跨国企业员工的重要组成部分,在国际工程企业外派人员中,部分承担技术性外派任务的中国员工回任意愿较低,且能够根据个人意愿自主选择工作所在区域,这类员工属于向母公司主动申请而非等待组织派遣到东道国工作的自发型企业外派人员。自发型企业外派人员作为高技能人才,是保障国际工程项目顺利运行的主要力量,更是促进东道国技术进步和经济发展的重要助力。区域竞争和企业竞争的本质是人才竞争,以国际工程企业为主体,推进人才集聚是促进东道国和国际工程企业发展的重要举措。

一个地区的人才聚集程度不仅受人才吸引力的影响,还取决于其人才保留能力。只有当人才产生根植意愿,愿意长期在该地区工作和生活时,才能真正发挥人才集聚效应。研究表明,区域人才政策、经济、文化、生活环境等外部环境会对人才根植意愿产生显著的正向影响。同时,人才具有较高的职业承诺而非组织承诺,更追求个人成长和职业发展。人才对于成长的需求驱使他们对自己在目前所处环境中可能获得的成长可能性进行预估,并与自己的心理预期进行对比,当目前环境有利于自身成长时,人才容易产生长期根植的意愿。

该文提出,由经济、文化、政策、生活环境等因素共同构成的东道国人才生态环境会对自发型国际工程企业外派员工的人才根植意愿产生一定的影响,并根据 ERG 理论,深入探究人才成长预期是否会在东道国人才生态环境与人才根植意愿中起到中介作用。该文研究数据表明:(1) 东道国人才生态环境的四个维度中,经济发展环境、生活环境、文化环境对人才根植意愿具有正向影响;(2) 经济发展环境、生活环境、人才政策环境、文化环境对人才成长预期有正向影响;(3) 人才成长预期对人才根植意愿有正向影响;(4) 人才成长预期在东道国人才生态环境与人才根植意愿间起中介作用;(5) 东道国人才生态环境的四个维度及人才成长预期对人才根植意愿影响的总效应从大到小依次为经济发展环境、文化环境、生活环境、人才政策环境、人才成长预期。

该文构建的跨层次中介模型揭示了东道国人才生态环境对人才根植意愿的影响路径,为我国国际工程企业采取有效的人才保留措施提供了理论依据和实践指导,为以后的跨国人力资源管理研究提供了新思路。

124 新时代人才发展的新阶段、新格局和新治理

赵永乐,《新时代人才发展的新阶段、新格局和新治理》,发表于《中国人事科学》2022 年第 1 期。作者赵永乐时任河海大学中央人才工作协调小组国家人才理论研究基

地首席专家、中国(南京)人才发展研究中心常务副主任、教授、博士生导师。

中央人才工作会议的召开,标志着我国新时代人才发展进入新的阶段、构建新的格局、拓展新的治理。在新的发展阶段要从根本上转变人才发展方式,推动人才高质量发展,深化人才供给侧结构性改革,促进人才体制机制深层次变革。人才发展新格局以人才国内循环为主体、国内国际循环相互促进,构建教育、人才、科技和事业紧密结合的大循环和具有全球竞争力的外循环。要激活各类市场主体活力,加强人才宏观治理,形成基层社会人才治理新局面。

该文首先论述人才发展新阶段。根据党的十九届五中全会精神,新时代人才发展的主题是推动人才高质量发展,人才发展的主线是深化人才供给侧结构性改革,发展的根本动力是促进人才的更深层次改革创新,为全面建设社会主义现代化国家提供更加强大的智力支撑。要坚持以人才高质量发展为主题,以实现人才高质量发展为标志构建人才发展新格局,从质量、效率、动力各方面推动国内人才循环变革,提升人才循环的质量、效益、活力和竞争力。紧紧围绕人才供给侧结构性改革这条主线,强化人才循环的生产环节,打通人才生产与人才流通、人才使用消费诸环节的关节通道,形成畅通的国内人才良性大循环。为用人主体充分授权,发挥用人主体在人才发展中的积极作用;为人才松绑,充分激发各类人才的创新活力。将人才工作着力点下移到与市场面对面、与人才面对面的中小城镇、各类园区、基层社区和各种创新平台,充分激发市场主体用人单位尤其是企业和人才个人与团队的活力,推动各类用人主体和人才真正成为充满活力的市场主体。

该文其次论述人才发展新格局。习近平总书记在中央人才工作会议上强调,"要下大气力全方位培养、引进、用好人才"。人才的全方位其实就是包括培养、引进和使用的人才发展新格局,既含有国内从培养到使用的人才生产、流通、消费、分配大循环,也包含以人才引进为主的择天下英才而用之的国际大循环。要以人才国内循环为主体构建人才发展新格局,巩固人才根基,发扬人才优势、补齐循环短板,加强循环弱项,从人才的生产、流通和使用消费全链条上花大力气重构系统完整、功能齐全、运转高效的人才国内大循环体系。构建教育人才科技事业紧密结合的国内大循环,强化教育在人才生产环节中的主体地位,强化科技在人才使用消费环节中的主战场地位。构建具有全球竞争力的人才国际循环体系,坚持更大范围、更宽领域、更深层次扩大人才对外开放,实行更加开放的人才政策,增强国内和国际人才联动效应,统筹人才发展和安全,全面防范人才风险挑战,聚天下英才而用之。

该文最后论述人才社会治理新局面。人才发展新格局的构建和完善要靠具有全球竞争力、适应高质量发展的中国特色社会主义人才制度体系来支撑和规范,而人才制度及其执行能力则要靠治理体系和治理能力来集中体现,因此要以人才治理体系和治理能力现代化来畅通人才循环体系,建立人才社会治理制度,拓展人才社会治理新局面。要加强人才的系统治理、依法治理、综合治理和源头治理,将人才制度优势更好转化为人才治理效能,使人才治理体系和治理能力更好地集中体现人才制度及其执行能力。构建人才发展新格局是涉及中华民族能否实现伟大复兴的大问题,因此必须引起全党全国的高度重视,吸引全社会关注人才治理,动员全社会参与人才治理。要激活各类市场主体活力,加强人才宏观治理,构建基层社会人才治理新格局,形成共建共治共享的人才社会治理良好局面。

125 京津冀、长三角、粤港澳科技人才流动模式研究——基于国家科技奖励获得者的实证分析

李峰、徐付娟、郭江江,《京津冀、长三角、粤港澳科技人才流动模式研究——基于国家科技奖励获得者的实证分析》,发表于《科学学研究》2022年第3期。作者李峰时任河海大学公共管理学院教师;徐付娟时系河海大学在读硕士研究生;郭江江时系河海大学在读硕士研究生。

该文通过分析2000—2019年间获得国家自然科学奖、国家技术发明奖和国家科学技术进步奖的2 661名高层次科技人才,从出生地、教育地到成就地的流动轨迹,发现京津冀、长三角、粤港澳的科技人才流动分别呈现出"单核吸引"、"自产自销"和"创新吸引"模式。三个区域的科技人才均存在程度不一的在地化流动现象,区域内部人才流动不平衡、不通畅。

首先,京津冀对人才的强大吸引力得益于北京的"单核吸引"。北京是京津冀地区科技人才的首要聚集地。"单核吸引"模式对京津冀人才一体化发展的挑战包括:北京和河北、北京和天津之间的人才流动是单向且不均衡的;河北和天津之间的人才交流非常不顺畅。其次,长三角高层次科技人才的流动具有明显的区域性特点。长三角科技人才流动的"自产自销"模式存在两方面制约性问题。一方面,江浙沪科技人才以在地化流动为显著特征,不利于三省市之间的人才交流与合作,是阻碍长三角区域内部人才流动的隐形屏障;另一方面,安徽科技人才流动以区域外流动为主,与江浙沪之间的人才交流不畅。最后,粤港澳对科技人才的吸引并不是"单核吸引",广东和香港在人才吸引上均有贡献。

基于上述分析,该文建议:(1)京津冀将科技人才流动的"单核吸引"模式转变为"单核辐射"模式。推动天津和河北提升创新机构规模和实力,并在领域布局上与北京差异化发展,重点通过研发机构和创新型产业来承接北京培养的科技人才,发挥北京作为全国教育中心的辐射作用,畅通北京向天津、河北输送人才的通道。此外,增强津冀之间的教育、科技和产业合作,弥补天津和河北之间人才交流短板。(2)长三角将科技人才流动的"自产自销"模式转变为"内循环"模式。打破江浙沪科技人才的在地化流动惯性,围绕优势领域开展人才培养和科学研究的"强强联合",以合作成立新机构、设立联合攻关项目等为载

体促进科技人才在区域内部的流动;整体谋划产业布局,利用互补型产业结构来吸纳科技人才,弱化同质化产业结构带来的科技人才过度竞争。(3)粤港澳将变三地单方面吸引人才的模式转变为三地合力吸引人才的模式。推动广东省营造有利于国际化科技人才发展的政策及社会文化环境,与港澳两地形成合力,在吸引国际化科技人才上形成优势。

126 社会技术系统联合最优视角下国际工程项目拓展与人才配置的互动研究

汪群、李卉、杨彤彤、李青,《社会技术系统联合最优视角下国际工程项目拓展与人才配置的互动研究》,发表于《常州工学院学报》2022年第3期。作者汪群时任常州工学院副校长、河海大学商学院教授、博士生导师;李卉时任河海大学商学院副教授;杨彤彤、李青时系河海大学商学院在读硕士研究生。

自"一带一路"倡议提出以来,中国政府和沿线国家致力于打造"人类命运共同体",其发展态势正从谋篇布局的"大写意"阶段转向精谨细腻的"工笔画"阶段。设施联通是"一带一路"沿线国家最主要的需求,中国国际工程企业是设施联通的核心实施主体,其在沿线国家大力开展基础建设项目有效满足了沿线国家对基础设施的需求,并带动了"五通"的发展。中国国际工程企业在开展建设时最重要的是建设手段和建设资源,国际工程项目便是其主要的建设手段,建设者暨人才是其主要的建设资源,而人才配置决定了资源充分使用的有效性。

保障"一带一路"建设的成功因素便是在国际工程项目拓展过程中如何与人才配置形成高效互动。社会技术系统理论指出完成任务属于技术范畴,而完成任务形成的集体则属于社会范畴,进而可以将组织视为一个社会技术系统。在有效的工作设计中技术系统和社会系统是相互影响的,因而提倡将两者进行匹配。只有当社会系统和技术系统的设计能够相互匹配并适应对方的需要时,这样的组织才能够实现最佳的功能。对"一带一路"的中国国际工程企业而言,国际工程项目拓展过程属于技术范畴,其人才配置问题属于社会系统。

因此,文章在"人类命运共同体"的理念和"一带一路"倡议的共同指导下,从两个系统的互动过程出发,以推进中国国际工程企业国际化发展为目标,探讨国际工程项目拓展过程如何与人才配置形成高效互动。借助组织理论,尝试在开放系统观下运用社会技术系统理论对国际工程项目拓展和人才配置的互动进行研究,并在具体环境中,寻求社会系统和技术系统联合最优设计,即建立吸引全球化人才的推进机制,以便更好地指导国际工程项目的全球化人才配置。

该文主要基于组织理论的社会技术系统视角,对中国国际工程企业的国际工程项目拓展过程和人才配置模式及其互动关系进行了分析，提出需要建立吸引全球化人才的推进机制，从而形成全球化人才集聚，促使两个系统相互作用、相互协调，形成最优化互动。这不仅有助于中国国际工程企业的国际化程度的进一步加深，还能践行"人类命运共同体"的理念，进一步为"一带一路"建设添砖增瓦。

127　基于 ANP-FCE 的水利工程专业技术人才分类评价模型研究

王济干、于艳萍，《基于 ANP-FCE 的水利工程专业技术人才分类评价模型研究》，发表于《科技管理研究》2022 年第 13 期。作者王济干时任水利部人力资源研究院院长、河海大学商学院教授、博士生导师；于艳萍时系河海大学商学院在读硕士研究生。

我国进入中国特色社会主义新时代，水利事业发展也步入新阶段，急需建设一支掌握现代科技知识、具有创新精神、适应水利资源发展要求的专业技术人才队伍。近年来，国家高度重视人才及人才评价改革工作，特别强调分类评价思想，2016 年《关于深化人才发展体制机制改革的意见》要求分类评价专业技术人才能力素质，突出其业绩水平和实际贡献；2018 年《关于分类推进人才评价机制改革的指导意见》突出品德、能力和业绩导向，分类构建体现不同职业、不同岗位和不同层次人才特点的评价机制；2019 年《新时代水利人才发展创新行动方案（2019—2021 年）》提出分类别、分层次、分行业完善评价体系和做好评价工作。由此，人才分类评价标准逐渐明晰，品德、能力、业绩和贡献的重要性进一步凸显，对专业技术人才分类评价研究起到了积极推进作用。

现有的人才评价研究大多探讨的是评价指标的获取与选择，并未具体区分评价对象类别，缺乏对专业技术人才评价研究现状、存在问题的研究；尽管已经聚焦品德、能力和业绩的评价，但指标体系普遍缺乏信度和效度，指标权重并没有讨论清楚，评价结果难以满足社会发展的人才需求；仅对人才进行分类，并未针对不同类别人才构建有效的分类评价指标体系，难以引导各类人才分类发展。可见，构建一个科学合理的专业技术人才分类评价指标体系有其理论发展与实践需求的必要性，以及时代要求的紧迫性。

该文从专业技术人才的概念入手，通过分析评价研究现状及现存问题，从评价指标体系与评价模型两方面展开水利工程专业技术人才分类评价研究。首先通过政策文件、专家访谈、文献梳理等构建贴合水利人才评价现实需求的评价指标体系，针对不同类别人才设置其评价侧重指标；然后运用 ANP-FCE 搭建一个较为科学有效的分类评价模型，并借助 Super Decision 等软件计算指标权重及评价结果，以此来评价和审视水利人才具有的综合素质，为水利人才分类评价的可操作性提供依据。

128 "一带一路"背景下中国国际工程企业如何吸引高质量全球化人才

汪群、李卉,《"一带一路"背景下中国国际工程企业如何吸引高质量全球化人才》,新华丝路网 2022 年 5 月 11 日。作者汪群时任常州工学院副校长、河海大学商学院教授、博士生导师;李卉时任河海大学商学院副教授。

自"一带一路"倡议提出以来,中国政府和相关国家致力于打造"人类命运共同体",在政策沟通、设施联通、贸易畅通、资金融通、民心相通方面取得了有效进展。现阶段,设施联通是"一带一路"国家最主要的需求,中国国际工程企业是设施联通的核心实施主体。中国国际工程企业在开展建设时通过国际工程项目这一主要的建设手段和人才这一重要的建设资源展开,而人才配置决定了资源充分使用的有效性,是企业国际化成长的关键。因此,对于"一带一路"中的中国国际工程企业来说,其发展与壮大的关键是在东道国地区吸引高质量的全球化人才。从开放系统观下的社会技术系统视角来看,解决这一问题的成功因素是国际工程项目拓展与人才配置形成高效互动。同时,这种互动的过程会受到企业环境的影响,现阶段对于中国国际工程企业而言,通过建立跨文化高绩效工作系统改善企业环境实现战略国际化人力资源管理,对于国际工程企业吸引并留住高质量全球化人才,最终推动全球化人才集聚具有重要作用。

该文具体包含五个方面内容。(1)增强项目—人才互动,建立跨文化高绩效工作系统。共建"一带一路"倡议正从谋篇布局的"大写意"阶段转向精谨细腻的"工笔画"阶段,中国国际工程企业国际化发展也已进入成熟期,国际工程项目的拓展呈现出规模化的企业合作,由单个的项目拓展变成比较大的项目群建设。与之相匹配的人才配置模式也从单一的母国外派转变为全球化的人才评聘。在这一过程中,中国国际工程企业可以通过全球化人才配置,进行战略国际人力资源管理,从而构建跨文化高绩效工作系统。(2)秉持本土理念,优化国际人才队伍选拔。秉持人才本土化理念,有利于从源头上规避"文化冲突",降低政治风险、用工风险,并与当地政府建立起良好的关系,为企业创造良好的用工环境。(3)重视跨文化培训,提升员工跨文化敏感性。要实现全球化人才集聚,提升国际人才队伍建设,需要提高全球化人才的文化敏感性,以便其能快速适应当地环境并保证工作效率。人才的跨文化培养是关键所在。(4)重视公平公正,规范国际人才职业发展。为吸引全球人才集聚于东道国,国际工程企业不仅要做到用"薪",更要用"心"。不仅要重视本土员工与外派员工的职业发展公平,更要重视本土员工与外派员工的薪酬公平。(5)以文化凝聚人心,促进国内国际文化融合。对于中国国际工程企业来说,掌握多元文化意识,正确对待文化差异,有利于在公司范围内形成包容的文化氛围,使员工拥有温暖舒适的工作氛围,营造良好和谐的企业发展环境,有效降低人员流失率,避免重新招聘和培养带来的用人成本。并且可以保持员工的工作积极性,使员工满意并且安心在本企业工作,提升企业的稳定性和可持续发展能力。

第 7 部分
奖项篇

1 作家人才学

著作,《作家人才学》,夏老长著,河海大学出版社,1989年6月出版。1989年10月该书获得江西省抚州地区文艺攻坚优秀成果奖。1992年12月该书分别获得江西省第五次社会科学优秀成果三等奖,江西省抚州地区第五次社会科学优秀成果一等奖。

作者夏老长,1963年生,时任江西省南丰县地方志办公室工作人员,曾担任南丰县地方文化研究中心办公室主任、县人大常委会调研员兼南丰县总工会主席。

该获奖著作主要内容详见第5部分著作篇中词条"2.作家人才学"。

2 科技队伍建设与发展

著作,《科技队伍建设与发展》,彭涵明、望山主编,河海大学出版社1990年6月出版。1991年获江苏省人民政府颁发的江苏省哲学社会科学优秀成果三等奖。

主编彭涵明时任江苏省人才学会名誉理事长、原江苏省科学技术干部局局长;望山系赵永乐笔名,时任江苏省人才学会副会长、《江苏社联通讯》杂志主编、《社科信息》杂志主编、副研究员。参加该著作写作的有李建军、周彪、李明耀、赵宁乐、李明、单作银、沈小健、詹世平、徐保卫、朱华友、望山、顾军和何达昌等。

该获奖著作主要内容详见第5部分著作篇中词条"5.科技队伍建设与发展"。

3 江苏省加快培养跨世纪学术和技术带头人对策研究

项目,"江苏省加快培养跨世纪学术和技术带头人对策研究",江苏省1994年科技计划,编号为BR94934,江苏省科委下达,江苏省委知识分子工作领导小组办公室承担。刘显桃、赵永乐担任总课题组负责人。1994年7月立项,1995年8月结题,9月通过省级评审。1996年获得江苏省科技进步三等奖(相当于1998年后的二等奖)。

刘显桃时任江苏省委组织部知识分子工作处处长;赵永乐时任江苏省人才学会副会长、江苏社会科学杂志社副社长,"江苏省加快培养跨世纪学术和技术带头人对策研究"总课题组负责人、研究员。参加总课题研究的有刘显桃、赵永乐、单作银、赵常林、朱必祥、陈东伟、石金楼、肖曼、司马雪放、戴红云、周姝、赵强、张大鹏等。

总课题研究报告提出,要突出战略重点,实施"333工程"。江苏省委、省政府采纳了该项目总课题研究报告的意见,从1997年开始组织实施"333跨世纪学术、技术带头人培养工程"。江苏省"333高层次人才工程"是我国省级实施最早、影响最大的人才工程,至今已经成为江苏省人才工作的品牌工程。

该获奖项目主要内容详见第4部分项目篇中词条"2. 江苏省加快培养跨世纪学术和技术带头人对策研究"。

4 新世纪人才曙光:江苏省加快培养跨世纪学术和技术带头人对策研究

著作,《新世纪人才曙光:江苏省加快培养跨世纪学术和技术带头人对策研究》,刘显桃、赵永乐主编,江苏科学技术出版社1996年2月出版。1997年获得人事部颁发的全国人事科研成果评审一等奖。

主编刘显桃时任江苏省委组织部知识分子工作处处长;主编赵永乐时任江苏省人才学会副会长、江苏社会科学杂志社副社长、研究员。副主编单作银时任江苏省委组织部知识分子工作处巡视员;赵常林时任江苏省委党校副教授;朱必祥时任南京理工大学人文学院讲师。刘显桃、赵永乐、单作银、赵常林、朱必祥、陈东伟、石金楼、肖曼、司马雪放等参加了书稿的编校工作,赵永乐统稿审稿,刘显桃审定稿。

该著作由江苏省委书记陈焕友题词:"努力培养一大批跨世纪人才。"江苏省委副书记顾浩作序,他指出,课题组系统分析了江苏省组织学术、技术带头人队伍的现状、规模及其发展趋势,剖析了学术、技术带头人队伍建设中存在的主要问题及形成的原因,阐明了我省培养跨世纪学术、技术带头人的任务、目标和若干原则,提出了可操作性较强的对策措施,使本书在理论和实践方面有较强的可靠性、权威性和普遍指导性,为省委、省政府的决策提供了可靠而又翔实的依据,对全省知识分子工作尤其是跨世纪学术、技术带头人培养工作的开展也将起到积极的推动作用。

该获奖著作主要内容详见第5部分著作篇中词条"9. 新世纪人才曙光:江苏省加快培养跨世纪学术和技术带头人对策研究"。

5 人才,走向市场——人才市场学概论

著作,《人才,走向市场——人才市场学概论》,望山著,河海大学出版社1989年12月出版。1997年获得中国人才研究会颁发的全国第一届人才学著述一等奖。1999年获得

人事部颁发的第二届全国人事科研成果评审一等奖。

作者望山系赵永乐曾用笔名,时任中国人才研究会理事、江苏省人才学会副会长、河海大学人力资源研究中心主任、教授。

该获奖著作主要内容详见第5部分著作篇中词条"4. 人才,走向市场——人才市场学概论"。

6 江苏省人才资源开发对策研究

项目,"江苏省人才资源开发对策研究",江苏省知识分子工作领导小组委托的重大研究项目,江苏省1998年科技计划项目之一,编号为BR98004。江苏省知识分子工作领导小组办公室负责管理,河海大学承担,赵永乐主持。1998年9月立项,1999年10月结题。该项目率先在全国提出"人才强省"战略。2001年获得人事部颁发的第三届全国人事科研成果评审二等奖。同年获得江苏省人民政府颁发的江苏省哲学社会科学优秀成果决策咨询奖。同年获得河海大学人文社会科学优秀成果一等奖。

江苏省委副书记顾浩担任课题协调领导小组组长,江苏省人民政府副省长金忠青担任副组长;组织机构总负责由江苏省委组织部副部长蒋定之担任。获奖人赵永乐时任江苏省人才学会副会长、河海大学人力资源研究中心主任、教授。总课题研究主要成员有单加海、孙淮斌、陈京民、张玉清、李晖、左红、胡建斌、唐宏强、刘宇瑛、沈宗军等。

该获奖项目主要内容详见第4部分项目篇中词条"3. 江苏省人才资源开发对策研究"。

7 全国水利人才与教育培训发展战略规划研究

项目,"全国水利人才与教育培训发展战略规划研究",水利部1999年研究计划项目,编号为水规划〔1999〕670号。水利部计划司下达,水利部人教司管理,河海大学国际工商学院承担,项目负责人张阳、赵永乐、李晖。1999年8月启动,2000年10月结题。2001年获得河海大学科技进步奖应用一等奖。

项目负责人张阳时任河海大学国际工商学院院长、教授;赵永乐时任河海大学人力资源研究中心主任、教授;李晖时任南京艺术学院尚美分院院长助理。课题组主要成员有陈京民、司马雪放、王炎灿、周海炜、魏萍、陈曦川、承涛、夏明勇、单方庆、杨天秀、孙亚芹、先红、刘宇瑛、马黎兵、尚素春等。

为保证项目研究顺利开展,成立了以水利部人教司司长周保志为组长,人教司副司长高而坤、人教司助理巡视员陈志强、河海大学校长姜弘道、水利部人才资源开发中心主任张渝生为副组长的项目领导小组。

该获奖项目主要内容详见第4部分项目篇中词条"4. 全国水利人才与教育培训发展战略规划研究"。

8 关于江苏省科技创新人才队伍建设的对策建议

论文,《关于江苏省科技创新人才队伍建设的对策建议》,作者河海大学课题组。该论文获得2002年中国人才研究会全国科研成果评审一等奖。

该论文由赵永乐、詹世平、吴守海、张永耀等执笔。赵永乐时任中国人才研究会常务理事、江苏省人才学会副会长、河海大学人力资源研究中心主任、教授;詹世平时任江苏省科技厅政策体改处处长;吴守海时任江苏省科技厅政策体改处副处长;张永耀时任江苏省水利产业经济管理中心副科长、经济师。

该论文系江苏省软科学研究"十五"重点规划项目《江苏省科技创新人才队伍建设对策研究》(编号 BR2002039)的中间成果。课题主持人赵永乐。河海大学、江苏省科技厅以及有关部门和市人员参加了调查和研究。该课题根据江苏省经济、社会和科技持续健康发展的目标和任务,以提升科技创新人才队伍整体素质和创新竞争力为目标,根据江苏省经济、社会、科技发展的重点和实际,加大政府科技投入,依托原有的科技计划体系,继续实施在重大科技项目和课题的实践活动中培养科技创新人才的同时,紧紧围绕政府加入WTO后职能转变的要求,以科技创新人才能力建设为研究重点,以改革为动力,政策为引导,市场配置和单位人才自主使用为主的途径,构建以科技创新人才和队伍服务为中心的切实可行的对策体系。

该论文认为,为在21世纪初叶把江苏建成人才强省,"十五"期间,江苏需要由政府、用人单位、人才自身共同制定和实施一整套强有力的科技创新人才队伍建设发展对策体系,对科技创新人才队伍建设的政策环境、制度安排等提出具体的建议和实施措施。

一是要充分认识科技创新人才队伍建设的重要性。二是要强化政府在科技创新人才队伍建设中的主导作用。政府要通过财税政策的支持,鼓励企事业单位增加研发投入;通过科技计划项目的实施,加大科技创新人才队伍的培养力度;转变政府职能,加强对科技创新人才的服务。三是要发挥用人主体在科技创新人才队伍建设中的创新主体作用。加强科技创新基地的建设,培育壮大科技创新人才队伍建设载体。首先要发挥高校在科技创新中的重要作用;其次要加快科研体制改革,增强科研院所的科技创新人才活力;再次要加强企业研发机构建设;最后要充分发挥高新开发区、科技园区对科技创新人才的集聚作用。四是要加强科技创新基地对科技创新人才的聚集作用。要加强高技术研究重点实验室建设、工程技术研究中心建设、公共技术服务平台的建设以及博士后流动站和企业博士后工作站建设。五是要深化改革,优化科技创新人才创新创业环境。首先要继续深化有利于科技创新的分配制度和社会保障体制的改革;其次要积极引导用人主体采取有效措施激励创新人才;再次要大力扶持科技创新人才创业,积极推进科技成果产业化发展;然后要加快建立和完善科技创新风险投资体制,加强科技创新成果知识产权管理,改进和完善科技奖励的评价体系,逐步推进科研项目课题制管理,优化配置科技创新人才资源,改革现行职称制度,推进岗位职务聘任制;最后要加强继续教育和创新文化环境建设。

9　江苏省企业经营者能力现状及提升对策研究

项目,"江苏省企业经营者能力现状及提升对策研究",2002年江苏省经济贸易委员会委托,河海大学人力资源研究中心承担,项目主持人赵永乐。2002年11月开题,2003年7月结题。2004年获人事部颁发的第四届全国人事科研成果评审一等奖。2005年获得河海大学人文社会科学优秀成果一等奖。

项目主持人赵永乐时任中国人才研究会常务理事、江苏省人才学会副会长、河海大学人力资源研究中心主任、教授。项目成立领导小组,组长由江苏省经贸委副主任顾瑜芳担任,副组长由赵永乐和江苏省经贸委培训处处长施友成担任。课题组主要成员有施友成、杜林致、陈京民、冯艳玲、肖曼、张宏、朱燕、仲明明、邢伟等。省委研究室和徐州、无锡、扬州、南京等市经济贸易委员会的有关部门和个人参加了课题调查与研究。

该获奖项目主要内容详见第4部分项目篇中词条"7.江苏省企业经营者能力现状及提升对策研究"。

10　南京321计划实施情况绩效考评模式调研

项目,《南京321计划实施情况绩效考评模式调研》,南京市委组织部根据中共中央组织部组通字〔2014〕18号文件精神和分工安排而确立的调研项目,中国(南京)人才发展研究中心承担具体的研究工作,课题研究负责人赵永乐、徐军海。2014年立项,同年底结题。获得中央组织部2014年度重大调研课题二等奖。

课题研究负责人赵永乐时任河海大学中央人才工作协调小组国家人才理论研究基地首席专家、中国人才研究会副会长、水利部人力资源研究院副院长、中国(南京)人才发展研究中心常务副主任、教授、博士生导师;徐军海时任河海大学科技处副处长、副研究员。南京市委组织部(市人才办)牵头,市发改委、市财政局、市科委、市人社局、市金融办、市统计局、市社科院等部门参加联合调研,赵永乐、张明娣、罗昌峰、徐军海、范薇、刘宇琳、吴洪彪、田贵良、谢卫明、倪国萌、刘忠艳、曹莉娜、陶卓、权良缘、施学哲、陈双双等参加调研。

该获奖项目主要内容详见第 4 部分项目篇中词条"30. 南京 321 计划实施情况绩效考评模式调研"。

11 科技人才开发战略及创新绩效研究

著作,《科技人才开发战略及创新绩效研究》,作者汪群、邓玉林、曾建华、朱菊芳,科学出版社 2013 年 1 月出版。2016 年获得中国人才研究会第五届理事会颁发的优秀人才科研成果奖二等奖。2019 年获得江苏省人力资源和社会保障厅、江苏省人才学会颁发的江苏省人才研究优秀成果奖一等奖。

作者汪群 2019 年时任常州工学院副校长、教授、博士生导师;邓玉林时任河海大学商学院副教授;曾建华时任河海大学商学院讲师;朱菊芳时任南京师范大学教授。

该获奖著作主要内容详见第 5 部分著作篇中词条"20. 科技人才开发战略及创新绩效研究"。

12 深化改革:人才优势转化为发展优势的根本动力

论文,《深化改革:人才优势转化为发展优势的根本动力》,作者赵永乐、陈培玲。2014 年获全国"人才托举中国梦"理论征文一等奖。该论文发表于《中国人才》2014 年第 5 期。

作者赵永乐时任河海大学中央人才工作协调小组国家人才理论研究基地首席专家、中国人才研究会副会长、水利部人力资源研究院副院长、中国(南京)人才发展研究中心常务副主任、教授、博士生导师;陈培玲时任河海大学理学院党委副书记。

该文指出,无论是国家还是地方,要想赢得竞争主动权,就必须把人才优势转化为发展优势。把人才优势转化为发展优势,必须把深化改革作为根本动力,破除阻碍人才优势转化的体制机制障碍。南京的科技、教育、人才实力位列全国前三,但是经济发展却只位列江苏前三。究其原因,南京拥有的雄厚科教资源和人才优势未能有效地转化为本地的发展优势。该文把这种以"人才实力雄厚与经济发展相对滞后并存"为总体特征的现象归纳为"南京现象"。作者认为,"南京现象"不是孤例,国内像北京、上海、武汉、西安等不少国家中心或区域中心的城市或多或少都为这一现象所困惑。

作者在对"南京现象"进行深入探讨和分析后指出,当前阻碍人才优势转化为发展优势的根本原因就是体制机制的约束和支持性政策的不力,当前人才与经济社会发展的主要矛盾是人才培养、使用、转化的机制与经济社会的发展需求相脱节。该文指出,必须把深化改革作为根本动力,破除阻碍人才优势转化的体制机制障碍,才能把人才优势转化为发展优势。要坚持党管人才原则,遵循社会主义市场经济规律和人才优势转化规律,加快人才发展体制机制改革和政策创新,为更好实施人才强国战略、实现中华民族伟大复兴提供坚强的人才保证。

该文提出四点深化改革的建议。一是要进一步解放思想,将改革作为推动人才优势转化的根本动力,构建与社会主义市场经济体制相适应、有利于人才优势转化的体制机制,使市场在人才资源配置和人才优势转化中起决定性作用,加快形成具有国际竞争力的人才制度优势。二是要积极稳妥地从广度和深度上推进市场化改革,大幅度减少政府对人才资源配置和人才优势转化的干预,推动人才资源配置和人才优势转化依据市场规则、市场价格、市场竞争实现效益最大化和效率最优化。三是要充分发挥市场的作用,大力发展现代人才服务业,形成融公共服务、市场服务和社会服务为一体的高端人才服务体系,推动各种形式的高端人才服务产业化。四是要进一步加大人才政策创新和突破力度,着重破解一些热点难点问题:广泛听取各方面特别是一线创新创业人才的意见建议,梳理创新创业人才的政策需求,及早废除不利于创新创业和人才发展的制度或政策;让企业成为用好用活人才和技术创新的主体,发挥企业在打通人才、科技和经济社会发展之间通道的作用;深化科研院所改革,建立现代科研院所制度,增强科研院所活力,取消科研院所的行政级别,破除各种形式的科研垄断,推进科研院所同市场经济相融合,推进科研资源配置市场化;深化改革,大胆引进国内外行之有效的好经验、好做法,既要吸收借鉴国外发达国家在人才管理方面的成功经验,更要宣传推广近年来国内发达地区、先进单位创造出的好经验、好做法,尤其是要将那些非公有制企业创造的行之有效的人才管理方法大胆引进到"体制内"。有关部门要认真总结推广北京、上海、南京、武汉、西安等地已出台的改革举措,并给予强有力的政策呼应和支持。

13 江苏省离退休老专家创新创业作用发挥的调查研究

研究报告,《江苏省离退休老专家创新创业作用发挥的调查研究》,作者郭祥林、吴达高。2012年6月获得中国人力资源和社会保障部、第二届中国人才发展论坛组委会颁发的第二届中国人才发展论坛优秀论文三等奖。

获奖者郭祥林时任河海大学离退休处处长、研究员;吴达高时任江苏省老年科技工作者协会常务副会长。

在实施的"科教与人才强省""创新驱动"战略过程中,江苏省高度重视发挥那些在离退休后仍然参与创新创业老年人才的作用,成立课题组专门开展调研工作。课题组先后调研了江苏省13个市和南京市的11家企事业单位的227名离退休后从事创新创业并取得显著成绩的老年科技人才,在分析老年人才创新创业的背景以及老年人才创新创业存在的问题和原因的基础上,通过对国内外老年人才作用发挥的借鉴,提出了破除制约老年人才创新创业体制机制障碍的措施:(1)破除阻碍老年人才创新创业的传统观念。(2)积极发挥政府对老年人才创新创业的引导作用。(3)发挥市场对老年人才资源的配置功能。(4)大力引进利用国际老年人才。同时还提出了加强老年人才创新创业工作体系建设的对策建议:(1)老年人才创新创业工作须坚持四个原则。(2)积极营造鼓励老年人才创新创业的良好氛围。(3)完善老年人才创新创业的工作体系。(4)建立健全老年人才创新创业的政策体系。(5)建立健全老年人才创新创业的体制机制。

该成果得到了中国科学院陈达院士、中国工程院张齐生院士、李鸿志院士、阮长耿院士、贲德院士等高度肯定。他们认为,该研究成果"切实从江苏省核心战略实施对人才的迫切需求出发,对当前一批适合从事创新创业的老专家人才的分析判断比较准确和新颖","如能有效实施,将有利于充实和完善日趋重要的人才政策,将对江苏省深入贯彻科教与人才强省和创新驱动战略提供相当一批有价值的现实人才资源,也将有利于积极应对老龄化日益加速的严峻挑战"。为此,他们联名向江苏省委省政府推荐该研究成果,也得到了江苏省委省政府的高度重视。时任江苏省委书记罗志军亲笔批示:"所提建议值得重视"。

14 江苏省工业企业人才竞争力系列报告(2016)

研究报告,《江苏省人才竞争力系列报告(2016)》,作者刘钢。2016年获得江苏省人民政府颁发的江苏省第十四届哲学社会科学优秀成果奖二等奖。

获奖者刘钢时任江苏省人才发展战略研究院企业人才研究中心副主任。

《江苏省工业企业人才竞争力系列报告(2016)》是《江苏省人才竞争力系列报告(2016)》的重要组成部分。其中,《江苏工业企业人才竞争力100强报告(2016)》,2017年10月获得江苏省社科应用研究精品工程奖一等奖;《江苏工业企业人才竞争力100强报告(2015)》,2016年7月获得江苏省社科应用研究精品工程奖二等奖。

制造业是国民经济的主体,是科技创新的主战场,是立国之本、兴国之器、强国之基。改革开放以来,江苏省坚持发展以制造业为主体的实体经济,制造业规模位居全国前列,综合实力显著增强。其中,装备制造业作为制造业的基础,对支撑全省经济增长、推动社会进步、增进民生福祉发挥了巨大作用。但如何打通制约企业创新升级和人才强企之路的体制机制障碍,提升装备制造业的人才竞争力,已成为制约我省工业企业创新转型的关键所在。

企业人才竞争力系列报告是以江苏省拥有有效发明专利500强、科研投入500强、主营业务收入100强、上市公司等我省工业企业为研究对象,在相关政府部门的数据支持下,开展的江苏省装备制造业人才强企评估研究。通过对江苏省装备制造业企业人才强企能力进行数据挖掘,结合江苏实际发展情况,从产业结构、区域分布、人才聚集、人才投入、人才贡献等方面对江苏省装备制造业企业人才强企能力百强企业开展人才强企能力分析。构建了工业企业人才竞争力评价体系,包括人才规模、人才素质、人才投入、人才平台、人才贡献等5个一级指标、13个二级指标、48个三级指标,突出了"＊＊计划""R&D人员占比""R&D投入""拥有有效发明专利"等关键指标,充分体现了人才引领企业发展导向。报告基于权威数据和科学方法,给出工业企业人才竞争力100强排名。

该研究发现江苏省装备制造业企业人才强企能力提升存在以下制约因素:产业链的人才布局不合理,引才意识不强;企业创新缺失国际视野,研发意识不强;企业人才激励机制不完善;企业人才流动机制不健全。最后,该研究凝练出江苏省装备制造业企业人才强企能力提升的政策建议,主要包含以下几点:着力制度创新,推进人才发展与产业发展的深度融合;着力优化政策供给,提升企业引才用才能力;着力构建开放的市场平台,促进人才向企业流动;着力构建人才激励平台,注重激发企业人才活力。

15 校友教师在研究合作中的表现如何?

论文,"How do alumni faculty behave in research collaboration? An analysis of Chang Jiang Scholars in China",作者李峰、缪亚军、杨琛琛。2016年获得江苏省人民政府颁发的江苏省第十四届哲学社会科学优秀成果奖三等奖。该论文发表于 *Research Policy* 2015年第2期。

获奖者李峰时任河海大学公共管理学院副教授;缪亚军时任河海大学商学院讲师;杨琛琛时任合肥工业大学经济学院讲师。

人才回流是国内外学者关注的热点话题。海归人才在海外学习和工作期间获得的跨国资本使他们在科研能力、研究视野和国际合作上拥有独特的优势。然而,海归学者回国工作也可能面临"逆向文化冲击"的挑战:一方面,海归学者国内关系网络薄弱,在争取国内学术资源、组建团队等方面处于不利境地;另一方面海归学者也需要花较多时间去重新适应国内的科研文化环境。这些因素均有可能影响跨国资本的有效发挥。海归学者回国就业面临两种选择:其一是回到曾经学习过的母校工作;其二是选择一个相对陌生的高校。而对于高校来说,延揽海外知名校友回校工作已经成为常用的人才引进策略。

结合人才回流大背景和我国高校人才引进工作的实际情况,该论文将海归学者分为回母校工作和没回母校工作两大类(分别简称为校友教授和非校友教授),通过分析这两类学者在科研活动上的异同来研究校内关系网络对海归学者科研合作行为和科研质量的影响。论文以前五批＊＊学者特聘教授中的112位海归学者为研究样本(其中校友教授50位、非校友教授62位),并对每一位学者回国后八年内发表的国际论文进行了合著者信息编码。通过混合逻辑回归和混合最小二乘回归,得到了以下研究结论:(1)非校友教授比校友教授更倾向于开展校内合作。非校友教授的校内关系网络较为薄弱。通过开展校内合作,非校友教授可以建立和增强校内关系网络。可见,校内关系网络的强弱对科研合作有明显影响。(2)校友教授与非校友教授在国际合作倾向上没有显著差异。从引进第3~4年开始,所有引进学者的国际合作倾向均明显减弱,说明海归人才并没有很好地发挥在国际科研合作中的桥梁作用。(3)校友教授发表论文所在期刊的平均影响因子显著高于非校友教授,说明较强的校内关系网络为引进人才在高水平期刊上发表论文提供了更大的可能性。从不同的合作模式看,校友教授通过国内合作和国际合作发表论文的平均质量均好于非校友教授,而非校友教授的校内合作论文质量好于校友教授。

16 江苏战略性新兴产业人才队伍建设的非均衡、需求预测与应对策略

论文,《江苏战略性新兴产业人才队伍建设的非均衡、需求预测与应对策略》,作者张长征、吉星、杨素慧、王峰。2016年获得江苏省社科界第十届学术大会优秀成果一等奖。

获奖者张长征时任河海大学商学院副院长、产业经济研究所副所长、副教授、博士生导师;吉星时系河海大学商学院在读硕士研究生;杨素慧时任江苏省人社厅人才开发办主任;王峰时任江苏省人社厅人才开发办副主任。

为了摆脱衰退、重振经济,世界各主要国家均把加快发展战略性新兴产业,作为培育新的经济增长点、抢占新一轮国际竞争优势的重要战略。在战略性新兴产业发展方面,江苏始终走在全国前列,注重战略性新兴产业发展的培育和提升。2011年12月28日,江苏省在六大新兴产业发展基础上,提出在"十二五"期间,重点发展新能源、新材料等十大战略性新兴产业,使其在我省经济社会健康、持续发展过程中发挥先导作用。

习近平总书记指出"环境好,则人才聚、事业兴;环境不好,则人才散、事业衰",这表明人才队伍是产业发展的关键要素。国际实践经验也表明,人才是战略性新兴产业核心竞争力和发展前景的关键因素。以世界新兴产业最为发达的美国、德国为例,美国之所以成为最富创造力的制造强国,与其培养并广泛吸纳了大批科技创新型人才和专业技术人才直接相关;具有工匠品质的"德国制造",也与其培养的众多高素质技能型人才密不可分。与发达国家或地区的人才队伍建设相比,我国战略性新兴产业人才队伍存在低端人才多、骨干人才缺、战略人才稀、"重使用、轻培养"观念泛滥等问题,江苏战略性新兴产业人才队伍建设虽然走在全国前列,但其战略性新兴产业人才结构和支撑能力仍然有许多不足,这一问题已经严重制约了新常态下创新驱动发展战略的实施。

战略性新兴产业异军突起的动力来源于产业同质化竞争日趋激烈,但各地培育战略性新兴产业也要规避同质化问题,要结合区域的产业环境"有所为、有所不为",产业的培育和发展离不开产业环境的影响。实际上,产业人才队伍结构是基于产业人才内部环境和外部环境的变化,不断适时调整而形成的。加强本地的战略性产业人才队伍建设要从

本地已有的人才队伍建设情况出发,探索其存在问题、把握其发展趋势,才能提出具有针对性的策略措施。该文通过2013—2014年江苏苏南、苏中、苏北310家战略性新兴企业的数据监测,对江苏战略性新兴产业人才队伍建设结构差异问题进行分析,并利用GM(1,1)模型对江苏省战略性新兴产业人才需求进行预测,为完善江苏战略性新兴产业人才队伍建设提出应对策略。

该文基于研究成果提出基于政产学研协同的战略性新兴产业人才队伍建设策略。第一,对战略性新兴产业人才队伍建设的协同主体进行界定;第二,提出战略性新兴产业人才队伍建设主体协同发展路径;第三,构建江苏战略性新兴产业人才队伍建设的政产学研协同机制。为江苏省战略性新兴产业人才队伍建设提供了理论支撑,为政府相关部门以及企业管理决策提供了重要参考依据。

17 人才资本驱动常州经济转型发展研究

报告,"人才资本驱动常州经济转型发展研究",作者王全纲、陆玉梅、王红俊等。获得江苏省人才办、江苏省社科联2016年颁发的2015年江苏省社科应用研究(人才发展)精品工程奖二等奖。

获奖者王全纲时任江苏理工学院副教授;陆玉梅时任江苏理工学院教授;王红俊时任常州市人才管理办公室副主任。

《人才资本驱动常州经济转型发展研究》系2015年江苏省社科应用研究(人才发展)资助项目(15SRB—2),项目负责人王全纲,课题组成员还有陆玉梅、王红俊、李芸达、葛莹玉、涂朝连等。2015年11月批准立项,2016年10月完成。

在知识经济、人才经济时代,创新驱动发展已成为江苏经济转型发展的主旋律,创新驱动的本质是人才驱动,人才资本发展受到了政府的高度重视和学术界的密切关注。该课题旨在以常州市为研究对象,对人才资本驱动经济转型发展进行理论与实证研究。首先,通过对世界、中国、江苏省人才资本驱动经济转型发展的现状分析,明确人才资本与经济转型发展之间的密切关系,通过梳理影响人才资本驱动经济转型发展的因素,进一步明确其内在机理;其次,通过建立人才资本测算方法、扩展的C-D模型,对常州市人才资本及其对经济增长的直接贡献率、间接贡献率进行测算;再次,运用协整模型、协同学的方法,建立人才资本驱动经济转型发展的评价模型;最后,在分析人才资本驱动经济转型发展的调控内容、调控机制和调控思路的基础上,从总量调控、质量调控、速度调控和结构调控四个方面,建立人才资本驱动经济转型发展调控的相关线性需求预测模型,并提出人才资本驱动经济转型发展的调控对策。

该项目研究主要结论如下:(1)人才资本是知识经济发展中的第一资本,是经济转型发展的驱动力,是新技术经济发展的创新力。人才资本对科技进步具有重要作用,从而对经济增长产生间接贡献。不同层次的人才资本对经济增长的贡献率存在差异。2000—

2012年常州市人才资本对经济增长的直接贡献率达到19.80%,间接贡献率达到1.75%,高级人才资本对经济增长的贡献率达到10.35%。(2)人才资本与经济转型之间存在协同作用。常州市人才资本发展速度和高层次人才占比两个序参量对人才资本驱动经济转型发展的贡献率较大。2001—2012年常州市人才资本系统与经济系统的协同度变化分为高度协同、中度协同、极度协同和低度协同四个阶段。(3)人才资本驱动经济转型发展调控的内容包括总量调控、质量调控、速度调控和结构调控四个方面。2016—2020年常州市人才资本平均发展速度需求为1.147 2,人才资本对科技经费和财政教育经费平均发展速度的需求分别为1.183 1和1.181 0。到2020年,常州市经济发展对高层次人才资本占比的需求将达到24.28%。

18 江苏战略性新兴产业人才需求预测与开发研究

报告,《江苏战略性新兴产业人才需求预测与开发研究》,作者朱从明、张长征、华坚、王峰、贺正齐、祁珊珊、任悦。2017年获得江苏省社科应用研究精品工程(人才发展)奖二等奖。

获奖者朱从明时任江苏省人力资源社会保障厅副厅长;张长征时任河海大学商学院副教授、博士生导师、商学院副院长、产业经济研究所副所长;华坚时任经济学与国际贸易系主任、硕士生导师、产业经济研究所副所长;王峰时任河海大学信息与通信工程学院博士生导师;贺正齐时任河海大学商学院硕士研究生导师;祁珊珊、任悦时系河海大学商学院在读硕士研究生。

加快发展战略性新兴产业是提升产业结构层次、构建现代产业体系的有效途径,也是江苏经济实现转型升级的核心任务之一。2015年,在经济下行压力依然较大的情况下,江苏战略性新兴产业仍然保持较快的发展态势,对经济发展的支撑作用日益明显。战略性新兴产业已经成为江苏调结构、转方式、惠民生的重要力量,对全省经济社会发展产生了重要的引领带动作用。该案例源自江苏省高校哲学社会科学研究重点项目《依靠社会组织优化江苏新兴产业人才环境的策略研究》。项目于2016年立项,2019年结题。

该研究是在对江苏高等机构和科技机构实地调研的基础上,对人才队伍建设与产业发展不对称情况进行测度,发现战略性新兴产业内部存在的人才问题。结合市场行为和政府政策提出研究假设并运用基于GM(1,1)模型对人才队伍建设需求进行预测分析。发现产业人才开发动力子块(研发经费)能够对江苏战略性新兴产业人才队伍的发展产生影响,然而就目前情况来看效果甚微;产业人才开发绩效子块(利润总额)可以影响到部分人才队伍的建设,但影响力也不大。目前产业人才开发环境子块(科研平台)对苏北地区人才队伍尤其是中高级经营管理人才的影响很大,应大力建设博士后科研工作站、企业院士工作站、企业技术中心和工程技术研究中心等人才载体,推动苏北地区人才队伍建设。该研究构建了战略性新兴产业人才整体开发模式,并提出了江苏战略性新兴产业人才开发的对策措施。

19 淮委创新团队建设模式探讨

报告,《淮委创新团队建设模式探讨》,作者王济干、张旸、樊传浩、王薇薇、张彦奇等。2018 年获得水利部人事司、中国水利学会人社委颁发的全国水利人事工作优秀研究成果一等奖。

获奖者王济干时任江苏科技大学党委书记、水利部人力资源研究院常务副院长、河海大学商学院教授、博士生导师;张旸时任水利部淮河水利委员会人事处处长;樊传浩时任水利部人力资源研究院研究人员、河海大学商学院讲师、硕士生导师;王微微时任水利部人力资源研究院研究人员、河海大学商学院讲师;张彦奇时任水利部淮河水利委员会人事处干部科科长。

为进一步做好淮河治理工作,支撑和保障淮委可持续发展,开创治水、节水、管水、兴水新局面,借鉴国内外理论和实践经验,为流域治理提供强有力的人力资源保障,开展"淮委创新团队建设模式探讨"研究十分必要。受水利部淮河水利委员会委托,水利部人力资源研究院联合淮委人事处于 2014 年 3 月成立课题组,相关研究工作。2014 年 7 月通过了工作大纲评审,研究过程中课题组开展了多次群体座谈和专家咨询,开发出了《淮委创新团队建设调查问卷》和《科技人才成长规律调查问卷》;2014 年 10 月、11 月完成全委的分层随机抽样,累计发放问卷 2 253 份,回收有效样本数据 1 563 份,对淮委建设创新团队的条件进行了深入分析;2015 年 5 月形成初稿,通过了中期评审;2015 年 12 月通过了终期成果验收。

该研究紧扣国家相关政策,在深入调研的基础上,借鉴理论成果和实践经验,从流域科学治理的全局出发,调查分析了淮委创新团队建设的现状,提出了淮委待克服的主要问题;研究淮委创新团队建设的必要性,并基于前期团队方面的研究成果和淮委的调研结果,设计淮委创新团队建设的具体流程;分析淮委干部职工的激励要素,通过数据分析大致掌握淮委现阶段组建创新团队的基本条件,再通过座谈和专家咨询等方式,提出了淮委创新团队的激励模式;为保证并维持淮委创新团队建设能够朝着预期目标方向前进,从淮委创新团队评价指标体系构建、系统评价设计和诊断与反馈机制建设三个方面构建了淮委创新团队评价机制,并就如何有效管理创新团队提出了建议,为淮委建设和管理创新团队提供依据和参考。

该研究成果为流域机构进行创新团队建设提供了理论支撑,研究视角与淮委需求紧密结合,研究方法具有创新性,所提创新团队建设模式、激励模式和评价机制合理,实施方案可行,是淮委 15 个机关、9 个下属事业单位和 1 个下属企业创新团队建设的重要实施依据，对淮委建设创新团队工作具有重要的指导意义，研究成果已在淮河水利委员会应用，部分成果可推广至其他流域机构。

20 浙江省水利现代化人才需求趋势及队伍建设动态研究

报告"浙江省水利现代化人才需求趋势及队伍建设动态研究"，邓玉林、李卉、汪群、范波琴、陈筱飞等承担。2018年获得水利部人事司、中国水利学会人力资源和社会保障专业委员会颁发的水利人事工作优秀研究成果一等奖。

获奖者邓玉林时任河海大学商学院教授、博士生导师；李卉系河海大学商学院副教授；汪群系常州工学院副校长、河海大学商学院教授、博士生导师；范波琴就职浙江省水利厅；陈筱飞就职浙江省水利厅。

当前，国家水利现代化战略、新常态、水行政管理体制改革和浙江省"五水共治"的新形势和新任务，要求浙江省水利行业改革机构、转变职能以适应变化。浙江省水利人才队伍也需要更新知识结构、优化年龄结构、充实基层队伍、提高工作效能，为上述变革提供人才支撑和智力保障，从而解决"依法治国"背景下工作不规范、基层任务事多人少、水利市场人事不匹配的现象与问题。因此，新形势下浙江省水利行业如何建设其人才队伍以满足新要求、解决新问题成为迫切需要研究的重大课题。

浙江省水利人才队伍建设已伴随着其水利工作的开展走过若干年，其人才队伍建设已形成了自己的历史和传统。该文首先明确了浙江省水利人才发展现状，剖析了浙江省在水利人才规模、公共部门人才规模、企业人才规模和基层水利人才规模上的特点。其次，分析了浙江省水利人才目前存在人才结构有待优化、专业背景与岗位要求匹配度有待提高、地区分布不合理、基层水利队伍相对薄弱、水利人才的生态环境有待改善、人才建设的问责机制尚未建立六个方面问题；在新形势下，面临的机遇与挑战主要表现在水利转型带来新理念、简政放权带来新手段、管理改革带来高效能、农村水利发展带来新契机四个方面。

最后，根据浙江省水利现代化建设与政府改革对水利人才提出的具体要求，合理预测了浙江省水利人才需求趋势，确立了创建最优水利人才生态环境，打造一支具有"献身、负责、求实"的水利行业精神，数量充足、结构优化、分布合理、素质优良的水利人才队伍的总体目标，结合各地水利人才队伍建设的先进做法，从体制内、体制外两个维度提出了浙江省水利人才队伍建设的对策建议。其中，体制内应依据依法治国的理念，无论是水利人才管理理念还是水利人才建设的体制机制均需规范化和标准化；体制外应通过培育和规范水利工程建设市场、物业管理市场、中介服务市场，引领水利人才市场发展，优化系统内人才素质与结构。此外，浙江省水利人才建设可以加强技术保障建设，从运用信息化的手段和运用智能化手段两个方面,把握智慧水利发展,夯实人才建设的技术基础。为了保障上述对策的顺利实施,从政策使用和政策开发的角度,浙江省还应对现有政策的未利用之处进行梳理,对现有政策的空白之处进行开发。

21 新时期水利高技能人才队伍建设研究——以陕西河务局为例

论文,《新时期水利高技能人才队伍建设研究——以陕西河务局为例》,作者袁小哲、郭祥林。2018年4月获水利部人事司、中国水利学会人力资源和社会保障专委会颁发的水利人事工作优秀成果三等奖。

获奖者袁小哲时系河海大学在职硕士研究生;郭祥林时任河海大学后勤处处长、研究员。

该文围绕新时期水利高技能人才队伍建设,以陕西河务局为例,从人力资源和管理学角度,对基层水利事业单位高技能人才队伍建设现状及存在问题进行深入的调查研究,发现陕西河务局在高技能人才队伍建设方面仍然存在四个方面的问题:一是技能人才数量不足,质量亦有欠缺,影响到高技能人才队伍的可持续发展;二是与技能人才工作相关的基础性工作不到位;三是高技能人才培养和评价机制不够健全;四是高技能人才激励和评价机制不够完善。之所以出现这样的问题,原因比较复杂:第一,高技能人才政策的可操作性、连续性及前瞻性存在不足,使得高技能人才队伍建设始终处于摸索之中;第二,技能人才特别是高技能人才未掌握核心技术,难以形成比较优势,这也是他们在人才政策领域处于边缘位置的重要原因之一;第三,对高技能人才的培训教育比较滞后,存在培训时间短、高技能培训缺乏、培训内容单一等问题,使得高技能人才很难站到技术前沿;第四,需求激励缺失,无论是物质激励还是精神激励都不到位,这影响到了高技能人才的工作积极性。

针对这些问题,该文提出了陕西河务局高技能人才队伍建设体系优化对策,主要有:第一,采取综合性的手段,打牢高技能人才队伍建设的基础;第二,健全高技能人才队伍进入与退出机制,让技能人才队伍特别是高技能人才队伍流动起来;第三,进一步发挥高技能人才在实际工作中的作用,使技能工作得到足够的认同;第四,注重高技能人才培训体系建设;第五,针对高技能人才,实行多元化的考核评价;第六,对高技能人才实行持续的、科学的、合理的激励。

该文认为,高技能人才队伍建设是一个系统化的工程,切不可急功近利。要从顶层设计的角度看,认清人才的资源属性,利用各种必要的手段要素挖掘人才的潜力,调动他们的积极性,从而使他们真正发挥作用,造福水利事业,造福整个社会。

22 聘任制公务员契约治理研究

著作,《聘任制公务员契约治理研究》,作者张宏伟,南京大学出版社2015年11月出版。2018年获得江苏省人民政府颁发的江苏省哲学社会科学优秀成果三等奖。

获奖者张宏伟时任江苏省人力资源和社会保障厅副厅长、副研究员。

该获奖著作主要内容详见第5部分著作篇中词条"27.聘任制公务员契约治理研究"。

23 高端人才引进培养机制和管理创新研究——以江苏省为例

著作,《高端人才引进培养机制和管理创新研究——以江苏省为例》,作者殷凤春,人民出版社2017年11月出版。2018年获江苏省应用精品工程优秀理论成果一等奖,2018年获江苏省人力资源和社会保障厅首届优秀理论成果三等奖,2018年获江苏省高校教科研优秀成果三等奖,2018年获盐城市哲学社会科学优秀成果一等奖。

获奖者殷凤春时任盐城师范人事处副处长、河海大学中央人才工作协调小组国家人才理论研究基地特聘专家、教授。

该获奖著作主要内容详见第5部分著作篇中词条"36.高端人才引进培养机制和管理创新研究——以江苏省为例"。

24 南京具有全球竞争力的人才制度体系构建研究

报告,《南京具有全球竞争力的人才制度体系构建研究》,作者吕江洪。2019年在中国人才研究会"新时代人才发展定力与人才学学科建设"研讨会暨人才学专业委员会第七届代表大会年会上获得优秀论文一等奖。

获奖者吕江洪时任河海大学中央人才工作协调小组人才理论研究基地特聘专家、南京邮电大学人力资源管理系副主任兼党支部书记、副教授、硕士生导师。

该报告系2018年南京市社会科学基金春季重大项目——"南京构建具有全球竞争力的人才制度体系研究"(18CA02)的分报告之二,由吕江洪执笔。"南京构建具有全球竞争力的人才制度体系研究"课题总负责人是唐洪武。2018年6月批准立项,2019年6月完成。2019年11月经南京市哲学社会科学规划办公室审核,通过结题验收,并被评为"优秀"。

该报告首先从南京人才制度体系的现状分析入手,总结成绩:南京人才制度的组织优势不断凸显;南京人才发展体制机制改革持续深化;南京人才制度改革着力点继续延伸;南京人才制度体系成效逐年显现。找出短板:市场机制作用发挥不足;创新要素转化不够充分;城市能级作用发挥不足;人才治理能力有待提升。

其次,在明晰"创新、优化、协同"的目标基础上,提出南京构建具有全球竞争力的人才制度体系的内涵体现在:突出全球视角和开放心态,突出中国特色和南京优势,突出人才规律和市场配置,突出重点布局和系统集成。构建的主体为政府主导与多元主体共同参与。构建的客体是高端产业载体建设,包括:需要树立全球视野深化创新合作、融入全球网络集聚创新资源。实现路径是政策突破和体制机制创新。政策突破包括:市委"一号文件"的政策、科技体制改革的举措、高层次人才的"举荐制"、优质政务服务的政策。体制机制创新涉及:建立市场导向和市场驱动的体制机制、建立人才价值为标准的体制机制、建立系统性管理人才的体制机制、建立人才"三公"竞争的体制机制、实施人才国际化战略的体制机制。

再次,研究了南京构建具有全球竞争力的人才制度体系的四项核心制度以及五项具体内容。四项核心制度包括:构建具有全球竞争力的人才生产制度、构建具有全球竞争力的人才吸引制度、构建具有全球竞争力的用人主体和高层次人才制度、构建具有全球竞争力的人才治理制度。五项具体内容包括:打造产才融合新格局、建立协同创新新机制、开拓国际交流新通道、构建人才制度新优势、厚植人才发展新环境。

最后,在实施与保障中提出关注三个方面:人才本位、人才法治和人才生态。

该获奖研究报告已收录进2019年12月出版的著作《南京构建具有全球竞争力的人才制度体系研究》(河海大学出版社)中。

25 提升江苏制造业人才国际竞争力研究

报告,"提升江苏制造业人才国际竞争力研究",作者吕江洪、赵永乐等。2020年获得江苏省人力资源和社会保障厅颁发的第二届江苏省人力资源社会保障优秀科研成果一等奖。

获奖者吕江洪时任河海大学中央人才工作协调小组国家人才理论研究基地特聘专家、南京邮电大学人力资源管理系副主任兼党支部书记、副教授、硕士生导师;赵永乐时任河海大学中央人才工作协调小组国家人才理论研究基地首席专家、中国(南京)人才发展研究中心常务副主任、教授、博士生导师。获奖成员还有赵波、江游、孟上飞、陶卓、袁兴国、刘扬、纪萌、陈旭等。

《提升江苏制造业人才国际竞争力研究》系中国人事科学研究院、江苏省行政管理科学研究所资助项目（HF218035），项目负责人吕江洪、赵永乐、杨素慧，课题组成员有丁进、赵波、江游、孟上飞、陶卓、袁兴国、刘扬、纪萌、陈旭等。2018年4月批准立项，同年11月完成。

该项目报告主要内容包括现状与问题、国内外比较与借鉴、要素与评价、提升的思路与框架、对策和建议共五个方面。

（1）现状与问题。江苏制造业人才国际竞争力提升的显著成绩表现在：江苏制造业人才支持力度逐步加大，人才资源结构继续优化，人才聚集高地初步形成，人才发展环境逐渐改善。突出问题体现在：制造业人才结构性过剩与短缺并存，人才培养与企业实际需求脱节，用人主体在制造业人才发展中的主体作用尚未充分发挥，制造业要素成本上升。

（2）国内外比较与借鉴。国内对比发现，浙江和广东在制造业品牌、营商环境、研发投入和专利成果方面都占有比较优势。国外借鉴和启发是：向德国学习"小而精"与"双元制"职业教育；向日本学习从"模仿创新"到"自主创新"；向韩国学习"政策倾斜"与"现代化发展"。

（3）要素与评价。课题组构建了由结构要素、平台要素、效能要素三部分组成的江苏制造业人才国际竞争力评价指标体系，具体包括5个一级指标、13个二级指标、30个三级指标。

（4）提升的思路与框架。课题组提出江苏制造业人才国际竞争力提升的指导思想、提升目标、四项基本原则和四大发展路径。

（5）对策和建议。江苏制造业人才国际竞争力提升需要健全五大工作机制，打造四支国际人才队伍，强化三项人才基础支撑。

26　镇江市创业领军人才引进政策优化研究

项目，"镇江市创业领军人才引进政策优化研究"，主持人张书凤。镇江市社科联（人才专项）课题研究报告，2019年获得江苏发展研究奖三等奖，2018年获得镇江市"社科应用精品工程"人才发展专项课题一等奖。获奖者张书凤时任江苏大学管理学院讲师。

该报告认为，区域创业领军人才吸引汇聚系统是在一定的时期内，由创业领军人才种群、创业领军人才引进政策、地区产业发展环境、地区其他创业生态环境等要素构成的动态平衡系统。基于"政策—产业—生态"创业领军人才吸引汇聚系统包括创业领军人才和地区人才创业环境两大类要素，包括政策吸引机制、产业吸引机制和环境吸引机制三大人才吸引机制，以及人才与地区之间的双向供求机制。

该报告通过对镇江与南京、苏州、无锡和常州创业领军人才引进政策进行比较，得出以下结论：一是从"十三五"开始，苏南五个城市高层次创新创业人才计划都进行了升级提档；二是镇江无论是先导优势产业还是培育型新兴产业都面临较为激烈的竞争环境；三是在技术水平、项目前景和预期成效的条件上,镇江与南京、无锡、常州和扬州基本相当;四是镇江高新技术产业产值规模偏低,高新技术产业产值增长速度较快,高新技术产业产值占规模以上工业总产值比重较高,镇江高新技术产业集聚度处于中等水平,镇江市应以智能装备和新材料产业两个先导优势产业为重点发展目标;五是镇江市 R&D 经费支出占GDP 的比重、政府科技拨款占财政支出的比重和创新平台数三个指标有待进一步提高;六是镇江在人口密度、人均金融机构贷款余额和创业平台数三个指标上有待进一步改善和提升;七是镇江百万人口四星级以上高中数、万人医生数、万人病床数三个指标有待进一步提升。

该报告提出优化镇江市创业领军人才引进政策的对策如下:一是镇江市创业领军人才引进产业定位要随着战略性新兴产业的发展、产业竞争力、产业成长速度的变化而变化;二是细分制定不同层次创业领军人才的引进政策,制订先导优势产业和培育型新兴产业创业领军人才专项引进计划;三是将顶尖人才按照全球顶尖、国内顶尖、省内顶尖等进行分类,弱化年龄条件,对职称增加与学历同等级的设置,对工作经历的设置要进一步明确工作年限和工作单位要求,在人才引进项目条件上,要进一步对人才引进项目进行分类,设置不同的条件;四是对于较高层次的创业领军人才可以适当提高资金资助力度,制定创业领军人才的股权和债权专项支持政策;五是在创业领军人才生活支持政策上,可安排创业领军人才三甲医院就诊,子女入学可享受重点初高中就学;六是加大创新投入力度,加快创业平台建设,完善高层次创业人才融资政策。

27 新时代水利人才创新团队建设和管理

案例,《新时代水利人才创新团队建设和管理》,作者樊传浩、王济干、朱艳、张恒杰、赵晓阳。2021 年获得水利部人事司、中国水利学会颁发的全国水利人事工作典型案例二等奖。

获奖者樊传浩时任水利部人力资源研究院副研究员、河海大学商学院副教授、硕士生导师;王济干时任水利部人力资源研究院院长、河海大学商学院教授、博士生导师;朱艳时任水利部人力资源研究院研究人员、河海大学商学院在读企业管理硕士研究生;张恒杰时任水利部人力资源研究院副研究员、河海大学商学院青年教授、硕士生导师;赵晓阳时任水利部人力资源研究院研究人员、河海大学商学院讲师。

为贯彻落实《新时代水利人才发展创新行动方案(2019—2021 年)》,精准把握国家重大战略和水利改革发展总基调对水利人才创新团队提出的新要求,研究水利人才创新团队的建设和管理十分必要。该案例源自水利部发展研究中心委托水利部人力资源研究院承担的课题"水利改革与发展研究——水利人才创新团队建设和管理研究"。课题于2019 年立项,2020 年结题。该案例是在对河海大学、南京水利科学研究院及长江科学院等单位创新团队实地调研的基础上开发出的典型案例,系统剖析了新时代水利人才发展创新行动方案中创新团队建设和管理的特殊性,围绕连通"人才"与"项目"可持续地"干成事""培养人",总结出了组建遴选和使用管理创新团队的重点问题,构建出了典型创新团队的四分激励机制和管理办法,对总课题"新时代水利人才创新行动研究"发挥了较好的支撑作用。

该案例分析了新时代水利人才创新团队建设和管理的基本情况,从目标、分工、分配、分明及分权五个方面入手,剖析了创新团队运行的激励机制,为创新团队的建设和管理提供了有益参考。创新点在于创新团队构建了四分激励机制,即科学分工、公平分配、奖惩分明、制度分权四个方面,进而将理论构建的四分激励机制落实到相应的具体的行动措施。创新团队需要紧密围绕连通"人才"与"项目"可持续地"干成事""培养人"的建设目标,尊重科学研究规律和人才成长规律,切实给予团队成员充分的自主权,切实鼓励团队成员大胆创新、大胆尝试。同时,创新团队重点在人才发现、培养、使用和评价激励等方面完善相应的制度体系,制度的价值导向要做"百年大计",在试点、探索、完善后,不断进行系统优化,进而建立一套服务于水利人才发展全生命周期的管理制度。该案例是根据水利改革发展对人才创新团队建设的新要求,在对典型单位调研和国内外经验借鉴的基础上,分析组建遴选和使用管理的重点问题,研究提出了水利人才创新团队建设和管理的措施和建议,起草了《水利人才创新团队遴选和使用管理办法》,由总则、人才创新团队的组建、任务、运行机制、评价机制、激励机制、保障机制和附则8章内容构成,对"新时代水利人才创新行动研究"发挥了较好的支撑作用。

28 团队胜任力视角下的防汛防旱抢险专业队伍能力评价体系研究

项目,"团队胜任力视角下的防汛防旱抢险专业队伍能力评价体系研究",樊传浩、张龙、王森林、郑庆、陈祥喜等承担。2021年获得水利部人事司和中国水利学会颁发的全国水利人事工作优秀调研成果二等奖。

获奖者樊传浩时任水利部人力资源研究院副研究员、河海大学商学院副教授、硕士生导师;张龙时任水利部人力资源研究院研究员、南京航空航天大学经济与管理学院教授、博士生导师;王森林时任水利部人力资源研究院助理研究员、河海大学人事处师资科科长;郑庆时任水利部人力资源研究院研究人员、深圳市大鹏新区三防指挥部办公室副主任(主持工作);陈祥喜时任水利部人力资源研究院研究人员、江苏省防汛防旱抢险中心办公室主任。

该项目源自江苏省水利基金项目"防汛抗旱抢险专业队伍抢险能力评价体系研究"和深圳市大鹏新区课题"大鹏新区三防队伍能力建设研究",相关调研成果的二次理论加工得益于与水利部人力资源研究院"组织胜任与激励机制创新"研究团队的多年合作,最终该成果还编撰成书《团队胜任力视角下的防汛防旱抢险专业队伍能力评价体系研究》，于2018年由河海大学出版社出版发行。

2018年是水利部最后一个完整的防汛年，也是防汛防旱工作重点从改造自然、征服自然转向调整人的行为、纠正人的错误行为的开局之年。该成果以团队胜任力为视角，探析防汛防旱抢险专业队伍的能力评价体系，研究新时代防汛防旱抢险专业队伍能力建设的实践和目标，在经验借鉴的基础上构建出防汛防旱抢险专业队伍能力评价指标体系和模糊综合评价模型，对江苏省防汛防旱抢险中心的抢险能力进行了评价。将地方政府应急管理概括为"一窝蜂式的多界别联合作战"模式，提出了我国防汛防旱抢险专业队伍能力建设的方案与措施：以加强我国防汛防旱抢险工作为基本出发点，以提高我国防汛防旱抢险专业队伍工作能力为核心，以改革创新为动力，以强化政策指导、创新人才机制和构建工作体系为重点，进而全面提高我国防汛防旱抢险专业队伍工作的积极性、创造性和有效性。

该项目构建出的防汛防旱抢险专业队伍能力评价体系，一是明确了各阶段防汛防旱工作的技术标准、定额标准，给出高绩效的操作规程，在灾害应急的过程中不断发现问题、改进技术、建立标准、修订规程，进而实现高绩效的防汛防旱工作；二是明确了高绩效的个体行为特征，有利于专业队伍的职业化与专业化；三是明确了各职能之间的角色互动关系，有利于防汛防旱工作的规范化与精细化。在习近平"两个坚持、三个转变"的要求指导下，从团队胜任力的视角构建全过程防汛防旱抢险专业队伍能力评价体系，不仅对专业队伍"以评促建"推动防灾减灾救灾抢险工作，还对地方政府和社会组织切实提高、全面提升抵御灾害救援综合防范能力，具有重要的理论意义和实践价值。

29 盐城企业人才创新活力研究

报告，《盐城企业人才创新活力研究》，作者赵永乐、倪一华、李峰等。2022年获全国人事人才研究主题征文二等奖。

获奖者赵永乐时任河海大学中央人才工作协调小组国家人才理论研究基地首席专家、中国（南京）人才发展研究中心常务副主任、教授、博士生导师；倪一华时任盐城市委组织部部务会成员、市委人才工作领导小组办公室副主任；李峰时任河海大学中央人才工作协调小组国家人才理论研究基地特聘专家、河海大学公共管理学院院长助理、教授。河海大学中央人才工作协调小组国家人才理论研究基地课题组主要成员还有吕江洪、陈双双、陶卓、李秀文、王珊、姜意莎、方娜、朱婷等。

该获奖报告主要内容详见第4部分项目篇中词条"60.盐城企业人才创新活力研究"。

30 盐城企业人才创新活力研究报告

报告,《盐城企业人才创新活力研究报告》,作者倪一华等。2022年获江苏省第十七届社科优秀成果三等奖。

该报告由盐城市委人才工作领导小组办公室申报。获奖者倪一华时任盐城市委组织部部务会成员、市委人才工作领导小组办公室副主任。课题组负责人赵永乐时任河海大学中央人才工作协调小组国家人才理论研究基地首席专家、中国(南京)人才发展研究中心常务副主任、教授、博士生导师;李峰时任河海大学中央人才工作协调小组国家人才理论研究基地特聘专家、河海大学公共管理学院院长助理、教授。河海大学中央人才工作协调小组国家人才理论研究基地课题组主要成员还有吕江洪、陈双双、陶卓、李秀文、王珊、姜意莎、方娜、朱婷等。

该获奖报告主要内容详见第4部分项目篇中词条"60.盐城企业人才创新活力研究"。

第8部分
研究者篇

1   王斌

王斌,男,1973年10月出生,陕西汉中人,管理学博士,心理学博士后,河海大学中央人才工作协调小组国家人才理论研究基地特聘专家、西南大学国家治理学院教授、西南大学公共管理硕士(MPA)教育管理中心主任、博士生导师。河海大学2004(2期)级博士研究生,毕业于2007年,师承赵永乐教授。

兼任重庆市基层治理共同体研究中心研究员、国家社科基金同行评议专家、教育部人文社会科学项目评审专家、中国博士后科学基金评审专家、重庆市行政管理学会常务理事、中国人才研究会人才学专业委员会理事、重庆市乡村振兴决策咨询专家、重庆市行政区划咨询论证专家、泰国国立发展管理研究院国际学院(ICO-NIDA)教授。

主要研究方向为公共部门人力资源管理、人才政策、社会治理等领域。主讲的"公共部门人力资源管理"课程为重庆市一流本科课程。主持国家社科基金项目"中国古代人才管理思想史纲""服务型政府建设中人力资源绩效管理模式变革研究"2项、主持民政部、国家民委、文化部项目"西部少数民族高层次人才培养问题研究""西南地区基层公共文化人才培养和激励机制研究""激发社会组织活力的治理制度及公共政策研究"3项,主持重庆市社科规划重点项目2项、重庆市社科规划一般项目2项、重庆市教委重点项目1项,主持横向项目10余项。多次参加河海大学中央人才工作协调小组国家人才理论研究基地的课题研究活动。发表学术论文60余篇,在党建读物出版社、科学出版社、中国农业出版社等出版社出版《科技人才创新行为管理与队伍建设》《西部少数民族高层次人才培养调查研究》《服务型政府中人力资源绩效管理模式》《政府人力资源绩效管理研究——中国与全球经验分析》等学术专著8部,副主编10余本。

博士毕业入职西南大学后,主要围绕人才研究,获得多项奖励。研究成果获中央统战部、人力资源和社会保障部、民政部、国务院扶贫办等部级优秀研究成果二等奖2项、优秀奖2项,重庆市人民政府发展研究奖二等奖1项、三等奖1项,重庆市各类厅局级科研奖4项。主要包括:国务院扶贫办颁发的"中国扶贫改革40周年论文奖"(《扶志、扶智相结合:内涵与重庆的实践》,2018)、中央人才办颁发的"学习习近平关于人才工作重要论述征文活动"三等奖(《"一带一路"倡议推进中的西部重点人才政策研究》,2018)、文化部颁发的优秀成果奖(《西南地区基层公共文化人才培养和激励机制研究》,2016)、人力资源和社会保障部二等奖(《重庆市创新型科技人才2012—2020年供需预测及建设对策研究》,2012)、中央统战部颁发的全国统战理论研究优秀成果二等奖(《党外代表人士培训质量对策研究报告》,2012)、重庆市人民政府颁发的重庆市发展研究奖三等奖(《重庆市高端人才引进与培养问题研究》,2010)。

2020年入选中国哲学社会科学最有影响力的管理学学者排行榜。其中,在重庆市排名第17;人才学与劳动科学排名第43;在西南大学3名入选者中排名第1。

2　王慧

王慧，女，1976年出生，吉林松原人，管理学博士，高级经济师，现任国电南京自动化股份有限公司运保中心副总经理，中国华电集团专家库成员。

2000年7月毕业于华北水利水电学院机械制造专业，获工学学士学位。2004年4月毕业于河海大学高等教育管理专业，师从刘爱莲教授，获管理学硕士学位。2004—2007年于河海大学商学院攻读博士学位，师从赵永乐教授，获技术经济及管理专业博士学位。毕业后进入国电南京自动化股份有限公司工作，历任省劳动厅人力资源管理师兼职培训讲师、国电南自电厂分公司综合管理部人事专员、电厂分公司综合管理部人事主管、国电南自新能源科技公司综合部人事主管、国电南自新能源科技公司综合部主任助理（主持工作）、国电南京自动化股份有限公司人力资源部主任助理、国电南京自动化股份有限公司人力资源部副主任（主持工作）、南京华盾电力信息安全测评有限公司副总经理、南自美卓控制系统有限公司纪委书记、南自维美德公司总经济师、运保中心副总经理。

主要从事人力资源管理和企业管理方面的研究和管理工作，在国内外重要刊物及会议发表论文20余篇，其中CSSCI期刊6篇，出版专著1部。其主要关注人力资源管理理论和企业管理实践结合的方向，在国电南自人力资源部负责期间构建了国电南自人才绩效考核及测评体系，构建了国电南自整体人才架构，形成一整套的岗位定义、绩效评估、人才发展规划及培训规划体系。

学术贡献主要包括：探索了企事业人才的开发与利用，企事业人才的需求预测与市场的供给的平衡关系，为企事业人才逐步进入良性循环奠定基础。主要是在高校教师职务聘任制管理中，采用人工神经网络模型对高校教师进行预测。用模糊优选模型在教师的招聘中选聘优贤人才。用模糊人工神经网络对教师进行素质评价，为建立教师—岗位匹配的动态模型提供理论基础。同时利用层次分析法进行考核指标权重划分，冲破传统的考核机制，把与岗位相关的因素作为高校教师人力资源考核的关键指标。建立了高校教师的动态薪酬模型。应用二元对比定权法，确定各个影响指标的权重。打破传统的高校教师收入分配制度，建立了以岗位和绩效为依据的动态薪酬体系。并提出建立高校教师人才市场，从建立人才市场的三大机制，即市场供求机制、价格机制、竞争机制入手，加强高校教师的人才市场的建设，从而为高校教师的职务聘任制建立良好的竞争淘汰机制。为高校教师职务聘任制的有效执行建设良好的外部环境。深化、丰富、完整基于人力资源管理理论的高校教师职务聘任制改革工作的研究。无论是从实务操作的角度，还是从理论研究的角度看，规划、制定出基于人力资源理论的改革目标都具有一定的指导意义。

3 王云昌

王云昌，男，汉族，生于 1962 年 12 月，逝于 2003 年 7 月。山东潍坊人，管理学博士，副教授，硕士生导师。河海大学国际工商学院前副院长。

1981 年 9 月至 1985 年 7 月就读于河海大学原河川系水利水电工程建筑专业并获学士学位，1985 年 7 月毕业留校工作。1999 年获管理学硕士学位，2003 年获管理学博士学位。先后担任河海大学水电系学生政治辅导员、人事秘书、组织员、河海大学原管理工程系教研室副主任、河海大学国际工商学院人力资源系主任、学院党总支副书记、副院长等职务。1990 年至 1991 年在中国人民大学人力资源管理专业研究生课程进修班进修。曾兼任中国人事管理研究中心副理事长、中国人力资源开发教学与实践研究会常务理事、水利部劳动与社会保障专业委员会副主任、江苏省人才学会人才学教学委员会副秘书长、江苏省人力资源学会副秘书长、南京市劳动局专家咨询委员会副主任等职。

多次参与组织全国性的人才研究学术活动。1997 年 6 月，精心组织了人事人才理论学术报告会，邀请王通讯为首的国内七名顶级人才研究专家来河海大学作专场报告。1998 年 7 月，组织筹备了由中国人才研究会人才学教学研究分会和河海大学国际工商学院在黄山联合召开的邓小平人才理论研讨会。

长期致力于科研教学工作，在人才学、人力资源管理、劳动经济、社会保障等专业学科领域进行了深入系统的研究与开拓，在国内同行中有较高的知名度。编写《人才学》教材，为有关本科专业开设"人才学"课程。出版了《人力资源管理》《人力资源开发与管理》《人才中介理论与实务》《职业技能人力资源开发》《社会主义市场经济基本知识》等多部专著与教材。在《中国人力资源开发》《人才》《现代经济探讨》《世界经济文汇》等核心学术期刊发表专业论文 30 余篇。主持水利部、中国长江三峡工程开发总公司、江苏省水利厅等单位软课题 10 余项。曾荣获 1998 年四川省科技进步三等奖，1997 年、1999 年河海大学二等奖教金，1999 年河海大学青年教师讲课竞赛二等奖，1997 年河海大学"三育人"先进个人，主讲的"人力资源管理"课程被评为 2002 年江苏省研究生培养创新工程优秀研究生课程建设项目。

参与组建了河海大学国际工商学院人力资源系，组织开设了河海大学的人力资源管理专业。积极引进并培养人力资源系的师资人才。长期承担人力资源管理专业本科生和研究生的专业课程，指导学生的职业生涯发展，为河海大学人力资源管理专业的专业建设、人才培养作出了突出贡献。

4 王全纲

王全纲，1971年10月生，江苏句容人。中国共产党党员。江苏理工学院管理学院人力资源系教授，兼任本校人力资源管理专业负责人和常州市人力资源服务产业研究院副院长，从事人力资源管理和人才学教学与科研工作。

本科毕业于中南工业大学（现中南大学）机电工程学院，获工学学士学位；硕士研究生毕业于南京理工大学经济管理学院，获工商管理硕士学位；博士研究生毕业于河海大学商学院，师从赵永乐教授，获管理学博士学位。本科毕业后任职江苏国光电子信息产业股份有限公司助理工程师、电子信息工程师，从事票据打印机系列产品、银行自助终端系列产品开发设计和公司研发总部项目管理工作。硕士研究生毕业后任职江苏理工学院东方学院工商管理讲师、实训中心主任、三系（含会计学、市场营销、国际经济与贸易、人力资源管理等四个专业）系主任和党支部书记。

教学工作方面，担任"组织行为学"和"人才测评理论与方法"课程负责人与主讲教师，建议在本校人力资源管理专业教学计划中增列"人才学"课程，并担任"人才学"课程主讲教师。主持完成"江苏服务外包产业人才需求与培养的对接研究""人力资源管理专业产教融合育人机制与实践研究""人力资源专业创新教育实践教学体系构建研究"等省级、校级重点教改课题研究。在本校学生中组建"人才资本协会"学生社团并担任指导教师，着力在学生中推广人才学思想和知识。多次指导本专业学生获得优秀毕业论文，最高为省级优秀论文三等奖；多次指导本专业和社团学生参加"挑战杯"大学生课外学术科技作品竞赛，最高获省级一等奖；多次指导本专业和社团学生参加人力资源技能大赛，最高获省级二等奖；多次指导本专业和社团学生完成大学生创新创业项目并发表学术论文。

科研工作方面，主要研究领域有宏观人才学、人才测评学、人力资源服务产业和人力资源管理等。在人才与经济发展的关系、高端人才的流动与集聚、创新人才的市场配置、产才融合和人力资源服务产业发展等方面做了一些研究工作。人才研究工作的特色是基于常州市人才工作、人才发展的研究，在相关课题研究中，曾多次对常州市、区、镇各相关政府部门、园区、典型企业人才工作和人才发展进行调研。代表性的主持课题有"常州市人才资本测算及其对经济增长贡献率研究""人才资本驱动常州经济转型发展研究""常州特色小镇建设中的人才集聚机制与对策研究""创新人才要素配置的市场作用研究：以常州为例""常州市人力资源服务业发展状况与对策研究"等。代表性的独著或以第一作者发表的论文有《全球高端人才流动和集聚的影响因素研究》《民族地区高端人才集聚的实践逻辑》《基于学历—职称的人才资本测算研究——以常州市为例》《人才资本与经济协调发展的关系及其调控》《基于协整理论的常州人力资本与产业结构关系实证分析》等。代表性的专著有《人才资本与经济协调发展研究——以常州市为例》等。代表性的获奖作品有《江苏省企业经营管理人才队伍建设调查研究报告（决策咨询报告）》《江苏省哲学社会科学优秀成果奖三等奖,排名第二)、《人才资本驱动常州经济转型发展研究》(江苏省社科应用研究精品工程奖二等奖,排名第一)等。

5 王济干

王济干,男,1959年8月生,江苏涟水人。水利部人力资源研究院院长、中国水利学会人力资源和社会保障专业委员会副主任委员、镇江创新人才发展研究院院长、博士,河海大学商学院教授、博士生导师。

1982年毕业于华东水利学院数理专业,获理学学士学位;1988年毕业于西安交通大学管理学院管理工程专业,获管理学硕士学位;2003年毕业于河海大学水资源及环境学院水文水资源专业,获工学博士学位。1982年起,在河海大学(原华东水利学院)留校任教;1982—2004年,河海大学理学院讲师、商学院副教授;2004年起,河海大学商学院教授;2006年,受聘河海大学商学院博士生导师。历任河海大学人事处副处长、处长、河海大学商学院党委书记、河海大学校长助理、河海大学党委副书记等职。2014—2018年,任江苏科技大学党委书记。曾担任江苏省社会学学会副会长、河海大学人力资源研究中心主任等职。

长期从事管理科学与系统工程、人力资源管理等领域的教学与科研工作。主要研究方向为管理科学理论与应用、人力资源开发与管理、创新团队运行与管理、水资源管理等。先后主持完成水利部重大项目、国家自然科学基金、科技部、人事部、江苏省哲学社会科学重点项目等国家级、省部级项目20余项。代表性项目有:"基于三对均衡关系的碳排放初始权配置方法研究""水利部直属事业单位分类改革研究""科技人才成长机理与资助机制研究""淮委创新团队建设模式探讨""江苏鼓励激励的案例研究""水利人才创新团队建设和管理研究""大学生核心素质研究"等。发表《授权型领导对员工亲组织非伦理行为的影响:一个链式中介模型》《基于ANP-FCE的水利工程专业技术人才分类评价模型研究》《水利事业单位人才资源价值评估研究》《创新团队共享领导、组织环境与创造力》期刊论文100余篇,其中被SCI/SSCI收录论文20余篇,CSSCI收录论文40余篇,EI收录论文20余篇。出版《2018年中国水利人才发展研究报告》《2019年中国水利人才发展研究报告》《战略管理视角下的水资源和谐配置》《大学生核心素质报告书制度研究》《系统工程理论方法与应用》等专著8部。曾获江苏省教学成果一等奖(排名第一)、全国水利人事优秀研究成果一等奖(排名第一)、安徽省科技厅科技成果奖(排名第二)、赣鄱水利科学技术奖一等奖等。

代表性成果《2018年中国水利人才发展研究报告》围绕水利部党组提出的"回答和解决一系列水利人才工作的基础性问题",第一次对我国水利行业人才发展情况进行总体的调查研究,建构形成了水利行业人才发展研究的基本框架,做出了水利行业人才队伍现状及管理的基本总结,给出了水利人才发展管理体制、政策制度体系的基本评价,提供了水利人才发展理论研究和实践探索的基本阐述。该书由1个总报告和6个分报告构成,共51.6万字。总报告由2018年中国水利人才发展的基本情况、中国水利人才政策与措施变迁研究、中国水利人才发展的理论研究和实践探索3个部分构成,分报告由中国水利人才资源变化情况、中国水利从业人员变化情况、中国水利人才政策变迁分析、水利行业人才实践与理论研究成果选编、人才发展理论研究与政策热点、水利人才大数据挖掘可视化综合服务平台开发研究6个部分构成。该书搭建出了水利行业人才发展研究的基本框架,结构化地剖析人才发展数据和人才政策变迁,勾勒人才发展理论与实践的总体情况,对人才支撑高质量发展、建设一流人才队伍、指导人才工作具有重要的现实意义和参考价值,为水利部党组、水利部人事司等15家水利部人力资源研究院管委会成员单位,以及108家中国水利学会人力资源和社会保障专业委员会会员单位,提供了一整套可以用于推动水利人才工作进步的数据平台、实践案例、政策参考和理论支撑,为《新时代水利人才发展创新行动方案(2019—2021年)》的进一步研究和实施提供了有力的数据和理论支撑,为全国河湖长制和水利系统干部能力提升培训提供了数据支撑和实践案例,为江苏水利建设走在全国前列的河湖长领军人才队伍提供了理论基础、政策参考和案例支撑。

代表性成果《大学生核心素质模型构建及提升路径研究》,紧扣大学的根本任务是培养人这一基本点,围绕"培养什么样的人"和"如何培养这样的人"的主线,运用管理学、教育学的基本原理和方法,建构包含思想政治、专业、科技文化、创新创业、能力和身心六大核心素质为要素以及其功能定位与相互内在关联的大学生核心素质全人模型。之后又分别出版了《基于需求导向的大学生核心素质培养研究》《大学生核心素质报告书制度研究》和《大学生核心素质教育理论建构与绩效评价研究》专著。积极探讨在新形势新要求条件下办学的一系列大学管理问题,具体在于:建构理论模型,建立有关大学生核心素质的要素和关联;提出培养高素质学生的38个教育重点和33个学生自我养成要点;建立大学生核心素质报告书制度和素质教育评价信息化网络;建构素质教育绩效评价体系等。

6 王培君

王培君,男,汉族,1969年12月生,山东寿光人,中共党员、管理学博士。常熟理工学院党委书记、研究员,硕士生导师。

1988年9月至1992年7月就读于河海大学工程测量专业,1992年7月毕业留校工作。历任河海大学勘测系辅导员,测量系分团委书记,土木学院组织员,学生处教育管理科科长,校长办公室综合科科长,保卫处处长助理兼治安消防科科长,校团委副书记、书记。其中,1997年4月至1998年5月在水利部办公厅交流工作,2000年1月至2001年1月参加江苏省委驻盱眙扶贫工作队。2008年6月起任江苏省教育科学研究院、江苏教育学院党委委员、副院长。2012年7月至2017年6月任南京林业大学党委常委、副校长,其中2013年3月至2014年1月参加中央党校第13期中青年干部培训二班学习,2017年6月起任南京林业大学党委副书记。2022年8月起担任常熟理工学院党委书记。

长期从事人才学和人力资源开发与管理的教学科研工作，兼任中国人才研究会常务理事、特邀研究员，中国人才研究会人才学专业委员会副理事长，华东师范大学人才发展研究中心特聘研究员，江苏省人才测评命题专家，江苏省公推公选领导干部面试主考官，原人社部人力资源管理师培训讲师。担任"人力资源管理概论""职业生涯规划"等课程的教学，出版《人力资源管理概论》《企业劳动关系与争议处理》《劳动合同管理技术》国家公务员考录应试指导教材《申论》等编著8部，在《江海学刊》《光明日报》等发表论文30余篇，成果获中国第二届人才发展论坛、中国人才研究会、人才学专业委员会表彰。

具体从事大学生思想政治教育、领导科学研究与实践，兼任中国林业政研会副会长、江苏省行政管理学会理事。担任研究生课程"领导行为"教学，江苏省委党校高校班课程主讲人。出版《大学生就业能力模型研究》《大学生社会实践理论与实务》《大学生创新导论》等著作，在《教育与职业》《江苏高教》等期刊发表论文若干篇，获全国水利系统思想政治研究、江苏省高等教育科研等表彰。

积极宣传推广水文化、生态文化、江南文化研究成果与特色实践，兼任江苏省地域文化研究会理事、中国水利文协成员、中国高等教育学会生态文明教育研究分会理事。出版《水用具》《生态文明理论与实践概论》《林业生态文明建设概论》等著作，在《河海大学学报（哲学社会科学版）》《东西南北水文化》等期刊发表论文若干篇。《"生态＋"教育大课堂探索与实践》荣获中国林学会梁希科普奖。

7 邓玉林

邓玉林，男，1974年生，江西九江人，管理学博士，教授，博士生导师，河海大学商学院管理学与人力资源系主任，中国管理研究国际协会会员、中国人力资源开发与管理学会会员、江苏省人力资源协会会员。

1996年毕业于原江苏理工大学（现江苏大学）机械设计与制造专业，获工学学士学位，毕业后在原江西拖拉机厂发动机分厂（现并入江铃汽车集团）从事发动机设计工作。2002年毕业于江苏大学农产品加工工程专业，获工学硕士学位，毕业后在中国人民解放军总参谋部第60研究所从事无人机研发工作。2003年考入东南大学攻读管理科学与工程博士，2007年1月毕业，获管理学博士学位。博士毕业后到河海大学商学院工作，2013年晋升副教授，2021年晋升教授。2012—2017年南京大学商学院从事博士后研究工作。

主要从事激励理论、组织理论与变革、创新创业与人力资源管理研究，主持国家社科基金项目"'中国智造'背景下工匠精神的发展及其对创新的影响机制研究"（17BGL093）、江苏省社科基金项目"上司下属关系视角的授权管理研究"（12GLC005）、国家博士后基金项目"关系文化与授权管理：上司下属关系与员工传统性视角的研究"（2013M531332）、浙江省水利厅项目"浙江省水利现代化人才需求趋势及队伍建设动态研究"等多项国家与省部级项目。发表论文40余篇,其中CSSCI、SCI、SSCI论文20余篇,出版专著7部,获江苏省哲学与社会科学优秀成果奖二等奖(参与)、水利部人事工作优秀成果一等奖(主持)、江苏省人才研究优秀成果一等奖(参与)、江苏省社科应用研究精品工程二等奖(参与)各1项。

为企事业单位提供战略管理、绩效与薪酬管理、组织变革与创新、人才规划、人才政策分析等管理咨询服务,服务单位主要包括水利部人事司、江苏省水利厅、浙江省水利厅、国家电网公司、国网江苏省电力公司、南京供电有限公司、江苏省电力科学院、无锡地税局惠山分局、南京地铁集团公司等。

近年来在人才领域的学术贡献主要包括:在科技人才开发战略及创新绩效研究中,秉承人才开发要坚持创新绩效为导向的观点,提炼了科技人才的开发战略,强调人才开发要注重最终产出——创新绩效,并且对不同人才开发主体(如政府和组织)的创新绩效进行了区分。基于激励与创新视角开展了中国水利人才发展政策与措施研究,围绕水利人才的发展规律,构建了四层三维水利人才政策体系与分析框架,梳理了我国人才政策、特别是水利人才政策的内容体系、工具体系以及政策关切点等内容,并系统研究了水利人才激励与水利人才管理两方面的政策,提炼了中国水利人才政策的变迁特征,并相应提出了未来的改进方向,为水利人才队伍的建设提供了政策支持;对苏浙两省的水利人才政策进行热点分析,凝练出江苏省水利人才政策规范性强、浙江省灵活性强的特点。

8 石金楼

石金楼,男,1963年5月生,江苏盐城人,中共党员,南京医科大学党委副书记、纪委书记、省监委派驻南京医科大学监督专员、研究员、硕士生导师。

1987年本科毕业于南京农学院农业经济系农业经济与管理专业,1997—1998年南京农业大学农业经济管理研究生班学习,2007年河海大学商学院技术经济与管理专业博士毕业。1987年本科毕业后先后在江苏省科学技术委员会从事科技规划与管理、农村科技管理工作,江苏省委组织部从事人才资源开发与管理工作。曾参加国家人事部英国人力资源管理培训班、江苏省双创人才斯坦福培训班、江苏省第八期高等教育管理美国培训班学习。承担省级项目7项,以第一作者和通讯作者在国内外重要刊物上发表论文20余篇,共编教材1部,获省部级科技奖2项,江苏省哲学社会科学优秀成果奖2项。

1994年从江苏省科学技术委员会调入江苏省委组织部知识分子工作处工作,至2008年调出人才工作处近20年时间,积极参与知识分子工作政策的落实,起草了大量有关知识分子和人才工作的政策文稿,是江苏省"333工程"和江苏高层次创新创业人才引进计划(双创人才计划)的主要参与者和管理者,江苏第一批科技镇长团工作的组织者。平时注重调研,与高层次人才广交朋友,对人才工作的重要性、人才成长规律、人才的组织使用和激励机制等方面有较深入的思考和研究。

先后承担省软科学研究计划项目"江苏省高层次创业创新人才评价指标体系研究"(BR2008083),担任共同主持人(2009.6完成);省软科学研究重点项目"2009—2020年江苏省人才强省战略实施纲要研究"(BR2008070),为主要参与者(2009.6完成);省社科研究项目"'333工程'绩效评价研究"(14SRB-21),为主要参与者(2014.12完成)。作为第一作者在国内外重要刊物上发表有关人才工作方面的论文8篇。其中,文章"The Human Resources Flow Problem"(发表于 *International Journal of Nonlinear Science*,2007年第3期)通过对人力资源流动现象的分析,研究了隐藏在背后的信息。首先以人力资源在何种状态下有利于企业组织和员工个人的双赢为目标构建了相关模型。然后,通过对其进行对比,得到了四种结果。根据对四个结果的分析,得出结论:个人关键因素带来了人力资源流动。如果企业组织和员工个人能够妥善处理相关细节,就可以完全避免不合理的人力资源流动。相应地,如果国家的总目标不理想,可以合理安排人力资源的流动,从而为企业组织和员工个人实现更好的双赢。文章《知识经济条件下江苏人才资源开发战略探析》(发表于《学海》,2007年第5期)认为江苏既是全国的经济大省,也是人才大省。面对知识经济时代的发展要求,江苏应该因地制宜地确立符合地方经济发展要求的人才开发战略,着力在树立人才资源开发新理念、解决人事人才政策滞后问题、完善人才资源开发的管理和运作机制等方面取得新的突破,从建立体系、完善机制、分类指导,组织落实、监督检查等方面,形成统筹协调、齐抓共管的人才开发新格局,积极稳妥地开发人才资源,主动迎接知识经济所带来的挑战,从而实现由科技大省向科技强省的跨越。《论人才可持续发展能力的建设》(发表于《现代经济探讨》,2003年第6期)提出随着经济全球化的到来,人才成为国家、地区和企业之间竞争的核心。中国加入WTO,面临着人才需求的严峻挑战。中国是人力资源丰富的国家,但是在"质"的层面上却与发达国家有很大的差距。为了保持我国的竞争优势,实现可持续发展,我国必须加强人才的开发特别是人才的能力建设。文章对人才的能力建设的内涵、意义进行了探讨,并提出了要树立全新的人才开发理念、加强制度和环境建设、创建以教育培训为支撑的学习型社会、加强人才能力建设的国际交流与合作、加强人才创新创业载体建设和改善经济环境的建设路径。

9 申林

申林,1968年生,男,河南开封人,中共上海市委党校、上海行政学院领导科学教研部副教授、上海市习近平新时代中国特色社会主义思想研究中心研究员。中国人才学专业委员会常务理事、中国领导人才专业委员会理事、中国人才测评专业委员会理事、上海领导学会常务理事、上海干部教育培训专业委员会副主任、上海就业促进会专家委员、沈阳市考试院人才测评命(审)题专家顾问。

河海大学商学院博士生,师从赵永乐教授;心理学硕士;管理工程、计算机应用、财务会计专业双学士;上海师范大学应用心理学访问学者(2006),加拿大阿尔博塔大学商学院访问学者(2007,2011);曾赴法国勒拿国家行政学院、南特地方行政学院(2003)、英国文化系统(2005)、美国乔治亚大学(2016)、英国牛津大学(2019)、越南二区行政学院(2019)培训交流。主要研究领域包括领导科学、心理测评、人才学、人力资源管理等。

主持2项国家社科基金课题研究(完成1项,在研1项),主持完成2项中央党校重点调研课题、1项上海市决策咨询课题;主持各类上海市级课题15项,中共上海市委全面依法治市委员会、上海市党建研究会等的课题研究工作;参与各类课题十余项,主要参与1项国家社科基金课题、3项中组部全国重点调研课题、4项上海市级课题。出版个人专著1部,主编1部、副主编2部、参著(编)7部著作。发表相关论文40余篇。独立撰写1篇、参与撰写4篇内参报告。主持20余项政府、企事业单位干部选拔与队伍建设、素质测评、培训开发、绩效评价等咨询课题或项目,曾从事信息化管理、ERP项目咨询。主持或参与数百名厅局级、处级、科级领导干部选拔工作。

教学内容围绕领导力开发、心理测量、人才学与人力资源管理方向;担任全国各类党政领导干部教学培训工作,同时担任大学本科、研究生、MBA、MPA教学与研究指导。各年度均超额完成教学工作量,十余次获得上海市委党校主体班优秀课程,主持三门课程在上海市干部在线学习城录制和讲授,2021年主持的"领导者的角色与职责"课程入选上海干部教育培训精品课程。

主要学术观点:金融危机及其后续的影响仍在全球泛滥,全球化面临深刻挑战,也深刻地昭示出自20世纪70年代末期在美国出现的"领导力危机"正成为世界性的课题——寻求短期化、功利化、单纯化的"领导"行为恰恰说明领导的短缺和领导力的匮乏,当今世界面临着更加复杂的局势和各种突出的问题,提升各级领导干部的全球领导力迫切需要塑造领导力文化、完善领导力理论、形成领导力开发模式与技术,以应对各种复杂问题的挑战,提高危机预防与应对能力,提升执政能力。实现人类和谐共存,促进经济社会发展。

10 司江伟

司江伟,男,汉族,1969年4月生,甘肃静宁人,管理学博士,山东省高校干部与人才研究基地——中国石油大学(华东)人才发展研究中心执行主任、中国石油大学(华东)马克思主义学院党委书记、教授,硕士研究生导师。

1988年9月就读于中国石油大学(华东)勘察地球物理专业,曾任校学生会秘书长。大学毕业前被选送到信阳陆军学院济南第四大队学习,1992年7月毕业留校工作,历任中国石油大学(华东)辅导员、党委组织部干事、经济管理学院党委副书记、书记。2013年3月起担任中国石油大学(华东)马克思主义学院党委书记。2003年12月晋升为副教授,

2010年12月晋升为教授。

1999年6月获中国石油大学管理学硕士学位；2007年3月至2010年6月在河海大学商学院技术经济与管理专业攻读博士学位，师从赵永乐教授；2012年3—6月在加拿大阿尔伯塔大学研修。

曾任中国人才研究会第五届理事会理事、特邀研究员，第六届理事会常务理事、副秘书长，中国人才研究会人才学专业委员会副秘书长，人才学中青年学者论坛领导小组成员。现兼任中国人才研究会常务理事、学术委员会委员，中国人才研究会人才学专业委员会副理事长，山东省高等教育人才研究会副会长，山东省委组织部"名师送教"师资库专家，山东省委宣传部高校院系党组织书记宣讲团成员，山东省教育系统党建研究专家库专家，青岛干部学院特聘教授，青岛社会主义学院兼职教授，青岛经济开发区人力资源和社会保障协会专家委员会副主任委员。

有丰富的人才管理实务与经验，擅长宏观、微观层面人才及人力资源的政策体系研究，在人才统计、人才考核评价及干部能力建设等方面形成了研究特色。主持的研究成果曾获得国家现代化管理成果二等奖，两次获得山东省社会科学优秀成果三等奖，并获山东省党建十佳图书奖、中国人才研究会一等奖（特等奖）、山东省统计科研优秀成果评比一等奖、山东省高校党建研究基地优秀成果一等奖、中石化现代化管理优秀成果一等奖、中石油软科学优秀成果奖，4次获得山东省人力资源社会保障优秀科研成果一等奖，另获其他厅局级奖励20余项。参与《新编人才学大辞典》的编写，以第二负责人参与"完善人才评价机制研究"课题（中央人才工作协调小组办公室2014年度人才理论研究课题），研究成果被中央组织部人才工作局结集出版。

多年来致力于中国优秀传统文化人才思想及德鲁克管理思想的传播，构建了以人才"三力"（领导力、执行力、个人魅力）开发为核心的课程体系，主讲的课程受到广泛好评与欢迎。因在政府和企业层面推动人才学与人力资源理念的应用，于2011年被东营市人民政府授予"产学研合作贡献奖"。

11 成长春

成长春，1957年7月生，江苏长江经济带研究院院长兼首席专家、二级教授，博士生导师。

1999年5月至2017年9月，先后任盐城师范学院党委副书记、院长、党委书记，南通大学党委书记，曾兼任盐城师范学院人力资源研究所所长。2015年1月至2018年1月，任江苏省政协委员。2018年10月至2021年6月，任江苏省人民政府参事。现为河海大学兼职博士生导师，江苏省重点高端智库——江苏长江经济带研究院院长、首席专家，江苏省中国特色社会主义理论体系研究中心南通大学基地主任，江苏省习近平新时代中国特色社会主义理论研究中心特约研究员，江苏省委宣讲团成员，江苏乡村振兴智库研究院首任院长，国家社科基金项目通讯鉴定专家库专家，国家高端智库"中国国际经济交流中心"专家库专家，中国区域经济学会常务理事。

2005年，在河海大学取得技术经济及管理博士学位。2006年，在美国宾夕法尼亚大学进行了一个月的访学研修。2015年，赴德国柏林工业大学访学，考察了鲁尔工业区及其工业遗产的保护利用、运转机制等，重点了解了莱茵河流域地区在协同治理方面的经验做法。2016年，赴美国杰克逊州立大学访学，与州参议员Hillman先生、当地学者探讨了美国密西西比河与我国长江经济带在协同治理方面的经验及理念。2018年，赴美国康涅狄格州三一学院访学，在以"A Tale of Two River Regions"为主题的学术研讨会上，作了题为"Research on the Strategy for Ecological Environment Protection and Cooperative Development in the Yangtze River Basin"的报告，与美国三一学院和哈特福德地区的专家学者就如何加强多主体协作互补、加快多举措协同联动、实行分区域协同治理，努力推动流域高质量发展进行了交流。

先后在《马克思主义与现实》《光明日报》《青年研究》《中国高等教育》《江苏高教》《上海高教研究》《黑龙江高教研究》《当代青年研究》《群众》《学海》等报刊上发表论文50余篇，其中被人大复印资料、中国学术期刊、全国高校文科学报文摘转载或索引22篇；独著、合著《赢得未来——高校核心竞争力研究》《高校思想政治教育专论》《学生管理学》《高师生活导论》《共青团工作方法论》等论著、教材20部。其中1项获教育部表彰，11项获省教育厅和市政府表彰。先后主持并完成"高师校园文化建设研究"（教育部项目）、"大学生集体主义教育研究"（江苏省哲社项目）、"高校核心竞争力研究"（江苏省哲社规划课题）等11项部省级课题。

秉持高校应主动服务区域发展的理念，成长春教授积极引导高校的科教资源走出象牙塔，关注时事民生，朝着一半是研究、解决社会发展问题，一半是培养人才的方向，牵头成立两个省级新型智库——江苏长江经济带研究院和江苏沿海开发研究院，深耕区域经济、流域经济开发与管理研究多年，硕果累累。近年来主持研究阐释党的十九届六中全会精神国家社会科学基金重大项目、教育部哲学社会科学研究重大课题攻关项目、国家社科基金重点项目、国家自然科学基金项目、国家发改委重大委托项目及江苏省社科重大项目等20余项，著有《推动长江经济带发展重大战略研究》（人民出版社2021年版）、《协调性均衡发展——长江经济带发展新战略与江苏探索》（人民出版社2016年版、SPRINGER 2020年版）、《长江经济带高质量发展路径与江苏探索》（江苏人民出版社2020年版）、《长江经济带世界级产业集群战略研究》（上海人民出版社2018年版）、《赢得未来——高校核心竞争力研究》（人民出版社2006年版）、《江苏沿海港口、产业、城镇联动发展研究》（科学出版社2014年版）等，在《中国社会科学》《求是》《人民日报》《光明日报》《经济日报》《红旗文稿》以及China Today等报刊发表论文百余篇，被《新华文摘》、人大复印资料等全文转载或索引60余篇（其中被《新华文摘》全文转载5篇），获江苏省哲学社会科学优秀成果一等奖、二等奖等奖项，10余篇咨询研究报告得到党和国家领导人和江苏省委省政府主要领导批示。

12 吕江洪

吕江洪，女，南京邮电大学人力资源管理系副主任兼党支部书记、河海大学中央人才工作协调小组国家人才理论研究基地特聘专家、副教授、硕士生导师。先后毕业于南京航空航天大学经济学学士、南京大学管理学硕士、河海大学管理科学与工程博士、南京大学工商管理博士后。

2006—2010年就读于河海大学博士研究生，2011—2012年受江苏省政府留学奖学金资助赴加拿大访学。曾赴孟加拉国、印度尼西亚、新加坡做短期学术交流。兼任国际电联经济和政策问题研究中心副主任、中国人力资源开发研究会理事、中国人才研究会人才学专业委员会理事、全国女性人才研究会江苏女性人才研究中心副秘书长、江苏省人才学会会员。江苏省高校"青蓝工程"中青年学术带头人、优秀青年骨干教师，学校"优秀教师"。

近年来主要研究方向为：人才管理、组织行为与人力资源管理、人口与经济等。教学方面承担本科生、研究生、海外留学生和MBA学员的课程教学，以及承担人力资源管理相关主题的政府培训和企业内训课程。主持省级精品课程建设，指导国家级、省级和校级大学生创新训练计划项目多项，荣获南京邮电大学翻转课堂教学竞赛一等奖，江苏省教学成果奖（高等教育类）二等奖，指导学生参加第十二届"挑战杯"全国大学生课外学术科技作品竞赛荣获江苏省选拔赛一等奖、全国竞赛三等奖。

科研方面主持或参与国家自科、国家社科、教育部人文社科等国家级、省部级、市厅级项目以及国际合作项目、国内咨询项目多项。近年来主持和参与的人才研究项目主要有："提升江苏制造业人才国际竞争力研究""江苏以产才城一体化建设人才友好环境研究""江苏女性人口研究""盐城企业人才创新活力研究""南京构建具有全球竞争力的人才制度体系研究""科技人才成长机理与资助机制研究""镇江'十三五'人才发展研究""调研马鞍山：创造人才发展新常态——产业转型升级中的马鞍山人才体制机制创新研究""'十三五'省属企业经营管理人才发展规划""卫生计生系统战略领导能力建设研究"等。公开出版个人学术专著1部、合著3部，出版"十三五"普通高等教育规划教材1部——《人才学简明教程》，在核心期刊发表学术论文多篇。曾荣获第四届中国人口科学优秀科研成果二等奖，第六届中国人口科学优秀科研成果三等奖，第二届江苏省人力资源社会保障优秀科研成果一等奖，江苏省哲学社会科学界第七届学术大会优秀论文一等奖，"新时代人才发展定力与人才学学科建设"研讨会论文一等奖，人口计生队伍职业化建设和能力建设征文一等奖，山东省高等教育人才研究会优秀研究成果论文类三等奖，江苏省人口发展研究优秀成果三等奖，第八届江苏妇女研究优秀成果三等奖，全国青年人才开发研讨会论文优秀奖，全国（山东）女性人才发展论坛论文优秀奖，江苏省第六次全国人口普查优秀课题评选优秀奖，江苏女性人才研究中心突出贡献奖，女性人才学理论与实践优秀科研成果奖等。

前期相关代表性人才研究成果的核心观点包括：（1）关于《提升江苏制造业人才国际竞争力》的研究，提出江苏制造业人才国际竞争力提升需要健全五大工作机制、打造四支国际人才队伍、强化三项人才基础支撑。(2)《人才学简明教程》包括理论研究和实践发展两部分。基础理论部分按照"微观人才学、人才学通论、宏观人才学"三个基础理论体系展开阐述。实践发展部分从国家的人才强国战略和个体的大学生如何成为国家栋梁之材两个层面展开实践探索。(3)关于《江苏以产才城一体化建设人才友好环境研究》，提出产业发展是人才友好环境建设的先导，人才发展是人才友好环境建设的驱动，城市发展是人才友好环境建设的保障。探索出适合江苏高质量发展的人才友好环境建设路径是打造高科技生态园区。

13 刘钢

刘钢，男，1981年生，山西太原人，江苏省人才发展战略研究院企业人才研究中心副主任、天津大学管理与经济学部副教授、硕士研究生导师。中国民主建国会会员，民建天津大学支部委员会委员，民建天津市委经济委员会委员。兼任中国系统工程学会水利系统工程专业委员会秘书长、中国管理科学与工程学会理事、中国自然资源学会会员、中国水资源战略研究会会员、中国软科学研究会会员。

2005—2008年在河海大学环境学院跟随朱亮教授攻读环境工程硕士学位，2008—2012年在河海大学商学院跟随王慧敏教授攻读管理科学与工程博士学位。2010至2011年获得国家公派资格赴加拿大温莎大学商学院联合培养。博士毕业后在河海大学商学院任教，担任江苏省人才发展战略研究院企业人才研究中心副主任、副教授。

主要研究领域为管理科学与系统工程、生态系统与公共资源管理。多年来始终从事面向可持续发展的区域社会—生态系统供需权衡与协同治理、应对气候变化的流域/区域洪旱灾害风险治理与应急管理等方面的研究。先后主持20余项科研项目，其中，"十三五""十四五"国家重点研发计划项目专题2项，国家社科基金1项，教育部博士点基金1项，江苏省软科学计划2项，其他咨询服务类项目10余项。作为主要参与人先后参与了10余项国家级、省部级科研项目。在 Water Research、Journal of Environmental Management、Journal of Cleaner Production、《中国人口·资源与环境》等国内外一流期刊发表高水平学术论文60余篇，其中 SSCI/SCI 检索18篇，CSSCI 检索22篇，担任 Journal of Environmental Management、Journal of Cleaner Production、Science of the Total Environment、《中国人口·资源与环境》等20余家国内外一流期刊的审稿人。出版学术专著3部，获得国家实用新型专利1项，计算机软件著作权5项。获得省部级科技奖励一等奖2项、二等奖1项、三等奖1项。在资源安全与公共治理方面的相关研究成果为国务院、国家发改委、江苏省、江西省、内蒙古自治区、各大流域机构等提供了决策支持，累计提交资政报告10余份，获得中央领导批示1项，省级领导批示2项，应用证明3份。

主要讲授应用统计学、运营管理、管理信息系统、决策支持系统等本科生课程，以及运营管理、随机优化建模、运筹优化、管理系统工程等研究生课程。多次指导学生参与"挑战杯""创青春""互联网＋"等本科生创新创业活动，并获得国家级与省级荣誉。连续多年带领学生开展暑期社会实践，多次获得校级优秀团队称号。多次指导本科生参加美国大学生数学建模竞赛、"认证杯"数学中国数学建模比赛、全国大学生能源经济学术创意大赛等学科竞赛，获得多项国家级团队指导教师奖励。指导的学生获得校级优秀硕士毕业生1名，校级优秀本科毕业生3名。

2015年8月至2020年5月担任江苏省人才发展战略研究院企业人才研究中心副主任，主要负责江苏省企业人才竞争力研究报告工作。在人才研究领域累积承担了包括江苏省软科学研究计划、江苏省社科应用研究精品工程（人才发展）课题等在内的3项科研课题。发表了3篇学术论文，其中，CSSCI检索1篇，核心2篇。获得省部级奖励二等奖1项、厅局级奖励2项。

14 刘忠艳

刘忠艳，女，汉族，1989年10月生，贵州兴仁人，管理学博士，贵州财经大学公共管理学院、贵州人才发展研究所副教授、硕士生导师。

2007年9月就读于贵州师范大学历史与政治学院政治学与行政学本科专业，曾任学院学生党建办干事，2011年6月毕业并荣获贵州省本科优秀毕业生称号。2011年9月本科毕业被保送到西南大学马克思主义学院思想政治教育专业攻读硕士学位，加入人才学大家罗洪铁教授团队，师从王斌教授，开始接触到人才学，2014年6月硕士研究生毕业并荣获西南大学优秀毕业生称号。2014年9月被河海大学商学院工商管理专业博士研究生录取，师从人才学大家赵永乐教授，跟随老师深耕人才学研究领域，其间荣获博士研究生国家奖学金。2020年7月回到家乡贵州工作，入职贵州财经大学公共管理学院，2021年9月受聘为行政管理硕士生导师，其间主持省厅级人才学课题2项。

主要擅长宏观区域人才集聚、区域人才发展治理、区域人才博弈、区域人才政策体系、区域人才生态以及微观人才行为决策机制研究。其中，2018年2月发表于《中国科技论坛》CSSCI期刊上的《1978—2017年中国科技人才政策变迁研究》一文被引100余次。作为主要骨干成员参与不同层次、不同地区"十三五""十四五"人才发展规划编制，如马鞍山市"十三五"人才发展规划纲要编制、镇江市"十三五"人才发展规划纲要编制、南京江宁区"十三五"人才发展规划纲要编制、南京浦口区"十三五"人才发展规划纲要编制、南通如东县"十三五"人才发展规划纲要编制，以及贵州省"十四五"人才发展规划编制、贵阳市"十四五"人才发展规划编制、安顺市"十四五"人才发展规划编制。

此外还参与中共中央组织部委托的项目"西部地区人才培养、吸引和使用机制研究（2014—2015）""建立与经济社会发展需求相适应的人才需求预测与调整机制（2015—2016）""具有全球竞争力的人才制度体系研究（2016—2017）"，国家社科基金项目"服务型政府建设中人力资源绩效管理模式变革研究（2010—2015）""中国古代人才管理思想史

(2019—2022)",文化部项目"西南地区基层公共文化人才培养和激励机制研究(2016—2017)"以及"南京321计划实施情况绩效考评模式研究(2014—2015)""南沙营智环境建设(2021—2022)"等项目。

硕士期间开始接触人才学至今,一直致力于人才学领域的研究。入职后,从宏观和微观视角将人才学知识体系嵌入主讲的公共政策分析、公共部门人力资源管理课程教学,促进人才学知识传播。积极指导本科生展开人才需求画像研究并荣获全国高校大学生省级创新项目。作为一名高校青年教师,深知还待深耕人才学研究,结合西部地区的人才现实和发展战略需求,潜心科研教学,不断锤炼内功,勇攀科学高峰,提升综合素养和能力,以扎实的专业知识,致力实现科研教学协同育人,努力把科研成果写在祖国的大地上,不负河海母校的栽培。

15 孙友然

孙友然,男,1975年10月生,山东省曹县人,中共党员,管理学博士,南京邮电大学管理学院学术委员会副主任、新时代人力资源管理研究中心主任、中小企业研究中心主任,教授,硕士研究生导师。

(美国)圣母大学访问学者,江苏省"青蓝工程"优秀青年骨干教师,江苏省"青蓝工程"中青年学术带头人,江苏省"青蓝工程"优秀教学团队成员,南京邮电大学"1311人才计划"鼎新学者,江苏高校哲学社会科学优秀创新团队"大数据与人口流动研究"团队核心成员,学校优秀教学团队成员。

主要研究领域为人才学、人力资源管理、人口流动等。兼任中国人口学会理事,江苏省人口学会理事,江苏省残疾人事业发展研究会监事,中国社会学会工业社会学分会理事。

1996年7月毕业于西北工业大学,1996年8月在山东省曹县技工学校任教。2001年9月至2004年4月在河海大学商学院攻读企业管理专业硕士学位,2004年4月在南京人口管理干部学院人口经济系人力资源管理专业任教,2006年7月被评为讲师。2005年9月至2008年12月在河海大学商学院攻读技术经济及管理专业博士学位。2011年7月被评为副教授。2013年10月28日,南京人口管理干部学院和南京邮电大学合并为新南京邮电大学,进入管理学院人力资源管理系,担任系副主任。2013年12月被评为工商管理专业硕士研究生导师。2014年9月至2015年3月在美国圣母大学心理统计系做访问学者。2017年7月被评为教授。

公开发表学术论文60余篇,出版专著9部,编写教材2部,主持国家社科(2项)、国家统计局重点项目、江苏高校哲学社会科学基金重点项目、江苏教育科学规划重点项目、江苏省卫生健康委、江苏省发改委、江苏省统计局、江苏省残联等30余项课题;参加国家自科基金、国家社科基金、江苏高校哲学社会科学基金重大项目等60余项课题。获江苏哲学社会科学优秀成果一等奖、全国人口科学优秀成果一等奖、二等奖、三等奖、第八届高等学校科学研究优秀成果（人文社会科学）三等奖、江苏高校哲学社会科学优秀成果一等奖和三等奖等各项奖励40余项。获南京邮电大学优秀班主任、南京邮电大学先进工作者、南京邮电大学管理学院优秀班主任、江苏省巾帼文明岗、江苏省优秀硕士论文指导教师等荣誉称号。作为副主编撰写了《残疾人蓝皮书：中国残疾人事业发展报告》（2018—2022）、《教师教育蓝皮书：中国教师教育发展报告（2022）》。

16 李卉

李卉，女，汉族，1979年生，北京人，管理学博士，河海大学商学院副教授。中国管理研究国际学会（IACMR）成员，美国管理学会（AOM）成员。

长期致力于人力资源与组织管理、跨文化管理和人才发展等领域的教学、科研和社会服务工作。主持并参与国家、省部级基金课题及政府决策、企业咨询项目数十项；编著2021年江苏省高等学校重点教材《战略人力资源管理》以及《河长制治理理论与实践》等论著；在国内外权威期刊上发表学术论文数十篇。主持和参与的研究成果先后获得全国水利人事工作优秀研究成果一等奖（《浙江省水利现代化人才需求趋势及队伍建设动态研究》）、江苏省人力资源社会保障优秀科研成果二等奖（《外派人员文化智力对外派绩效的影响研究——基于中国"走出去"企业的实证》）、南京市自然科学优秀学术论文优秀成果奖（"Evaluation of administrators' leadership in Chinese public sectors based on fuzzy synthetic evaluation model"）等。

聚焦"一带一路"倡议下中国"走出去"企业国际人才的理论研究和实践探索。作为团队骨干参与了国家社科基金项目"'一带一路'中的中国国际工程企业人才全球化推进机制研究"，以及主持中央高校业务费项目"中国对外投资企业外派人员绩效影响因素及机制研究"。期望通过对中国"走出去"企业国际化人才的深入研究，特别是对有中国特色的跨文化高绩效工作系统的研究，推进中国"走出去"企业实现战略国际化人力资源管理，帮助企业吸引并留住高质量国际化人才，从而为推动全球化人才集聚等做好理论研究和应用推广。

17 李峰

李峰，男，汉族，1986年7月生，江苏无锡人，管理学博士，河海大学公共管理学院院长助理、教育学心理学研究所党支部书记、青年教授、硕士生导师。

2019年入选江苏省社科优青。2008年、2013年分别于南京航空航天大学、中国科学技术大学获得管理学学士和博士学位,其间于2011年获得国家留学基金委资助赴美国密西根大学教育学院留学一年。2013年6月起,任河海大学公共管理学院教师。

近年来主持国家自然科学基金、教育部人文社科基金等省部级以上基金项目4项,在科技人才政策与管理领域发表论文及著作章节近20篇,其中在 Research Policy、Science & Public Policy 等国际知名期刊上发表论文3篇,在《科研管理》《科学学研究》《高等教育研究》等国内知名期刊上发表论文10余篇。研究成果曾被国际著名杂志 Nature 报道,曾获得江苏省哲学社会科学优秀成果奖、江苏省教育科学优秀成果奖等荣誉。

在科技人才政策与管理领域的主要工作包括:其一,推动了履历数据在我国科技人才研究中的应用,并创新地将履历数据和科研产出数据相结合,用于我国科技人才职业发展相关议题的研究中。以高层次科技人才为对象,经过多年积累和完善建成了"＊＊＊＊特聘教授履历数据库",并以此为样板,陆续建成了多个科技人才履历数据库,数据库质量得到了国内同行认可。多次指导国内同行开展科技人才履历数据库的建设,促进了科技人才履历研究队伍的壮大。其二,在国际人才流动这一研究领域上取得了国内外公认的学术成果,特别是针对海外引进人才的职业发展研究,发表了多篇有一定学术影响的论文,多次在国内外重要学术会议上报告研究成果。主要的学术贡献包括:①较早提出了海归人才跨国资本的本土化问题,并就跨国资本的本土化提出了"移植—扩散—增值"的评价框架,认为引进人才评价应充分考虑引进人才的个体差异;在后续研究中多次针对海外经历的异质性展开分析,根据海外经历的不同类型来对海归人才进行分类评价。研究发现,不同类型的海归学者在学术产出、职业发展等方面的表现均存在明显差异。②创造性地将跨国人力资本和本地社会资本同时纳入海归人才研究,在两类资本的共同作用下,分析了海归人才的科研合作动机、合作行为和合作效果差异;比较了海归人才和本土人才的职业发展差异。研究从侧面反映了"送出去、引进来"系列人才政策的实施效果,研究结论印证了我国科技人才政策体系从"重视海归人才引进"向"海归和本土人才并重并用"转变的必要性。其三,结合河海大学优势学科开展水利学术人才研究,与河海大学社科处、高等教育研究所合作完成了《近十年水利工程领域基金项目及人才分析》《水利工程领域历年＊＊、＊＊项目分析》等研究报告。

18 李法顺

李法顺,1937年12月出生于"胶东抗日根据地渤海走廊"上的昌北县。华东水利学院(现河海大学)原党委书记、河海大学原党委书记、水利部交通部电力工业部南京水利科学研究院(现水利部交通运输部国家能源局南京水利科学研究院)原党委书记、江苏省人才学会原副会长、原河海大学人才学研究会理事长,教授。

1973年11月起任华东水利学院革委会副主任、党委常委。1982年4月,任华东水利学院党委副书记。1983年12月，任华东水利学院党委代理书记。1985年4月，任华东水利学院党委书记，11月任河海大学党委书记。1992年12月，到任水利部交通部电力工业部南京水利科学研究院党委书记兼学术委员会副主任。中共江苏省第七、八两次党代会代表，并曾担任党代会高校代表团召集人。

1957年入读华东水利学院水利工程专业。毕业留校在水工教研室、建筑结构教研室以及水工研究所，从事钢筋混凝土结构学教学以及水工建筑物水力学问题的现场观测和室内模型试验研究。1973年起进入华东水利学院领导班子，负责联系社科系、管理系等，陆续带头开出社会学、政治学、档案学和思政理论课的多门课程，并在南京大学兼任图情专业三门课。筹建德育教研室并任主任；筹建教育部首次批准设立的本校档案馆（含张闻天生平展览室）并任馆长；筹建学校党校并任校长。在校外主持思政理论课程体系试验研究，结论被2008年课程设置方案肯定，将职业生涯规划纳入大学课程，主编有《大学生职业生涯规划》一书，由东南大学出版社出版。正式出版的还有《思想道德修养教程》等三部教材和教参（主编），以及《河海大学管理改革》（参编，获省奖）一书。发表论文、英俄译文多篇。1985年赴加拿大考察图书档案管理，回国后多次多地报告，并在相关杂志上撰文交流。是江苏省人才学会第二、三、四届理事会副理事长，中国陶行知研究会理事，江苏省陶行知研究会副理事长，江苏省档案学会顾问、副理事长和省高校分会理事长。首倡建立南京大屠杀（清凉山）遇难同胞纪念碑，并为中山码头等地提供了纪念碑的设计，建立校友张闻天塑像，参与了筹划恢复学校传统校名，并主持五台山庆祝大会。在河海大学评聘从助教到教授各层次职称，由学校申报获批为享受国务院政府特殊津贴专家。教龄满四十年在南科院退休，再由该院回聘到2015年。

19 杨文健

杨文健，男，汉族，生于1964年9月，逝于2017年9月，安徽桐城人，博士，教授，博士生导师，中共党员。

曾任河海大学公共管理学院社会保障系主任，兼任中国水利学会劳动和社会保障专业委员会理事及咨询专家，中国劳动和社会保障学会理事，江苏省人力资源学会委员，江苏省劳动和社会保障学会教学分会副主任委员，南京劳动和社会保障学会理事，江苏及南京电视台社会保障问题咨询专家。主要从事人才学、人力资源管理、社会保障、社会学、社会救灾救济管理、灾害安全评价等方面的教学科研工作。

1984年9月至1988年7月，在河海大学水电系水利水电工程建筑专业攻读学士学位；1990年9月至1993年7月，在河海大学水电系水力发电工程建筑专业攻读硕士学位；2000年9月至2003年7月，在河海大学商学院技术经济及管理专业攻读博士学位。1988年8月到2003年12月,在河海大学商学院人力资源系工作,1994年被评为河海大学讲师,2000年被评为副教授、硕士生导师;2004年1月至2017年9月,在河海大学公共管理学院社会保障系工作,2007年被评为教授,2008年获聘社会学专业博士生导师。

创办河海大学社会保障本科专业,申报河海大学社会保障一级学科硕士点,参与申报社会学、移民科学与工程博士点。公开发表学术论文80余篇,出版专著6部,编写《人力资源管理》《社会保障学》等教材,主持和参与国家社科基金、江苏省社科基金、水利部、江苏省软科学、江苏高校哲学社会科学基金重点项目、江苏省哲学社会科学界联合会、江苏省教育厅、江苏省民政厅、江苏省水利厅、江苏省建设厅、江苏省残联、河南省老龄委、怒江自治州、浙江省义乌市水务局、温州市移民局、建德市移民办公室、广东省水利厅等60余项课题。获水利部大禹奖二等奖,四川省科学技术进步奖,广东省科学技术特等奖,中国建筑工程鲁班奖,江苏省软科学成果二、三等奖,江苏省2005学校党建研究会优秀学术论文一等奖,南京市第六届自然科学优秀学术论文三等奖,南京市科协第十一届优秀学术论文奖等各项奖励30余项。

杨文健教授不仅是学术的"大专家",也是育人的"大先生",聚焦立德树人,教学科研相长,始终坚持用学科前沿知识武装学生,培养德才兼备,具有国际视野,能担当民族复兴大任的人才学、人力资源管理、社会保障和社会学领域的建设者和接班人。先后为国家培养了博士、硕士等百余人及众多本科生。杨文健教授衷心拥护党的领导、热爱祖国、忠诚于党的教育事业,育人不倦,桃李芬芳。他待人真诚、为人热情,乐于助人、勇于担当。他爱岗敬业、勤奋钻研、治学严谨和无私奉献的精神,将永远激励我们为我国高等教育事业的发展努力奋斗!

20 吴方

吴方,女,汉族,1982年6月生,河南周口人,管理学博士,副教授,硕士生导师,中国药科大学国际医药商学院经济管理综合实验中心主任、工商管理专业负责人,中国药科大学首批创新创业聘任导师、"双一流"学科创新团队成员,医药行业国家外贸转型升级基地评审专家(2021年),全国研究生教育评估监测专家库专家,南京药学会理事,南京市江宁区新医药与生命健康产业链(信息)专家咨询顾问。

2006年9月至2012年6月,硕博连读于河海大学技术经济及管理专业,师从王济干教授。2015年河海大学管理科学与工程博士后,2018年美国南加州大学国际药政管理研究中心访问学者。

研究方向为健康服务资源配置优化、医药产业与卫生政策、医药行业人才发展研究等,主持、参与多项国家级、部级、省级、市级、横向委托、校级科研课题研究项目,研究领域以人才发展、人力资源管理为重心,涵盖基层医疗资源配置优化、疾控人才队伍建设、医药科技人才服务模式构建、高校高层次人才激励型薪酬模式的构建、生物医药产业人才高地打造、人才集聚平台指标体系建设、医药产业人才发展可行性路径等主题,项目经费总额近百万元。有丰富的人才发展和人力资源管理实务与经验,擅长宏观、微观层面人才发展,人力资源管理的政策体系研究,在人才发展、人力资源管理等方向形成了独到的研究特色。

主持国家社会科学基金一般项目、中国博士后科学基金、教育部人文社科基金、江苏省社科基金(重点专项)、江苏省社科应用精品、江苏省高校哲学社会科学基金等国家、省部级课题30余项,出版学术著作《基于熵理论的资源安全系统复杂性测度与优化配置研究——以干旱区水资源为例》1部,主编《医药组织行为学》和副主编《医药组织人力资源管理》教材2本;在 Frontiers in Public Health、International Journal of Environmental Research and Public Health、Healthcare、《人民论坛》、《西南民族大学学报》、《河海大学学报(哲学社会科学版)》等国内外核心期刊发表论文30余篇;研究成果《关于优化江苏卫生应急体系的对策建议》在《江苏宣传工作动态(社科基金成果专刊)》2021年第3期全文刊发。围绕产业与人才融合、医药科技人才政策量化评价、高校创新团队成长机理、高校高层次人才薪酬激励模式创新等主题在国内外各大核心期刊发表文章,在人才发展与人力资源管理研究领域有一定的造诣。

多年来致力于人力资源管理学和组织行为学课程的教学工作,主讲的"人力资源管理"课程受到广泛好评与欢迎,主持多项部级、省级、校级教改类课题研究项目,曾荣获2020年江苏省高校微课教学比赛二等奖,校级青年教师教学比赛一等奖,校级教学成果二、三等奖等,2020年指导团队荣获联合国开发计划署第三届"青年创客挑战赛"初创组一等奖,全国大学生人力资源管理知识技能竞赛二等奖,并多次荣获江苏省"互联网+"比赛二等奖和三等奖,江苏省公共管理案例分析大赛三等奖等。

21 汪群

汪群,女,汉族,1970年10月生,江苏盐城人,常州工学院党委常委、副校长,管理学博士、教授、博士生导师。曾任河海大学MBA中心主任、河海大学商学院副院长、河海大学国际教育学院院长、河海大学国际处处长、水利部人力资源研究院副院长、河海大学河长制培训中心副主任、人力资源管理全国理事会理事、南京行为科学协会副会长、国际管理学者协会联盟(IFSAM)中国委员会组委会委员、河海大学人力资源管理专业建设指导委员会主任委员等。江苏省第十三届人大代表、江苏省人大常委会外事旅游委员会委员、大运河文化带建设研究院(常州)副院长、中华水文化专家委员会专家。

曾获江苏省"333高层次人才培养工程"中青年科学技术带头人。长期致力于战略管理、人力资源管理和水文化的教学、研究和咨询工作,主持并完成国家社科基金2项、教育部人文社科基金等其他省部级研究项目10余项,主持或参与完成30余项企业及政府咨询项目。出版著作10余部,其中《科技人才开发战略及创新绩效研究》获江苏省人才优秀成果一等奖和中国人才研究会第五届理事会期间优秀人才科研成果奖;《战略人力资源管理》被列入2021年江苏省高等学校重点教材;《河长制治理理论与实践》被列入2019年度全国高校出版社主题出版;《流域水利管理战略重点——以太湖流域为例》获江苏省高校第五届哲学社会科学研究优秀成果三等奖。在国内外学术会议、学术期刊公开发表论文100余篇,其中30余篇被SCI、SSCI、EI、CSSCI检索。《江苏省推进大运河文化带建设与国家区域发展战略衔接的机制和路径研究》《新生代员工工作价值观与工作绩效:工作投入的中介效应》获江苏省社科应用研究精品工程优秀成果奖一等奖;《外派人员文化智力对外派绩效的影响研究——基于中国"走出去"企业的实证》获得第二届江苏省人力资源社会保障优秀科研成果奖二等奖;"Evaluation of administrators' leadership in Chinese public sectors based on fuzzy synthetic evaluation model"获得南京市第十二届自然科学优秀学术论文奖;《提高江苏支柱工业核心竞争力对策研究》获得江苏省软科学研究工作重要成果奖二等奖;《跨国公司在华设立研发机构的战略分析及应对方案》获得江苏省高校第六届哲学社会科学研究优秀成果奖二等奖;《东西方战略思想与创新研究》《海河流域水利可持续发展战略规划研究报告》《战略管理理论与实践》获得河海大学人文社会科学优秀成果奖二等奖;《太湖流域水利管理战略重点框架研究》《中外企业战略理论与实证研究》《中国长江三峡工程开发总公司可持续发展战略研究》获得河海大学人文社会科学优秀成果奖一等奖等。

聚焦国际化人才理论研究和实践探索,成功申报国家社科基金"'一带一路'中的中国国际工程企业人才全球化推进机制研究"以及教育部首批新文科项目"新文科背景下面向'一带一路'的涉外复合型应用技术人才培养模式创新研究",积极推进在老挝、柬埔寨等"一带一路"沿线国家水利水电等领域工程技术人才培养模式的变革;参与江苏省教育厅和商务厅联合推进的走出去国际化人才地图项目;设置中国学微专业,面向国际讲好中国故事,推进中华文明和伟大实践的国际化传播……希望通过大力推进人才全球化的深入研究和创新实践,特别是对大型国际工程对国际化人才的需求特征及其给东道国带来的人才集聚效应的研究,推进高校对人才培养模式的变革,为走出去企业培养具有全球视野和战略眼光的国际化人才、推进人力资源高端服务、促进全球人力资源优化配置等做好理论研究,创新实践。

22 沈鸿

沈鸿,女,1978年生,湖北黄冈人,中共党员,管理学博士,桂林理工大学商学院人力资源管理系主任、教授、博士研究生导师。

中国人力资源开发研究会理事,广西本科高等学校创新创业教育指导委员会委员,广西人才学会常务理事,广西高级职称评审专家,广西自然科学基金、广西社会科学基金评审专家,广西省级教师培训核心专家团队专家,广西公务员考试面试培训专家,广西高校青年教师业务能力提升计划培训导师,广西科技专家库专家,广西发展战略研究会专家,广西电子商务协会专家,教学督导专家,高校"十佳优秀青年教师",桂林国家大学科技园创业导师、桂林市优秀扶贫创业导师。

2000年6月毕业于武汉科技大学管理二系工商管理专业,获管理学学士学位,2005年6月毕业于桂林工学院(现桂林理工大学)旅游学院旅游管理专业,获管理学硕士学位,2015年12月毕业于河海大学商学院技术经济及管理专业(人力资源开发与管理方向),师从赵永乐教授,获管理学博士学位。2000年7月至今在桂林理工大学工作,历任助教、讲师、副教授,2015年晋升为教授,其间担任人力资源管理系副主任、主任。

主要研究方向为农村人力资源开发与管理、乡村人才振兴等。主持完成或在研国家社科基金项目"西南少数民族地区农村人力资源开发"、教育部青年项目"乡村振兴战略背景下桂滇黔地区新型职业农民培育机制研究"、广西社会科学规划重点项目"乡村振兴战略下青年职业农民经营能力提升机制与政策研究"、一般项目"西南少数民族地区小农户发展生态农业的激励机制研究"、广西教育规划项目"高校教师工作绩效评价体系研究"等国家级、省部级课题5项,地厅级项目10余项,主要参与国家自然科学基金课题"个性化契约对员工创造力的影响机制研究——基于人—环境匹配和类亲情交换的视角"(排名第二)、"农业科技资源再配置助推农业高质量发展的作用机理、效应识别及实现路径研究"(排名第二)等国家级、省部级课题10余项,主持在研或主要参与各级政府和大中型企业委托课题10余项。出版专著2部(国家一级出版社)、参编专著2部,主编教材2部(国家一级出版社,其中1部为高校经济管理类专业"十二五"规划教材)、参编教材3部,公开发表学术论文40余篇。获广西优秀成果奖4项,其中,《广西新型职业农民培育调查及政策建议》(研究报告,排名第一)获二等奖,《西南少数民族地区农村人力资源开发研究》《乡村振兴战略下青年职业农民经营能力提升与培育机制研究》分别获三等奖(专著,独著),《西南少数民族地区农村人力资源开发影响因素研究——基于西南四省少数民族农村地区963份调查数据》(论文,排名第一)获三等奖。

为政府、企事业单位提供岗位评价、组织结构设计、绩效薪酬体系优化、人才开发与培训等管理咨询及专题讲座服务,服务单位主要包括广东佛山市人力资源和社会保障局、广西发展和改革委员会、广西旅游发展委员会、桂林市发展和改革委员会、中国航天科技集团公司第九研究院、南方电网集团广西供电局、中国船舶集团、中国石油公司、中国化学工业工程有限公司、桂林市建筑设计研究院等。

学术贡献主要包括:研究区域科技人力资源配置;开发企事业单位人才配置模型;系统研究西南少数民族地区农村人力资源开发问题;探讨青年职业农民培育的影响因素、机理、机制并提出青年职业农民经营能力提升政策建议,为农村人力资源开发、乡村人才振兴作出一定理论贡献。

23 张龙

张龙，男，1978年8月生，江苏江阴人，南京航空航天大学经济与管理学院教授、博士生导师。2007年于南京大学博士研究生毕业，获得管理学博士学位。曾任河海大学商学院讲师、副教授，中国（南京）人才发展研究中心研究员，水利部人力资源研究院研究员。

从事人力资源管理和人才发展领域的教学、科研和社会服务工作近二十年。在教学方面，曾经或目前为博士和硕士研究生讲授管理研究方法、人力资源管理等课程；为MBA讲授绩效管理、薪酬管理、组织行为学等课程；为本科生讲授人力资源管理、职业生涯管理、数据处理与可视化等课程；负责江苏高校省级外国留学生英文授课精品课程"人力资源管理"；参编教材2部并入选"十一五""十二五"普通高等教育本科国家级规划教材。在科研方面，主持国家社科基金项目2项、教育部人文社科基金项目1项、其他项目多项，参与国家和省部级重点项目多项；在《管理世界》、*Human Resource Management Journal*等国内外一流刊物上发表系列成果；出版专著4部、译著1部和编著3部。在社会服务方面，曾为江苏广电、南京地铁、中石油共享服务中心、无锡惠山地税等组织提供咨询和（或）培训服务。

学术贡献主要涉及两个方面。其一，从传统文化角度考察上下级互动。涉及的具体内容包括：识别中国员工发展上下级关系的动机并构建了相应量表，后者包含职业发展、团队关怀、个人生活和印象管理四个维度；提出并验证了上下级关系和领导—成员交换对于帮助上司行为的差异化作用机制；提出并证实了上司的容忍对于下属建言行为的促进作用。这些研究有助于促进人力资源管理研究的本土化，为理解组织员工的一些重要特征（比如主动性）提供了中国视角。

其二，国内水利人才发展研究状况。首先，较为系统地总结了近年来我国水利行业人才发展理论研究和探索的特点、挑战和机遇，有助于从理论上界定水利行业人才发展的范畴，为判断我国水利行业人才发展水平提供了必要的基础，有助于结合国家和行业战略以及人才发展最佳实践和研究前沿，准确识别水利行业人才发展的关键问题，明确未来发展的重点方向。其次，对1990年以来的水利人才发展研究文献进行了文献计量分析，得到了一系列有价值的发现。比如，水利人才发展研究在过去三十年中"升温"明显，但总体上并非水利行业研究中的"显学"；水利人才发展研究参与者众多，但活跃度总体不足；水利人才发展研究涉及主题广泛，但总体上显得粗放；水利人才发展研究的活跃程度远低于农业和电力行业，需要学习电力行业市场化的人才发展理念和方式；水利人才发展研究和国内人力资源管理研究可以相互促进，前者可以从后者借鉴人力资源管理的新思想、新方法。

24 张阳

张阳,男,1960年生,河海大学商学院二级教授、博士生导师,享受国务院政府特殊津贴。先后毕业于河海大学工程力学系、上海交通大学社会科学及工程系、复旦大学管理学院,应用经济学博士、工商管理学博士后。

1995年8月至2014年12月任河海大学商学院院长,工商管理学一级学科主任和博士后流动站站长,现任河海大学世界水谷研究院/文化书院院长、战略管理研究所所长、东方管理与水管理文化研究中心主任、国际河流研究中心主任、大运河研究中心主任、节水管理研究中心主任,"世界水谷"(2009年起)创始人,年度"世界水谷论坛""海外中国论坛"(2014年起)创办人。

国家重点培育学科(技术经济及管理)、江苏省重点一级学科(工商管理学)第一带头人,教育部新世纪优秀人才支持计划、江苏省"333工程"和"六大人才高峰"资助计划入选者,江苏省决策咨询研究基地(企业国际化发展)主任、江苏高校协同创新中心("世界水谷"与水生态文明)主任。

主持"十一五"国家科技支撑计划重大项目(南水北调工程建设与调度管理决策支持技术研究)、2016年国家社会科学基金重大项目(澜沧江—湄公河流域环境利益共同体研究)、教育部新世纪优秀人才支持计划资助项目(战略管理理论与应用研究)等,在《管理世界》等国内外期刊上发表学术论文百余篇,出版著作数十部。

曾任国际管理学者协会联盟(International Federation of Scholarly Associations of Management,IFSAM)主席(2019年1月至2021年3月)、联席主席(2021年4月至2022年12月)和执行理事,东亚管理学会国际联盟(International Federation of East Asian Management Associations,IFEAMA)副主席(2019年6月至2022年5月)、常务理事,《战略管理评论》杂志主编、德国《管理国际评论》(MIR)编委,中国管理现代化研究会、金砖国家智库合作中方理事会、江苏省企业发展战略研究会、江苏省区域发展战略研究会、江苏省特色小镇研究会等副会长、常务理事,中国国际工程咨询公司、华侨城控股集团、中国水务投资公司、苏豪集团、南京江宁经济开发区等专家顾问,南京中电环保、江苏弘业股份、浙江钱江水利、南京新联电子、盐城海普润等公司独立董事。

美国得克萨斯大学(Austin)、马里兰大学(College Park)高级访问学者,多次赴俄罗斯、美国、德国、英国、法国、意大利、希腊、爱尔兰、荷兰、比利时、瑞士、芬兰、瑞典、挪威、丹麦、波兰、捷克、匈牙利、加拿大、墨西哥、巴西、哥斯达黎加、秘鲁、老挝、柬埔寨、越南、泰国、印度、尼泊尔、土耳其、日本、韩国、蒙古、朝鲜、菲律宾、阿联酋、南非、摩洛哥等境外地区交流访学。

25　张长征

张长征，男，1984年生，河海大学商学院副院长、产业经济研究所执行所长、财务金融系教授、博士生导师。入选江苏省高校"青蓝工程"优秀青年骨干教师、河海大学大禹学者青年才俊B类等。担任中国管理科学学会理事、中国企业管理研究会管理哲学专委会常务理事、江苏省工程管理专业学位研究生（MEM）高校联盟理事会常务理事、江苏省MPAcc教育联合会常务理事、江苏省新时代民营经济研究院特聘研究员等。曾访学哥伦比亚大学水中心（CWC）。曾担任教育部创新团队（国际河流战略与情报监测研究，获滚动支持2期）、江苏高校哲学社会科学优秀创新团队（"一带一路"倡议背景下澜湄合作创新与风险管控）方向执行负责人。主要从事项目投资与风险管理、水资源可持续管理研究。

聚焦工程项目环境风险媒介化的社会放大及其传播扩散、"水资源－能源－粮食"绿色协同以及"一带一路"重大基础设施项目投资风险问题，先后主持国家社科基金重大项目子课题1项、国家自然科学基金青年项目1项、教育部人文社科基金项目2项（青年、规划）、江苏社科基金项目2项（青年、规划）、江苏省高校哲学社会科学研究重大重点项目1项等。参与国家社科基金重大项目、国家社科基金项目、国家重点研发计划、"十一五"国家科技支撑计划重大项目等10余项纵向和横向课题。相关成果被澜湄水资源合作中心、老挝国家电力公司等共计11家单位采纳应用。决策咨询政策建议先后被新华社内参、国务院办公厅《送阅信息》采纳。

以第一作者身份在清华大学出版社、光明日报出版社、南京大学出版社、河海大学出版社等出版专著8部。在 Sustainable Cities and Society、Gender in Management、Sustainable Development、《产业经济研究》、《中国人口·资源与环境》、《经济经纬》、《国际商务》等期刊发表学术论文50余篇，其中SSCI/SCI检索论文10余篇，CSSCI检索论文20余篇、人大复印报刊转载2篇。

坚持立德树人、教研育人、守正创新，指导学生开展的暑期调研案例研究入选人民网2022乡村振兴创新案例，主持的"基于跨组织协同的MBA/MEM研究生教育产教融合创新模式与实践路径研究"被立项为"2022年度江苏省研究生教育教学改革课题"。先后获江苏省第十七届哲学社会科学优秀成果奖（三等）、江苏省研究生教育改革成果奖（二等）、中国商业联合会科学技术奖（二等、三等）、江苏省社科应用研究精品工程（人才发展）奖（二等、三等）等多项，获江苏省"本科毕业设计（论文）优秀指导教师"、江苏省大中专学生志愿者暑期文化科技卫生"三下乡"社会实践活动先进工作者荣誉称号、河海大学"优秀班导师"等荣誉称号。

26　张军仁

张军仁,男,1973年6月生,江西抚州人,管理学博士,高级工程师,PMP,现任中国长江三峡集团新疆分公司筹备组组长,北京城市副中心国家服务业扩大开放综合示范区和中国(北京)自由贸易试验区业界理事委员会理事。曾任新疆皮山县委副书记,长江三峡设备物资有限公司纪委书记,中国三峡新能源(集团)股份有限公司党委副书记、董事等职务。

20世纪90年代和21世纪初,先后两次在河海大学学习人才学理论知识,开展人才学理论研究,长期关注企业家人力资本管理实践及相关理论问题,先后在CSSCI检索源期刊发表学术论文3篇,在EI核心检索出版物发表学术论文2篇,参与省部级人才学纵向课题1项,主持横向课题1项。

他提出,企业家管理劳动的本质是处理和加工经营管理信息,其劳动成果主要体现为制度变量。企业家在企业内部通过协调、激励、克服X非效率的存在和在企业外部通过发现、创造市场机会提高企业的盈利。企业家的管理劳动具有效应滞后性、成果间接性和无形性等特征。在自由完善的企业家市场,企业家薪酬由市场需求和供给决定,市场薪酬具有实现外部公平、保持薪酬市场竞争力和相对直观的优点,但无法解释可比企业企业家之间薪酬的巨大差距。根据企业经营管理难度确定企业家薪酬,有利于实现企业家个人业绩与薪酬的直接对应,减少企业家行为短期化倾向,实现内部公平,但企业经营管理难度观察成本高、评价难度大。

他经过理论研究与实证分析发现,中国上市公司企业家人力资本与上市公司每股收益、营业收入、净利润指标、总资产和总股本呈显著正相关。企业家个人特质、企业经营环境,以及大股东控制和董事会监督等公司治理因素对企业家薪酬有重大影响。上市公司效益越好、规模越大,给予企业家的薪酬水平越高。企业家持股市值与上市公司净资产收益率呈显著正相关。国有上市公司企业家薪酬市场化不足,官员背景企业家与公司上市后的业绩呈负相关。企业家受教育程度、经验、个人财产、生活成本和社会网络等人力资本对剩余索取权分配有重要影响。根据企业家人力资本确定企业家薪酬,需要企业家和所有者建立高度的信任关系和完善的市场环境。

27　张宏伟

张宏伟,男,1971年12月生,江苏响水人,河海大学管理学博士,江苏省人力资源和社会保障厅副厅长,省就业领导小组办公室、省农民工工作领导小组办公室主任,副研究员。

兼任江苏省老龄发展研究院老龄人力资源与人才队伍研究专业委员会双首席专家，江苏省人口学会副会长，江苏省创业服务协会名誉会长。南京财经大学MPA兼职导师。江苏省"333工程"培养对象。鼓楼区人大代表。曾担任江苏省人才学会第六届理事会常务理事、江苏省软件产业人才发展基金会理事，以及省督学、省青联常委等相关社会职务。

从1997年起开始人才研究工作，曾在《中国人才》《上海企业》《学海》《公共行政和人力资源》《人才开发》《四川心理科学》《人事管理》《江苏商论》等刊物上发表以国际人才、人才工程、青年人才、民营企业人才、企业家、区域人才开发一体化、员工能力建设、党政人才离岗创业、高校毕业生就业等为主题的人才研究论文近20篇。执笔《以构建"六大人才高峰"为重点，全面推进江苏新世纪人才高地建设》论文，获得江苏省人才市场发展论坛优秀论文一等奖。参与《提升人力资本，优化人才结构》课题组，相关成果获省社科联社科应用研究精品工程优秀成果一等奖。参与"江苏科技创新人才队伍结构分析与全面提高整体水平的方案设计"，成果被省政府部门采用。

多年来，先后从事人力资源开发、公务员管理、公共人力资源服务、就业促进、跨区劳务协作等行政工作。在人才相关工作方面，曾参与起草多个人才类规划或政策性文件，包括江苏省人才强省战略2009—2020规划纲要、省委省政府关于加强人才资源开发工作的若干意见、关于进一步加强高层次人才队伍建设的意见、关于加强人才队伍建设的决定、关于加强苏北人才队伍建设的意见、关于加强高层次人才引进工作的意见（执笔）、关于加快构建教育医药卫生电子信息机械汽车建筑农业六大人才高峰的实施意见（执笔）、江苏省人才开发资金管理使用办法（执笔）；组织起草提出政府人事部门加强非公有制企业人力资源开发的政策建议。

在立法和规划工作方面，结合所从事的行政工作，承担组织起草和制定江苏省公务员法实施方案及其配合法规、江苏省"十四五"高质量就业促进规划、江苏省就业促进条例等重要法规的工作任务。

通过河海大学的学术训练，在人才政策研究、公务员聘任制改革、公共行政机构合同制员工心理契约、劳动者就业创业、老龄人力资源开发等专业领域努力学习，积极研究探索，积累了部分研究成果。现出版专著2部、主编1部，参编公务员培训教材4部。

在河海大学攻读博士期间的研究成果陆续刊出，2013年以来，有10篇论文先后在《中国行政管理》《中国人力资源开发》《江苏社会科学》《江海学刊》《南通大学学报》等学术刊物上发表。

28 张宏如

张宏如，男，1973年10月生，安徽安庆人，盐城师范学院院长、教授、博士生导师。研究方向：人力资源管理。教育学本科、心理学硕士，管理学博士，工商管理博士后。

1991年9月就读于华东师范大学教育学本科专业，曾任校家教部部长。1995年到江苏石油化工学院工作,历任学生处科员、副科长、科长。2001—2004年在华东师范大学心理学系攻读教育与发展心理学专业硕士研究生。2004—2008年担任江苏工业学院法管学院党委副书记。2008—2010年在河海大学攻读技术与经济管理博士研究生,同时任江苏工业学院学生处处长。2010—2014年任常州大学社科处处长。2011—2014年在南京大学工商管理博士后流动站学习,2012年6月晋升为教授。2012年起任常州大学商学院院长,2018年任常州大学党委常委、副校长。

曾任中国人才研究会人才学专业委员会常务理事,现任中国人才研究会人才学专业委员会副理事长、江苏省人力资源学会常州市专业委员会会长、常州产城融合研究会会长;江苏省"青蓝工程"学科带头人、江苏省"333工程"中青年领军人才、江苏省决策咨询基地首席专家。

在美国哥伦比亚大学、瑞典延雪平大学、新西兰梅西大学等进行过访问和学习,与芬兰萨塔昆塔大学开展过就业胜任力方面的科研合作,注重理论联系实践,有非常丰富的人才管理实务经验,擅长宏观、微观层面人才及人力资源开发与政策体系研究,在人才测评、人才培训、人才激励及干部能力建设等方面形成了研究特色。对中国情境下的积极组织行为理论与实践、基于心理资本的人力资源管理与开发进行了长期探索,形成心理资本、员工帮助计划(EAP)、中国管理情境的积极组织行为、人力资源管理机制创新、职业胜任力提升等系列成果。目前主要从事新就业形态研究。

主持国家基金5项,其中国家基金重大项目1项、国家基金重点项目2项;在《管理世界》《中国管理科学》《科研管理》、*Journal of Business Ethics*等期刊上以第一作者与通讯作者身份发表论文70多篇,《社会资本对就业转型的影响》等12篇论文分别被人大资料复印中心《劳动经济与劳动关系》《中国社会科学文摘》等全文转载;2篇高被引论文分别被引233次和216次,逐步形成了通过提升新就业形态群体人力资本、社会资本和心理资本等,提升其职业胜任力、促进其就业转型等学术成果。先后获得全国人文社科成果二等奖、国家教学成果二等奖1项、江苏省哲学社会科学成果奖5项(其中一等奖1项)、江苏省教学成果奖6项等。主持完成江苏省委省政府决策咨询项目7项,《"十三五"提升江苏城乡就业》等7篇决策咨询报告在江苏省委省政府《领导参阅》刊发,其中,《新生代农民工就业转型》研究成果被省领导批示,《化解去产能进程中的结构性就业矛盾》被国务院侨办采纳刊发,报中央领导阅示。力促常州大学与常州市政府联合成立常州市社会治理学院,中宣部学习强国学习平台对此进行了专题报道。张宏如现为江苏省社科重点基地负责人、江苏省哲学社会科学优秀创新团队带头人,已出版《转型与升级:基于心理资本视角的人力资源管理与开发》等著作6部,为校友会"中国高贡献学者"。

29 陈双双

陈双双,女,汉族,1981年1月生,河南洛阳人,现定居南京,管理学博士,河海大学中央人才工作协调小组国家人才理论研究基地特聘专家,江苏开放大学商学院营销管理系主任,副教授。

2006年9月进入河海大学公共管理学院行政管理专业就读管理学硕士,2009年6月获河海大学管理学硕士学位。2009年7月进入河海大学文天学院工作,任职于河海大学文天学院经济管理系,担任经济管理系人力资源管理专业教研室主任,其间主要负责人力资源管理专业学科专业建设工作。2011年9月进入河海大学商学院技术经济及管理专业攻读博士研究生,研究方向为组织与人力资源管理,2015年12月获得河海大学管理学博士学位。2017年8月进入三江学院工作。2018年11月晋升为副教授。2020年9月进入江苏开放大学商学院工作至今,现任江苏开放大学商学院营销管理系主任。

曾作为安徽省企业高校代表出席中国共产党安徽省第九次代表大会,担任中国国旅(江苏)国际旅行社有限公司特聘讲师,江苏省高校"青蓝工程"培养对象,三江学院文化产业与旅游管理学院副院长。现兼任中国人才研究会人才学专业委员会第七届理事会理事,中央人才办(河海大学)人才理论研究基地特聘专家。

从事人才资源管理教学和人才研究十余年,主要致力于人才管理、组织与人力资源管理研究,擅长宏观、微观层面人才及人力资源管理研究,侧重人才吸引、人才留用方面的研究,在此领域具备了一定的研究积淀。主持和参与省部级项目和横向项目二十余项,其中主要人才研究课题有南京市政府委托重点课题"南京市突破人才和经济发展不成正相关关系瓶颈研究"、中央人才协调小组委托课题"西部地区人才引进、培养和使用研究"、镇江市政府委托课题"镇江市'十三五'人才发展研究"、如东县委托课题"如东县'十三五'人才发展研究"、江苏省文旅厅课题"全域旅游新时代下江苏省导游队伍建设存在的问题及对策研究"、马鞍山市政府委托课题"调研马鞍山:创造人才发展新常态——产业转型升级中的马鞍山人才体制机制创新研究"、江苏省社科联课题"网络化多元协同下江苏省高层次人才服务机制构建研究"、国家电网涟水供电公司课题"国家电网江苏涟水供电公司人岗匹配管控设计"、南京市政府委托课题"南京构建具有全球竞争力的人才制度体系研究"等。研究成果得到了地方政府部门的采纳应用,形成了系列专著,如《镇江"十三五"人才发展研究》《如东"十三五"人才发展研究》《调研南京:加快人才优势向发展优势转化》《南京构建具有全球竞争力的人才制度体系研究》等。研究成果获得了江苏省社科应用研究精品工程优秀成果一等奖、江苏省社科联省社科应用研究精品工程(人才专项)优秀成果二等奖、江苏省社科南京市江宁区社科优秀成果二等奖、全国经济管理院校工业技术学院研究会优秀论文奖等十余项荣誉。

30　治宇

治宇,原名程绍绩,山西介休人,1923年2月23日出生,1987年3月13日去世,终年64岁。1938年参加革命,1941年加入中国共产党。生前曾任河海大学农水系党总支书记、院干训班主任,江苏省人才研究会骨干会员,河海大学人才学研究会(原华东水利学院人才学研究会)最早的骨干会员。1981年参加江苏省的人才研究活动,曾担任江苏省人才研究论文评审工作评委,参加《人才研究文集》编审工作,多次出席全国和全省的人才学术会议。1983年承担了人才学教材"第三编人才管理"的编写工作,完成了该编征求意见的油印稿,含第六章(《人才管理的基础工作》)、第七章(《人才管理标准》)、第八章《人才管理的基本原理》、第九章(《人才管理实践的研究》)4章20节,共计7万余字。生前曾写下数十万字的人才研究心得和论文,其中有些论文在国内有关杂志发表。曾发表《科技队伍的管理》《大学生如何争取掌握学习的主动权》《要重视管理人才的培养》等文章。他不顾"文革"给他造成的严重身心创伤,到全国十几个省市开展大量的人才调研工作,其刻苦严谨的治学精神深受人才研究同行的好评和敬重。他临终前还曾打算待病情好转后,赴江苏省的苏南、苏北开展人才发展的调查,并进行一系列的研究工作。他在逝世前留下了一篇名为《人与自由》的6 000余字的手写稿和一篇只开了500字头的名为《探索领导科学中的心理机制》未完文章。

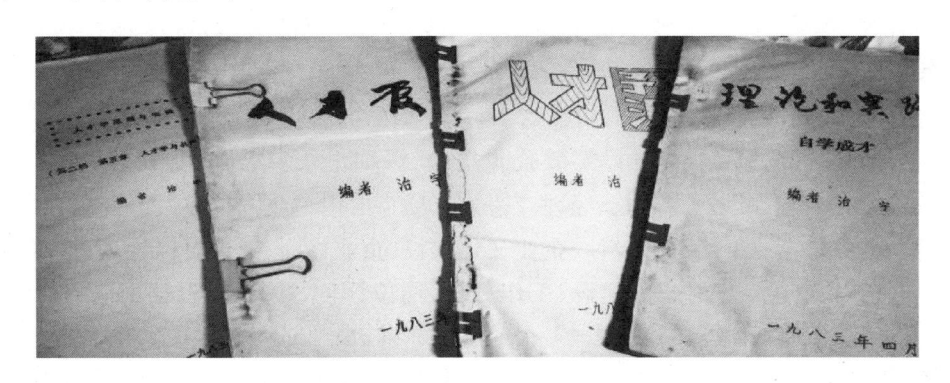

31 赵永乐

赵永乐,曾用笔名望山。1946年11月出生于山东威海,成长于辽宁大连。河海大学中央人才工作协调小组国家人才理论研究基地首席专家、中国(南京)人才发展研究中心常务副主任,教授、博士生导师。

1965年被中国人民解放军炮兵工程学院录取就读,1970年毕业于华东工程学院(系炮兵工程学院集体转业更名,现南京理工大学)。毕业后被分配到061航天基地3412厂从事技术工作,后分别在江苏省机械设备成套局、江苏省科学技术干部局、江苏省哲学社会科学联合会工作,1979年10月调到河海大学任教。

先后担任中央人才工作协调小组特聘专家组成员、中国人才研究会副会长、水利部人力资源研究院副院长、人力资源和社会保障部CETTIC面试考官认证专家委员会副主任委员、江苏省人大常委会立法咨询专家。中国人才研究会学术委员会委员,中国人力资源开发研究会常务理事、学术委员会委员。江苏省人才学会副会长、江苏省社会学学会副会长、江苏省人力资源学会副会长。曾担任《人才》《江苏社会科学》《社科信息》杂志的主编、河海大学人力资源研究中心主任、河海大学文天人力资源研究院院长。

中国最早从事人才学研究的学者之一,江苏省人才学会的创始人和主要领导者之一,江苏省有突出贡献中青年专家。曾多次具体组织承办"全国马克思主义人才思想学术讨论会"(1983)、"全国农村人才研究学术讨论会"(1984)、"第二届中国东南地区人才问题国际研讨会"(1994)、"首届中国人才学论坛"(2004)等国际国内大型学术活动。在国内首次提出系统的人才市场学理论、人才规划技术理论、人才与经济协调发展理论和宏观人才运行理论。人才市场学研究的开创者之一;江苏"333人才培养工程"的主要研究者和策划者;1999年在全国率先提出"人才强省"战略;2010年在国内首次提出"人才引领发展"概念;参与国家中长期人才发展规划纲要编制;多次承担水利部和江苏省的人才规划编制工作。2009年12月获"中国人才学研究三十年突出贡献奖"。他主持的河海大学人力资源研究中心于2014年5月获得中央人才工作协调小组授予国家"人才理论研究基地"称号。多次参与江苏省和水利部以及多市、区、县、行业、企业的人才规划制定工作。多次担任江苏省省管、市管、县管领导干部公推公选命题专家、面试考官,有关单位内部竞岗考官。

先后担任过中唱音像公司、雨润集团、南京卷烟厂、无锡新区、南京新港开发区、常州武进经济开发区、南京力导公司、安徽欣源集团、深圳汇德源公司、常州通力达公司等60余家企业的管理顾问。为厂长、经理授课数百场。承担企业管理和人力资源管理项目(企业发展策划、企业集团总部设计、企业文化建设、企业诊断、岗位目标管理、招聘面试、员工评价竞岗、企业人才后备库建设、工作分析、岗位评价、绩效管理、薪酬管理、组织规划、员工培训、经理培训等)80余项。多次承担江苏省、水利部和江苏省交通厅、江苏省国资委、江苏省经信委、南京市、镇江市、淮安市、马鞍山市以及江苏、安徽、浙江等地有关县、市、区的人才发展规划编制工作。

出版著作70余部,发表文章300余篇,主持参加国家级、省部级课题58项。获全国性和省部级一等奖8项,二、三等奖30余项。其中,获国家人力资源和社会保障部全国人事科研一等奖3项、二等奖4项;获江苏省科技进步二等奖1项、三等奖1项;江苏省哲学社会科学优秀成果奖一等奖1项,二、三等奖多项。主要代表作有:独著《人才,走向市场——人才市场学概论》(河海大学出版社)、独著《现代人才规划技术》(上海交通大学出版社)、合著《城乡和谐就业理论——农民工进城对就业影响研究》(江苏人民出版社)、主编《宏观人才学概论》(党建读物出版社)、独著《求索中国特色人才路》(党建读物出版社)、合著《国际创新名城人才制度与治理研究——基于南京人才新发展格局的实践探索》(西南交通大学出版社)等。

入选2020年中国哲学社会科学最有影响力学者管理学排行榜,排名第181。其中,人才学与劳动科学排名第9;江苏排名第22;在河海大学7名入选者中排名第1。

32　袁兴国

袁兴国,男,汉族,1970年7月生,籍贯江苏沛县,出生地新疆。河海大学管理学博士。现就职于徐州工程学院,任徐州创新创业教育学院副院长、研究员。常州大学商学院硕士生导师。江苏省"333工程"中青年科学技术带头人、中国人才研究会理事、中国人才研究会人才学专业委员会常务理事、江苏省人才学会常务理事、江苏省创业服务协会常务理事,江苏省创业指导专家(一级)、江苏省就业指导专家、徐州市科技专家团秘书长、徐州市优秀专家、徐州市拔尖人才。

从事人才、人力资源研究与实践工作20余年。在《中国高等教育研究》等杂志发表相关研究论文40余篇,多篇论文被CSSCI、EI收录。其中人才发展专题论文《基于人才强国战略的高校人才培养模式改革研究》《落实人才发展体制机制改革任务的路径探讨》《变革与重构:我国人才学发展的理性之思》等20余篇。出版《城市人才创新创业环境优化的策略》《中小企业关系绩效提升的策略》《青年人才成长的理论与实践——大学生职业规划与创新教育》《基于高等教育大众化的我国农村人口城市化发展趋势与策略研究》专著4部。主持和承担国家、省级课题7项,其他研究课题10余项。参与《江苏社科强省战略》《江苏企业经营管理人才"十二五"发展规划》的编制工作,主持编制了《徐州市"十三五"人力资源和社会保障发展规划》《徐州市铜山区"十四五"人才发展规划》。主持完成地方政府合作课题"苏北地区返乡创业人才发展环境优化研究——以徐州为例""欠发达地区人才集聚能力案例研究——以邳州为例"。研究成果获江苏省政府第十一届、十二届、十三届哲学社会科学优秀成果三等奖各1项,获江苏省社科应用精品工程一等奖1项、二等奖2项,获徐州市第十一届哲学社会科学优秀成果一等奖1项等。

担任省级、市级、淮海经济区多家城市三创大赛评委。全方位开展江苏省人社厅优秀大学生创业项目、省级市级创业示范基地的考评指导工作,江苏省退役军人就业创业指导帮扶工作,江苏省残疾人就业创业指导帮扶工作,徐州市双创人才项目评估工作。淮海科技奖评审专家。被江苏百邦人力资源有限公司等多家中小企业聘为企业发展战略顾问。开展了"中小企业发展瓶颈与应对策略""组织战略与创新发展""职业生涯发展规划""创业者综合素质提升训练""退役军人适应性培训""残疾人就业创业指导""大学生就业创业指导"等专题讲座。

33　陶卓

陶卓,1983年10月生,江苏南通人,河海大学管理学博士,南京邮电大学人力资源管理系讲师,硕士生导师。

主要承担"人力资源管理""管理学原理"等本科课程教学工作。长期从事科技人才政策、高层次人才创新创业等方面的研究。主持工业和信息化部通信软科学项目、江苏省社科基金后期资助项目、江苏省社科应用研究精品工程(人才发展)项目、江苏省社科应用研究精品工程课题、江苏省决策咨询研究基地课题、江苏高校哲学社会科学研究项目以及横向委托咨询课题多项。发表论文近20余篇,其中多篇被CSSCI收录、EI检索。《"新基建"超前布局对制造业智能升级的影响与对策建议》报告被有关部门采纳,研究成果获2019年度江苏省社科应用研究精品工程(人才发展)二等奖。

具有多年管理咨询经验,曾数次参与编写中国电信项目与物资系统(CPMIS)规范;按照电信行业客户需求,提供MSS域、OSS域系统的售前解决方案;参与咨询规划项目(信息化滚动规划、供应链管理、物流管理)的调研、方案设计与实施推动。近年来,共参与江苏省人才学会、南京市发改委、盐城市组织部、南京雨花台区科技局、南京浦口区委组织部、国家(杭州)新型互联网交换中心等委托咨询课题10余项。

读博期间,在赵永乐老师的指导下,参与中组部委托课题"西部地区人才培养、吸引和使用机制研究"、南京市委委托的咨询项目"南京市突破人才和经济发展不成正相关关系瓶颈研究"、浦口区委委托的规划项目"浦口人才管理改革试验区建设方案"、浦口区委委托的规划项目"'十三五'人才规划"、如东县委委托的规划项目"'十三五'人才规划"、南京市江北新区管委会委托课题"南京江北新区人才发展状况及对策建议"、淮阴卫校委托的咨询项目"江苏护理职业学院人力资源规划设计"等课题;参与撰写《南京浦口人才管理改革试验区建设研究》《调研南京:加快人才优势向发展优势转化》《如东"十三五"人才发展研究》等学术专著。参与的科研成果获"科技进步论坛暨第四届中国产学研合作论坛——创新引领'十三五':区域、产业、企业与政策再定位"二等奖,江苏省社科联2016年度"省社科应用研究精品工程"奖优秀成果二等奖。担任"南京创新创业湾"特聘创业导师;发表论文5篇,其中2篇CSSCI,1篇EI期刊检索,1篇EI会议检索,1篇CPCI-SSH检索;参加1次国际学术会议报告,2次全国学术会议报告并作主题演讲;撰写的论文《人才与产业耦合:创新驱动下西部人才培养路径》获得"中国人才研究会第五届理事会期间优秀人才科研成果"一等奖、"新常态下转型经济、创新驱动研讨会暨第三届中国特色产学研合作高峰论坛"二等奖。

34 徐军海

徐军海,男,1979年生,江西上饶人,管理学博士,研究员。无锡学院副校长、江苏省人才发展战略研究院副院长,兼任河海大学中央人才工作协调小组国家人才理论研究基地特聘专家、中国人才研究会人才学专委会理事、江苏省青年科技工作者协会副会长。

1997—2001年在河海大学工程力学专业本科学习,2001—2004年在河海大学攻读地质工程硕士学位。2004年硕士毕业先后在河海大学研究生院、科技处工作,先后担任研究生招生办副主任、科技处副处长、研究生招生办主任等职。2009—2014年跟随赵永乐教授攻读技术经济及管理博士学位。2017年调任江苏省哲学社会科学界联合会,任科研中心主任。2022年任无锡学院党委常委、副校长。

主持参与国家社科基金重点项目、省社科基金项目、省软科学课题等人才课题40余项,出版专著4部,在《江海学刊》《江苏社会科学》《南京社会科学》等发表论文近30篇,获江苏省哲学社会优秀成果奖二等奖2项;入选第六批江苏省"333工程"第二层次培养对象。多年来积极参与国家有关部委人才类课题研究和决策咨询工作,作为主要执笔者参与江苏省委组织部人才发展规划、人才体制机制改革文件政策、省委人才工作会议材料等50余项,撰写决策咨询稿件30余篇,多项成果被有关职能部门采纳或直接转化为江苏省、南京市、苏州市等地的人才创新政策。代表性决策咨询稿件有:(1)《推进乡村人才振兴面临的问题与对策》,获江苏省委副书记任振鹤肯定性批示;(2)《江苏省科技镇长团绩效评估》,获江苏省委组织部部长郭文奇肯定性批示;(3)《乡土人才:乡村振兴的源头活水》,获江苏省委组织部部长郭文奇肯定性批示;(4)《加快我省数字经济人才发展的对策建议》;(5)《长三角人才一体化进程中的南京定位及发展对策》;(6)《以人才集聚和流动激活江苏中心城市辐射带动力》;(7)《加大海归青年人才工作力度,促进江苏高质量发展》;(8)《江苏推进"卡脖子"技术人才联合攻关的对策建议》,被江苏省委组织部文件采纳。

近几年来以第一作者发表的人才类论文主要有:《科技人才集聚能够促进区域绿色发展吗》(徐军海、黄永春,《现代经济探讨》2021年第12期);《创新驱动视角下江苏科技人才发展趋向和路径研究》(徐军海,《江苏社会科学》2021年第3期);《构建现代人才发展治理体系的逻辑与路径——基于"主体-要素-过程"分析框架》(徐军海,《江海学刊》2020年第3期);《长三角科技人才一体化发展的时空演变研究——基于社会网络分析法》(徐军海、黄永春、邹晨,《南京社会科学》2020年第9期);《加快建设"卡脖子"技术攻关人才队伍》(徐军海,《中国人才》2022年第4期);《建设人才发展现代化先行区的多维路径》(徐军海,《群众》2021年第24期);《推进人才发展集团功能变革与业态创新》(徐军海,《中国人才》2022年第7期);《江苏构建现代人才发展治理体系的路径选择》(徐军海、胡元姣,《科技中国》2021年第2期);《基于扎根理论的创业类人才项目绩效评价结构模型及指标体系研究——以江苏省"双创计划"创业类人才项目为例》(徐军海、施学哲、王品亮,《河海大学学报》2019年第4期);《在长三角人才市场一体化进程中展现新作为》(徐军海,《群众》2019年第15期);《科技镇长团为县域创新注入"活力因子"》(徐军海,《群众》2018年第15期);《着力构建开放型人才发展体系》(徐军海,《求贤》2019年第1期);《高品质人才公寓助力青年友好城市建设》(徐军海、吴方,《群众》2022年第20期);《实施面向关键核心技术攻关的人才创新政策》(徐军海,《今日科苑》2022年第9期);《坚持党对人才工作的全面领导》(徐军海,《中国人才》2022年第11期)等。

35 殷凤春

殷凤春，男，汉族，1974年2月生，江苏射阳人，管理学博士，管理科学与工程专业博士后，教授，硕士生导师。盐城师范学院商学院党委副书记兼院长、人力资源管理开发与管理研究所所长、河海大学中央人才工作协调小组国家人才理论研究基地特聘专家、盐城市中韩（盐城）产业园创新发展研究院院长、盐城市荷兰花海旅游创新研究院院长。

1993年9月就读于盐城师范专科学校数学教育专业，曾任系团总支宣传委员。1996年8月留校工作，历任图书馆管理员、思想政治教研室教师、经济法政学院学工办主任、团总支书记、人事处副处长、教师发展中心主任，2018年12月起担任信息工程学院党总支书记。其中2010年8月晋升为副教授，2017年6月晋升为教授，2019年1月晋升为三级教授。

2004年12月获河海大学管理学硕士学位；2006年9月至2009年6月在河海大学商学院技术经济及管理专业攻读博士学位。2014年9月至2020年4月在河海大学商学院管理科学与工程专业博士后流动站学习。

江苏省"青蓝工程"优秀教学团队负责人和中青年学术带头人、江苏省"333工程"科学技术带头人、江苏省"六大人才高峰"高层次人才项目培养对象、江苏省重点学科"应用经济学"方向带头人、校高端人才支持计划学科领军人才。现任中国人力资源开发研究会常务理事、中国人才研究会人才学专业委员会常务理事、中国数量经济学会长江三角洲经济研究会常务理事、全国师范大学经济与管理学院（商学院）院长联席会常务理事。国家社会科学基金项目通讯评审与鉴定专家，国家公务员二级面试考官，江苏省行政事业单位招录面试评委，中共江苏省委宣传部中国特色社会主义理论研究中心特聘研究员，江苏省沿海发展智库特聘研究员，江苏省中小学、中职校教师正高级专业技术资格评审专家。

有丰富的人才管理实务经验，擅长宏观、微观层面人才及人力资源政策体系研究，在人才评价、人才开发及领导干部能力提升等方面形成了研究特色。主持国家社会科学基金项目、国家外国专家局软科学项目、教育部产学研项目、江苏省哲学社会科学基金项目、江苏省教育改革发展战略性与政策性研究重大项目等省部级教学与科研项目10多项。在《光明日报》《新华日报》等报刊上发表论文40余篇。出版专著2部，其中1部由人民出版社出版。主编教材2部，其中1部由高等教育出版社出版。研究成果先后获得国家人力资源和社会保障部优秀成果奖、江苏省应用精品工程一等奖、江苏省优秀理论成果奖、江苏省人力资源和社会保障厅优秀成果奖、盐城市哲学社会科学优秀成果一等奖等多项荣誉。《人力资源管理实践案例分析》获江苏省重点教材，"人力资源管理"获江苏省首届一流课程。教学成果获校特等奖2项，省教学成果奖二等奖1项。多次获校优秀教学质量奖、校优秀课程、校重点教材和校优质在线开放课程。指导学生毕业论文（设计）多次获校一等奖和优秀团队奖。

2020年入选中国哲学社会科学最有影响力学者管理学排行榜。其中，在江苏排名第105，在人才学与劳动科学排名第92，是盐城师范学院唯一入选者。

36 高虹

高虹，女，汉族，1986年12月生，江苏昆山人，技术经济及管理学博士，《河海大学学报（哲学社会科学版）》《水利经济》两刊编辑部主任、河海大学期刊部党支部书记、副编审。

2005年9月至2009年6月就读于南京信息工程大学经济管理学院人力资源管理系，获学士学位；2009年9月至2015年6月就读于河海大学商学院技术经济及管理专业，获博士学位；2015年6月入职河海大学期刊部。其中，2019年晋升为副编审；2020—2022年为南京大学图书情报与档案管理流动站在职博士后研究人员。

在河海大学读书期间，以第一作者身份发表了《基于GERT模型的博士后制度与博士后人才成长耦合研究》《基于内容分析法的创新团队内涵解析》等高质量文章。入职之后，致力于编辑群体的人力资源研究工作，对此类人群的胜任力、职业发展、行业需求等问题进行了较为深入的研究。近五年，共发表高质量论文20余篇，如《学术期刊编辑职业倦怠的工作要求－资源模型构建》《科技期刊办刊人才需求调研报告——基于多渠道招聘信息的深度挖掘》《我国期刊编辑胜任力差异性评价研究》等。其中，《人工智能时代学术期刊编辑的职业发展：现实境遇、多重影响与有效应对》为《中国科技期刊研究》的封面文章，且被复印资料《学术出版》转载。主持中国科协科技期刊项目、中国科技期刊卓越行动计划选育高水平办刊人才子项目、教育部产学合作协同育人项目、江苏省高校哲学社会科学项目、中央高校基本科研业务费等课题6项，作为骨干参与国家社科基金重大、"六大人才高峰"创新人才团队项目等多项。获"全国高校社科期刊优秀编辑""江苏期刊明珠奖·优秀编辑"等荣誉称号，所在期刊荣获第五届"期刊主题宣传好文章""第三届江苏省新闻出版政府奖"等诸多奖项。

37 郭万牛

郭万牛，男，汉族，1968年出生，浙江诸暨人，研究生学历、博士学位。现任南京工业大学党委常委、副校长，教授，硕士生导师。中国教育后勤协会安全管理专业委员会副主任、中国人才研究会人才学专业委员会理事、江苏省高校后勤协会安全管理专业委员会主任、江苏省行政管理学会理事、江苏省高校党建研究会理事等职。

1986年9月至1990年6月在南京化工学院（今南京工业大学）应用化学系学习，获工学学士学位，毕业后留校工作；1992年8月至1994年6月在浙江大学哲学系学习，获法学硕士学位；2010年3月至2015年6月在河海大学商学院学习，获管理学博士学位。

曾任南京化工学院党委学工部副部长、团委副书记，1995年4月任南京化工大学团委书记；2003年4月任南京工业大学浦江学院党委书记，2003年7月被评为副教授；2009年1月任南京工业大学党委宣传部部长，2010年8月被评为教授；2013年1月任南京工业大学党委学生工作部部长、学生工作处处长、人民武装部部长；2018年12月任南京工业大学党委常委、组织部部长；2022年7月任南京工业大学党委常委、副校长。

长期从事党建与思想政治教育、高等教育管理、人才学研究。主持多项省部级以上课题研究，指导硕士研究生30余名。出版《高校创新人才战略选择》《大学生职业生涯规划与企业家精神培养》《形势与政策》《大学生创业创新的模式选择与牵引机制——基于200个大学生创业项目的典型案例研究》《大学生就业指导》等著作与教材8部。在《光明日报》理论版、《学术界》《中国青年研究》《中国高等教育》《学海》《江苏高教》《山西财经大学学报》等核心期刊发表《民族精神教育与大学校园文化建设》《文化软实力与综合国力》《大学生创业教育对策研究》《"五位一体"构建我国大学生创业教育体系》《遵循系统培养的人才开发规律》等学术论文40余篇。

获教育部文化成果二等奖、江苏省哲学社会科学优秀成果一等奖、江苏省高等教育教学成果二等奖（排名1）等奖项；获"江苏省新长征突击手""江苏省优秀共青团干部"等荣誉称号。

38　郭祥林

郭祥林，男，1966年6月生，安徽霍山人，博士研究生毕业，河海大学法学院党委书记、院长，研究员。兼任河海大学中央人才工作协调小组国家人才理论研究基地执行负责人，中国人才研究会人才学专业委员会理事，河海大学公共管理学院、河海大学商学院人力资源方向硕士生导师。

曾先后担任河海大学人事处科长、副处长，河海大学常州校区组织人事部部长，河海大学离退休处处长兼党工委书记，河海大学后勤管理处处长，河海大学资产经营公司党工委书记兼董事长，长期从事人力资源开发、人才学、公共行政管理以及高校师资管理工作的实践与研究。

2005年中国高教学会师资管理研究会授予全国高校师资管理先进个人荣誉称号。2011年入选江苏省"六大人才高峰"项目，先后主持或为主参与完成江苏省科协重点项目、水利部重大科技项目、南京市委组织部项目、江苏省教育科学规划项目、江苏省哲学社会科学项目、南京市社会科学基金重大项目、中央高校基本科研业务费项目等十多个项目。

先后出版《调研江苏：发挥老年专家创新创业作用研究》《河海大学师资队伍建设规

划》等专著4本,在《中国人力资源开发》《中国高校师资研究》《江苏高教》《扬州大学学报》等刊物上发表论文20多篇,其中1篇获中国行政管理学会优秀论文二等奖,3篇获第二、三、四届中国人才发展论坛优秀论文三等奖,1篇被《光明日报》学术动态栏目摘登。

在从事高校师资管理工作的实践与研究过程中,紧密结合工作实践,先后承担过高校的编制管理、岗位管理、人才工程管理、考核管理等一系列高校人事管理的具体业务,全过程参与了河海大学各级各类人员的"三定一聘"、进一步完善年度考核、待岗人员的转岗分流、常州校区管理体制改革、校内岗位津贴制度改革、学院(系)目标任务管理体系的建立健全和不断完善、教职工特别是教师绩效考评机制的探索与实施、党政管理机构设置调整以及院系基层学术组织的设置等各项工作的探讨、调研、方案制定与实施。在工作中坚持理论与实际相结合,在岗位管理、聘任机制等方面都发表了一批研究成果。尤其是将研究重点聚焦在高校师资队伍绩效评估方面,采用调查研究和案例分析方法,深入探讨了高校教师业绩评估本身具有的诸多"先天不足"和局限性,提出了高校教师业绩评估需要构建计划、实施、评估、评估结果的反馈及评估结果的处理和应用的完整评估系统,积极倡导高校教师业绩评估应以发展性评估为目的,强调教师绩效评估应该促进教师需求和学校目标融合、教师心态与学校氛围融合、教师现实表现与教师未来发展融合、教师利益和学校利益融合的"四融合"观点。该学术观点被《光明日报》学术动态栏目摘登。

在从事人力资源管理和人才学方面的研究过程中,主要参与针对江苏省老年科技人员在实施科教与人才强省战略过程中如何发挥其创新创业作用以及有关南京市人才制度体系建设等方面的研究,其研究成果出版专著2本。

39 唐震

唐震,女,1976年10月生,河海大学商学院教授,博士生导师。研究方向为战略管理与跨国经营、技术战略与创新管理、企业家与战略领导力。河海大学技术经济及管理专业博士,厦门大学工商管理学博士后,美国理海大学(Lehigh University)、加拿大卡尔加里大学(University of Calgary)访问学者。教育部高等学校本科教学工作审核评估和合格评估专家,江苏省"333高层次人才培养工程"中青年学术技术带头人,江苏省"青蓝工程"优秀青年骨干教师培养对象,江苏省企业发展战略研究会副会长,江苏省决策咨询研究基地(企业国际化发展)执行主任,江苏高校协同创新中心("世界水谷"与水生态文明)副主任,老挝国家工商联投资顾问,中国MBA发展论坛"双创金牌导师"。主持国家社科基金、国家社科基金重大项目子题、教育部人文社科基金、水利部公益性行业科研专项、江苏省社科基金及企业战略管理咨询项目10余项,出版8本著作,在国内外发表SSCI、CSSCI收录、新华文摘转载、人大复印资料转载论文30余篇。获江苏省研究生教学改革成果二等奖1项,江苏省高等教育教学成果二等奖和三等奖各1项。

40 黄永春

黄永春,1982年12月生于江苏盱眙,河海大学人事处副处长、人才工作办公室主任、教授、博士生导师、博士后。

2009年毕业于河海大学,获管理学博士学位;2010年9月至2014年6月在南京大学应用经济学博士后流动站从事产业经济学研究。

2016年12月担任河海大学商学院副院长,2020年6月担任河海大学人事处副处长、人才工作办公室主任;入选2020年江苏社科英才、2019年江苏省社科优青、2019年江苏省"青蓝工程"中青年学术带头人、2016年江苏省"333工程"中青年科学技术带头人、2014年江苏省"青蓝工程"优秀青年骨干教师培养对象、2019年河海大学大禹学者第二层次、2016年河海大学青年教授、2014年河海大学"优秀创新人才支持计划"。同时,担任中国商业史学会理事、江苏市场经济学会理事、南京城市经济学会理事、江苏省职业教育行业指导委员会委员,Science of the Total Environment、Economic Modelling、International Journal of Information Management、《科学学与科学技术管理》、《南京社会科学》、《研究与发展管理》、《管理学报》、《南京师范大学学报》以及《经济学报》等期刊的外审专家;是"世界水谷"与水生态文明协同创新中心(2011)骨干成员,江苏高校哲学社会科学优秀创新团队"'一带一路'倡议背景下澜湄合作创新与风险管控"成员和江苏高校哲学社会科学优秀创新团队"长江保护与高质量发展"成员。

目前主要研究方向为创新与创业管理、长三角人才一体化发展、自主创新与产业升级,在 The Journal of Technology Transfer、Journal of Cleaner Production、Science of the Total Environment、Information Systems and e-Business Management、Sustainable Development、《中国工业经济》《科研管理》《科学学研究》《中国人口·资源与环境》《江海学刊》《管理工程学报》《南京社会科学》《江苏社会科学》《科学学与科学技术管理》等期刊发表CSSCI/SSCI/SCI论文50余篇,所发表论文被《中国社会科学文摘》转摘1次,被《人大复印资料》全文转摘3次;出版专著3部。

承担2020年国家社科基金一般项目、2016年国家社科基金重点项目、2013年国家社科基金青年项目、2011年教育部社科基金、2010年江苏省社科基金、2013年中国博士后基金(特别资助)、2012年中国博士后基金(一等资助)、2010年江苏省博士后基金各1项;获得省部级奖励4项。

41 崔祥民

崔祥民，男，1977年生，江苏丰县人，管理学博士，江苏科技大学发展规划处副处长，研究员，硕士研究生导师。江苏省人才学会常务理事、中国人才研究会人才学专业委员会理事。

2000年7月毕业于河海大学管理工程专业，获工学学士学位，毕业后在南京远大房地产开发公司工作。2006年4月毕业于河海大学企业管理专业，师从赵永乐教授，获管理学硕士学位。毕业后到江苏科技大学工作，历任人文社科学院教师、国家级专业技术人员继续教育基地副主任、发展规划处副处长，2014年晋升副教授，2021年晋升研究员。2008—2011年在江苏大学攻读博士学位，师从梅强教授，获管理学博士学位。2012—2015年在南京大学商学院从事博士后研究工作，师从杨东涛教授，完成研究任务，顺利出站。

主要从事创业管理与人力资源管理研究，主持国家社科基金后期资助项目"众创空间运行机理与评价指数研究"(19FGLB013)、江苏省社科基金"创客精神培育与传播研究"(17GLB022)、"资源与环境双重约束下农村绿色创业质量提升研究"(22GLB025)、全国统计科学重点课题"众创空间运行指数体系构建与评价研究"、民政部课题"区划地名人才队伍建设研究"等省部级课题4项，参与国家社科基金"产业集群内中小企业创业研究"(08BJL027)，国家自然科学基金"新生代农民工组织认同对工作嵌入及其绩效影响的实证研究"(70972037)。在国内外重要刊物及会议发表论文60余篇，其中CSSCI期刊19篇，出版专著2部，获江苏省哲学社会科学优秀成果奖二等奖1项(参与)、三等奖1项(参与)，获江苏省教学成果奖一等奖1项(参与)、市厅级二等奖(主持)和三等奖(主持)各1项。

为企事业单位提供绩效管理、岗位评价、人才开发、人才规划等管理咨询服务，服务单位主要包括：晋煤集团、中国船舶集团、国家电网南京经济技术研究院、大港股份、无锡华光电力、瀚瑞投资控股、江苏远燕医疗、江苏省社会保险中心、镇江市京口区、张家港人才中心等。

学术贡献主要包括：系统构建了由"能力、效率、协同、发展"构成的众创空间评价指数体系，为科学度量众创空间可持续发展提供方法支持，为准确判断众创空间运行提供科学依据；发现了众创空间生态系统的形成是由环境、资源、动力、诱因等诸多要素综合作用的结果，价值共创和互惠共生是众创空间生态系统演化的理想模式，为众创空间政策制定指明方向；提出由"目的与手段协同、政策主体协同、政策工具协同和政策对象协同，不同层级人才政策协同和人才发展不同阶段政策力度协同"构成的人才政策协同评价体系，推动人才政策协同理论发展。

42　梁训

梁训,1929年12月生,安徽利辛人,大学文化程度。1950年参加工作,先后在阜阳专区治淮干部学校、安徽省蒙城县治淮总队、阜阳专区农田水利测量队和淮河水利学校学习或工作;1956年5月进入华东水利学院(现河海大学)农田水利工程专业学习;1961年本科毕业,留校任农水系党总支干事、政治辅导员;1962年任组织部组织员;1983年任干部培训班副主任;1984年任水利水电科学研究所党总支书记;1987年任河海大学社会科学系党总支书记、副研究员。曾被评为校优秀政工干部。

热心于人才研究,是华东水利学院人才学研究会的骨干分子,也是江苏省最早一批从事人才研究的学者之一。参与江苏省人才研究会筹备会的筹备工作,积极参加江苏省人才研究会(人才学会)的多项学术活动,并提供力所能及的支持和帮助。担任江苏省人才学会第一届、第二届、第三届、第四届等多届理事会理事。担任华东水利学院人才学研究会秘书长、河海大学领导科学研究会副理事长兼秘书长。退休之后曾受《人才》(江苏)杂志社邀请担任杂志部编辑。

自从1981年热心于人才学和领导科学的研究以来,先后撰写过十多篇论文,先后5次参加全国性学术会议和多次江苏省的学术会议。《成才与世界观》,1982年发表于华东水利学院《高教研究》。《试谈教研室的人才系统工程》,1982年发表于华东水利学院《高教研究》;该文第二部分《教研室的人才系统结构》于1983年1月被收录于江苏省哲学社会科学联合会《人才研究文集》(上)。《现代领导科学》,1987年发表于《人才》杂志,获得优秀论文二等奖。主编《领导人才学》,1991年由河海大学出版社出版。

《现代领导科学》一文中,提出现代人应具有珍惜时间、求知欲强、成就欲强、计划性强、周密思考、信息灵通、锐意进取、客观求实、生活内容丰富多彩、处事公道和富有创造精神十大特征,现代领导应具有包括控制观念、信息观念、系统观念、时间观念、市场观念、自然观念、法制观念和社会主义观念等八大观念。

《试谈教研室的人才系统工程》一文,对高校教学基层组织教研室运用系统工程的观点进行分析讨论,找出当前高校教研室这一"细胞"存在的问题,从而提出解决问题的方法。文章的整体性和针对性较强,具有一定的实用价值。

曾组织完成江苏省人才学会委托的江苏省软课题"江苏省企业科技队伍现状及其发展对策"和"南京市科技人员流动现状及深化改革的途径"两项子课题,完成了《苏南企业科技人才调查报告》和《苏北企业科技人才调查报告》两份调研报告。

43　樊传浩

樊传浩，男，1984年9月生，江苏丰县人，博士。河海大学人力资源研究所所长、河海大学商学院副教授、硕导，江苏省社科优青。

2007年毕业于河海大学劳动与社会保障专业，获学士学位；2009年毕业于河海大学社会保障专业，获硕士学位；2012年毕业于河海大学管理科学与工程专业，获管理学博士学位。2012年起在河海大学任教；2012年至2019年，任河海大学商学院管理学与人力资源系讲师；2019年至今，任河海大学商学院管理学与人力资源系副教授。

主要从事人力资源管理方向的相关研究工作。该方向属于中观研究，既要从宏观战略层面把握方向——做正确地事，又要从微观行为层面考虑具体问题——正确地做事。经过多年研究，提出了一套价值观导向的激励机制，厘清了以胜任力为基础的创新团队管理问题和应急能力建设问题，并在中国南水北调集团、水利人才创新团队、黄河水利科学研究院等水利单位的咨询课题中进行了理论联系实际的应用，搭建出了应用人力资源管理前沿理论解决中国水利人事人才管理问题的理论框架和实施路径。

先后主持了"《中国水利人才发展研究报告》编撰研究""江苏创新创业生态系统的激励机制和政策工具研究""水利改革与发展研究——水利人才创新团队建设和管理研究""中国南水北调集团有限公司薪酬管理研究""中国科协工程能力评价与职称评审工作衔接及可行性研究"等20余项科研项目，创造了较显著的经济效益和社会效益。出版了《2020年中国水利人才发展研究报告》《团队胜任力视角下的防汛防旱抢险专业队伍能力评价体系研究》等专著4部，在 Human Resource Management Journal、Quality and Reliability Engineering International、《科研管理》等期刊和国际会议上发表论文30余篇。并获得"全国水利人事工作优秀研究成果"一等奖(排名第3)、"全国水利人事工作典型案例"二等奖(排名第1)、"全国水利人事工作优秀调研成果"二等奖(排名第1)；荣获"河海大学优秀共产党员""河海大学优秀主讲教师""河海大学青年岗位能手"等多项荣誉，并于2017年成为全国万名优秀创新创业导师人才库首批入库导师，2020年入选江苏省紫金文化社科理论优秀青年人才计划。

44　潘运军

潘运军，男，1972年1月生，籍贯江苏省灌云县，河海大学中央人才工作协调小组国家人才理论研究基地特聘专家、南京工业大学化学与分子工程学院党委书记，副教授。曾任南京工业大学学生处(学生工作部、党委武装部)副处长、副部长，南京工业大学人事处副处长;现兼任江苏省人才学会特聘研究员。

长期从事高校思想政治教育、行政管理、党建等工作,在工作之余,亦从事以上工作之理论和实践研究。从2010年起,在导师赵永乐教授引导和倾心指导之下,一脚踏进人才学理论与实践之殿堂,一边从人才学基础理论学起,一边从事人才学实践研究。近十年来,主持江苏省人才学会委托课题"江北新区面向全球创新资源引才聚才、推进产才融合助力新主城建设研究(HF21902)""浦口区'十四五'人才发展规划研究"、江苏省人社厅行政管理科学研究所委托课题"南京江北新区人才发展状况及对策建议"、浦口人力资源服务产业园委托课题"江苏南京浦口(顶山)人力资源服务产业园建设研究"、浦口区人社局委托课题"江苏南京浦口人力资源服务产业发展调研"、浦口区编办委托课题"新形势下浦口区编办规范化建设研究"六项,负责泰州市委组织部委托课题"泰州市'十二五'人才发展规划研究"、江宁区委组织部委托课题"南京市江宁区'十二五'人才发展规划研究"、鼓楼区委组织部委托课题"南京市鼓楼区'十二五'人才发展规划研究"、浦口区委组织部委托课题"浦口人才管理改革试验区建设研究""浦口区'十三五'人才发展规划研究"等五项,参与深圳市委组织部委托课题"深圳前海人才特区建设研究"、南京市委组织部委托课题"南京市突破人才和经济发展不成正相关关系瓶颈研究"、南京市社会科学基金春季重大课题(批准号:18CA02)"南京构建具有全球竞争力的人才制度体系研究"、马鞍山市委组织部委托课题"马鞍山市'十三五'人才发展规划研究"、镇江市委组织部委托课题"镇江市'十三五'人才发展规划研究"等五项。

作为主编出版《浦口人才特区建设研究》著作1部,参编《宏观人才学概论》《高校创新人才个性化培育模式探索》《梦想与选择——新时期高校辅导员职业化、专业化、专家化之路》等著作3部;发表SSCI收录等人才研究类论文若干篇。其中,研究成果"高校高层次人才双元创新能力与科研绩效关系研究"被中国人事科学研究院评为2018年度全国人事人才研究主题征文二等奖,"南京江北新区人才发展状况及对策建议"被江苏省人社厅评为2018年首届江苏省人力资源社会保障优秀研究成果一等奖,2011年作为课题组成员参与研究的"深圳前海人才特区建设研究"课题报告于2012年被中央组织部评为优秀研究成果。

在长期的研究和实践中,熟谙地方政府人才发展规划、人才队伍建设、人力资源产业等专业研究领域。

45 魏萍

魏萍,女,汉族,1970年7月生,中共党员,管理学博士,教授,硕士研究生导师,无锡工艺职业技术学院党委书记。河海大学中央人才工作协调小组国家人才理论研究基地特聘专家。主要研究方向为高校教育管理、人才学与人力资源管理、党建与思想政治教育。

1988年9月就读于河海大学工业管理工程专业,1992年7月毕业留校工作,历任河海大学电气工程学院辅导员及分团委书记、国际工商学院分团委书记兼辅导员、江宁校区学生工作部部长及学生处副处长、水文水资源学院党委副书记、能源与电气学院党委书记。2017年6月起担任江苏信息职业技术学院院长、党委副书记,2022年1月起担任无锡工艺职业技术学院党委书记。2008年5月晋升为副教授,2015年8月晋升为研究员,2022年7月转评为教授。

1997年7月至2001年6月在职攻读河海大学企业管理专业硕士研究生,2004年3月至2008年6月在职攻读河海大学管理学博士学位。现兼任中国人力资源开发研究会第六届理事会常务理事,全国非遗文化传承职教联盟第一届理事会理事长,江苏省就业指导中心招聘工作命题专家,江苏省艺术教育指导委员会顾问。

多年来从事高校学生教育管理、教科研工作,将人才学和人力资源管理等理论技术方法与高校教育管理工作实际相结合,始终把关心关注全体学生健康成长成才作为开展工作的出发点和落脚点。通过研究管理学、心理学、教育学等相关理论对高校人才培养工作的要求和启示,明确大学生的生涯管理和角色实践相结合的必然性、一致性和共生性,提出了基于生涯管理理念的"大学生角色实践和能力开发"研究的新视域,在大学生学习力、就业力、发展力等三大能力开发培养方面形成研究特色。著有《大学生角色实践与能力开发研究》《融合共生:现代产业人才培养创新与实践研究》,参编《大学生社会实践理论与实务》《面试辅导》等。其中《大学生角色实践与能力开发研究》获评中国人才研究会"优秀人才科研成果二等奖"。主讲"组织行为学""领导行为""领导科学与艺术"等课程。

主持江苏省社科基金项目2项,江苏省教育厅哲学社科基金项目1项,江苏省教育系统党建研究会课题1项,主持中国(南京)人才发展研究中心"高校党管人才实施路径研究"项目,参与水利部"全国水利人才与教育培训发展战略规划研究"项目,以及河海大学教改项目、党建课题、高等教育课题等近20项。在《江苏高教》《中国成人教育》《黑龙江高教研究》《河海大学学报》《扬州大学学报》《江苏师范大学学报》等核心刊物及高校学报上发表学术论文《大学生综合素质培养模式研究与改革实践》《大学生职业发展能力开发研究》《论大学生学习力》《大学生角色实践过程中能力开发与提升的研究》等30余篇。

1992年工作以来,一直坚守在高校教育战线,从事高校学生工作、教科研工作、党务工作、学校管理等,专注于人才培养创新研究与实践探索,致力于培养更多优秀青年人才。曾获国家级教学成果奖二等奖,江苏省教学成果奖特等奖、二等奖,江苏省教育研究成果三等奖,江苏省高校哲学社会科学优秀创新团队,中国人才研究会优秀人才科研成果二等奖,全国高校学生工作学术成果特等奖、一等奖,江苏信息职业技术学院教学成果奖特等奖、一等奖,河海大学科技进步一等奖、教育教学成果二等奖,江苏省大中专学生志愿者暑期"三下乡"社会实践活动先进工作者,河海大学优秀辅导员、青年岗位标兵、优秀党务工作者、"三育人"先进个人等荣誉。2018年、2022年江苏省属高校领导干部年度考核为优秀。

第9部分
回忆篇

1 仰高深学 知行致远——我的河海大学人才研究经历

王全纲

人的一生是一个不断成长和发展的动态过程,俗语说"天生我才必有用",事实上任何一个人出生来到这个世界都有其自身的价值,但是并非生来具备,必须经历一个过程,我在河海大学人才研究的经历是我人生的一个关键过程。

仰高——入师门初识人才研究

我的博士生导师河海大学赵永乐教授是全国著名的人才学家,和老师第一次面谈,我请教的是人生发展问题。其时,我的电子信息工程师、工商管理讲师、人才测评师的经历,使我的心里左冲右突,不得安宁。先生的一席话,如朗月当空,照亮了我的心田。有一段话,我一直还记得,"你看斧头作用原理,一边斧背厚实,一边斧口锋利,作用时越厚实力量越大,越锋利冲击力越强,我们平常的学习工作是一种积累,越厚实越好,但真正要用的时候还要用得上力,这就要磨砺自己的斧口,找准自己用力的地方,建设好自己的一亩三分地"。我把这段话归结为"斧头原理——厚积薄发理论",这一理论成为当时我的定心丸和行动催化剂。

在老师的鼓励下,2009年初,我实现了梳理知识结构、集中研究方向的读博夙愿,正式走进了师门。记得刚入学不久,老师就赠送了《现代人才规划技术》《人才市场新论》等几本自己的专著给我,当时的我如饥似渴地进行了阅读。书中人才规划技术的意义、人才信息的收集和处理、人才队伍指标体系、人才发展现状与预测、人才发展战略选择以及人才系统的市场关系、人才市场的基本概念、人才市场的运行机制、人才市场的供给与需求等知识给了我很大的给养。现在回想起来,我后来做的一些人才研究工作都离不开这些著作思想的影响。

在初入师门的这段时间里跟着老师和师兄弟姐妹们做了好几个与人才相关的课题,尤其是"江苏省企业经营管理人才'十二五'规划"这一项目,从项目申报书撰写、调查问卷拟定、多地区多部门实地调查、调查报告写作直至规划编制都积极参与。其间受到老师许多指点,也激发了我对人才研究的兴趣。于是我把当时老师关注的几个热点"农民工如何成为人才""人才结构战略性调整""人才与经济的关系"等拿去请教老师。老师的一段话"做人才学问,不一定都是做高大上的问题,实践性的、区域性的问题在人才研究中也很重要,也更需要人去做,你可立足常州,把常州的人才实践和问题研究透",如醍醐灌顶,为我指明了研究方向。

深学——听师教初探人才研究

2010年前后,我国的人才工作越发受到党和政府的重视,第二次全国人才工作会议、第一届中国人才发展论坛、国家层面人才发展理论创新座谈会相继举行,河海大学人才研究工作更是蔚然成风,我适逢其中得以遨游学习探究。

多次聆听人才研究讲座,记忆尤深的有《中共中央国务院关于进一步加强人才工作的决定》解读,这是党中央、国务院第一次专门就加强人才工作作出的决定,充分反映了我们党和国家对人才工作重要性的深刻认识;《国家中长期人才发展规划纲要(2010—2020年)》解读,这是我国第一个中长期人才发展规划,是一个时期全国人才工作的纲领和指南;《解放思想、解放人才、解放科技生产力》解读,这是在第一届中国人才发展论坛期间,国家人力资源和社会保障部召开的人才发展理论创新座谈会的讨论主题,当时有20多位专家参与座谈,赵老师作为六位发言人之一在会上发表了"服务发展的新要求——从人才特区看人才引领发展"的讲话,提出了人才发展不仅表现在服务发展上,而且更为重要的是表现在引领发展上,人才引领发展归结起来就是引领贯穿经济社会发展全过程和各领域的经济发展方式发生根本性转变。高屋建瓴的解读,卓有远见的观点,无一不是一次次人才学思想和知识大餐。

经常阅读近期人才研究论文,尤其是这期间赵老师写作的人才学论文,印象深刻的有《打造国家级高层次创新人才方阵》《专家领军——一个严肃而紧迫的命题》《从硅谷的人才裂变看新兴产业领军人才的成长》《充分发挥高端人才在转变发展方式中的作用》以及《推动人才结构战略性调整》《人才发展方式的根本性转变与人才结构的战略性调整》《人才红利:江苏发展的比较优势》《把人才优势转化为产业优势》等。现在看来这些当时写作发表的文章对我的影响很大,因为我后来有关人才的研究工作都没有离开过这两个方向:一个是高端人才,另一个是人才与经济协调发展。

积极参与老师的人才研究课题,亲历的课题有"江苏省社科强省阵地、基地、平台、机构现状调研""江苏省企业经营管理人才队伍建设调查研究""江苏省'十二五'企业经营人才发展规划编制""深圳前海人才特区建设研究"等。项目策划、问卷编写、调查研究、召开研讨会、汇报会、撰写报告过程中,老师都与我们一起进行,一次次不厌其烦地指导和纠错,使我学会了如何开展科学调查、经验总结、理论构建,以及设计与撰写研究报告等,练好了人才学研究基本功。

知行——秉师训实践人才研究

2011年起,我逐步运用所学人才研究方法对常州市人才资本与经济发展的关系进行研究。

第一个主持的人才研究课题是"常州市人才资本测算及其对经济增长贡献率研究"。在该研究中提出人才资本的加权受教育年限的测算宜采用分段加权求和的方法。采用2000—2014年常州市人才数据,对常州市人才资本总量、高级人才资本比重、人才资本质量进行了测算。建立人才资本与经济发展的相关性分析模型,对常州市人才资本对经济增长的直接贡献率、间接贡献率和各层次人才资本对经济增长的贡献率进行了测算研究。

第二个主持的人才研究课题是"常州市人才资本与经济的协同发展研究"。在该研究中运用协整模型、协同学的方法建立人才资本与经济协同发展的评价模型,并利用上一个研究的基本数据进行了实证研究。

第三个主持的人才研究课题是"人才资本驱动常州经济转型发展研究"。在该研究中对常州市人才资本与经济发展的协整性和协调度进行了理论与实证分析,并从总量调控、质量调控、速度调控和结构调控等方面进行了研究并提出了对策。

与此同时,在与赵老师多次沟通的基础上完成了人才资本与经济协调发展方向的博士论文开题报告、预答辩和答辩工作。在此基础上,我还对常州市人才市场配置、队伍建设、发展规划等做了进一步研究,相关成果两次获得江苏省社科应用精品工程二等奖。

致远——承师言坚持人才研究

河海大学是我国比较早成立人才学研究组织的高校,在全国人才研究方面有一定的影响。我亲身经历了 2012 年 3 月中国(南京)人才发展研究中心的成立、2014 年 5 月河海大学被中央人才工作协调小组授予"人才理论研究基地"的荣光时刻。也曾跟随赵老师参加过:2016 年 8 月中国人才研究会人才学专业委员会举办的"五大理念"引领下的人才发展战略和政策研究研讨会,提交论文并获奖;2019 年 5 月中国人才研究会人才学专业委员会第七届会员代表大会;2021 年 5 月河海大学举办的人才高质量发展高峰论坛。尤其是 2019 年 6 月跟随赵老师参加吴江院长主持的"中小城市人才引领发展的'余姚生态'"课题,多次实地调研后在老师指导下主笔完成《突出人才主体地位 唱好人才引领大戏》分报告和《引进高端人才 开创特色产业——余姚机器人小镇崛起"人才+"模式》案例分析,大大提升了我对人才学研究知行合一的认知。

最后,借用老师为我的《人才资本与经济协调发展研究——以常州市为例》一书所作序中的一段话来勉励自己继续前行。"当前,人才资本与经济发展的关系问题在学术界仍然是一个有待系统深入研究的课题,由于涉及的范围较为广泛,新概念新事物新形态不断涌现,不少问题还需要人们进行更加深入的分析与研究。我期待着全纲进一步扩大视野,从全球化和世界竞争的更大范围开展研究,在学术追求的实践中不断开拓、不断总结、不断提高,不断完善和提升自己的理论思想和体系。愿全纲的研究能为我国的宏观人才学理论发展作出应有的贡献。"

2 忆先师杨文健教授日常二三事

仇凤仙

前几日接孙友然师兄来电,言及河海大学要举办"人才研究四十年"活动,赵永乐教授对杨文健老师的学术成绩及对河海人才培养等方面作出的贡献颇有敬意!师兄委托我写一写与杨老师交往的回忆,也算是对杨老师形成于书面的文字纪念。与老师的日常交往三年触目皆是,真不知从何说起了。尤其是杨老师在学术上、在河海社会保障专业的发展和公共管理学院人才培养上的卓越贡献,岂能是我一个学生的追忆所能尽述的呢?我想着仅从杨老师对我的指导来见微知著、睹始知终吧。

"高高在上"的杨老师

初识杨老师应该是从准备考博去拜访杨老师开始吧。此前在网络上了解了杨老师的一些信息,后在戴锐老师的引荐下,我对杨老师有了更深入的认知,对杨老师也是高山仰止,景行行止。后来我在忐忑中去拜见杨老师,和杨老师约了时间在河海一食堂门口见面。我在约定时间到了食堂门口,等了一会儿却没有见到他,心里很是惶然,就联系杨老师,说自己已经在门口了,但是没有见到他,是不是我迟到了。杨老师说:"你抬头向上看,我在你右手边二楼的楼梯上,我看见你了。"我抬头一看,果然看见和照片上一样温文尔雅的杨老师正从楼梯上下来,他说:"我才吃完饭下楼,正好看见你。"我唯有以傻笑应对。后来想这估计是杨老师对我的第一次面试考核,假如我当时有其他不妥行为,可能就再也没有机会踏入杨门之内了。现在想来倍感荣幸,自己生性愚笨也较为木讷,学术上亦无任何突出业绩以证明自己将来能顺利毕业,以杨老师选学生的标准,能进入杨门真是感谢杨老师的格外垂青!

社会大学堂里的杨老师

再见杨老师已经是入门之后九月份的师生见面了,算是第一次正式面谈汇报,我心下惶恐,惴惴不安,不知道如何向导师介绍自己,介绍自己不清晰的方向和为数不多的成果。然而杨老师仅用几句轻松的话语就打消了我的焦虑和紧张,现在犹记得他说的话,"做学术是和自己较劲的,别人只能给你方向和鼓励,研究终是自己坚持的结果,这个过程急不得,也快不得""社会是一门大学堂,你要走出学校,在社会这个大学堂里面去学习,不要老是待在学校里面"。杨老师知道我社会实践不足,他搭建了一些社会实践平台以有针对性地增加我社会实践方面的感性认知,在课堂上老师们讲过的方法和理论,他手把手教我们在社会调研中再过一遍,这些都提升了我社会调查的能力和对社会现象的敏感度。正是在一个个社会项目实践中,我的社会学理论运用能力得到了提升,社会学思维广度得到了拓展。在以后的学习中,跟着杨老师去做项目,在火车上探讨课题设计和推进方向,在白天调研结束之后,晚上集中总结,杨老师在这些过程中春风化雨般的把这些方法过程和研究的思路传授给我们。我现在犹记得杨老师的一句话:"凤仙,你以后是要带学生的,不能是自己会了,而学生不会,要学会如何去教给学生知识,这才是老师的根本所在。"在我面对学生时,杨老师的话不停地回响在我耳边,促使我不断反思自己,是不是一位合格的老师。如何教会学生,真的是一门艺术和学问。

捡废旧桌椅的杨老师

应该是在2012年1月,河海大学公共管理学院进行装修,置办了很多新的桌椅,旧的桌椅就堆在二楼的一个角落里。有次我们几个同学约杨老师到他办公室去讨论论文,杨老师上楼时看见了这些桌椅,眼睛立刻一亮,马上安排我们几个人把这些桌椅都搬去他的办公室。杨老师的办公室在4楼啊,他就这样和我们一起跑了三趟才把这些旧桌椅都搬完。桌椅摆好之后,办公室已经变成了一个小小的自习室了,他的办公桌则被挤到了一个角落里面。现在依然记得杨老师当时满足的神情,他悠然地抽了支烟说:"太好了,现在这里有这么多的桌子,你们以后来这里看书写论文就有桌子趴了,就不要起早贪黑地到图书馆去抢位子了。"当时河海的图书馆真的很难与河海大学的江湖地位相匹配,环境很一般,座位又少。我当时就想着杨老师这么一位大教授,他眼之所见、心之所虑都是他的学生。这就是一个老师的本色,一个纯粹的学者本色。

最是人间烟火气的杨老师

在论文写作过程中,杨老师在此前春风化雨般的言传身教已经向我们传递了如何拨开"社会表象的东西",如何把一个议题向前推进。在杨老师的支持下,我开始了自己的修炼之旅。在博士论文后期,我在思路堵塞无奈的时候,就给杨老师打电话,或者找他聊天,经常一聊就是一个多小时,而后,我再精力满满地投入写作。他每次最后总不忘叮嘱一句:"你要记得离开电脑多动动,不要总是待在电脑前。"我曾经和别人说过:"我和老师通话联系时,杨老师从来不是问我,你的论文写到哪里了,要快点啊,要认真,每次杨老师都是嘱咐我要注意身体,更像一个慈祥的父亲。"毕业之际,杨老师带我到食堂吃饭,他打了很丰盛的一桌菜,说:"今天就当给你送行吧,祝贺你毕业了,又像嫁了一个女儿。"我们俩在这里吃饭,聊天,他像一个父亲那样高兴,买了一小瓶酒,我给他斟着,他自己一口口地喝着。后来听各位师兄们说,杨老师最喜欢的就是和他们一起外出调研,喝着二锅头,就着咸菜,大碗吃米饭,甚至有时候还经常饿肚子。每提及此,杨老师都说那样的生活才是最有意义的生活。可见,杨老师的日常是率真朴实而又简单的。

作为老师,杨老师充分阐释了传道授业解惑的师者使命,他一直在为我们的发展和论文方向去思考,并且作出相应的安排。他为了培养我们的学术研究能力,有意识地搭建研究平台,把我们上下届同学凝聚在一起形成可持续发展的学术团队,他依据每个人的研究兴趣和学术背景有针对性地加以培养。读书期间与师姐、师兄们的交流研讨,受益终身!粗略统计,杨老师已经培养了100多位研究生,很多学生已经成为他们所在单位的骨干和中坚力量,这充分说明了杨老师在人才培养上有着深入的思考,而且也在逐步形成独具特色的人才培养模式。我当时虽然认知不到,感触不深,但现在自己作为老师,再回过头去看,杨老师作出这些着实不易,更加感恩杨老师付出那么多的心血和精力来培育我们!虽然现在杨老师已经离开我们5年了,但是杨老师的音容笑貌、谆谆教导一直萦绕于脑海,时刻警醒自己!虽然现在无以回报杨老师于万一,唯愿自己能秉持杨老师的遗愿,以惠惠人,以教化人,方不负杨老师的培育之情!

3 登山知天高 临溪知地厚——我与河海大学人才研究的25年

司江伟

有心栽花花自开,秋来摘果皆因缘。二十五年披星戴月,二十五年风雨兼程。一路走来,虽屡遇困顿,但初心未改,笃行不怠。在国家走向人才强国的路上,自己能做一些微不足道的事情,都与河海大学有缘,与赵永乐老师有关。今伏案追笔,已是时过境迁,青春不再,但洞见空明,知所应然。

一次人才研究的学术会议

1998年7月初,法国世界杯激战正酣,残酷的淘汰赛进入后半程。高温酷暑中,弥漫着勇士们问鼎大力神杯的激情。不管是不是球迷,这个夏天注定与众不同。

在山东省东营市矮小简陋的火车站,一辆满载历史追忆的绿皮火车,背负几经烈日烤灼的车皮向西折南,有节奏地"况且……况且……",勇敢稳健地爬向南京浦口站。车厢里的乘客不多,但各色人等,很是嘈杂。滚滚热浪从窗外飘进来,与各种奇奇怪怪的味道混杂在一起,呼吸的本能根本无法抗拒。黑乎乎的电风扇在车厢顶部疯狂地飞转,几近声嘶力竭。

身边的一切,无法湮没我内心的小兴奋。躺在一节卧铺车厢的上铺,短衣、短裤都已被汗水湿透。此行的目的地是南京,去河海大学参加中国人才研究会人才学专业委员会的年会。这是自己第一次参加学术会议,而且可以借机"黄山问道"。

天色渐渐暗下来,车厢里的灯光昏暗,但丝毫没有影响我的兴致。难得如此"清净",可以用半个晚上,琢磨琢磨自己撰写的第一篇学术论文。

来自全国各地的会议代表到河海大学集结。赵永乐教授作为东道主,在校内小山上一个幽静的招待所,举办了热情的欢迎晚宴。窗外阵阵蝉鸣,室内朗朗快语。精致的南京小菜,几杯浊酒下肚,洗去了四面八方的风尘,也结识了一批良师益友。第二天一大早,会议代表乘坐大巴,在欢声笑语中直奔河海大学黄山培训中心。

第一次如此走进江南,一路都是好风景。

本次研讨会的主题是"学习邓小平人事人才理论"。叶忠海教授、赵永乐教授、罗洪铁教授等几位名家的学术报告,深深激发了我对人才学的兴趣。我发现这个学科在构建理论体系的同时,更具有强烈的经世致用特性。我当时在中国石油大学(华东)从事干部人才工作,一些工作中的疑惑从这个学科中找到了思路。

在会议间隙,代表们还去领略了黄山的奇景。顶着中午的炎炎烈日,在众多游人中途折返时,我咬紧牙关,一步一步,逐阶而上,爬上了黄山的光明顶。"不畏浮云遮望眼"。真正站在黄山之巅,方才领略到这座名山的雄伟秀丽,体悟到"天下第一奇山"的意蕴。

"黄山归来不看岳"。这次参加河海大学的"黄山问道",给我此后的人生设定了一个目标,就是攀登人才学的"光明顶"。黄山归来,我整理完成了那篇学术论文,寄给了大名鼎鼎的王通讯先生。这篇文章经王先生推荐,在《中国人才》杂志1998年第10期刊首发表。自此,我对人才学的研究正式启航,而且兴趣日益浓厚,信心日益坚定。

在我从河海大学返回东营的那个晚上,世界杯新科状元诞生,法国队战胜巴西队,第一次夺得大力神杯。其后,中国人民万众一心,战胜了长江、松花江、嫩江的洪水。

一个人才研究的博士学位

随着自己年龄的增长,我深入思考自己的职业走向,并思考如何让生命更加有意义。于是,我下决心攻读博士学位,并积极地认真准备。2004年底,我向单位领导提交了申请。很感激单位领导的支持,我的申请在2005年底得到批准。

在选考哪一个学校、报考哪一位导师的问题上,经过反复考虑,我选择河海大学,选择了赵永乐教授。其时,中国石油大学(华东)开始在青岛办新校区,每年有超过一半的时间,我住在新校区的单身宿舍里。在做好管理和教学工作的前提下,我有足够的时间和精力准备考试。2006年10月,我参加了河海大学2007(1)期博士研究生入学考试,以当年技术经济与管理专业第一名的成绩被录取。

在职读书的过程极其艰苦。为了使自己的文凭"货有所值",我拿出半年的时间脱产,修完所有的学位课程。以一个老学生的身份穿梭于河海大学校园,忙碌于教室、食堂、图书馆、篮球场之间,那种充实和快乐终生难忘。

其后近三年的时间,我频繁往返于东营(青岛)与南京之间,完成了攻读博士学位必需的开题、期中检查、预答辩、答辩等环节,并多次参与赵永乐教授组织的课题研讨等活动。

最难的还是博士论文选题,经过与导师赵永乐教授多次沟通,我最终确定了以构建科技人才创新绩效评价体系为题。以博士学位论文的开题报告为基础,我成功申请到了2008年山东省自然科学基金项目。有了项目研究和博士论文写作相互促进,我收获了一枚成色十足的"双黄蛋",既以优秀的评价结果完成了山东省自然基金研究项目,也顺利完成了博士学位论文。更重要的是,博士研究生阶段的学习,使我经历了严格的人才学研究的学术训练,在耳提面命间从赵永乐教授身上学到了治学做人的风范,也积累了一批研究成果。

十二年一个轮回。2010年6月,我从河海大学博士研究生毕业并获得管理学博士学位;年底,晋升为教授。这年夏天,西班牙国家队问鼎南非世界杯,成为新的世界冠军。这一年,第41届世博会在我国上海成功举办。

一生人才研究的事业探寻

人才研究给了我专业素养、职业精神、事业情怀,让我心有所依,身有所托,实现了"专业—职业—事业"的全链条转换。

2011年9月,受中央组织部人才工作局的邀请,我参与了国家中长期人才发展规划实施一周年总结评估。2016年1月,我再次受中央组织部人才工作局邀请,参与了党在新时期知识分子工作专项调研报告的撰写。十余年来,我多次参与山东省、青岛市、东营市及黄岛区等层面的人才考评、人才规划编制等工作。

在人才学方向,我先后主持完成了中石油、中石化等大型央企委托的16项研究课题,以及山东省重点研发计划项目、山东省自然基金项目、山东省社科规划项目、山东省软科学研究项目,研究报告曾被中央企业主要领导、省级人才工作部门、市级主要领导批示,有的被转化为政策体系或者工作方案。

我先后出版著作6部,在《光明日报》《科学管理研究》等报刊发表论文50多篇。论文《20世纪刚性管理与柔性管理发展的对比》被引达185次,被下载近1 900次。2016年12月,在历经3年的写作和9次修改后,我与留德归国博士徐凌副教授合著的《人才统计理论与实践》出版,被列入国家出版基金项目、"十二五"国家重点出版物出版规划项目、人才强国研究出版工程。这本书是国内第一本系统研究人才统计的著作,也成为填补人才统计学空白的首部著作。

围绕人才"三力"(领导力、执行力、个人魅力)开发,我构建了一套课程体系,为本科生、研究生开设课程和多个专题讲座,还在人才学、人力资源管理方向指导了130多名硕士研究生。他们全都成为各单位的骨干,有的成长为领导干部,有的成长为学术新秀。

我积极向社会传播人才学,先后为多家政府部门、社会组织和数百家企业提供课程,并多次在高端论坛担任主讲,在区域内形成了一定的知名度,有数十万人从专题和课程中受益。

2022年4月,我应邀为青岛西海岸广播电视台"榜样的力量"大型主题活动授课,向社会大众做了"劳模背后的人才学解密"的讲解,解读"什么是人才、成才遵循什么规律、如何成才"等问题。当时有4万多观众(听众)现场观看(收听),两个月内节目视频点击量达67.7万人次,"学习强国"平台、新华网等媒体对此做了报道。活动主办方的领导表示:"听了您的课,感觉到应该让人才学走进千家万户。"这是对人才研究工作者最好的褒奖!

《荀子·劝学》有云:"不登高山,不知天之高也;不临深溪,不知地之厚也。"向高处立,向深处行,人才学的"山"与"溪",使我懂得了"天高地厚",也增强了我对"天""地"的敬畏。

要感恩这个时代。建设人才强国的时代呼唤和生动实践,为人才理论研究提供了肥沃的土壤和动力。人才学作为中国人自己创立的学科,始终扎根中国大地。"士不可以不弘毅,任重而道远。"建成人才强国,吾辈更是使命在肩,定当图强自新,勇立潮头。

4 高校人才培养的几点思考

成长春

高校是培养人才的重要阵地,如何在关注学生德智体美劳全面发展的同时,抓好应用型人才和创新型人才的培养,以满足国家发展的重大需求是高校管理工作者们应该思考并实践的关键。恰逢河海大学人才研究40周年,在此,谨将个人的一些思考和感悟整理出来与大家探讨、交流。

人的全面发展是以人为本的最终目标

我在《光明日报》发表的一篇文章中曾提出,以人为本作为社会发展的目标,是马克思主义唯物史观的题中应有之义,也是社会发展进步的必然要求。要认识到以人为本是一个长期的过程,它与一定的社会政治、经济、文化紧密相连,在人类社会发展的不同阶段有着不同的目标和要求。以人为本既是目标,又是过程,最终统一于实践,在当今中国就是统一于建设和发展中国特色社会主义的伟大实践。我们党提出的坚持走中国特色自主创新道路、新型工业化道路、农业现代化道路、城镇化道路和中国特色政治发展道路,就是坚持以人为本的生动实践。第一,坚持中国特色自主创新道路,为以人为本的实现提供科技支撑。第二,坚持中国特色新型工业化、农业现代化和城镇化道路,为以人为本的实现奠定物质基础。第三,坚持中国特色政治发展道路,为以人为本的实现提供政治和法律制度保障。以人为本源于马克思主义唯物史观,又与实现社会主义价值目标相契合,同时与社会发展进步的要求相一致,其最终目标也是为了实现人的全面发展。

推动中国特色社会主义的建设有助于促进人的全面发展。马克思认为，人的全面发展是与社会经济发展相统一的过程。按社会劳动交换方式的不同，人类社会可划分为自然经济、商品经济、产品经济三个阶段，而人的发展阶段也就必然与这三个阶段相适应。在建设中国特色社会主义的过程中，推动人的全面发展与经济、政治、文化相互融合、相互促进、共同发展。首先，建设有中国特色的社会主义经济是推进人的全面发展的基础。其次，建设有中国特色的社会主义民主政治是推进人的全面发展的条件。再次，建设有中国特色的社会主义文化是推进人的全面发展的导向。最后，建设有中国特色的生态伦理是人的全面发展的保证。当前，我国人民生活总体上实现了小康水平。随着全面建成小康社会新要求的不断实现，我国经济将更加发展、民主将更加健全、科教将更加进步、文化将更加繁荣、社会将更加和谐、人民生活将更加殷实，这将为更高层次、更高水平上推动人的全面而自由发展奠定坚实的社会基础。

劳动力素质的提高助推人口红利向人才红利转变

实体经济是一国经济的立身之本，制造业是实体经济的基石。为了更好支撑制造业的优化升级，就需要促进劳动力素质的全面提升，高校尤其是地方应用型高校教育体系的改革是重点。2009年，在南京人口管理干部学院的一次专题讲座中，我针对高校教育体系改革和提升提出了"四大战略"：实施"质量建校"战略，进一步提高人才培养质量；实施"特色立校"战略，加强学科专业建设和科研管理；实施"人才强校"战略，努力提升队伍素质；实施"和谐兴校"战略，努力营造团结奋进的良好氛围。2013年，我以"新形势下高职院校发展战略思考"为题在南铁职业学院做了一次演讲，会上提出了"一体两翼"的高校转型发展战略构想，具体来讲，"一体"是以高技能型人才培养为主体，"两翼"中一"翼"是以建设一流专业体系支撑学校核心竞争力，另一"翼"是以创新人才培养模式提升学校核心竞争力。针对高校如何快速、有效地转型发展提出了四条"转型路径"：以办学理念转型为先导，夯实转型发展的基础；以人才培养改革为重点，打造转型发展的新亮点；以特色建设为手段，提升转型发展的核心竞争力；以创新服务模式为途径，赢得转型发展的新空间。随着新发展理念的提出，过去以环境为代价的经济发展方式已被迫升级或淘汰，新产业、新技术的涌现呼唤高校培养更多适配产业发展的制造业人才。

在全国范围内鼓励推行"产教融合"无疑是应用型高等教育改革的一大进步。2019年，在中国高等教育博览会上我提出了"需求倒逼产教融合"的观点，认为产教融合将成为人才发展引领产业发展的助推器、促进毕业生就业的稳定器、人才红利的催化器。从高校、政府、企业三个层面，分析总结了产教融合培养人才的路径：高校要在理念上进行深度融合；高校要在机遇上进行深度融合；高校要在专业建设上深度融合；政府要在产教深度融合中发挥作用；企业自身要转变观念，主动作为。同时，在会上我还同大家分享了南通大学在产教融合方面培养智能制造人才的三个平台：张謇学院和两个产教融合的实践——研发平台、微电子学院。张謇学院提出的智能制造类人才素质结构，包括科学思维、逻辑思维、哲学思维、技术思维以及工程思维。同时，由陆建华院士牵头，南通大学与港闸区合作共建"南通大学通科微电子学院"，建立了"南通大学阿里云大数据学院"。培养模式是学科交叉、专业自由、宽厚基础、课程改革、产教融合、因材施教、素质拓展、国际交流、动态调整等多种形式的融合互动。在引入企业合作培养方面,南通大学还和科大讯飞、日本KTI智能制造公司、南通凯蒂亚为代表的一批行业领先企业合作,让学生可以有更多的实践机会。

创新型人才的培养要满足国家发展的重大需求

在中国科学院第二十次院士大会、中国工程院第十五次院士大会、中国科协第十次全国代表大会上,习近平总书记指出:"当今世界的竞争说到底是人才竞争、教育竞争。要更加重视人才自主培养,更加重视科学精神、创新能力、批判性思维的培养培育。要更加重视青年人才培养,努力造就一批具有世界影响力的顶尖科技人才,稳定支持一批创新团队,培养更多高素质技术技能人才、能工巧匠、大国工匠。""十四五"时期,我国教育进入高质量发展阶段,高等教育发展面临着新阶段、新格局,适应和服务国家战略是高等教育发展的历史担当与新时代的使命。面向国家重大需求,培养创新型人才是重中之重。1980年,潘懋元先生在湖南大学讲学时,提出教育有两条基本规律:一条是外部关系规律,一条是内部关系规律。"教育的外部规律是指教育与政治、经济、文化的关系。"即教育受一定社会的政治、经济、文化、科学所制约,并为一定社会的政治、经济、文化、科学服务。教育内部的基本规律是指一切教育活动要培养适应社会发展、身心全面平衡发展的社会人。面向国家重大需求,培养创新人才正是教育内外部关系规律的体现,这两条教育内外部关系规律不仅从"关系"而来,且相互之间也有着重要的关系,即"教育的外部规律制约着教育的内部规律,教育的外部规律必须通过内部规律来实现"。培养创新型人才要适应国家重大需求,满足国家重大需求要培养创新型人才。

培养满足国家重大需求的创新型人才首先需要我们明确创新型人才的培养方向:要培养一批具有世界影响力的顶尖科技人才;要培养一批创新团队;要培养更多高素质技术技能人才、能工巧匠、大国工匠。其次,我们培养的创新型人才必须是集有道德、三观正、有本领、专业硬,有韧性、素质高这些素养于一身的高水平人才。最后,应重视优化创新型人才的培养路径,发挥多元科技创新主体的整体效能。概括来讲,一是遵循教育规律和人才成长规律,升级创新型人才培养模式;二是完善制度供给,优化创新型人才培养生态环境;三是加强资源共享,共建创新型人才培养的育人平台。

5 在人才研究中成长

吕江洪

我是河海大学06一期的博士生,有幸与河海大学结缘,尤其是与人才研究结缘,要由衷感谢赵永乐教授和曹家和教授。赵老师由于名额已满,将我介绍给曹老师,曹老师不仅接受我读他的博士生,而且看我对人才学很感兴趣就鼓励我多向赵老师学习,多参加赵老师的科研项目。就这样,我有机会深度结缘人才学研究。赵老师将我领进了人才研究的大门,让我豁然开朗于人才研究的丰富殿堂,结识了人才研究领域的诸多知名学者、大咖及朋友,结下了深厚的友谊。我非常留恋河海大学的学习时光,毕业后仍然追随赵老师的科研团队,收获的不仅仅是人才领域的丰富知识,领悟更多的是为人才事业奋斗不息的强大精神。赵老师全身心投入人才事业的热忱深深触动和影响着我在科研道路上奋力前行,为人才研究、人才工作和人才活动贡献自己的力量!博士学习的四年以及后续的工作中,我前前后后参与人才研究、人才活动等数十项,其中有不少印象深刻的经历,当回顾过往时,发现这些奋斗不息的岁月才是最美好的人生。

  2007年是我在河海大学读博的第二年,我参与了一个国家级项目——科技人才成长机理与资助机制研究。这个项目是由国家科技部下达,由河海大学王济干教授和赵永乐教授担任课题主持人。课题的调研工作跨省、跨市、跨高校,覆盖到主要产业行业中的各类经济性质、各种规模类型的企业。当时年轻气盛的我自以为参与过几次国外的大项目,做国内的课题小菜一碟。没想到,就是这次科研让我深受打击且感受颇深,真正了解到科研没有几十年的积累和摸爬滚打是修炼不出来的。课题组先后对北京、重庆、武汉、济南、南京、南通6个市的企业、高校、科研院所、开发区展开了全面调研。在南京选取了科技人才密集的国有、民营、外资等不同类型的11家企业,举办了约20位科技人才管理者到场的别开生面的座谈会,具体企业包括雨润集团、江苏金榜集团、金盛集团、高力集团、丰盛集团、金浦集团、地华集团、南京富士通、多伦科技、一航南京中心、南京博爱人力资源公司。在高校以河海大学为重点研究对象,召开了由校办、人事处、科技处、各院系、研究所在内的20多人参加的座谈会。同时,还对河海大学近几年的科技进步奖获得者情况、科技立项情况、专利申请和授权情况以及重点实验室和工程研究中心的科技人才情况等有关资料进行了汇总统计和分析。此外,对北京、重庆、武汉、济南、南京的18家单位进行了近千份抽样问卷调查。从项目总体规划、进度安排、人员调配,到调研设计、资料收集、数据处理,以及最终的总报告与分报告的撰写,赵老师手把手地、从始至终地给予模范指导。这个课题历经半年多时间,800多人次参加调查研究,召开调研座谈会7次、项目阶段成果座谈会10次,与近40家企业、高校、科研院所、政府科技主管部门的主要负责人、人力资源部门负责人、技术研发负责人、研发人员进行了交流。上机统计时间数累计达到4 000多小时。我第一次见识到这么大体量的研究,深刻感受到做人才项目的不易,发自肺腑地敬佩赵老师!

  在科技人才项目中我初步领教了赵老师做项目的那股认真劲儿,没想到在之后的项目中赵老师有过之而无不及。印象最深刻的是参加2015年"产业转型升级中的马鞍山人才体制机制创新研究"和"镇江'十三五'人才发展研究"这两个项目,只要是通知团队开会讨论,我们就要做好深更半夜回家的准备,甚至会通宵作战。因为赵老师经常一开会就忘了时间,专注得连吃饭和休息都不顾了,每天到夜里1点还能查收邮件。清晰地记得2015年10月6日那天,在河海大学能源与电器学院一楼会议室,赵老师带领我们讨论马鞍山项目分报告,从下午1点讨论到深夜1点!那段时间最害怕接到项目组的电话,因为累的确实吃不消。在这段时间的打磨中,我对专题报告、分报告和总报告有了更加全面系统的了解和掌握。现在回想起来,要不是当时赵老师的敬业精神感化了项目组的每一个人,我们都不会有拼命三郎的干劲儿,也不可能有后来的收成了。自那以后的"南京构建具有全球竞争力的人才制度体系研究""盐城企业人才创新活力研究"等无论什么项目我们都似乎有一种与生俱来的坚韧不拔、团结一心、勇往直前的铁军精神。

在赵老师的指导下,我幸运地在第一时间拜读了中国人才研究会领导并组织编写的三部人才学著作——《宏观人才学概论》《微观人才学概论》《新编人才学通论》,并被这三部著作的丰富内容所震撼和吸引。2011年12月29日经国家标准化管理委员会批准,人才学已成为二级学科。2014年,赵老师提出编著《人才学简明教程》的设想和思路,一是加强人才学科建设,出一部既适合高等院校管理类专业学生学习,又能帮助任课教师高效率地开展人才学课程教学的指导性教程,展现上述三部著作的理论精髓,推进人才发展理论创新。二是宣传普及人才学理论,分享人才工作实践经验,为实践工作者做好人才管理工作提供理论指导,促进人才工作科学化。我欣然接受这个设想并开始规划。但出书的工作远没有我想象的简单,原计划一年完成的工程最后花了两年时间才酝酿成功。其间数易其稿,在内容的构思和资料的选取上花费了大量的精力,力求语言的平实和案例的新颖。全书在赵老师的总体设计下,由我负责具体执行和统稿。赵老师一路带领我们,不厌其烦地悉心指导,承担了拟定写作思路、书稿的总纂与审定等大量工作,最后却在署名时甘于默默奉献。我负责具体执行和统稿,并编写绪论第1部分导论篇(第1~3章)、第5部分人才强国篇(第14~17章),以及自测题参考答案和参考文献等;陈双双编写第2部分人才成长篇(第4~7章)、第6部分大学生成才篇(第18~19章);崔颖编写第3部分人才开发篇(第8~10章)、第4部分宏观人才篇(第11~12章)。终于在2016年8月"十三五"普通高等教育规划教材——《人才学简明教程》隆重问世了,真心感谢来自各方的赞许和关心。教材从问世到现在,陆续收到众多专家和热心读者的反馈与支持,让我们更有信心在未来的人才学科发展中持续发力。

对人才研究了解得越多,想学习的就越多。感谢赵老师推荐我为中国人才研究会人才学专业委员会的会员。之后,每年的人才学年会我都积极参加、踊跃投稿、多多学习,先后参加的人才学学术会议有:大学生职业发展论坛(2013);贯彻十八届三中全会精神,服务国家人才战略(2014);新常态背景下人才发展研究(2015)、"五大理念"引领下的人才发展战略和政策研究(2016)、文化自信与人才学学科发展(2017)、高校人才发展高峰论坛(2018)、新时代人才发展定力与人才学学科建设(2019)、新时代、新担当、新作为与女性人才发展论坛(2019)、"基于大数据的人事人才工作机制创新"全国博士后学术交流活动(2020)、"新阶段新格局新治理:人才高质量发展"高峰论坛(2021)、学习中央人才工作会议精神座谈会(2021)、"建党百年党的人才思想和实践"研讨会(2021)等。在2019年6月4日至6日中国人才研究会人才学专业委员会与南京林业大学联合举办的"新时代人才发展定力与人才学学科建设"研讨会暨人才学专业委员会第七届代表大会上,我有幸受邀就提交的论文《南京构建具有全球竞争力的人才制度体系研究》作大会发言。在参加人才学术会议期间巧遇结识了江苏女性人才研究中心并受聘为该中心副秘书长,之后我也积极参加每年的女性人才学年会。在2019年10月11日至12日由中国女性人才研究会主办、山东省女性人才研究会承办的"新时代、新担当、新作为与女性人才发展"论坛上,我受邀作"江苏制造业人才国际竞争力现状及对策建议"项目分享汇报。在人才交流中学习,在学习中不断受益。

2020年11月10日我很荣幸地受聘为中央人才办人才理论研究基地(河海大学)特聘专家,我深深明白,这既是荣誉,也是责任,更是动力。它激励着我感恩前行,努力进取,永远向优秀者看齐,为人才事业创新发展贡献自己的智慧!记忆中还有许多难忘的经历不能一一提及。感谢赵老师,感谢河海大学人才研究组织,衷心祝愿母校基业长青,再书华章!

6 忆南京峥嵘岁月 温河海人才情缘

刘忠艳

"树立战略意识、问题意识,学术研究需立足国家发展需求……"
"要提升探索能力、钻研能力、自主学习能力、统筹能力……"
"积极主动珍惜每一次学习和锻炼的平台及机会……"
"学以致用,知行合一……"
"纸上得来终觉浅,绝知此事要躬行……"
"学术的严谨……勤奋刻苦、认真努力、意志坚定……"
"平时要广泛涉猎,拓宽视野……"
"不但要会做,还要会总结……"
……

每当回忆起恩师的谆谆教诲,回忆在河海求学的峥嵘岁月,美好的时光深深地嵌入我的人生历程,成为我生命中重要的财富。

若论辈分,我要叫赵永乐教授"师爷"。因为我的硕士生导师是西南大学的王斌教授,而王斌教授的博士生导师正是赵永乐教授。我硕士还没毕业,王老师就让我准备报考河海大学赵老师的博士生。

2014年5月倍感荣幸被河海大学商学院工商管理专业博士研究生录取,就这样我荣幸之至师从我国人才学大家赵永乐教授从事人才学研究,辈分也上了一个层次。有人说,一位好老师,胜过万卷书。于学生而言,他就像江河,把我们推向浩瀚的人才学研究大海,为我们引导壮丽的学术蓝海;他犹如一位慈祥的父亲,虽不常表达爱意,却让我们每一个人感受到父爱如山。

学术研究

在河海大学求学的这些年里,跟随恩师在人才学研究领域不断扎根、钻研、徜徉、开拓。有幸参与了导师主持的多项人才课题,如:中共中央组织部委托的"西部地区人才培养、吸引和使用机制研究""建立与经济社会发展需求相适应的人才需求预测与调整机制""具有全球竞争力的人才制度体系研究",以及"南京321计划实施情况绩效考评模式研究""产业转型升级中的马鞍山市人才体制机制创新研究""镇江市'十三五'人才发展规划纲要编制研究""南京江宁区'十三五'人才发展规划纲要编制研究""南京浦口区'十三五'人才发展规划纲要编制研究""南通如东县'十三五'人才发展规划纲要编制研究""深圳市贝斯达医疗股份有限公司人力资源管理平台建设"等多项课题。

  由于跨专业读博的缘故，在刚入门时，自己对量化方法还一知半解。为培养弟子的自信心，导师为我们提供了各种学习的平台和机会，安排弟子进行论文汇报、导师点评，很快就帮助我们树立了学术自信心。信心在每一次鼓励中不断得到增强，学术研究能力在一次次的训练中不断得到提升。在导师的教诲下，强化自主学习能力。通过不同层次的项目学习和训练，学术研究从曾经的迷茫，既想开始，又不知道怎么做，感觉自己脑子里好像没什么内容，提不出什么观点的状态，常思能力不足、常怀本领恐慌、常找学习差距，发扬"入山问樵、入水问渔"的求知精神，向胸有成竹的方向迈进。

  曾记得导师说过，一个好的学术研究需要提出一个好的问题，选择一个好的适宜方法，坚实、可靠的数据支撑以及学术文笔的训练均很重要。其中，最为重要的是选题研究的方向聚焦和持之以恒，不畏艰难地探索，应当关注有前途的研究方向，将"学术研究与国家发展需求相结合""不能关起门来做研究"，即研究选题需要把握好现实层面和理论层面的两个重要性。现实上的重要性在于所解释的现象对于人类社会而言是重大的、具有持久影响的，譬如区域人才竞争、区域人才发展不平衡、人才发展体制机制改革、人才协同等问题。有些重要的问题甚至可以说是"永恒"的问题，我们可能无法找到终极答案，但这恰恰能够最大限度地激发我们对于知识的兴趣和激情；理论上的重要性在于，学术研究提出的某种机制比前人更为有效地解释了某个重要现象、揭示某一个机理，从而为政府及相关部门提供资政建议。探索真理只能在掌握前人已有知识和分析已有结论的基础上，缜密地分析、细致地甄别、严格地推理、透彻地论证。

  在学术研究的过程中，有幸与徐军海师兄、张书凤师兄、潘运军师兄、魏萍师姐、陈双双师姐、陶卓师姐、薄赋徭师姐、吕江红师姐、罗琄师姐、刘宇琳师姐、权良媛师姐、同届陈艳艳和肖南兵以及李培园师妹、李青师妹等诸多同门兄弟姐妹一起共事，从他们的身上学习到了严谨治学、严于律己、不断探索等优秀品质。此外，通过项目研究的机会，也有幸结识到我国著名人才学大家中国人事科学研究院吴江院长及其项目专家团队成员。专家们心怀远大抱负，不怕艰难、持之以恒地专注科研的精神鼓舞和鞭策着我。

<h3 style="text-align:center">成长感悟</h3>

  在河海攻读博士学位的这些年，有幸跟随恩师亲身参与到一线调研，参与到人才发展规划编制的全过程，并学会如何从系统管理的角度对学术研究进行把握。老师不断鼓励和督促大家要专注于科研学术，不但要会做，还要会总结，鼓励大家在组内进行学术交流，撰写文章。老师平时非常注重学生的学习、生活、科研等，鼓励大家积极参加人才学领域的学术交流，拓宽自己的知识边界。

  赵老师不仅带着我们在知识的海洋里遨游，更重要的是教会了我们感恩他人。恩师的言传身教，让我感悟良多，对人才学基础知识及与国家发展需求紧密结合起来的认知更为深刻。曾经自己对研究选题的确定和课题开展太过注重小节，忽视了整体大局观，在时间安排上没有分清主次轻重缓急，通过不断学习和训练，学术问题意识和逻辑能力得到较大提升,文章和课题历次撰写、打磨、完善越来越成熟,自主学习能力也得到了培养。

我常想像赵老师这样的年纪本可选择遨游四方,尽情享受退休生活,但是老师依然笔耕不辍坚持研究,这不由得令人敬佩,不得不让学生感叹"我辈有何理由可以躺平?"攀登科学高峰,就像登山运动员攀登珠穆朗玛峰一样,要克服无数艰难险阻,懦夫和懒汉是不可能享受到胜利的喜悦和幸福的。我不由得对"骐骥一跃,不能十步;驽马十驾,功在不舍"的认知和体悟变得更为深刻。克服畏难心理,越过一座座学术高山,我国人才学研究仍然有相当广阔的拓展空间,人才学研究是值得深入开拓的蓝海。

毕业工作之后,有幸被母校邀请参加"新阶段新格局新治理:人才高质量发展"高峰论坛,就立足西部地区人才发展问题展开学术汇报和交流,为完善研究成果奠定了坚实的基础。未来,在科研的道路上将继续秉持对于科研的初心——不断探索、耐住寂寞。河海人才学研究40周年之际,祝愿母校河海大学人才学研究硕果累累、人才辈出、再创辉煌!

7 致力人才研究 助力人才发展——祝河海大学人才研究40年

李 卉

作为人才学研究的一员,在河海大学学习和从事人才研究的经历和难忘的事情颇多,我主要参与了汪群教授团队对于国际人才的研究,今天斗胆写下几笔,聊聊我们这个团队在汪群教授的指导和带领下,在国际人才研究方面的所学所得与所感。因篇幅有限,在这里不能一一阐述,我重点讲述我们团队成员在国际人才研究过程中经历的二三事。

一、依托国家社科项目,拓展人才研究国际视野

2013年9月和10月,习近平总书记在出访中亚和东南亚国家期间先后提出共建"丝绸之路经济带"和"21世纪海上丝绸之路"的重大倡议,后被称为"一带一路"倡议广泛开展。这给中国企业"走出去"打开了新的通道,提供了新的契机,也为中国企业参与国际社会的竞争提供了新的平台。然而国际社会的竞争,无论是国家层面的,还是企业层面的,其关键还是人才的竞争。习近平总书记从执政兴国的角度,提出了人才强国战略,要"聚天下英才而用之"。国际人才竞争的重点是汇聚世界一流人才,特别是汇聚高端的创新创业人才。我们要在国内和国际两个战场进行"政产学研"多主体的联合行动,系统谋划,协同推进,尽快占据全球化人才集聚的制高点。

因此,我们团队将此作为项目课题,申请了名为"'一带一路'中的中国国际工程企业人才全球化推进机制研究"的国家社会科学基金项目。大多数学者对人才的研究集中在国内,汪教授另辟蹊径,聚焦于"一带一路"下的中国国际工程企业,探析国际工程企业如何网联全球人才,为人才学的研究填补了部分空白。

在这个项目的研究中,我们团队对比了国内人才与国际人才的相同点与不同点,了解

了国际人才的特质,获悉国际工程企业对人才的管理方法及对人才管理实践方面的成功经验,这对我们的项目研究是一个很大的启发。我们深入"走出去"企业内部,参加各种学术会议,不放过每一个国际人才的研究机会。这才有了兼具深度与广度的项目报告的呈现。

深入企业内部后我们才了解了国际工程企业的国际人才管理是怎样的一种情况。对于国际工程企业或者说"走出去"企业来说,其更注重属地化的实践,"走出去"企业想要在当地获得发展,就要融入当地,这是我们团队当时研究国际人才时企业的人才管理给我们的一个最大的感受。与此同时,企业还要在东道国承担一定的社会责任,实现与当地社会的和谐发展,企业也更倾向招聘与培养复合型人才。纵观现有研究,对国际人才的研究成果还较少,我们这项研究的提出也拓展了人才研究的国际视野。

二、鼓励团队协作,支撑人才研究做深做实

汪教授认为在人才研究的道路上不能孤军奋战,而是需要团队协作。汪教授的团队中既包括老师,也包括刚开始尝试学术研究的学生。汪教授认为,作为一名导师,培养学生就是培养人才,让学生参与到老师的项目中来是培养学生的一个重要环节,不仅能提升学生的科研能力,也能使老师及时获知学生的困难,及时帮助其解决。每一位新加入国际人才研究项目课题组的学生,都会听到老师和师兄师姐们讲述研究这个项目的初始经历,以及为了完成项目去搜集资料、开展问卷调查、参加学术研究会议的经历。这让我们切实感受到团队成员前期的辛苦及付出,也为新成员顺利进入团队,参与项目研究做好了铺垫,使其迅速从一个新人身份进入研究者的状态。

令我印象深刻的一件事是我们团队在汪教授的带领下去老挝参与调研,实地探寻企业的国际人才管理状况,辨析成功企业的人才管理之道。这次调研使我们学到了很多,明白了国际工程企业对国际人才的认知状况和重视程度,也让我们明白了实地调研是人才研究的重要一环,不实地考察,所有的东西都只会在脑子里,落不到地面。做人才学研究最忌好高骛远,脚踏实地从实践中才能检验真理,发现问题。

另外,人才学的研究就是在不断试错、不断修正的过程中成长与发展起来的。还记得在研究课题接近尾声时,项目报告的逻辑出现了一个重大的漏洞,在时间如此紧急的情况下,汪教授的安慰和鼓励就像一颗定心丸,让我们团队成员不至于乱了阵脚。在汪教授的指引下,我们通过查阅书籍和相关资料,重新梳理逻辑,重新更换研究理论,最后顺利完成项目报告,将项目报告以几近完美的形式呈现出来。在这个过程中,汪教授和团队成员们为了弄懂一个理论,为了理顺一个逻辑,一次次的开会,一次次的讨论,深入地探讨、学习、研究;我们团队成员之间所体现出的团队协作、不怕重头来过的精神使我们在以后的学习生活中不再惧怕犯错,相信只要勇于改正,一切都来得及。孜孜不倦的探索精神、不怕出错且勇于改错也是从事人才学研究乃至其他科研工作所应该具备的精神。成功将理论运用于实践的成就感是真正深入其中才能深刻感受到的,是从事人才研究的科研工作所带给我们团队的宝贵财富。

三、注重内外交流,助力人才研究精益求精

人才研究要真听真看真感受,汪群教授关注团队中每一个人的状态与发展,给团队成

员提供很多开阔眼界的机会。当时恰逢世界管理论坛召开之际,这个会议上会涌现出许多优秀的人才研究成果,这样的机会来之不易,于是汪群教授就召集团队成员去现场感受学术研究的魅力。团队成员们参加了各个分论坛,聆听了优秀学者们的研究成果,打开了人才学研究眼界,下决心以后要更加精益求精,在自己的学术领域闯出一片天地。

可以说汪群教授是我们学术研究道路上的灯塔,汪群教授不仅注重提升自己的科研能力,更关心学生的成长。她不仅给了我们研究的资源,更培养了我们的研究能力,让我们从一个跟随者慢慢变成能够独立承担其中某项工作的人才。她不仅关心我们的研究进展情况,更关心我们的生活与情绪。在遇到困难时,汪群教授会耐心开导,悉心指正。在汪群教授的教导下,我们团队成员的学术写作水平、学习能力和科研能力都在一步步的提升。这些都是在人才学研究的过程中所取得的收获。

关于人才学研究,团队成员中不乏一些新手,万事开头难,但我们通过一系列的学习和锻炼正稳步渡过这个难关,也正向着更高的台阶前进,为我们今后在人才学研究领域作出更大的贡献打下了良好的基础。相信我们终将为河海大学人才学研究添砖加瓦,也祝愿河海大学人才学研究再创新的辉煌。

8 回忆我职业生涯中的"人才学会"情结

李法顺

学水利的人都知道华东水利学院(河海大学前身)曾有一个叫河川枢纽及水电站建筑的专业,学制五年,单力学课程就多达六门,而留校以教学为业的教师,却没有学过"教育学"。少数进入学校领导层的教师,放不下的是教学,很少有教师把教学提升到"教育"的自觉高度,更达不到将教育"职业化"的水平。这在当时单科性院校中并不少见。同样,作为培养人才的老师和领导,却不懂育人和用人的"人才学"。这里不评说不经培训选留毕业生任教的缺陷,也不评论从教学科研人员中直接选调领导干部的利弊,只想回忆自己在此矛盾纠结中与"人才学会"结缘的心路历程。

人才学会成立的背景是党和国家工作重点转移、人事制度及学校招生分配制度改革。华东水利学院人才研究会发起单位是本校党委的组织部和明令特设的干部培训班,牵头人是前后届党委的两个常委,也就是上述机构的负责人郭颖和治宇等。华东水利学院人才研究会成立大会在当时新建成的水电部南京管理干部学院(左东启和梁永庚分任正副院长)的综合楼举行。时为江苏省科技干部局领导人的彭涵明、张鸣等专程参与(他们著述多,有的书因为在河海大学出版社出版而获赠),上级领导还有匡亚明、辛少波、方菲、叶春生等兼任。他们带出来的青年才俊赵永乐(望山)、夏安邦等当时就挑了大梁。华东水利学院老组织部部长郭颖担任首届人才研究会理事长,前组织部部长贾启模担任第二届人才研究会理事长,我是第三届人才研究会理事长。记得研究会的秘书长是梁训。

那时学校体制还是党委一元化领导,常委的组成以抗日战争参加革命的干部为主,我校党委书记、老红军胡畏同志(他立的规矩党内称同志)参加革命时我还没出生,严格说我们是两代人。尽管我1973年就进入学校领导班子,到了1982年增补为党委副书记时,还是中央组织部下的文。南京的高校,如南航、南医、南农、南林等也都是"老革命"当家。这些"老革命"并非有些人思维定式中的呆板守旧,恰恰相反,他们不光资格老、学历高、见识广,而且思维敏锐、思想活跃。正是他们的担当,才开拓出江苏高校改革开放新局面;正是他们的重视,为人才学会输送干部、带领以人事和思政工作人员为主体的队伍参与研究,江苏人才研究才达成当日的辉煌。1986年我当选第二届江苏省人才学会副理事长,后又连续当选为第三届、第四届省人才学会副理事长(第四届时我已调到水利部交通部电力工业部南京水利科学研究院担任党委书记)。我在参加江苏省人才学会活动的短短几年中,与多个曾担任省人才学会副理事长的高校领导惺惺相惜、志趣相投。他们几乎都是这些高校清一色老领导的副手,常谐称贾怀仁、蒋孟平、何可人等,是名副其实的好人。大家都对人才研究很感兴趣,也都是江苏省人才研究的积极分子,相互来往交流甚是密切。

河海大学是江苏人才研究的"重镇",而我进入"人才学会"的时间较晚。学会成立时我还在补教育学的课,读一本多个师范院校合编的《教育学》,并被其中青春期教育、逆反心理应对的论述所吸引。之后才知道这些是中小学教育的内容,研究它另有"教育学会"来组织。教育学和人才学都为人的全面发展、推动社会进步服务,后者以前者为基础,以满足社会需要为目标,全方位、全过程研究人才的成长、评价、调配、使用和管理。现实生活中,人才养成往往不仅取决于学校教育,而更在于工作中的继续学习和锻炼,与个人志趣、劳动付出、工作条件和社会影响相关联。科研与教学的关系是学校永恒的话题,毋庸讳言,因为有科研,高校教学与实际的联系才更加紧密,教学内容更新和师资培养等才能更全面落实。科研在高校的地位和作用是教育的高层次以及教学内容和方式的探索性所决定的。河海大学开展人才学研究,与大约晚些时期成立的人力资源专业(1986年河海大学成立劳动人事管理教研室,开始培养劳动人事管理专业的专科生,1990年经水利部批准成立河海大学人力资源研究中心,1994年成为全国首批招收人力资源管理专业本科生的高校)的教育实践相互促进,形成本校人才研究的优势。目前,人力资源管理专业历经36年的实践"锻造",已入选"双万计划"国家一流本科专业建设点和江苏省品牌专业三期建设项目,是江苏省特色专业和河海大学品牌专业,造就的一支"教育部创新团队"和"江苏省哲学社会科学优秀创新团队",也是本校人才研究的中坚力量。河海大学多年来承担中央人才工作协调小组和省、部下达的课题,举办全国和省、部委托的理论研讨会,成果累累。2014年被中央人才工作协调小组确定为国家"人才理论研究基地",跻身北大、清华、人大等五校行列。

德是人才的灵魂。河海大学在成立之初就提出德智体全面发展,将德育放在首位。大学的德育不同于中小学,它以政治教育为核心,还包括人生哲理、理想信念、思想道德、民族传统等的教育,以及人文素质和科学精神、高尚情趣、健康心理等的培养,内容广泛。这显然不是政治理论课所能完全承载的,而需要动员各科教师教书育人,党团组织、学生社团寓教育于活动中,挖掘校内外教育资源,在实践中锻炼,才能形成既有统一目标又内容丰富、形式多样的育人合力。人才学必须强调德,并以德为先培养人才。

人才研究落到实处,既要有继承又要有发展。

我对"人才学会"活动有感情,对研讨各类需解决的人才实际问题也是有期待的。

9 我回忆的往事

汪 群

河海大学商学院于1994年开启人力资源管理本科教育,是全国最早开设此专业的高等院校之一,后来更因赵永乐老师的加盟,成为全国重要的人才研究基地。赵永乐老师是国内知名人才研究专家,素有"北王南赵"之说,"北王"指王通讯教授,"南赵"就是指赵永乐老师。20世纪八九十年代,在江苏人才管理研究和践行的知名大家有时任人事厅厅长赵永贤、南大商学院院长赵曙明和河海大学人力资源研究中心主任赵永乐,学界又称为"三赵"。我于1998年研究生毕业留校在人力资源系任教,有幸参与和见证了在赵老师的引领下河海大学人才研究的方方面面。

推进人力资源专业建设。扎实做好人力资源本科专业建设,积极推进企业管理专业人力资源管理方向硕士、博士人才培养。组织多方力量共同编写"企业人力资源管理丛书",2006年与上海交通大学出版社合作,赵永乐老师主持编写了企业人力资源管理方面的教材,我和王全蓉老师也有幸参编了《培训管理》一书。此后赵老师还牵头编写并出版了《人力资源管理概论》《人力资源规划》《人员招聘与甄选》等教材,成为人力资源管理专业的必读经典。这些教材与时俱进,呈现给学生最新的人力资源管理知识。通过这些教材的编写,年轻的老师得到了锻炼培养,还加强了人力资源专业老师之间的交流合作,扩大了影响。我校人力资源专业的本、硕、博人才培养,为社会,特别是为高校培养了大量的人力资源管理专任教师,为社会输送了大批人力资源管理专门人才。赵老师作为国内人力资源管理最早的一批博导,具有深厚的学识功底和丰富的实践经验,深受学生喜爱,多年后碰到上过赵老师课的校友还对赵老师的"唐僧取经团队分析"津津乐道。

带领师生深入企业一线。赵老师注重工商管理理论与实践的结合,积极走进工商企业,传经送宝,出谋划策,先后担任过中唱音像公司、雨润集团、南京卷烟厂、南京力导公司、安徽昕源集团、深圳汇德源公司、常州通力达公司等多家企业的管理顾问。我曾跟随赵老师去南京卷烟厂参与"合理化建议"专家论证活动。赵老师建议战略规划部,发起让员工为企业的发展建言献策,提合理化建议的号召。可以就自己部门,或者其他部门的改进提出建议;可以自己独自完成,也可以组成团队。由厂领导以及高校专家团队组成评审委员会,对合理化建议书进行论证,合理的准予立项,提供必要的资源支持,比如资金、工作时间、调研配合、设备设施等。加强过程跟踪,做好结项评审。通过这样的活动,不仅改善了管理，提高了企业绩效，而且提高了员工的参与感，调动了员工的积极性，还让领导发现了人才，充实了后备干部队伍。作为年轻老师的我参加了项目整个评审过程，至今还印象深刻，也坚定了我对工商管理教育必须基于实践做好案例教育的认识。

积极为政府咨政建言。赵老师1998年担任省委组织部"江苏省人才资源开发对策研究"课题组负责人，经过研究，在国内率先提出"人才强省"战略。基于深入的调研与前瞻性的谋划，提出建设江苏省"333人才工程"的建议和推进策略。为南京如何与在宁高校联动推进创新名城建设出谋划策，参与镇江市"十二五"规划的论证工作，建立了盐城人才活力指数评价报告……还走出江苏，先后担任辽宁省人事人才工作决策咨询顾问、广西人力资源和社会保障客座研究员、深圳宝安区人才工作顾问、贵阳市委人才工作领导小组特聘专家。

为公推公选提供专业指导。赵老师先后担任过江苏省公开选拔推荐领导干部考务专家库成员、江苏省公务员考试专家库成员、江苏省公务员面试考官培训专家、江苏省职业经理人资格认证培训专家、江苏省人力资源管理水平等级考试题库专家，多次担任江苏省公推公选省管、市管、县管领导干部命题专家组组长、主考官以及有关单位内部竞岗主考官。还曾担任国家人力资源和社会保障部CETTIC面试考官认证专家委员会副主任。赵老师不仅自己积极参与公推公选活动，还培养了一批专业的评审专家队伍，活跃在各类招聘甄选评定中。

积极推进人才学专业和学科建设。赵老师率先引领人才学研究，于1989年出版专著《人才，走向市场——人才市场学概论》，填补了我国人才市场学研究空白。2013年参与人才强国研究出版工程，主编了《宏观人才学概论》……并呼吁推进人才学作为专门的专业和独立学科来建设。在校内率先成立河海大学人力资源研究所（1990年经水利部批准成立），作为我国水利系统进行人力资源开发、利用、激励和保护研究的专门机构而成立。为了使研究所更有效地开展研究工作，以赵老师为代表的各位专家们每年会在百忙之中抽出时间定期召开年度总结会议，并对下一年度的研究重点作出明确规划。正是有了这样的顶层设计，几十年来研究所在人才学、人力资源管理等领域的学术研究、学生教学、社会服务、智库建设等方面硕果累累，取得了傲人成绩。

赵老师还在全省积极发起组建人力资源管理及人才管理研究的组织，如江苏省人才学会、江苏省人力资源学会等，并积极参与国家级学会活动，担任中国人才研究会副会长、人才学专业委员会副理事长，组织各级各类人才研究论坛，促进同行间的交流合作，拓宽了老师们的视野。

10 怀念河海大学的博士学习生涯

沈　鸿

2007年的春天，我28岁，怀着对博士学业的深深向往和满腔的热忱，我踏上了去往河海大学的征程。

印象最深的是 2007 年的春季学期，我完全脱离了当时繁忙的工作环境和温暖的家庭环境，离开了舒适圈，去到美丽的河海大学，走在那些古老的梧桐树下，我充满了对博士学业的好奇，学习劲头十足，在一个学期里几乎选修并完美完成了所有的课程，还在河海丰富的讲座之外，和同学们一起骑着一辆二手自行车，窜到南大、南师大等学校听了许多讲座，超额完成了攻读博士期间要求的学术讲座数量，记了满满的一整本讲座笔记，成就感满满。这个学期写出来的小论文成功发表 3 篇（CSSCI），可以说是我学术生涯中论文最高产的半年了。

除此之外，收获最大的要数参加恩师赵老师的课题。我非常幸运地参与到赵永乐老师的国家社会科学基金课题"农民工进城对就业影响研究"的调研工作之中，由于之前从未参与过国家级课题，心中自然非常紧张，在参与的前期心情很是忐忑。所幸，恩师在一轮一轮的课题组会议中都一步一步作出很清晰和具体的指导，同门师兄师姐也经常耐心帮助指点，我当然也是尽全力查资料、看文献，反复琢磨思考。随着调研工作的一步步顺利开展，之前忐忑的心情逐渐没有了，取而代之的是慢慢建立起来的自信心。

我参与的主要是泰兴子课题。这个子课题在我来河海大学的前一年就已经拟好了研究计划，共分为前期准备、现场调研、专项研究、综合研究和课题论证验收五个阶段。每个阶段都有具体的时间节点和工作细项。我从参与调研开始，一步步学习、深入、思考、讨论、形成自己的见解，最后慢慢参与到泰兴子课题研究报告的撰写中。在这个过程中，恩师对时间、资金和人员的周密的统筹安排、强大的执行力给我留下了非常深刻的印象，那时候有 QQ，有智能手机，没有微信，没有新冠疫情，恩师始终坚持频繁地推动面对面的课题组会议来推动课题研究工作，且每一次会议的内容不仅有布置和查问，更有思维的交流和碰撞。直到今天，我始终认为面对面的交流效率和效果比线上的要好很多，大概是从那个时候就有了深刻的体会。

同门师兄弟和同学之间的交流也因此热烈、亲切，在参与这个课题的过程中，杨月、吴大志、佘春勇、孙文霞、南凤先、朱义令等同门做了大部分的工作，我也安安静静地跟着学习、思考，受到潜移默化的影响，能够感受到自己在成长。

我还非常幸运地参与了几个横向课题，收获也很大。一个是南京市地税系统人力资源配置研究课题。这个课题于 2007 年 4 月启动，历经前期调查研究、统计分析、专题研究、总课题研究等阶段，做得特别规范。为了能够实实在在地解决他们的人力资源配置问题，恩师指导我们将南京地税系统与北京、成都、杭州、苏州市地税系统人力资源配置情况进行了细致的比较与分析，用长达十年的数据对南京地税系统人力资源配置宏观需求、社会经济发展相关因素进行预测、分析，然后对南京地税系统人力资源配置影响因素与标准指标进行分析，对他们的人力资源配置开展调查问卷统计分析，最后建立总模型对南京地税系统各分局进行人力资源配置分析。

印象比较深的还有淮安市一家公司人力资源管理基础平台建设项目。主要包括公司岗位评价与岗位体系建立、薪酬管理体系设计、绩效管理体系设计和相关制度建设。由于公司不在南京，有一段时间课题组成员驻扎在淮安开展调研。公司岗位评价与岗位体系建立、薪酬管理体系设计、绩效管理体系设计和相关制度建设包含的内容非常丰富,而且这项研究的成功,必须建立在对公司原有管理制度非常熟悉、对公司未来发展非常了解的基础上。

这些横向课题的参与,不仅让我懂得了横向课题的推进流程,更让我深深地感受到恩师对待课题的认真细致,奠定了我后续在广西梧州有色金属有限公司、桂林自来水公司等开展课题研究的坚实基础。其间,我还有幸领略了南京高科、南京路灯管理处、先声药业、武进经济开放区的多个项目,均收获良多。

美好的时光总是短暂,若干年后的一个晚上,我回到我的母校河海大学,那里的夜晚安安静静的,风不大,也没有想象中的冷。去了操场,看天空中飞机拖着亮光一闪而过。昔日的同伴大多毕业了,离散了,感觉挺孤单的。我又特意去找回味鸭血粉丝汤品尝了一番。味道还是那个味道,但心情已不是那个心情了。我思绪万千。南京,这个十分熟悉又有些许陌生的城市,仿佛是我的梦境,尤其是看到后街那一排梧桐树在夜里闪着七色的光芒,看到隧道那一溜明灯整齐地从身边快速擦过,听到胖的瘦的男的女的各色人等说一口我不大熟悉却有一丝亲切感的南京方言时,我就想到了《盗梦空间》中的情节,仿佛我是在自己抑或他人的梦境中游走。

我在河海大学求学的时光是非常充实的,也是十分浪漫的。感谢恩师,感谢同门,感谢母校。感谢六朝古都,那个美丽的城市。

11 母校人才研究回忆录

张书凤

光阴似箭,日月如梭,不知不觉间自母校博士毕业已经十四年了。还记得 2004 年提前攻博,并有幸成为恩师赵永乐 04 二期的博士生。当年暑假惊喜地接到赵老师的电话,通知我已被录取并立即回校参编书稿,由此跟随赵老师开始了我的人才研究生涯。

一、初涉人才学

读博之前对自己的研究方向比较懵懂,对于很多学术研究方法也是一知半解。博一开学前的暑假,赵老师交给我的第一个任务是编写高级人力资源开发与管理书稿。回到学校后,赵老师通知我和薛琴师姐去他家里开会,并给我们指导了章节安排、内容分工、写作方式等书稿写作事项。

虽然暑假天气炎热,但是还没开学就接到书稿编写任务,感觉既紧张又非常兴奋!于是我按照赵老师的要求,开始查找相关书籍和文献资料,进行书稿写作。其间发生了一件至今记忆犹新的事情。编书是一项比较严谨的工作,第一次编书经历让我觉得赵老师是一位严师。由于缺乏经验,在编书过程中我和薛琴师姐对书中的部分文献引用采用照搬的方式。赵老师发现后,大发雷霆,将我们专门喊到家里痛责一顿,并教导我们如何引用文献。至此,我深刻地认识到科学研究需要的不仅仅是时间上的投入,更是严谨的工作态度。这一点在我以后的教学和科研中时刻牢记。

编书的经历让我在文献阅读和分析整理中对人才和人力资源有了初步的认识。人才是较高层次的人力资源,具有创造性和杰出性,是我国经济发展的第一资源;我国人才学诞生于1979年,是我国改革开放的产物,也是适应我国经济发展需要而产生的新兴学科。通过查阅赵老师早期发表的论文,惊奇地发现早在1982年赵老师就发表了《试析人才占用制度》《人才社会工程实践与计算机》等4篇人才学论文。这让我意识到赵老师是我国最早研究人才学问题的专家之一,也是对我国人才学发展具有突出贡献的学者之一。

二、首届"人才学"论坛

2004年12月,接到赵老师的通知,由中国人才学研究会主办的首届"中国人才学论坛"暨学术研讨会将在河海大学召开,我有幸成为该论坛举办的工作人员之一。

首届"中国人才学论坛"暨学术研讨会是继全国人才工作会议结束将近一周年召开的,论坛将从多方面、多角度来探讨"人才价值"问题,进一步开创人才研究的新局面,届时来自全国各省、自治区100多名专家学者聚集一堂研究中国人才问题。听到这个消息时,我既为河海大学能承办首届"中国人才学论坛"暨学术研讨会而感到自豪,也为能见识诸多人才学研究的顶级专家而感到兴奋。

还记得当时我恰好负责安排中国人才研究会会长、中国博士后管委会主任、人事部原副部长徐颂陶的住宿,有幸与徐会长聊了一会儿。徐会长给我的印象是和蔼可亲、温文儒雅、关怀后辈。在论坛报告学习中,让我印象较深的是中国人才研究会副会长兼秘书长、中国人事科学研究院院长王通讯。其时对于"人才"概念,被学者广泛采用的就是王通讯在《人才学通论》中界定的含义,这次终于见到王老师真人,让我倍感欣喜。王通讯老师的报告既有战略高度,又有理论深度,尤其是对人才规律的独到见解让人记忆犹新,当时让我萌生了将人才规律作为以后研究方向的目标。在同辈的报告中,王勇师兄对于人才资本产权的研究引起了我极大的兴趣,他对人才资本及其产权的内涵和结构的分析较为深入,并对人才资本产权的实现途径有很多新的思考。后来在小论文的写作中,沿着王勇师兄的研究方向,我也发表了几篇人才资本相关的论文。这次人才学论坛让我了解到我国人才学研究者的年龄断层问题,也使我更加坚定地选择将人才学作为自己的研究方向。

三、人才项目研究

自博士一年级开始,我真正开始了人才课题研究工作。还记得我第一个参与研究的课题是"江苏省'333工程'的实施评估与'十一五'规划思路"。当时赵老师给我安排的是项目的问卷统计和定量评估工作,这两项工作对于初入科研的我来说是十分具有挑战性的。对于问卷统计,以前学过EXCEL的统计工具,但是对于"333工程"项目却不适合使用,因为问卷的数量达到4 500份,同时需要做大量的分类统计。于是,在赵老师的指引下,我开始自学SPSS软件,由于统计工作时间要求紧,大约花了三天三夜终于将分类统计学会了。问卷统计完成后,赵老师对我的工作表示肯定,我当时真的很开心!"333工程"的定量评估需要使用模糊数学综合评判法,以前没有接触过,我找了相关的书籍和论文开始自学,经过努力,成功地完成了"333工程"的实施评估研究报告。当拿到自己参与的这项课题的研究报告集时,感觉自己真正成长了很多。

第二项参与的课题是"江苏科教兴省战略深入实施研究"。与第一项课题不同的是，这项课题赵老师让我和王斌师兄独立开展课题研究。有了第一次课题的经验后，我认识到做科研需要独立思考，自我学习。这项课题需要做人才统计分析和人才预测研究，对我而言也是一项具有挑战性的工作。赵老师给了我们《江苏人才发展战略研究总报告》作为参考，于是我开始查阅数据，学习运用SPSS软件做多元回归的方法。在参考相关预测模型的基础上，我终于学会了如何建模，如何根据人才统计指标来分析现状和预测未来。功夫不负有心人，当我和王斌师兄成功地完成了研究报告后，赵老师对我们的研究工作表示了赞许，自此我在科研的道路上又前进了一步。

第三项参加的课题是"长兴县'十一五'人才规划研究"。与前面两项课题不同，这项课题从研究思路到方案制定和实施，赵老师都让我和王斌师兄自己先思考，再讨论。当时我意识到，赵老师是想通过这项课题锻炼我们的综合科研能力。以前的课题主要是通过文献调研，这项课题却不是在学校开展，而是需要长期出差到长兴县进行实地调查研究，需要与长兴县人才办的领导直接沟通，因此也锻炼了我们的人际交往与沟通能力。记忆较深的是问卷设计。问卷设计是从事科学研究的基础能力之一，赵老师让我们自行设计，由于初步学习，开始设计出来的问卷存在很多问题。于是赵老师通过开会研讨，从问卷的表头、题干、题项逐一为我们讲解如何设计问卷。至今仍然清晰地记得，赵老师告诉我们问题设计时，应该使用"我认为"，而不是"您认为"。

此后，在赵老师的指导下，我又参加了"江苏省人才强省战略实施SWOT分析研究""江苏通力达公司发展战略规划与组织设计""南京地税局人力资源配置研究"等课题。通过这些课题的研究，我的科研能力得到了进一步的提升。博士毕业后，我进入了如今的江苏大学管理学院人力资源系工作，有幸参与了赵老师主持的"镇江市'十三五'人才发展规划研究""如东县'十三五'人才发展规划研究"两个课题。后来在前期研究的基础上，自己独立主持了"苏南城市先进制造业创业领军人才引进机制优化研究""苏浙粤创业领军人才引进政策比较研究""镇江市创业领军人才引进政策优化研究""镇江市高层次双创人才发展环境评价及优化对策研究"等课题，也获得了一些荣誉和奖项。

回顾在母校从事人才研究的历程，我感到人才理论和实践研究对于我国实现人才强国具有尤其深远的战略价值。身处以赵老师为首的人才研究团队，我既学到了人才研究的理论和方法，也提升了人才研究的素养。最后我要对恩师赵永乐表达深深的敬意和感谢！

12　关注新兴产业发展，聚焦人才队伍建设

张长征

一、因水而缘，开启探索之路

2007年我进入河海大学产业经济研究所攻读硕士学位，师从黄德春教授，从事IT等

新兴产业发展问题研究,先后参与了江苏省社科基金资助重点项目"江苏新型工业化评价指标体系研究"、江苏省经济和信息化委员会(原江苏省信息产业厅)重点计划项目"江苏省信息化'十一五'规划(基础研究部分)"、"江苏省信息产业统计指标体系研究",以及江苏省信息产业厅委托的"中国软件城发展战略研究""欧盟两指令及人民币升值对江苏信息产业的影响研究""两税并轨对江苏信息产业的影响研究""国际软件产业发展政策比较研究"等多项重点项目。2010年10月发布的《国务院关于加快培育和发展战略性新兴产业的决定》,确定了我国的七大战略性新兴产业,研究团队当时将新一代信息技术等IT产业作为主攻方向,其中《IT项目投融资管理的理论、方法及应用研究》获得了2011年度教育部哲学社会科学研究后期资助。

随着对新兴产业发展问题的深入研究,我们发现人才问题是制约新兴产业发展的重要因素。一方面,与传统产业不同,以IT产业为首的新兴产业不仅依赖于资本生产要素的投入,同时对于劳动生产要素尤其是高精尖人才的需求更加迫切。战略性新兴产业是指,以重大技术突破和重大发展需求为基础,对经济社会的全局和长远发展具有重大引领带动作用的产业。这类产业具有知识技术密集、物质资源消耗少、成长潜力大以及综合效益好等特点。可以看出,培养和吸引劳动力市场上的高精尖人才是新兴产业扩大生产规模、提高生产效率并实现快速发展行之有效的途径。

另一方面,中国新兴产业快速发展与人才培养体系落后等问题之间存在严重的矛盾冲突,这就使得新兴产业内部存在人才极度匮乏、创新能力较低、人才队伍建设相对滞后等现象。为加强战略性新兴产业人才培养,教育部自2010年起,推动高校面向战略性新兴产业直接相关领域设置新专业(含非工科专业),截至2016年底,战略性新兴产业相关新设工科本科专业多达22种。但是,新兴产业领域高层次工程科技人才短缺,人才培养的结构仍然滞后于产业发展的实际需求,主要问题是专业设置前瞻性不够,专业划分过细,高校专业调整周期长、灵活性不足,转专业限制严格,与新兴产业相关的硕士、博士层次人才培养的结构和规模没有及时得到调整。

新兴产业的人才问题必须得到有效解决。从新兴产业角度来看,如果人才问题难以得到有效解决,将会严重影响新兴产业的发展,导致流向该产业的资本生产要素和劳动生产要素难以充分发挥协同效应,进而造成资源浪费和产业经济发展受挫;从传统产业角度来看,如果新兴产业的人才问题能够得到有效解决,传统产业不仅可以更快地实现数字化转型发展并提高产业生产效率,而且还可以通过与新兴产业合作向消费者提供附加值较高的产品和服务;从国家角度来看,解决新兴产业的人才问题不仅有利于加速中国信息技术推广和应用的步伐,同时还可以进一步激发高精尖人才的劳动潜力,使更多人享受到数字技术带来的红利,从而实现产业结构优化和数字社会建设。综上所述,新兴产业的人才问题必须尽快得到有效解决。

我校人才学研究较早,其中人力资源管理专业设立最早可追溯至1986年开始招收劳动经济管理专业学生,1994年新增独立的人力资源管理专业,为国内最早设立人力资源管理专业的高校之一,2021年获国家级一流专业建设点。我校是我国较早成立人才学研究组织的高校,以赵永乐教授为代表的研究专家在全国人才研究方面有较大的影响力。

赵永乐教授是中央人才工作协调小组特聘国家中长期人才发展规划纲要专家组成员、人才发展规划实施一周年情况总结评估特邀专家,同时也是国家人力资源和社会保障部CETTIC面试考官认证专家委员会副主任委员。他作为中国最早开展人才研究的专家之一,是江苏省人才学会的主要创建者和领导者。2014年5月,河海大学被中央人才工作协调小组授予"人才理论研究基地",极大地推动了我校人才理论研究的发展,涌现出一批人才研究学者和在全国有一定影响的研究成果,特别是对涉水领域人才理论的研究有力地支撑了水行业的发展。为此,因为赵永乐老师是学院的任职教师,我便有缘向他请教。

二、初见大师、有眼不识泰山

最早认识赵永乐老师,是在2008年学校操场打篮球。记得当时,赵老师刚打完球,坐在石台上喝水休息,那时大师虽然年过六十,但看上去完全像是一个年轻教师,双眼炯炯有神,嘴角挂着笑容,虽然在场下休息,但还是时刻关注着球场上的变化,可以看出他是一个非常热爱运动、热爱生活的人。也许是因为学院运动会的缘故,我和同学黄青便认为赵老师肯定是在职博士,因为在职博士一般年龄比我们稍微大一点。由于当时打篮球正好缺人手(一个同学还在赶来操场的路上),同时也希望和"师兄"多多交流,所以我们便喊了一嗓子:"师兄,来一块儿打球呗。"当时大师微微一笑,正在此时来晚的同学冲了上来赶紧向他打招呼,说了一声"赵老师好",便把我们拉走了。我们这才知道正在休息的"师兄"原来就是大名鼎鼎的"赵永乐"。直至今日,我和同学黄青依旧忘不了与赵老师第一次相遇的经历,仍然记得那个夕阳下坐在石台上冲我们微笑的身影,对于"无知冒犯"赵老师的事情我们依然"耿耿于怀"。

三、背靠河海、砥砺前行

2012年底,我博士毕业后留校从事博士后工作,其间不断接到一些单位,如江苏省人事厅、科技厅等政府单位围绕人才研究课题的邀请。通过与这些单位的深入沟通交流,我才逐渐获知,这些单位之所以希望与河海大学进行人才研究方面的合作,一方面是因为赵永乐老师是国内进行人才研究的主要领军人物之一,在人才研究领域具有深厚的理论基础和较强的影响力,另一方面是因为河海大学作为国内著名211高校,对于如何培养人才以及如何使其更好地为社会发展作贡献具有丰富的实践经验。因此他们希望河海大学相关研究人员能够给予他们"加持",这也更加坚定了我对于研究战略性新兴产业人才问题的决心。从2014年开始,我连续三年承担了《江苏省战略性新兴产业人才队伍发展报告》的各项研究任务,这极大地激发了我对该领域的研究兴趣,使得我在原有研究方向和培养学生方向的基础上有了新的拓展。此外,我还将人才分布不均、产业错位发展、人才供给与产业需求脱轨等问题纳入人才研究,先后承担了一些自由探索课题任务,如江苏省社科应用研究重点课题、江苏省高校哲学社会科学研究重大重点项目、江苏省社科应用研究精品工程(财经发展)专项课题,研究以新兴产业人才为对象,探讨了社会组织、金融支撑和环境优化等方面对于新兴产业发展的作用机制和影响路径,并基于相关研究成果为江苏省新兴产业发展和高精尖人才培养提供了较为中肯的意见和建议。这些研究成果受到多位专家及学者的肯定和认可,并多次获得优质学术奖项,在此期间我发表了一批学术论文,其中两次获得江苏省社科应用研究精品工程奖。

通过对新兴产业人才问题进行深入研究,我获得了宝贵的研究经验。这些经历使得我更加深刻地领悟到了习近平总书记所讲的"环境好,则人才聚、事业兴",只有吸引人才、留住人才,产业发展的根基才会更加牢固,同时我也更加深刻地了解到人才理论研究的重要性,对于孜孜不倦地为人才研究领域奉献自我的赵永乐老师满怀钦佩之情。特别是当前我国步入经济社会高质量发展阶段,需要通过培养高精尖人才带动产业发展和社会进步,高质量劳动要素同时也能够在国家战略实施和国际博弈当中发挥重要作用。此外,水行业转型升级和水生态文明建设中人才队伍优化等问题依旧需要解决。这些都吸引着我在人才研究领域继续前行。

13 将真情寓于行——在河海大学从事人才研究的体会

张宏如

河海大学是我国比较早成立人才学研究的高校。2008年我考入河海大学攻读博士学位,跟随赵永乐老师从事人才学研究。在校期间,河海大学人才研究院组织了形式多样的学术活动,我沉浸其中,受益匪浅,我先后参加了江苏省"333人才工程"项目、南京宣传文化人才项目、深圳前海人才项目、镇江人才项目、马鞍山人才项目等。回想起来,在河海大学学习期间从事人才学研究的历练对自己后来的职业生涯发展奠定了较好的基础。

河海大学的人才研究有成熟的队伍体系,研究氛围浓厚,活动规范有序,对人才研究有着十分规范严谨的要求。记得在开展马鞍山人才项目研究时,赵老师亲自对马鞍山市人才和人才工作基本状况调查方案进行审定,从调查目的到调查思路都进行了明确。调查目的:了解马鞍山市人才和人才工作基本状况、为课题组研究提供数据。调查思路:设计三区三县开发区版和人才职能部分版两版调查表。其中三区三县开发区版调查表由三县三区、9个开发园区分管人才工作的主要部门进行填写,人才职能部分版调查表由分管6支人才队伍的具体职能部分填写,两版表中内容都包括人才基本状况和人才工作基本情况两部分内容,然后请市委组织部人才办确定分发具体部门。并对调查范围作了科学的安排:马鞍山市的各个行政区划单位,包括华山区、雨山区、博望区、当涂县、含山县、和县6区县,省级以上的开发园区(马鞍山经济技术开发区、慈湖高新技术产业开发区、博望高新技术产业开发区、当涂经济开发区、和县经济开发区、雨山经济开发区、花山经济开发区、含山工业园、含山经济开发区9个园区)。调查对象确定为三县三区(花山区、雨山区、博望区、当涂县、含山县、和县)分管人才工作的区县委组织部、马鞍山经济技术开发区等9个园区管委会和牵头分管6支人才队伍的具体职能部门,通过问卷调查和专题座谈会完成。定人定时定点，使得项目开展得井井有条，忙而不乱，张弛有度。在项目报告撰写方面，赵老师对研究目的、意义及背景阐述、国内外相关研究及文献综述、主要研究内容、重点和难点分析、项目研究的主要思想、观点和理论方法、研究方案、技术路线、计划进度及相应阶段工作内容、阶段性成果和最终成果等逐一把关，反复论证推敲。每次与河海大学人才研究院的同伴一起做完一个人才项目研究，我都有非常大的收获，这种收获不仅是人才项目实践的历练，也有人才研究理论的提升。

在河海大学从事人才研究期间，我深切地体会到人才学的博大精深体系和人才学对国民经济社会的极度重要性，从国家到省市再到具体单位，都需要进一步加强人才发展体系的顶层设计。制定人才战略和总体规划，力争实现"三个提升"，即由"关注重视人才"向"保障培育人才"提升，由"被动考虑"向"主动部署"提升，由"局部安排"向"全面统筹规划"提升。构建人才资源的战略高地，营造人才资源开发成长的良好生态系统，推进心理资本与人力资本及社会资本的协同创新，形成人才资源开发成长支撑、政策创新保障、人力资源市场促进等关键内容的有机耦合体系。明确相关人才发展目标、发展阶段，配置资源，整合力量，确定新时代人才发展的战略重点，进而构建具有现实竞争力的人才制度体系。加快推进人才制度体系的改革和创新，梳理责任清单，明确改革和创新的任务书、时间表和路线图。推进人才政策创新，进一步营造人才汇聚与发展的生态环境。诸如促进人才投资优先保证的财税金融政策、人才创业扶持政策、人才发展的公共服务政策等。另外，需要实施有针对性的重大人才工程，包括实施高端创新型科技人才培养工程、经济企业经营管理人才素质提升工程、高素质教育人才培育工程、海外高层次人才引进工程等。同时，创新举措提高人才培养质量。一是更新人才质量观念。改革人才培养体制机制，遵循市场规律和人才成长规律，创新培养体制机制，转变政府管理职能，强化政府对人才的宏观指导、政策法规制定、公共服务、监督保障，推动人才管理部门的简政放权，使高校与科研院所面向经济主战场、面向未来培养造就人才，深化教育改革，努力形成更加有利于创新人才的成长环境。二是突出需求导向，统筹产业发展和人才培养开发规划。加强产业人才需求预测，加快培育经济重点行业、重要领域、战略性新兴产业人才，构建以创新创业为导向的机制，完善产兴研用深度结合的协同模式，深化人力资源供给侧结构性改革，加强创新型、应用型和技能型人才培养，深化产科教深度融合，促进相关科研院所、高校与企业科研资源地优化配置和发展共享。优化人才结构，提升人才与产业创新发展的有机匹配度，加强人才链与创新链、产业链的更好衔接，形成人才引领经济产业、经济产业集聚人才的良性循环。建立全民培训体系，尤其当前我国数字经济的发展面临产业数字化、数字产业化人才缺乏的突出问题，需要大力提升新时代全民数字化素养，加快产业技能与数字技能人才的培养与融合。传统产业不仅需要引入数字技术以提高产业智能化水平，而且还需要有针对性地开展从业人员的数字技能培训，推动产业从业人员"数字化升级"。同时，政府应通过逐步引导各阶段的数字化教育，优化完善数字资源供给服务，精心打造数字交通、数字社区等，丰富新型数字生活学习场景，构建全民数字化就业培训平台，实现数字化终身学习，提升全社会成员的数字化素养，降低"结构性失业"风险。三是打造吸引和凝聚高端人才的强磁场。进一步提高人才综合体系的国际竞争力。当前人才原属国与居住国界限模糊,要以更广眼界、更活方式引才用才,进一步深化改革,设立相关海外研究机构、远程工作等"长臂丰脑"运营全球智力资源,实行外籍人才分类管理和绩效匹配贡献激励,并加快推进外籍高层次人才永久居留政策与保障政策的创新等。着重突出两个提升:进一步提升人才合法权益的保护度,进一步提升人才创新创业进程中的自主权和自由度。另外,进一步优化创新创业人才成长的良好条件和环境。包括进一步优化人才良好的生活环境、良好的工作环境、良好的自然环境、良好的社会环境和良好的行业发展环境。进一步实现思想引导与利益激励的更好结合,完善人才分类评价和支持机制,完善创新要素价值的收益分配机制,完善市场配置人才资源机制,构建法治化的人才发展治理体系,更好地激发各类人才的主动性创造性。打造若干个国家级和世界级的人才高地。国家级人才高地是指汇聚国内外较多的高端人才,能够引领国家科技创新潮流、追赶世界科技最前沿、带动国家数字产业发展的特定区域。世界级的人才高地是汇集全球较多的人才,在科技创新和产品研发走在世界前列、引领世界潮流的特定区域。打造若干个国家级和世界级人才高地,实际上也是建设若干个高水平的人才特区。在这些特区中,实行更加灵活开放的管理体制与人才政策,为国家级与世界级人才创造更好的创新创业环境,实现科技园区、孵化器、创新企业、新型研发机构及其网络化的系统配置,形成经济政产学研用的专业化融合,实现经济研发平台、产业集群与服务链人才链的合理布局,形成技术、产业、服务与人才的有机配置与转化机制,实行智慧治理,实现产业、人才、特区的创新体制机制的系统整合,进而在世界上吸引凝聚更多的具有国际水平的高端人才,推动科技创新与管理创新。

在河海大学学习期间,我真切地感受到人才研究面向的是人才主战场需求,破难题、出成果、带队伍。沿着时代背景与内外需求的分析视阈,面对极富挑战性和实践意义的人才课题,演绎提升人才工作的逻辑意蕴和实践路径,我们能真切感受到以赵老师为代表的河海大学中央人才办人才研究理论研究基地对人才工作的真情付出,以及所开展的人才理论研究成果和实践研究成果的丰富画卷。

14　河海大学:我人才研究的启蒙之地和助力之源——祝贺河海大学人才研究四十年

张新岭

我是河海大学赵永乐教授05一期的博士生,2008年底毕业,现在南京邮电大学管理学院工作。写这篇文章,我内心非常忐忑,因为我虽然求学于河海大学这个人才学研究重镇,受教于赵永乐教授这样人才学界的著名专家,也从事人才研究,但成果却非常贫乏,经常感到愧对母校的培养和老师的教导。今年恰逢河海大学人才研究四十年,承蒙母校不弃,我也来聊表祝贺和感激之意。

一、河海大学：我人才研究的启蒙之地

说来惭愧，我本科和硕士专业都不是人才学，能够进入人才学研究领域，完全归功于河海大学这一片人才研究的沃土和赵永乐教授的悉心引领。

2002年，我硕士毕业，同年到南京一所高校工作，从事人力资源管理专业的教学和科研工作。因为在高校工作，所以一直都有考博的打算。在南京工作一段时间之后，我逐渐了解到，南京有一位著名的人力资源管理专家，就是河海大学的赵永乐教授，于是心生向往，非常期望投入赵老师门下学习深造（当时对赵老师的了解还比较简单和片面，后来才知道，赵老师不仅是人力资源管理专家，更是我国著名的人才学专家，是我国人才学的创始人之一，赵老师成名于人才学的开拓性研究）。2005年春，我终于如愿以偿，进入赵门，成为一名光荣的赵门弟子，开启了我人才研究的崭新篇章。在赵老师的指导下，我系统学习了人才学和人力资源管理的理论知识，参与了多项课题研究，完成了博士论文，于2008年底顺利毕业。在此基础上，在赵老师的指导和帮助下，我把人才学作为自己主要的研究领域，也取得了一点点小成绩，所以说，河海大学是我人才研究的启蒙之地。

在河海大学从事人才研究的收获和难忘之事很多，无法一一详述，回忆起来，特别想提的是考进河海大学和在河海大学参与课题调研这两件事情。

1. 经受论文考验得以入门

我于2004年下半年开始和赵老师联系，表达出想要拜师的愿望。赵老师在了解我的基本情况之后，想要对我进行更多的考查（但赵老师当时并未明说，我当时也并不知道这是考查），于是告知我一个消息。2004年12月10日，河海大学将举办全国首届"中国人才学论坛"，这次论坛就是由赵老师亲自负责筹备的。赵老师让我以"组织中人才资本价值实现"为主题写一篇论文参会，同我详细讲解了他对这个问题的看法和写作的思路，我初次感受到了赵老师思想的魅力和治学的严谨，尤其是他对人才资本与组织价值创造过程循环闭路的分析，有让人顿开茅塞之感。

但由于自己水平有限，未能全面深刻理解赵老师的思想，论文写作还很稚嫩。当我将论文第一稿交给赵老师时，赵老师指出了许多问题，主要是对问题剖析的深度和论述表达的准确性方面存在不足。经过赵老师的又一番讲解，我对组织价值与人才资本价值的关系有了更深刻、准确的认识，理解了人才资本价值只有在组织中才能实现，组织价值的实现则依靠人才资本价值的实现，并以此为核心，调整了论文结构，重新进行论述。当修改稿交到赵老师手里时，赵老师却仍不满意，指出我论述得仍不透彻，还需要进一步打磨。我于是又使出浑身解数，再次梳理文献、提炼思想、斟酌语言，可谓是绞尽脑汁。当第三稿拿给赵老师时，我其实已经很疲惫了，没想到赵老师却出乎意料地表示了满意，甚至还有些许欣喜（也许是我自恋，但我清楚地记得赵老师当时的神情是高兴的，而之前几次也许是怕我自满，虽然语气一直很平和，但从没有表示过肯定和赞许，甚至都没有表达过期望，我后来想这可能也是考查的一部分吧）。他让我作为正式代表参加会议。整个过程下来，赵老师思想的深刻、创新、严谨，做事的认真、务实、规范，指导学生的循循善诱、孜孜不倦，都给我留下了深刻印象。我在这个过程中，研究和写作能力有了提升，对理论问题的分析更加深刻，培养了更全面和有逻辑的思维习惯。

进入赵门之后,不记得具体什么时候了,有一次团队开会,赵老师对新进的师弟师妹提到这件事情,赵老师说,其实这也是考验,我算是通过了考验。我当时才知道赵老师是有意为之,内心也是一番感慨,既感谢赵老师的良苦用心,又庆幸自己侥幸通过了考验。

2. 参与课题调研逐渐成长

赵老师是国内人才学界的著名专家,各种课题和学术活动都很多。在我参加的由赵老师主持的项目中,国家社科基金项目"农民工进城对就业的影响研究",是我收获最大的一个。乍看起来,农民工和人才是两个概念、两个群体,确实也很少有学者从人才的角度去理解和研究农民工,但赵老师独具慧眼,从人才学的角度,认为农民工的归宿应该是技能人才的一部分,这应该作为解决农民工问题的一个重要思路。可惜由于我们这些参与者能力有限,未能将赵老师的思想理解深刻和表述清楚,这也成为一个小小的遗憾。

在课题研究中,我的任务是赴山东两个煤矿进行调研。在此次调研之前,我并没有独自赴外地进行过调研,对具体如何开展工作心里没底。我希望赵老师对我有所指导,而且越详细越好,但赵老师并没有给我说太多,只是帮我联系好了那边接待的人员,强调了调研的重要性和调研要达到的结果。调研的过程还是很顺利的,对方非常配合,问卷和访谈开展得都很好,而真正的难点在调研结束后才开始,也就是调研报告的撰写。这时我才体会到工作主要靠自己的主动自觉,作为博士生,完全应该自己自主研究学习,不能事事都等着老师安排和指导,不仅要遵循基本的要求和学术规范,而且更应该有自己独立深入的思考,精益求精。此时再反过来思考赵老师的苦心,至少可以体会到以下几点,一是信任,二是期待,三是培养。所以古人求道,开悟之后感谢老师,不为别的,就为当初老师没告诉他答案,要他自己悟,一旦告诉他了,他自己就无法悟了。现在跟老师学习也是这样,老师面面俱到,学生亦步亦趋,就会变得懒惰,无法有所成就。

二、河海大学:我人才研究的助力之源

2008年底,我的博士论文通过答辩,我从河海大学毕业,获得博士学位。虽然名义上从河海毕业,但我心里知道,人才研究领域宽广无限,博大精深,我的能力还非常有限,想要在学术上有所成就,一定不能离开母校的支持和帮助。因此毕业十几年来,我和母校、导师联系不断,经常向母校和导师求助,也确实得到了很多来自母校和导师的帮助。每一次与母校和导师的沟通都让我获益良多:创造机会、拓展思路、破解难题、批评鼓励。所以说,河海大学是我人才研究的助力之源。具体实例同样不胜枚举,此处仅提几件小事以表达感激之情。

2010年,电子工业出版社邀请赵老师编写《人力资源规划》教材,承蒙赵老师信任,安排我和另一位同门参与写作,写作的成长和提高自不必说,这本教材的意外收获也非常多。这本教材出版后,由于体例新、思路新、语言平实、实操性强,销量很好,不断再版(今年马上就要出第四版,目前正在进行修订工作)。作为作者之一,这本教材也成为我重要的成果。由于这本书的成功,2018年,电子工业出版社又邀请赵老师主持一套人力资源管理丛书的编写,我负责《培训与开发》的编写,感谢赵老师的精心指导,此书已于2021年出版。

同样在2010年,我首次申报国家社科基金,即获得批准立项,不胜欣喜的同时,首先

要感谢的就是赵老师的培养,因为我申报的题目正是源于几年前参与的赵老师的课题。得到立项消息后,我立刻向赵老师汇报,赵老师也非常高兴,勉励我要作出国家级的成果。经过赵老师的精心指导和自己的不懈努力,此课题已于2016年顺利结题,研究成果获得中国人才学会二等奖。

2016年,我与其他作者合著的一本专著准备出版,邀请赵老师作序。赵老师在对著作进行认真审阅和充分肯定的基础上,欣然命笔,其中表达了赵老师很多深刻的学术思想。我为赵老师准备好的稿子,几乎没有用到。赵老师如此严肃认真的态度实在令人感动。此事之后不久,江苏省行政管理科学研究所有一项课题委托赵老师主持,赵老师由于事务繁忙,就向对方推荐由我来主持。我也不敢辜负老师重托,最终圆满完成任务。此事让我更加深刻地体会到,老师愿意帮助学生,但首先一定是学生要积极上进,主动向老师靠近,老师的提携对学生的成长大有裨益。

江苏省人才发展战略研究院成立之后,我任职学校的一位领导担任其中人才培养研究中心主任,因知道我从事人才研究,就邀请我一起参与了一些工作。其中一项工作就是对包括"333人才工程"在内的江苏省重大人才工程进行评估,而"333人才工程"最早就是由赵老师主持的研究中提出的,此时师门荣耀感油然而生。2021年,江苏省人才发展战略研究院专门找到我,希望我根据刚公布的人口普查数据,写一篇智库专报。于是我就从人才开发的角度,写了一篇题为"加强老年人力资源开发 积极应对人口老龄化"的报告提交上去,获得了副省级领导的肯定性批示。

我在人才学领域的研究还非常粗浅,但我对母校和老师的感激之情却非常深厚。今后我将在人才研究的广阔天地里继续探索,不辜负母校、老师的培养和期望。

祝愿河海大学人才研究薪火相传,再创辉煌,为我国实现人才强国作出更大贡献。

15 生命因此而灿烂——我与河海大学人才研究的16年

陈双双

四十不惑的年龄感叹时光之快,年华稍纵即逝,但内心却是充盈的,因为16年前选择了人才学研究这条道路,人生从此有了方向。回顾历史,重温旧景,从2006年到2022年,从25岁到40岁,生命中最美好的这段日子因为人才研究而与河海大学结缘,记忆中有太多美好的场景、太多刻骨铭心的时刻、太多需要感谢的人……满腹感慨,满心欢喜,生命之路因此而明媚灿烂。

一篇论文:开启人才研究之门

16年前,一个河南洛阳小县城走出来的不谙世事的25岁的我,来到南方这个内心梦寐以求又充满神秘感的城市上学。一切都是那么陌生,陌生的城市,陌生的人,我胆怯而又欣喜,懵懂之中一段新的人生即将开启。

2006年9月,我正式成为河海大学的一名研究生,师从郭祥林老师。现在想来,当时选择导师的过程其实很迷茫,并不明确知晓每位导师的研究所长,也并无明确的研究方向意识,对人才研究更是一无所知。阴差阳错地成为郭老师的学生,然后才知道郭老师当时在河海大学人事处工作。三年硕士学习,发现郭老师治学严谨、学识渊博、关爱学生,内心不禁欣喜自己当初的选择是如此明智。三年来在郭老师的引领和熏陶下,开始关注人才研究,认识到人才研究才刚刚起步,未来有很大的发展空间,而且也发现自己似乎开始喜欢上了这个研究领域。

记忆犹新的是第一篇核心论文的发表。研究生期间大部分时间是在图书馆里度过的,当时在图书馆里每天必看的杂志是《中国人力资源开发》。有段时间每天泡在图书馆,细读这本杂志,看得多了就会有些想法,有写论文的冲动,然后带着疑问去和老师探讨。老师对人才研究热点把握透彻,讨论之后,豁然开朗。于是,不久,我的第一篇论文《事业单位绩效工资改革》顺利发表在《中国人力资源开发》这本杂志上。还记得当时的场景,在汉口西路正和同学一起兴奋地逛街,接到一个陌生电话,得知这篇文章被录用了,而且不要版面费。我欣喜若狂,立马电话拨给老师,内心的激动和喜悦之情至今记忆犹新。这篇文章的发表给了我勇气和力量,使我开始坚定自己的研究方向,真正开启了人才研究的大门。

如今,十几年过去了,郭老师也已经成为河海大学中央人才办人才理论研究基地的负责人,他这么多年一直在我人才研究的道路上陪伴左右,每每遇到任何困难,一个电话过去,永远都能感受到老师耐心的倾听和用心的反馈。

一位导师:引领人才研究之路

三年的硕士学习生活很快结束了,2009年6月毕业后,我在河海大学二级学院做了一名老师。当时工作所在的专业是人力资源管理专业,赵永乐教授是学院聘请的专业负责人。三生有幸,此后的日子里和赵老师一起工作,我才算真正结识了仰慕已久的国内人才研究的泰斗赵永乐教授。

这期间和赵老师一起把人力资源管理专业建设了起来,和赵老师一起建立了河海大学文天人力资源研究院,和赵老师一起开展马鞍山市政府人才培训工作,和赵老师一起陪同人才学专家桂昭明教授攀登九华山……日子久了,我发现赵老师在人才学研究领域造诣深厚,更令人折服的是他的学习精神。记忆中,赵老师经常深夜在办公室里写文章,一盏灯,一个人,深夜安静的校园……做学问严谨务实,做事实事求是,做人正直果断,有想法有魄力。在赵老师的深深影响下,我最终选择了跟着赵老师读博士。2011年我顺利通过了河海大学的博士生考试,9月入学开始了博士学习,从此,踏上了一条理论和实践相结合的人才研究之路。

2014年5月,河海大学被中央人才工作协调小组授予"国家人才理论研究基地"。基地承接了一系列人才研究项目,欣慰的是基于此平台和契机,我能够参与到这些项目之中,真正深刻感悟到人才项目应该怎么做,人才研究究竟怎么去研究,逐渐积累了人才项目研究的经验,也日益推进着我的人才研究之路。

2014年5月开展了中央人才协调小组办公室委托的"西部地区人才培养、引进、使用机制研究"项目;2014年9月开展了"南京321计划实施情况绩效考评项目";2014年11月开展了马鞍山市政府委托项目"调研马鞍山:创造人才发展新常态——产业转型升级中的马鞍山人才体制机制创新研究";2015年3月开展了南京市委组织部委托项目"南京市突破人才和经济发展不成正相关关系研究";2015年11月开展了如东县委组织部委托项目"如东县'十三五'人才发展规划研究";2015年11月开展了江苏省镇江市委组织部委托项目"镇江市'十三五'人才发展规划研究"……这些项目都是依托河海大学人才理论研究基地开展的,在基地负责人赵永乐教授的引领下,在基地成员的合力下完成并出版了一本本著作。

依然清晰地记得在开展"南京市突破人才和经济发展不成正相关关系研究"项目的时候,每周一次的汇报工作都在河海大学闻天馆716开展。酷暑8月,暴雨连连,因为一些观点和意见不一致,大家讨论到夜里10点以后,还经常把老师气得火冒三丈。"西部地区人才培养、引进、使用机制研究"项目需要抽样调查西部12个地区,赵老师建议我到中央人才办去洽谈具体调研事宜,起初我内心是万分胆怯的,但是在老师的鼓励下,经过和中央人才办的电话邮件往来,最终顺利和西部12个地区的组织部门对接,完成了任务艰巨的调研工作,而这些也成为后来我撰写博士毕业论文的主要素材。说起2015年11月开展的"如东县'十三五'人才发展规划研究"和"镇江市'十三五'人才发展规划研究"两个项目时,我的脑海里立马浮现出我拖着3岁多的孩子和项目组成员一起到如东推进项目,一路上孩子不愿意坐长途车嗷嗷哭闹的情景,以及如东人才办朱爱梅主任帮我在办公室看着孩子,我去开会的情形。项目收尾之时,每天晚上熬到深夜整理项目成果以将书稿送交出版社,而后再反复修改的那段日子成了我生命中最为励志的时刻。一个个项目结束后,在赵老师的带领下,团队凝聚力量,著书成册,我们先后出版了《镇江"十三五"人才发展研究》《如东"十三五"人才发展研究》《调研南京:加快人才优势向发展优势转化》等多本专著。团队的人才思想跃然纸上的那一刻,我激动万分,觉得所有的心血和汗水都值得。

就是这样,一步一个脚印,在赵老师的引领下,基于河海大学人才基地平台,我终于慢慢在这个领域有了经验和些许积淀。2015年我从河海大学博士毕业后进入高校工作,始终和河海大学人才理论研究基地保持联系,继续共同开展人才研究。在基地老师和朋友的支持、帮助下,主持了"网络化多元协同下江苏省高层次人才服务体系构建研究""深圳40年人才政策演变下的江苏比较与借鉴研究""全域旅游时代江苏省旅游'人才—经济'耦合协调研究""全域旅游新时代下江苏省导游队伍存在的问题及对策研究",参与了"南京构建具有全球竞争力的人才制度体系研究""南京市浦口区'十四五'规划课题""盐城市创新人才活力项目研究"等一系列丰富的人才研究。依托这些研究,本人的人才研究成果获2017年度"省社科应用研究精品工程"优秀成果一等奖、2019年度"省社科应用研究精品工程"奖(人才专项)优秀成果二等奖等。2020年11月成为中央人才办"人才理论研究基地(河海大学)"特聘研究员;2021年5月参加河海大学"新阶段新格局新治理人才高质量发展高峰论坛"并参与发言。

一声感谢：致人才研究之路上的伙伴

一路走来，从一个不谙世事的学生到如今在人才研究的道路上深耕的一名高校教师，收获太多。可以毫不夸张地说，河海大学人才研究启蒙和激励了我，为我的人生道路指明了方向，成就了如今内心丰盈的自己。

感谢河海大学人才理论研究基地丰富的项目、每一次活动、每一次交流，为我们这些博士生提供了锻炼的平台和机会，让我在人才研究的道路上收获满满。

感谢河海大学人才理论研究基地的每一位成员，大家的团结一致、齐心协力成就了河海大学人力研究的硕果累累，成就了每一位研究人员的科研之路。

感谢我最敬爱的博士生导师赵永乐教授和硕士生导师郭祥林教授，他们学识渊博、治学严谨、一丝不苟、善待学生，就像智慧的父亲和兄长一样为我这个从河南小县城走出来的女孩指明了发展的方向。

感谢我的师兄师姐王培君、徐军海、许萍、吕江洪、李成江、康丽、薄赋谣、沈宗军、齐志国、陶卓、权良媛、刘忠艳等，他们或人才研究理论深入透彻，或人才管理实践经验丰富，平日里就像兄弟姐妹一样热心帮助、启迪着我，让我感觉在人才研究的道路上有一帮志同道合的朋友一起携手拼搏。

江山代有才人出，各领风骚数百年。人才理论研究任重而道远，作为人才理论研究的一员，我其实才刚刚起步，在科研道路上深深感到自身的不足。但是依然很欣慰，因为与河海大学结缘而走上了人才研究这条道路，自此心中有目标，脚下有方向。生命不息，奋斗不止，有河海大学人才理论研究基地的陪伴，有老师的指引，有优秀的基地成员、师兄师姐的感召、激励和帮助，生命也变得更加丰盈，未来必将更加阳光灿烂。

16 我和人才学

袁兴国

一、入会

记得是在 2010 年，我第一次参加中国人才研究会在上海举办的一次学术交流活动，当时还是在南京读博士期间，导师赵永乐教授建议我来学习学习，没怎么多想，拎包就来了。记得那是第一次见到叶忠海老师，他时任中国人才研究会人才学专业委员会理事长。会议期间正值上海举办世博会，有幸和人才学界的各位专家学者们参观了世博会。在排队等候入场的时候，我向叶老师请教了一些关于人才学研究与发展问题。叶老师给予了指导并特别指出了目前人才学研究的队伍建设问题，希望我们年轻一代能够尽快成长起来，继续把这一领域的研究与实践发扬光大。我想：导师带我来参会，虽然没细说原委，但也该是这样一种心境吧。从那时开始，几乎每一届不论是人才学专业委员会的会议，还是中国人才研究会的会议，我都积极参加，每次都会按照会议主题提交论文，参会探讨。每次能见到和聆听到诸如叶忠海、赵永乐、罗洪铁老师等大家们的精彩论述,都感到收获满满。

就这样一晃过了12年,中间留下了很多难忘的记忆。记得还是在2010年8月,全国"人才学中青年学者论坛"成立暨"青年人才开发研讨会"在山西太谷举办,全国各地有关单位的50多位中青年学者参加了会议。我提交了一篇论文《基于人才强国战略的高校人才培养模式改革研究》,并在会上作了主题发言。后来看到了山西社科网关于这次会议的一篇报道,节录部分和大家共享:

"……会议主题发言由山西农业大学公共管理学院院长武星亮教授主持。中国石油大学经济管理学院司江伟副教授提出,青年党政人才队伍的开发,事关党的执政能力建设和国家的长治久安,其自我开发的途径主要有提升'才气'、凝聚'人气'、强化'力气'和捕捉'运气'四个方面,在具备以上因素的同时,积极参与公推公选领导干部工作,随时接受组织的挑选。徐州工程学院袁兴国副教授提出,高校在人才强国战略的实施中具有重要的地位,针对当前高校的人才培养存在着的实际问题,高校人才培养模式改革与创新可以在实践个性化教育、人才培养评价指标体系创新、改造公共必修课体系、加强国际人才交流合作等几个方面实践创新举措……"

那次是我第一次在人才学的研讨会上做主题发言,并且观点得到了一定的认可,既增添了我在此领域继续探讨的信心和勇气,也让我深刻认识到人才学研究与发展需要付出劳动与艰辛、要多一份担当,同时这条道路并不轻松。在那次会议上我认识了刘翠兰前辈。刘老师是我国人才学研究的开创者之一,历经风雨,虽八十有余,但仍然高度关心人才学的建设和发展。在我开完会回到徐州后,刘老师还专门给我打了个电话,在表扬、鼓励我的同时,希望我继续努力,多出好成果,为人才学发展贡献力量。老一辈人才学者们敢为天下先的精神和深重的历史使命感可见一斑。至今刘老师至真至纯的教诲仍在耳边回响。当年我们几个副教授都先后晋升为教授,都在继续为人才学在不同层面和领域做着有价值的事情,所以内心深处还是有些宽慰的。

二、学习与提升

这十多年来,每参加一次研讨会,我都会有不同的收获,感觉自己在导师赵老师、人才研究会的几位领导和大师们的关心下,逐渐进入这个领域,并开始了不断的学习和提高。2012年,在结合我校开设的大学生就业创业课程的基础上,我编撰了《青年人才成长的理论与实践》教材。经过努力,其成为我校的一门必修课程,2个学分。为了上好这门课,我牵头组织12位教师集体备课、定期研讨,收到了很好的效果,为人才学的普及尽了自己的绵薄之力。2016年,中共中央印发了《关于深化人才发展体制机制改革的意见》,我进行了深入细致的研究学习,并撰写了《落实人才发展体制机制改革任务的路径探讨》。这篇文章后来编入何宪会长主编的《人才发展体制机制改革理论与实践研究》,我觉得这既是对我开展人才学研究的一种鼓励,也是对我继续开展人才学研究的一个期待和鞭策。我要再接再厉,进一步在人才学的领域内深耕,历练。

再就是2017年7月,为贯彻落实中央关于文化自信、构建积极向上的文化生态环境的精神,探讨增强人才学发展的学科自信以及学科建设的新思路、新方法、新成果,中国人才研究会人才学专业委员会与山西大学在太原联合主办了"文化自信与人才学学科发展"研讨会,本次会议的主题为"文化自信与人才学学科发展"。接到通知后,我开始思考,认为这个主题在当前这个时期意义很大。于是结合自己的认识,认真撰写了一篇参会论文《变革与重构:我国人才学发展的理性之思》。我认为我国人才学目前已经建构起自身的学科体系和专业化的研究队伍,取得的丰硕成果为我国人才强国战略制定与实施、人才学发展及人才管理工作等方面提供了有价值的参考。但在当前政治经济发展的新形势下,人才学发展面临着国际和国内发展趋势与格局重大变化的机遇和挑战,迫切需要在梳理新内容、捕捉新规律的基础上凝练我国人才学未来发展内在的本质的必然的核心要素。这篇文章以政治主导性、文化本体性、结构与功能适应性为核心要素,提出了对我国人才学发展的新思考。

带着上述研究与思考的一些问题,我觉得人才学研究与实践工作者们又将肩负历史重任。要在准确、全面梳理人才学发展历史,传承我国传统文化历史的基础上,在充分借鉴吸收国外人才研究与实践的经验基础上,对我国当前人才发展的战略目标、实现路径进行更加科学的审视和志存高远的设计与建构。应该在当前已经形成的纷繁复杂的学科体系和内容的基础上,认真研判未来的发展趋势和格局,凝练出我国人才学存在和发展相对稳定、成熟的价值理性,形成能够持久指引人才学发展的核心思想和理论基础。所以纵观历史,求本溯源,我们有着一脉相承的中华民族文化本体作为思想灵魂,有着追求合理性为终极目标的政治导向性思想基础,有着结构与功能相适应的系统性建构为方法论基础,面对当前新的发展机遇,人才学的发展必将有更辉煌的明天。

三、一些感悟

从2010年以来,我没有错过学会的各种活动。比如:

2010年6月,在导师的推荐下参加中国人才研究会在上海的学术交流活动,并参观了上海世博会。2010年7月,参加了在山西太谷的学术交流活动。2012年6月,参加了在四川南充的学术交流活动。2013年5月,参加了在江西赣州的学术交流活动。2013年11月,参加了在马鞍山的学术交流活动。2016年8月,参加了在常州的学术交流活动。2016年9月,参加了在北京的学术交流活动。2017年7月,参加了在山西太原的学术交流活动。2018年7月,参加了在四川宜宾的学术交流活动。2019年5月,参加了在南京林业大学的人才学术研讨会。2021年10月,参加了在河海大学举办的学习"习近平在全国人才工作大会上的讲话精神"研讨会等。几乎每次研讨会,我都会去参会,都会有论文获奖,或者作主题发言等。

这些年来,在导师赵永乐的不断教诲和自己的努力下,也取得了一些进步和成绩。2010年8月,在导师赵永乐的指导下撰写的《中长期人才发展规划(2010—2020)新意新举措解读》在《党课参考》杂志上发表。2010年至今,获得江苏省哲学社会科学优秀成果三等奖3项,江苏省社科应用精品工程奖多项,中国人才研究会的优秀论文奖多项。发表核心期刊论文10余篇,其中CSSCI期刊论文5篇,EI检索论文6篇。完成了《基于高等教育大众化的我国农村人口城市化发展趋势与策略研究》《青年人才成长的理论与实践——大学生职业规划与创业教育》等专著5部;开展各级各类课题研究10余项,并都顺利结题。本人于2012年顺利通过正高级职称的评审。先后被评聘为：江苏省"333工程"中青年科学技术带头人、中国人才研究会理事、江苏省创业专家（一级）、徐州市拔尖人才、徐州市优秀专家，徐州市科技专家团秘书长等，2015年被聘为常州大学商学院硕士生导师。

在取得研究理论成果的同时，我也开始积极投身地方经济和社会建设的应用服务中。正所谓不忘初心、方得始终，我一直耕耘在和我所学专业高度一致的人力资源管理和人才学的领域。2010年，被江苏省招生就业服务指导中心聘为江苏省就业创业指导咨询专家，开展了为全省大学生网上答疑和就业创业教育活动。先后为江苏省招就中心的工作人员和部分高校的就业创业教师开展培训很多场次。在工作地徐州，也开展了大量的和专业相关的服务活动。目前作为徐州市拔尖人才和优秀专家，已经参与到多个部门的相关工作中。徐州市人社局举办的每年一度的创新创业大赛，本人都参与组织和评审；2016年上半年，牵头编写了《徐州市人力资源和社会保障事业"十三五"发展规划》，圆满完成任务，顺利通过徐州市政府验收；参与编制了《徐州市"十三五"人才发展规划》；主持编写了《徐州市铜山区人才发展"十四五"规划》，被徐州市总工会聘为徐州市职工就业创业指导专家，开展了相应的工作；被徐州市人社局聘为就业创业专家组成员，开展了大量项目评审、指导工作，有力推动了徐州市创新创业人才培养的事业发展；为徐州市残疾人的就业创业开展指导培训服务，取得良好的社会效益。

这些年来我既开展理论探索，又落实到实际行动、加强应用、发挥自身的价值，取得的点点滴滴的进步和成绩，都与人才学的研究平台息息相关，但是感觉自身的发展和老一辈人才学学者专家们的期待还有一段距离，我还需要继续努力。要不忘初心，继续前行！在今后的日子里，我要继续在前辈们开辟的人才学研究领域里拓展、深耕，把我国人才学的学术研究与实践发扬光大、不断推向新的台阶！

17 聆听大师之言，理解人才研究之美

陶 卓

每每走进河海大学闻天馆7楼的"人才理论研究基地"，我都是怀着激动的心情去聆听来自全国各地人才学专家对国内外人才工作的研判以及对我国人才发展的建议，每次我都收获满满、受益匪浅，受到了许多的启发。我深知只有不断汲取新的人才学知识、探索新的人才工作实践，才能领悟人才学研究之美。千言万语汇成一句话，感激赵永乐老师给予的人才学研究学术平台，不断激励着我孜孜不倦地探索、定位自己的人才研究方向。

在赵老师的指导下，作为人才学研究的"萌新"，我有幸多次在"人才理论研究基地"办公室参与课题专题报告的研讨，在与会专家们的帮助下，我对所做课题有了更深层次的认识，也对人才学理论与发展有了更深入的理解，逐步坚定了自己做人才学研究的信心。

犹记得2012年在完成《南京市人才对经济的产出效益分析报告》时，我们小组为了测

算人才对经济的贡献率,商量是否可以参考科技贡献率的公式,加入人才资本变量,构建出人才资本经济增长贡献率模型。为了验证这一模型设计是否可行,我们向陈京明教授请教。陈教授在百忙中专门抽出时间来帮助我们,不厌其烦地帮我们一条条列出需要修改的细节,回复了近30封邮件教导我们应如何进一步考虑与尝试。我记得最深的一次教诲是陈教授提出以柯布-道格拉斯生产函数为基础,分解出资本投入、劳动力投入和技术进步对经济总量的贡献份额。再进一步思考劳动力投入和技术进步中实际隐含的人才因素,因此可以将劳动力因素分解成劳动力数量、劳动力质量等因素,技术进步可以分解成科技技术投入、科技技术人才等因素。这样在计算人才对经济增长的贡献率时,可以分两步走。首先计算劳动力投入贡献率和技术进步贡献率,然后基于劳动力投入贡献率和技术进步贡献率,再分解出人才对经济增长的贡献率。从理论上来说,第一步的计算是完全没有难度的,关键在于第二步的模型构造。也就是说,人才资本经济增长贡献率取决于第二步分解的模型。之后,我们小组在此思路下,不断探索南京人才对经济增长的贡献率。

还记得一次研讨会上,为了破解南京人才优势未能较好转化成经济优势的难题,赵永乐老师在深度调研的基础上总结了四种具有很强自主活力和很大发展潜力的非政府办园区和孵化器模式,分别是以南工大科技产业园为代表的由高校建立的人才创业园区、以创新药物百家汇为代表的由产业公司创办的产业人才创业园区、以南京鼎业生物医药科技产业园为代表的由投资公司创建的科技服务型人才创业园区、以江苏膜科技产业园为代表的由科学家联合创办的专业人才创业园区。之后,围绕这四种模式赵老师提出了促进南京人才与经济社会协调发展的路径,包括科学规划、合理引导——准确把握政府工作定位;拓宽视野、国际运作——吸引支撑发展的人才队伍;企业集聚、市场模式——充分发挥经济主体作用;知识转化、产业集群——支撑优势产业高端发展;完善政策、创新机制——高效健全制度保障体系;优化环境、提升服务——夯实促进人才发展的基石。每每回想,赵老师学识渊博、治学态度严谨、工作一丝不苟,都给我留下了深刻的印象。

每一次的讨论,对我来说都是新的开始、新的挑战。记得一次课题研讨中,由于之前的准备不够充分,我在进行研究内容汇报时,错误百出。课题组的老师们听后,都非常细心地告诉我应该如何修改、哪些内容需要进一步展开探讨。这次汇报让我印象深刻,真心地感谢课题组各位老师对我的指导。在深刻的自我反思之后,我开始认真对待每一个项目,做足准备、尽心尽力。还记得在浦口区委召开座谈会后的一个傍晚,突下瓢泼大雨,很多地方积水很深,车辆前行困难,于是我们课题组几个成员提议在浦口稍作休息吃完晚饭后返回,但赵老师要求立刻回到西康路。后来我才知道,当天晚上赵老师冒着倾盆大雨连轴召开了某个项目的讨论会,一直与大家讨论到很晚。赵老师与课题组老师们对人才学研究一丝不苟的精神激励着我认真对待今后的每一次课题学习与研究,他们的每一句话都在帮助我打开人才学研究世界的大门。

我在参加中组部委托课题"西部地区人才培养、吸引和使用机制研究"时,开始对"人才与产业如何达到最优耦合状态"这一研究主题感兴趣,于是基于西部地区人才结构优化与产业结构调整的现实情况,发现两者具有紧密相关性、客观必然性和相对时滞性。基于以上的研究论点，几易其稿、数年打磨，我撰写的论文《人才与产业耦合：创新驱动下西部人才培养路径》发表于《科技进步与对策》，获得了"新常态下转型经济、创新驱动研讨会暨第三届中国特色产学研合作高峰论坛"二等奖并在大会上发言，同年获得"中国人才研究会第五届理事会期间优秀人才科研成果"一等奖。这些都离不开赵老师点点滴滴的帮助与关心，在科研中他反复指导我对论文和课题报告进行修改，在学习中他给予我太多的专业人才学知识与科研方法，在生活中他与我畅谈做人、做事、做学问的道理与心得。每次想起这些，我的内心都会感到无比的温暖。

在赵老师的带领下，我有幸作为课题组成员的一分子，陆续参加了浦口区委委托的规划项目"浦口人才管理改革试验区建设方案""'十三五'人才规划"，如东县委委托的规划项目"'十三五'人才规划"，南京市江北新区管委会委托课题"南京江北新区人才发展状况及对策建议"等，深入南京、苏州、无锡、盐城展开现场调研，了解园区、企业、人才发展现状，掌握一手资料；参加多个项目的开题论证、中期汇报、结题鉴定会，开阔学术视野。时光荏苒，转眼间，赵老师主持的这些课题都顺利结项，出版著作多部，发表论文多篇。这些成果，我都视为宝典，每次重读都必有收获，使我领略到了人才链与产业链、创新链在区域深度融合中的重要性，更为我后续展开科技人才创新创业活力研究提供了宝贵的指导。我在2016年有幸第一次独立承接项目，承担了南京市江宁区科技发展计划项目"科技创业人才科技创新绩效考评模式研究——以江宁区为例"，在团队成员的帮助下，基于访谈与调研，对同时期的江宁区不同新兴产业领域的科技创业人才科技创新绩效进行横向评估，对不同时期的江宁区科技创业人才科技创新绩效进行纵向评估、比较，了解其发展变化趋势，随后形成了非常有针对性的研究报告，从促进人才工作良性发展的角度提出江宁区科技创业人才绩效考评的指导思想、原则、模式等方案。

在赵老师的带领下，2021年我有幸参与了国家社会科学基金重大项目"构建具有全球竞争力的人才制度体系研究"阶段性成果《粤港澳大湾区营智环境创新研究——基于广州南沙新区建设国际化人才特区的实践探索》的研究讨论，聆听吴江院长及其研究团队对南沙创建国际化人才特区、打造世界一流"营智环境"、在全球打响南沙新区营智环境品牌的高见，令我深受启发，对我国改革开放以来的引智失业发展历程有了更深的了解，也对营智环境的实践意义有了更深的理解。之后，我又有幸参与了盐城市委组织部委托、河海大学中央人才办人才理论研究基地承担的盐城企业人才创新活力研究项目，倾听赵老师及研究团队对开发编制盐城企业人才创新活力指数、识别盐城企业人才创新工作中核心要素、激发盐城企业人才创新活力的探讨，令我深受启迪，不断克服调研报告修改、指标统计计算过程中遇到的种种困难，开始思考如何激发企业人才创新活力、畅通人才工作"最后一公里"等诸多人才领域现实的研究主题，以期在未来的科研工作中能有所突破。

由衷地感谢河海大学优良的人才研究学术环境，感恩赵老师与其他给予我关怀的各位老师的帮助和培养，感激各位同门及同学的鼓励和支持，让我能够在人才学研究的道路上不断前进、不断奋发。

18 走在人才学求知探索的路上

殷凤春

2001—2004年,我在河海大学人文学院攻读硕士研究生。2003年暑假才开始,赵老师不知从哪里找到了我的电话号码,打电话给我让我参编《人才理论精萃与管理实务》,他说这是国内人才学界的一件大事。其实在这之前我从来没有接触过人才学,根本不知道人才学是什么!那年暑假,我待在酷暑难熬的南京,在没有空调的学生宿舍里,坚持了40天,终于将几章书稿交到了赵老师的手中。虽然当时没有批评,但似乎也没有表扬!我就稀里糊涂地回到了盐城。这也是我第一次近距离接触赵老师。回来没多久,赵老师又打来电话说让我写一篇论文,题目初定为"对人才概念标准的新认识"。我经过查阅资料,思索再三,好不容易写了5 000多字,交稿时被赵老师批得一无是处。2004年这篇文章在《中国人才》上刊登出来后,我发现文章已被赵老师改得面目全非了。不过这两件事在我心中留下了很深的印象。特别是《对人才新概念的几点认识》文章的发表,开启了我的人才学研究之路。

2004年春节过后,赵老师打电话给我,让我参与"江苏省宣传文化系统人才工作研究"和"南京市宣传文化系统人才高地建设"两个课题。在这两个课题研究、调查和撰写过程中,赵老师给了我很多指点、很多要求、很多启发,让我明白了做横向课题的门道,特别是与人的交往和交流,学会了与人相处和开展团队建设,更让我萌生了选择人力资源、人才学的求学探知之路的念头。

2004年夏天,当我提出想考赵老师的博士研究生时,他竟然毫不犹豫地答应了。但由于我们学校不让硕博连读,那一年成为赵老师的学生的梦想破碎了!但从那一年开始,我就特别关注人才学、人力资源方面的最新研究成果,我的研究方向也逐步向人才、人力资源管理方面聚焦。

2006年,我再次向赵老师提出考他的博士研究生时,他依然满口答应。2006年9月,我终于梦想成真成为赵老师的博士研究生,接到的第一个任务是参与国家社会科学基金项目"农民工进城对就业影响研究"。听到国家级的课题,我这个没有任何研究经历的"小白"内心是十分忐忑的,好在有赵老师这面大旗给我撑着,一有不懂的问题就请教。赵老师从来没有厌烦过,经常夜里一两点回复信息。那个时候我就想,难道赵老师不睡觉的吗?久而久之,我也养成了"夜猫子"的习惯!当2009年赵老师的专著《城乡和谐就业理论》出版时,看到自己参与编写的章节成为实实在在的铅字时,心中顿时倍感欣慰。

2006—2009年,攻读博士研究生这三年,我是一个既让老师喜欢又不太喜欢的学生。喜欢或许是因为我有一种不怕苦、不怕累的精神,善于思考、善于研究;不喜欢或许是因为我经常不太听赵老师的话。由于当时我所在的学校不给我发工资,家中全靠爱人一个人的工资苦苦支撑,小孩没有人带,经济异常困难,我在读博期间,在南京几所高校打工挣钱、养家糊口,但我从来没有告诉赵老师。每次赵老师让我做课题,我都是利用深夜时间,经常搞通宵。当时赵老师要求高,有时我感到任务重、压力大,背后也时常有怨言,但每每坚持下来,我竟然发现自己慢慢变得成熟了许多。博士学习三年中,多次参与赵老师的课题讨论,多次聆听他的精彩授课,多次跟着他参加国内的重要学术会议,每一次都能近距离地感受到赵老师的人格魅力以及国内众多学者和学生对他的尊重与爱戴。特别是2008年我参加我们学校的中层干部竞聘,信心满满的我最后输得一塌糊涂,当时感觉人生进入了低谷,是赵老师发现了我的情绪不对,及时与我沟通开导我,讲了他的人生经历和传奇故事,让我们这些后辈从中感悟到了人生的不易和坚持的意义,让我重拾信心,愉快地迎接朝阳。

2009年博士毕业后我回到了原单位工作。赵老师极力把我们这些不知名的小辈向外带、向外推,从2012年第一次参加中国人才研究会人才学专业委员会会议至今,在赵老师的推荐下,我连续两次当选为常务理事。2014年还把年会放在我所在的学校召开。国内顶尖人才学专家云集,吴江院长还为我们人力资源研究所揭牌,那场面至今历历在目。

在回盐城工作的十三年时间里,我时刻铭记赵老师的话:"社会影响力是要靠自己的勤劳和汗水挣来的。"这么多年来,我一直将赵老师传授给我的本领和思想在我的学校和城市发扬光大。2006年在盐城率先成立第一个人力资源开发与管理研究所,在我们学校率先开设"人才学""人力资源开发与管理"课程,研究所先后为盐城市委、市政府做重大决策咨询课题,诸如"盐城市'十二五'人才发展规划""盐城市人才强市战略""盐城市'十三五'人才发展规划""盐城市新时代人才工作研究"等课题。自2011年主持江苏省哲学社会科学基金项目以来,先后主持国家社会科学基金项目、国家外国专家局软科学项目、江苏省"333工程"资助项目、江苏省"六大人才高峰"资助项目、江苏省团省委青年基金项目、江苏省教育厅自然科学基金项目等市厅级以上课题30余项,公开发表论文60余篇,其中在《光明日报》《新华日报》《科研管理》《科技进步与对策》等报刊上发表论文40余篇。先后出版专著《自主创新人才培养与提升》《高端人才引进培养机制和管理创新研究》和教材《人力资源开发与管理》《人力资源管理实践案例分析》等。由于长期聚焦人才学、人力资源开发与管理方面的研究,成果相对比较突出,先后被评为江苏省第四、五期"333工程"学术技术带头人,江苏省"六大人才高峰"项目培养对象,江苏省"青蓝工程"优秀教学团队负责人和中青年学术带头人,中共江苏省委宣传部中国特色社会主义理论研究中心特聘研究员。作为国家公务员二级面试考官和江苏省事业单位招录面试评委,多次为地方企事业单位招录高层次人才笔试和面试出题,并作为主考官面试相关人员。

2014—2020年在河海大学博士后流动站期间,一直孜孜以求,在人才学的道路上努力耕耘着。2019年,赵老师一个电话,要求我参加南京构建全球竞争力人才体制机制方面的重大课题研究。虽然我刚到二级学院做党总支书记,面对一个全新领域工作异常繁忙,但还是接受了任务。有时想,是什么原因让这么多学生对老师发自内心的崇拜,或许就是赵老师自己的一言一行在深深地影响着我们!年近50岁的我,回顾这么多年来与赵老师的相处,赵老师的人格魅力深深影响着我,我更从未忘记赵老师对我科研上的要求和人生上的指导,特别是对"做人与做事同等重要"的教诲铭记于心。2017年我参加正处级竞聘时,出现了意想不到的阻力,在关键时刻我打了一个电话给赵老师。记得当时赵老师讲了这样一段话:"不论遇到什么样的困难与阻力,不要轻言放弃,不要以为做一个普通老师就很容易,其实在不同的岗位、不同位置和不同的环境,每个人的感受都是不一样的。学而优则仕,学的东西多了,成为优秀的管理者才能更好地为他人服务,才能更好地体现价值!生活和工作中受的苦,咬咬牙,挺一挺就过去了!凡事不抱怨,好运自然来!"赵老师总是在我人生的重要关口给我指明方向,总是能引领我们奋力前行!他的远见卓识让我心生敬意!好老师,总是让人时刻惦念!

19 我的河海人才研究、工作与活动

黄永春

"一年之计,莫如树谷;十年之计,莫如树木;终身之计,莫如树人。"

人才是引领发展的第一动力,而高校作为创新人才培养的摇篮,在人才培养事业上发挥着至关重要的作用。我在河海大学完成了本硕博学习,现又担任河海大学人事处副处长、人才工作办公室主任,可以说既是河海大学人才事业的经历者和受益者,又是人才研究和人才工作的积极贡献和推动者。

志于河海,亦成于斯

御黄河怒涛,溉阡陌良田,兴水利、除水害,历来是治国安邦的大事。河海大学在保江河安澜的召唤中应运而生,是中国第一所培养水利人才的高等学府,可谓是生而不凡。这样一所高校,是注定要为国家培养一流人才和承担历史重任的。

我出生于江苏盱眙,还记得上初中那年关系到亿万民生的三峡工程开始动工,河海大学作为三峡工程的重要参与者,自那时便成了我心向往之的理想学府。仰慕河海为国家筑国之重器的担当,便也立志成为能担重任的人。

2000年9月,我如愿以偿成了河海大学的一名本科生,开启了我在河海长达九年的学习生涯。在河海的生活是充实而愉悦的,河海的老师们博学、负责且关心学生,培养学生也足够真心,在他们的指导和帮助下,我更加明晰未来目标,也更能沉心于学业与科研,便在河海将本科、硕士和博士一路读了下来,收获了丰富的知识积累和浓厚的科研兴趣。毕业后,我留校任教,成为河海大学的一名教师。在河海的学习经历和见闻,是我人生珍贵的财富,培养了我立志成才和社会担当的品格,留下了厚重的河海底色。

河海兴人才,科研以扬帆

2009年,毕业后的我完成了从学生到教师的身份转变,也有了自己的可爱学生们,一份厚重的担当和责任感缓缓落在我肩上。我更加清楚:此后我也将努力为河海大学的发展持续贡献光热。

河海大学有着完善的科研人才支撑体系,在这样一所尊重人才、支持人才且人才工作扎实的高校,无论是作为一名学生,还是身为一名老师,都能感受到一种踏实和坚定感,因为你的努力是能够被看到的,热爱是能够被支持的。受益于学校的科研资助体系,我获得了国家社科基金重点项目、国家社科基金一般项目和国家社科基金青年项目,主要从事创新与创业等领域的研究,也在上述研究领域发表了系列论文。

投身人才研究,服务人才事业

2016年同样是满怀收获与感动的一年,创新创业正蓬勃发展。在此背景下,我成功申报并获批了国家社科基金重点项目"供需匹配视角下提升我国新兴产业企业家创业胜任力的政策供给研究(16AGL005)",迈入人才研究的积极推动者行列。次年,我被破格晋升为教授,并入选河海大学大禹学者第二层次。学校为我的科研工作提供了良好的环境和充分的支持。2019年,在学校的支持下,我成功入选江苏省社科优青和江苏省"青蓝工程"中青年学术带头人。

在人才科研和学院的管理工作中,我更加热爱人才事业,愿意投身于人才研究和工作,贡献实际力量。习近平总书记在中央人才工作会议上曾强调,要造就规模宏大的青年科技人才队伍,把培育国家战略人才力量的政策重心放在青年科技人才上,支持青年人才挑大梁、当主角。我愿意为河海大学的人才和育才事业奉献光热。2020年6月,我开始担任河海大学人事处副处长、人才工作办公室主任,成为河海大学人才工作的一名积极推进者。2021年,我成功申请并获批国家社科基金项目"'产-才-城'适配视域下长三角人才一体化发展的协同机制研究"(21BGL016),致力于让科研创新价值,服务于长三角发展和人才建设。

河海大学深入学习贯彻中央人才工作会议精神,坚持党管人才的原则,牢牢树立"人才是第一资源"的理念,深化人才工作体制机制改革,着力构建"引、育、用、服"四力协同、"一流人才"八方汇聚的工作体系,推动建设高水平人才队伍,为学校事业高质量发展提供有力支撑,也为社会持续培养着服务社会发展的高水平人才。作为河海大学人才工作的经历者和受益者,我满怀感恩;作为河海大学人才事业的服务者,我深感荣幸,我将坚持做好人才研究和学校人才工作,努力让人才研究造福社会,为河海的人才事业和育才工作持续贡献绵薄力量。

20 我与人才学的邂逅

崔祥民

2003年3月,当得知硕士研究生入学考试成绩为386分时,我怀着惴惴不安的心情给赵永乐老师打了电话,表达了拜其为师的虔诚之心。之所以惴惴不安,是因为我深知赵老师是人才学的泰斗,是国内知名学者。十分幸运的是,赵老师接受了我的拜师请求,使我有机会走上人才学研究之路。

虽然已毕业十六余载,然而读书期间的种种场景仍然历历在目。2004年12月10—11日在河海大学举办了全国首届"中国人才学论坛"暨学术研讨会,我全程参加、认真学习。王通讯、叶忠海等老一辈的人才学专家纷纷发表主题演讲,让我对人才学有了更深刻的认识,打开了我的人才学研究的一扇门。记得南京理工大学孙剑平教授在讨论时这样评价军人薪酬问题:"军人是以生命为代价而开展工作,应提高其薪酬水平以彰显其价值,如果只谈奉献精神,是对军人的不尊重。"这不仅让我深入思考物质激励和精神激励之间的关系,而且让我感受到了理论研究的责任和使命。

受人才研究专家的启发,我在硕士研究生阶段先后在《人才开发》《中国人力资源开发》等人才学期刊上发表论文5篇,为日后的科研之路打下了坚实的基础。在老师的指导下,我选择以"企业人才流失危机管理研究"为题做硕士学术论文。论文被抽中需要由校内外专家进行盲审,通过后方能答辩。我记得校外专家为南京大学的陈传明教授,校内专家为王济干教授。两位教授对我的硕士论文均给了90分左右的高分,记得答辩时王济干教授这样评价:"这是一个比较适合硕士生的选题,论证过程十分规范,较好地完成了研究任务。"没想到的是,八年后王济干教授到江苏科技大学担任党委书记,成为我工作学校的领导,使我有机会加入他的研究团队,开展了四年的人才学研究。

参加工作后,我一直坚持人才学的学习,追随赵永乐老师参加了中国人力资源开发教学与实践分会第八届年会(2007)、十二届年会(2011),到盐城、马鞍山、南京等地参加了人才学专业委员会的多次会议。每次参加会议,我都能享受学术盛宴,受益匪浅。

与其他同学相比,我是幸运的,因为我有机会继续向河海的老师和同学学习。2016年赵老师主持课题"镇江'十三五'人才发展研究",我有幸作为课题组成员得到向赵老师近距离学习的机会。与老师一同参加座谈会、课题讨论会,不断聆听赵老师关于人才理论与人才问题的观念、新理论。在赵老师的指导下完成了"镇江融入南京科教人才大系统可能性与路径研究""镇江'双创'人才发展研究""镇江市人才国际化对策研究"三个子课题。参加这个课题,我不仅掌握了才规划课题的研究步骤、研究规范和操作要点,而且掌握了人才理论研究的前沿,以及人才理论与实践结合的关键。2014年王济干教授到江苏科技大学任党委书记,使我有机会加入其课题组继续从事人才相关课题的研究。我先后参与了江苏省社科联重大课题"江苏鼓励激励机制案例研究"、水利部课题"水利工程专业技术人才分类评价研究"等,开阔了眼界,提高了认知。

在江苏科技大学工作期间,我也承担一些课题研究,其中与人才学相关的主要包括:民政部课题"区划地名人才队伍建设研究",江苏省社科联课题"江苏人才工程协同评价与优化整合研究",横向课题"镇江市京口区人才发展第十三个五年规划"等。人才学研究取得了新的成果,有了新的突破。

"区划地名人才队伍建设研究"课题从人岗匹配的视角出发,在系统构建区划地名人才素质模型和对区划地名人才队伍现状系统调研的基础上,指出了区划地名人才队伍建设中出现的高层次人才和基层人才缺口较大、人才队伍结构失衡、人才管理体制不健全等问题,从思想观念、体制机制和个人三个层次深刻分析了问题出现的原因,最后从"理念、机制和行动"三个层次构建了区划地名人才队伍建设对策体系。理念方面主要包括创新发展、绿色发展、协同发展、共享发展、开放发展这五大发展理念,机制方面主要包括纵向提升、人才发展动力、人才评价和人才服务四大机制;行动方面主要包括职业生涯规划、知识更新、专家结对帮扶、区划地名工作标准化、区划地名人才使用性开发、智库建设六大工程。该课题得到民政部的高度评价,已经顺利结题。

"江苏人才工程协同评价与优化整合研究"课题针对江苏人才存在的人才平台依托不足,部门协同有待提高,需求型政策明显偏弱,经营型、管理型、技能型人才工程偏少,人才工程层级存在"倒挂"现象和人才管理存在"重引进和培养,轻使用"现象等诸多问题,在借鉴国内外经验的基础上,提出:构建"1+1+X"江苏人才工程制度体系和"一纵多横"的网状人才工程内容体系;完善人才工程管理机制,形成政策合力;补齐短板,实现人才工程横向协同;统筹推进,实现人才工程纵向协同等多项对策。

"镇江市京口区人才发展第十三个五年规划"课题成果由一个主报告和四个子报告组成。主报告提出了"三区一体"的人才战略定位,即将京口区建成"特色产业人才集聚区、校地人才合作示范区、人理创新先行区,实现人才与城市命运共同体发展目标",创新性地提出"人才积分制""党政人才大事记""人才管理网络化""评定与认定相结合的人才引进资助机制""基于互联网思维的人才服务体系"等举措。四个子报告为:《京口区高层次创新创业人才服务体系构建与评价研究》《京口区科教资源优势转化对策研究》《京口区社工专业人才队伍建设问题与对策研究》《京口区党政人才队伍建设研究》。该课题得到京口区领导的高度评价,当时的区委书记评价说:"满分 100 分的话,这个课题我打 95 分,这个课题是我最满意的题。"该课题成果已被京口区印刷成文并进行下发。

我在河海读书七年,河海是我的母校,河海不仅是我与人才学结缘的地方,更是促进我人才学研究不断成熟的地方。感谢河海大学,感谢河海的老师,感谢河海的同学,愿母校滋兰树蕙,永续华章,愿老师同学万事如意,幸福安康!

21 难忘闻天馆——河海大学人才研究四十年侧记

潘运军

闻天馆,坐落于西康路 1 号河海大学校园内,是河海大学校园内一幢比较现代的学科楼。

知道闻天馆,因为它以中国共产党早期领导人张闻天名字命名,取"鹤鸣于九皋,声闻于天"之意。

记住闻天馆,则不是因为该馆建筑有什么特别之处。相反,它之于我的记忆来说,其外形已经模糊,总之貌不出众,我甚至不能清楚地记得它有多少层楼。但是,从 2010 年以来,大概有八九年,因为"中央人才工作协调小组国家人才理论研究基地"在此的缘故,导师赵永乐教授经常在此办公,我和许多同门师兄弟、师姐妹也经常出入闻天馆,参加赵老师组织的开会、开题、答辩、研讨等各种学术活动,聆听赵老师、国内人才学领域知名学者、学有建树的师兄师姐纵论国内人才形势、国际人才纷纭。闻天馆,已经成为中国人才学研究和发展的重要文化地标,成就了河海大学人才研究在国内的重要地位,也成为我和许多同门生命中重要的学术活动场所和文化记忆。

一

闻天馆716,记得当时好像是人才理论研究基地的专属会议室。我们大部分的学术活动,都是在该室举行;还有一部分活动,则是在二楼、三楼的会议室或阶梯教室举行。当然,我的博士一年级一些课程的学习,也在闻天馆一楼阶梯教室。

716面积不大,目测20平方米左右。中间放着一张会议桌,两侧各放着五六张椅子;进门左手靠墙放着一张矮橱,橱上放着几个水瓶、一些茶叶和一次性杯子。如果开会的话,能容纳20多人。这就是当时716的全貌,局促、简约、朴素,总是让我想起刘禹锡《陋室铭》中的陋室。

然"山不在高,有仙则名。水不在深,有龙则灵。斯是陋室,惟吾德馨"。716以及闻天馆二楼会议室、三楼阶梯教室,经常因国内学界元老、知名学者、青年才俊云集而熠熠生辉。

导师赵永乐,作为中国人才学创始人之一,是中央人才工作协调小组特聘国家中长期人才发展规划纲要专家组成员、原中国人才研究会副会长、河海大学中央人才工作协调小组国家人才理论研究基地首席专家、水利部人力资源研究院副院长、中国(南京)人才发展研究中心常务副主任。他早在1989年出版的专著《人才,走向市场——人才市场学概论》填补了我国人才市场学研究的空白。赵老师还率先建立江苏省"333人才培养工程"体系,率先提出了"人才强省"战略和"人才引领发展"概念。在"江湖"上赵老师以个子大、块头大、嗓门大著称。据说,在闻天馆七楼开会,一楼都能听到老师铿锵有力的讲话声;如果是批评学生,那声响直透云霄。除此之外,赵老师还爱打篮球、爱讲笑话,特讲义气,特关心学生,活脱脱一位学界"大侠"的形象。

在闻天馆二楼会议室,我等也曾有幸目睹人才学领域元老王通讯老师的风采。王老师是中国人才学创始人、原中国人事科学研究院院长兼人事与人才研究所所长、原中国人才研究会常务副会长,被国务院授予突出贡献专家称号。王老师著述颇丰,我等入门书籍即是从拜读王老师《人才学通论》开始,迄今还对王老师提出的人才成长八大规律记忆深刻。印象中王老师头发较长,梳着二八开分头,身材中高,讲话严谨、慢条斯理,是治学严谨的中国式学者形象。

2012年7月1日,闻天馆"有幸见证"了人才学界的一件盛事:"宏观人才学概论"课题组在此召开研讨会,听取该书撰写人员前期工作成果汇报。赵永乐、沈荣华、桂昭明等老先生领衔,王培君、汪怿、赵全军等实力派中青年学者加盟,让该著作的撰写团队实力爆棚。我也有幸参与撰写并认识了沈荣华、桂昭明两位前辈以及汪怿、赵全军等学界同仁。

沈荣华老师是上海社科院人力资源研究中心主任、上海公共行政与人力资源研究所所长,在国内率先提出"人才资源是第一资源理论""区域人才战略理论""人才高地建设理论"。沈老师身材中等,一样留着二八开发型,脸上挂着和蔼的笑容,平易近人。在讨论《宏观人才学概论》框架结构以及介绍其负责的"人才强国战略"内容体系时,沈老师给我留下了治学严谨、理论深厚、视野开阔、高屋建瓴的深刻印象。

　　桂昭明老师是武汉工程大学副校长、人才资源开发研究所所长、中央人才工作协调小组特聘专家,在人才资源与经济发展的相关性研究方面处于国内领先水平,是《全国人才中长期发展规划纲要》核心指标"人才贡献率"的建立及研究者。桂老师身材不高,短发,体型不胖不瘦,一般面无表情。桂老师说话带有湖北口音,语速虽慢但字字珠玑,体现了老学者治学的严谨。桂老师数学功底深厚,其建立的"人才贡献率"计算模型的复杂程度令人咋舌。

　　谈到光临闻天馆的学界前辈,不能不说吴江院长。吴江院长是原中国人事科学研究院院长、党委书记,第十一届全国政协委员、国务院政府特殊津贴专家,历任中央组织部研究室副主任、党建读物出版社副总编辑、国家行政学院公共管理教研部主任、教务部主任,中国人才研究会常务副会长。吴江院长身材也不很高,但很壮实,脸上棱角分明;和王老师、沈老师一样,也是留着二八开的发型,只不过头发更长。吴江院长非常健谈,烟瘾很大。最让我钦佩的是吴江院长的思想、智慧。2011年,赵老师带着我们参与了深圳市委组织部委托的重大课题"深圳前海人才特区建设研究",吴江院长是主持人。课题组在一起研讨了好几次,我有幸见识了吴江院长的风采。印象最深的一次好像是在镇江研讨会,当时课题组就前海人才特区究竟要"特"在哪里进行研讨。吴江院长最后总结定调,他一边抽着烟,一边深邃地思考,一边给出了他前海人才特区的目标定位:打造汇聚全球产业精英的"世界人才金港",建设现代化、特色化、魅力型"国际人才社区",形成包容性、可持续性的人才发展"生态圈",最终实现国际精英高度汇集、产业环境开放融合、人才制度国际接轨、世界影响持续增强的深港合作人才特区,为深港现代服务业合作区发展提供才智引擎。吴江院长连续抽了四支烟,在烟雾缭绕中对他的论点进行了深入的阐述。我等后辈当时听来振聋发聩。

　　除了以上学界前辈、中青年学者曾经做客闻天馆之外,成长春、王培君、郭祥林、魏萍、殷凤春、徐军海、朱义令、吕江洪、曹莉娜、周昌伟、陶卓等同门也曾夜奋战在闻天馆。成长春师兄早已在学界自成一家,王培君师兄、魏萍师姐和徐军海行政和专业两相促进,其他同门也是各有建树。

　　故感言:南阳诸葛庐,西蜀子云亭,河海闻天馆。何陋之有?

二

　　闻天馆,不仅留下了学界前辈、知名学者的足迹,也见证了赵永乐老师和他的学生的拳拳师生情谊,促成了众多师兄弟、师姐妹浓厚的同门情结。

　　郭万牛师兄是我进入赵门的引路人。2010年7月初的一天,我和郭师兄等人乘车到闻天馆接上赵老师赴泰州市委组织部,开启了"泰州市'十二五'人才发展规划"项目研究之旅。这是我第一次来到闻天馆,第一次见到赵老师,也是我第一次参与项目研究。

　　可能是在车上见面的缘故,赵老师给我的初印象是威武、高大、严肃。但是,随着接触次数的增加,赵老师和蔼、健谈、关心学生的一面也逐渐显露出来。

　　由于我在泰州项目中的表现可圈可点,赵老师同意我报考其博士生,并让我接着负责"南京市江宁区'十二五'人才发展规划""南京市鼓楼区'十二五'人才发展规划""浦口人才管理改革试验区建设研究"等项目。在这些项目中,赵老师对我充分信任,让我制定项目计划书,调配团队人员,负责和委托方沟通,指导团队其他成员理清研究思路,最后由我执笔撰写规划或研究报告。最让我感动的是,"浦口人才管理改革试验区建设研究"项目结题后,赵老师将研究成果汇编成书出版,竟然将我的姓名放在第一著作人、他的姓名放在第二著作人的位置,尽显赵老师对学生的关爱之心。在这些项目研究中,我和周昌伟、曹莉娜、陈双双、陶卓、权良媛、汤玲等同门以闻天馆为基地,开展了密切的合作,建立了深厚的友谊。在后来的学习、工作中,我们互相帮助,陶卓师妹指导我博士论文中的数学建模部分内容,我也为陶卓师妹工作单位变动提供力所能及的帮助,汤玲师妹硕士毕业后也曾经报考我校辅导员……

此后,赵老师让我参与了他的不少在研项目,甚至有些项目的前期洽谈也带着我一起参加。比如,2011年底和2012年初,赵老师带着我分别赴无锡和无锡市政府驻南京办事处,和无锡市委主要领导及市委组织部负责人洽谈项目合作。2012年7月,赵老师又带着我到南京市委组织部,和南京市委主要领导及组织部负责人洽谈项目。在密切的接触、交流中,赵老师对我越发信任。

2012年7月,应南京市委领导和市委组织部委托,"南京市突破人才与经济发展不成正相关关系瓶颈研究"项目正式启动。该项目属于重大委托课题,要求高、工作量大、时间紧。赵老师非常重视,组建了郭祥林、王春艳、曹莉娜、陈双双、权良媛、周昌伟、韦艳文、陶卓等为主要成员的课题组,每一场的研讨都亲自指导。课题第一阶段的主要任务是进行两个方面的调研:一是评估南京市人才发展的氛围、政策实施的效度和人才工作的力度,并与全国整体情况进行比较,从而找出南京市人才发展与经济发展相关关系;二是选出影响南京市人才优势转化为经济优势的因素。针对第一个调研,课题组根据不同对象设计了3套调研问卷,发放问卷近3 000份,面向南京市十三个区县开展调研。针对第二个调研,课题组在深入研究南京市人才与经济发展状况之后,从6个方面列举了51个因素,运用德尔菲法,请相关领导、专家进行多轮打分,选择并确定最为重要的10~20项因素。

由于课题任务重,压力大,又恰逢暑假期间,课题组成员经常在闻天馆716进行研讨、加班。迄今我还记得几个细节:周昌伟家在淮安,来回不便,所以他有一阵子就在学校找了个宿舍,住了下来。问卷收集上来后,课题组召集了十几名硕士研究生帮着陈双双进行问卷统计。那一阵,大家经常去闻天馆附近的小饭店吃饭,每家饭店有啥特色,都摸得一清二楚。716,就这样承载着赵老师和他的学生之间的感情、奋斗,承载着中国人才学发展的实践和希望,一年一年,奔向未来。

调研阶段结束后,课题组进入了撰写报告阶段。由于工作量很大,赵老师又邀请了陈京民教授和同门徐军海两人进入课题组。报告研讨阶段,赵老师还邀请了成长春、王培君、魏萍、童毛弟等师兄师姐一起参与研讨。这一阶段,由于人员众多,课题组的大本营从716搬到了三楼阶梯教室。后来,该课题按期顺利结题,课题成果汇编出版。赵老师还将成果以"南京探索:人才优势如何转化""加快人才优势向经济发展优势转化研究——人才问题的'南京现象'及其破解策略"为题分别在《光明日报》(2013年3月20日15版)、《第一资源》(2013年第二辑)上进行了发表。

后来,我和同门陆续参加了赵老师的若干个课题,继续在闻天馆奋斗了若干年。随着赵老师年纪越来越大,赵老师不再指导研究生,也不再承接委托项目,我们也不再去闻天馆了。

但是,闻天馆作为河海大学人才研究基地,作为中国人才研究的一个文化地标,作为赵门的聚义厅,将永远留在每一位同门的记忆深处。

22 因河海与"人才"结缘

魏 萍

一、河海学习工作从教 30 年历程

我 1988 年夏天高中毕业考入河海大学就读工业管理工程专业,1992 年毕业留校,2017 年夏天离开河海到省属高职校工作,在河海度过了 30 个年头。其间,1997 年在职攻读企业管理专业(人力资源管理方向)硕士学位,有幸成为赵老师在河海招收的第一个硕士研究生;2004 年再次入师门成为赵老师招收的第二批博士研究生。1992—2017 年期间,先后担任电气院、商学院辅导员、分团委书记,江宁新校区学生工作部部长,学生处副处长、水文院党委副书记、能电院党委书记。2017 年任江苏信息职业技术学院院长、党委副书记,2022 年初至今任无锡工艺职业技术学院党委书记。

静下心来回想自己这些年走过的路程,学习工作生活中从未离开过"人才"。所接受的系统学历教育、从事的高校学生教育教学科研工作,近年来高校职能部门二级学院及高职院校管理等多岗位锻炼,一方面收获了自我成长发展,人力资本不断积累增长,另一方面一直在高校从事人才培养工作,2017 年至今在高职校还分管人才人事工作。其间,跟随导师参与了省公推公选及企事业单位人员招聘和内部竞争性选拔干部等工作,多次参与组织结构化面试、无领导小组讨论等人才测评选拔工作;参与了"全国水利人才与教育培训发展战略规划研究""高校党管人才实施路径研究"等相关课题研究,参与了《中级人力资源开发与管理》《国家公务员考录应试指导——面试》《人才学基本原理》等图书部分章节的撰写,出版了《大学生角色实践与能力开发研究》(独著)、《融合共生:现代产业人才培养创新与实践研究》(编著),发表了《坚持和完善以党管人才为核心的基本人才制度》等文章。回顾过往,一直未能专注于人才工作,但也从未离开人才相关工作及研究。

二、全国水利人才现状调研诸多感悟

记得 1998 年秋天,准确说应该是接近深秋,空气里已有些寒意。河海大学受水利部委托组建项目团队开展"全国水利人才与教育培训发展战略规划研究",我有幸跟随赵老师等赴河南郑州黄河水利委员会、开封黄河水利职业技术学院、陕西西安黄河上中游管理局等实地调研水利人才现状。严格意义上说,这应该是我在河海第一次真正意义上参与了人才工作。那次实地调研一个星期左右时间,召开座谈会、水利专家领导访谈、考察水

利工程等,行程安排很满。在座谈会和访谈中了解到我国部分地区水利行业工程一线专业技术人才队伍存在年龄断层、结构性缺失、分布不均衡、总量不足等问题,为后续人才培训与发展战略规划研究奠定了基础。工作之余,我们还参观了当地历史名胜古迹,领略了地方风土人情。留下深刻印象地还不少,一是参观了乾陵无字碑,当时很是好奇为何没有碑文。后来就开始慢慢关注学习历史和地理,特别是唐朝的那段历史。二是在郑州去往西安黄河上中游局行车途中司机大哥的风趣唠嗑,使得旅途困乏全无,一路欢声笑语。记忆中最为深刻的还是旅途中与老师的一次对话,大约是自己惊叹于河南随处可见的古老遗迹,赵老师说中华大地上的人文自然景观还有很多很多。当时我就萌生了"行万里路"的强烈愿望。自那以后,只要有时间、有机会,就想着要出去走走看看。由此,从人才个体成长发展来看,理论学习与实践历练缺一不可,"行万里路""读万卷书"都很重要。

三、人才测评技术应用实践体会

2001年初,河海大学首次通过公开竞争性选拔中层干部,我有幸参加并胜出担任江宁新校区学生工作部部长。那是我第一次接触结构化面试。记得我上午最后一个进场,面试总时间为15分钟,共三道题,每道题思考与回答问题时间为5分钟。面试结束已是中午12:30后了。回想起那天的面试情景还记忆犹新,当时走进考场看到对面10多位考官排排坐,现场气氛让人很有压力,后来进入面试环节也便忘了紧张了。"干什么、考什么","为用而考"。中层干部竞聘面试主要考察测试的要素要点,都是围绕相关中层领导干部岗位实际工作需要而设置。那次面试题目于当时的我来说确实具有挑战性,毕竟自己只是一个仅有8年基层工作经历的"小白"。

2004年3月再次进入师门跟随赵老师读博,其间参加了赵老师承接的企业科研院所竞争性选拔干部等活动,主要是担任结构化面试考官,因此对人才测评技术方法等又有了进一步的了解。2008年6月我的博士论文刚刚答辩结束,快放暑假了,同门王培君推荐我承接省公选办的一次特殊命题和考务工作——常州市公安局内部竞争性选拔干部工作。熟悉单位岗位情况,选择考点,编写题目、考察要素、评分参考要点、评分表等,最后参照模板制作题本等全套面试材料。

第一次受命到现场主持整场面试,于我来说太具挑战性,面对陌生的环境,而且是公安系统,可谓压力山大,但总算是熬过来了。想想以前都是跟着老师干现成活,那真是轻松自在。有了第一次尝试锻炼,初步掌握了面试命题、考务组织等工作业务流程,在后来将近4年时间里,我一直在省公选办承担相关命题和考务组织工作,总共50余场次。回想这段经历确实收获颇丰,一方面丰富了自身阅历经历,拓展了视野格局,提高了宏观思维能力、分析问题解决问题能力和驾驭组织协调能力;另一方面也深刻体会到,无论是结构化面试、无领导小组讨论还是竞岗述职演讲等面试考核选拔工作,都应严格遵循人才测评技术应用规范要求,力求做到组织过程规范、科学,力戒人为主观因素干扰,确保测评选拔结果客观、公正。

四、高校人才工作的一些实践思考

1992年毕业至今在高校工作已30余年,深刻理解高校立德树人职责使命的艰巨光荣。教师的素质决定了教育的质量,优秀的教师才能培养出优秀的人才。优秀的教师应达到习近平总书记提出的"有理想信念、有道德情操、有扎实学识、有仁爱之心"的"四有"好老师标准,是经师与人师相统一的"大先生"。什么样的政策制度环境才能造就出"四有"好老师队伍? 这一直是我们高校特别是各级领导管理者要积极主动思考的问题。自2020年中共中央、国务院印发《深化新时代教育评价改革总体方案》以来,各种利好政策纷纷出台,如在人才引进、干部选拔等方面均明确提出"破五唯"要求,即不唯论文、不唯帽子、不唯职称、不唯学历、不唯奖项,关键看品行、看能力、看实绩、看贡献。高校对职称评审、岗位聘任、职级职务晋升、评优评奖等方面资格条件及评价指标均作出了相应优化调整,主动为人才松绑,充分发挥政策"指挥棒"应有的正向作用,有效激发调动广大教师的积极性、主动性和创造性。高校在高层次人才引培方面,本着人才"进得来、留得住、用得好"出台相应的政策制度,坚持"政策环境引才、感情待遇留才、平台资源育才、项目事业聚才",切实践行"聚天下英才而用之"。此外,高校师资人才队伍建设中还应重视领军人才培养和教科研团队建设。无论是学科专业建设,还是教学科研、社会服务、国际合作交流,抑或是文化传承创新等方面工作,均需要有好的带头人、领军人才的引领带动和支撑,注重高水平教科研团队建设,着力"构筑大平台、凝聚大团队、承接大项目、培育大成果、实现大转化"。高校应成为人才高地、创新高地,大批优秀青年人才的训练营,助力社会经济更高质量发展。

特别感谢赵老师在我的《大学生角色实践与能力开发研究》专著序言中给以鞭策勉励,"事业辛苦,学业也辛苦;工作认真,研究也很认真。衷心祝愿魏萍的理论探索和实践求真的脚步永不停歇,越走越远!"即将收笔之际,心里有太多感念师恩的话语难以一一诉诸笔端,唯有铭记于心,更当付诸行动。此时此刻,我不禁想起《师恩若水、恩泽一生——赵永乐教授河海从教20年师生文集》扉页上(德国)雅思贝尔斯的名言:教育是一棵树摇动另一棵树,一朵云推动另一朵云,一个灵魂唤醒另一个灵魂。知人善任、因材施教。爱是教育的灵魂。人才工作与教育工作有相通之处,都要坚持以人为本,用心去发现人的闪光点,坚持目标引领,重在激发调动人的内生动力,自觉成才,主动作为。

同为河海人,吾辈当奋力前行,不负美好新时代!

第10部分
附录

附录 1　河海大学师生承担的人才研究项目

1. 彭涵明、赵永乐，"深化改革形势下，江苏省企业、农业和乡村工业科技队伍发展途径与对策研究"，江苏省科委 1987 年 10 月下达，江苏省人才学会软课题研究室承担，1988 年 12 月结题。河海大学社科系的谭达德、梁训、潘正初、吴宾、崔永清等老师参加课题调研并提供基础报告。

2. 刘显桃、赵永乐，"江苏省加快培养跨世纪学术技术带头人对策研究"，江苏省 1994 年科技计划项目，江苏省科委下达，江苏省委知识分子工作领导小组办公室承担。1994 年 7 月立项，1995 年 8 月结题，课题研究成果提出实施"333 人才工程"。河海大学老师司马雪放等参与课题调研。

3. 赵永乐、李晖，"水利部公开招考处级领导干部考务研究"，水利部项目，河海大学人力资源研究中心承担。1998 年下达，同年结题。

4. 赵永乐，"江苏省人才资源开发对策研究"，江苏省知识分子工作领导小组委托重大研究项目，江苏省 1998 年科技计划项目。江苏省知识分子工作领导小组办公室负责管理，河海大学承担。1998 年 9 月立项，1999 年 10 月结题。

5. 赵永乐，"江苏省交通运输行业人才资源开发对策研究"，江苏省交通厅委托，河海大学人力资源研究中心承担总报告研究与执笔。1999 年下达，同年结题。

6. 张阳、赵永乐、李晖，"全国水利人才与教育培训发展战略规划研究"，水利部 1999 年研究计划项目。水利部计划司下达，水利部人教司管理，河海大学国际工商学院承担。1999 年 8 月启动，2000 年 10 月结题。

7. 赵永乐，"构筑江苏新世纪人才高地的实现途径"，江苏省经济社会发展重大研究课题招标项目。2001 年立项，同年结题。

8. 赵永乐，"跃进集团企业中层干部后备库人员选拔"，跃进集团 2001 年委托，同年结项。

9. 赵永乐，"南京普天公司公开招聘销售公司营销副总经理"，南京普天公司 2001 年委托，同年结项。

10. 赵永乐，"江苏人才发展战略研究"，江苏省哲学社会科学规划基金"十五"规划项目（编号 G3—022）。2001 年立项，2003 年结题。

11. 赵永乐，"构筑江苏拔尖文化人才高地的机制与对策研究"，江苏省委宣传部 2002 年立项，同年结题。

12. 赵永乐，"南京钢铁集团内部招聘黄埔大酒店总经理"，南京钢铁集团 2002 年委托，同年结项。

13. 赵永乐，"江苏省科技创新人才队伍建设研究"，江苏省软科学研究"十五"重点规划项目"江苏省科技创新人才队伍建设对策研究"（BR2002039）。2002 年启动，2003 年结题。研究成果主要内容转化为江苏省科技厅文件。

14. 赵永乐,"江苏省企业经营者能力现状与提升对策研究",江苏省经贸委2002年重点项目。2003年结题。

15. 赵永乐,"先声药业公司经营管理人员能力测试分析",先声药业公司2003年委托,同年结项。

16. 赵永乐,"南京市宣传文化系统人才高地建设研究",南京市2003年软科学招标项目,由河海大学与南京市委宣传部共同承担。2004年结题。

17. 赵永乐,"江苏省宣传文化系统人才工作研究",江苏省委宣传部立项基金项目,由江苏省委宣传部下达,河海大学承担。2003年6月立项,2004年6月结题。

18. 赵永乐、张永耀,"淮阴市人才队伍建设规划研究",淮阴市政府委托项目。2004年委托,同年结题,研究成果主要内容转化为淮阴市人才队伍建设规划。

19. 赵永乐,"南京玻璃纤维规划设计院部门与分公司领导干部及机关人员竞岗",南京玻璃纤维规划设计院2004年委托,同年结项。

20. 赵永乐,"南京8511所中层干部与分公司总经理及管理人员、技术人员素质评价与内部竞岗",南京8511所2004年委托,同年结项。

21. 赵永乐、王培君、魏萍,"南京卷烟厂后备干部培训",南京卷烟厂委托。2004年委托,2005年结项。

22. 赵永乐,"江苏人才强省战略研究",江苏省重大发展战略研究课题"江苏科教兴省战略深入实施研究"的子项。2004年启动,2005年结题。

23. 赵永乐、魏萍,"先声药业集团中高层经理人员素质评估",先声药业集团2005年委托,同年结项。

24. 赵永乐,"江苏省'333工程'实施评估与'十一五'高层次人才工程规划思路研究",江苏省"333工程"计划项目,江苏省人才工作领导小组办公室下达。2005年立项,同年结题。

25. 赵永乐,"南京卷烟厂中层干部岗位素质模型设计与编制",南京卷烟厂2005年委托,同年结项。

26. 张阳,"海河水利委员会人才发展战略研究",水利部各司局科技项目(2005540412)。2005年立项,2006年结题。

27. 郭祥林,"高校教师岗位考核体系研究",江苏省教育科学"十五"规划课题。2005年1月立项,2006年12月结题。

28. 郭祥林,"高等学校教师业绩评估体系研究",江苏省高校哲学社会科学基金项目。2005年10月立项,2007月12月结题。

29. 赵永乐,"浙江省长兴县'十一五'人才规划纲要研究",浙江省长兴县人民政府委托项目。2005年启动,2006年结题。

30. 王济干,"江苏省军地两用人才开发",江苏省转业军人学历教育领导组办课题。2006年下达,同年完成。

31. 赵永乐,"通州市实施人才强市战略的调查研究",通州市人民政府委托项目。2006年委托,同年结题。

32. 王济干、赵永乐,"科技人才成长机理与资助机制研究",科技部中国科学技术信息研究所课题。2007年下达,2008年完成。

33. 周海炜,"广东省水库移民管理人才发展战略研究",广东省水库移民工作办公室委托技术咨询项目。2007年立项,2008年结题。

34. 赵永乐,"党管人才的内涵、方法和实现途径研究",中央人才工作协调小组办公室下达专题研究项目。2008年开题,同年结题。

35. 殷凤春,"2009—2020年盐城市人才强市战略研究",盐城市委组织部重点规划项目。2008年立项,2009年结项。

36. 殷凤春,"我国企业自主创新人才开发与评价模型研究",江苏省教育厅自然科学基金项目(08KJD630004)。2008年立项,2010年结项。

37. 赵永乐、魏萍、张宏如,"南京文化人才队伍建设对策研究",2008年度南京市委宣传部计划项目,由南京市委宣传部下达,河海大学人力资源研究中心承担。2008年4月开始启动,同年12月结题。

38. 赵永乐,"江苏省区域人才资源发展研究",江苏省中长期人才发展规划编制调研项目。2008年下达,同年结题。

39. 赵永乐,"江苏省人才强省战略实施的SWOT分析研究",江苏省中长期人才发展规划编制调研项目。2008年下达,同年结题。

40. 赵永乐,"江苏省企业经营管理人才队伍建设研究",江苏省中长期人才发展规划编制调研项目,江苏省经济与信息化委员会承担。2008年下达,同年结题。

41. 赵永乐,"江苏省高层次人才队伍建设研究",江苏省中长期人才发展规划编制调研项目。2008年下达,同年结题。

42. 司江伟,"基于技术创新的企业科技人才绩效评价体系研究",山东省2008年自然科学基金项目(Y2008H38)。2008年12月立项,2010年6月完成。

43. 王斌,"重庆市高层次人才使用与管理工作机制研究",2008年度重庆市社科规划项目。2008年立项,2010年结题。

44. 沈鸿,"广西北部湾经济区科技人力资源合作开发与优化配置研究",2008年广西壮族自治区中青年教师基础能力提升项目(原广西高校科研项目,项目编号200812LX266)。2008年立项,2009年结题。

45. 殷凤春,"2010—2015盐城市环保产业人才发展规划研究",盐城市委组织部重点规划项目。2009年立项,2010年结项。

46. 殷凤春,"盐城市'十二五'人才发展规划研究",盐城市委组织部重点规划项目。2009年立项,2010年结项。

47. 赵永乐,"江苏省社科强省阵地、基地、平台、机构现状调研",江苏省哲学社会科学联合会委托项目。2009年委托,同年结题。

48. 王济干,"我国科技人才创新团队增效机理研究",江苏省哲学社会科学基金项目。2009年下达,2012年完成。

49. 王斌,"服务型政府建设中人力资源绩效管理模式变革研究",国家社科基金项目

(10CGL017)。2010年下达,2015年完成。

50. 赵永乐、袁兴国,"江苏省企业经营管理人才队伍建设调查研究",江苏省经济与信息化委员会立项,江苏省"十二五"企业经管人才发展规划编制的前期调研项目。2009年立项,2010年结题。

51. 杨文健,"江苏省城市低保工作与社工人才良性互动研究",江苏省民政厅项目。2010年9月立项,2011年10月结题。

52. 赵永乐,"马鞍山人才工作者培训",马鞍山市委组织部委托项目。2010年12月举办。

53. 司江伟,"吐哈工程技术研究院科技人才考评系统开发",中石油吐哈油田委托项目,2010年委托,同年完成。

54. 王全纲,"人力资源流对江苏城市化的影响研究:以常州为例",江苏省哲学社会科学联合会项目(10－B－18)。2010年下达,同年完成。

55. 司江伟,"高效生态经济区建设中东营市人才问题研究",东营市社科重点项目(DSKZ201003)。2010年下达,同年完成。

56. 殷凤春,"江苏沿海地区高校青年人才培养工作研究",江苏省团省委基金立项项目。2010年立项,2012年结项。

57. 赵永乐,"合芜蚌自主创新综合试验区建设人才支持战略研究",安徽省软科学项目。2010年立项,2012年结题。

58. 赵永乐,"宏观人才学理论研究",中国人才研究会项目。2010年立项,2012年结题。

59. 赵永乐、郭万牛、潘运军,"泰州市关于进一步加快人才发展意见研究",泰州市委、市政府委托项目。2011年委托,同年结题。

60. 赵永乐,"南京市鼓楼区'十二五'人才发展规划纲要编制研究",鼓楼区委托项目。2011年委托,同年结题。

61. 郭祥林,"江苏信息服务业人才国际化研究",2011年江苏省"六大人才"高峰资助项目。2011年立项,同年结题。

62. 赵永乐、郭祥林、吴达高,"在实施科教与人才强省和创新驱动战略中注意发挥离退休老专家创新创业作用研究",江苏省科协项目,江苏省老年科技工作者协会承担。2011年委托,2012年结题。

63. 吴江,"深圳前海人才特区建设研究",深圳市委、市政府委托项目。中国人事科学研究院院长吴江主持,赵永乐应邀协助,徐军海、方建华、潘运军、朱义令、陆静丹、宋成一、薛琴、鲍云霞、葛新艳等参与课题研究。2011年启动,2012年结题。

64. 殷凤春,"沿海地区引资与引智相结合的引智政策研究",国家外国专家局软科学资助课题。2011年立项,2012年结项。

65. 殷凤春,"江苏沿海地区引资与引智相结合的引智政策研究",江苏省哲学社会科学联合会基金资助项目。2011年立项,2012年结项。

66. 殷凤春,"江苏高端人才引进与培养机制研究",江苏省哲学社会科学规划项目(15BGL101)。2011年立项,2015年结项。

67. 赵永乐,"南京市江宁区'十二五'人才发展规划纲要编制研究",南京市江宁区委托项目。2012年委托,同年结题。

68. 王全纲,"常州市人才资本测算及其对经济增长贡献率研究",常州市第八届社科研究课题(2012CZSKL－C36)。2012年下达,同年完成。

69. 赵永乐,"南京人才与经济发展不成正相关关系瓶颈研究",中共南京市委、市政府下达项目,中国(南京)人才发展研究中心承担。2012年立项,2013年结题。

70. 王济干,"水利部直属事业单位分类改革研究",受水利部发展研究中心委托,水利部人力资源研究院、水利部人才资源开发中心和黄河水利委员会人劳局共同承担的水利部重大课题(课题编号:水重大2012－5)。2012年立项,2013年结题。

71. 王济干,"博士后制度在高校师资队伍建设中的作用研究",人力资源和社会保障部委托课题。2013年下达,2014年完成。

72. 王斌,"西部少数民族高层次人才培养问题研究",2013年度国家民族事务委员会课题。2013年立项,2014年结题。

73. 殷凤春,"江苏高端人才引进培养和管理创新机制研究",江苏省委组织部人才办项目。2013年立项,2014年结项。

74. 袁兴国、王全纲,"江苏服务外包产业人才需求与培养的对接研究",江苏省教改课题(2013JSJG254)。2013年下达,2015年完成。

75. 殷凤春,"高端引智价值识别与工作嵌入反哺跟踪研究",江苏省科技厅、江苏省委组织部人才办项目。2013年立项,2015年结项。

76. 申林,"干部竞争性选拔的制度优化与程序规范研究",国家社科基金项目(13BZZ046)。2013年立项,2016年结项。

77. 郭祥林,"基于协同创新的高校教师绩效评估体系研究",中央高校基本科研业务费项目(B14020211)。2014年立项,同年结题。

78. 赵永乐,"南京市浦口人才特区建设研究",南京市浦口区委托项目。2014年委托,同年结题。

79. 赵永乐、徐军海,"南京321计划实施情况绩效考评模式调研",南京市委组织部根据中共中央组织部组通字〔2014〕18号文件精神和分工安排而确立的调研项目,中国(南京)人才发展研究中心承担具体的研究工作。2014年立项,同年结题。

80. 赵永乐,"人才测评技术应用及发展研究",江苏省人社厅委托项目。2014年委托,同年结题。

81. 赵永乐,"西部地区人才培养、吸引和使用机制研究",中央人才工作协调小组办公室委托项目。2014年委托,同年结题。

82. 刘钢,"江苏省双创人才激励政策效度评估机制研究——以'科技企业家'政策为例",江苏省软科学研究计划项目(BR2014066)。2014年立项,同年结题。

83. 王全纲,"常州市人才资本与经济的协同发展研究",常州市第十届社科研究课题(2014CZSKL－B02)。2014年下达,同年完成。

84. 汪群,"水利行业管理干部领导能力培养及评价机制研究",水利部水利科技重点项目(20145020612)。2014年立项,2015年结题。

85. 殷凤春,"盐城市'十三五'人才发展规划研究",盐城市委组织部重点规划项目。2014年立项,2015年结项。

86. 赵永乐,"调研马鞍山:创造人才发展新常态——产业转型升级中的马鞍山人才体制机制创新研究",马鞍山市人才工作领导小组委托项目。2015年下达,同年结题。

87. 张长征,"依靠社会组织建立支撑人才创新创业金融服务体系研究"(15SRA-1),江苏省社科应用研究重点课题。2015年下达,2016年完成。

88. 赵永乐,"建立与经济社会发展需求相适应的人才需求预测与调整机制",中央人才工作协调小组办公室委托项目。2015年下达,同年结题。

89. 王全纲,"人才资本驱动常州经济转型发展研究",江苏省社科应用研究(人才发展)课题(15SRB-2)。2015年下达,同年完成。

90. 赵永乐,"徐州市义务教育学校教师校长交流轮岗建模研究",徐州市教育局委托项目。2015年下达,同年结题。

91. 赵永乐,"浦口区'十三五'人才发展规划研究",南京市浦口区委托项目。2015年下达,2016年结题。

92. 赵永乐、吕江洪,"'十三五'省属企业经营管理人才发展规划",江苏省人民政府国有资产监督管理委员会委托课题。2015年下达,2016年完成。

93. 殷凤春,"以市场为主导的引才育才机制研究",江苏省"333工程"人才发展项目。2015年立项,2016年结项。

94. 殷凤春,"盐城市高端人才引进培养机制研究",盐城市委组织部重点规划项目。2015年立项,2016年结项。

95. 赵永乐,"镇江市'十三五'人才发展规划研究",镇江市人才办委托项目。2015年下达,2016年结题。

96. 李峰,"海外引进人才的跨国资本及其本土化问题研究",中华全国归国华侨联合会青年课题(项目编号15CZQK207)。2015年立项,2017年结题。

97. 李峰,"海外引进人才的科研合作行为及其影响因素研究——以＊＊学者为例",国家自然科学基金青年基金项目(项目编号71403079)。2015年立项,2018年结题。

98. 殷凤春,"互联网＋时代高智价值识别及工作嵌入反哺跟踪模型研究",江苏省政府"六大人才高峰"项目(2015JY-030)。2015年立项,2018年结项。

99. 殷凤春,"大数据时代高智价值识别及工作嵌入反哺跟踪模型研究",国家社会科学基金面上项目(15BGL101)。2015年立项,2020年结项。

100. 赵永乐,"具有全球竞争力的人才制度体系研究",中央人才工作协调小组办公室委托项目。2016年下达,同年结题。

101. 赵永乐,"江宁区'十三五'人才发展规划研究",南京市江宁区委托项目。2016年委托,同年结题。

102. 王全纲,"创新人才要素配置的市场作用研究",常州市软科学研究计划重点项目(CR2160004-1),2016年下达,2017年完成。

103. 张长征,"依靠社会组织优化江苏新兴产业人才环境的策略研究",江苏省高校哲学社会科学研究重大重点项目(2016ZDIXM008)。2016年下达,2019年完成。

104. 王斌,"西南地区基层公共文化人才培养和激励机制研究",文化部项目(20162119)。2016年下达,2017年完成。

105. 刘钢,"江苏省装备制造行业人才强企机制研究",江苏省社科应用研究精品工程(人才发展)课题(16SRB－3)。2016年立项,2017年完成。

106. 赵永乐,"如东县'十三五'人才发展规划研究",如东县人才办委托项目。2016年委托,2017年结题。

107. 殷凤春,"新硬件时代高智价值识别与工作嵌入行为生态耦合研究",江苏省科技厅、江苏省委组织部人才办委托项目(2016SK453)。2016年立项,2018年结项。

108. 黄永春,"供需匹配视角下提升我国新兴产业企业家创业胜任力的政策供给研究",国家社科基金重点项目(16AGL005)。2016年下达,2020年完成。

109. 赵永乐,"《江苏省社科志》学术机构与学者队伍研究",江苏省社科联委托项目。2017年委托,同年结题。

110. 潘运军,"南京江北新区人才发展状况及对策建议",江苏省行政管理科学研究所项目。2017年下达,同年完成。

111. 汪群,"水利专业技术人员继续教育基地建设研究",水利部人才资源开发中心项目(20175001012)。2017年下达,2019年完成。

112. 樊传浩,"江苏创新创业生态系统的激励机制和政策工具研究",江苏省社科基金项目(17GLC002)。2017年下达,2021年完成。

113. 汪群,"河长制培训体系设计",中央高校基金项目(2018B47914)。2018年下达,同年完成。

114. 吕江洪,"提升江苏制造业人才国际竞争力研究",中国人事科学研究院、江苏省行政管理科学研究所资助项目。2018年下达,同年完成。

115. 樊传浩,"黄河水利科学研究院组织诊断与人才队伍建设规划研究",流域科技重点项目(20188137416)。2018年下达,同年完成。

116. 殷凤春,"推进江苏更深层次的人才体制机制改革研究",江苏省哲学社会科学规划办(人才发展)资助课题(18SRB－04)。2018年立项,2019年结项。

117. 汪群,"跨文化背景下水利专业技术人才培养研究",教育部直属高校国家级重点项目——"一带一路"教科文卫引智项目(DL20180048)。2018年立项,2019年结题。

118. 唐洪武,"南京构建具有全球竞争力的人才制度体系研究",2018年度南京市哲学社会科学基金春季公开招标的重大项目(18CA02)。南京市社科规划办公室2018年下达,2019年完成。

119. 殷凤春,"江苏省青年拔尖人才培养机制研究",江苏省哲学社会科学规划办(智库)资助课题(18SRB－04)。2018年立项,2019年结项。

120. 李峰,"我国高校高层次人才流动规律研究",教育部人文社会科学研究规划基金项目(18YJA880042)。2018年立项,2020年结题。

121. 陈双双,"2018全域旅游时代江苏省旅游'人才—经济'耦合协调研究",江苏省教育厅项目(2018SJA0496)。2018年下达,2020年完成。

122. 汪群,"'一带一路'中的中国国际工程企业人才全球化推进机制研究",国家社会科学基金项目(18BGL129)。2018年立项,2022年结题。

123. 汪群,"'一带一路'中国国际工程企业海外人才集聚研究",中央高校基金项目(2018B30214)。2018年下达,2022年完成。

124. 潘运军,"江北新区面向全球创新资源引才聚才、推进产才融合助力新主城建设研究",江苏省人才学会项目(HF21902)。2019年下达,同年完成。

125. 陈双双,"2019网络化多元协同下江苏省高层次人才服务体系构建研究"(19SRB-16),江苏省社科联人才发展专项。2019年下达,同年完成。

126. 刘钢,"江苏省民营女企业家生产经营现状与转型发展对策研究",2019年中央高校基本科研业务费项目,同年完成。

127. 郭祥林,"发挥市场在人才制度体系构建中决定性作用研究",中央高校基本科研业务费项目(B19020347)。2019年立项,2020年完成。

128. 黄永春,"流空间视角下长三角人才一体化发展的江苏定位与对策研究",江苏省哲学社科科学家联合会社科应用研究(人才发展)课题(19SRA-03)。2019年下达,2020年完成。

129. 樊传浩,"水利改革与发展研究——水利人才创新团队建设和管理研究",水利部水利科技重点项目,水利部发展研究中心委托水利部人力资源研究院承担课题。2019年立项,2020年结题。

130. 吕江洪,"江苏以产才城一体化建设人才友好环境研究",江苏省社科应用研究精品工程(人才发展)课题。2019年下达,2020年完成。

131. 李峰,"科研人员流动与职业成就的关系研究",国家自然科学基金面上项目(71874049)。2019年立项,2022年结题。

132. 潘运军,"浦口区'十四五'人才发展规划研究",江苏省人才学会项目。2020年下达,同年结题。

133. 袁兴国,"乡村振兴战略背景下江苏返乡创业人才环境优化研究——以徐州为例",江苏省人力资源和社会保障厅项目。2020年立项,同年结题。

134. 汪群,"新文科背景下面向'一带一路'的涉外复合型应用技术人才培养模式创新研究",教育部首批新文科研究与改革实践项目。2020年立项,2022年结题。

135. 殷凤春,"江苏高水平教师队伍建设研究",江苏省教育改革发展战略性与政策性研究重大课题(JSJG2020007)。2020年立项,2023年结项。

136. 陈双双,"深圳40年人才政策演变下的江苏比较与借鉴研究",江苏省社科联人才发展专项项目(21SRC-16)。2021年下达,同年结题。

137. 赵永乐,"盐城企业人才创新活力研究",盐城市委人才工作领导小组委托重大项目,河海大学中央人才工作协调小组国家人才理论研究基地承担。2021年下达,2022年结题。

138. 郭祥林,"新发展格局下南京人才制度体系建设研究",中央高校基本科研业务费项目(B210207024)。2021年立项,2022年结题。

139. 黄永春,"技术型创业团队的成长机理与培育路径研究",江苏省教育厅哲社重大项目(2021SJZDA027)。2021年下达,在研。

140. 黄永春,"'产-才-城'适配视域下长三角人才一体化发展的协同机制研究",国家社科基金一般项目(21BGL016)。2021年下达,在研。

141. 樊传浩,"适配南京高质量发展的科技人才全链条引进培育机制及激励政策研究",南京市软科学重点课题。2022年下达,在研。

附录 2　河海大学师生出版的人才研究著作

1. 钱孝华、望山（赵永乐），《用人新论》，河海大学出版社，1989年出版。
2. 夏老长，《作家人才学》，河海大学出版社，1989年出版。
3. 宋明南、梁重言、周浩祥、赵德水，《当代著名科学家科学成就与哲学思想》，河海大学出版社，1989年出版。
4. 望山（赵永乐），《人才，走向市场——人才市场学概论》，河海大学出版社，1989年出版。
5. 彭涵明、望山（赵永乐），《科技队伍建设与发展》，河海大学出版社，1990年出版。
6. 《江苏农民实业家辞典》编纂委员会，《江苏农民实业家辞典》，河海大学出版社1990年出版。编纂委员会由江苏省人才学会、中共江苏省委农村工作部、江苏省科学技术协会、江苏省哲学社会科学联合会组成，编辑部主编赵永乐。
7. 梁训，《领导人才学》，河海大学出版社，1991年出版。
8. 周平，《古今用人要诀》，河海大学出版社，1993年出版。
9. 望山（赵永乐），《充分发挥现有人才作用的研究》，河海大学出版社，1995年出版。
10. 刘显桃、赵永乐，《新世纪人才曙光：江苏省加快培养跨世纪学术和技术带头人对策研究》，江苏科学技术出版社，1996年出版。
11. 赵永乐，《现代人才规划技术》，上海交通大学出版社，1999年出版。
12. 郭桂英、胡学龙、张茂康，《高等工程技术人才的素质与培养》，河海大学出版社，1999年出版。
13. 潘杰，《知识经济与创新人才》，河海大学出版社，1999年出版。
14. 赵永乐、张娜、王慧、任雷鸣，《人才市场新论》，蓝天出版社，2005年出版。
15. 王济干主编，王建群、郭祥林副主编，《河海大学师资队伍建设规划》，河海大学出版社，2005年出版。
16. 王建青，《打造优质教学　塑造创新人才：河海大学常州校区教育教学改革论文集》，河海大学出版社，2005年出版。
17. 赵永贤、芮明春、陈锡安等，《新世纪人才实证研究》，河海大学出版社，2006年出版。
18. 赵永乐、魏萍，《面试》，上海交通大学出版社，2007年出版。
19. 闵卓，《创新型人才培育概论》，河海大学出版社，2010年出版。
20. 袁兴国，《青年人才成长的理论与实践——大学生职业规划与创业教育》，南京大学出版社，2010年出版。
21. 张龙、邓玉林，《高管团队人口特征对高管离职的影响研究》，光明日报出版社，2010年出版。
22. 邓玉林、张龙、奚红华，《知识型员工的激励机制研究》，东南大学出版社，2011年出版。

23. 王勇,《人才资本产权实现的路径模式与制度安排》,中国财政经济出版社,2012年出版。

24. 汪群、邓玉林、曾建华、朱菊芳,《科技人才开发战略及创新绩效研究》,科学出版社,2013年出版。

25. 赵永乐主编,沈荣华、桂昭明副主编,《宏观人才学概论》,党建读物出版社,2013年出版。

26. 唐震、殷璇、张静,《技术创新中的CTO研究》,河海大学出版社,2013年出版。

27. 殷凤春,《自主创新人才评价与提升》,南京大学出版社,2013年出版。

28. 王斌,《科技人才创新行为管理与队伍建设》,中国农业出版社,2014年出版。

29. 赵永乐,《求索中国特色人才路》,党建读物出版社,2014年出版。

30. 刘雪,《基于企业家的战略实施研究》,河海大学出版社,2014年出版。

31. 陆国宾,《河海大学百年育人巡礼》,河海大学出版社,2015年出版。

32. 袁兴国,《城市人才创新创业环境优化的策略》,河海大学出版社,2015年出版。

33. 王济干、蒲晓东等,《大学生核心素质模型构建及提升路径研究》,人民出版社,2015年出版。

34. 张宏伟,《聘任制公务员契约治理研究》,南京大学出版社,2015年出版。

35. 曹莉娜,《老年科技人才隐性人力资本的转化研究》,河海大学出版社,2015年出版。

36. 吴江,《深圳前海人才特区建设研究》,党建读物出版社,2016年出版。赵永乐、徐军海、方建华、潘运军、朱义令、陆静丹、宋成一、薛琴、鲍云霞、葛新艳等参与研究写作。

37. 吕江洪、陈双双、崔颖、赵永乐,《人才学简明教程》,中国电力出版社,2016年出版。

38. 潘运军、赵永乐,《南京浦口人才管理改革试验区建设研究》,南京出版社,2016年出版。

39. 赵永乐、郭祥林、吴达高、陈培玲,《调研江苏:发挥老年专家创新创业作用研究》,党建读物出版社,2016年出版。

40. 郭万牛,《高校创新人才战略选择》,中国矿业大学出版社,2016年出版。

41. 赵永乐等,《调研南京:加快人才优势向发展优势转化》,党建读物出版社,2016年出版。

42. 赵永乐、王济干等,《镇江"十三五"人才发展研究》,江苏人民出版社,2016年出版。

43. 段继业,《服务性学习与高校人才培养——来自南京晓庄学院的探索》,河海大学出版社,2017年出版。

44. 王全纲,《人才资本与经济协调发展研究——以常州市为例》,河海大学出版社,2017年出版。

45. 任新峰、赵永乐等,《如东"十三五"人才发展研究》,江苏人民出版社,2017年出版。

46. 王济干、毛健、顾平等,《镇江人才发展研究(2016—2017)》,江苏大学出版社,2017年出版。

47. 殷凤春,《高端人才引进培养机制和管理创新研究——以江苏省为例》,人民出版社,2017年出版。

48. 张宝玲,《高层次人才激励型薪酬模式研究——基于中国高校的实践》,河海大学出版社,2018年出版。

49. 樊传浩等,《团队胜任力视角下的防汛防旱抢险专业队伍能力评价体系研究》,河海大学出版社,2018年出版。

50. 王济干等,《2018年中国水利人才发展研究报告》,河海大学出版社,2019年出版。

51. 周庆元,《产业集群与人才集聚相互驱动和耦合发展研究》,河海大学出版社,2019年出版。

52. 《南京构建具有全球竞争力的人才制度体系研究》课题组,《南京构建具有全球竞争力的人才制度体系研究》,河海大学出版社,2019年出版。

53. 汪群、李卉、田鸣、张玥,《河长制治理理论与实践》,河海大学出版社,2020年出版。

54. 王斌,《西南地区基层公共文化人才培养和激励机制研究》,西南师范大学出版社,2020年出版。

55. 王济干等,《2019年中国水利人才发展研究报告》,河海大学出版社,2020年出版。

56. 刘波,《高校创新创业型人才培养模式研究与实践》,河海大学出版社,2020年出版。

57. 申林,《干部选拔任用的制度优化与程序规范研究》,上海社会科学院出版社,2020年出版。

58. 魏萍、孔原、周海燕、廖海,《融合共生:现代产业人才培养创新与实践研究》,河海大学出版社,2021年出版。

59. 陈娟,《商务英语教学与人才培养:理论与实践》,河海大学出版社,2021年出版。

60. 朱静,《跨境电商背景下外贸人才素质构建与研究》,河海大学出版社,2021年出版。

61. 黄永春、徐军海、李光明、陈思蒙,《新兴产业企业家创业胜任力的政策供给研究》,科学出版社,2021年出版。

62. 陈双双,《我国西部地区人才吸引和使用优化研究》,河海大学出版社,2022年出版。

63. 吴江,《粤港澳大湾区营智环境创新研究——基于广州南沙新区建设国际化人才特区的实践探索》,党建读物出版社,2022年出版。赵永乐、王斌、刘忠艳、刘娜、陶卓参与写作。

64. 殷凤春,《高端人才价值识别与工作嵌入研究》,人民出版社,2022年出版。

65. 赵永乐、郭祥林、陈培玲,《国际创新名城人才制度与治理研究——基于南京人才新发展格局的实践探索》,西南交通大学出版社,2022年出版。

附录 3　河海大学师生发表的人才研究论文

1. 治宇、梁训，《科技队伍的管理》，《江苏人才研究通讯》1982 年第 3 期。
2. 梁训、金少斌、孟庆龙，《教研室的人才系统结构》，《人才研究文集》(江苏省哲学社会科学联合会论文集)(上)，1983 年 1 月。
3. 治宇、王安继，《大学生如何争取掌握学习的主动权》，《人才研究文集》(江苏省哲学社会科学联合会论文集)(上)，1983 年 1 月。
4. 钱在祥、曹汉章，《试论王安石的人才思想》，《人才研究文集》(江苏省哲学社会科学联合会论文集)(上)，1983 年 1 月。
5. 华士林，《孔子论培养人才》，《人才研究文集》(江苏省哲学社会科学联合会论文集)(上)，1983 年 1 月。
6. 华士林，《求仕·出仕·举贤——孔子人才思想散论》，《人才研究通讯》1983 年第 2 期。
7. 郭子中，《智力引进中若干问题刍议》，《科技导报》1986 年第 4 期。
8. 梁训，《论现代领导科学》，《人才》(江苏)1987 年第 3 期。
9. 刘树人，《当今大学生成才的外在规律——对大学生成才规律的探讨(二)》，《华北水利水电学院学报(社会科学版)》1994 年第 1 期。
10. 周亚清，《加强师资队伍建设　培养跨世纪师资人才》，《河海大学机械学院学报》1995 年第 2 期。
11. 严恺，《大力培养科技人才》，《中国水利》1996 年第 1 期。
12. 姜弘道，《高层次复合型是跨世纪水利人才的基本特征》，《中国水利》1996 年第 6 期。
13. 王耀农，《从高等教育职能扩大看培养"复合"型人才的紧迫性》，《江苏高教》1997 年第 2 期。
14. 姜弘道，《21 世纪人才培养的走向》，《中国水利》1997 年第 4 期。
15. 望山(赵永乐)，《世界贸易大战与人才战略取向》，《学海》1997 年第 5 期。
16. 姜弘道，《为"水利第一"培育一流英才》，《中国水利》1997 年第 10 期。
17. 章恒全，《复合型人才培养与高校教育改革》，《南京经济学院学报》1998 年第 1 期。
18. 杨学泉，《编辑人才拔尖、群体结构优化与学报水平的提高》，《学报编辑论丛》1998 年第 7 集。
19. 赵永乐，《乡镇企业家的生成发展与造就》，《江苏经济探讨》1998 年第 12 期。
20. 李绿江，《浅谈面向 21 世纪高质量人才培养》，《江苏高教》1998 年第 5 期。
21. 赵永乐，《人才市场理论的发展》，《北京人才市场报》1998 年 12 月 10 日。
22. 刘学诗、李兰、赵永乐等，《南京市专业技术人员队伍发展"九五"计划和 2010 年远景目标研究》,《人才——实现跨世纪发展之本》(中共南京市委知识分子工作领导小组办公室编),南京出版社 1999 年版。

23. 赵永乐,《加速造就一支企业家队伍》,《人事管理》1999 年第 4 期。

24. 郭祥林,《学习邓小平人才人事理论深化高校人事管理制度改革》,《扬州大学学报(高教研究版)》1999 年第 3 期。

25.《江苏省人才资源开发对策研究》课题调研组(赵永乐、李晖执笔),《江苏省人才收入分配与社会保障问题调研报告》,《江苏经济探讨》1999 年第 11 期。

26. 王云昌,《论知识经济与智力资源》,《北京市计划劳动管理干部学院学报》1999 年第 4 期。

27. 曹菱红,《实施创新教育,培养创造性人才》,《河海大学学报(哲学社会科学版)》1999 年第 4 期。

28. 沈晓静,《论大学生的创新能力教育与培养》,《学海》1999 年第 6 期。

29. 赵永乐,《乡镇企业家人才市场研究》,《21 世纪,谁主沉浮——中国企业家人才市场研究》,李小平、陈宪著,上海教育出版社 2000 年版。

30. 赵永乐,《人才强省的理念支撑》,《人事管理》2000 年第 4 期。

31. 魏长升、王进步,《电子商务人才培养探析》,《商业经济与管理》2000 年第 7 期。

32. 赵永乐,《人才强省的战略体系》,《人事管理》2000 年第 8 期。

33. 赵永乐,《21 世纪初江苏人才资源开发对策思路》,《调查与研究》2000 年第 8 期。

34. 赵永乐、孙淮斌,《从人才大省到人才强省》,《宏观经济观察》2000 年第 9/10 期。

35. 徐贻珠,《重视个体独立性 造就创新人才》,《中国青年政治学院学报》2000 年第 6 期。

36. 赵永乐,《人才,强省之本》,《干部人事月报》增刊(2000 年 10 月)。

37. 赵永乐,《人才高地的实现动力》,《人事管理》2000 年第 11 期。

38. 刘宇瑛,《加强农村乡土人才的开发》,《北方经贸》2000 年第 6 期。

39. 赵永乐、孙淮斌,《人才资源开发的对策》,《面向新世纪的江苏经济发展新对策》(钱志新主编),中国经济出版社 2000 年版。

40. 河海大学课题组(赵永乐执笔),《构筑新世纪人才高地的政策体系》,《人事管理》2000 年第 12 期。

41. 毛积孝,《知识经济时代编辑人才的修养》,《河海大学学报(哲学社会科学版)》2000 年第 4 期。

42. 郑大俊、颜素珍,《论邓小平选人用人思想的特点》,《前沿》2001 年第 5 期。

43. 河海大学课题组(赵永乐执笔),《新世纪人才的发展趋势》,《人事管理》2001 年第 1 期。

44. 赵永乐,《人才竞争》,《干部人事月报》2001 年第 1 期。

45. 陈文、彭海珍,《人才何时能西飞》,《北方经贸》2001 年第 2 期。

46. 刘博、刘启珍,《大学生创新动力系统分析》,《零陵师范高等专科学校学报》2001 年第 1 期。

47. 范明、董洪年,《〈体育之研究〉和青年毛泽东的人才观》,《毛泽东思想研究》2001年第3期。

48. 杨学泉,《知识经济与创新型信息产业人才队伍建设》,《现代情报》2001年第3期。

49. 赵永乐,《构筑江苏新世纪高地的实现途径》,《江苏跨世纪的发展》(钱志新主编),中国经济出版社2001年版。

50. 赵永乐、赵永贤,《江苏新世纪人才高地及其实现途径》,《学海》2001年第4期。

51. 范明、董洪年,《论我国跨国经营人才的培养和开发》,《技术经济》2001年第10期。

52. 王云昌、陈芳、陈红兵,《中国高科技企业人力资源管理的问题与对策》,《中外企业文化》2001年第21期。

53. 吴宁萍,《论高校学术环境建设对培养高素质人才的意义》,《辽宁大学学报(哲学社会科学版)》2001年第6期。

54. 王云昌、张芸,《国企经营管理人员的激励与约束机制》,《中国人力资源开发》2002年第7期。

55. 何见得,《关于人才资源及其价值问题的研讨》,《技术经济与管理研究》2002年第1期。

56. 赵永乐,《人才开发的实现途径》,《党建与人才》2002年第3期。

57. 何见得,《关于人才资源开发"原理"的研讨》,《技术经济与管理研究》2002年第2期。

58. 江苏文化大省课题组(赵永乐、刘戎执笔),《江苏文化经营人才资源开发对策》,《人事管理》2002年第4期。

59. 赵永乐、刘戎,《构筑江苏文化人才高地,推进江苏文化产业发展》,《新世纪文化产业发展》(周直主编),东南大学出版社2002年版。

60. 曲炜、田盛,《加入WTO之后江苏水利人才开发面临的机遇和挑战》,《甘肃水利水电技术》2002年第2期。

61. 左健民、郑锋,《产学研相结合为培养高素质的应用型人才开拓新路》,《中国高教研究》2002年第8期。

62. 江冰、吴如漪、周燕、刘丹平、王萍,《"3+1"学制人才培养模式的研究和实践》,《河海大学常州分校学报》2002年第3期。

63. 李松,《高校创业型人才培养的三大基点》,《广西青年干部学院学报》2002年第5题。

64. 王萍、林善明,《探索电气及电子工程人才培养新模式》,Proceedings of the International Symposium on Electrical Engineering Education,2002年11月。

65. 郭震、丁坚,《基于数据仓库的人才决策系统研究》,《江苏水利》2002年第12期。

66. 朱从明,《构建有中国特色的人才市场体系》,《人才开发》2003年第8期。

67. 吴九红、刘江峰,《中国保险业的人才现状及人才评价问题研究》,《江苏商论》

2003 年第 1 期。

68. 赵永乐、詹世平、吴守海、张永耀,《关于江苏科技创新人才队伍建设的对策建议》,《宏观经济观察》2003 年第 2/3 期。

69. 王轶,《从江泽民的青年人才观谈思想政治教育的有效性》,《青少年研究》(山东省团校学报)2003 年第 1 期。

70. 陈京民、韩松,《企业"原创性"技术创新人才队伍管理》,《江苏商论》2003 年第 3 期。

71. 课题组(赵永乐、张永耀执笔),《科技创新人才队伍建设的战略思考》,《科技与经济》2003 年第 5 期。

72. 缪子梅,《浅析领导者非权力威望》,《河海大学学报(哲学社会科学版)》2003 年第 2 期。

73. 赵永乐,《人才市场化与政府归位》,《人才瞭望》2003 年第 6 期。

74. 赵永乐,《人才市场化与政府归位》,《中国人事报》2003 年 4 月 8 日。

75. 张明、张弓、曹宏俊,《对 CUBA 向 CBA 输送高水平篮球人才的可行性研究》,《南京体育学院学报(自然科学版)》2003 年第 2 期。

76. 石金楼、黄海艳,《论人才可持续发展能力的建设》,《现代经济探讨》2003 年第 6 期。

77. 许捍卫、张友静、张行南,《二十一世纪高校 GIS 本科人才培养方案的研究》,《首届地理信息系统专业教育研讨会论文集》,2003 年 8 月。

78. 杜栋,《21 世纪初企业信息化人才的培养研究》,《高等理科教育》2003 年第 4 期。

79. 曹菱红,《未来化——关于创新型人才培养的思考》,《教育探索》2003 年第 10 期。

80. 薛万里,《构筑港口物流人才高地 推进港口物流产业发展》,《江苏交通》2003 年第 9 期。

81. 朱建设、王冀宁、宋艺丁,《高校人才队伍评价的建模研究》,《东南大学学报(哲学社会科学版)》2003 年第 6 期。

82. 赵永乐、张永耀,《企业研发人才研究》,《中国人力资源开发》2003 年第 11 期。

83. 赵永乐、杜林致、肖曼,《江苏省企业经营者能力现状及提升》,《人事管理》2003 年第 12 期。

84. 孟令熙、张海珍,《高职院校教师流失的特点分析及对策研究》,《继续教育研究》2003 年第 6 期。

85. 杜栋、徐绪堪,《以 ERP 模拟实验室平台打造工商管理专业人才培养新模式》,《实验技术与管理》2003 年第 6 期。

86. 郭祥林、司马雪放、黄林楠、张烨,《试论高等学校教师的业绩评估》,《江苏高教》2004 年第 1 期。

87. 豆谊博、张洪峰,《战略性人才的流失现状分析与对策》,《江苏商论》2004 年第 1 期。

88. 吴利华,《广义 Logistic 曲线模型在人才资源分析中的应用》,《武汉理工大学学报(信息与管理工程版)》2004年第1期。

89. 赵永乐、张永耀,《江苏科技创新人才队伍建设的战略与任务》,《现代经济探讨》2004年第1期。

90. 赵永乐、殷凤春,《对人才新概念的几点认识》,《中国人才》2004年第2期。

91. 屠高、唐琳、唐德善,《欠发达地区的人才策略》,《经济师》2004年第3期。

92. 黄林楠、郭祥林,《高校教师业绩量化评估现状评析》,《河海大学学报(哲学社会科学版)》2004年第3期。

93. 钱朝阳、蒲玲、金宇清、樊非,《电气工程及其自动化专业人才培养目标设立的系统思考》,《第二届全国高校电气工程及其自动化专业教学改革研讨会论文集》(上册),2004年4月。

94. 赵永乐、杜林致、肖曼,《江苏省企业经营者能力分析》,《现代企业教育》2004年第4期。

95. 鞠平、任立良、阮怀宁、马亦农、潘静,《构建高素质创新人才培养体系的思考与实践》,《中国大学教学》2004年第4期。

96. 王任,《略论校园文化环境建设与创新型人才培养》,《山西青年管理干部学院学报》2004年第2期。

97. 吴利华、郑垂勇,《神经网络模型对城市人才资源总量的预测》,《科技进步与对策》2004年第8期。

98. 鞠平、姜弘道、阮怀宁、马亦农、潘静,《面向市场"订单式"培养复合型人才》,《中国高等教育》2004年第11期。

99. 朱明,《高等教育质量与人才资源开发利用》,《前沿》2004年第10期。

100. 张艳容、唐又红,《论知识分子在推动社会进步与丰富和发展工人阶级先进性中的地位和作用》,《广西青年干部学院学报》2004年第5期。

101. 赵永乐、张永耀,《江苏省科技创新人才队伍建设的战略与任务》,《中华学术论坛》(香港)2004年第11期。

102. 赵永乐,《科学人才观提出的新课题》,《中国人事报》,2004年12月。

103. 谢静,《关于水利人才培养的现状、需求及建议》,《水利经济》2004年第6期。

104. 祁平、沈进,《高级人才租赁现象探微》,《江苏商论》2004年第12期。

105. 王培君、赵永乐,《关于科学人才观的几点认识》,《河海大学学报(哲学社会科学版)》2005年第1期。

106. 赵永乐,《人才强国战略实现途径和动力的选择》,《济南大学学报(社会科学版)》2005年第1期。

107. 刘树梅,《依靠科技体制创新发挥人才优势是振兴东北之路》,《科技管理研究》2005年第1期。

108. 王梅姣,《人才强国与转变教育思想观念》,《前沿》2005年第1期。

109. 赵永乐、宋成一,《树立科学人才观 大力解放生产力》,《发展必须解放人才》(赵永贤主编),江苏人民出版社2005年版。

110. 赵永乐、马永刚,《人才市场和人才宏观调控》,《人才学基本原理》(叶忠海主编),蓝天出版社 2005 年版。

111. 崔祥民、沈进,《构建企业人才流失防范体系》,《北方经贸》2005 年第 4 期。

112. 郑锋,《新建本科院校教师队伍建设初探》,《江苏高教》2005 年第 3 期。

113. 仲明明、沈进,《对企业留住核心员工问题的探讨》,《北方经贸》2005 年第 5 期。

114. 王勇,《人才市场结构与人才价值的实现》,《现代管理科学》2005 年第 5 期。

115. 赵永乐、张新岭,《人才资本价值在组织中的实现途径》,《华东经济管理》2005 年第 5 期。

116. 赵永乐、张新岭,《论组织价值与人才资本价值的关系》,《武汉化工学院学报》2005 年第 3 期。

117. 郭祥林,《契约理念:高校师资管理的新视野》,《河海大学学报(哲学社会科学版)》2005 年第 4 期。

118. 杨勇、张阳,《跨国公司在我国的人才战略及我国的对策》,《现代管理科学》2005 年第 4 期。

119. 崔祥民,《人才流动规律探析》,《人才开发》2005 年第 8 期。

120. 赵永乐、宋成一,《组织内的人才价值》,《社科研究》(香港)2005 年第 10 期。

121. 陈云萍、陈颖,《我国工业企业物流人才开发研究》,《现代管理科学》2005 年第 11 期。

122. 高雪梅、程晓娟、张文翠,《加强导师队伍和科研环境建设 提高研究生培养质量》,《前沿》2005 年第 12 期。

123. 牛励耘、薄赋徭,《实现人才价值 大力推进人才市场化进程》,《人才资源开发》2005 年第 12 期。

124. 王慧,《探析高校教师学历-职称之间的转换规律》,《重庆工学院学报》2005 年第 12 期。

125. 张鑫、夏锦文,《转型时期国有商业银行的人才开发策略》,《商业研究》2005 年第 22 期。

126. 王慧,《浅谈我国人才市场的发展》,《江苏商论》2006 年第 1 期。

127. 王勇、赵永乐,《人才资本产权的概念、特征与结构》,《华东经济管理》2006 年第 1 期。

128. 孙友然、姜达,《现代企业人才招聘的"4P"模式研究》,《华东经济管理》2006 年第 1 期。

129. 赵永乐,《打造江苏人才第一方阵——江苏省高层次人才队伍建设思路》,《现代人才》2006 年第 1 期。

130. 刘娜、赵永乐、邵光成,《企业经营管理者队伍培养建设机制探析——以江苏省企业为例》,《河海大学学报(哲学社会科学版)》2006 年第 2 期。

131. 赵永乐等,《企业经营者及其能力的界定》,《中国人事报》,2006 年 2 月 27 日。

132. 赵永乐、王勇,《人才资本:产权特性与制度安排》,《开发研究》2006 年第 2 期。

133. 赵永乐,《合力打造富有竞争力的科技创新人才队伍》,《中国人才(上半月)》2006 年第 5 期。

134. 李光红、陈学中、孙丽丽,《高层次人才集聚与管理机制创新》,《理论学刊》2006 年第 3 期。

135. 王勇、赵永乐,《人才资本研究述评》,《改革与战略》2006 年第 3 期。

136. 赵永乐、王斌、张书凤,《韩国高层次研发人才资源发展对江苏现时期的启示》,《南京社会科学》2006 年第 3 期。

137. 张仰飞、魏萍、冯永伟、王灿,《多维度培养大学生科技创新能力》,《南京工程学院学报(社会科学版)》2006 年第 4 期。

138. 赵永乐等,《企业经营者能力及指标体系》,《中国人事报》,2006 年 3 月 3 日。

139. 赵永乐等,《企业经营者能力自我认识分析》,《中国人事报》,2006 年 3 月 31 日。

140. 吴凤菊,《人才逆向流动及其原因初探》,《人才开发》2006 年第 4 期。

141. 张艳,《企业技术工人短缺与技能人才激励研究》,《沿海企业与科技》2006 年第 4 期。

142. 王斌、赵永乐,《人才团队创新价值分析模型》,《人才资源开发》2006 年第 4 期。

143. 浦玲,《人才培养的范式转换与大学文化》,《前沿》2006 年第 5 期。

144. 赵永乐,《培养具有自主创新能力的高层次人才》,《中国人事报》,2006 年 6 月 19 日。

145. 王勇,《人才资源有效配置的制度分析》,《商业研究》2006 年第 12 期。

146. 王慧,《探讨高校教师职称晋升的政策与实践》,《经济师》2006 年第 7 期。

147. 张阳、陈玉玉,《跨国公司在华设立研发机构对我国人才的影响效应分析》,《集团经济研究》2006 年第 30 期。

148. 陶爱祥,《试论循环经济型人才的培养》,《商场现代化》2006 年第 20 期。

149. 陶爱祥,《提升人才循环力的途径》,《商场现代化》2006 年第 21 期。

150. 王斌、王波,《创新行为价值分析模型研究》,《商场现代化》2006 年第 21 期。

151. 代江滨,《出版人才建设思考》,《编辑人才论——中国编辑学会第十一届学术年会论文集》,2006 年 8 月。

152. 崔玉梅、沈进,《论企业内人才的股票期权激励》,《商场现代化》2006 年第 24 期。

153. 曹菱红、张正君、熊伟、李萍,《关于高校兼职教师队伍建设与实践的思考》,《现代教育科学》2006 年第 9 期。

154. 张发明、高正夏、袁宝远、宋汉周、周志芳、罗增益,《地质工程专业创新型人才培养的实践》,《中国地质教育》2006 年第 3 期。

155. 宋薇,《江苏省国际化人才管理质量指标体系的初探》,《南京工程学院学报(社会科学版)》2006 年第 3 期。

156. 杨月、沈进,《多元线性回归分析在人才需求预测中的应用》,《商场现代化》2006 年第 32 期。

157. 王斌、沈进,《企业科技人才创新行为股票期权激励机制》,《商场现代化》2006 年第 32 期。

158. 王斌,《企业科技人才创新行为系统内涵探讨》,《江苏商论》2006 年第 11 期。

159. 王慧,《高校教师职务聘任管理中的"蝴蝶效应"》,《黑龙江高教研究》2006 年第 11 期。

160. 肖鸣政、郭庆松、孙柏瑛、胡近、赵永乐,《国家竞争的关键在于人力资源开发水平》,《社会科学报》,2006 年 12 月。

161. 徐巧娣、周春燕,《知识经济与现代高校教师素质》,《陕西教育·理论》2006 年第 12 期。

162. 张明,《基于胜任力概念的人才测评指标体系构建》,《沿海企业与科技》2006 年第 12 期。

163. 丁志同,《高校收入分配制度的创新思路》,《会计之友(下旬刊)》2006 年第 12 期。

164. 崔祥民、赵永乐,《人才市场市场化指数研究》,《中国人力资源开发》2006 年第 12 期。

165. 赵永乐、胡美娟,《基于新人才体制框架的中国人才法律体系》,《中国人事报》,2007 年 1 月 5 日。

166. 郭祥林,《制度的反思:高校教师业绩评估制度的研究》,《扬州大学学报(高教研究版)》2007 年第 1 期。

167. 赵永乐,《组织内的人才市场与人才价值实现机制》,《济南大学学报(社会科学版)》2007 年第 1 期。

168. 郭祥林、张烨、姜海霞、刘成钢,《高校教师业绩评估的实践与思考》,《中国高校师资研究》2007 年第 2 期。

169. 赵永乐、刘保平,《双性化人格理论与女大学生职业发展研究》,《山西师大学报(社会科学版)》2007 年第 2 期。

170. 殷凤春,《人才生态环境建构研究》,《盐城师范学院学报(人文社会科学版)》2007 年第 1 期。

171. 戚志枫,《谈对创业型企业人才实行股权激励》,《盐城师范学院学报(人文社会科学版)》2007 年第 1 期。

172. 王勇、朱险峰,《人才资本及其产权实现:一个文献研究综述》,《生产力研究》2007 年第 4 期。

173. 赵永乐、王慧,《树立科学发展观 深化高校职务聘任改革》,《现代高教理论研究》2007 年第 3 期。

174. 郑瑞强、张平,《水库移民中人才开发工作的政府角色定位》,《甘肃农业》2007 年第 3 期。

175. 赵永乐,《实施国家高层次人才培养刻不容缓》,《光明日报》,2007 年 4 月 26 日。

176. 赵永乐,《人才结构和人才资源配置优化》,《中国人才》2007 年第 7 期。

177. 韩翔、陈云萍,《刍议我国工业企业物流人才开发策略》,《特区经济》2007 年第

4 期。

178. 李光红、杨晨,《高层次人才评价指标体系研究》,《科技进步与对策》2007 年第 4 期。

179. 吕红征、崔锦铭、戴叶,《高校管理学类创新人才的培养》,《当代教育论坛(校长教育研究)》2007 年第 4 期。

180. 赵永乐、王慧,《中国高校教师职称改革模式的抉择》,《南京社会科学》2007 年第 4 期。

181. 石金楼,《基于因子分析的江苏省人才环境评价研究》,《南京社会科学》2007 年第 5 期。

182. 刘扬、沈进、张海燕,《人才租赁——企业用人新方向》,《科技信息(科学教研)》2007 年第 16 期。

183. 赵永乐,《高层次人才成长的特点》,《中国人事报》,2007 年 6 月 8 日。

184. 陶爱祥,《基于循环经济理论的新农村建设人才开发策略》,《求索》2007 年第 6 期。

185. 赵永乐,《人才选拔理论与方法》,《中国人才》2007 年第 11 期。

186. 邱文荣,《加快推进政府决策咨询人才国际化进程》,《人才资源开发》2007 年第 8 期。

187. 王勇、赵永乐,《人才资本内涵论析》,《科技管理研究》2007 年第 8 期。

188. 冯素玲、彭亚宁、乔俊明,《科学精神的缺失与重塑——从高校人才培养谈起》,《聊城大学学报(社会科学版)》2007 年第 4 期。

189. 张书凤、夏建伟,《江苏人才发展指数的编制及其应用研究》,《江苏商论》2007 年第 8 期。

190. 许永惠,《论中小企业人才培训后流失的防范策略》,《商业文化(学术版)》2007 年第 8 期。

191. 薛涛,《试析我国体育保险经纪人市场的发展》,《体育与科学》2007 年第 5 期。

192. 薛琴,《论基于岗位胜任力模型的人才选拔》,《江苏商论》2007 年第 9 期。

193. 石金楼、郑垂勇,《知识经济条件下江苏人才资源开发战略探析》,《学海》2007 年第 5 期。

194. 胡美娟,《我国人才市场体系的法制环境现状分析》,《科技管理研究》2007 年第 10 期。

195. 张书凤、沈进,《21 世纪江苏人才经济价值分析》,《安徽农业科学》2007 年第 30 期。

196. 张书凤、沈进,《我国区域人才发展指数研究》,《科技管理研究》2007 年第 11 期。

197. 刘保平、赵永乐、荣丽杉,《无边界职业生涯背景下女大学生职业竞争力培养研究》,《生产力研究》2007 年第 23 期。

198. 张鑫、孔庆茂,《基于南京市区域人才优势的企业人力资源政策研究》,《江苏省外国经济学说研究会 2007 年学术年会会议论文集》,2007 年 12 月。

199. 刘晓农,《企业科技创新人才内涵及素质特征分析》,《生产力研究》2008年第1期。

200. 吴大志,《胜任力模型在医院护士长素质测评中的应用》,《中国卫生资源》2008年第1期。

201. 曹菱红、陈红,《高校本科阶段研究型人才培养的改革探索与实践》,《皖西学院学报》2008年第1期。

202. 殷凤春,《人才开发应关注的十大竞争效应》,《商场现代化》2008年第5期。

203. 慎利亚、吴大志,《论人力资源配置的新模式——人才租赁》,《管理科学文摘》2008年第Z1期。

204. 秦璞、吴大志,《切实加强医院管理人才队伍建设》,《管理科学文摘》2008年第Z1期。

205. 郭祥林、陈双双,《事业单位岗位绩效工资制度改革探析》,《中国人力资源开发》2008年第2期。

206. 殷凤春,《我国自主创新人才劳动系统论》,《湖北社会科学》2008年第3期。

207. 杨春平,《从人力资源管理视野看人才测评体系的构建》,《商场现代化》2008年第12期。

208. 张鑫、孔庆茂,《人才租赁的经济学分析》,《现代管理科学》2008年第5期。

209. 陈岩,《论水利人才开发重点的转移——由水利工程人才向移民管理人才转移》,《水利规划与设计》2008年第3期。

210. 穆维强,《水库移民管理人才问题及对策研究》,《水利规划与设计》2008年第3期。

211. 殷凤春,《论高校人才环境建设》,《盐城师范学院学报(人文社会科学版)》2008年第3期。

212. 梁红静,《浅谈青年科技人才成长规律》,《科技创业月刊》2008年第7期。

213. 陈楚,《我国水利人才资源开发与管理SWOT分析》,《水利经济》2008年第4期。

214. 管斌、刘若斌、谢红兵,《职业化企业家队伍建设现状及对策研究——以山东省济南市企业家队伍建设为例》,《山东社会科学》2008年第8期。

215. 韩建军、田泽,《基于社会资本视角的知识型离职员工管理》,《中外企业家》2008年第8期。

216. 宋凤琴、朱昌平,《改革实验教学 培养创新人才》,《实验室研究与探索》2008年第8期。

217. 管斌、李开森、管雯,《当前企业家队伍建设面临的新形势及对策》,《江苏商论》2008年第8期。

218. 房振宇,《华为战略性人力资源招聘带来的启示》,《北方经贸》2008年第9期。

219. 司江伟、郑其绪,《论人才才能三态的关系特征及现实意义》,《武汉工程大学学报》2008年第5期。

220. 张书凤,《我国人才资本对经济增长的贡献研究》,《生产力研究》2008年第5期。

221. 黄海燕、赵永乐,《高校人力资本价值模型研究》,《常州工学院学报》2008年第6期。

222. 戴宏伟、郑垂勇、赵敏,《东部知识产权人才SWOT分析》,《现代管理科学》2008年第11期。

223. 赵永乐、沈鸿、陆静丹,《市级税务系统人才配置建模思路》,《中国人才》2008年第17期。

224. 魏萍、宋成,《上海金融人才开发战略研究》,《商场现代化》2008年第27期。

225. 殷凤春,《人才学学科定位与多学科融合》,《商场现代化》2008年第28期。

226. 李晓东,《科学评价是推动高校师资队伍建设的关键》,《南京理工大学学报(社会科学版)》2008年第5期。

227. 殷凤春,《人才强沿海区域战略探析——以江苏省为例》,《江苏商论》2008年第10期。

228. 吴胜兴,《夯实"质量工程",培育高素质创新人才》,《高等学校土木工程专业建设的研究与实践——第九届全国高校土木工程学院(系)院长(主任)工作研讨会论文集》,2008年11月。

229. 李萍,《识人·超越·变革——浅论成功领导者的三种视野》,《辽宁行政学院学报》2008年第11期。

230. 赵永乐,《美国强国的人才价值实现机制模式——兼论对我国的启示》,《中国人力资源开发研究会第十次会员代表大会暨学术研讨会论文汇编》,2008年11月。

231. 寇宝银,《浅谈新时期电子商务人才的培养》,《商场现代化》2008年第35期。

232. 黄海燕、赵永乐,《关于高校人力资本增值管理的几点思考》,《淮阴工学院学报》2008年第6期。

233. 赵永乐,《美国的人才强国之路与中国的人才强国战略》,《第一资源》2009年第1期。

234. 高新陵、吴东敏,《论信息素质教育与创新人才培养》,《情报探索》2009年第1期。

235. 郭祥林,《高校教师岗位聘用合同管理中的瑕疵及对策》,《江苏高教》2009年第1期。

236. 赵永乐(口述)、王长峰(整理),《赵永乐:见证江苏人才"风起云涌"》,《党的生活》2009年第9—10期合刊。

237. 吕江洪、曹家和、黄宝凤、徐侠,《关于科技人才成长与资助关系的思考》,《科学与管理》2009年第1期。

238. 张薇,《研究型大学本科人才培养体系浅析》,《网络财富》2009年第4期。

239. 殷凤春,《我国自主创新人才开发战略SWOT分析》,《科技管理研究》2009年第4期。

240. 王培君,《人才招聘的关键问题研究》,《企业经济》2009年第5期。

241. 陈楚,《坚持以人为本 探索创新型水利人才培养机制》,《人民长江》2009年第7期。

242. 陈杰、钱朝阳,《"致高、致用、致远"理念下的电气人才培养——以河海大学电气工程学院为例》,《中国电力教育》2009年第11期。

243. 蔡秀萍、孙荣、赵曼、陈万明、赵永乐,《如何更好地吸引海外智力和留学人员回国?》,《中国人才》2009年第13期。

244. 徐阳,《高绩效人才团队标准的研究》,《中国集体经济》2009年第19期。

245. 王超,《基于胜任力的复合型媒介人才培训开发》,《中国集体经济》2009年第19期。

246. 王伟、张琴英,《构建三位一体仿真实训平台培养港口物流专业人才的研究与实践》,《中国市场》2009年第28期。

247. 赵永乐,《人才强国战略:中华民族伟大复兴的必然选择》,《区域人才开发的理论与实践:港澳台大陆人才论坛暨2008年中华人力资源研究会年会论文集》,中国劳动社会保障出版社2009年版。

248. 许根宏,《我国党报"人才问题"实证分析》,《中国报业》2009年第8期。

249. 金晶,《我国非营利组织人员激励机制论析》,《内蒙古农业大学学报(社会科学版)》2009年第4期。

250. 王培君,《基于组织文化视野的人才招聘策略》,《江苏商论》2009年第8期。

251. 吴颖、许长新,《海归人才在常州市创业的典型案例分析》,《江苏技术师范学院学报(社会科学版)》2009年第9期。

252. 赵永乐,《打造国家级高层次创新人才方阵》,《中国人才》2009年第19期。

253. 徐步朝、张延飞、王合义,《地质科技人才素质的模糊综合评价》,《科技管理研究》2009年第10期。

254. 吕江洪、赵永乐、王济干、曹家和、李好特,《科技人才成长与资助的现状调查》,《科技管理研究》2009年第10期。

255. 孙文霞、武博,《基于生态位视角的职业经理人流动研究》,《江苏商论》2009年第11期。

256. 杨达源、王富葆、徐馨、高维明、陈西庆、朱诚,《深切怀念地貌与第四纪地质科学家杨怀仁教授》,《第四纪研究》2009年第6期。

257. 张宏如、赵永乐,《EAP视阈下知识型员工的职业生涯管理》,《中国人才》2009年第12期。

258. 王培君,《人才招聘中的品德测评》,《商场现代化》2009年第12期。

259. 郭祥林,《高校教师岗位聘用合同管理的双重属性及其完善》,《高校师资管理新探(第十集)》(黄泰岩主编),四川大学出版社2009年版。

260. 朱昌平、王智、朱陈松、江冰,《对日本实践创新人才培养的考察与思考》,《实验技术与管理》2009年第12期。

261. 赵永乐,《专家领军——一个严肃而紧迫的命题》,《中国人才》2010年第3期。

262. 赵永乐,《服务发展的新要求——从人才特区看人才引领发展》,《第一资源》2010年第4期。

263. 邓建高、王敏,《新形势下高校加强校企合作培养高素质人才的思考》,《中国电力教育》2010年第6期。

264. 曹丽娟,《引进高层次创业创新人才评价指标体系研究》,《科技管理研究》2010年第5期。

265. 张辉、吴松强,《美、日、欧创新人才培养研究综述》,《亚太经济》2010年第2期。

266. 王虹,《我国文化产业人才培养对策探讨》,《中国经贸导刊》2010年第7期。

267. 周敏、郭靖蓉,《企业购并中核心人才的识别与留任》,《南京财经大学学报》2010年第3期。

268. 李锋、尹洁、吴洁,《基于数据挖掘的高校人才引进与培养策略研究》,《科技进步与对策》2010年第12期。

269. 沈蓓绯,《荣誉学院:美国高校本科生"拔尖创新人才"培养模式研究》,《高教探索》2010年第4期。

270. 唐震、殷璠、汪群,《中国企业CTO的成长路径》,《统计与决策》2010年第7期。

271. 赵永乐,《确立人才竞争比较优势:人才强国的现实路径》,《中国人事报》,2010年7月。

272. 赵永乐,《推动人才结构战略性调整》,《中国人事报》,2010年7月。

273. 赵永乐、申学峰、夏中南,《发挥杠杆效应,保障人才优先,实施促进人才投资优先保证的财税金融政策》,《中国人事报》,2010年7月。

274. 赵永乐、袁兴国,《〈人才规划纲要〉的新意和新举措——解读〈国家中长期人才发展规划纲要(2010—2020年)〉》,《党课参考》2010年第8期。

275. 高翔、武博、韩建军、高芳,《中国人才竞争力提升策略研究》,《科技与经济》2010年第4期。

276. 储瑾蓉、陆静丹,《文化职业经理人队伍建设刍议》,《价值工程》2010年第28期。

277. 宁逢夏,《浅析企业核心员工的管理策略》,《商场现代化》2010年第30期。

278. 龚艳冰,《基于突变理论的信息化人才绩效评价研究》,《中国电力教育》2010年第32期。

279. 严骥,《略论高新技术企业人才流动中的商业秘密保护》,《江汉石油职工大学学报》2010年第6期。

280. 侯义佳,《税务部门人才队伍建设浅析》,《品牌(理论月刊)》2010年第12期。

281. 宋利民、颜玲,《创新机制 育人为本 持续有效提高人才培养质量》,《科教文汇》2010年第35期。

282. 赵永乐,《人才发展方式的根本性转变与人才结构的战略性调整》,《2010中国人才发展论坛论文汇编》,中国人事出版社2011年版。

283. 田晶华,《心理契约在高校青年教师职业发展中的应用》,《江苏高教》2011年第1期。

284. 郭建斌、王楠,《浅谈教学改革对本科人才培养的意义》,《中国科技信息》2011年第2期。

285. 唐峻、冯友梅、赵忠、鞠平、王亚非、陈大恩、沙爱民,《创新人才培养模式之"知行统一"研究》,《华中农业大学学报(社会科学版)》2011年第3期。

286. 王勇,《科技人才集聚效应的实证研究——基于江苏的数据》,《科技管理研究》2011年第5期。

287. Jigan Wang、Junfang Peng、Chuanhao Fan,"*Empirical research of talent growth platform based on science of personnel*",2011 International Conference on E-Business and E-Government(EI检索),2011年。

288. 赵闰、石研研、栗志强、李蓓达,《农业青年科研人员成才与培养状况研究》,《中国农机化》2011年第1期。

289. 彭易菲,《CDIO教育理念对我国实施卓越工程师教育培养计划的启示》,《现代企业教育》2011年第4期。

290. 魏萍,《大学生综合素质培养模式研究与改革实践》,《江苏高教》2011年第2期。

291. 高新陵,《中美高校图书馆学科馆员队伍建设与管理比较研究》,《新世纪图书馆》2011年第3期。

292. 许巧仙、朱久兵,《高职院校残疾人专职委员人才培养方案的研究》,《社会工作(学术版)》2011年第3期。

293. 费峻涛、方韵梅,《美国研究型大学人才培养模式研究》,《中国科教创新导刊》2011年第10期。

294. 潘江波、房道伟、江洋,《产学研政结合下的管理类专业创业人才培养途径研究》,2011年创新教育学术会议(CCE2011),2011年4月。

295. 邓建高、王普查、朱昌平、王敏,《基于校企合作培养模式的创新型人才培养体系设计》,2011年创新教育学术会议(CCE2011),2011年4月。

296. 万定生、郭学俊,《科学型与应用型兼顾的计算机科学与技术专业人才培养方案》,《计算机教育》2011年第7期。

297. 赵永乐、张书凤,《以台湾人才水平为借鉴的福建人才发展研究》,《公共行政与人力资源》2011年第5期。

298. 赵永乐,《推动人才结构优先调整的思考》,《中国组织人事报》,2011年5月6日。

299. 赵永乐,《从硅谷的人才裂变看新兴产业领军人才的成长》,2011中国宁波国际人才高层论坛暨中日韩企业人力资源开发研讨会专题发言,《中国组织人事报》,2011年5月18日摘要发表;光明网,2011年5月20日摘要刊登。

300. 赵永乐,《深刻领会三个"解放"思想 加快转变人才发展方式》,2011年6月21日光明日报社、中国人才研究会和清华大学共同主办的"解放思想、解放人才、解放科技生产力"研讨会主题发言,光明网,2011年6月21日。

301. 王全纲,《我国R&D支出对GDP增长贡献率实证分析》,CSISE,2011年第

6 期。

302. 赵永乐,《人才结构优先调整的新思考》,《成才之路》2011 年第 16 期。

303. 朱昌平、谢祖锋、黄波,《香港实践创新人才培养的考察与对比研究》,《实验技术与管理》2011 年第 6 期。

304. 赵永乐、曹莉娜,《高层次经营管理人才收入水平的自身影响变量分析》,《第一资源》2011 年第 2 期。

305. 张娴初、王大成,《我国高新技术企业科技创新人才薪酬激励的困境与对策》,《当代财经》2011 年第 7 期。

306. 王建中,《新形势对高校国防教育工作者的几点新要求》,《江苏警官学院学报》2011 年第 4 期。

307. 张友琴、王萍、朱昌平、朱晖,《以大学生创新性实验计划为契机培养创新型人才》,《实验技术与管理》2011 年第 7 期。

308. 栗惠芳、吴强、刘芳芳,《欧洲工程师培养体制的借鉴与启示》,《中国高等教育》2011 年第 18 期。

309. 张容、陈培玲、陈磊,《美国"教师教学发展"体系特点及启示》,《徐州师范大学学报(教育科学版)》2011 年第 3 期。

310. 牟艳、陈慧萍、王萍、陈鹏、丁波,《基于项目开发的软件创新人才培养模式研究与实践》,《福建电脑》2011 年第 9 期。

311. 丁志同,《高校教师绩效责任及绩效结构模型的重构》,《高等工程教育研究》2011 年第 5 期。

312. 赵永乐、陆静丹,《以马来西亚为借鉴的广西人才发展研究》,《人事天地》2011 年第 10 期。

313. 牛春丽、苗红霞,《大学生创新能力培养的探索与实践》,《中国电力教育》2011 年第 29 期。

314. 朱金秀、范新南、朱昌平、江冰,《电气信息类人才实践创新能力培养体系》,《实验室研究与探索》2011 年第 10 期。

315. 姚纬明、卢发周,《基于合作教育的全日制工程硕士研究生培养模式探析》,《学位与研究生教育》2011 年第 10 期。

316. 方韵梅、王义斌、费峻涛,《中美高校机械工程实验课程设置与人才培养模式的比较研究》,《实验技术与管理》2011 年第 10 期。

317. 张娴初、王全纲,《科技创新人才薪酬体系与组织承诺关系研究——基于沈阳市高新技术企业薪酬状况的实证分析》,《东北大学学报(社会科学版)》2011 年第 6 期。

318. 赵东菊、袁兴国,《江苏省企业经营管理人才建设存在的问题及对策研究》,《出国与就业(就业版)》2011 年第 21 期。

319. 赵永乐,《为什么是英特尔,而不是仙童》,《紫光阁》2011 年第 12 期。

320. 沈金荣、袁寄红,《产学研合作平台的新探索——以企业研究生工作站为例》,Lecture Notes in Management Science 2011 International Conference on Physical, Edu-

cation and Society Management（ICPESM2011 2011 V2），2011 年 12 月。

321. 袁兴国，《应用型本科院校创新创业人才的培养模式》，《江苏社会科学》2011 年第 S1 期。

322. 宋成一、王进华、赵永乐，《领军人才的成长特点、规律与途径——以江苏为例》，《科技与经济》2011 年第 6 期。

323. 郭祥林、季樱华，《老年科技人员"老有所为"实现途径的完善对策》，《大家》2012 年第 6 期。

324. 郭祥林、陈晔，《老年科技人员创新创业限制因素的实证研究——以江苏为例》，《中国经贸导刊》2012 年第 11 期。

325. 郭万牛，《遵循系统培养的人才开发规律》，《山西财经大学学报》2012 年第 S4 期。

326. 张娴初、王迎春，《科技创新人才薪酬体系与激励效应关系研究》，《科技进步与对策》2012 年第 1 期。

327. 周源，《高等学校科技创新团队建设的基本要素》，《科技创新导报》2012 年第 3 期。

328. 赵永乐，《坚持人才优先发展 强力推动科学发展》，《第一资源》2012 年第 1 期。

329. 赵永乐，《大力宣传和普及运用科学人才观 遵循系统培养的人才开发规律》，《中国人才》2012 年第 5 期。

330. 张友琴、朱晖、吕一品，《加强教学内涵建设，提升人才培养质量——基于河海大学常州校区毕业生问卷调查分析研究》，《科教导刊》2012 年第 7 期。

331. 王济干、高虹、樊传浩，《科技人才创新团队增效的测度模型》，《统计与决策》2012 年第 5 期。

332. 王乘，《加强团队建设 推进协同创新》，《中国高校科技》2012 年第 3 期。

333. 崔颖，《基于层次分析法的河南科技创新人才创新能力评价研究》，《科技进步与对策》2012 年第 6 期。

334. 曹莉娜，《试析高层次企业经管人才供给失衡》，《社会科学家》2012 年第 3 期。

335. 赵永乐，《遵循系统培养的人才开发规律》，《中国人才》2012 年第 3 期。

336. 叶璐、刘晓农，《区域高层次人才引进政策比较研究》，《价值工程》2012 年第 10 期。

337. 王腾，《浅谈全运会对足球后备人才培养的影响及对策》，《神州》2012 年第 4 期。

338. 孔祥冬、李伟玲、徐菲，《水利高校学生领导力教育研究——以河海大学为例》，《淮海工学院学报（人文社会科学版）》2012 年第 7 期。

339. 李晓东、顾正娣，《正确处理高校人才队伍建设的三个重要关系》，《前沿》2012 年第 8 期。

340. 杨公遂、利龚，《人力资本异质性与 FDI 技术溢出间的"马太效应"——基于中印两国软件服务行业经验的比较》，《东岳论丛》2012 年第 4 期。

341. 赵永乐，《充分发挥高端人才在转变发展方式中的作用》，《群众》2012 年第 5 期。

342. 谢海峰,《对高校引进人才后续管理和服务的思考——以河海大学2008—2011年引进人才工作为例》,《科教文汇》2012年第15期。

343. 王济干、樊传浩,《工作价值观异质性作用与高科技创业团队效能内部关系研究——基于社会认同视角》,《科学学与科学技术管理》2012年第9期。

344. 赵永乐,《从乔布斯的不同凡"想"到创业领军人才培养的不拘一格》,《2012第二届中国人才发展论坛优秀论文汇编》(王晓初主编),中国人事出版社2012年版。

345. 王乘,《培养高素质水利人才 服务水利事业跨越式发展》,《水利发展研究》2012年第12期。

346. 赵永乐,《人才裂变与组织内创新创业》,《中国人力资源社会保障》2012年第11期。

347. 赵永乐,《从不同凡"想"的创新到不同凡响的创业》,《光明日报》,2012年6月20日。

348. 赵永乐,《坚持把改革创新作为人才发展的根本动力》,《中国组织人事报》,2012年6月27日。

349. 王鹏,《高校职员改制后提高管理人员工作积极性的策略》,《科教导刊》2012年第11期。

350. 徐荟华,《基于场域理论的高校博士后师资人员弱势地位分析》,《科技创新导报》2012年第17期。

351. 李伟玲、孔祥冬、徐菲,《水利院校实践教育与创新人才培养》,《盐城工学院学报（社会科学版）》2012年第2期。

352. 曹莉娜,《江苏企业经营人才队伍建设对策研究》,《产业与科技论坛》2012年第12期。

353. 郭万牛、戴婷婷,《高校实施人才创新措施刍议》,《江苏高教》2012年第4期。

354. 叶欣、蓝天,《中美高校国防人才培养体系的对比研究》,《教育理论与实践》2012年第21期。

355. 马培,《国家科技人才开发战略之国际比较研究》,《价值工程》2012年第21期。

356. 刘江、李芹、郭祥林,《学术生态视角下高校高层次人才激励机制探讨》,《学校党建与思想教育》2012年第8期。

357. 鲍艳利、周海华,《基于地域经济的酒店国际化人才培养机制研究》,《职业技术教育》2012年第23期。

358. 叶欣、董建宏,《〈孙子兵法〉对企业战略管理人才任用的启示》,《滨州学院学报》2012年第4期。

359. 郭章翠、孟庆军、李忆朋、余菲菲,《企业创新型人才选拔与培育中的问题及生态对策》,*Proceedings of Conference on Web Based Business Management*（WBM 2012）,2012年9月。

360. 赵永乐、徐军海,《实施高端特支计划 打造国家双创方阵》,《中国人才》2012年第10期。

361. 宋成一、赵永乐,《深圳前海建设国家级现代服务业合作区人才战略SWOT分析》,《科技管理研究》2012年第21期。

362. 王芬芬、黄惠娟,《基于RJVs的科技人力资源整合的应对措施》,《价值工程》2012年第32期。

363. 赵永乐,《大力宣传和普及运用科学人才观 完善党管人才工作运行机制》,《中国人才》2012年第23期。

364. 赵永乐,《完善党管人才工作运行机制》,《中国人才》2012年第12期。

365. 沈金荣、林志华、雷凯,《技术研发与人才培养深度融合的研究与实践》,《江苏技术师范学院学报》2012年第6期。

366. 申林,《领导职位特征研究》,《领导科学论坛》2012年第12期。

367. 孙祥冬、姚纬明,《双三螺旋模型理论与人才培养模式的创新》,《南京社会科学》2012年第12期。

368. 赵永乐,《激发市场主体活力 创新人才体制机制》,《第一资源》2012年第6期。

369. 赵永乐、潘运军,《加快人才优势向经济发展优势转化研究——人才问题的"南京现象"及其破解策略》,《第一资源》2013年第2期。

370. 袁兴国,《基于高等教育大众化的我国农村人力资源迁移策略研究》,《中国人才》2013年第6期。

371. 张宏伟,《绩效管理视角下的公务员职位职责治理框架研究》,《江海学刊》2013年第5期。

372. 张军仁、肖柳,《官员董事与上市公司绩效指征实证检验》,《求索》2013年第10期。

373. 郭万牛,《大学创新人才战略须借鉴国外成熟经验》,《学术界》2013年第11期。

374. 赵永乐、徐军海,《人才红利:江苏发展的比较优势》,《群众》2013年第3期。

375. 吴红、陶飞飞、张隐桃,《基于模糊综合评价的水利人才评价体系研究》,*Proceedings of 2013 3rd International Conference on Applied Social Science*(ICASS 2013)Volume 4,2013年1月。

376. 朱建红、张蔚、顾菊平、吴晓,《基于卓越工程师目标的教学策略改进研究》,《中国电力教育》2013年第5期。

377. 魏菊,《李书田的工程教育人生》,《兰台世界》2013年第7期。

378. 张天意、刘晓农,《常州科技领军人才创新创业环境的调研分析》,《科技创业月刊》2013年第3期。

379. 徐孝昶、宋思运、姜慧、李雁,《新建本科院校创新创业型人才培养——以徐州工程学院土木工程学院为例》,《大学教育科学》2013年第2期。

380. 赵永乐、潘运军,《南京探索:人才优势如何转化》,《光明日报》,2013年3月20日。

381. 赵永乐,《中国人才理论的四个特征——读〈论人才·重要论述摘编〉》,《中国青年报》,2013年4月23日。

382. 陈灿,《基于 Gordon 计划的信息工程领袖培养模式》,《电子测试》2013 年第 7 期。

383. 刘健,《少数民族高层次骨干人才政策的现状分析——基于 B 基地 2011 届硕士研究生的网络数据调查》,《电子测试》2013 年第 7 期。

384. 张玲彬、李冠华、季斐斐,《河海大学创新型拔尖人才培养模式探析》,《黄河水利职业技术学院学报》2013 年第 2 期。

385. 张宏伟,《聘任制公务员契约治理若干问题的分析》,《江苏社会科学》2013 年第 2 期。

386. 苗天宝、张玲彬、潘云峰、钱学生,《论行业高校人才培养与企业发展需求的错位》,《现代企业教育》2013 年第 8 期。

387. 张静、彭饮冰、宋蓓茹,《我国现有军队人员潜在外语能力测试初探——来自〈国防语言能力蓄电池〉的启示》,《长春教育学院学报》2013 年第 10 期。

388. 王全纲,《常州市人才资本贡献率实证分析》,ICSSSM,2013 年第 6 期。

389. 邵敏,《论高校拔尖创新人才的培养》,《经济师》2013 年第 6 期。

390. 吴娱,《现代科技时代视角下的国外高层次水利人才培养政策探究》,《电子测试》2013 年第 11 期。

391. 赵东菊,《企业经营管理人才成长环境指标信息分析》,《电子测试》2013 年第 12 期。

392. 赵永乐,《把人才优势转化为产业优势》,《中国人才》2013 年第 13 期。

393. 唐云慧、夏丽琼、苏楠,《浅谈我国中高级会计人才紧缺的成因和对策》,《商业会计》2013 年第 13 期。

394. 汤玲,《江苏省信息服务业人才发展环境现状分析》,《电子测试》2013 年第 14 期。

395. 王芬芬,《浅析科技时代下我国法务会计人才培养中的问题》,《电子测试》2013 年第 14 期。

396. 樊传浩、王济干,《创业团队异质性与团队效能的关系研究》,《科研管理》2013 年第 8 期。

397. 赵永乐、郭祥林、吴达高,《老龄人才创造力亟待释放》,《中国人才》2013 年第 19 期。

398. 梁子浪,《社区康复专业人才培养模式初探》,《电子科技大学学报(社会科学版)》2013 年第 4 期。

399. 陈文琪,《加强课程内涵建设,提高人才培养质量》,《学园》2013 年第 27 期。

400. 王慧敏,《释放人才红利 促进转型升级》,《群众》2013 年第 10 期。

401. 黄建国、朱娟芳,《高等学校经管类应用型人才培养的实践和探索——以南京财经大学经管类本科人才培养改革为例》,《大学(学术版)》2013 年第 11 期。

402. 鲍艳利、周海华,《全球地域化视野中的高校酒店国际化人才培养机制研究》,《煤炭高等教育》2013 年第 6 期。

403. 包雅玮、洪林,《以社会主义核心价值体系引领人才培养模式创新》,《继续教育研究》2013年第12期。

404. 鞠蕊,《网络信息化背景下拔尖创新人才培养探究》,《电子测试》2013年第23期。

405. 宋喆,《科学研究对人才培养的贡献力思考》,《艺术百家》2013年第S2期。

406. 赵亮亮,《加速推进江苏人才国际化战略》,《群众》2014年第2期。

407. 赵亮亮,《创新驱动人才为本》,《中国人才》2014年第3期。

408. 汤玲,《基于层次分析法的创新型项目管理人才引进风险评估体系研究》,《项目管理技术》2014年第2期。

409. 陈滔娜、齐君,《民国时期高校教师中的留学归国人员探析》,《教育评论》2014年第2期。

410. 江学,《思想政治教育对人才专业素质培养的作用》,《青年文学家》2014年第6期。

411. 赵永乐、王春艳,《南京与南宁二市人才发展比较研究》,《人事天地》2014年第2期。

412. 赵永乐、陈培玲,《深化改革:人才优势转化为发展优势的根本动力》,《中国人才》2014年第5期。

413. 赵永乐、张书凤,《中美科技人才发展比较研究》,《第一资源》2014年第2期。

414. 王敏、邓建高,《卓越工程师型水利科技人才培养长效运行机制研究》,《中国电力教育》2014年第15期。

415. 段燕,《应用型人才培养中的大学英语教学体系研究》,《海外英语》2014年第10期。

416. 王全纲,《常州市人力资本与产业结构互动关系分析》,ICSSSM,2014年第6期。

417. 赵永乐,《深化改革才能激活人才创造活力》,《中国组织人事报》,2014年7月4日。

418. 汪俞辰、戴媛媛,《高校创新型人才建设问题探析》,《教育教学论坛》2014年第33期。

419. 黄林楠、曹梦,《专业学位硕士研究生就业指导模式的构建》,《国家教育行政学院学报》2014年第8期。

420. 赵永乐、骆雪娇,《以改革为动力推动中国制造业人才大发展》,《人事天地》2014年第9期。

421. 王春业,《辅修双学位双专业与我国法本复合型人才的培养》,《现代教育科学》2014年第9期。

422. 赵永乐、骆雪娇,《美国重返制造业的人才启示》,《光明日报》,2014年9月20日。

423. 赵永乐,《党管人才怎么管》,《光明日报》,2014年10月4日。

424. 李晓东,《人事管理转向知识管理的实践性探索——基于高校师资队伍建设视角》,《四川理工学院学报(社会科学版)》2014年第5期。

425. 殷凤春,《中外高端人才引进培养和管理创新比较研究》,《第一资源》2014年第5期。

426. 高虹、王济干,《基于内容分析法的创新团队内涵解析》,《科技管理研究》2014年第10期。

427. 黄永春、王祖丽、郑江淮,《新兴产业企业家的人力资本、社会资本与企业的技术赶超》,《江苏社会科学》2014年第10期。

428. 陈双双,Research on Talent Attraction Evaluation of China West Region Based on AHP,*Bio Technology:an Indian Journal* 2014年第12期。

429. 郭卫云,《产学研合作培养应用型人才途径探析》,《中国科技资源导刊》2014年第6期。

430. 郭祥林、管春敏,《农业现代化视角下的科技人才保障机制探讨——以扬州市为例》,《辽宁农业科学》2014年第6期。

431. 魏萍、赵永乐,《坚持和完善以党管人才为核心的基本人才制度》,《江苏师范大学学报(哲学社会科学版)》2014年第6期。

432. 张军仁,《高管薪酬影响因素权重分析》,《统计与决策》2014年第10期。

433. 赵永乐,《科研经费为人才所用——推动科技资源配置遵循人才成长规律》,《求贤》2014年第11期。

434. 曹红芳、刘蝶,《我国高校高层次人才引进模式探析》,《科教文汇》2014年第34期。

435. 乔文妤、徐洁玮,《内涵式发展要求下的高校人才队伍建设的思考》,《江苏科技信息》2014年第24期。

436. 陈双双、赵永乐,Research on Promoting Regional Talent Advantage into Regional Economic Advantage—A Case Study of Nanjing,*Proceedings of International Symposium—Management,Innovation & Development*,2014年。

437. 莫安梅、刘健,《"三顾茅庐"背后领导者与人才的博弈》,《领导科学》2015年第1期。

438. 吴国振,《高校人才引进中的若干问题与对策》,《改革与开放》2015年第1期。

439. 赵亮亮,《人才经济时代:江苏人才国际化的战略选择》,《南京社会科学》2015年第2期。

440. 李晓东,《大数据时代高校人才队伍建设思考与探索》,《江苏高教》2015年第2期。

441. 赵晓春,《高校社团建设:培育"创客"人才的有效路径——以河海大学常州校区为例》,《现代职业教育》2015年第1期。

442. 马瑞敏、卞艺杰、吴慧,《基于交互式遗传算法的群体评价模型——以水利人才为例》,《重庆理工大学学报(自然科学版)》2015年第3期。

443. 赵永乐,《完善党管人才制度的四大要素》,《中国科技人才》2015年第3期。

444. 赵永乐,《西部地区人才发展:前所未有的挑战 前所未有的机遇》,《光明日报》,2015年5月12日。

445. 赵永乐,《突破"中等收入陷阱"的捷径》,《光明日报》,2015年6年9日。

446. 吴方、张宝玲、王济干,《高校创新团队信任影响绩效过程模型研究》,《西南民族大学学报(人文社科版)》2015年第7期。

447. 高虹、王济干,《基于GERT模型的博士后制度与博士后人才成长耦合研究》,《科技管理研究》2015年第12期。

448. 印志媛,《创新型人才培养视域中高校思想政治教育改革路径探究》,《重庆电子工程职业学院学报》2015年第4期。

449. 陶晓玲、缪小莉、王奕力、尤雅雯、沙天伦,《美国高校素质教育对中国的借鉴——基于中美高校素质教育的比较》,《科教文汇》2015年第7期。

450. 卢新彪、李志华、任祖华,《以"卓越"工程师培养为契机提高学生创新能力的研究》,《科技视界》2015年第21期。

451. 赵晓春、恽佩红,《试析恽代英创新人格》,《常州大学学报(社会科学版)》2015年第4期。

452. 陈曦、黄林楠,《农村基层干部"三度螺旋"培养机制研究——基于安徽省大学生村官的调查》,《江西农业学报》2015年第7期。

453. 赵永乐、王斌,《西部地区人才培养、吸引和使用机制现状与创新对策》,《人事天地》2015年第8期。

454. 张再荣,《基于导师制的员工发展计划与实践——以中国中车戚墅堰公司为例》,《企业管理》2015年第8期。

455. 欧阳峰、廖迎娣、候利军、陈达,《"校企合作"模式下港口航道与海岸工程专业卓越工程师课程体系改革与实践》,《教育教学论坛》2015年第33期。

456. 邢芳,《特色高校服务行业专业技术人员培训的实践》,《科技资讯》2015年第24期。

457. 张玲彬、薛璟、王娟,《我国水利类土木类硕士人才分类培养的需求分析》,《现代职业教育》2015年第18期。

458. 张灵、苑磊,《刍议基础会计在非会计专业创新人才培养中的策略设计》,《教育教学论坛》2015年第36期。

459. 刘元芹、吕江洪,《海归人才引进机制研究》,《南方论刊》2015年第8期。

460. 殷凤春,《"四个全面"指引下青年人才价值观形成及实现路径》,《人民论坛》2015年第26期。

461. 赵永乐,《建立与经济社会发展需求相适应的人才需求预测与调整机制研究》,《中国人才》2015年第19期。

462. 姚树海,《学术型拔尖创新人才培养模式的研究与实践》,《中小企业管理与科技》2015年第28期。

463. 鲍艳利,《苏南区域现代化建设背景下的酒店国际化人才开发研究》,《江苏商论》2015年第10期。

464. 陶卓、王春艳,《人才与产业耦合:创新驱动下西部人才培养路径》,《科技进步与对策》2015年第22期。

465. 吴方、王济干,《经济学视角下高校创新团队成长机理》,《人民论坛》2015年第35期。

466. 成长春,《深化创新创业教育改革促进大学生创业就业》,《中国教育报》,2015年12月。

467. 殷凤春,《高端青年人才工作嵌入价值识别研究》,《科技进步与对策》2015年第24期。

468. 王冰、李志华,《自动化专业卓越工程师计划架构设计与实践》,《高教学刊》2016年第1期。

469. 殷凤春,《消费新思维对高端人才择业创业的影响》,《社会科学家》2016年第3期。

470. 管春英、汪群,《包容性领导对组织创新的影响研究——基于苏南国家自主创新示范区的实证调查》,《江苏社会科学》2016年第3期。

471. 管春英、汪群,《道德型领导对员工创新行为的影响及其作用机制》,《南京社会科学》2016年第5期。

472. 殷凤春,《沿海地区青年人才流动趋向规律研究》,《人民论坛》2016年第11期。

473. 赵永乐,《靠市场激发人才活力》,《中国组织人事报》,2016年4月25日。

474. 刘忠艳,《精细化管理视阈下"双创"师资人才队伍建设研究》,《中国人力资源开发》2016年第5期。

475. 朱昌平、何海霞、朱金秀、高远、汤一彬、单鸣雷,《台湾地区实践创新人才培养的考察与思考》,《实验技术与管理》2016年第5期。

476. 孙晓一,《三网融合时代传播人才的培养》,《科技传播》2016年第12期。

477. 吴洪彪、赵永乐、李青,《"十三五"的马鞍山:产业转型升级的人才需求》,《人事天地》2016年第6期。

478. 赵永乐,《解放人才须先厘清政府与市场关系》,《光明日报》,2016年7月5日。

479. 赵永乐,《放权松绑是人才发展体制机制改革的核心》,《群众》2016年第7期。

480. 赵永乐,《人才管理政府与市场关系研究》,《国家行政学院学报》2016年第3期。

481. 张慧丽,《以就业为导向的应用型大学人才培养模式创新研究》,《中国成人教育》2016年第13期。

482. 沈晓静、王妍,《论媒介融合环境下新闻舆论工作者的造就》,《南京政治学院学报》2016年第4期。

483. 蔡秀萍、赵永乐、林磊、赵卫、何海强,《人才工作如何更好突出市场导向》,《中国人才》2016年第15期。

484. 江静华、蒋林华、马爱斌、吴玉萍,《协同创新提升学科实力 强化特色培养创新人才》,《教育教学论坛》2016年第32期。

485. 朱昌平、涂加颖、陈秉岩、朱金秀,《土耳其高校教学改革与创新人才培养的考察》,《实验技术与管理》2016 年第 9 期。

486. 汪彩兰、胡耀东,《应用型本科院校教师多元评价指标体系研究》,《滁州职业技术学院学报》2016 年第 3 期。

487. 李梅、王明银,《论习近平的人才培养理念》,《长江丛刊》2016 年第 27 期。

488. 庄晨旭,《培养国际工程管理人才:思路与途径》,《智富时代》2016 年第 10 期。

489. 黄永春、雷励颖,《新兴产业创业企业家的胜任力结构解析——基于跨案例分析法》,《科学学与科学技术管理》2016 年第 10 期。

490. 张宏伟,《产业人才工程:实践困惑、理论反思及路径重构——以 A 省某产业人才工程建设为例》,《现代管理科学》2016 年第 10 期。

491. 刘忠艳,《中国青年创客创业政策评价与趋势研判》,《科技进步与对策》2016 年第 12 期。

492. 殷凤春,《网络媒介对人才价值实现的影响》,《社会科学家》2016 年第 10 期。

493. 李峰、吴蝶,《高等教育背景如何影响不同学科科技人才成长——以教育部长江学者特聘教授为例》,《高等教育研究》2016 年第 10 期。

494. 刘贺青,《从联合国环境署的人才需求看我国环境人才培养的思路调整》,《郑州航空工业管理学院学报》2016 年第 6 期。

495. 赵永乐,《人才制度的全球竞争力从哪儿来》,《光明日报》,2016 年 12 月 6 日。

496. 赵永乐,《各地深化人才发展体制机制改革实施意见的态势与特点》,《人事天地》2016 年第 12 期。

497. 陈双双,《基于经济产业需求的高校应用型人才培养研究》,《河海大学学报(哲学社会科学版)》高等教育专辑,2016 年第 12 期。

498. 张华、王慧敏、刘钢,《基于 WSBM 的创新创业政策效度评估及优化对策——以江苏省"科技企业家培育工程"政策为例》,《科技管理研究》2016 年第 14 期。

499. 刘忠艳,《创新驱动发展背景下的政府人才治理:内涵、发展困境及应对策略》,《中国人力资源开发》2016 年第 17 期。

500. 付金林、高虹,《人岗匹配度、性格倾向与工作绩效关系研究——以 H 高新信息技术企业人才为例》,《中国劳动》2016 年第 24 期。

501. 王春艳、陶卓,《政府人才政策、人才需求与初创企业成长绩效——基于扎根理论的实证研究》,《科技进步与对策》2016 年第 24 期。

502. 郭祥林,《基准管理:高校教师绩效评估的创新模式》,《河海大学学报(哲学社会科学版)》(高教研究专辑)2016 年第 12 期。

503. 李艳琴、李小平,《高层次科研人才绩效评价体系的特征与构建》,《中国高校科技》2017 年第 Z1 期。

504. 王全纲、赵永乐,《全球高端人才流动和集聚的影响因素研究》,《科学管理研究》2017 年第 1 期。

505. 晁一方、丁子妍、陈梦媛,《高校创新人才培养模式的现状及提升路径分析——

以河海大学常州校区为例》,《中国商论》2017年第3期。

506. 洪涛,《人才培养视域下高校资源共享研究》,《黑龙江高教研究》2017年第3期。

507. 邬舒静,《基层税务干部岗位能力评价体系构建》,《经济研究导刊》2017年第8期。

508. 万建鹏、陈歧燊,《制度自信下青年人才价值实现路径》,《中学政治教学参考》2017年第9期。

509. 李飞、杨文健,《基于角色扮演的大学生就业能力提升研究》,《北华大学学报(社会科学版)》2017年第3期。

510. 尹虔顾,《"双一流"战略下行业特色型高校师资队伍建设的思考》,《台州学院学报》2017年第2期。

511. 刘顺、汪倩秋、王泽华,《李仪祉与河海》,《兰台世界》2017年第11期。

512. 商婧、刘通,《高校绩效工资制度对人才培养的影响研究》,《现代营销》(下旬刊)2017年第5期。

513. 吴淑梅、陈双双,《基于人才供应链的安徽省独立学院学生就业研究》,《武汉冶金管理干部学院学报》2017年第2期。

514. 王全纲、张书凤,《人才资本与经济协调发展的关系及其调控》,《社会科学家》2017年第7期。

515. 刘忠艳,《ISM框架下女性创业绩效影响因素分析——一个创业失败的案例研究》,《科学学研究》2017年第2期。

516. 黄永春、雷砺颖,《新兴产业企业家创业胜任力的构成体系研究——基于创业机会理论的探索性分析》,《南京社会科学》2017年第2期。

517. 汪群、赵梦雨、李卉、杨洁,《新生代员工工作价值观与工作绩效:工作投入的中介效应》,《兰州大学学报(社会科学版)》2017年第4期。

518. 刘忠艳、赵永乐,《我国高层次人才双创政策的对比研究——基于制度质量的视角》,《中国人力资源开发》2017年第7期。

519. 赵永乐,《为人才工作决策提供统计基础支撑》,《中国组织人事报》,2017年7月28日。

520. 尹虔顾,《我国高等学校人才流动的动因分析及对策思考》,《中共山西省直机关党校学报》2017年第4期。

521. 陈双双、吴淑梅,《资源型城市人才驱动经济发展的制约因素研究——以马鞍山市为例》,《铜陵学院学报》2017年第4期。

522. 徐辉,《创建世界一流学科 打造行业创新人才培养高地》,《中国高等教育》2017年第15期。

523. 王全纲、张书凤,《基于学历—职称的人才资本测算研究——以常州市为例》,《会计之友》2017年第17期。

524. 汪群、杨洁、李卉,《领导对下属创造力的影响路径》,《重庆社会科学》2017年第10期。

525. 尹虔顾、谢琼沙，《国外研究生应用型人才培养模式的演变与启示》，《华北水利水电大学学报（社会科学版）》2017年第5期。

526. 路正莲、徐晓龙、朱昌平、张学武，《强化机制创新 建设协同培养创新创业型人才平台》，《实验技术与管理》2017年第10期。

527. 赵永乐，《坚定文化自信，铸造我国新时代人才核心价值观》，《人事天地》2017年第11期。

528. 汪群、陈敏敏，《包容型领导对团队创新行为的影响——团队心理安全感的中介作用》，《领导科学》2017年第11期。

529. 赵永乐，《具有全球竞争力的人才制度体系研究》，《北京人才发展报告（2017）》，北京市人力资源研究中心，刘敏华主编，社会科学文献出版社2017年版。

530. 刘钢、过昕彤，《提升实体经济企业人才竞争力》，《群众》2017年第13期。

531. 王全纲，《民族地区高端人才集聚的实践逻辑》，《贵州民族研究》2017年第11期。

532. 陈双双、何萍、马立军，《江苏省会展经济与管理应用型人才培养探讨》，《合作经济与科技》2017年第21期。

533. 周仲海、朱昌平、刘丹平，《学术型创新人才培养模式的构建与实施》，《实验技术与管理》2017年第11期。

534. 曾庆、熊磊，《会计人才评价机制改革路径与重庆市的实施策略探究》，《重庆理工大学学报（社会科学版）》2017年第12期。

535. 鲍艳利、华荷锋，《"一带一路"背景下国际化旅游人才培养策略研究》，《无锡商业职业技术学院学报》2017年第6期。

536. 刘忠艳、赵永乐、王斌，《1978—2017年中国科技人才政策变迁研究》，《中国科技论坛》2018年第2期。

537. 鲍艳利，《导游人才胜任力模型构建实证研究——基于"一带一路"视角》，《技术经济与管理研究》2018年第2期。

538. 赵永乐、张宏伟，《聘任制公务员的"进"与"出"》，《人民论坛》2018年第2期。

539. 李卉、汪群，《外派人员文化智力对外派绩效的影响研究——基于中国"走出去"企业的实证》，《预测》2018年第2期。

540. 赵永乐，《放大人才竞争的制度优势》，《中国组织人事报》，2018年3月16日。

541. 孟升轩、于翠兰、孟庆军，《新时期体育产业经营管理人才的特征》，《经济研究导刊》2018年第9期。

542. 李晓东，《大数据时代高校师德评价创新路径研究》，《南京政治学院学报》2018年第2期。

543. 黄永春、朱帅，《创业政策供给对企业家创业行为的影响机制研究——基于GEM报告面板数据的实证分析》，《科学学与科学技术管理》2018年第4期。

544. 成长春，《追求卓越 全面提高人才培养能力》，《中国教育报》，2018年4月23日。

545. 刘禹墨、孟庆军,《复合型会计人才成长环境优化的对策研究》,《经济研究导刊》2018年第10期。

546. 张无忌,《经济新常态背景下民营银行人才管理研究——基于生态学视角》,《经济研究导刊》2018年第10期。

547. 黄永春、黄晓云,《创业者的异质性胜任特征与创业政策供给研究——基于胜任力理论》,《科技进步与对策》2018年第11期。

548. 赵永乐、王斌,《谨防陷入人才争夺的误区》,《人民论坛》2018年第15期。

549. 赵永乐、刘扬,《分类推进人才评价机制改革》,《群众》2018年第10期。

550. 李峰,《海归学者的跨国资本本土化及其效果评价研究》,《华侨华人历史研究》2018年第2期。

551. 张宝玲、吴方、王济干,《基于框架分析法的高校高层次人才薪酬激励模式创新研究》,《江苏高教》2018年第5期。

552. 贡慧、张长征,《江苏战略性新兴产业人才队伍建设非均衡问题探讨》,《江苏行政学院学报》2018年第4期。

553. 李晓东、顾正娣,《新时代高校师资队伍建设探索》,《中国成人教育》2018年第9期。

554. 赵永乐,《从特色到优势:进一步提升我国人才制度体系的全球竞争力》,《南京社会科学》2018年第6期。

555. 潘运军,Relationship between Dual Innovation Ability and Scientific Research Performance of High-level Talents in Colleges and Universities,*Educational Sciences*:*Theory & Practice*(SSCI 收录)2018年第6期。

556. 李枫、于洪军,《产教融合培养高层次创新型应用人才——以"双层次螺旋协同工程硕士创新能力培养模式"为例》,《中国高校科技》2018年第7期。

557. 陆春晖,《围绕创新的机械设计师培养模式的探索》,《机械设计》2018年第S2期。

558. 吴爱华、季莉,《服务水电开发全球化战略开展国际化人才培训的实践与思考》,《继续教育》2018年第7期。

559. 周仲海、朱昌平、陈秉岩、刘丹平、朱晖,《"双创"背景下协同培养创新创业型人才的探索与实践》,《实验技术与管理》2018年第7期。

560. 陈艳艳、孙锐,《创新驱动背景下地方重大科技引才工程中的人才评价问题研究》,《云南社会科学》2018年第4期。

561. 徐军海,《科技镇长团为县域创新注入"活力因子"》,《群众》2018年第15期。

562. 陈文琪、张薇,《加强研究性教学改革,助推创新型人才培养》,《文教资料》2018年第23期。

563. 刘戎、唐伟,《深化教育教学改革 提升人才培养质量——从国家资格框架的学分转换与积累制度谈起》,《中国高校科技》2018年第9期。

564. 杨春福,《新时代复合型法治人才及其培养路径探究》,《法制与社会发展》

2018年第5期。

565. 唐洪武,《"双一流"视角下高校管理人才队伍建设的思考》,《国家教育行政学院学报》2018年第9期。

566. 周仲海、朱昌平、刘丹平、朱金秀、苑明海、陈秉岩,《基于OBE理念协同培养创新型工程人才的实践》,《实验室研究与探索》2018年第9期。

567. 方苑、朱佳立、沈弋,《新技术环境下的财会人员能力构建——基于江苏会计领军人才的问卷调查》,《商业会计》2018年第18期。

568. 刘波、廖华丽、丁坤、张洪双、楼力律,《卓越机械工程人才培养的五点举措》,《教育现代化》2018年第39期。

569. 李娜、宗晓卫,《高校创新人才培养绩效评价及对策研究》,《中国大学生就业》2018年第19期。

570. 陶卓、潘运军、李培园、杨静,《政策契合、资源整合与创业能力——高层次科技人才案例扎根研究》,《科技进步与对策》2018年第8期。

571. 杨广越,《邹韬奋的新闻人才观研究》,《科技与出版》2018年第10期。

572. 潘静、王璐,《基于生涯发展阶段理论的工程人才学业指导路径研究》,《学园》2018年第29期。

573. 马妮娜、刘成钢,《社会转型期金融类人才培养革新路向探论》,《教育评论》2018年第11期。

574. 张书凤、朱永跃、杨卫星、欧阳晨慧,《制造业服务化背景下技能人才胜任力模型构建与评价》,《科技进步与对策》2018年第8期。

575. 曹宏俊,《阳光体育背景下高校体育人才培养策略研究》,《课程教育研究》2018年第52期。

576. 李峰、魏玉洁、孙梦园,《人才项目中的"压龄"申报现象研究——长江学者奖励计划和国家杰出青年科学基金案例分析》,《重庆大学学报(社会科学版)》2019年第2期。

577. 王蓓蓓、高雪梅,《新工科人才培养的"结构之变"》,《物理与工程》2019年第1期。

578. 徐军海,《着力构建开放型人才发展体系》,《求贤》2019年第1期。

579. 余用,《领导学视域下曾国藩练军成功要素的研究》,《经济师》2019年第1期。

580. 王新瑞、林继、胡宁宁,《美国研究生国际化培养的实践与启示》,《世界教育信息》2019年第1期。

581. 彭伟、张继生,《"一带一路"背景下海外属地化人才培养与思考——以港口航道与海岸工程为例》,《教育现代化》2019年第5期。

582. 李培园、成长春、严翔,《基于超效率DEA模型的长江经济带科技人才开发效率时空分异研究》,《南通大学学报(社会科学版)》2019年第1期。

583. 李青、黄琪娜,《无锡市创新型人才集聚现状分析及对策建议》,《产业与科技论坛》2019年第2期。

584. 吴洪彪,《浅论创新高校人才使用机制》,《中国校外教育》2019年第3期。

585. 宿晓、代益香,《人工智能与大数据环境下创新型管理会计人才培养模式的实践》,《商业会计》2019 年第 3 期。

586. 乔熙、郑施、杨立娜,《工匠精神视域下专业人才培养机制探析》,《佳木斯职业学院学报》2019 年第 2 期。

587. 王珊,《人工智能背景下播音主持人才的发展探析》,《视听》2019 年第 2 期。

588. 曹帆、祖格格、黄琪娜、李青,《无锡太湖影视特色小镇创新型人才集聚的现状以及对策分析》,《中国市场》2019 年第 6 期。

589. 胡国宝、戴锐,《地方高校"新工科"人才培养的应然定位、实然困境与必然选择》,《黑龙江高教研究》2019 年第 3 期。

590. 许涛、徐晓龙、路正莲,《构建四层次实验室开放体系培养创新型人才》,《产业与科技论坛》2019 年第 7 期。

591. 汪群、钱慧丽,《基于可视化分析的河长制研究热点综述》,《资源与产业》2019 年第 5 期。

592. 刘笑吟、徐俊增,《教学、科研与教学管理相结合的高校教师发展新模式》,《高教学刊》2019 年第 14 期。

593. 谢海峰、徐洁玮,《推拉理论视域下行业特色型高校人才队伍建设的路径探究——基于 H 大学的实证分析》,《云南行政学院学报》2019 年第 4 期。

594. 徐军海,《在长三角人才市场一体化进程中展现新作为》,《群众》2019 年第 15 期。

595. 赵永乐,《完善人才制度体系 共建长三角人才高地》,《群众》2019 年第 15 期。

596. 徐军海、施学哲、王品亮,《基于扎根理论的创业类人才项目绩效评价结构模型及指标体系研究——以江苏省"双创计划"创业类人才项目为例》,《河海大学学报(哲学社会科学版)》2019 年第 4 期。

597. 吕江洪、赵永乐,《江苏制造业人才国际竞争力现状分析及对策研究》,《上海科技人才发展研究报告 2019》,上海交通大学出版社 2019 年版。

598. 左伟、吕涛,《冬奥会背景下的冰雪人才需求及培养途径探索》,《第十一届全国体育科学大会论文摘要汇编》,2019 年 11 月。

599. 乔文好,《"双一流"与高校高层次人才的柔性管理》,《文教资料》2019 年第 31 期。

600. 韦学玉、徐晓平、张明、孙俊伟,《地方工科院校"赛""学"交互作用下创新人才的培育探析》,《科技视界》2019 年第 32 期。

601. 樊悦、张雪刚、金明珠,《"创新、协调、开放、共享"理念促进"双一流"背景下的师资队伍建设》,《教育现代化》2019 年第 95 期。

602. 孙俊、黄永春,《兼职型创业者的生成机制研究——基于资源与能力理论视角》,《软科学》2019 年第 11 期。

603. 郭祥林、贺雪艳,《南京充分发挥市场在构建全球竞争力人才制度体系中的决定作用》,《人才研究》(第五辑),2019 年 12 月。

604. 李峰、唐莉，When international mobility meets local connections：Evidence from China，*Science and Public Policy* 2019 年第 4 期。

605. 田鸣、张阳、汪群、王宏鹏，《河（湖）长制推进水生态文明建设的战略路径研究》，《中国环境管理》2019 年第 6 期。

606. 袁兴国，《区域人才集聚与活力激发的路径探析》，《中国人事科学》2019 年第 7 期。

607. 黄永春、陈成梦、徐军海、黄晓芸，《创业政策与创业模式匹配对创业绩效影响机制》，《科学学研究》2019 年第 9 期。

608. 张洪双、沈金荣、陈秉岩、周仲海，《成果导向的层进式创新人才培养模式探索与实践》，《中国多媒体与网络教学学报》(上旬刊)2019 年第 12 期。

609. 谢海峰，《职业生涯阶段理论视角下高校人才引进评价指标构建分析》，《高教学刊》2019 年第 24 期。

610. 刘平雷、董增川、赵倩，《研究生应用型人才联合培养的长效机制》，《中国高校科技》2019 年第 12 期。

611. 李培园、成长春、严翔，《科技人才流动与经济高质量发展互动关系研究——以长江经济带为例》，《科技进步与对策》2019 年第 19 期。

612. 李轶、王沛芳、王超，《以社会需求为导向，依托优势学科的环境类人才培养创新与实践》，《教育现代化》2019 年第 37 期。

613. 陈璐、嵇敏，《高校拔尖创新人才培养实践育人路径研究》，《山西青年》2019 年第 24 期。

614. 王同昌，《新时代农村基层治理中党组织带头人队伍建设探讨》，《廉政与治理》2019 年第 1 期。

615. 唐洪武，《释放高层次人才创新动能　提升创新首位度》，《南京日报》，2019 年 9 月 18 日。

616. 张静辉，《高校高层次人才引育"三重三轻"问题及解决策略初探》，《价值工程》2020 年第 1 期。

617. 李晓东，《创新创业视角下博士后评价体系构建研究》，《技术经济与管理研究》2020 年第 2 期。

618. 解兆丹、杨永环，《"环境—科研效能感"下的高校青年科技人才创新能力研究》，《科学管理研究》2020 年第 1 期。

619. 孙友然、孙兆君、庄璇，《人才争夺战背景下的人才红利研究：理论透视、发展障碍与政策创新》，《经济论坛》2020 年第 2 期。

620. 黄永春、姚远虎、徐军海、胡世亮，《规模扩张还是产品研发？——创业资助对新生企业家创业导向的影响》，《科学学研究》2020 年第 2 期。

621. 沈益朋，《高校青年教师住房问题分析》，《科教文汇》(上旬刊)2020 年第 7 期。

622. 孙清玉、洪建、林峥、姚雪琦，《基于价值链的图书馆参与高校人才引进工作服务探究》，《南京工程学院学报(社会科学版)》2020 年第 1 期。

623. 陈双双、何萍,《智能互联网时代南京市会展人才从业现状调查分析》,《产业与科技论坛》2020年第4期。

624. 徐军海,《构建现代人才发展治理体系的逻辑与路径——基于"主体—要素—过程"分析框架》,《江海学刊》2020年第3期。

625. 严姝婷、樊传浩,《支持性组织氛围对科技人员主动创新行为影响研究:自我决定感与分配公平的作用》,《技术经济》2020年第5期。

626. 雷智鹉、蒋柳鹏、陈伟,《基于应用型人才培养的"国际工程采购与合同管理"教学模式改革》,《科教导刊》2020年第15期。

627. 嵇敏、陈璐、薛璟,《学术型拔尖创新人才培养之本硕博一体化途径思考》,《科教文汇》(下旬刊)2020年第15期。

628. 叶子、黄永春、史璇、胡世亮,《创业企业高管团队特征对风投机构投资策略的影响——制度环境与机构专长的双重调节效应》,《科技进步与对策》2020年第24期。

629. 段蓉、朱金秀、杨春伟、陈慧萍、张亚新,《基于新工科的多元协同人才培养评价层次分析模型》,《电气电子教学学报》2020年第3期。

630. 赵永乐、徐军海、黄永春、郭祥林、吕江洪,《基于问题与需求的南京市人才制度体系建设方略》,《北京教育学院学报》2020年第3期。

631. 成敏敏,《着眼新基建培养人工智能高素质人才》,《群众》2020年第12期。

632. 张亿全,《本科教育质量工程的影响机理和因素分析——以河海大学英才计划为例》,《文教资料》2020年第18期。

633. 华铮,《双因素理论视角下优化科技人力资源激励路径研究》,《财经界》2020年第20期。

634. 黄永春,《长三角人才一体化中的江苏作为》,《新华日报》,2020年8月。

635. 黄永春、郑江淮,《江苏"十四五"|吸引人才,江苏还能怎么做》,《澎湃新闻》,2020年8月25日。

636. 王同昌、席国锋,《留守型农村基层党组织带头人队伍建设研究》,《中共天津市委党校学报》2020年第5期。

637. 徐军海、黄永春、邹晨,《长三角科技人才一体化发展的时空演变研究——基于社会网络分析法》,《南京社会科学》2020年第9期。

638. 赵永乐、袁兴国,《"35岁现象"的成因分析及应对策略》,《人民论坛》2020年第28期。

639. 刘峰,《"双一流"建设背景下高校高层次人才的非正常流动监管——基于前景理论的演化博弈分析》,《科技管理研究》2020年第20期。

640. 季年芳,《基于AHP-SWOT分析法的高校老年人才资源开发研究》,《湖北农业科学》2020年第20期。

641. 吕江洪、赵永乐,《江苏制造业人才国际竞争力提升的要素与评价研究》,《上海科技人才发展研究报告2020》,上海交通大学出版社2020年版。

642. 王伟、黄莉,《基于校企合作的港口物流应用型创新人才培养模式探讨》,《中国市场》2020年第33期。

643. Sun Jun、Huang Yongchun、Su Dejin、Yang Chen,"Data mining and analysis of part-time entrepreneurs from the perspective of entrepreneurial ability", *Information Systems and e-Business Management* 2020年第18期。

644. 杨洋、黄晶、刘文逸、刘钢、穆恩怡,《企业人才竞争力的空间分异特征及驱动因素研究——以江苏省工业企业为例》,《管理现代化》2020年第6期。

645. 黄永春、毛竹青、苏德金、赵又霖,《创业期望、风险恐惧与新生企业家的创业行为——基于调节聚焦理论》,《科研管理》2020年第6期。

646. 赵永乐,《坚持和完善共建共治共享的人才社会治理制度》,《中国人才》2020年第11期。

647. 黄永春、邹晨、叶子,《长三角人才集聚的非均衡格局与一体化协同发展机制》,《江海学刊》2021年第2期。

648. 郑苏娟、陈璐、嵇敏,《融于理工科拔尖创新人才培养体系中的思政元素——以河海大学大禹学院〈工科数学分析〉思政教育改革为例》,《大学数学》2020年第6期。

649. 成敏敏,《加快推进人工智能高层次人才培养》,《中国高等教育》2020年第24期。

650. 高秋萍、韩振燕、曹永,《开放大学开展养老服务人才培养的优势、挑战与路径》,《中国成人教育》2021年第1期。

651. 赵永乐,《畅通人才大循环 构建人才新发展格局》,《群众》2021年第1期。

652. 周思佳、高敏、单淇,《新工科建设背景下人工智能人才培养的路径研究》,《教育教学论坛》2021年第2期。

653. 赵永芹、龚泳帆、李伟玲,《"一带一路"沿线国家来华留学生国际化人才培养若干思考》,《巢湖学院学报》2021年第1期。

654. 黄永春、张惟佳、徐军海,《服务环境对新生企业家创业导向的影响》,《科研管理》2021年第2期。

655. 谢一凡、鲁春辉、吴吉春,《在教学中培养水利人才核心素养的探讨——以"地下水动力学"为例》,《教育教学论坛》2021年第3期。

656. 邹晨、黄永春、欧向军、严翔,《长三角区域一体化对科技人才竞争力的门槛效应研究——基于经济与收入视角》,《科技进步与对策》2021年第6期。

657. 徐军海、胡元姣,《江苏构建现代人才发展治理体系的路径选择》,《科技中国》2021年第2期。

658. 汪群、傅颖萍、钱慧丽,《基层河长胜任力模型构建的实证研究》,《河海大学学报(哲学社会科学版)》2021年第3期。

659. 徐辉、张兵、陈菁、徐俊增,《基于粮食安全视角的农业水利技术推进与人才培养创新——以河海大学为例》,《中国农业教育》2021年第3期。

660. 邹玉香,《产教融合背景下职业院校双螺旋人才培养模式的构建》,《职教论坛》2021年第4期。

661. 申林,《新时代领导干部角色意识与职责担当的内在逻辑、现实要求与实现路径》,《治理现代化研究》2021年第5期。

662. 刘贺青,《国际组织人才培养对高校"双一流"建设的启示——以南京高校为例》,《当代教育理论与实践》2021年第3期。

663. 高冕、杨波,《我国图书馆参与口述历史人才培养的路径探析》,《江苏科技信息》2021年第14期。

664. 赵永乐,《"十四五"人才发展的主题、主线、动力与格局》,《中国人才》2021年第5期。

665. 孙沐芸、王济干、何凯元,《创新团队共享领导、组织环境与创造力》,《江海学刊》2021年第5期。

666. 徐军海,《创新驱动视角下江苏科技人才发展趋向和路径研究》,《江苏社会科学》2021年第3期。

667. 樊传浩、刘宇涵、叶春兰、朱艳、石珈,《新时代人才观视角下水利人才创新团队建设和管理的激励机制研究》,《水利经济》2021年第5期。

668. 陈双双,"Coupling and Coordination between Tourism Talents and Tourism Economy based on an Empirical Analysis of Jiangsu Province",*Forest Chemicals Review* 2021年第9-10期。

669. 王如宾、徐卫亚、王环玲、谈小龙,《新工科背景下拔尖创新人才培养研究》,《教育信息化论坛》2021年第10期。

670. 李兴冉、彭兆龙、李若凡,《校地协同培养乡村人才模式研究——以河海大学对点帮扶陕西石泉为例》,《农村经济与科技》2021年第21期。

671. 赵永乐,《充分发挥用人主体在人才培养、引进、使用中的积极作用》,《中国组织人事报》,2021年11月。

672. 黄永春、胡世亮、叶子、李光明,《创业还是就业?——行为经济学视角下的动态效用最大化分析》,《管理工程学报》2021年第6期。

673. 黄永春、徐军海、徐高彦,《为什么中国缺少学术型企业家?——基于"认知目的"论》,《科研管理》2021年第6期。

674. 赵永乐,《营造良好人才创新生态环境》,《中国人才》2021年第9期。

675. 汪群、李卉,《多元主体协同构建人才全球化循环机制》,《中国教育报》,2021年11月29日。

676. 徐铭蔚、张婕、王济干,《水利事业单位人才资源价值评估研究》,《湖北农业科学》2021年第17期。

677. 陈双双、陶卓,《江苏省高层次创新创业人才服务调查及优化研究》,《中国商论》2021年第23期。

678. 孙俊、黄永春、钱昕怡,《兼职创业绩效的影响机制研究》,《软科学》2021年第11期。

679. 徐军海、黄永春,《科技人才集聚能够促进区域绿色发展吗》,《现代经济探讨》

2021年第12期。

680. 许佳君、田晓娟,《农村空心化背景下乡村人才振兴现状及对策分析》,《辽宁农业科学》2021年第6期。

681. 徐军海,《建设人才发展现代化先行区的多维路径》,《群众》2021年第24期。

682. 汪群、梁秋璐、张勤,《东道国人才生态环境对人才根植意愿的影响——人才成长预期的中介效应》,《科技管理研究》2021年第21期。

683. 赵永乐,《新时代人才发展的新阶段、新格局和新治理》,《中国人事科学》2022年第1期。

684. 李峰、唐莉,《海外经历能否加速职业发展：以长江学者为例》,《科研管理》2022年第1期。

685. 李峰、徐付娟、郭江江,《京津冀、长三角、粤港澳科技人才流动模式研究——基于国家科技奖励获得者的实证分析》,《科学学研究》2022年第3期。

686. 梁宇、李潇翔、刘政、郑易平,《我国政府数据治理人才能力的核心要素与培养路径研究》,《图书馆》2022年第4期。

687. 徐军海,《加快建设"卡脖子"技术攻关人才队伍》,《中国人才》2022年第4期。

688. 陈成梦、黄永春、吴商硕、胡世亮,《创业自我效能如何激发创业导向选择？——基于动态及开放市场环境的调节作用》,《软科学》2022年第4期。

689. 黄林楠、谭清,《乡村振兴视域下高素质农民培育策略探讨——以潍坊市为例》,《农学学报》2022年第5期。

690. 张荣春、岳建平、乐洋、苗立志、衣雪峰、焦东来、郭献涛,《基于"新工科"要求的GNSS创新人才实践能力培养探讨》,《导航定位学报》2022年第3期。

691. 汪群、李卉、杨彤彤、李青,《社会技术系统联合最优视角下国际工程项目拓展与人才配置的互动研究》,《常州工学院学报》2022年第3期。

692. 徐军海,《推进人才发展集团功能变革与业态创新》,《中国人才》2022年第7期。

693. 徐军海,《人才发展集团服务模式浅析》,《中国组织人事报》,2022年8月。

694. 汪群、罗婷、李卉,《东道国地区人才吸引力对国际人才根植意愿的影响》,《水利经济》2022年第5期。

695. 王济干、于艳萍,《基于ANP-FCE的水利工程专业技术人才分类评价模型研究》,《科技管理研究》2022年第13期。

696. 汪群、李卉,《"一带一路"背景下中国国际工程企业如何吸引高质量全球化人才》,新华丝路网,2022年5月11日。

697. 司江伟,《为产业链与创新链融合发展提供人才支持和智力保障》,《中国组织人事报》,2022年8月16日。

698. 刘忠艳,《新形势下西部地区招才引智政策创新的着力点》,《中国组织人事报》,2022年8月16日。

699. 赵永乐、陈双双、吕江洪,《发挥企业用人主体的积极作用——江苏盐城企业人才创新活力调查》,《中国组织人事报》,2022年8月16日。

700. 徐军海,《实施面向关键核心技术攻关的人才创新政策》,《今日科苑》2022年第9期。

701. 徐军海、吴方,《高品质人才公寓助力青年友好城市建设》,《群众》2022年第20期。

702. 徐军海,《坚持党对人才工作的全面领导》,《中国人才》2022年第11期。

703. 赵永乐,《以大循环方法论建设四川高地》,《人力资源报》,2022年12月26日。

704. 黄瑜珊、邹晨,《区域一体化对科技人才竞争力的影响机制研究——以长三角地区为例》,《资源与产业》2023年第1期。

附录 4　河海大学师生荣获的人才研究奖项

1. 论文：梁训,《论现代领导科学》,1987 年获《人才》杂志优秀论文二等奖。
2. 著作：夏老长,《作家人才学》,河海大学出版社 1989 年版。1989 年获江西省抚州地区文艺攻坚优秀成果奖。
3. 著作：彭涵明、望山(赵永乐)主编,《科技队伍建设与发展》,河海大学出版社 1990 年版。1991 年获江苏省人民政府颁发的江苏省哲学社会科学优秀成果三等奖。
4. 著作：夏老长,《作家人才学》,河海大学出版社 1989 年版。1992 年获江西省第五次社会科学优秀成果三等奖。
5. 著作：夏老长,《作家人才学》,河海大学出版社 1989 年版。1992 年获江西省抚州地区第五次社会科学优秀成果一等奖。
6. 项目：林玉英、刘显桃、赵永乐,"江苏省加快培养跨世纪学术和技术带头人对策研究"。1996 年获江苏省科技进步三等奖(相当于 1998 年后的二等奖)。
7. 著作：刘显桃、赵永乐主编,《新世纪人才曙光:江苏省加快培养跨世纪学术和技术带头人对策研究》,江苏科学技术出版社 1996 年版。1997 年获人事部颁发的全国人事科研成果评审一等奖。
8. 著作：望山(赵永乐),《人才,走向市场——人才市场学概论》,河海大学出版社 1989 年版。1997 年获全国人才学研究成果一等奖。
9. 项目：赵永乐,"南京市专业技术人才队伍发展'九五'计划和 2010 年远景目标研究"。1998 年获南京市科技进步二等奖。
10. 著作：望山(赵永乐),《人才,走向市场——人才市场学概论》,河海大学出版社 1989 年版。1999 年获人事部颁发的全国人事科研成果评审一等奖。
11. 项目：赵永乐、肖曼等,"南京市专业技术人才队伍发展'九五'计划和 2010 年远景目标研究"(南京市知识分子工作领导小组办公室申报,赵永乐为课题组负责人和执笔者)。1999 年获人事部颁发的全国人事科研成果评审二等奖。
12. 项目：赵永乐、陈京民等,"江苏省交通运输行业人才资源开发对策研究"(江苏省交通厅申报,赵永乐等系受交通厅委托参加研究并执笔)。1999 年获人事部颁发的全国人事科研成果评审二等奖。
13. 项目：赵永乐,"中国社会主义企业家人才市场体系建构研究"(项目负责人李小平,赵永乐受李小平邀请承担其中"乡镇企业家人才市场研究"部分)。1999 年获人事部颁发的全国人事科研成果评审二等奖。
14. 项目：赵永乐,"江苏省加快高层次师资队伍建设研究"(项目由江苏省教委和江苏省人才学会联合承担,赵永乐为课题组主要负责人和执笔者)。1999 年获人事部颁发的全国人事科研成果评审三等奖。
15. 报告：赵永乐等,《中国社会主义企业家人才市场体系建构研究》(项目负责人李小平,赵永乐受李小平邀请承担其中"乡镇企业家人才市场研究"部分)。1999年获上海市人民政府颁发的上海市决策咨询研究成果三等奖。

16. 报告:赵永乐等,《江苏省人才资源开发对策研究》。2001年获人事部颁发的全国人事科研成果评审二等奖。

17. 报告:赵永乐,《面向新世纪的江苏经济发展新对策》(赵永乐为课题组主要成员)。2001年获江苏省科技进步二等奖。

18. 项目:赵永乐、孙淮斌,"构筑江苏新世纪人才高地的实现途径"。2001年获江苏省经济社会发展重大研究招标课题三等奖。

19. 项目:赵永乐,"江苏省人才资源开发对策研究课题报告汇编(一、二、三)"。2001年获江苏省人民政府颁发的江苏省哲学社会科学优秀成果决策咨询奖(不分等次)。

20. 项目:张阳、赵永乐、李晖,"全国水利人才与教育培训发展战略规划研究"。2001年获得河海大学科技进步奖应用一等奖。

21. 项目:赵永乐、詹世平、吴守海、张永耀等,"关于江苏省科技创新人才队伍建设的对策研究"。2002年获中国人才研究会全国科研成果评审一等奖。

22. 项目:赵永乐、杜林致、陈京民等,"江苏省企业经营者能力现状及提升对策研究"。2003年获人事部颁发的全国人事科研成果一等奖。

23. 项目:赵永乐、陈京民、丁黎等,"江苏省宣传文化系统人才工作研究"。2005年获江苏省人民政府颁发的江苏省哲学社会科学优秀成果三等奖。

24. 项目:赵永乐,"南京市宣传文化系统人才高地建设研究"。2005年获南京市人民政府颁发的南京市哲学社会科学优秀成果三等奖。

25. 项目:赵永乐、陈京民、张永耀等,"江苏省科技创新人才队伍建设对策研究"。2006年获江苏省高校哲学社会科学研究优秀成果二等奖。

26. 论文:郭祥林、陈双双,《事业单位岗位绩效工资制度改革实践与思考》。2007年获中国行政管理学会优秀论文二等奖。

27. 论文:吕江洪,《以学习型组织的创建推进人口计生队伍能力建设》。2008年获人口计生队伍职业化建设和能力建设征文一等奖。

28. 论文:黄宝凤、石盛林、吕江洪,《人口计生干部胜任力模型的构建》。2009年获江苏人口高层论坛优秀论文三等奖。

29. 论文:赵永乐,《人才发展方式的根本性转变与人才结构的战略性调整》。2010年获中国人才发展论坛征文比赛三等奖。

30. 报告:吕江洪、赵永乐、王济干、曹家和、李好特,《科技人才成长与资助的现状调查》。2010年荣获全国青年人才开发研讨会论文优秀奖。

31. 项目:赵永乐、徐军海、方建华、潘运军、朱义令、陆静丹、宋成一、薛琴、包云霞、葛新艳,"深圳前海人才特区总体建设方案"(课题负责人吴江,赵永乐等为课题组主要成员)。获2011年度中央组织部重大调研课题一等奖。

32. 项目:赵永乐、徐军海、方建华、潘运军、朱义令、陆静丹、宋成一、薛琴、包云霞、葛新艳,"深圳前海人才特区总体建设方案"(课题负责人吴江,赵永乐等为课题组主要成员)。获广东组织系统 2011 年度重大调研课题一等奖。

33. 项目:赵永乐、徐军海、方建华、潘运军、朱义令、陆静丹、宋成一、薛琴、包云霞、葛新艳,"深圳前海人才特区总体建设方案"(课题负责人吴江,赵永乐等为课题组主要成员)。获深圳市委、市政府 2011 年度重大调研课题一等奖。

34. 论文:赵永乐,《从乔布斯的不同凡"想"到创业领军人才培养的不拘一格》。2012 年获第二届中国人才发展论坛优秀论文三等奖。

35. 报告:郭祥林、吴达高,《江苏省离退休老专家创新创业作用发挥的调查研究》。2012 年获中国人力资源和社会保障部、第二届中国人才发展论坛组委会颁发的第二届中国人才发展论坛优秀论文三等奖。

36. 报告:袁兴国、王全纲、卢愿清等,《江苏企业经营管理人才队伍建设调查研究报告(决策咨询报告)》(赵永乐为课题负责人,袁兴国等申报)。2012 年获江苏省人民政府颁发的江苏省哲学社会科学优秀成果三等奖。

37. 论文:赵永乐、权良媛,《从诸葛亮的隆中对看后发地区的人才创业与开发》。2012 年在科技部、中国科学院、中国工程院、中国科协和湖北省人民政府举办的"隆中对·创新与人才"论文征集活动中获得三等奖。

38. 著作:赵永乐、郭万牛、沈光等,《第一资源——科学人才观简明读本》。2013 年获江苏省人民政府颁发的江苏省哲学社会科学优秀成果一等奖。

39. 论文:赵永乐、陈培玲,《深化改革:人才优势转化为发展优势的根本动力》。2014 年获全国"人才托举中国梦"理论征文一等奖。

40. 项目:赵永乐、徐军海等,"南京 321 计划实施情况绩效考评模式调研"。获中央组织部 2014 年度重大调研课题二等奖。

41. 论文:黄永春,《新兴产业企业家的人力资本、社会资本与企业的技术赶超》。2014 年获江苏省哲学社会科学界第八届学术大会优秀论文一等奖。

42. 著作:殷凤春,《自主创新人才评价与提升》,南京大学出版社 2013 年版。2014 年获盐城市哲学社会科学优秀理论成果二等奖。

43. 报告:王全纲、陆玉梅、王红俊,《人才资本驱动常州经济转型发展研究》。2015 年获江苏省社科应用研究精品工程(人才发展)奖二等奖。

44. 论文:陶卓、王春艳,《人才与产业耦合:创新驱动下西部人才培养路径》。2015 年获新常态下转型经济、创新驱动研讨会暨第三届中国特色产学研合作高峰论坛二等奖。

45. 著作:汪群、邓玉林、曾建华、朱菊芳,《科技人才开发战略及创新绩效研究》。2016 年获中国人才研究会第五届理事会期间优秀人才科研成果奖二等奖。

46. 报告:张长征、黄德春、贺正齐,《依靠社会组织建立支撑人才创新创业金融服务体系研究》。2016 年获江苏省社科应用研究精品工程(人才专项)优秀成果三等奖。

47. 论文:张长征、吉星、杨素慧、王峰,《江苏战略性新兴产业人才队伍建设的非均衡、需求预测与应对策略》。2016 年获江苏省社科界第十届学术大会优秀成果一等奖。

48. 报告:王全纲等,《常州经济转型发展中的人才资本驱动作用研究》。2016 年获江苏省社科应用研究精品工程奖二等奖。

49. 报告:刘钢,《江苏省人才竞争力系列报告(2016)》。2016年获江苏省第十四届哲学社会科学优秀成果奖二等奖。

50. 论文:李峰、缪亚军、杨琛琛,"How do alumni faculty behave in research collaboration? An analysis of Chang Jiang Scholars in China"。2016年获得江苏省人民政府颁发的江苏省第十四届哲学社会科学优秀成果奖三等奖。

51. 报告:刘钢,《江苏工业企业人才竞争力100强报告(2015)》。2016年获2015年度江苏省社科应用研究精品工程奖二等奖。

52. 报告:王春艳、陶卓,《人才与产业耦合:创新驱动下西部人才培养路径》。2016年获中国人才研究会第五届理事会期间优秀人才科研成果一等奖。

53. 论文:王春艳、陶卓,《政府人才政策、人才需求与初创企业成长绩效——基于扎根理论的实证研究》。2016年获科技进步论坛暨第四届中国产学研合作论坛——创新引领十三五:区域、产业、企业与政策再定位二等奖。

54. 报告:王慧敏、刘钢,《江苏工业企业人才竞争力100强报告(2016)》。2017年获2016年度江苏省社科应用研究精品工程奖一等奖。

55. 报告:朱从明、张长征、华坚等,《江苏战略性新兴产业人才需求预测与开发研究》。2017年获2016年度江苏省社科应用研究精品工程(人才发展)奖二等奖。

56. 报告:邓玉林、李卉、汪群、范波琴、陈筱飞,《浙江省水利现代化人才需求趋势及队伍建设动态研究》。2018年获水利部人事司、中国水利学会人力资源和社会保障专业委员会颁发的水利人事工作优秀研究成果奖一等奖。

57. 论文:李卉、汪群,"Evaluation of administrators' leadership in Chinese public sectors based on fuzzy synthetic evaluation model"。2018年获南京市第十二届自然科学优秀学术论文优秀奖。

58. 论文:潘运军,《高校高层次人才双元创新能力与科研绩效关系研究》。获中国人事科学研究院颁发的2018年全国人才与人事研究主题征文二等奖。

59. 著作:殷凤春,《高端人才引进培养机制和管理创新研究——以江苏省为例》,人民出版社2017年版。2018年获2017年度江苏省社科应用研究精品工程奖一等奖。

60. 报告:汪群、赵梦雨、李卉、杨洁,《新生代员工工作价值观与工作绩效:工作投入的中介效应》。2018年获2017年度江苏省社科应用研究精品工程奖一等奖。

61. 著作:殷凤春,《高端人才引进培养机制和管理创新研究——以江苏省为例》,人民出版社2017年版。2018年获江苏省首届人力资源和社会保障厅优秀科研成果三等奖。

62. 著作:殷凤春,《高端人才引进培养机制和管理创新研究——以江苏省为例》,人民出版社2017年版。2018年获盐城市哲学社会科学优秀成果一等奖。

63. 著作:张宏伟,《聘任制公务员契约治理研究》,南京大学出版社2015年版。2018年11月获江苏省哲学社会科学优秀成果三等奖。

64. 报告:潘运军,《南京江北新区人才发展状况及对策建议》。2018年获首届江苏省人力资源社会保障优秀研究成果一等奖。

65. 报告:王济干、张旸、樊传浩、王薇薇、张彦奇等,《淮委创新团队建设模式探讨》。2018年获水利部人事司、中国水利学会人社委颁发的全国水利人事工作优秀研究成果一等奖。

66. 报告:张书凤,《镇江市创业领军人才引进政策优化研究》,镇江市社科联(人才专项)课题研究报告。2018年获得镇江市"社科应用精品工程"人才发展专项课题一等奖。

67. 项目:袁小哲、郭祥林,《新时期水利高技能人才队伍建设研究》。2018年获水利部人事司、中国水利学会人力资源和社会保障专业委员会颁发的水利人事工作优秀研究成果奖三等奖。

68. 著作:汪群、邓玉林、曾建华、朱菊芳,《科技人才开发战略及创新绩效研究》。2019年获江苏省人才研究优秀成果奖一等奖。

69. 论文:吕江洪,《南京具有全球竞争力的人才制度体系构建研究》。2019年在"新时代人才发展定力与人才学学科建设"研讨会论文评选中荣获一等奖。

70. 著作:吕江洪、陈双双、崔颖、赵永乐,《人才学简明教程》,中国电力出版社2016年版。2019年获江苏女性人才研究中心突出贡献奖。

71. 论文:郭祥林、贺雪艳,《南京充分发挥市场在构建全球竞争力人才制度体系中的决定性作用》。2019年获中国人才研究会人才学专业委员会颁发的新时代人才发展与人才学学科建设优秀论文三等奖。

72. 论文:吕江洪,《江苏制造业人才国际竞争力现状及对策建议》。2019年在全国(山东)女性人才发展论坛论文评选中获得优秀奖。

73. 报告:张书凤,《镇江市创业领军人才引进政策优化研究》,镇江市社科联(人才专项)课题研究报告。2019年获得江苏发展研究奖三等奖。

74. 报告:李卉、汪群,《外派人员文化智力对外派绩效的影响研究——基于中国"走出去"企业的实证》。2020年获第二届江苏省人力资源社会保障优秀科研成果奖二等奖。

75. 报告:黄永春,《流空间视角下长三角人才一体化发展的江苏定位与对策研究》。2020年获江苏省社科联2019年度"省社科应用研究精品工程(人才发展)"奖二等奖。

76. 报告:吕江洪、赵永乐等,《提升江苏制造业人才国际竞争力研究》。2020年获第二届江苏省人力资源社会保障优秀科研成果一等奖。

77. 报告:陈双双、赵永乐、何萍等,《网络化多元协同下江苏省高层次人才服务机制构建研究》。2020年获江苏省社科联2019年度"社科应用研究精品工程(人才发展)"奖二等奖。

78. 项目:张书凤,《镇江市创业领军人才引进政策优化研究》,镇江市社科联(人才专项)课题研究报告。2019年获得江苏发展研究奖三等奖。

79. 论文:黄永春等,《家庭"赋能"创业研究—基于个体创业资本形成视角》。2021年获江苏省哲学社会科学界第十五届学术大会优秀论文二等奖。

80. 论文:吕江洪,《南京构建具有全球竞争力的人才制度体系研究》。2021年获山东省高等教育人才研究会第一届理事会(2016—2021年)期间优秀研究成果论文类三等奖。

81. 论文:郭祥林、贺雪艳,《南京充分发挥市场在构建全球竞争力人才制度体系中的决定性作用》。2021年获山东省高等教育人才研究会第一届理事会（2016—2021年）期间优秀研究成果论文类三等奖。

82. 案例：樊传浩、王济干、朱艳、张恒杰、赵晓阳，《新时代水利人才创新团队建设和管理》。2021年获水利部人事司、中国水利学会颁发的全国水利人事工作典型案例二等奖。

83. 项目：樊传浩、张龙、王森林、郑庆、陈祥喜等，《团队胜任力视角下的防汛防旱抢险专业队伍能力评价体系研究》。2021年获水利部人事司、中国水利学会颁发的全国水利人事工作优秀调研成果二等奖。

84. 报告：赵永乐、倪一华、李峰等，《盐城企业人才创新活力研究》。2022年获全国人事人才研究主题征文二等奖。

85. 报告：倪一华、赵永乐、李峰、蔡卫军、李正东、吕江洪、陈双双、陶卓、李秀文，《盐城企业人才创新活力研究报告》。2022年获盐城市第十四次哲学社会科学优秀成果特等奖。

86. 报告：倪一华等，《盐城企业人才创新活力研究报告》。2022年获江苏省第十七届哲学社会科学优秀成果三等奖。

87. 报告：赵永乐、郑英舜、倪一华、李峰、李正东，《盐城企业人才创新活力研究报告》。2022年获江苏省第三届人力资源社会保障优秀科研成果三等奖。

附录 5　河海大学研究生学位人才研究论文

1. 赵强,《系统综合评判方法在人力资源管理中的应用研究——干部考评系统设计》,河海大学国际工商学院 1994 级管理学硕士,导师何似龙。
2. 王勇,《领导干部政治素质的优化》,河海大学人文学院 1997 级法学硕士,导师宋开芝。
3. 刘兴,《政府机构改革中公务员素质的提高》,河海大学人文学院 1997 级法学硕士,导师周瑞良。
4. 张卫东,《论公务员廉洁行政》,河海大学人文学院 1997 级法学硕士,导师刘爱莲。
5. 丛懋林,《新时期领导干部政治道德建设研究》,河海大学人文学院 1997 级法学硕士,导师孙其昂。
6. 刘宇瑛,《人才发展战略规划与实际案例分析》,河海大学国际工商学院 1998 级管理学硕士,导师赵永乐。
7. 陈进,《行政领导者创新能力的开发与提升》,河海大学人文学院 1998 级法学硕士,导师符丕大。
8. 沈宗军,《我国企业科技人员激励机制研究》,河海大学国际工商学院 1998 级管理学硕士,导师赵永乐。
9. 尚素春,《中国人才国际化发展研究》,河海大学国际工商学院 1999 级管理学硕士,导师赵永乐。
10. 谈晓英,《国有企业经营者薪酬激励机制研究》,河海大学国际工商学院 1999 级管理学硕士,导师刘晓农。
11. 巫景飞,《企业家激励约束与公司治理——国有企业企业家激励约束研究》,河海大学国际工商学院 1999 级管理学硕士,导师许长新。
12. 仲兵,《中国行政改革中公务员价值取向研究》,河海大学人文学院 1999 级法学硕士,导师刘爱莲。
13. 樊继达,《国有企业企业家激励机制研究》,河海大学人文学院 1999 级法学硕士,导师王萍。
14. 陈楚,《中国水利人才资源发展战略研究》,河海大学国际工商学院 2000 级管理学博士,导师郑垂勇。
15. 邰成平,《江苏人才资源开发对策研究》,河海大学人文学院 2000 级法学硕士,导师刘爱莲。
16. 朱从明,《江苏省新农村人才队伍建设和谐发展研究》,河海大学人文学院 2000 级法学硕士,导师吴远。
17. 石金楼,《基于区域经济发展差异的人才资源开发研究－以江苏省为例》,河海大学国际工商学院 2001 级管理学博士,导师郑垂勇。

18. 任雷鸣,《人才市场化研究》,河海大学国际工商学院2001级管理学硕士,导师赵永乐。

19. 蒋茂东,《高校和企业合作培养人才研究》,河海大学人文学院2001级教育学硕士,导师姚纬明。

20. 经朝军,《基于人力资本产权化的经营者薪酬激励机制研究》,河海大学国际工商学院2001级管理学硕士,导师周海炜。

21. 张宏,《企业经营者能力研究》,河海大学国际工商学院2001级管理学硕士,导师赵永乐。

22. 张莉,《企业家成长环境研究》,河海大学国际工商学院2001级管理学硕士,导师赵永乐。

23. 李卉,《高新技术企业人才流失的影响因素分析及对策研究》,河海大学国际工商学院2002级管理学硕士,导师汪群。

24. 王睿,《面向企业技能需求的职业技术人才培养模式研究》,河海大学国际工商学院2002级管理学硕士,导师张阳。

25. 王春艳,《当代中外高校合作培养人才模式研究》,河海大学人文学院2002级管理学硕士,导师郑大俊。

26. 姜立,《我国公务员行政道德的缺失及其治理》,河海大学人文学院2002级法学硕士,导师毕霞。

27. 刘雪,《基于企业家的战略实施研究》,河海大学国际工商学院2002级管理学博士,导师张阳。

28. 魏丛东,《我国公务员柔性管理研究》,河海大学人文学院2002级法学硕士,导师毕霞。

29. 冯仰生,《我国公务员激励机制探讨》,河海大学人文学院2002级法学硕士,导师宋开芝。

30. 时美英,《政府治理视野中我国公务员素质的提高》,河海大学人文学院2002级法学硕士,导师毕霞。

31. 汪勤永,《当前我国公务员行政价值观念冲突问题的研究》,河海大学人文学院2002级法学硕士,导师宋开芝。

32. 崔祥民,《企业人才流失危机管理研究》,河海大学国际工商学院2003级管理学硕士,导师赵永乐。

33. 费红日,《我国中小软件企业软件人才能力开发研究》,河海大学国际工商学院2003级管理学硕士,导师赵永乐。

34. 周希舫,《基于人力资本特性的经营者薪酬激励研究》,河海大学国际工商学院2003级管理学硕士,导师赵永乐。

35. 王梅姣,《教学型高校师资队伍建设研究》,河海大学人文学院2003级教育学硕士,导师郑大俊。

36. 束文杰,《社会主义市场经济条件下公务员道德建设研究》,河海大学人文学院

2003级哲学硕士,导师吴远。

37. 王勇,《人才资本产权实现的路径分析与制度安排》,河海大学商学院2004级管理学博士,导师赵永乐。

38. 宋薇,《区域性国际化人才发展战略评价体系研究》,河海大学商学院2004级管理学硕士,导师陈京民。

39. 施咏清,《大学生社会适应性研究——基于高校人才培养质量的视角》,河海大学公共管理学院2004级教育学硕士,导师杨晓江。

40. 蔡华,《高校人才资源开发与管理研究》,河海大学公共管理学院2004级教育学硕士,导师成长春。

41. 张平,《高层次人才安全危机防范研究》,河海大学公共管理学院2004级管理学硕士,导师赵永乐。

42. 王斌,《我国企业科技人才创新行为研究》,河海大学商学院2004级管理学博士,导师赵永乐。

43. 张娜,《我国企业经营者人力资本交易研究》,河海大学商学院2004级管理学博士,导师赵永乐。

44. 刘义,《完善我国公务员退出制度的对策研究》,河海大学公共管理学院2004级管理学硕士,导师韩振燕。

45. 吴涤宇,《公开选拔领导干部心理测评研究》,河海大学公共管理学院2004级管理学硕士,导师吴远。

46. 张艳燕,《我国乡(镇)公务员素质评价模型研究》,河海大学公共管理学院2004级管理学硕士,导师赵永乐。

47. 林海霞,《NS院科研人员薪酬设计》,河海大学商学院2004级管理学硕士,导师赵永乐。

48. 王清,《党政领导干部能力测评的现状》,河海大学公共管理学院2004级管理学硕士,导师吴远。

49. 孙华琼,《基于公司治理视角的人力资本产权应用研究》,河海大学商学院2004级工程硕士,导师许纪校。

50. 南凤先,《中小企业高技能人才有效激励的研究》,河海大学商学院2005级管理学硕士,导师马成志。

51. 韦艳艳,《软件工程技术人才培养研究》,河海大学公共管理学院2005级哲学硕士,导师丁长青。

52. 姚蕾,《江苏省区域经济差别化人才发展研究》,河海大学公共管理学院2005级管理学硕士,导师赵永乐。

53. 朱寅非,《基于JAVA及UML技术的南京城市职业学院软件人才实训平台的研究》,河海大学计算机与信息学院2005级工程硕士,导师周晓峰。

54. 黄信惠,《科技创新领军人物成长的评价研究》,河海大学商学院2005级管理学硕士,导师杨晨。

55. 顾晓丹,《知识增值视角下创新团队》,河海大学商学院2005级管理学硕士,导师杨晨。

56. 孙佑祥,《公务员辞退制度实施中的困境及对策研究》,河海大学公共管理学院2005级管理学硕士,导师韩振燕。

57. 王存宏,《我国民办高校师资队伍的现状及建设方略研究》,河海大学公共管理学院2005级教育学硕士,导师王集权。

58. 荆涛,《较发达地区乡镇公务员薪酬激励研究——以常州市武进区奔牛镇为例》,河海大学公共管理学院2005级管理学硕士,导师韩振燕。

59. 马乃骏,《淮安市县级领导干部绩效考核案例分析》,河海大学商学院2005级工商管理硕士,导师赵永乐。

60. 郭胜,《我国高等教育培养创新型人才的政策与制度设计》,河海大学公共管理学院2006级教育学硕士,导师王集权。

61. 殷凤春,《企业自主创新人才评价模型研究》,河海大学商学院2006级管理学博士,导师赵永乐。

62. 陈强,《区域人才生态环境评价研究》,河海大学公共管理学院2006级管理学硕士,导师赵永乐。

63. 李好特,《科技人才成长机理与培育研究》,河海大学商学院2006级管理学硕士,导师王济干。

64. 韩秀伟,《基层通信指挥人才通信能力测评体系研究——以某通信总站为例》,河海大学公共管理学院2006级管理学硕士,导师赵永乐。

65. 刘成钢,《我国高校人才流动中存在的问题及对策研究》,河海大学公共管理学院2006级管理学硕士,导师刘爱莲。

66. 吴凤兵,《江苏科技创新人才战略研究》,河海大学公共管理学院2006级哲学硕士,导师丁长青。

67. 方焕廷,《鲁西南地区乡镇公务员激励机制研究》,河海大学公共管理学院2006级管理学硕士,导师韩振燕。

68. 李薇薇,《党政干部压力及应对方式研究》,河海大学公共管理学院2006级管理学硕士,导师吴远。

69. 范金凤,《企业家形象认知的影响因素及塑造研究》,河海大学商学院2006级管理学硕士,导师钱旭潮。

70. 李方,《我国企业家人力资本参与收益分配问题研究》,河海大学商学院2006级管理学硕士,导师韩旭军。

71. 高庆,《钢铁研究院科技研发人员激励体系与方法研究》,河海大学商学院2006级工商管理硕士,导师刘晓农。

72. 徐静,《产业转型视角下的苏州人才战略研究》,河海大学国际工商学院2007级管理学硕士,导师赵永乐。

73. 陈晓燕,《江苏省专业技术人才需求预测及对策研究》,河海大学国际工商学院

2007级管理学硕士,导师赵永乐。

74. 刘煦宏,《江苏省企业经营管理人才管理机制研究》,河海大学国际工商学院2007级管理学硕士,导师赵永乐。

75. 王楷,《以能力成长为导向的科技人才阶段性激励研究》,河海大学国际工商学院2007级管理学硕士,导师王济干。

76. 李洁,《江苏省高层次人才流动意愿影响因素研究》,河海大学商学院2007级管理学硕士,导师赵永乐。

77. 梁红静,《科技人才成长要素及作用机理研究》,河海大学商学院2007级管理学硕士,导师王济干。

78. 叶如菊,《基于集对分析法的区域人才竞争力比较研究》,河海大学商学院2007级管理学硕士,导师赵永乐。

79. 胡戬,《基于研究型理念的创新人才培养模式研究》,河海大学公共管理学院2007级教育学硕士,导师曹菱红。

80. 姚念,《武警A支队干部职业生涯管理系统的构建与应用》,河海大学商学院2007级管理学硕士,导师王保乾。

81. 马文娟,《公务员培训中的高校参与问题研究》,河海大学公共管理学院2007级管理学硕士,导师郭祥林。

82. 刘军,《H市C局中层公务员绩效考核体系研究》,河海大学商学院2007级工商管理硕士,导师王济干。

83. 吴强,《创新团队带头人领导行为与团队效能的关系研究》,河海大学商学院2007级管理学博士,导师王济干。

84. 倪春青,《非营利性组织领导者"T型"晋升机制研究》,河海大学商学院2007级管理学博士,导师武博。

85. 戚文静,《黄河S局专业技术人员职称评聘改革研究》,河海大学商学院2007级工商管理硕士,导师赵永乐。

86. 曹丽娟,《江苏省高层次创业创新人才引进研究——基于人才评价和引进机制的研究》,河海大学商学院2008级管理学博士,导师郑垂勇。

87. 姜农娟,《绩效评价取向对科研人才创新行为的影响——心理授权与控制点的作用》,河海大学商学院2008级管理学博士,导师赵永乐。

88. 戴晓虎,《N公司人才流失现状分析及对策研究》,河海大学商学院2008级工商管理硕士,导师赵永乐。

89. 王露莹,《公务员结构化面试的能力素质模型研究——以江苏为例》,河海大学商学院2008级管理学硕士,导师赵永乐。

90. 徐步朝,《我国高校科技创新团队协同增效机理与路径研究》,河海大学商学院2008级管理学博士,导师王济干。

91. 何文文,《创新团队中变革型领导与团队创新绩效、团队承诺的关系研究》,河海大学商学院2008级管理学硕士,导师王济干。

92. 孙闪闪,《基于心理契约的我国高校创新团队成员激励问题研究》,河海大学商学院2008级管理学硕士,导师王济干。

93. 余进,《A企业科技人员绩效考核指标研究》,河海大学商学院2008级工商管理硕士,导师赵永乐。

94. 洪婧,《江苏省公务员录用测评体系研究》,河海大学公共管理学院2008级管理学硕士,导师韩振燕。

95. 韩斌,《W市商务局公务员绩效考核研究》,河海大学商学院2009级工商管理硕士,导师王卓甫。

96. 崔颖,《科技创新人才隐性人力资本形成及作用机理研究》,河海大学商学院2009级管理学博士,导师赵永乐。

97. 张娴初,《科技创新人才薪酬体系与激励效应关系研究》,河海大学商学院2009级管理学博士,导师赵永乐。

98. 王全纲,《人才资本与经济协调发展研究——以常州市为例》,河海大学商学院2009级管理学博士,导师赵永乐。

99. 印建兵,《区域创新视角下江苏人才资源要素开发研究》,河海大学商学院2009级管理学博士,导师成长春。

100. 陆玲玲,《A公司管理人才库建设研究》,河海大学商学院2009级工商管理硕士,导师张龙。

101. 叶璐,《区域高层次人才集聚环境评价研究——以长三角为例》,河海大学商学院2009级管理学硕士,导师刘晓农。

102. 周玲玲,《苏锡常人才贡献率比较研究》,河海大学商学院2009级管理学硕士,导师刘晓农。

103. 倪水娟,《TT公司人才流失的防范策略研究》,河海大学商学院2009级工商管理硕士,导师陈京民。

104. 王玲,《中小企业发展与人才发展依存度研究——以常州LC公司为例》,河海大学商学院2009级工商管理硕士,导师刘晓农。

105. 夏淼,《士官队伍人才资本评估研究》,河海大学商学院2009级工商管理硕士,导师蔡成喜。

106. 徐胜仙,《科技人才的培养与引进及其自主创新能力研究》,河海大学公共管理学院2009级哲学硕士,导师丁长青。

107. 殷译娜,《我国水利高等教育人才培养研究——以河海大学为中心》,河海大学公共管理学院2009级教育学硕士,导师陈滔娜。

108. 朱思,《欠发达地区人才集聚问题研究——以S县为例》,河海大学公共管理学院2009级管理学硕士,导师韩振燕。

109. Adeniyi Charity Aloja,《绩效评估在尼日利亚公务员体系中的应用》,河海大学公共管理学院2009级管理学硕士,导师尧峰。

110. 梁洁,《DS工程管理处中层干部绩效考评研究》,河海大学商学院2009级工程硕士，导师赵永乐。

111. 王洁，《公务员绩效考核指标体系构建研究——以 G 省 S 厅为例》，河海大学公共管理学院 2009 级管理学硕士，导师韩振燕。

112. 刘洋，《我国公务员职业良知研究》，河海大学公共管理学院 2009 级哲学硕士，导师王集权。

113. 蒋一泉，《FT 电力技术公司人才派遣管理研究》，河海大学商学院 2010 级工商管理硕士，导师赵永乐。

114. 韦子怡，《战略性新兴产业人才集聚效应评价指标体系研究》，河海大学商学院 2010 级管理学硕士，导师汪群。

115. 赵东菊，《企业经营管理人才成长环境评价研究》，河海大学商学院 2010 级管理学硕士，导师赵永乐。

116. 高娟，《基于"卓越计划"的本科工程型人才培养模式研究》，河海大学公共管理学院 2010 级教育学硕士，导师刘丹平。

117. 吴娱，《水利行业高层次人才培养政策研究》，河海大学公共管理学院 2010 级教育学硕士，导师姚纬明。

118. 宋雅松，《社工人才参与城市低保工作良性互动模式研究——以江苏省为例》，河海大学公共管理学院 2010 级管理学硕士，导师杨文健。

119. 王云霞，《CG 公司后备干部人才库建设研究》，河海大学商学院 2010 级工商管理硕士，导师马成志。

120. 王琼，《常州软件产业人才集聚环境评价与分析研究》，河海大学商学院 2010 级工商管理硕士，导师刘晓农。

121. 朱林，《基于协同理论的产学研结合培养应用型人才模式研究》，河海大学商学院 2010 级工商管理硕士，导师许叶军。

122. 曹莉娜，《老年科技人才隐性人力资本的转化研究》，河海大学商学院 2010 级管理学博士，导师赵永乐。

123. 张宝玲，《高校高层次人才激励型薪酬模式研究》，河海大学商学院 2010 级管理学博士，导师王济干。

124. 郭万牛，《江苏地区高校实施创新人才战略研究》，河海大学商学院 2010 级管理学博士，导师赵永乐。

125. 陈晔，《老年科技人员创新创业影响因素研究——以江苏省为例》，河海大学公共管理学院 2010 级管理学硕士，导师郭祥林。

126. 季樱华，《老年科技人员"老有所为"实现方式研究——以江苏省为例》，河海大学公共管理学院 2010 级管理学硕士，导师郭祥林。

127. 尉艳华，《贫困地区基层公务员公共服务能力研究》，河海大学公共管理学院 2010 级管理学硕士，导师韩振燕。

128. 赵春宇，《转型时期 N 学院师资队伍战略管理研究》，河海大学商学院 2010 级工程硕士，导师卞艺杰。

129. 金凤奎,《江海钢铁公司专业技术人员流失原因及对策分析》,河海大学商学院2010级工商管理硕士,导师汪群。

130. 薛万里,《博士后制度对高校师资队伍建设的作用研究》,河海大学商学院2010级管理学博士,导师王济干。

131. 汤玲,《雇主品牌与员工忠诚度关系的实证研究——以江苏省信息服务业人才为例》,河海大学商学院2011级管理学硕士,导师赵永乐。

132. 陈双双,《西部地区人才吸引和使用影响因素及优化对策研究》,河海大学商学院2011级管理学博士,导师赵永乐。

133. 刘健,《少数民族地区人才引进对策研究——以黔东南州为例》,河海大学公共管理学院2011级管理学硕士,导师赵永乐。

134. 王佳,《南京市人才资源与经济发展相关性研究》,河海大学公共管理学院2011级管理学硕士,导师赵永乐。

135. 徐锦华,《KD国际工程人才内部选拔测评方案设计》,河海大学商学院2011级工程硕士,导师汪群。

136. 姚伟忠,《YJ光电科技公司管理人才开发体系研究》,河海大学商学院2011级工商管理硕士,导师刘晓农。

137. 程昱沁,《LX中等专业学校会计专业人才培养研究》,河海大学商学院2011级工商管理硕士,导师童纪新。

138. 夏斯斯,《A公司在发展中国家的外派人才管理研究》,河海大学商学院2011级工商管理硕士,导师汪群。

139. 常晓岚,《激励因素对文化产业创意人才创新行为影响研究》,河海大学商学院2011级管理学博士,导师赵永乐。

140. 高虹,《基于复杂系统脆性理论的创新团队冲突问题研究》,河海大学商学院2011级管理学博士,导师王济干。

141. 史晓静,《全球化背景下科学家的社会责任研究》,河海大学马克思主义学院2011级哲学硕士,导师丁长青。

142. 冯艳阳,《组织文化与成员组织公民行为的关系研究——以高校科研创新团队为例》,河海大学商学院2011级管理学硕士,导师王济干。

143. 丁婷,《创新团队成员公平感知与知识共享行为关系研究——以信任为中介变量的实证研究》,河海大学商学院2011级管理学硕士,导师王济干。

144. 彭慧,《非领导职务公务员考核存在的问题及对策研究》,河海大学公共管理学院2011级法学硕士,导师毕霞。

145. 章嘉俊,《大学生创业者的社会支持——以H大学的四位创业者为例》,河海大学公共管理学院2011级法学硕士,导师余文学。

146. 赵何晶,《基于结构方程法的水利系统处级职务公务员考核研究——以黄河水利委员会为例》,河海大学公共管理学院2011级管理学硕士,导师毕霞。

147. 刘源,《我国公务员考试录用制度存在的问题及对策研究——以××机关为例》,河海大学公共管理学院 2011 级公共管理硕士,导师王萍。

148. 张宏伟,《聘任制公务员心理契约治理机制研究》,河海大学商学院 2011 级管理学博士,导师赵永乐。

149. 陶卓,《基于创业决策逻辑的创新型科技人才创业绩效研究》,河海大学商学院 2012 级管理学博士,导师赵永乐。

150. 张斯璐,《建筑施工企业核心人才流失因素诊断以及对策研究——以中国十七冶集团有限公司为例》,河海大学商学院 2012 级工程硕士,导师蔡成喜。

151. 高臣,《江苏省人才测评发展对策研究》,河海大学商学院 2012 级管理学硕士,导师马成志。

152. 鞠蕊,《特色研究型大学拔尖创新人才培养模式研究》,河海大学公共管理学院 2012 级教育学硕士,导师高雪梅。

153. 管春敏,《江苏信息服务业的海外高层次人才引进对策研究》,河海大学公共管理学院 2012 级管理学硕士,导师郭祥林。

154. 徐成,《江苏高校的信息服务业人才培养研究》,河海大学公共管理学院 2012 级管理学硕士,导师郭祥林。

155. 童晶晶,《针对体制外机构民营企业招聘人才模式研究——以 WX 集团为例》,河海大学商学院 2012 级工商管理硕士,导师赵敏。

156. 吴亦嘉,《NM 公司人才流失原因分析及对策研究》,河海大学商学院 2012 级工商管理硕士,导师马成志。

157. 杨建,《M 制造公司的人才流失原因和对策研究》,河海大学商学院 2012 级工商管理硕士,导师邓玉林。

158. 朱巍,《水利水电工程设计企业人才自行培养模式研究》,河海大学水利水电学院 2012 级工程硕士,导师刘永强。

159. 殷鸣,《H 公司人才流失原因及对策研究》,河海大学商学院 2012 级工商管理硕士,导师刘戎。

160. 权良媛,《多元主体协同视角下研究型大学创新创业人才培养质量评价及提升研究》,河海大学商学院 2012 级管理学博士,导师赵永乐。

161. 唐立律,《服务型政府视阈下乡镇基层公务员绩效管理研究——以 C 市 L 镇为例》,河海大学商学院 2012 级工程硕士,导师王普查。

162. 刘越,《中小型民营企业家道德价值观对企业履行社会责任影响研究——以江苏中小型企业为例》,河海大学商学院 2012 级管理学硕士,导师蔡成喜。

163. 陈翔,《南京市公务员培训有限市场化的研究》,河海大学商学院 2012 级工商管理硕士,导师肖煜。

164. 林嘉琪,《高速公路经营者的补充责任研究》,河海大学法学院 2012 级法律硕士,导师陈广华。

165. 陈客步,《Z 公司专业技术人员流失原因及对策分析研究》,河海大学商学院 2012 级工商管理硕士,导师郭祥林。

166. 张华,《生命周期视角下人才政策响应机制研究——以"科技企业家培育工程"政策为例》,河海大学商学院 2013 级管理学硕士,导师王慧敏。

167. 郑洲,《江苏省职业篮球俱乐部后备人才培养与运动员再就业研究》,河海大学体育系 2013 级教育学硕士,导师郭平。

168. 王凌云,《N 电台人才流失的原因与对策研究》,河海大学商学院 2013 级工商管理硕士,导师王培君。

169. 刘丽峰,《宁波市江北区高层次人才引进政策研究》,河海大学公共管理学院 2013 级公共管理硕士,导师韩振燕。

170. 林志华,《高科技小微企业技术人才激励机制研究——以 ZM 公司为例》,河海大学商学院 2013 级工程硕士,导师张继国。

171. 俞增频,《中、日、德青少年足球人才培养模式比较研究》,河海大学体育系 2013 级教育学硕士,导师王建民。

172. 侯健,《WR 行业高层次专业技术人才队伍建设研究》,河海大学商学院 2014 级工商管理硕士,导师陈建明。

173. 朱姝慧,《人口净流出地区人才生态环境评价及改善对策研究——以吉林省吉林市为例》,河海大学公共管理学院 2014 级管理学硕士,导师毛春梅。

174. 罗佳旻,《NB 市政府人才网发展的问题及对策研究》,河海大学公共管理学院 2014 级公共管理硕士,导师张鑫。

175. 曾凡琴,《媒介融合背景下江苏广电新闻人才队伍建设研究》,河海大学公共管理学院 2014 级公共管理硕士,导师沈晓静。

176. 顾沁茹,《M 区人才服务体系优化》,河海大学商学院 2014 级工程硕士,导师庞庆华。

177. 黄磊,《Z 河务局专业技术人才激励研究》,河海大学商学院 2014 级工程硕士,导师魏萍。

178. 任雅新,《H 水利设计院专业技术人才培养体系优化研究》,河海大学商学院 2014 级工程硕士,导师邓玉林。

179. 袁小哲,《新时期水利高技能人才队伍建设研究——以陕西河务局为例》,河海大学商学院 2014 级工程硕士,导师郭祥林。

180. 苑士滨,《K 单位工程管理人才胜任力模型研究》,河海大学商学院 2014 级工程硕士,导师张龙。

181. 李学虎,《J 单位人才培养体系优化研究》,河海大学商学院 2014 级工程管理硕士,导师邓玉林。

182. 肖南兵,《西部地区创新人才集聚效应评价及提升研究》,河海大学商学院 2014 级管理学博士,导师赵永乐。

183. 刘忠艳,《基于省域竞争视角的长江经济带人才集聚及其治理研究》,河海大学商学院 2014 级管理学博士,导师赵永乐。

184. 卫颖,《基于物理—事理—人理的高校创新团队胜任力评价研究》,河海大学商学院 2014 级管理学硕士,导师王济干。

185. 王成慧,《我国工科院校创业教育师资队伍建设研究》,河海大学公共管理学院 2014 级教育学硕士,导师叶鸿蔚。

186. 王宣,《基于人本理念的公务员激励机制研究》,河海大学公共管理学院 2014 级管理学硕士,导师黄涛珍。

187. 常璐,《基层公务员激励机制研究》,河海大学公共管理学院 2014 级公共管理硕士,导师韩振燕。

188. 姚弋,《泰州市质监系统事业单位专业技术人员激励机制改进研究》,河海大学公共管理学院 2014 级公共管理硕士,导师周伟。

189. 徐铖,《终身学习视野下我国税务干部培训的改革研究——基于国家税务总局税务干部进修学院的调查》,河海大学公共管理学院 2014 级公共管理硕士,导师黄涛珍。

190. 许蕾,《数字人管视角下的人才选拔测评体系研究》,河海大学商学院 2015 级管理学硕士,导师樊传浩。

191. 圣雪瑶,《基于就业力提升的本科应用型人才培养课程体系研究——以空中乘务专业为例》,河海大学公共管理学院 2015 级教育学硕士,导师陈静漪。

192. 吴蝶,《高等教育背景对杰出科技人才成长的影响研究——以长江学者特聘教授为例》,河海大学公共管理学院 2015 级教育学硕士,导师李峰。

193. 罗昌锋,《地方政府人才计划绩效评价研究——以南京市创业人才计划为例》,河海大学公共管理学院 2015 级管理学硕士,导师黄涛珍。

194. 姜兆惠,《基于胜任力模型下建筑类企业人才招聘的评价方法》,河海大学商学院 2015 级工程硕士,导师吕周洋。

195. 乐露,《宁波市江北区海外高层次人才引进的问题及对策研究》,河海大学公共管理学院 2015 级公共管理硕士,导师陈绍军。

196. 施丹丹,《盐城市高端人才引进存在的问题及对策分析》,河海大学公共管理学院 2015 级公共管理硕士,导师余庆年。

197. 姜勇,《L 市高层次人才引进政策实施存在问题与对策研究》,河海大学公共管理学院 2015 级公共管理硕士,导师孙中艮。

198. 顾琳俊,《DISA 公司技术研发人才素质模型构建与实施研究》,河海大学商学院 2015 级工商管理硕士,导师田泽。

199. 朱帅,《供需匹配视角下扶持我国企业家创业的政策供给研究——基于创业 MOS 模型》,河海大学商学院 2015 级经济学硕士,导师黄永春。

200. 朱海娟,《N 市市级机关公务员人事管理存在的问题及对策研究》,河海大学公共管理学院 2015 级公共管理硕士,导师黄健元。

201. 蔡鹏彬,《T 市地方税务局公务员工作满意度研究》,河海大学公共管理学院 2015 级公共管理硕士,导师赵小风。

202. 尹元,《蚌埠市禹会区青年公务员工作状态调查及激励机制研究》,河海大学公共管理学院 2015 级公共管理硕士,导师赵姚阳。

203. 孙沐芸,《创新团队共享领导对团队创造力的影响研究》,河海大学商学院 2015 级管理学博士,导师王济干。

204. 王梦砚,《苏北 HZ 区基层公务员激励存在的问题和对策》,河海大学公共管理学院 2015 级公共管理硕士,导师沈晓静。

205. 任龚雨,《河海大学本科拔尖创新人才培养课程体系研究——以大禹学院水利水电工程专业为例》,河海大学公共管理学院 2016 级教育学硕士,导师叶鸿蔚。

206. 张銮依,《长江经济带创新人才与资本流动的协整与调控研究》,河海大学商学院 2016 级管理学博士,导师史安娜。

207. 李航,《余姚市基层干部教育培训项目质量评估问题及对策研究》,河海大学公共管理学院 2016 级公共管理硕士,导师张虎彪。

208. 魏玉洁,《高校海归学者的科研合作及其影响因素研究——以 H 大学优势工科为例》,河海大学公共管理学院 2016 级教育学硕士,导师李峰。

209. 王渭清,《村干部腐败问题及其治理对策研究——以 D 市为例》,河海大学公共管理学院 2016 级公共管理硕士,导师杨正联。

210. 天森,《公共部门运营绩效的知识资本管理"利比亚公务员机构的案例研究"》,河海大学公共管理学院 2016 级管理学硕士,导师张鑫。

211. 向薇,《企业家异质性创业模式生成机制的研究》,河海大学商学院 2016 级管理学硕士,导师黄永春。

212. 纳斯特,《利比里亚公务员制度改革研究》,河海大学公共管理学院 2016 级公共管理硕士,导师曹海林。

213. 刘旺,《盐城市 S 县基层公务员的职业倦怠现状及干预对策研究》,河海大学公共管理学院 2016 级公共管理硕士,导师张鑫。

214. 常榕钰,《A 高校海外人才缓冲基地人才引进问题与对策建议》,河海大学商学院 2017 级工商管理硕士,导师汪群。

215. 沈敏,《社会资本视角下的农村实用人才培育研究——以枞阳县为例》,河海大学公共管理学院 2017 级公共管理硕士,导师姚峰。

216. 宋健,《东台市助推中小企业引进高层次人才的政府职能研究》,河海大学公共管理学院 2017 级公共管理硕士,导师曹海林。

217. 胡梦媛,《人才安居租赁补贴政策绩效评价——以江北新区为例》,河海大学公共管理学院 2017 级公共管理硕士,导师施国庆。

218. 王东,《连云港市连云区人才战略实施问题及对策研究》,河海大学公共管理学院 2017 级公共管理硕士,导师周伟。

219. 董梦雅,《积极老龄化视角下科技人才"老有所为"研究——以 W 市"双千"活动为例》,河海大学公共管理学院 2017 级管理学硕士,导师韩振燕。

220. 孙梦园,《高校人文社科领军人才职业发展及其影响因素研究——以长江学者特聘教授为例》,河海大学公共管理学院 2017 级教育学硕士,导师李峰。

221. 张勤,《东道国地方政府竞争力对人才根植意愿的影响:人才成长预期的中介效应》,河海大学商学院 2017 级管理学硕士,导师汪群。

222. 柏露,《J 市高层次人才引进存在的问题及对策研究》,河海大学公共管理学院 2017 级公共管理硕士,导师许佳君。

223. 韩金磊,《江苏省扬州市江都区村干部职业动力问题研究》,河海大学公共管理学院 2017 级公共管理硕士,导师陈静漪。

224. 刘倩,《新时代乡镇基层干部教育培训存在的问题及对策研究——以东海县为例》,河海大学公共管理学院 2017 级公共管理硕士,导师曹海林。

225. 李光耀,《连云港市年轻干部培养选拔问题与对策研究》,河海大学公共管理学院 2017 级公共管理硕士,导师余文学。

226. 钱丹华,《基层公务员职业倦怠问题研究——以 Z 市为例》,河海大学公共管理学院 2017 级管理学硕士,导师姚峰。

227. 刘姝彤,《山东省肥城市 W 镇公务员流失问题及对策研究》,河海大学公共管理学院 2017 级公共管理硕士,导师陈静漪。

228. 徐子淇,《新时代公务员职业道德制度化研究》,河海大学马克思主义学院 2017 级哲学硕士,导师黄明理。

229. 张惟佳,《服务环境对新生企业家创业导向的影响机制研究——基于创业自我效能的中介效应》,河海大学商学院 2017 级经济学硕士,导师黄永春。

230. 姚远虎,《创业资助对新生企业家创业导向的影响机制研究——基于创业自我效能的中介效应》,河海大学商学院 2017 级管理学硕士,导师黄永春。

231. 陈勇,《独立学院转设后师资队伍建设研究——以安徽省 W 学院为例》,河海大学公共管理学院 2017 级公共管理硕士,导师周伟。

232. 孙争妍,《G 县 M 镇公务员绩效考核存在的问题与对策研究》,河海大学公共管理学院 2017 级公共管理硕士,导师叶鸿蔚。

233. 成梦,《非营利组织社会工作人才培养项目过程研究——以 A 机构的 D 项目为例》,河海大学公共管理学院 2018 级社会工作硕士,导师石德生。

234. 蒋惠敏,《高校科技人才政策体系建设研究——基于 2010—2020 年国家层面政策文本分析》,河海大学公共管理学院 2018 级教育学硕士,导师李峰。

235. 陈霞,《J 公司人才招聘体系的问题与对策研究》,河海大学商学院 2018 级工商管理硕士,导师于金。

236. 梁秋璐,《国际工程项目型人才集聚环境评价体系研究》,河海大学商学院 2018 级管理学硕士,导师汪群。

237. 罗婷,《国际人才吸引力对人才根植意愿的影响:区域承诺的中介作用》,河海大学商学院 2018 级管理学硕士,导师汪群。

238. 吴俞昊,《南通市政府人才引进问题与对策研究》,河海大学公共管理学院 2018 级公共管理硕士,导师范仓海。

239. 孙振兴,《市级机关公务员公开遴选问题研究——以 J 省 A 市为例》,河海大学公共管理学院2018级公共管理硕士,导师韩振燕。

240. 张雨轩,《基层公务员激励机制问题与对策研究——以江苏省D市为例》,河海大学公共管理学院2018级公共管理硕士,导师于术桐。

241. 王萍,《乡村治理中村干部激励机制存在的问题及对策研究——以安徽省S镇为例》,河海大学公共管理学院2018级管理学硕士,导师毛春梅。

242. 李念昕,《军转干部高校专项培训存在的问题及对策研究——以H工学院为例》,河海大学公共管理学院2018级公共管理硕士,导师张鑫。

243. 朱婷婷,《乡村振兴背景下村干部队伍建设研究——以马鞍山市D镇为例》,河海大学公共管理学院2018级公共管理硕士,导师张玲玲。

244. 高唐唐,《乡村振兴背景下农村基层干部素质存在的问题与提升对策研究——以A市A镇村干部为例》,河海大学公共管理学院2018级公共管理硕士,导师叶鸿蔚。

245. 陈继,《农村基层干部运作正式权力行动路径研究——以皖中王村增减挂钩项目政策实施过程为例》,河海大学公共管理学院2018级法学博士,导师叶南客。

246. 戴晨辰,《基层青年公务员激励问题研究——以D县为例》,河海大学公共管理学院2018级公共管理硕士,导师姚峰。

247. 何成林,《装配式建筑质量管理影响因素及优化对策研究——以南京某PC人才公寓项目为例》,河海大学商学院2019级工程硕士,导师章恒全。

248. 张爱夕,《专业社会工作人才队伍职业能力研究——以南京市为例》,河海大学公共管理学院2019级社会工作硕士,导师武艳华。

249. 梁莎婉,《水利事业单位人才价值评估及应用研究》,河海大学商学院2019级会计硕士,导师张婕。

250. 徐付娟,《长三角高校高端人才流动规律研究》,河海大学公共管理学院2019级教育学硕士,导师李峰。

251. 孟秋彤,《高职院校应用型人才培养体系的研究——以N高职学院为例》,河海大学公共管理学院2019级教育学硕士,导师黄林楠。

252. 何政,《人才集聚对区域经济高质量发展的影响研究——基于产业结构调整的中介效应》,河海大学商学院2019级经济学硕士,导师黄永春。

253. 谢璐,《多元主体协同视角下人工智能应用型人才培养质量影响因素研究》,河海大学商学院2019级管理学硕士,导师卞艺杰。

254. 臧佩琪,《X房地产公司营销部人才继任的问题与对策研究》,河海大学商学院2019级工商管理硕士,导师邓玉林。

255. 杨甜,《水利设计人才招聘有效性影响因素研究》,河海大学商学院2019级管理学硕士,导师蔡成喜。

256. 王琴,《长三角一体化进程中地方政府人才政策优化路径——以X市Y区为例》,河海大学公共管理学院2019级公共管理硕士,导师李静。

257. 吴楠,《江苏非营利组织人才队伍建设困境及对策研究》,河海大学公共管理学院2019级公共管理硕士,导师韩振燕。

258. 谢凌登,《科改背景下的 C 电力科学研究院科研人员激励机制研究》,河海大学商学院 2019 级工商管理硕士,导师郑垂勇。

259. 邱茹,《H 镇公务员激励问题及对策研究》,河海大学公共管理学院 2019 级公共管理硕士,导师季年芳。

260. 李春蕾,《盱眙县乡镇公务员职业倦怠问题研究》,河海大学公共管理学院 2019 级公共管理硕士,导师范仓海。

261. 吴一帆,《A 区乡镇领导干部绩效考核问题及对策研究》,河海大学公共管理学院 2019 级公共管理硕士,导师韩振燕。

262. 李轶娴,《国地税合并后税务干部人岗匹配现状和存在问题的对策研究——以 X 市税务局为例》,河海大学公共管理学院 2019 级公共管理硕士,导师许佳君。

263. 黄紫月,《撤乡并镇背景下乡镇干部激励困境及对策研究——以苏北 L 镇为例》,河海大学公共管理学院 2019 级公共管理硕士,导师杜春林。

264. 潘汝洁,《B 县人才政策执行中的问题与优化研究》,河海大学公共管理学院 2019 级公共管理硕士,导师杨正联。

265. 徐铭蔚,《水利事业单位人才资源分类价值评估模型及应用研究——以 X 水利事业单位为例》,河海大学商学院 2020 级资产评估硕士,导师张婕。

266. 吕佳伟,《ZY 研究院科研人员激励措施改进研究》,河海大学商学院 2020 级工商管理硕士,导师马海良。

附录 6　河海大学人才研究 40 年大事记

1981 年

1981 年,华东水利学院(现河海大学)人才学研究会成立,挂靠在校党委组织部,组织部原部长郭颖任第一届理事长,组织部前部长贾启模任第二届理事长,河海大学党委书记、省人才学会副理事长李发顺任第三届理事长。梁训担任研究会秘书长。

1981 年 10 月,由江苏省人才研究会筹备会发起,江苏省科学技术协会、共青团江苏省委、江苏省总工会和江苏省人才研究会筹备会联合召开的江苏省青年自学座谈会在南京举行,主会场设在华东水利学院。来自江苏全省各个地区、各条战线的 145 名青年代表出席会议。座谈会全体代表向全省 1 100 万青年发出了《为振兴中华走自学成才之路》的倡议书。华东水利学院人才学研究会参与了会议的会务工作。

1982 年

1982 年,华东水利学院为研究生班开设人才学课程,邀请江苏省人才研究会筹备会秘书长赵永乐在校园马列山上为研究生班系统讲授人才学。

1982 年 1 月,经中共江苏省委科教部批准,江苏省人才研究会筹备会理事会正式成立,理事长为彭涵明,副理事长为毕萍、郭颖(华东水利学院原组织部部长)、袁相碗、张鸣,秘书长为赵永乐。江苏省人才研究会筹备会挂靠在江苏省科技干部局。华东水利学院人才学研究会是江苏省人才研究会的发起单位之一。

1982 年 3 月,华东水利学院干训班主任治宇、组织部组织员梁训的论文《科技队伍的管理》发表于《江苏人才研究通讯》1982 年第 3 期。

1983 年

1983 年 1 月 9 日至 10 日,江苏省人才研究会第一次代表大会在华东水利学院隆重举行。来自全省各地、各高等院校、有关部门和部队系统的 78 名代表出席了会议。江苏省人才研究会的发起单位、华东水利学院人才学研究会参与了代表大会的筹备和会务工作。会议选举彭涵明为理事长、王正等八人为副理事长、赵永乐为秘书长。河海大学贾启模当选常务理事,梁训当选为理事。

1983 年 1 月,梁训、金少斌、孟庆龙的论文《教研室的人才系统结构》,治宇、王安继的论文《大学生如何争取掌握学习的主动权》,钱在祥、曹汉章的论文《试论王安石的人才思想》和华士林的论文《孔子论培养人才》发表于《人才研究文集》(江苏省哲学社会科学联合会论文选)1983 年 1 月上集。

1986 年

1986 年,河海大学管理工程系设立劳动人事管理教研室,开设大专层次的劳动人事管理专业(1990 年专业更名为人事劳资及行政管理专业),设立人才学课程。

1988 年

1988 年 12 月,江苏省科委 1987 年 10 月下达的《深化改革形势下,江苏省企业、农业和乡村工业科技队伍发展途径与对策研究》课题结题。该课题由彭涵明、赵永乐负责,江苏省人才学会软课题研究室承担。河海大学的谭达德、梁训、潘正初、吴宾、崔永清等老师参加课题调研并提供基础研究报告。

1989 年

1989 年 1 月,钱孝华、望山(赵永乐笔名)主编的《用人新论》由河海大学出版社出版。

1989 年 6 月,夏老长著《作家人才学》由河海大学出版社出版。

1989 年 10 月,宋明南、梁重言、周浩祥、赵德水主编的《当代著名科学家科学成就与哲学思想》由河海大学出版社出版。

1989 年秋,河海大学在黄山培训中心为水利电力部的基层干部举办领导人才学研讨班。

1989 年 12 月,望山(赵永乐笔名)著《人才,走向市场——人才市场学概论》由河海大学出版社出版。该著作是我国第一部系统研究人才市场的理论专著,填补了当时我国人才学理论研究上的空白。

1990 年

1990 年,河海大学劳动人事管理专业更名为人事劳资及行政管理专业。

1990 年 6 月,彭涵明、望山(赵永乐笔名)主编的著作《科技队伍建设与发展》由河海大学出版社出版。

1990 年 8 月,经水利部批准,河海大学人力资源研究中心正式成立,李开运教授担任首任中心主任。

1990 年 11 月,由江苏省人才学会(由江苏省人才研究会更名)、中共江苏省委农村工作部、江苏省科学技术协会和江苏省哲学社会科学联合会等单位共同组成编纂委员会编写的《江苏农民实业家辞典》由河海大学出版社出版。

1991 年

1991 年 1 月,彭涵明、望山(赵永乐笔名)主编、河海大学出版社出版的著作《科技队伍建设与发展》获得江苏省人民政府颁发的江苏省第三次哲学社会科学优秀成果三等奖。

1991 年 1 月,江苏省人才学会人才学教学委员会在南京成立,挂靠在河海大学管理系。李法顺担任理事长,杨周道担任副理事长,马成志担任秘书长,张阳和王云昌担任副秘书长。

1991 年,梁训主编的《领导人才学》由河海大学出版社出版。

1992 年

1992 年 12 月,夏老长著、河海大学出版社出版的《作家人才学》获得江西省第五次社会科学优秀成果三等奖。

1993 年

1993 年 7 月,周平著《古今用人要诀》由河海大学出版社出版。

1994 年

1994 年,作为我国最早开设人力资源管理本科专业的高等院校之一,河海大学正式开设人力资源管理本科专业(水利部科教学〔1993〕138 号文),人事劳资及行政管理专业停止招生。

1995 年

1995年2月,望山(赵永乐笔名)主编的《充分发挥现有人才作用的研究》由河海大学出版社出版。

1995年9月,江苏省1994年科技计划项目《江苏省加快培养跨世纪学术和技术带头人对策研究》通过省级评审。该课题由江苏省科委下达,江苏省委知识分子工作领导小组办公室承担。赵永乐借调江苏省委组织部,担任课题组负责人。河海大学司马雪放老师参加总课题研究。课题总报告正式提出,加快组织实施"333跨世纪学术、技术带头人培养工程"。

1996 年

1996年,刘显桃和赵永乐主持的项目《江苏省加快培养跨世纪学术和技术带头人对策研究》成果获得江苏省科技进步三等奖(相当于1998年后的二等奖)。

1996年,姜弘道的论文《高层次复合型是跨世纪水利人才的基本特征》发表于《中国水利》1996年第6期。

1996年2月,刘显桃、赵永乐主编的《新世纪人才曙光:江苏省加快培养跨世纪学术和技术带头人对策研究》由江苏科学技术出版社出版。

1997 年

1997年,江苏省委、省政府开始组织实施"333跨世纪学术、技术带头人培养工程"。苏办发〔1997〕1号文件《江苏省跨世纪学术和技术带头人培养工作"九五"计划和2010年规划纲要》提出,到2000年,重点培养出30名能进入世界科技前沿并在国际上具有较高知名度的杰出专家(第一层次);培养出300名国内学术、技术界具有重大影响的高级专家(第二层次);培养出3 000名省内各学科、各行业成就突出,具有一定声望的学术、技术带头人(第三层次)。

1997年,望山(赵永乐)著、河海大学出版社出版的著作《人才,走向市场——人才市场学概论》获得中国人才研究会颁发的全国第一届人才学著述一等奖。

1997年,姜弘道的论文《21世纪人才培养的走向》发表于《中国水利》1997年第4期。

1997年,望山(赵永乐)的论文《世界贸易大战与人才战略取向》发表于《学海》1997年第5期。

1997年6月17日,人事人才理论学术报告会在河海大学科学会堂举行。我国人才学学科创始人、中国人才研究会秘书长、中国人事科学研究院副院长兼人事与人才研究所所长王通讯研究员,国家行政学院公共管理教研部主任吴江教授,中国人事科学研究院常务副院长朱庆芳研究员,广东省科技干部学院院长、广东省人才研究所所长彭文晋教授,上海公共行政与人力资源研究所所长沈荣华研究员,辽宁省人才中心主任于文远教授受江苏省人才学会副会长、《江苏社会科学》杂志原主编赵永乐教授邀请为河海大学师生作精彩报告。

1997年8月,刘显桃、赵永乐主编的《新世纪人才曙光:江苏省加快培养跨世纪学术和技术带头人对策研究》获得国家人事部颁发的第一届全国人事科研成果评审奖一等奖。

1997年10月,赵永乐教授以人才引进的方式正式调入河海大学,担任河海大学人力资源研究中心主任、学科带头人。

1998年

1998年7月6至10日,中国人才研究会人才学教学研究分会与河海大学国际工商学院在黄山联合举办邓小平人才理论研讨会。

1998年11月,赵永乐、肖曼等完成的《南京市专业技术人才队伍发展'九五'计划和2010年远景目标研究》获得南京市人民政府颁发的1998年度南京市科技进步二等奖。

1998年,水利部委托、河海大学人力资源研究中心承担的项目"水利部公开招考处级领导干部考务研究"结题。该项目1998年下达,赵永乐、李晖完成。

1999年

1999年,王云昌的论文《论知识经济与智力资源》发表于《北京市计划劳动管理干部学院学报》1999年第4期。

1999年8月,赵永乐编著的《现代人才规划技术》由上海交通大学出版社出版。

1999年9月,郭桂英等人编著的《高等工程技术人才的素质与培养》由河海大学出版社出版。

1999年10月,潘杰著的《知识经济与创新人才》由河海大学出版社出版。

1999年12月,望山(赵永乐)著、河海大学出版社出版的著作《人才,走向市场——人才市场学概论》获得人事部颁发的第二届全国人事科研成果评审一等奖。

1999年12月,由赵永乐、肖曼等完成的课题"南京市专业技术人才队伍发展'九五'计划和2010年远景目标研究"成果获得人事部颁发的第二届全国人事科研成果评审二等奖。

1999年12月,由赵永乐、陈京民等完成的《江苏省交通运输行业人才资源开发对策研究》成果获得人事部颁发的第二届全国人事科研成果评审二等奖。

1999年12月,由赵永乐参与研究的《中国社会主义企业家人才市场体系建构研究》(项目负责人李小平)成果获得人事部颁发的第二届全国人事科研成果评审二等奖。

1999年12月,由赵永乐等完成的课题《江苏省加快高层次师资队伍建设研究》成果获得人事部颁发的第二届全国人事科研成果评审三等奖。

2000年

2000年3月,由赵永乐教授主持的江苏省1998年科技计划项目"江苏省人才资源开发对策研究"通过江苏省科委主持的鉴定。该课题研究总报告以"21世纪的江苏:建设人才强省的任务与战略"为标题,在全国率先提出"人才强省"战略,被江苏省委省政府采纳。中央组织部知识分子工作办公室负责人在鉴定会上评价:该总报告对国家正在起草的重要文件有重大参考价值。

2000年10月,水利部1999年研究计划项目"全国水利人才与教育培训发展战略规划研究"(张阳、赵永乐、李晖负责)结题,通过由水利部人教司主持的鉴定。该项目1999年8月启动。

2001 年

2001 年,赵永乐主持的项目"江苏省人才资源开发对策研究"成果获得河海大学人文社会科学优秀成果一等奖。

2001 年,郑大俊、颜素珍的论文《论邓小平选人用人思想的特点》,发表于《前沿》2001 年第 5 期。

2001 年,江苏省经济社会发展重大研究课题招标项目"构筑江苏新世纪人才高地的实现途径"结题。该项目 2001 年立项,赵永乐主持。

2001 年,跃进集团委托项目"跃进集团企业中层干部后备库人员选拔"结项。该项目 2001 年下达,赵永乐主持。

2001 年,张阳、赵永乐、李晖承担的"全国水利人才与教育培训发展战略规划研究",获得河海大学科技进步奖应用一等奖。

2001 年 8 月,赵永乐主持的"江苏省经济社会发展重大研究课题"公开招标项目《构筑江苏新世纪人才高地的实现途径》获江苏省经济社会发展重大研究招标课题三等奖。

2001 年 4 月,赵永乐当选江苏省人力资源学会副理事长。

2001 年 12 月,赵永乐主持的《江苏省人才资源开发对策研究》获得人事部颁发的第三届全国人事科研成果评审二等奖。

2001 年 12 月,"江苏省人才资源开发对策研究"总课题组《江苏省人才资源开发对策研究课题报告》获得江苏省人民政府颁发的 1999—2000 年度江苏省哲学社会科学优秀成果决策咨询奖。

2001 年 12 月,赵永乐的项目"面向新世纪的江苏经济发展新对策"获 2001 年度江苏省科技进步奖二等奖。

2002 年

2002 年,王云昌、张芸的论文《国企经营管理人员的激励与约束机制》,发表于《中国人力资源开发》2002 年第 7 期。

2002 年,河海大学国际工商学院前副院长王云昌副教授主讲的"人力资源管理"课程被评为江苏省研究生培养创新工程优秀研究生课程建设项目。

2002 年 1 月,赵永乐当选为中国人才研究会第三届理事会常务理事。

2002 年 5 月,赵永乐主持的项目"江苏省人才资源开发对策研究"成果获得河海大学人文社会科学优秀成果奖一等奖。

2002 年 8 月,赵永乐当选中国人才研究会人才学研究分会第三届理事会副理事长。

2002 年 11 月,以赵永乐为首的河海大学课题组论文《关于江苏省科技创新人才队伍建设的对策研究》获得中国人才研究会全国科研成果评审一等奖。

2003 年

2003 年,缪子梅的论文《浅析领导者非权力威望》发表于《河海大学学报(哲学社会科学版)》2003 年第 2 期。

2003 年,赵永乐的论文《人才市场化与政府归位》发表于《人才瞭望》2003 年第 6 期。

2003 年,石金楼、黄海艳的论文《论人才可持续发展能力的建设》发表于《现代经济探讨》2003年第6期。

2003年7月,由赵永乐主持的江苏省经济贸易委员会2002年下达的"江苏省企业经营者能力现状及提升对策研究"课题结题,通过由江苏省经济贸易委员会主持的课题评审。

2003年8月,江苏省2002年软科学计划重点研究项目"江苏省科技创新人才队伍建设对策研究"课题结题。该项研究是为2003年即将召开的江苏省人才工作会议准备会议文件而开展的专项研究,赵永乐主持。江苏省科技厅评价:该项研究的成果对我省科技创新人才队伍建设工作的决策起到了重要的参考作用,有关内容已被我厅多处采纳应用。

2003年8月,江苏省社科基金项目"江苏人才发展战略研究"结题并通过专家鉴定。该项目2001年立项,赵永乐主持。

2004年

2004年,郭祥林、司马雪放、黄林楠、张烨的论文《试论高等学校教师的业绩评估》发表于《江苏高教》2004年第1期。

2004年,鞠平、任立良、阮怀宁、马亦农、潘静的论文《构建高素质创新人才培养体系的思考与实践》发表于《中国大学教学》2004年第4期。

2004年,吴利华、郑垂勇的论文《神经网络模型对城市人才资源总量的预测》发表于《科技进步与对策》2004年第8期。

2004年,鞠平、姜弘道、阮怀宁、马亦农、潘静的论文《面向市场"订单式"培养复合型人才》发表于《中国高等教育》2004年第11期。

2004年6月,江苏省委宣传部2003年6月立项基金项目"江苏省宣传文化系统人才工作研究"课题结题。该项目由赵永乐主持。

2004年7月,江苏文化大省建设研究课题"构筑江苏拔尖文化高地的机制与对策研究"结题并通过江苏省委宣传部主持的专家鉴定。该项目由赵永乐主持。

2004年8月,赵永乐主持的《江苏省企业经营者能力现状及提升对策研究》成果获得人事部颁发的第四届全国人事科研成果评审一等奖。

2004年12月10日至11日,由中国人才研究会主办、河海大学人力资源研究中心承办的全国首届"中国人才学论坛"暨学术研讨会在河海大学召开。论坛以"新时期新阶段中国人才价值问题"为主题,来自全国17个省市和部队的108名代表参会。中国人才研究会会长、国家博士后管委会主任、国家人事部原副部长徐颂陶到会致辞,中国人才研究会副会长兼秘书长、中国人事科学院院长王通讯研究员和江苏省人才学会副会长、河海大学人力资源研究中心主任赵永乐教授分别作主题报告。

2005年

2005年,赵永乐主持的《江苏省企业经营者能力现状及提升对策研究》成果获得河海大学人文社会科学优秀成果一等奖。

2005年,王培君、赵永乐的论文《关于科学人才观的几点认识》发表于《河海大学学报(哲学社会科学版)》2005年第1期。

2005年,赵永乐的论文《人才强国战略实现途径和动力的选择》发表于《济南大学学报(社会科学版)》2005年第1期。

2005年,杨勇、张阳的论文《跨国公司在我国的人才战略及我国的对策》发表于《现代管理科学》2005年第4期。

2005年,张鑫、夏锦文的论文《转型时期国有商业银行的人才开发策略》发表于《商业研究》2005年第22期。

2005年1月,2004年江苏省重大发展战略研究课题"江苏科教兴省战略深入实施研究"子项"江苏人才强省战略研究"结题。该项目2004年7月启动,赵永乐主持。

2005年4月,赵永乐、张娜等人的著作《人才市场新论》由蓝天出版社出版。该书是"新世纪人才学理论丛书"之一。

2005年4月,江苏省委宣传部组织有关专家对《江苏省宣传文化系统人才工作研究》项目进行评审。评审委员会通过《江苏省宣传文化系统人才工作研究》的评审,并认为:该研究首次对江苏省宣传文化系统人才队伍基本情况进行了系统的调查、统计和分析,为省委省政府提供了第一手的资料和可靠的依据;首次系统明确了全省各级宣传文化部门人才工作的任务和目标,为江苏省各级党委宣传文化部门今后开展人才工作提供了有效务实的决策参考;首次提出了江苏省宣传文化系统人才工作和人才队伍建设的战略思路,探讨了全省宣传文化系统人才工作和人才队伍管理开发的新框架,提出了江苏省宣传文化系统人才工作纲要和实施意见。

2005年11月,赵永乐主持的课题"南京市宣传文化系统人才高地建设研究"报告获得南京市人民政府颁发的南京市第八次哲学社会科学优秀成果三等奖。

2005年12月,"江苏省'333工程'实施评估与'十一五'高层次人才工程规划思路研究"结题。该课题由江苏省人才工作领导小组办公室委托,2005年3月立项,赵永乐主持。该课题在对江苏省"333工程"的实施进行评估的基础上,对全省高层次人才的发展进行规划,提出"十一五"时期江苏省高层次人才的战略任务与重点工程以及"333工程"的实施对策与措施,构建了高层次人才队伍建设的新体系,创新了高层次人才工作机制。

2005年12月,赵永乐主持的项目"江苏省宣传文化系统人才工作研究"成果获得江苏省人民政府颁发的江苏省第九届哲学社会科学优秀成果评奖三等奖。

2006年

2006年,水利部各司局科技项目"海河水利委员会人才发展战略研究"结项。该项目2005年立项,张阳主持。该项目构建了海河水利委员会人才发展总体战略框架,明确人才发展使命,制定人才发展战略目标和战略部署及其战略保障,提出人力资源管理基础平台建设、人才引进、人才激活、职业生涯规划和人才能力提升五大工程。

2006年,张阳、陈玉玉的论文《跨国公司在华设立研发机构对我国人才的影响效应分析》发表于《集团经济研究》2006年第30期。

2006年4月,"浙江省长兴县'十一五'人才发展规划纲要研究"结题。该课题2005年12月启动,赵永乐主持。

2006年6月,赵永贤、芮明春、陈锡安等著的《新世纪人才实证研究》由河海大学出版社出版。

2006年12月,赵永乐、詹世平、吴守海的研究咨询报告《江苏省科技创新人才队伍建设对策研究》获得江苏省高校第五届哲学社会科学研究优秀成果奖二等奖。

2007年

2007年,石金楼的论文《基于因子分析的江苏省人才环境评价研究》发表于《南京社会科学》2007年第5期。

2007年,石金楼、郑垂勇的论文《知识经济条件下江苏人才资源开发战略探析》发表于《学海》2007年第5期。

2007年12月,江苏省高校哲学社会科学基金项目"高等学校教师业绩评估体系研究"结题。该项目2005年10月立项,郭祥林主持。

2008年

2008年,中央人才工作协调小组办公室下达专题研究项目"党管人才的内涵、方法和实现途径研究"结题。该项目2008年开题,赵永乐主持。

2008年,国家科技部中国科学技术信息研究所课题"科技人才成长机理与资助机制研究"结题。该课题2007年开题,王济干主持。

2008年,陈楚的论文《我国水利人才资源开发与管理SWOT分析》发表于《水利经济》2008年第4期。

2008年,戴宏伟、郑垂勇、赵敏的论文《东部知识产权人才SWOT分析》发表于《现代管理科学》2008年第11期。

2008年,广东省水库移民工作办公室委托技术咨询项目"广东省水库移民管理人才发展战略研究"结题。该项目2007年立项,周海炜主持。

2008年12月,南京市委宣传部计划项目"南京文化人才队伍建设对策研究"结题。该项目2008年4月启动,赵永乐、魏萍、张宏如承担。研究成果紧紧围绕文化人才的培养、引进、使用三个战略环节,构建南京文化人才队伍建设的战略体系,并提出相应的对策措施。

2009年

2009年,赵永乐的论文《美国的人才强国之路与中国的人才强国战略》发表于《第一资源》2009年1期。

2009年,吕江洪、曹家和等的论文《关于科技人才成长与资助关系的思考》发表于《科学与管理》2009年第1期。

2009年,陈楚的论文《坚持以人为本 探索创新型水利人才培养机制》发表于《人民长江》2009年第7期。

2009年,吕江洪、赵永乐、王济干、曹家和、李好特的论文"科技人才成长与资助的现状调查"发表于《科技管理研究》2009年第10期。

2009年,广西壮族自治区中青年教师基础能力提升项目"广西北部湾经济区科技人力资源合作开发与优化配置研究"结题。该项目2008年立项,沈鸿主持。

2009年9月,赵永乐等著的《城乡和谐就业理论——农民工进城对就业影响研究》获得2009年全国人事科研成果评审三等奖。

2009年10月17日,高层次创新型人才开发学术研讨会暨河海大学文天人力资源研究院成立大会在安徽省马鞍山市举行。中央人才工作协调小组特聘专家组成员、武汉工程大学原副校长、博士生导师桂昭明教授,中央人才工作协调小组特聘专家组成员、博士生导师赵永乐教授,河海大学校长助理、博士生导师王济干教授和马鞍山职业技术学院薄赋徭副教授做主题报告。河海大学文天人力资源研究院(后更名为皖江工学院人力资源研究院)在安徽省马鞍山市挂牌成立。赵永乐受聘为研究院院长。

2009年12月,河海大学文天人力资源研究院承办了"马鞍山市人才工作者培训"工作。研究院院长赵永乐教授,中央人才工作协调小组特聘专家组成员、我国人才领域知名专家沈荣华研究员和桂昭明教授等为马鞍山市人才工作领导小组成员单位的负责人和联络员、县区组织人事部门负责人、省部属驻马企事业单位人力资源负责人和联络员等开展系列培训。

2009年12月,由国家人力资源和社会保障部批准、中国人才研究会主办的"中国人才学研究突出贡献奖表彰大会暨创业型人才开发高层论坛"在北京举行,河海大学赵永乐教授被授予"中国人才学研究突出贡献奖"。

2010年

2010年,重庆市社科规划项目"重庆市高层次人才使用与管理工作机制研究"结项。该项目2008年立项,王斌主持。

2010年1月,闵卓著《创新型人才培育概论》由河海大学出版社出版。

2010年6月,山东省自然科学基金资助项目"基于技术创新的企业科技人才绩效评价体系研究"结项。该项目2008年12月立项,司江伟主持。

2010年,唐震、殷璐、汪群的论文《中国企业CTO的成长路径》发表于《统计与决策》2010年第7期。

2010年8月,袁兴国、王春艳主编《青年人才成长的理论与实践——大学生职业规划与创业教育》由南京大学出版社出版。

2010年10月23日,人才发展理论创新座谈会在北京召开,中央政治局委员、中央书记处书记、中央组织部部长李源潮出席座谈会,六位专家在座谈会上作专题发言。赵永乐的发言以《服务发展的新要求——从人才特区看人才引领发展》为题,在我国首次提出"人才引领发展"命题概念,并从人才特区的角度指出,"人才引领发展"是"服务发展"的新要求。

2010年10月,王济干教授担任人力资源研究中心主任,赵永乐教授被聘请为人力资源研究中心名誉主任。

2010年,赵永乐的论文《服务发展的新要求——从人才特区看人才引领发展》发表于《第一资源》2010年第4期。

2010年12月,张龙、邓玉林著的《高管团队人口特征对高管离职的影响研究》由光明日报出版社出版。

2011 年

2011 年,赵永乐、徐军海等参加的"深圳前海人才特区建设研究"(中国人事科学研究院院长吴江主持)获中央组织部重大调研课题一等奖、广东组织系统重大调研课题一等奖。

2011 年 9 月,经中华人民共和国水利部批准,水利部人力资源研究院依托河海大学人力资源研究中心组建成立。刘雅鸣担任水利部人力资源研究院管委会主任,张红兵、王乘、侯京民、吴宏伟担任副主任,委员由水利部各流域机构、中国水利水电科学研究院、南京水利科学研究院、水利部人才开发中心、江苏省水利厅、河海大学相关负责人担任。王乘任院长,王济干任常务副院长,孙晶辉、赵永乐、汪群任副院长。

2011 年 9 月,河海大学商学院教师邓玉林、张龙、奚红华著的《知识型员工的激励机制研究》在东南大学出版社出版。

2011 年 10 月 29 日,水利部人力资源研究院揭牌仪式暨管委会首次工作会议在河海大学隆重举行。水利部副部长周英、水利部人事司司长刘雅鸣、水利部财务司司长张红兵、南京水利科学研究院院长张建云院士、中国水利水电科学研究院院长匡尚富、水利部人事司副司长侯京民、水利部人才资源开发中心主任陈楚、江苏省水利厅副厅长陶长生、海河水利委员会副主任李福生、淮河水利委员会副主任汪斌、珠江水利委员会副主任崔伟中、松辽水利委员会副主任齐玉亮、河海大学校长王乘、副校长鞠平、党委副书记陈德奎、党委副书记王济干、副校长唐洪武出席水利部人力资源研究院揭牌仪式。

2011 年 11 月,赵永乐当选为中国人才研究会第五届理事会副会长。

2011 年 12 月 15 日至 17 日,由中国人才研究会、河海大学、水利部人力资源研究院、江西理工大学、中国石油大学(华东)、中国政法大学、武汉工程大学联合举办的全国首届"大学生职业发展论坛"在河海大学举行。中国人才研究会会长李有慰出席会议并致开幕词,河海大学党委书记朱拓教授和江苏省人力资源和社会保障厅党组成员刘中在开幕式上致辞。

2012 年

2012 年,王乘的论文《培养高素质水利人才 服务水利事业跨越式发展》发表于《水利发展研究》2012 年第 12 期。

2012 年,江苏省哲学社会科学基金项目"我国科技人才创新团队增效机理研究"结项。该项目 2009 年下达,王济干主持。该研究通过大量的实证对我国科技人才创新团队增效机理进行研究,从个体、团队、组织三个层面对科技人才创新团队的增效机理及作用路径进行了深入研究。

2012 年,江苏省科协 2011 年委托项目"江苏在实施'科教与人才强省''创新驱动'战略中注意发挥离退休老专家创新创业作用的研究"结题。该课题由赵永乐、郭祥林承担。课题研究成果得到一批中国科学院院士、中国工程院院士的高度肯定和推荐,时任江苏省委书记罗志军和时任省长李学勇都给予亲笔批示。

2012 年,赵永乐主持、袁兴国申报的项目决策咨询报告《江苏省企业经营管理人才队伍建设调查研究》获得江苏省人民政府颁发的江苏省哲学社会科学优秀成果三等奖。

2012 年,国家外国专家局软科学资助课题"沿海地区引资与引智相结合的引智政策研究"结题。该课题 2011 立项,殷凤春主持。

2012 年 11 月,赵永乐、郭万牛、沈光等参加编写的《第一资源——科学人才观简明读本》获得江苏省人民政府颁发的江苏省第十二届哲学社会科学优秀成果一等奖。

2012 年 3 月,河海大学收到中央人才工作协调小组致函,对河海大学赵永乐教授在编制《国家中长期人才发展规划纲要(2010—2020 年)》中发挥的重要作用和学校的大力支持表示感谢。

2012 年 3 月 29 日,中共南京市委、南京市人民政府与河海大学共建的中国(南京)人才发展研究中心在河海大学挂牌成立。河海大学党委书记朱拓教授任名誉主任,南京市委常委、组织部部长徐金万和河海大学党委副书记王济干教授任主任,中央人才工作协调小组特聘专家、中国人才研究会副会长、河海大学人力资源研究中心名誉主任赵永乐教授任常务副主任,南京市委组织部副部长、南京市人才办主任刘军和南京市社科联主席、社科院院长叶南客研究员任副主任,南京市社科联副主席、社科院副院长陈如研究员任秘书长,南京市人才办副主任张明娣和河海大学商学院副院长汪群教授任副秘书长。

2012 年 6 月,郭祥林、吴达高的研究报告《江苏省离退休老专家创新创业作用发挥的调查研究》获得中国人力资源和社会保障部、第二届中国人才发展论坛组委会颁发的第二届中国人才发展论坛优秀论文三等奖。

2012 年 6 月,赵永乐的论文《从乔布斯的不同凡"想"到创业领军人才培养的不拘一格》获得中国人力资源和社会保障部、第二届中国人才发展论坛组委会颁发的第二届中国人才发展论坛优秀论文三等奖。

2012 年 6 月,中国(南京)人才发展研究中心承担了南京市委市政府下达的"南京市突破人才和经济发展不成正相关关系瓶颈研究"重大课题项目。

2013 年

2013 年,赵永乐、潘运军,《加快人才优势向经济发展优势转化研究——人才问题的"南京现象"及其破解策略》发表于《第一资源》2013 年第 2 期。

2013 年,张宏伟的论文《绩效管理视角下的公务员职位职责治理框架研究》发表于《江海学刊》2013 年第 5 期。

2013 年,张军仁、肖柳的论文《官员董事与上市公司绩效指征实证检验》发表于《求索》2013 年第 10 期。

2013 年,郭万牛的论文《大学创新人才战略须借鉴国外成熟经验》发表于《学术界》2013 年第 11 期。

2013 年 1 月,汪群、邓玉林、曾建华、朱菊芳著的《科技人才开发战略及创新绩效研究》由科学出版社出版。

2013 年 7 月,水利部重大课题"水利部直属事业单位分类改革研究"结题并通过了水利部组织的评审验收。该课题 2012 年立项,王济干主持。水利部重大课题研究领导小组及相关司局高度评价了该课题成果:为水利部直属事业单位分类改革提供了有力支撑。

2013 年 9 月,赵永乐主编的《宏观人才学概论》由党建读物出版社出版。该著作回答了新时期宏观人才发展中提出的新课题,构建起宏观人才学崭新的理论体系,集中展示了宏观人才学理论的最新研究成果。

2013年10月,唐震、殷璇、张静著的《技术创新中的CTO研究》由河海大学出版社出版。

2013年10月,殷凤春著的《自主创新人才评价与提升》由南京大学出版社出版。

2013年11月15日,中国人才研究会第三届理事会暨大学生职业发展研讨会在安徽省马鞍山市隆重举行,中国人才研究会会长、原国家人事部纪检组组长、党组成员李有慰和马鞍山市委书记张晓麟出席开幕式并致辞。中国人才研究会、中国人事科学研究院、安徽省人社厅、马鞍山市委市政府的领导出席会议。河海大学文天人力资源研究院承担了该次会议的部分会务工作。

2014年

2014年,国家人力资源与社会保障部委托课题"博士后制度在高校师资队伍建设中的作用研究"结题。该课题2013年下达,王济干主持。

2014年,魏萍、赵永乐的论文《坚持和完善以党管人才为核心的基本人才制度》发表于《江苏师范大学学报(哲学社会科学版)》2014年第6期。

2014年,江苏省软科学研究计划项目"江苏省双创人才激励政策效度评估机制研究——以'科技企业家'政策为例"结项。该项目2014年立项,刘钢主持。

2014年,郭祥林主持的江苏省2011年度"六大人才高峰"资助项目"江苏信息服务业人才国际化问题研究"结项。

2014年3月,赵永乐、陈培玲发表于《中国人才》的论文《深化改革:人才优势转化为发展优势的根本动力》获全国"人才托举中国梦"理论征文一等奖。

2014年3月,王斌的著作《科技人才创新行为管理与队伍建设》由中国农业出版社出版。

2014年3月,中国(南京)人才发展研究中心承担南京市委市政府的委托项目"南京321计划实施情况绩效考评模式调研",同年结题。

2014年5月22日,全国2014年人才理论研究部署会在北京召开,中央人才工作协调小组宣布全国首批国家"人才理论研究基地"名单并授牌。河海大学被确定为"国家人才理论研究基地"。会上,中央人才工作协调小组办公室向河海大学人才理论研究基地下达年度人才理论研究课题"西部地区人才培养、引进和使用机制研究"。

2014年10月,国家民族事务委员会课题"西部少数民族高层次人才培养问题研究"结题。该课题2013年6月开题,王斌主持。

2014年10月,中央人才工作协调小组办公室2014年度委托课题"西部地区人才培养、吸引和使用机制研究"结题。该课题2014年5月启动,赵永乐主持。

2014年11月,赵永乐著《求索中国人才特色路》由党建读物出版社出版。该著作是国家出版基金项目、"十二五"国家重点出版物出版规划项目、"人才强国研究出版工程·人才学者自选集丛书"之一。

2014年11月,赵永乐的论文《坚持和完善以党管人才为核心的基本人才制度》获得中国人才研究会颁发的"学习习近平人才思想 推动人才工作新发展"征文论文二等奖。

2014年,赵永乐、徐军海等承担的项目"南京321计划实施情况绩效考评模式调研"获中央组织部2014年度重大调研课题二等奖。

2015年

2015年,水利部水利科技重点项目"水利行业管理干部领导能力培养及评价机制研究"结项。该项目2014年立项,汪群主持。

2015年,中央人才工作协调小组办公室2015年度委托课题"建立与经济社会发展需求相适应的人才需求预测与调整机制"结题。该课题2015年启动,赵永乐主持。

2015年5月,江苏人才发展战略研究院企业人才研究中心成立,中心挂靠河海大学,王慧敏担任中心主任,刘钢担任中心副主任。

2015年9月,袁兴国著的《城市人才创新创业环境优化的策略》由河海大学出版社出版。

2015年10月,王济干、蒲晓东等著的《大学生核心素质模型构建及提升路径研究》由人民出版社出版。该书为江苏省高等教育教学改革研究重点课题的研究成果,入选思想政治教育研究文库。

2015年11月,张宏伟著的《聘任制公务员契约治理研究》由南京大学出版社出版。

2015年11月,曹莉娜著的《老年科技人才隐性人力资本的转化研究》由河海大学出版社出版。

2016年

2016年,赵永乐的论文《人才管理政府与市场关系研究》发表于《国家行政学院学报》2016年第3期。

2016年,张宏伟的论文《产业人才工程:实践困惑、理论反思及路径重构——以A省某产业人才工程建设为例》发表于《现代管理科学》2016年第10期。

2016年,张华、王慧敏、刘钢的论文《基于WSBM的创新创业政策效度评估及优化对策——以江苏省"科技企业家培育工程"政策为例》发表于《科技管理研究》2016年第14期。

2016年,国家社科基金项目"干部竞争性选拔的制度优化与程序规范研究"结项。该项目2013年立项,申林主持。

2016年,黄永春的国家社科基金重点项目"供需匹配视角下提升我国新兴产业企业家创业胜任力的政策供给研究"获得立项。

2016年,江苏省社科应用研究(人才发展)课题"依靠社会组织建立支撑人才创新创业金融服务体系研究"结题。该课题2015年立项,张长征主持。

2016年,张长征、黄德春、贺正齐的课题"依靠社会组织建立支撑人才创新创业金融服务体系研究"报告获得2016年江苏省社科应用研究精品工程(人才专项)优秀成果三等奖。

2016年,中央人才工作协调小组办公室向河海大学国家人才理论研究基地下达的年度人才理论研究课题"具有全球竞争力的人才制度体系研究"结题。该课题2016年下达，赵永乐主持。

2016年5月，赵永乐、郭祥林、吴达高、陈培玲著的《调研江苏:发挥老年专家创新创业作用研究》由党建读物出版社出版。该著作是国家出版基金项目、"十二五"国家重点出版物出版规划项目、"人才强国研究出版工程·人才体制机制改革丛书"之一。

2016年8月，吕江洪、陈双双、崔颖、赵永乐编著的《人才学简明教程》由中国电力出版社出版。

2016年9月，王春艳、陶卓的研究报告《人才与产业耦合:创新驱动下西部人才培养路径》获得2016年中国人才研究会第五届理事会期间优秀人才科研成果奖一等奖。

2016年9月，汪群、邓玉林、曾建华、朱菊芳著的《科技人才开发战略及创新绩效研究》获得2016年中国人才研究会第五届理事会期间优秀人才科研成果奖二等奖。

2016年9月，潘运军、赵永乐著的《南京浦口人才管理改革试验区建设研究》由南京出版社出版。

2016年10月，郭万牛著的《高校创新人才战略选择》由中国矿业大学出版社出版。

2016年11月，刘钢的研究报告《江苏省人才竞争力系列报告(2016)》获得江苏省人民政府颁发的江苏省第十四届哲学社会科学优秀成果奖二等奖。

2016年11月，李峰等人的论文"How do alumni faculty behave in research collaboration? An analysis of ChangJiang Scholars in China"获得江苏省人民政府颁发的江苏省第十四届哲学社会科学优秀成果奖三等奖。

2016年11月，赵永乐等著的《调研南京:加快人才优势向发展优势转化》由党建读物出版社出版。该著作是国家出版基金项目、"十二五"国家重点出版物出版规划项目、"人才强国研究出版工程·人才体制机制改革丛书"之一。该著作系统分析了以"人才实力雄厚与经济发展相对滞后并存"为总体特征的"南京现象"。

2016年12月，首届镇江人才发展高峰论坛在江苏科技大学举行，水利部人力资源研究院常务副院长、中国(南京)人才发展研究中心主任王济干教授出席了论坛，并代表学校、镇江创新人才发展研究院致辞。

2016年12月，张长征等的论文《江苏战略性新兴产业人才队伍建设的非均衡、需求预测与应对策略》获得江苏省社科界第十届学术大会优秀成果一等奖。

2016年12月，赵永乐、王济干等著的《镇江"十三五"人才发展研究》由江苏人民出版社出版。

2016年12月，江苏省人民政府国有资产监督管理委员会委托课题"'十三五'省属企业经营管理人才发展规划项目"结题。该课题2015年11月启动，赵永乐主持。

2017年

2017年，黄永春、雷砺颖的论文《新兴产业企业家创业胜任力的构成体系研究——基于创业机会理论的探索性分析》发表于《南京社会科学》2017年第2期。

2017年，徐辉的论文《创建世界一流学科 打造行业创新人才培养高地》发表于《中国高等教育》2017年第15期。

2017年,刘钢、过昕彤的论文《提升实体经济企业人才竞争力》发表于《群众》2017年第13期。

2017年,江苏省社科应用研究精品工程(人才发展)项目"江苏省装备制造行业人才强企机制研究"结项。该项目2016年立项,刘钢主持。

2017年4月13日,中国水利学会人力资源和社会保障专业委员会五届二次全体委员会议在成都举行,水利部人事司司长侯京民、中国水利教育协会会长彭建明等领导出席会议并讲话。水利部人力资源研究院徐辉院长和王济干常务副院长出席会议并受邀作主旨发言。

2017年10月,王慧敏、刘钢的研究报告《江苏工业企业人才竞争力100强报告(2016)》获得2016年度江苏省社科应用研究精品工程奖一等奖。

2017年10月,王全纲的研究报告《常州经济转型发展中的人才资本驱动作用研究》获得2016年度江苏省社科应用研究精品工程奖二等奖。

2017年10月,王全纲著的《人才资本与经济协调发展研究——以常州市为例》由河海大学出版社出版。

2017年11月,殷凤春著的《高端人才引进培养机制和管理创新研究——以江苏省为例》由人民出版社出版。

2017年12月,中华全国归国华侨联合会青年课题"海外引进人才的跨国资本及其本土化问题研究"结题。该课题2015年10月开题,李峰主持。

2017年12月,朱从明、张长征、华坚等的研究报告《江苏战略性新兴产业人才需求预测与开发研究》获得2016年度江苏省社科应用研究精品工程(人才发展)奖二等奖。

2018年

2018年3月,国家自然科学基金青年基金项目"海外引进人才的科研合作行为及其影响因素研究——以＊＊学者为例"结项。该项目2015年1月立项,李峰主持。

2018年,流域科技重点项目"黄河水利科学研究院组织诊断与人才队伍建设规划研究"结题。该项目2018年立项,樊传浩主持。

2018年,刘忠艳、赵永乐、王斌的论文《1978—2017年中国科技人才政策变迁研究》发表于《中国科技论坛》2018年第2期。

2018年,李峰的论文《海归学者的跨国资本本土化及其效果评价研究》发表于《华侨华人历史研究》2018年第2期。

2018年,赵永乐的论文《从特色到优势:进一步提升我国人才制度体系的全球竞争力》发表于《南京社会科学》,2018年第6期。

2018年,唐洪武的论文《"双一流"视角下高校管理人才队伍建设的思考》发表于《国家教育行政学院学报》2018年第9期。

2018年,李娜、宗晓卫的论文《高校创新人才培养绩效评价及对策研究》发表于《中国大学生就业》2018年第19期。

2018年,申林的国家社科基金项目"党的领导干部执政本领的内涵界定与相互关系研究"获得立项。

2018年4月,王济干等的研究报告《淮委创新团队建设模式探讨》获得水利部人事司、中国水利学会人力资源和社会保障专业委员会颁发的水利人事工作优秀研究成果奖一等奖。

2018年4月,邓玉林、李卉、汪群等的研究报告《浙江省水利现代化人才需求趋势及队伍建设动态研究》获得水利部人事司、中国水利学会人力资源和社会保障专业委员会颁发的水利人事工作优秀研究成果奖一等奖。

2018年4月,袁小哲、郭祥林主持的项目"新时期水利高技能人才队伍建设研究"成果获得水利部人事司、中国水利学会人力资源和社会保障专业委员会颁发的水利人事工作优秀研究成果奖三等奖。

2018年12月,殷凤春的著作《高端人才引进培养机制和管理创新研究——以江苏省为例》获得2017年度江苏省社科应用研究精品工程奖一等奖。

2018年12月,汪群、赵梦雨、李卉、杨洁的研究报告《新生代员工工作价值观与工作绩效:工作投入的中介效应》获得2017年度江苏省社科应用研究精品工程奖一等奖。

2018年11月,张宏伟的著作《聘任制公务员契约治理研究》获江苏省人民政府颁发的江苏省哲学社会科学优秀成果三等奖。

2019年

2019年,教育部直属高校国家级重点项目——"一带一路"教科文卫引智项目"跨文化背景下水利专业技术人才培养研究"结项。该项目2018年立项,汪群主持。项目研究以跨国经营理论和国际人力资源管理理论的研究为基础,从东道国、母国、企业三个视角探讨水电开发企业走出去,在"一带一路"沿线国家的人才队伍建设问题、难点和解决方法以及对高校人才培养、行业政策制订等方面探索国际化人才队伍建设机理。

2019年,田鸣、张阳、汪群、王宏鹏的论文《河(湖)长制推进水生态文明建设的战略路径研究》发表于《中国环境管理》2019年第6期。

2019年,黄永春、陈成梦、徐军海、黄晓芸的论文《创业政策与创业模式匹配对创业绩效影响机制》发表于《科学学研究》2019年第9期。

2019年,刘平雷、董增川、赵倩的论文《研究生应用型人才联合培养的长效机制》发表于《中国高校科技》2019年第12期。

2019年,李培园、成长春、严翔的论文《科技人才流动与经济高质量发展互动关系研究——以长江经济带为例》发表于《科技进步与对策》2019年第19期。

2019年,李轶、王沛芳、王超的论文《以社会需求为导向,依托优势学科的环境类人才培养创新与实践》发表于《教育现代化》2019年第37期。

2019年,江苏省高校哲学社会科学研究重点项目"依靠社会组织优化江苏新兴产业人才环境的策略研究"结题。该项目2016年立项,张长征主持。

2019年,江苏省哲学社会科学规划办(人才发展)资助课题"推进江苏更深层次的人才体制机制改革研究"结题。该课题2018年立项,殷凤春主持。

2019年,江苏省哲学社会科学规划办(智库)资助课题"江苏省青年拔尖人才培养机制研究"结项。该项目2018年立项,殷凤春主持。

2019年,江苏省社科联人才发展专项课题"网络化多元协同下江苏省高层次人才服务机制构建研究"结题。该课题2019年立项,陈双双主持。

2019年,中央高校基本科研业务经费项目"江苏省民营女企业家生产经营现状与转型发展对策研究"结项。该项目2019年下达,刘钢主持。

2019年,吕江洪的研究报告《南京具有全球竞争力的人才制度体系构建研究》获得中国人才研究会"新时代人才发展定力与人才学学科建设"研讨会暨人才学专业委员会第七届代表大会年会优秀论文一等奖。

2019年,张书凤主持的项目"镇江市创业领军人才引进政策优化研究"获得江苏发展研究奖三等奖。

2019年4月,汪群等著《科技人才开发战略及创新绩效研究》获江苏省人才研究优秀成果奖一等奖。

2019年5月,水利部人力资源研究院参与研究的《新时代水利人才发展创新行动方案(2019—2021年)》由水利部党组正式印发。

2019年6月,南京市哲学社会科学基金2018年度春季公开招标重大项目"南京构建具有全球竞争力的人才制度体系研究"结项。该项目2018年6月下达,河海大学中央人才工作协调小组国家人才理论研究基地和中国(南京)人才发展研究中心承担,唐洪武主持。项目在确立南京构建具有全球竞争力的人才制度体系指导思想的基础上,明确人才制度体系建设的三个方面功能定位、五项遵循原则和五点建设思路、三个具体目标、四项重点任务与四大战略部署,提出以"一主攻"方向、"三强"对策和"三新"保障为框架的对策建议体系。

2019年9月,王济干等编著的《2018年中国水利人才发展研究报告》由河海大学出版社出版。

2019年9月,唐洪武的论文《释放高层次人才创新动能 提升创新首位度》发表于《南京日报》2019年9月18日。

2019年9月,周庆元著的《产业集群与人才集聚相互驱动和耦合发展研究》由河海大学出版社出版。

2019年12月,《南京构建具有全球竞争力的人才制度体系研究》课题组著《南京构建具有全球竞争力的人才制度体系研究》由河海大学出版社出版。

2020年

2020年2月,水利部根据人员变动情况,对水利部人力资源研究院管委会及研究院班子成员进行了调整。管委会主任由田学斌(水利部副部长)担任,副主任由侯京民(水利部人事司副司长)、徐辉(河海大学校长)担任,委员由水利部有关职能部门、各流域机构、中国水利水电科学研究院、南京水利科学研究院、江苏省水利厅、河海大学相关负责人担任。王济干任院长,王新跃、许峰、丁纪闽任副院长。

2020年,赵永乐、徐军海、黄永春、郭祥林、吕江洪的论文《基于问题与需求的南京市人才制度体系建设方略》发表于《北京教育学院学报》2020年第3期。

2020年,黄永春、毛竹青、苏德金、赵又霖的论文《创业期望、风险恐惧与新生企业家的创业行为——基于调节聚焦理论》发表于《科研管理》2020年第6期。

2020年,赵永乐的论文《坚持和完善共建共治共享的人才社会治理制度》发表于《中国人才》2020年第11期。

2020年,《中国哲学社会科学最有影响力学者排行榜:基于中文学术成果的评价(2020版)》管理学排行榜发布。河海大学在上榜学者单位中排位44,共有7名学者上榜,分别为赵永乐、刘笑霞、赵敏、施国庆、许叶军、黄健元、俞静。其中赵永乐、刘笑霞、赵敏、施国庆进入前500名,赵永乐在二级学科人才学与劳动科学中排名第9,曾在读河海大学博士生的王斌、殷凤春在二级学科人才学与劳动科学中分别排名第43、92。

2020年,国家社会科学基金重点项目"供需匹配视角下提升我国新兴产业企业家创业胜任力的政策供给研究"结项。该项目2016年立项,黄永春主持。

2020年,国家社会科学基金面上项目"大数据时代高智价值识别及工作嵌入反哺跟踪模型研究"结项。该项目2015年立项,殷凤春主持。

2020年,水利部水利科技重点项目"水利改革与发展研究——水利人才创新团队建设和管理研究"结项。该项目2019年立项,樊传浩主持。

2020年,吕江洪主持的项目"提升江苏制造业人才国际竞争力研究"获得江苏省人力资源和社会保障厅颁发的第二届江苏省人力资源社会保障优秀科研成果一等奖。

2020年,江苏省社科联社科应用研究(人才发展)课题"流空间视角下长三角人才一体化发展的江苏定位与对策研究"结题。该课题2019年下达,黄永春主持。

2020年9月,水利部网站要闻栏目报道了水利部人力资源研究院成立十年来的工作成绩——"为推动水利人才队伍建设发挥了积极作用"。

2020年9月,水利部人力资源研究院管委会第三次工作会议在水利部召开。会议审议通过了水利部人力资源研究院的工作报告和章程。管委会主任、水利部副部长田学斌,管委会副主任侯京民、河海大学校长徐辉和研究院院长王济干、副院长王新跃、许峰、丁纪闽等出席会议。

2020年9月,教育部人文社会科学研究规划基金项目"我国高校高层次人才流动规律研究"提前结项。该项目2018年8月下达,李峰主持。

2020年10月,汪群、李卉、田鸣、张玥编著的《河长制治理理论与实践》由河海大学出版社出版。

2020年10月,王斌、殷赵云、黄英歌著的《西南地区基层公共文化人才培养和激励机制研究》由西南师范大学出版社出版。

2020年11月,江苏省社科应用研究精品工程(人才发展)课题"江苏以产才城一体化建设人才友好环境研究"结题。2019年11月立项,吕江洪主持。

2020年12月,王济干等编著的《2019年中国水利人才发展研究报告》由河海大学出版社出版。

2020年12月,江苏省人力资源和社会保障厅项目"乡村振兴战略背景下江苏返乡创业人才环境优化研究——以徐州为例"结题。该项目2020年7月立项,袁兴国主持。

2020年12月,申林著的《干部选拔任用的制度优化与程序规范研究》由上海社会科学院出版社出版。

2020年12月,黄永春的项目研究报告《流空间视角下长三角人才一体化发展的江苏定位与对策研究》获得2019年度"江苏省社科应用研究精品工程(人才发展)"奖优秀成果二等奖。

2020年12月,陶卓的项目研究报告《江苏加强前沿科技和未来产业发展的人才资源开发研究》获得2019年度"江苏省社科应用研究精品工程(人才发展)"奖优秀成果二等奖。

2020年12月,陈双双的项目研究报告《网络化多元协同下江苏省高层次人才服务机制构建研究》获得2019年度"江苏省社科应用研究精品工程(人才发展)"奖优秀成果二等奖。

2020年12月,韩振燕的项目研究报告《基于现代信息技术的江苏创业人才服务实现路径研究》获得2019年度"江苏省社科应用研究精品工程(人才发展)"奖优秀成果三等奖。

2021年

2021年,徐辉、张兵、陈菁、徐俊增的论文《基于粮食安全视角的农业水利技术推进与人才培养创新——以河海大学为例》发表于《中国农业教育》2021年第3期。

2021年,汪群、傅颖萍、钱慧丽的论文《基层河长胜任力模型构建的实证研究》发表于《河海大学学报(哲学社会科学版)》2021年第3期。

2021年,国家社会科学基金一般项目"'产-才-城'适配视域下长三角人才一体化发展的协同机制研究"立项。该项目目前在研,黄永春主持。

2021年,樊传浩、王济干等编写的案例《新时代水利人才创新团队建设和管理》获得水利部人事司、中国水利学会颁发的全国水利人事工作典型案例二等奖。

2021年,樊传浩、张龙等的项目"团队胜任力视角下的防汛防旱抢险专业队伍能力评价体系研究"获水利部人事司、中国水利学会颁发的全国水利人事工作优秀调研成果奖二等奖。

2021年,江苏省社科基金项目"江苏创新创业生态系统的激励机制和政策工具研究"结题。该项目2017年立项,樊传浩主持。

2021年,孙沐芸、王济干、何凯元的论文《创新团队共享领导、组织环境与创造力》发表于《江海学刊》2021年第5期。

2021年,赵永乐的论文《"十四五"人才发展的主题、主线、动力与格局》发表于《中国人才》2021年第5期。

2021年,黄永春、徐军海、徐高彦的论文《为什么中国缺少学术型企业家?——基于"认知目的"论》发表于《科研管理》2021年第6期。

2021年,江苏省教育厅哲社重大项目"技术型创业团队的成长机理与培育路径研究"获得立项,黄永春主持。

2021年5月24日,"新阶段新格局新治理:人才高质量发展"高峰论坛由河海大学举办,河海大学中央人才工作协调小组国家人才理论研究基地、河海大学社会科学研究院、河海大学商学院、河海大学公共管理学院、中国(南京)人才发展研究中心承办。河海大学校长徐辉教授,江苏省社科联党组书记、常务副主席张新科出席开幕式并致辞。中央人才工作协调小组特聘专家组成员、中国人事科学研究院原院长、吴江,中央组织部人才工作局原巡视员、副局长李志刚,中央人才工作协调小组特聘专家组成员、河海大学中央人才工作协调小组国家人才理论研究基地首席专家赵永乐等专家作主旨报告。河海大学中央人才工作协调小组国家人才理论研究基地2021年年会暨"十四五"人才规划与城市人才发展学术报告会同日在河海大学举行。来自北京、上海、浙江、安徽、福建、贵州、江苏7省的代表和25所高校及政府、科研院所和企业的近150名专家、学者和基层人才工作人员出席论坛。

2021年10月22日,由中国水利教育协会主办,河海大学、水利部人力资源研究院承办的第三届水利人才与教育论坛在南京举办,论坛主题为"新阶段水利人才高质量发展"。水利部副部长田学斌、江苏省副省长潘贤掌出席论坛开幕式并讲话。中国水利教育协会会长黄河主持开幕式,河海大学党委书记唐洪武致欢迎辞。水利部人事司司长侯京民作主旨报告,中组部人才局原巡视员、副局长李志刚和河海大学校长徐辉作专题报告。水利部所属相关单位领导与人事部门负责同志、有关院校领导、专家、代表共300余人参加了论坛。

2021年11月29日,汪群、李卉的论文《多元主体协同构建人才全球化循环机制》发表于《中国教育报》。

2021年12月,水利部人力资源研究院连续两年跟踪、参与的《新时代水利人才发展创新行动方案》研究得以落地,水利部公布了20名水利领军人才、10名水利青年科技英才、100名水利青年拔尖人才、10个水利人才创新团队、10个水利人才培养基地,为推动高质量培养水利高层次人才、建设高水平水利人才创新团队和水利人才培养基地作出了积极贡献。

2022年

2022年,国家社会科学基金项目"'一带一路'中的中国国际工程企业人才全球化推进机制研究"结项。该项目2018年立项,汪群主持。该项目基于"人类命运共同体"的理念,服务于"一带一路"中国国际工程企业国际化发展的目的,以推进中国国际工程企业全球化人才高水平集聚为目标,开展其全球化人才集聚机理与推进机制研究,并从多主体协同角度提出相应的对策建议。

2022年,教育部首批新文科研究与改革实践项目"新文科背景下面向'一带一路'的涉外复合型应用技术人才培养模式创新研究"结题。该项目2020年立项,汪群主持。

2022年,赵永乐的论文《新时代人才发展的新阶段、新格局和新治理》发表于《中国人事科学》2022年第1期。

2022年,李峰、徐付娟、郭江江的论文《京津冀、长三角、粤港澳科技人才流动模式研究——基于国家科技奖励获得者的实证分析》发表于《科学学研究》2022年第3期。

2022年,王济干、于艳萍的论文《基于ANP-FCE的水利工程专业技术人才分类评价模型研究》发表于《科技管理研究》2022年第13期。

2022年1月,河海大学中央人才工作协调小组国家人才理论研究基地承担的盐城市委人才工作领导小组委托重大项目"盐城企业人才创新活力研究"成功结题。该项目2021年8月下达,赵永乐主持。该课题在国内首创、开发、发布了企业人才创新活力指数。

2022年,赵永乐、倪一华、李峰等完成的项目报告《盐城企业人才创新活力研究》获得2022年全国人事人才研究主题征文二等奖。

2022年,赵永乐、倪一华、李峰等完成的项目报告《盐城企业人才创新活力研究》获得江苏省人民政府颁发的江苏省第十七届哲学社会科学优秀成果三等奖。

2022年5月11日,汪群、李卉的论文《"一带一路"背景下中国国际工程企业如何吸引高质量全球化人才》发表于新华丝路网。

2022年10月,陈双双著的《我国西部地区人才吸引和使用优化研究》由河海大学出版社出版。

2022年12月,国家自然科学基金面上项目"科研人员流动与职业成就的关系研究"结项。该项目2019年1月下达,李峰主持。

2022年12月,赵永乐、郭祥林、陈培玲著的《国际创新名城人才制度与治理研究——基于南京人才新发展格局的实践探索》由西南交通大学出版社出版,该著作系国家社会科学基金重大项目"构建具有全球竞争力的人才制度体系研究"的研究成果。

2022年,南京市软科学重点课题"适配南京高质量发展的科技人才全链条引进培育机制及激励政策研究"立项。该项目目前在研,樊传浩主持。

后　记

　　河海之庠,人杰水灵。河海大学不仅人杰水灵,而且还涌现出一大批潜心研究人杰水灵的专家学者。

　　早在 20 世纪 70 年代末,以老组织部部长郭颖和治宇、梁训等老同志为代表的华东水利学院(今河海大学)一批人才学爱好者自发地组织起来,宣传和研究人才学,积极参加江苏省的人才研究活动,参与发起成立江苏人才研究组织,为华东水利学院乃至江苏省人才研究活动的开展作出了自己的贡献。1981 年,华东水利学院人才学研究会(后更名为河海大学人才学研究会)正式成立,更是开启了河海大学人才研究的历史篇章。40 多年来,河海大学人才研究的发展过程与中国人才学的发展几乎同步,不仅在江苏人才研究的历程中具有举足轻重的地位,而且在中国人才学学科的发展和人才工作的实践中发挥了重要的作用。河海大学人才研究队伍不断发展壮大,高质量研究成果越来越多,社会影响越来越广。不仅如此,河海大学还培养和向外输出了一大批活跃在全国各领域的人才研究专家和学者。据不完全统计,40 多年来河海大学师生承担的人才研究项目达 141 项;河海大学师生出版(含河海大学出版社出版)的人才研究著作达 65 部;河海大学师生发表的人才研究论文达 704 篇;河海大学师生荣获的人才研究奖项达 87 项;河海大学研究生学位人才研究论文达 266 篇。

　　自 2021 年 6 月起,《河海大学人才研究 40 年》的研究和编纂工作开始展开。编纂团队克服资料散缺、工作量庞大、人手不足和新冠疫情影响等困难和问题,于 2022 年 12 月上旬初步完成书稿。2023 年初,对书稿进行了全面审读、核对、补充和修改。2023 年 4 月,将近 80 万字的书稿正式提交河海大学出版社。

　　《河海大学人才研究 40 年》的研究和编纂得到了河海大学有关校领导、专家、当事人和有关部门、院系研究团队与师生的指导、支持和参与,也得到了一批曾经在河海大学工作过、后调离到其他单位任职的专家和曾在河海大学学习深造过的本科、硕士、博士及博士后校友的热心支持和帮助。在编纂过程中,课题组成员与曾在河海人才研究领域奋斗的诸多前辈们直接接触,感受他们的初心与使命担当和言传身教,得到他们的悉心指导和大力支持。

　　原华东水利学院党委书记、河海大学原党委书记、原水利部交通部电力工业部南京水利科学研究院党委书记、原河海大学人才学研究会理事长李法顺教授是参与本书编纂工作最年长的一位前辈,在担任校领导期间就非常关心重视人才研究工作,亲自担任研究会负责人。他不顾年事已高,亲自撰写文章,深情回忆人才学会成立的背景以及自己领导、参与人才学会工作的经历和心路历程。朴实的文字中流露出真挚的情感,读来令人感动。

　　水利部人力资源研究院院长、江苏科技大学原党委书记、河海大学原党委副书记王济干教授是河海大学人才研究的中坚力量,他所带领的团队在人才成长机理研究和水利人才研究等方面业绩突出,影响显著,不仅为《河海大学人才研究40年》的编纂提出了多方面的指导意见,而且提供了大量珍贵的资料和文稿。

赵永乐教授是我国最早从事人才学研究的学者之一,早在20世纪80年代起就一直与河海大学人才学研究会及相关领导、老师保持着密切的学术联系,参与了学校人才学方面的一些研究、教学工作。1997年正式入职河海大学后,更是成为学校人才研究的领头雁。虽然早已年过古稀,但他对人才研究工作的初心不泯,仍然活跃在人才研究舞台上,无疑是河海大学人才研究四十年的亲历者和见证者。他不仅为课题组提供了许多早期的珍贵资料和调研线索,在课题组的组建和研究工作推进过程中也付出了大量的心血,发挥了至关重要的作用。毫不夸张地说,没有赵老师,就没有《河海大学人才研究40年》书稿的诞生。

感谢人力资源和社会保障部原副部长、中国人才研究会会长何宪长期以来对河海大学人才研究的关心和爱护,百忙之中为《河海大学人才研究40年》作序。感谢河海大学党委书记唐洪武院士和校长徐辉教授对河海大学人才研究工作、学术活动和《河海大学人才研究40年》编纂的热心支持。感谢河海大学社科处、离退休处、图书馆、档案馆、商学院、公管院的领导和有关工作人员对《河海大学人才研究40年》编纂的大力支持和帮助。感谢河海大学商学院副院长唐震教授和河海大学大禹教学团队"工商管理一流专业核心课程群教学团队"对《河海大学人才研究40年》出版的鼎力支持和帮助。感谢编纂委员会诸位顾问和委员对《河海大学人才研究40年》编纂的关心和指导。感谢课题组主编和主要成员的辛勤工作与付出,感谢校内外所有为《河海大学人才研究40年》撰稿和提供资料及线索的师生和校友。

感谢以刘宇琳为首的课题组工作团队将近两年的辛勤工作。感谢南京工业职业技术大学副校长魏萍教授和南京工程学院副校长汪群教授对《河海大学人才研究40年》编纂出版的关心、指导和帮助。感谢河海大学图书馆、档案馆、校史馆党总支书记王志峰和河海大学党委巡察办公室主任、机关党委书记王炎灿提供宝贵的历史资料。感谢图书馆梁美宏、施亮老师为人才主题学位论文检索和数据采集提供帮助,梁美宏和蒋璐老师为论文主题词分析提供帮助,离退休处燕士力老师参与前期调研提纲及工作方案的制定。还要感谢河海大学出版社朱婵玲社长和曾雪梅编辑为《河海大学人才研究40年》的出版付出的倾力支持和精心劳动。

四十年的发展历程,前辈的足迹值得探寻,发展历程值得梳理,大量丰硕的成果值得搜集、甄选,无数珍贵的回忆值得追忆。希望通过《河海大学人才研究40年》的编纂出版,让河海人才研究的历史资料、宝贵经验和精神尽可能地传承下去。四十年的成就、经验绝不是这一本书所能包罗的,获得的启示和感悟也是言之不尽的。由于这是第一次对河海大学(包括华东水利学院)人才研究相关资料进行系统搜集和梳理,时间跨度较长,资料积累缺散断档,研究人员也多有变动,加上时间仓促,水平有限,疏漏、遗误在所难免,希望有关当事人和广大读者不吝赐教,给予关心和教正,同时提供更多的资料和线索,不断丰富和完善河海大学人才研究的史料,推动河海大学人才研究不断开拓新局面、作出新贡献。

《河海大学人才研究40年》编纂委员会

2023年4月于河海大学